Diritto processuale civile

IV

IUSTITIAM COLIMUS

Crisanto Mandrioli
già Emerito di diritto processuale civile
nell'Università di Milano

Antonio Carratta
Ordinario di diritto processuale civile
nell'Università Roma Tre

Diritto processuale civile

IV – ESECUZIONE FORZATA
PROCEDIMENTI SOMMARI, CAUTELARI E CAMERALI

VENTOTTESIMA EDIZIONE

Giappichelli

VIA PO, 21 - TEL. 011-81.53.111 - FAX 011-81.25.100

http://www.giappichelli.it

ISBN/EAN 978-88-921-4084-4

G. Giappichelli Editore

MARCHIO STORICO

Questo libro è stato stampato su carta certificata, riciclabile al 100%

Stampa: Stampatre s.r.l. - Torino

INDICE

pag.

CAPITOLO II
GLI ATTI PREPARATORI DEL PROCESSO DI ESECUZIONE FORZATA

CAPITOLO III
L'ESPROPRIAZIONE FORZATA

Sezione prima
L'ESPROPRIAZIONE FORZATA IN GENERALE

Sezione seconda
L'ESPROPRIAZIONE MOBILIARE PRESSO IL DEBITORE

Capitolo V
LE OPPOSIZIONI ESECUTIVE

Capitolo VI
SOSPENSIONE ED ESTINZIONE DEL PROCESSO ESECUTIVO

Parte Seconda
I PROCEDIMENTI CAUTELARI E IN CAMERA DI CONSIGLIO

Capitolo VII
I PROCEDIMENTI CAUTELARI

pag.

Sezione sesta

IL PROCEDIMENTO SOMMARIO DI COGNIZIONE

CAPITOLO VIII

I PROCEDIMENTI IN CAMERA DI CONSIGLIO

PREMESSA ALLA VENTOTTESIMA EDIZIONE

In questa nuova edizione si è provveduto a recepire alcune modifiche normative intervenute in conseguenza della legislazione emergenziale determinata dalla pandemia da Covid-19, che ha ovviamente riguardato anche il processo civile, e dell'entrata in vigore, dopo diversi rinvii, della nuova disciplina sui procedimenti collettivi introdotta dalla L. 12 aprile 2019 n. 31, mediante l'inserimento degli artt. 840 bis-840 sexiesdecies nel codice di procedura civile.

Infine, si è provveduto all'aggiornamento resosi necessario a seguito dell'approvazione della L. 26 novembre 2021 n. 206, sia con riferimento alle novità normative destinate a trovare applicazione nei procedimenti instaurati a decorrere dal centottantesimo giorno successivo alla sua entrata in vigore, sia con riferimento all'ampia delega conferita al Governo perché provveda al «riassetto formale e sostanziale del processo civile, mediante novelle al codice di procedura civile e alle leggi processuali speciali» (art. 1).

ANTONIO CARRATTA

Roma, gennaio 2022

PREMESSA ALLA VENTISETTESIMA EDIZIONE

Questa nuova edizione vede la luce dopo la triste scomparsa del prof. Crisanto Mandrioli, sopraggiunta alla fine di novembre dello scorso anno. Egli iniziò la pubblicazione di quest'opera oltre quarant'anni fa. Risale al 1975, infatti, la prima edizione a stampa, con il titolo *Corso di diritto processuale civile*, preceduta – negli anni fra il 1971 e il 1974 – da un'edizione litografica in tre volumetti, significativamente sottotitolata *Appunti per gli studenti*.

Fin dall'inizio l'obiettivo del suo Autore è stato quello di riuscire a coniugare in un'equilibrata sintesi – ad uso soprattutto degli studenti – quanto di nuovo andava emergendo dal continuo, inevitabile rinnovarsi del processo civile e dall'infaticabile lavoro del legislatore e i principi, i concetti e gli istituti, propri del patrimonio ideale e culturale del diritto processuale civile. Obiettivo che sarà tenuto fermo anche per il futuro.

In questa nuova edizione, in particolare, oltre a provvedere al consueto aggiornamento giurisprudenziale e bibliografico, si è tenuto conto delle ulteriori modifiche normative nel frattempo intervenute, fino alle più recenti, che hanno riguardato alcuni profili del processo esecutivo (D.L. 14 dicembre 2018 n. 135, conv. dalla L. 11 febbraio 2019 n. 12) e la nuova disciplina sull'azione di classe e sull'azione inibitoria collettiva, introdotta con la L. 12 aprile 2019 n. 31.

ANTONIO CARRATTA

Roma, ottobre 2019

Parte Prima
IL PROCESSO DI ESECUZIONE FORZATA

CAPITOLO I

IL PROCESSO DI ESECUZIONE FORZATA NEI SUOI ASPETTI GENERALI

SOMMARIO: 1. Schema della disciplina del processo di esecuzione. – 2. L'attività giurisdizionale esecutiva nel quadro della tutela giurisdizionale. – 3. Il processo esecutivo: sue caratteristiche e suoi principî. – 4. I diversi tipi di esecuzione forzata e di processo esecutivo. – 5. L'azione esecutiva e il titolo esecutivo. – 6. I soggetti del processo esecutivo: gli organi, le parti, i terzi; l'efficacia soggettiva del titolo esecutivo. – 7. I presupposti del processo esecutivo: presupposti generali (competenza, capacità e legittimazione processuale) e speciali (notificazione del titolo e del precetto). – 8. I difensori nel processo esecutivo. Gli atti conclusivi del processo esecutivo. Le spese dell'esecuzione forzata.

1. *Schema della disciplina del processo di esecuzione.*

Il processo esecutivo – o attività giurisdizionale di esecuzione forzata – costituisce l'oggetto della disciplina contenuta nel terzo libro del codice di procedura civile. Questo libro, che è intitolato, appunto, «del processo di esecuzione», è interamente dedicato al processo esecutivo, di cui contiene l'intera disciplina (eccezion fatta soltanto per i procedimenti concorsuali e per taluni procedimenti esecutivi speciali, specialmente fiscali) e comprende anzi (come già notammo nel vol. I, al § 5) anche la disciplina di alcuni procedimenti che sono strutturalmente di cognizione e che soltanto funzionalmente sono coordinati all'esecuzione forzata: le opposizioni nel processo esecutivo.

Anche la disciplina del processo di esecuzione, come quella del processo di cognizione e quella dei procedimenti speciali, è di tipo descrittivo, nel senso che consiste in una serie di norme che prescrivono (e così anche descrivono) come si svolge il processo di esecuzione, disciplinando dettagliatamente la serie degli atti nei quali si articola il processo (v. vol. I, § 8; vol. II, § 1).

Inoltre, anche questa disciplina, come quella del processo di cognizione e quella dei procedimenti speciali, va coordinata con la disciplina contenuta nel primo libro, dedicato alle disposizioni generali. Ma, a questo riguardo, va tenuto presente che se, da un lato, tali disposizioni generali sono in linea di massima applicabili ad ogni tipo di attività giurisdizionale, dall'altro lato – e come già abbiamo avuto occasione di osservare (v. vol. I, § 10) – il legislatore, nel dettare le suddette disposizioni generali, si è in realtà quasi sempre riferito al processo di cognizione. Da ciò deriva che mentre la coordinazione tra le disposizioni generali e la disciplina del processo di cognizione è già scontata ed implicita nel testo delle norme, la coordinazione tra le disposizioni generali e la disciplina del processo di esecuzione richiede una delicata opera di adattamento, nel senso che, rispetto a ciascuna delle disposizioni generali, si deve porre e risolvere il problema del «se» e del «come» esse si applicano nel processo esecutivo (1). Il che vale, naturalmente, anche per i princìpî ispiratori del sistema, a cominciare dagli orientamenti che si riconducono alla nozione costituzionale di «giusto processo» (2).

È per l'appunto questa la ragione per la quale, a differenza di quanto abbiamo fatto nel dare inizio all'esame della disciplina del processo di cognizione (nel vol. II), dobbiamo premettere all'esame della disciplina del processo di esecuzione forzata alcune considerazioni di ordine generale. Ciò a svolgimento di rilievi, che nel vol. I (§ 5) erano stati soltanto adombrati, circa le caratteristiche funzionali e strutturali del processo di esecuzione forzata e circa le particolarità dell'azione esecutiva rispetto all'azione in generale (§ 16), nonché circa le particolarità dei presupposti del processo di esecuzione forzata.

Nel quadro di questa necessaria illustrazione delle particolarità funzionali e strutturali dell'attività giurisdizionale esecutiva, emergerà anche la contrapposizione tra l'*espropriazione*, da un lato, e, dall'altro lato, i due tipi di *esecuzione forzata in forma specifica* (esecuzione *per consegna o rilascio* ed esecuzione forzata *degli obblighi di fare o non fare*). Ciò che rileviamo fin da ora perché appunto a tale contrapposizione il legislatore si è riferito nel suddividere la disciplina del terzo libro del codice in sei titoli, secondo un preciso ordine logico. Più precisamente, il primo titolo è dedicato alla disciplina degli atti anteriori all'inizio del processo esecutivo vero e proprio e comuni ad ogni tipo di esecuzione forzata (titolo esecutivo e precetto); il secondo, il terzo ed il quarto titolo sono dedicati alla disciplina di ciascuno dei tre tipi di esecuzione forzata or ora accennati, con priorità per quello di applicazione di gran lunga più frequente (l'espropriazione); il quinto titolo è dedicato a quelle parentesi di cognizione alle quali abbiamo accennato sopra e che sono le opposizioni nel processo esecutivo; mentre l'ultimo titolo è dedicato alla disciplina di episodi eventuali che si possono inserire nel processo esecutivo, e del quale possono determinare l'arresto: sospensione ed estinzione del processo esecutivo.

---

(1) Su quest'argomento, v. ampiamente S. LA CHINA, *L'esecuzione forzata e le disposizioni generali del codice di procedura civile*, Milano, 1970 e, con riguardo ad un settore più specifico, G.F. RICCI, *La connessione nel processo esecutivo*, Milano, 1986.

(2) Sull'argomento v. G. TARZIA, *Il giusto processo di esecuzione*, in *Riv. dir. proc.*, 2002, p. 329; F. TOMMASEO, *L'esecuzione forzata*, Padova, 2009, p. 14; P. VITTORIA, *Giusto processo ed effettività della tutela giurisdizionale esecutiva nelle recenti e meno recenti modifiche del codice di procedura civile*, in *Riv. es. forz.*, 2009, p. 365; B. CAPPONI, *Manuale di diritto dell'esecuzione civile*[4], Torino, 2016, p. 50.

Si deve, infine, ricordare, in questa prima visione sintetica della disciplina del processo di esecuzione, che tale disciplina – come già quella del processo di cognizione – si riconduce, sia sotto il profilo della funzione che sotto quello del risultato, ad un gruppo di norme fondamentali che, appunto perché concernono la tutela giurisdizionale nella sua esigenza e nel suo risultato di diritto sostanziale, sono contenute nel codice civile. Più precisamente, occorre tener presente che il quarto titolo (del libro sesto) del codice civile, intitolato «della tutela giurisdizionale dei diritti», contiene, dopo un capo primo intitolato alle disposizioni generali, un capo secondo, intitolato «*della esecuzione forzata*» (3) e che riguarda questo tipo di processo sotto il profilo, appunto, della sua funzione e del suo risultato. Questo capo si ripartisce a sua volta in due sezioni, dedicate l'una all'espropriazione e l'altra all'esecuzione forzata in forma specifica.

2. *L'attività giurisdizionale esecutiva nel quadro della tutela giurisdizionale.*

Quando (nel vol. I, al § 5 e al § 6) effettuammo una prima indicazione sommaria dei caratteri proprî dell'attività giurisdizionale esecutiva nel più ampio quadro dell'attività giurisdizionale in generale, osservammo che – sotto il profilo della funzione – mentre la cognizione vuol conseguire la formulazione concreta della regola di diritto, ossia l'accertamento dell'esistenza del diritto, l'esecuzione forzata vuol conseguire l'attuazione pratica, materiale, di questa regola, in via coattiva o forzata, ossia attraverso l'impiego effettivo o potenziale della forza, da parte dell'ordinamento. Ed osservammo pure che – sotto il profilo della struttura – le caratteristiche idonee al conseguimento di tale funzione, pur variando in relazione ai diversi tipi dei diritti da portare ad esecuzione, convergono nel possibile impiego della forza per superare le eventuali resistenze del soggetto che subisce l'esecuzione. «Possibile» nel senso che proprio tale possibilità ne rende, il più delle volte, inutile l'impiego effettivo. «Impiego della forza» in relazione al fatto che qui non si tratta di operare nel mondo del conoscere, ma, almeno tendenzialmente, in quello materiale; non si tratta di giudicare, ma di agire.

In realtà, quando l'ordinamento giuridico ha conseguito, sull'esistenza del diritto, un determinato grado di certezza, pur contando sull'adempimento spontaneo da parte del soggetto passivo di tale diritto, non può non prevedere l'ipotesi che tale adempimento spontaneo non si verifichi. Più precisamente, non può – se vuole essere ordinamento giuridico – non apprestare, per tale ipotesi, gli strumenti idonei a soddisfare il diritto al di fuori della volontà di questo soggetto, o addirittura contro di essa. Tale ipotesi – che è caratterizzata dalla divergenza tra la già accertata situazione di diritto e quella di fatto – dà luogo, infatti,

(3) Si tratta degli artt. 2910 e ss. L'intero capo è commentato da G.A. MICHELI, in *Comm. c.c., a cura di Scialoja e Branca*, Bologna e Roma, 1953, p. 361; poi da S. MAZZAMUTO, *ivi*, Bologna, 2020.

in capo al titolare del diritto, ad una nuova esigenza di tutela giurisdizionale, diversa da quella già soddisfatta dal processo di cognizione (quando l'accertamento sia stato conseguito in via giudiziale: v. vol. I, § 6), o dalle altre forme di accertamento (v. vol. I, § 6 e qui, oltre, § 9), e risultata non sufficiente.

L'attività giurisdizionale che viene incontro a questa nuova esigenza di tutela mediante soddisfazione forzata è appunto l'attività giurisdizionale esecutiva. La quale attività si contrappone dunque alla cognizione, nel senso che, mentre con quest'ultima si passa dall'affermazione del diritto al suo accertamento, *con l'esecuzione si passa dall'accertamento all'attuazione materiale coattiva* (4).

Anche quest'attività – come quella di cognizione – si articola in una serie coordinata di atti giuridici (processuali) configurati dalle norme e che costituiscono l'esercizio di altrettante situazioni giuridiche processuali, tra le quali fanno spicco i poteri; una serie coordinata ed alternata di atti e di situazioni che nel suo insieme concreta un processo come fenomeno giuridico (v. vol. I, § 8) e precisamente il processo di esecuzione o processo esecutivo. Il quale processo esecutivo, quando fa seguito al processo di cognizione (di condanna), si coordina con quest'ultimo sotto il profilo funzionale (nel senso che la condanna è in funzione dell'esecuzione forzata: v. vol. I, § 6), pur essendo del tutto autonomo sul piano strutturale; mentre, quando si fonda su un accertamento non giudiziale (v. vol. I, § 6 e qui, oltre, § 9) è completamente autonomo anche sul piano funzionale. In relazione con questa completa autonomia strutturale del processo esecutivo dal processo di condanna che lo ha (eventualmente) preceduto, sta il rilievo fondamentale che *il processo esecutivo è introdotto da una domanda specifica ed autonoma*, rivolta a specifici organi e specificamente intesa ad ottenere la prestazione della tutela giurisdizionale esecutiva (5).

Esulano dal campo della tutela esecutiva, in quanto tendono a superarne l'esigenza, sia i c.d. accordi di ristrutturazione dei debiti delle imprese «*in stato di crisi*», di cui all'art. 182 bis L. fall. e all'art. 57 D.Lgs. 14/2019 (6), sia gli ac-

---

(4) Per richiami orientativi su questa materia v. il vol. I, §§ 5 e 16. V. comunque, in generale, S. SATTA, *L'esecuzione forzata*, Torino, 1937; ID., *L'esecuzione forzata*, in *Trattato di dir. civ. a cura di F. Vassalli*, Torino, 1952; C. MANDRIOLI, *L'azione esecutiva*, Milano, 1955; E. ALLORIO-V. COLESANTI, *Esecuzione forzata (dir. proc. civ.)*, in *Nss. Dig. it.*, IV, Torino, 1960, p. 724; F. MAZZARELLA, *Esecuzione forzata (dir. vig.)*, in *Enc. dir.*, XV, Milano, 1966, p. 448; C. MANDRIOLI, *Sui caratteri dell'attività giurisdizionale desunti dalle norme positive*, in *Jus*, 1962, p. 161; I. ANDOLINA, «*Cognizione ed esecuzione forzata*» *nel sistema della tutela giurisdizionale*, Catania, 1979; E. FAZZALARI, *Istituzioni di diritto processuale*[5], Padova, 1989, p. 186; R. VACCARELLA, *Titolo esecutivo, precetto, opposizioni*, Torino, 1983; S. LA CHINA, *Esecuzione forzata (profili generali)*, in *Enc. Giur. Treccani*, XIII, Roma, 1989; A. BONSIGNORI, *L'esecuzione forzata*, Torino, 1990; ID., *Esecuzione forzata in genere*, in *Dig. civ.*, VII, Torino, 1991, p. 567; R. VACCARELLA, *Esecuzione forzata*, in *Riv. es. forz.*, 2007, p. 1; F. TOMMASEO, *L'esecuzione forzata*, cit., p. 1; AA.VV., *L'esecuzione forzata riformata*, a cura di G. MICCOLIS e C. PERAGO, Torino, 2009; B. CAPPONI, *Manuale*[4], cit., p. 2; A. TEDOLDI, *Esecuzione forzata*, Pisa, 2020.

(5) Sull'argomento v. A. SALETTI, *Processo esecutivo e prescrizione*, Milano, 1992, p. 11.

(6) Si tratta del codice della crisi d'impresa e dell'insolvenza, la cui entrata in vigore è prevista

cordi diretti alla composizione della crisi da «*sovraindebitamento*» del debitore «*non fallibile*» o del «*consumatore*», di cui alla L. 3/2012.

Entrambi, tuttavia, possono interferire con l'esecuzione forzata nel senso di determinare, a carico dei creditori, una sospensione dell'esercizio dell'azione esecutiva o della prosecuzione del processo esecutivo già iniziato, già nel momento in cui venga avanzata, da parte del debitore, domanda per essere ammesso alla procedura di omologazione dell'accordo di ristrutturazione o a quella di sovraindebitamento (7).

3. *Il processo esecutivo: sue caratteristiche e suoi principî.*

Abbiamo già osservato poc'anzi che, sotto il profilo strutturale, il processo esecutivo si configura con una certa varietà di forme che danno luogo a diversi tipi

---

per il 16 maggio 2022. V. anche l'art. 54 a proposito delle misure cautelari e protettive (fra le quali, anche l'inibizione ad iniziare o proseguire l'azione esecutiva per i creditori: 2° comma), da adottare nel corso del procedimento per l'apertura della liquidazione giudiziale o del concordato preventivo o per l'omologazione degli accordi di ristrutturazione, e la medesima inibizione come misura protettiva connessa alla composizione negoziata della crisi d'impresa (art. 6 L. 147/2021, di conversione del D.L. 118/2021). In generale, sugli effetti inibitori dell'azione esecutiva derivanti dall'esperimento di procedure concorsuali negoziali v. V. BARONCINI, *Inibitorie delle azioni dei creditori e* automatic stay, Torino, 2017, p. 6; A. CARRATTA, *La composizione assistita della crisi e le misure di protezione "anticipate" nel codice della crisi e dell'insolvenza*, in *Dir. fall.*, 2020, p. 267.

(7) La procedura mira alla conclusione di un accordo del debitore, redatto con l'ausilio degli organismi di composizione della crisi, con i propri creditori (almeno il 60%) che preveda «*la ristrutturazione dei debiti e la soddisfazione dei crediti attraverso qualsiasi forma, anche mediante cessione dei crediti futuri*» (art. 8) e assicuri «*il regolare pagamento dei titolari di crediti impignorabili ai sensi dell'art. 545 c.p.c. e delle altre disposizioni contenute in leggi speciali*» (art. 7, 1° comma) (in proposito, Trib. Torino 30 settembre 2015, in *Foro it.*, 2015, I, 4028). Con il decreto, con il quale ammette il debitore alla procedura e fissa l'udienza per l'omologazione dell'accordo, il giudice della procedura di sovraindebitamento (non quello dell'esecuzione: Trib. Marsala 3 gennaio 2018, in *Foro it.*, 2018, I, 1436) dispone anche che «*sino al momento in cui il provvedimento di omologazione diventa definitivo, non possono, sotto pena di nullità, essere iniziate o proseguite azioni esecutive individuali ...; la sospensione non opera nei confronti dei titolari di crediti impignorabili*» (art. 10, 2° comma, lett. c) (non è sufficiente, dunque, aver presentato istanza di accesso alla procedura: Trib. Bari 19 maggio 2017, in *Foro it.*, 2017, I, 2491, con nota di A. PALMIERI). V., sull'argomento, A. CARRATTA, *La «semplificazione» dei riti e le nuove modifiche del processo civile*, Torino, 2012, p. 167; G. TRISORIO LIUZZI, *Il procedimento di composizione della crisi da indebitamento*, in *Giusto proc. civ.*, 2012, p. 647; ID., *I procedimenti di composizione delle crisi da sovraindebitamento dopo il D.L. 18 ottobre 2012 n. 179*, ivi, 2013, p. 387; C. RINALDINI, *Il procedimento per la composizione della crisi da sovraindebitamento*, in *Riv. trim. dir. e proc. civ.*, 2012, p. 1409; R. TISCINI, *I procedimenti di composizione della crisi da sovraindebitamento e di liquidazione del patrimonio*, in *Riv. dir. proc.*, 2013, p. 649; L. DURELLO, *Profili processuali del procedimento per la composizione della crisi da sovraindebitamento, ivi*, 2014, p. 651. Anche la procedura di sovraindebitamento trova collocazione nel D.Lgs. 14/2019, negli artt. 65 e ss.

Occorre anche ricordare che il D.L. 83/2015 (conv. dalla L. 132/2015) ha introdotto la necessità che nell'atto di precetto (v. oltre, § 12) venga inserito l'«avvertimento» al debitore che può ricorrere alla procedura di sovraindebitamento.

di processo esecutivo o di esecuzione forzata, in relazione alle diverse esigenze proprie dell'attuazione dei diversi diritti sostanziali. Questi diversi tipi di processo verranno meglio individuati nel § seguente. Tuttavia, la suddetta varietà di forme e di discipline non impedisce di mettere in rilievo talune caratteristiche strutturali comuni ad ogni tipo di processo esecutivo.

Occorre premettere che, come vedremo più avanti (§ 6), i soggetti ai quali fa capo l'attività processuale esecutiva sono, da un lato, l'*organo esecutivo* che opera nel quadro di un ufficio giudiziario e sotto il controllo di un giudice (8), e, dall'altro lato, i soggetti che rispettivamente chiedono o nei cui confronti si chiede la tutela giurisdizionale esecutiva. E poiché questa tutela consiste nel dare esecuzione a un diritto già accertato in capo ad un soggetto che, rispetto a quel diritto, è un *creditore* (9) e nei confronti di un soggetto che è un *debitore*, queste sono appunto le rispettive qualifiche con le quali nel processo esecutivo vengono in rilievo i soggetti che nel processo di cognizione sono l'attore ed il convenuto.

Certamente, il creditore, in quanto propone la domanda esecutiva ed esercita l'azione esecutiva, è in certo senso un attore (10). Ma non si può dire allo stesso modo che il debitore sia un convenuto; ed infatti, in quanto il debitore non ha che da subire l'esecuzione di un diritto già accertato, non c'è bisogno, almeno di regola, d'immediato contraddittorio davanti al giudice, e quindi neppure del meccanismo che, nel processo di cognizione, tende ad instaurare subito il contraddittorio. La domanda del creditore è, per lo più, rivolta direttamente all'organo esecutivo affinché questo provveda senz'altro all'esecuzione, salvi i controlli e le direttive impartite dall'organo propriamente giudiziario, ossia dal giudice. Da ciò deriva che, davanti al giudice, nelle sue funzioni di direzione e controllo dell'attività esecutiva, il debitore ed il creditore possono soltanto, di regola, essere «ascoltati» (art. 485), in un contraddittorio che normalmente investe soltanto le modalità dell'esecuzione (11), al cui ambito si ritiene,

---

(8) V. in argomento, G. MARTINETTO, *Gli accertamenti degli organi esecutivi*, Milano, 1963.

(9) «Creditore», più precisamente, della prestazione, nella quale si concreta l'attuazione del diritto, anche quando quest'ultimo non ha, per se stesso, natura obbligatoria: si pensi al diritto del proprietario alla consegna della cosa propria.

(10) Sulla domanda nel processo esecutivo, v. specialmente S. LA CHINA, *L'esecuzione forzata*, cit., p. 367; C. MANDRIOLI, *L'azione esecutiva*, cit., p. 440; G. TARZIA, *L'oggetto del processo di espropriazione*, Milano, 1961, p. 41; contro la nozione di domanda nel processo esecutivo, v. S. SATTA, *L'esecuzione forzata*, cit., p. 59; ma v. poi A. SALETTI, *Processo esecutivo e prescrizione*, cit., p. 64; F. TOMMASEO, *L'esecuzione forzata*, cit., p. 20; B. CAPPONI, *Manuale*[4], cit., p. 44; R. LOMBARDI, *Sul principio della domanda nel processo esecutivo*, in AA.VV., *Scritti sul processo esecutivo e fallimentare in ricordo di R. Annecchino*, Napoli, 2005, p. 441; G. TOTA, *Il principio della domanda nel processo di espropriazione di crediti*, in *Riv. es. forz.*, 2009, p. 244.

(11) Con la conseguenza che l'omissione dell'audizione non dà luogo, per se stessa, a nullità (Cass. 29 settembre 2014 n. 20514; Cass. 2 novembre 2010 n. 22279), salvi gli eventuali vizi, che peraltro si sanano se non fatti valere nel termine dell'opposizione agli atti esecutivi (su cui v. ol-

d'altra parte, limitato l'operare della prova nel processo esecutivo (12).

La domanda all'organo esecutivo è di solito proposta verbalmente ed è sempre preceduta da una serie di atti – notificazione del titolo esecutivo e del precetto (su cui v. oltre, §§ 11 e 12) – che restano ancora al di fuori del processo esecutivo vero e proprio, del quale costituiscono un preannuncio. La domanda esecutiva ha anche effetto interruttivo della prescrizione, sia l'effetto istantaneo di cui all'art. 2943 c.c. e sia quello permanente di cui all'art. 2945, 2° comma, c.c. (13).

---

tre, § 37) (Cass. 24 luglio 1993 n. 8293, in *Giur. it.*, 1994, I, 1, 1042, con alcuni discutibili *obiter dicta*, e con note di C. BESSO e A. GILI). Sul tema del contraddittorio nel processo esecutivo, v. ancora S. LA CHINA, *L'esecuzione forzata*, cit., p. 371; ampiamente, G. TARZIA, *Il contraddittorio nel processo esecutivo*, in *Riv. dir. proc.*, 1978, p. 193; poi, ancora, con più particolare riguardo alla compatibilità tra principio del contraddittorio ed efficacia del titolo verso i terzi, F.P. LUISO, *L'esecuzione «ultra partes»*, Milano, 1984, p. 185. In proposito v. anche Cass. 23 marzo 2017 n. 7403.

Dopo la revisione e riscrittura dell'art. 111 Cost., la dottrina ha, da un lato, ravvisato un fondamento sistematico alla tesi dell'irrilevanza del vizio di omissione di convocazione delle parti prevista dall'art. 485 c.p.c., nel principio della ragionevole durata del processo, principio particolarmente sentito nel processo esecutivo finalizzato all'effettività della tutela (v., ad es., G. OLIVIERI, in *Foro it.*, 2000, V, 251; F. CARPI, *Riflessioni sui rapporti tra l'art. 111 Cost. ed il processo esecutivo*, in *Riv. trim. dir. e proc. civ.*, 2002, p. 387; F. TOMMASEO, *L'esecuzione forzata*, cit., p. 17) e, dall'altro lato, ha contrapposto l'indefettibilità del rispetto del principio del contraddittorio (v., ad es., G. SCARSELLI, *La ragionevole durata del processo civile*, in *Foro it.*, 2003, V, 126; B. CAPPONI, *Manuale*[4], cit., p. 50; B. FRATINI, *Sub art. 485*, in AA.VV., *Commentario c.p.c.*, VI, Torino, 2013, p. 219). Al riguardo va segnalata una proposta di bilanciamento tra le esigenze dei contrapposti principi di pari rilevanza costituzionale, compiuta da N. RASCIO (*Note problematiche sulla violazione dell'art. 485 c.p.c. e sulle sue conseguenze*, in AA.VV., *Scritti sul processo esecutivo e fallimentare in ricordo di R. Annecchino*, cit., p. 543), che tale bilanciamento ravvisa in un limite all'interesse all'opposizione ex art. 617 contro il vizio di violazione dell'art. 485, ai soli casi nei quali «sia prospettata, come conseguenza dell'eventuale accoglimento, quanto meno l'adozione di un provvedimento diverso da quello opposto» (*op. cit.*, p. 585).

(12) Sul punto v. V. COLESANTI, *Principio del contraddittorio e procedimenti speciali*, in *Riv. dir. proc.*, 1975, p. 608; G. TARZIA, *Il contraddittorio*, cit., p. 230, il quale perviene alla conclusione che nel processo esecutivo è sempre presente un contraddittorio ancorché parziale ed attenuato. Non diversamente F. TOMMASEO, *L'esecuzione forzata*, cit., p. 16, il quale rileva che «il contraddittorio nel processo esecutivo pur non avendo la consueta funzione di influire sul giudizio di merito, è sempre un dialogo tra le parti e il giudice al duplice scopo d'attuare le istanze di legalità ed essere strumento per le esigenze della procedura». Anche B. CAPPONI, *Manuale*[4], cit., p. 50, sottolinea che l'applicazione del principio del contraddittorio nel processo esecutivo implica che le parti «siano sentite nella fase di ricognizione dei presupposti dei singoli provvedimenti in vista di una loro adozione non solo *legittima*, ... ma anche *giusta* ed *opportuna*».

Secondo un'altra opinione (F. MAZZARELLA, *Sul contraddittorio nel processo esecutivo*, in *Riv. dir. civ.*, 1979, p. 623), il vero contraddittorio nel processo esecutivo non potrebbe essere cercato nel processo esecutivo in senso stretto (ove oltretutto si presenterebbe, oltre che come attenuato, anche come eventuale, come emerge dall'art. 485 e senza un'effettiva posizione di parità), ma starebbe in realtà nella stessa possibilità, che la legge offre al debitore di reagire con le opposizioni. Su questo punto v. i cenni in questo §, al richiamo della nota 18, e, più avanti, § 5 e cap. 5°.

(13) Quanto al periodo della sua protrazione, non soccorrendo il riferimento dell'art. 2945, 2° comma, al passaggio in giudicato, ci si deve riferire, per l'espropriazione, al momento in cui l'ordinanza di attribuzione o di assegnazione non è più assoggettata all'opposizione agli atti esecutivi

L'attività propria dell'organo esecutivo si estrinseca in atti che presentano più propriamente i caratteri delle c.d. «operazioni» (v. vol. I, § 69 in fine), mentre l'attività del giudice si estrinseca in provvedimenti, la cui natura è, per lo più, ordinatoria ed assume le forme per lo più dell'ordinanza o del decreto (v. vol. I, § 69). La sentenza, invece, rimane propria ed esclusiva dell'attività di cognizione, che, come tale, non può mai appartenere al processo esecutivo, ma che tuttavia può, nell'ambito di quel processo, dar luogo – come abbiamo osservato al § 1 – a delle parentesi di cognizione attraverso le opposizioni del processo esecutivo (v. cap. 5°).

Le caratteristiche così succintamente evidenziate consentono di porre in rilievo le differenze con le quali operano (o addirittura non operano) nel processo esecutivo i fondamentali principî ispiratori della disciplina del processo, tradizionalmente elaborati con riguardo al processo di cognizione (v. vol. I, §§ 77 e 78).

Il *principio della domanda* ed il *principio dell'impulso di parte* ispirano la disciplina del processo esecutivo in modo analogo a quella del processo di cognizione (14); e così non molto dissimile è il modo col quale, nel processo esecutivo, opera il *principio della disponibilità dell'oggetto del processo*, per il quale va soltanto tenuto presente che qui non si tratta di determinare l'ambito di un giudizio, ma l'oggetto di un'attività esecutiva, che talora è predeterminato dallo stesso àmbito del diritto da portare ad esecuzione, e che solo nell'espropriazione forzata lascia un margine di scelta (15), ferma comunque la possibilità della c.d. *litispendenza esecutiva*, con la conseguente riunione dei procedimenti ai sensi dell'art. 273 (16). Non così si può dire del *principio della disponibilità delle prove* e degli altri principî che concernono le prove: poiché manca il giudizio, ed in particolare il giudizio sui fatti, manca la stessa ragion d'essere della prova. Quanto al *principio dell'uguaglianza delle parti* ed al *principio del contraddittorio* (su cui v. vol. I, § 22), le profonde differenze con le quali questi principî operano nel processo esecutivo emergono chiaramente dai rilievi compiuti poc'anzi: l'uguaglianza delle parti è soltanto formale, poiché l'esecuzione si compie per attuare il diritto dell'una contro l'altra; ed il contraddittorio prescinde dalla contrapposizione dialettica delle parti, concernendo solo le modalità dell'esecuzione (17),

---

(così A. SALETTI, *Processo esecutivo e prescrizione*, cit., p. 197) e, nelle esecuzioni in forma specifica, all'esaurimento delle operazioni previste dalle singole procedure e più precisamente fino al momento in cui l'atto conclusivo non sia più assoggettato all'opposizione agli atti esecutivi (A. SALETTI, *op. cit.*, pp. 222, 226).

(14) V. anche retro, la nota 10.

(15) Sul tema, v. specialmente G. TARZIA, *L'oggetto*, cit.

(16) Sulla c.d. litispendenza esecutiva v. F. TOMMASEO, *L'esecuzione*, cit., p. 20; L. DITTRICH, *«Litispendenza esecutiva», giudice «competente» a disporre la sospensione dell'esecuzione ex art. 624 c.p.c. e a decidere dell'opposizione all'esecuzione*, in *Riv. dir. proc.*, 2009, p. 1374; B. CAPPONI, *Manuale*[4], cit., p. 44.

(17) Sulle quali modalità il rispetto del principio del contraddittorio si è di recente ulteriormente accentuato ed è divenuto – sotto la spinta dell'art. 111, commi 1° e 2°, Cost. ed anche per

sul fondamento di ragioni di opportunità; quando, infatti, investe i diritti, già si è nel campo delle opposizioni, ossia della cognizione, col suo tipico contraddittorio a struttura dialettica (18).

Naturalmente, l'identità degli strumenti per il funzionamento del meccanismo giuridico attraverso il quale si svolgono i processi rispettivamente di cognizione e di esecuzione sta in relazione col rilievo che la validità degli atti del processo esecutivo è regolata dalle medesime norme e principî che soprassiedono alla validità degli atti del processo di cognizione. Il che è vero anche, ovviamente, per quanto concerne l'invalidità di tali atti. Questo in pratica significa che agli atti del processo esecutivo si applica la disciplina dell'intero titolo sesto del libro primo del codice, ivi comprese le norme (spec. art. 121), sulle quali si fonda il *principio della congruità delle forme* (v. vol. I, § 64), certamente operante anche nel processo esecutivo, nonché la disciplina della nullità degli atti (artt. 156 e ss.) (19). Al quale ultimo riguardo si deve soltanto osservare che tale disciplina va coordinata con quella dell'apposito strumento (di cognizione) previsto per far valere i vizi degli atti del processo esecutivo: ossia l'opposizione agli atti esecutivi (della quale ci occuperemo al § 37), che è una di quelle parentesi di cognizione nel processo esecutivo di cui parleremo più avanti (cap. 5°).

4. *I diversi tipi di esecuzione forzata e di processo esecutivo.*

Poiché la funzione dell'esecuzione forzata consiste nel dare esecuzione concreta e materiale ai diritti, è chiaro che tale esecuzione deve essere, almeno tendenzialmente, *esatta* e *completa*. Questa esigenza si esprime in un principio fondamentale (quello di *effettività*), che ispira la disciplina del processo in generale nella sua funzione unitaria comprendente cognizione ed esecuzione; principio che viene di solito ricordato con le celebri parole del Chiovenda, secondo cui il processo deve far conseguire al creditore «*tutto quello e proprio quello* che egli

---

effetto delle più recenti riforme degli artt. 476, 492, 512, 591 ter c.p.c. – elemento qualificante della struttura formale del processo esecutivo. Per questi rilievi e relative dimostrazioni, v. B. CAPPONI, *Alcuni problemi su contraddittorio e processo esecutivo (alla luce del nuovo art. 111 della Costituzione)*, in *Riv. es. forz.*, 2001, p. 28; ID., *La tutela del debitore nell'esecuzione forzata*, in ID., *Otto studi sul processo civile*, Padova, 2017, p. 235; F. CORDOPATRI, *La tutela del debitore nel processo esecutivo*, in *Riv. trim. dir. e proc. civ.*, 2008, p. 1239; F. TOMMASEO, *L'esecuzione*, cit., p. 14; L. DURELLO, *L'audizione delle parti e degli interessati: attuazione del principio del contraddittorio nel processo esecutivo*, in *Riv. trim. dir. e proc. civ.*, 2011, p. 863.

(18) Chi sostiene che proprio nella possibilità delle opposizioni dovrebbe ravvisarsi il vero fondamento del contraddittorio nel processo esecutivo (F. MAZZARELLA, *Sul contraddittorio*, cit., p. 623) è costretto a sottovalutare l'autonomia strutturale del giudizio di opposizione rispetto al processo esecutivo.

(19) S. LA CHINA, *L'esecuzione forzata*, cit., p. 463.

ha diritto di conseguire» (20). Ne deriva che l'*optimum* dell'attività esecutiva sta nell'attuare il diritto *nella sua identità specifica*: come, ad es., la consegna o il rilascio *proprio di quella certa cosa* (art. 2930 c.c.) o il compimento *proprio di quella certa attività*, ecc. Questa fondamentale esigenza che, come abbiamo detto, ispira l'intera disciplina del processo, è più specificamente espressa, nel nostro ordinamento, nelle norme che il codice civile (v. retro, § 1 in fine) dedica alla funzione e alla disponibilità della tutela giurisdizionale esecutiva, ossia negli artt. 2930, 2931 e 2933, che appunto enunciano la generica esigenza di attuare, nelle forme previste dal codice di procedura, la tutela in forma specifica, in quanto possibile (21).

---

(20) G. CHIOVENDA, *Istituzioni di diritto processuale civile*, I, Napoli, 1935, p. 41.

(21) Su queste tendenze dell'ordinamento secondo la linea del postulato chiovendiano del «*tutto quello e proprio quello*», sui suoi limiti e sulle possibilità giuridiche e pratiche di raggiungere tali limiti, chi scrive ebbe ad impegnarsi già da alcuni decenni (C. MANDRIOLI, *L'esecuzione forzata in forma specifica*, Milano, 1953), in contrasto con un'autorevole dottrina (S. SATTA, *L'esecuzione forzata*, Torino, 1952, pp. 2, 237), secondo la quale i procedimenti di esecuzione in forma specifica sarebbero strutturati con funzione diversa da quella dell'attuazione dell'obbligazione (che ha il suo punto di riferimento nella responsabilità patrimoniale ed è eseguibile coattivamente solo con l'espropriazione) e cioè con la funzione di attuare situazioni di tipo assoluto o «finale».

La dottrina prevalente (v. gli Autori citati nelle successive note 30, 34 e 35, ai quali *adde*, sotto un profilo prevalentemente sostanziale, M. GIORGIANNI, *Tutela del creditore e tutela reale*, in *Riv. trim. dir. e proc. civ.*, 1975, p. 853) ha per lo più condiviso l'impostazione imperniata sul suddetto postulato chiovendiano che è stato presentato, in un certo periodo (approssimativamente negli anni settanta), come una bandiera di «progressività» in funzione dell'attuazione specifica dei diritti dei lavoratori e contro il brocardo *nemo ad factum praecise cogi potest* (su cui v. subito nel testo) presentato come strumento di sopraffazione dei *beati possidentes* (v., per tutti, A. PROTO PISANI, *Appunti sulla tutela di condanna*, in *Riv. trim. dir. e proc. civ.*, 1978, p. 1104; ID., *Appunti sulla tutela di condanna (trentacinque anni dopo)*, in *Foro it.*, 2010, V, 257).

La dottrina successiva si è poi impegnata sul problema, assai delicato, della compatibilità tra l'orientamento della maggior possibile eseguibilità specifica dei diritti e la regola della responsabilità patrimoniale che caratterizza le obbligazioni, con il suo corollario in tema di concorso dei creditori. Mentre ad alcuni tale problema è parso insuperabile al punto da suggerire un'impostazione di ispirazione sattiana che lascia fuori dal campo delle obbligazioni i diritti attuabili con i procedimenti di esecuzione forzata in forma specifica (G. MONTELEONE, *Riflessioni sulla tutela esecutiva dei diritti di credito*, in *Studi in onore di E.T. Liebman*, III, Milano, 1979, p. 2257; ID., *Recenti sviluppi sulla dottrina dell'esecuzione forzata*, in *Riv. dir. proc.*, 1982, p. 281), per altri quell'ostacolo non è apparso insuperabile, ma solo ragione di opportune distinzioni tra le strutture procedimentali in correlazione con i diversi tipi di diritti da attuarsi (F. TOMMASEO, in *Riv. dir. civ.*, 1978, p. 480; F. CARPI, in *Riv. trim. dir. e proc. civ.*, 1988, p. 110; con più particolare riguardo ai problemi dell'espropriazione in relazione alle esigenze dal concorso, G. COSTANTINO, *ibidem*, p. 123). Sul diverso fondamento della surrogabilità nel diritto privato e in quello pubblico, v. B. SASSANI, *Impugnativa dell'atto e disciplina del rapporto*, Padova, 1989, p. 44; poi, per un panorama dell'eseguibilità specifica dei diversi diritti sostanziali, A. CHIANALE, *Diritto soggettivo e tutela in forma specifica*, Milano, 1992; M. MONTANARI, *Sui profili generali dell'esecuzione forzata in forma specifica*, in *Giusto proc. civ.*, 2019, p. 331. Il tutto anche sotto il profilo risarcitorio attraverso la via del *risarcimento in forma specifica* di cui all'art. 2058 c.c. e che la giurisprudenza ritiene applicabile anche alle obbligazioni contrattuali (Cass. 3 gennaio 1994 n. 6, in *Foro it.*, 1994, I, 1783). In

Sennonché, questa possibilità viene talora a mancare (nelle esecuzioni di diritti diversi dalle obbligazioni pecuniarie), sia a causa di impedimenti materiali e sia a causa di ostacoli giuridici o dei limiti imposti dal rispetto della libertà della persona (*nemo ad factum praecise cogi potest*). Così non si potrà realizzare la consegna coattiva della cosa mobile che il debitore ha distrutto o che ha venduto ad un terzo di buona fede; non potrà essere coattivamente eseguibile l'obbligazione di fare infungibile (come, ad es., l'esibizione in teatro di un certo attore che si rifiuta di farlo), mentre potrà essere eseguita l'obbligazione il cui risultato può essere conseguito attraverso la prestazione di un terzo; o, infine, non si potrà distruggere ciò che è stato fatto in violazione di un obbligo di non fare, se la distruzione pregiudica gravemente l'economia nazionale (art. 2933, 2° comma, c.c.) (22).

Orbene: quando la soddisfazione specifica non è possibile, l'ordinamento non può fare altro che reagire trasformando il diritto sostanziale nella sua essenza, e cioè rendendolo più generico; tanto più generico quanto è necessario perché lo si possa eseguire coattivamente (ad es., non *quella* macchina, ma un'altra uguale (23); non la prestazione di *quel* debitore, ma quella di un terzo), fino a quel massimo limite di genericità e fungibilità che è offerto dal denaro, nel quale in definitiva ogni diritto patrimoniale può, più o meno integralmente, risolversi, attraverso gli istituti della *aestimatio rei*, dell'obbligo di corresponsione del *tantundem*, del risarcimento dei danni.

Questo, tuttavia, sempre che lo stesso ordinamento non si avvalga di strumenti di coartazione della volontà del debitore, come sono le c.d. *esecuzioni indirette* o *misure coercitive*, che, introdotte con portata generale dalla L. 69/2009 attraverso l'art. 614 bis c.p.c. (sul quale v. oltre il § 34, in fine), assolvono ad una funzione compulsoria per il debitore al fine di indurlo ad adempiere spontaneamente l'obbligazione (24). Ciò che ha fatto anche emergere l'ulteriore pro-

---

proposito v. anche M. FORNACIARI, *Esecuzione forzata e risarcimento del danno*, in *Riv. trim. dir. e proc. civ.*, 2017, p. 85.

Sul brocardo *nemo ad factum praecise cogi potest*, e sulle sue origini storiche, come limite determinato dalle esigenze del rispetto della libertà della persona, v. S. CHIARLONI, *Misure coercitive e tutela dei diritti*, Milano, 1980.

(22) Secondo la Cassazione (Cass. 16 aprile 1982 n. 2324, in *Giur. it.*, 1983, I, 1, 190; Cass. 4 dicembre 1982 n. 6611) questa limitazione riguarda soltanto le fonti di produzione e di distribuzione delle ricchezze del paese e non trova riscontro nella demolizione parziale o totale di un edificio, o in interessi individuali o locali (Cass. 17 febbraio 2004 n. 3004; Cass. 15 febbraio 1999 n. 1272).

(23) Se si trattasse di cose fungibili comunque presenti in più esemplari, potrebbero soccorrere rimedi del tipo di quello previsto dall'art. 1516 c.c. Ma se, ad es., si trattasse di macchine esistenti in due soli esemplari uno dei quali – costituente oggetto dell'obbligazione di dare – è stato distrutto e l'altro si trova nella disponibilità del debitore, l'art. 2058 c.c. in correlazione con l'art. 2930, potrebbe aprire la via ad un'esecuzione specifica.

(24) Provvedimenti di questo tipo sono frequenti nella giurisprudenza francese (le c.d. *astreintes*, sulla cui evoluzione storica v. A. DONDI, *L'«astreinte» endoprocessuale*, in *Riv. trim. dir. e proc.*

blema di inquadrare nell'ambito della tutela condannatoria e dell'esecuzione forzata i provvedimenti giudiziari che accertino un'esigenza di tutela ulteriore rispetto al mero accertamento e che tuttavia non siano eseguibili con le forme dell'esecuzione forzata *diretta* (25).

---

civ., 1981, p. 545; V. FRIGNANI, *Le penalità di mora e le «astreintes» nei diritti che si ispirano al modello francese*, in *Riv. dir. civ.*, 1981, I, p. 506) ed in quella dei paesi anglosassoni (attraverso l'istituto del *contempt of Court*) e sono anche previsti dalla legge germanica (c.d. *Zwangsstrafen*). Per un panorama aggiornato riferito a diversi Paesi, v. E. SILVESTRI, *Rilievi comparatistici in tema di esecuzione degli obblighi di fare e di non fare*, in *Riv. dir. civ.*, 1988, p. 533; E. VULLO, *L'esecuzione indiretta tra Italia, Francia e Unione europea*, in *Riv. dir. proc.*, 2004, p. 727; L. MARAZIA, *«Astreintes» e altre misure coercitive per l'effettività della tutela civile di condanna*, in *Riv. es. forz.*, 2004, p. 333; P. PUCCIARIELLO-G. FANELLI, *L'esperienza straniera dell'esecuzione forzata indiretta*, in *L'esecuzione processuale indiretta*, a cura di B. CAPPONI, Milano, 2011, p. 43.

Al riguardo si deve, comunque, osservare che – come è del resto evidenziato dall'espressione (usata dalla dottrina in Italia) «*esecuzione indiretta*» – gli strumenti in discorso non danno vita ad un'autentica forma di esecuzione forzata, poiché tendono ad ottenere un'esecuzione non coattiva, ma spontanea. Sul punto cfr. F. TOMMASEO, *op. cit.*, p. 492 in nota; G. MONTELEONE, *Recenti sviluppi*, cit., p. 296; F. CARPI, *Note*, cit., p. 119; A. PROTO PISANI, *L'attuazione dei provvedimenti di condanna*, in *Foro it.*, 1988, V, 177; ID., *Condanna (e misure coercitive)*, *ivi*, 2007, V, p. 1 e *Appunti sulla tutela di condanna (trentacinque anni dopo)*, cit., 257; M. FABIANI, *Attualità della tutela penale al servizio dell'effettività della tutela civile dopo la riforma dell'art. 388 c.p.*, in *Riv. es. forz.*, 2011, p. 535; R. CONTE, *Tutela penale del diritto di credito. Sviluppi giurisprudenziali*, in *Giur. it.*, 2012, p. 1635; ID., *Provvedimento cautelare ex art. 700 c.p.c. e tutela penale (con un cenno allo* ius ritentionis*)*, *ivi*, 2014, p. 1897.

V. anche le precisazioni di S. CHIARLONI (*Misure coercitive*, cit.), che, sul fondamento delle origini storiche delle misure coercitive negli ordinamenti ove sussistono, mette in guardia rispetto ai pericoli pratici (oltre che all'offuscamento concettuale) di un impiego generalizzato delle misure coercitive; per un'ulteriore evidenziazione di questi pericoli anche sotto il profilo del liberalismo processuale e per il rilievo che comunque l'aspetto risarcitorio dovrebbe prevalere su quello afflittivo, v. L. MONTESANO, *Considerazioni su storia moderna e proposte di riforma della giustizia civile in Italia*, in *Riv. dir. proc.*, 1981, p. 609; G. MONTELEONE, *Recenti*, cit., p. 314; F. CARPI, *Note*, cit., p. 119. Per un impiego generalizzato delle misure coercitive, invece, V. DENTI, *«Flashes» su accertamento e condanna*, in *Riv. dir. proc.*, 1985, p. 266; A. PROTO PISANI, *opp. locc. citt.* V. anche, per un panorama sul tema, G. TARZIA, in *Riv. trim. dir. e proc. civ.*, 1981, p. 800; A. CHIANALE, *Diritto soggettivo*, cit., p. 70.

Sullo stesso argomento, nel più ampio quadro dei diversi strumenti idonei ad una funzione compulsoria, v. A. GIUSSANI, *Azioni collettive, danni punitivi e deterrenza dall'illecito*, in *Riv. trim. dir. e proc. civ.*, 2008, p. 239; B. CAPPONI, *Limiti all'esecuzione indiretta*, in *Riv. es. forz.*, 2011, p. 186; C. DELLE DONNE, Astreinte *e condanna pecuniaria della P.A. tra codice di procedura civile e codice del processo amministrativo*, *ibidem*, p. 317.

(25) Su questo problema v. vol. I, § 15, nota 41, nonché A. PROTO PISANI, *Appunti*, cit., p. 1104; ID., *Appunti sulla tutela di condanna (trentacinque anni dopo)*, cit., 257; C. MANDRIOLI, *Sulla correlazione necessaria tra condanna ad esecuzione*, in *Riv. trim. dir. e proc. civ.*, 1976, p. 1342; ID., *L'esecuzione specifica dell'ordine di reintegrazione nel posto di lavoro*, in *Riv. dir. proc.*, 1975, p. 9). Anche su questo argomento v., da un lato, il contributo del CHIARLONI, *Misure coercitive*, cit., p. 120, che propone (*ivi*, p. 202) un allargamento della nozione di condanna per ricomprendervi i provvedimenti suscettibili di mettere in moto l'apparato coercitivo dello Stato e, dall'altro lato, le osservazioni di chi rileva la natura nominalistica e contraddittoria di questo allargamento (C. MANDRIOLI, *Sulla correlazione*, cit., p. 1342 e G. MONTELEONE, in *Riv. dir. proc.*, 1990, p. 1083). Per una radicale negazione della suddetta correlazione necessaria, v. V. DENTI, in *Riv. dir. proc.*, 1985,

Ed è appena il caso di ricordare che ciò sta in relazione col fondamentale principio di responsabilità patrimoniale, codificato nell'art. 2740 c.c., per il quale ognuno risponde delle sue obbligazioni con l'intero suo patrimonio, che ha una funzione di garanzia per quelle responsabilità (26); mentre, d'altra parte, ogni elemento patrimoniale (27) può essere a sua volta trasformato in denaro attraverso una vendita coattiva, previa sua espropriazione.

Non è compito del processo esecutivo stabilire se un diritto può essere eseguito coattivamente nella sua specificità secondo la tendenziale esigenza espressa negli artt. 2930, 2931 e 2933 c.c., che per l'appunto si richiamano alle forme con le quali il codice di procedura disciplina l'esecuzione specifica; oppure se, a causa degli ostacoli ai quali sopra si è fatto cenno (v., ad es., l'art. 2933, 2° comma, c.c.) (28), esso deve trasformarsi per poter essere eseguito (29). Ciò è, invece, compito del processo di cognizione, al termine del quale il diritto deve risultare accertato come eseguibile con le forme preordinate in astratto dalla legge, ma già determinate in concreto nella pronuncia del giudice, e che gli organi esecutivi debbono semplicemente attuare. Perciò i problemi, spesso delicatissimi, concernenti l'eseguibilità specifica dei diritti, stanno, come si suol dire, a monte della disciplina del processo esecutivo, la quale in realtà presuppone la già avve-

---

p. 255; per un suo superamento, non lontano dalle considerazioni qui svolte, G. IMPAGNATIELLO, in *Riv. trim. dir. e proc. civ.*, 1992, p. 80.

D'altra parte, ci sembra che la nozione di condanna in senso ampio possa essere utile con riguardo alle condanne indirette, ossia alla loro funzione compulsoria per l'adempimento spontaneo, tipica delle *astreintes*, ma in qualche misura presente anche in alcuni provvedimenti cautelari (su quest'ultimo punto, v. oltre, § 43, nella nota 4, e § 44, al richiamo della nota 83 e nella nota stessa), o, negli ordinamenti anglosassoni, nella condanna ai c.d. *punitive damages*, rispetto alla cui compatibilità con il nostro ordinamento le sezioni unite (Cass. sez. un. 5 luglio 2017 n. 16601) hanno definitivamente chiarito che il meccanismo dei danni punitivi non è ontologicamente incompatibile con l'ordinamento italiano, purché la sentenza straniera che ne faccia applicazione provenga da un ordinamento nel quale, come in quello italiano, viga la tipicità delle ipotesi di condanna; in precedenza, nel senso della contrarietà all'ordine pubblico interno: Cass. 8 febbraio 2012 n. 1781 (in *Foro it.*, 2012, I, 1449, con nota critica di R. DE HIPPOLYTIS); Cass. 19 gennaio 2007 n. 1183 (in *Giur. it.*, 2008, p. 395, con nota di A. GIUSSANI); v. anche retro, la nota 10 del § 51 nel vol. III.

(26) V., sul punto, G. MONTELEONE, *Profili processuali e sostanziali dell'azione surrogatoria*, Milano, 1975, p. 78; A. BONSIGNORI, *L'esecuzione forzata*, cit., p. 11; per l'evoluzione più recente v. M. ACONE, *Divagazioni sui diritti del debito(re)*, in *Riv. es. forz.*, 2020, p. 931; A. TEDOLDI, *Debito, responsabilità ed esecuzione forzata in tempo di crisi*, in *Riv. dir. proc.*, 2021, p. 45.

(27) Per l'esigenza di ricomprendere fra i beni suscettibili di espropriazione forzata anche le c.d. cripto-valute (ad es., *bitcoin*) nella disponibilità del debitore cfr. G. FINOCCHIARO, *Le cripto-valute come elementi patrimoniali assoggettabili alle pretese esecutive dei creditori*, in *Riv. dir. proc.*, 2019, p. 86; M.G. CANELLA, *Esecuzione forzata su criptovaluta: qualche idea e nessuna certezza*, in *Riv. trim. dir. e proc. civ.*, 2021, p. 235.

(28) V. retro, la nota 21.

(29) La quale trasformazione, nel caso di impossibilità di esecuzione specifica, può avvenire automaticamente e comunque, in sede di cognizione, senza che ciò implichi mutamento della domanda (Cass. 28 luglio 2005 n. 15883).

nuta soluzione di quei problemi (30). Ed è appunto in relazione a ciò che tale disciplina appronta le diverse forme di esecuzione – o tipi di processo esecutivo – alle quali abbiamo già accennato (v. § 1) a seconda che il diritto sia stato accertato come eseguibile nella sua specificità (*in forma specifica*) (31) oppure co-

---

(30) Cfr. Cass. 21 luglio 1984 n. 4277. Non ci sembra che questa precisazione sia stata tenuta presente da chi ha di recente rimproverato, a quest'impostazione, l'aver lasciato nell'ombra le diverse esigenze suggerite dai diversi diritti sostanziali, nello sforzo di ricondurre all'esecuzione forzata in forma specifica la generica tendenza restitutoria o ripristinatoria del diritto leso (G. MONTELEONE, *Riflessioni*, cit., p. 2280).

Questa tendenza dell'ordinamento (non solo processuale, ma anche sostanziale) a favorire, quanto più possibile, l'attuazione dei diritti nella loro individualità specifica si manifesta anche in quel settore della tutela giurisdizionale in via costitutiva non necessaria per il quale la dottrina spesso si serve dell'espressione *esecuzione non forzata in forma specifica* (v., per tutti, C. MANDRIOLI, *L'azione esecutiva*, cit., p. 561) in relazione allo strumento offerto dall'art. 2932 c.c. Con questo strumento si attua (al momento del passaggio in giudicato della sentenza: Cass. 22 febbraio 2010 n. 4059, in *Foro it.*, 2010, I, 2082) nella sua individualità specifica il patto preliminare e (secondo quanto si è ritenuto: v. App. Milano 4 ottobre 1988, in *Giur. it.*, 1989, I, 2, 472, con nota di G. INGINO) anche il patto di prelazione, sempre in quanto sussista la priorità della trascrizione della domanda. Sull'argomento v. cenni nel vol. I, § 3 e, ampiamente, L. MONTESANO, *Contenuti e sanzioni delle obbligazioni da contratto preliminare*, in *Riv. trim. dir. e proc. civ.*, 2001, p. 31, specie per il rilievo che gli effetti negoziali sono predeterminati nel preliminare e si verificano nel momento che verrà stabilito nella sentenza. Nel caso di preliminare a prestazioni corrispettive, la giurisprudenza ritiene che chi chiede l'esecuzione specifica debba quanto meno dichiararsi pronto ad eseguire la sua prestazione. Più precisamente, se nel preliminare è prevista la contestualità delle prestazioni, è sufficiente la semplice offerta non formale; se invece è previsto che la controprestazione (ad es., pagamento del prezzo) debba precedere la stipulazione, occorre il pagamento nel domicilio del creditore o l'offerta formale (Cass. 13 dicembre 2007 n. 26226). Con la conseguenza che il mancato pagamento del prezzo concreta un'ipotesi di inadempimento, la quale potrebbe comportare la risoluzione del rapporto sorto in forza della sentenza (Trib. Torino-Moncalieri 8 aprile 2009, in *Giur. it.*, 2009, p. 2687, con nota di B. MUSTI).

Nel caso in cui il bene promesso in vendita appartenga a terzi, l'acquisto da parte del promittente venditore costituisce condizione dell'azione ex art. 2932 c.c. ed è sufficiente che risulti avvenuto prima della decisione (Cass. 22 giugno 2004 n. 11572), mentre il terzo proprietario non può essere convenuto con l'azione ex art. 2932 (Cass. 20 agosto 2014 n. 18097); nel caso in cui si tratti di preliminare di compravendita di immobile e manchi la prescritta licenza o concessione edilizia o l'immobile sia stato costruito in totale difformità da essa, la sentenza ex art. 2932 c.c. non potrà essere pronunciata, salvo che si tratti di semplice irregolarità urbanistica non oltrepassante il limite della parziale difformità rispetto alla concessione (Cass. 7 aprile 2014 n. 8081); neppure potrà essere pronunciata in caso di preliminare di vendita di bene indiviso (Cass. 8 ottobre 2014 n. 21286).

La sopravvenienza di iscrizioni o trascrizioni sull'immobile non impedisce la domanda di esecuzione specifica del preliminare (Cass. 14 dicembre 1999 n. 14025, in *Foro it.*, 2000, I, 3562), ma consente al promissario acquirente di chiedere al giudice di fissare modalità e condizioni per acquistare l'immobile libero da vincoli (Cass. 23 settembre 2004 n. 19135). In argomento v. anche G. DI ROSA, *Circolazione immobiliare e contrattazione preliminare*, in *Riv. dir. civ.*, 2011, I, p. 107.

(31) Sull'argomento, v. C. MANDRIOLI, *L'esecuzione forzata in forma specifica*, cit.; V. DENTI, *L'esecuzione forzata in forma specifica*, Milano, 1953; L. MONTESANO, *Esecuzione specifica*, in *Enc. dir.*, XV, Milano, 1966, p. 524; ID., *Condanna civile e tutela esecutiva*, Napoli, 1965, p. 95; F.P. LUISO, *Esecuzione forzata (esecuzione forzata in forma specifica)*, in *Enc. Giur. Treccani*, XIII, Roma, 1989; F. TOMMASEO, *L'esecuzione forzata*, cit., p. 237; B. CAPPONI, *Manuale*[4], cit., p. 373.

me eseguibile nella forma generica che consegue alla sua eventuale trasformazione in credito di denaro, o senz'altro in relazione al fatto che esso sia sorto come credito di denaro (*in forma generica o per espropriazione*) (32). Tendenzialmente estranee a questa contrapposizione tra esecuzioni dirette ed esecuzioni indirette sono alcune altre forme di esecuzione alquanto eterogenee e che talora vengono empiricamente raggruppate sotto la denominazione generica di *esecuzioni speciali* (33).

I tipi di processo esecutivo che realizzano l'*esecuzione forzata in forma specifica* sono quelli – come si vedrà – strutturalmente più semplici. Essi sono l'*esecuzione forzata per consegna di cose mobili o rilascio di immobili* (34) (disciplinata dal codice nel titolo terzo del libro dedicato al processo esecutivo), attraverso la quale il creditore della consegna o del rilascio può conseguire la disponibilità materiale di *quella determinata cosa* mobile o immobile (art. 2930 c.c.), nonché l'*esecuzione forzata degli obblighi di fare o di non fare* (35) (disciplinata nel titolo quarto), attraverso la quale il creditore del fare o del non fare può conseguire la medesima specifica prestazione di fare o la eliminazione di quanto fatto in violazione dell'obbligo di non fare (v. artt. 2931 e 2933 c.c.) (36).

---

(32) Nel qual caso anche l'espropriazione assolve ad una funzione restitutoria diretta. Sono invece – e per definizione – estranei al campo dell'esecuzione forzata quegli ordini (li si voglia o meno qualificare condanne: v. la nota 24 in questo § e vol. I, § 15, nota 41), che, in relazione alla non eseguibilità specifica, sono attuabili con misure coercitive.

(33) Un esame congiunto di queste eterogenee forme di esecuzione è compiuto da A. DE PAULI, *Le esecuzioni speciali*, in *Riv. es. forz.*, 2004, p. 687. Tale esame in effetti raggruppa talune forme di autotutela (più o meno apparente), come le vendite e l'acquisto in danno di cui agli artt. 1515 e 1516 c.c. e 83 disp. att. c.c.; a forme di espropriazione parzialmente private (come l'esecuzione sulle cose mobili in pegno di cui agli artt. 2796 e ss. c.c. e su cui v. oltre, § 17, nota 75); l'esecuzione forzata su navi ed aeromobili come disciplinata dal codice della navigazione, nonché le esecuzioni in materia di brevetti e invenzioni industriali come disciplinate dal codice della proprietà industriale (D.Lgs. 30/2005).

(34) Sull'argomento, v. V. DENTI, *L'esecuzione forzata in forma specifica*, cit., pp. 68, 158; C. MANDRIOLI, *Esecuzione forzata per consegna o rilascio*, in *Nss. Dig. it.*, VI, Torino, p. 701; ID., *In tema di esecuzione per consegna o rilascio contro il terzo possessore o detentore*, in *Riv. dir. civ.*, 1985, I, p. 579; G. TRISORIO LIUZZI, *L'esecuzione dei provvedimenti di rilascio di immobili*, in *Riv. es. forz.*, 2003, p. 1; F. TOMMASEO, *L'esecuzione*, cit., p. 244; B. CAPPONI, *Manuale*[4], cit., p. 380; G. DI ROSA, *Circolazione immobiliare*, cit., p. 107; M. BOVE, *Esecuzione forzata per consegna o rilascio*, in *Diritto on line Treccani*, 2013.

(35) Sull'argomento v. V. DENTI, *L'esecuzione forzata in forma specifica*, cit., pp. 88, 211; C. MANDRIOLI, *Esecuzione forzata degli obblighi di fare e di non fare*, in *Nss. Dig. it.*, VI, Torino, 1960, p. 764; G. BORRÈ, *Esecuzione forzata degli obblighi di fare e di non fare*, Napoli, 1965; F. TOMMASEO, *L'esecuzione*, cit., p. 248; B. CAPPONI, *Manuale*[4], cit., p. 385; E. SILVESTRI, *Esecuzione forzata degli obblighi di fare o non fare*, in *Diritto on line Treccani*, 2013.

(36) Si è molto discusso e si discute sulla possibilità di utilizzare le forme dell'uno o dell'altro tipo di esecuzione specifica (art. 2930 o art. 2931 c.c.) per eseguire specificamente le obbligazioni aventi ad oggetto una determinata quantità di cose mobili fungibili. Sull'argomento, che qui non può essere approfondito, v. C. MANDRIOLI, *Esecuzione forzata in forma specifica*, cit., p. 59; ID.,

Ma prima ancora di questi due tipi di esecuzione forzata in forma specifica, il codice disciplina (nel titolo secondo del medesimo libro), l'esecuzione forzata in forma generica o – avuto riguardo al modo con cui si attua la trasformazione dei beni del debitore in denaro – esecuzione *per espropriazione*. Ed è appena il caso di aggiungere che proprio questo è il tipo di esecuzione di più frequente utilizzazione, non solo perché l'ordinamento deve spesso rinunciare all'esecuzione specifica, a causa degli ostacoli ai quali sopra si è fatto cenno, ma anche e specialmente perché gran parte dei diritti da eseguirsi hanno originariamente ad oggetto una somma di denaro.

Sotto il profilo strutturale, quest'ultimo tipo di processo è assai più complesso dei due tipi di processo di esecuzione in forma specifica, e ciò per due ragioni: da un lato perché, verificandosi ben raramente la possibilità di rinvenire denaro liquido nel patrimonio del debitore, la conseguente necessità di espropriare i suoi beni per convertirli in denaro costringe l'ordinamento ad una serie di atti che hanno funzione solo strumentale e che sono giuridicamente complessi; ed in secondo luogo perché la trasformazione dei beni del debitore in denaro consente ad eventuali altri creditori di utilizzare gli atti compiuti dal primo creditore procedente, così realizzando un concorso con ripartizione proporzionata ai rispettivi diritti, la cui disciplina presenta aspetti complessi (su ciò, v. oltre, § 18).

5. *L'azione esecutiva e il titolo esecutivo.*

Nell'ambito della nozione dell'azione come diritto alla tutela giurisdizionale, avemmo a suo tempo (v. vol. I, § 16) occasione di contrapporre all'azione di cognizione, intesa come diritto alla tutela giurisdizionale mediante cognizione, l'azione di esecuzione forzata o azione esecutiva, intesa come diritto alla tutela giurisdizionale mediante esecuzione forzata.

Ad ulteriore svolgimento di quei rilievi, dobbiamo ora vedere più da vicino in che cosa l'azione esecutiva differisce dall'azione di cognizione. Più precisamente, ricordato che l'azione di cognizione consiste nel diritto ad un provvedimento di merito sul diritto sostanziale affermato nella domanda, dobbiamo chiarire qual è il diverso oggetto di quel diritto che si suol chiamare *azione esecutiva* (37).

Il rilievo fondamentale da cui si deve partire per rispondere a questa domanda consiste nella constatazione, compiuta al § 2 in fine, che, mentre l'attività di cognizione si fonda sull'affermazione del diritto sostanziale per pervenire al suo

Esecuzione forzata degli obblighi di fare o non fare, in *Nss. Dig. it.*, VI, Torino, 1960, p. 766 e gli interessanti rilievi del TOMMASEO, *Sull'attuazione dei diritti di credito*, cit., p. 498, intesi a dimostrare la possibilità di avvalersi delle forme dell'esecuzione per consegna o rilascio per l'esecuzione delle c.d. «obbligazioni di quantità».

(37) Ampiamente sull'argomento, C. MANDRIOLI, *L'azione esecutiva*, Milano, 1955.

accertamento, l'attività di esecuzione forzata si fonda sull'accertamento del diritto sostanziale per pervenire alla sua attuazione concreta in via coattiva. Questo significa che *l'accertamento che, rispetto all'azione di cognizione, era un punto di arrivo, rispetto all'azione esecutiva è il punto di partenza o il fondamento.*

Gioverà ancora ricordare (v. vol. I, §§ 12 e 13) che l'affermazione del diritto – come fondamento dell'azione di cognizione – condiziona l'esistenza dell'azione stessa nel senso che l'azione di cognizione esiste se il diritto è affermato in modo tale che la domanda appaia accoglibile (nell'ipotesi che risultino veri i fatti affermati); e che questa ipotetica accoglibilità si articola nei requisiti che sono chiamati condizioni dell'azione, ossia dipende: a) dal fatto che sia affermato un diritto come esistente, e come violato o non attuato, e perciò bisognevole di tutela (*interesse ad agire*); b) dal fatto che tale diritto sia affermato come appartenente al soggetto che agisce, nei confronti del soggetto contro il quale agisce (*legittimazione ad agire*); c) dal fatto che tale diritto sia affermato come fondato su norme giuridiche (*possibilità giuridica*).

Tornando all'azione esecutiva, se si tiene presente:

– che essa, e il processo esecutivo da essa introdotto, tende all'esecuzione materiale del diritto sostanziale;

– che ciò presuppone il già avvenuto accertamento di tale diritto;

– che d'altra parte l'esecuzione del diritto, nel processo esecutivo, deve avvenire da parte di un organo idoneo ad eseguire e perciò di regola non idoneo a giudicare o accertare;

appare evidente che l'azione esecutiva deve essere condizionata da un accertamento ed al tempo stesso non può essere condizionata da null'altro che da un accertamento, purché si tratti di un accertamento idoneo a rappresentare o a documentare il diritto (in tutti i suoi elementi soggettivi e oggettivi) all'organo che deve eseguirlo; e ciò senza necessità di altri accertamenti o valutazioni interpretative (38).

---

(38) La natura di atto di accertamento del titolo esecutivo è spesso contestata sotto diversi profili. Da un lato, si osserva che è difficile ravvisare un atto di accertamento nei titoli stragiudiziali; dall'altro lato, che le sentenze di mero accertamento non sono incluse tra i titoli esecutivi elencati nell'art. 474; e ancora, che se il titolo consistesse in un accertamento non si spiegherebbe il concorso dei creditori privi di titolo (v. oltre, § 18).

Con riguardo al primo ordine di critiche, basta qui il richiamo alle osservazioni svolte più avanti, nella nota 40 e nella nota 7 al § 9. Con riguardo al secondo e al terzo ordine di rilievi (ripresi recentemente da M. BOVE, *L'esecuzione forzata ingiusta*, Torino, 1996, pp. 29, 33), va, da un lato, ricordato che il titolo esecutivo è accertamento di un diritto bisognevole di tutela esecutiva (v. vol. I, § 6) ciò che include le sentenze di condanna, automaticamente escludendo quelle di mero accertamento; mentre, dall'altro lato, va tenuta presente la natura particolare dell'azione del creditore interveniente (che lo stesso M. BOVE, *op. cit.*, p. 49, definisce «minore e derivata») e che postula anch'essa una valutazione di sussistenza del diritto, sia pure sommaria e, non per nulla, affidata al giudice dell'esecuzione (e non all'organo esecutivo). V. sul punto, più avanti, le note 44 e 49 e il § 19.

Non vediamo, d'altra parte, perché la recente estensione dell'efficacia di titolo esecutivo alle

Quest'accertamento – che appare come *la sola e vera condizione dell'azione esecutiva* – deve dunque essere consacrato in un documento che lo raffiguri come in una fotografia, cosicché l'organo esecutivo possa operare, munito di quella fotografia, senza preoccuparsi della sua eventuale non corrispondenza con la realtà. Questo documento, che contiene l'accertamento del diritto sostanziale come esistente e come suscettibile di esecuzione forzata, *è il titolo esecutivo* (39); con la quale espressione ci si riferisce ad un tempo: a) al documento *contenente* l'accertamento (la sentenza, la cambiale, l'assegno, ecc.) e che, in quanto documento, assolve anche ad una *funzione probatoria* (v. vol. II, § 40), sia pure nei limiti del semplice riscontro formale che può compiere l'organo esecutivo; b) all'atto di accertamento dell'obbligazione da adempiere in esso *contenuto* (la sentenza come provvedimento, l'obbligazione cambiaria, ecc.).

Il titolo esecutivo è, dunque, un atto di accertamento contenuto in un documento che, nel suo complesso, costituisce la condizione necessaria e sufficiente per procedere all'esecuzione forzata (40). In esso si esauriscono le condizioni del-

---

scritture private autenticate debba contribuire al «tramonto» della nozione del titolo quale condizione necessaria e sufficiente per procedere ad esecuzione forzata (così G. MONTELEONE, *La nuova fisionomia dell'esecuzione forzata*, in *Nuove leggi civ. comm.*, 2006, p. 1011), se è vero che, come lo stesso A. riconosce poche righe più avanti, all'esecuzione forzata non si può procedere senza un «determinato grado di certezza» di un diritto, quel determinato grado di certezza, che è per l'appunto ciò che caratterizza il titolo esecutivo.

(39) Sull'argomento, v. G. CHIOVENDA, *Istituzioni*, I, cit., p. 281; E.T. LIEBMAN, *Le opposizioni di merito nel processo di esecuzione*, Roma, 1936, p. 136; C. FURNO, *Disegno sistematico delle opposizioni nel processo esecutivo*, Firenze, 1942; C. MANDRIOLI, *L'azione esecutiva*, cit., p. 327; F. MAZZARELLA, *Contributo alla teoria del titolo esecutivo*, Milano, 1965; E. GARBAGNATI, *Espropriazione, azione esecutiva e titolo esecutivo*, in *Riv. trim. dir. e proc. civ.*, 1956, p. 1331; F. CARNELUTTI, *Titolo esecutivo*, in *Riv. dir. proc. civ.*, 1931, I, p. 313; ID., *Diritto e processo*, Napoli, 1958, p. 306; I. ANDOLINA, *Introduzione alla teoria del titolo esecutivo*, Milano, 1968; ID., *Contributo alla dottrina del titolo esecutivo*, Milano, 1982; F.P. LUISO, *L'esecuzione «ultra partes»*, Milano, 1984; R. VACCARELLA, *Titolo esecutivo*, in *Enc. Giur. Treccani*, XXXI, Roma, 1994; M. BOVE, *L'esecuzione forzata ingiusta*, cit., p. 26; I. ANDOLINA, *Il titolo esecutivo dopo le recenti riforme del processo esecutivo italiano*, in *Riv. es. forz.*, 2006, p. 14; F. TOMMASEO, *L'esecuzione forzata*, cit., p. 45; E. ZUCCONI GALLI FONSECA, *Attualità del titolo esecutivo*, in *Riv. trim. dir. e proc. civ.*, 2010, p. 67; B. CAPPONI, *Manuale*[4], cit., p. 153; ID., *Vicende del titolo esecutivo nell'esecuzione forzata*, in *Corr. giur.*, 2012, p. 1512.

(40) Per questa nozione del titolo esecutivo, v. C. MANDRIOLI, *L'azione esecutiva*, cit., p. 327. La prevalente dottrina è divisa tra coloro che vedono nel titolo soprattutto un *atto di accertamento* (per quest'orientamento, v. specialmente C. FURNO, *op. loc. cit.*), coloro che vedono in esso soprattutto un *documento* (*prova legale del credito*; spec. F. CARNELUTTI, *op. loc. cit.*) e coloro che lo intendono come *atto costitutivo della sanzione* (E.T. LIEBMAN, *op. loc. cit.*). A coloro che fanno perno sull'atto di accertamento viene di solito obiettato che l'atto, che sta alla base del titolo (atto tra l'altro eterogeneo, perché talora giudiziale e talora negoziale) non produce gli effetti propri dell'atto nel processo esecutivo, ma *fuori* di esso; a coloro che fanno perno sul documento viene di solito obiettato che nel processo esecutivo non esiste un giudizio per il quale il documento possa fungere da prova; a coloro che fanno perno sulla sanzione, viene per lo più obiettato che la sanzione è estranea al campo dei titoli stragiudiziali.

All'opinione esposta nel testo e, più in generale, a tutte le opinioni che si sforzano di ricondurre le diverse specie di titoli esecutivi ad una figura unitaria, viene opposta l'eterogeneità tra titoli

l'azione esecutiva, poiché interesse ad agire, legittimazione ad agire e possibilità giuridica, si riducono ad elementi impliciti nell'accertamento stesso del diritto come eseguibile. Più precisamente: l'interesse ad agire, come bisogno di tutela giurisdizionale esecutiva, è implicito – al pari della possibilità giuridica – nel fatto che il diritto è accertato come eseguibile (41); mentre la legittimazione ad agire è implicita nella coincidenza tra i soggetti dell'azione esecutiva e quelli del titolo esecutivo; ciò che fonda la regola generale per cui *l'azione esecutiva spetta al soggetto che nel titolo esecutivo risulta come creditore, e nei confronti del soggetto che nel titolo esecutivo risulta come debitore* (42).

Abbiamo detto che il titolo esecutivo è condizione necessaria e sufficiente per procedere ad esecuzione forzata. *Necessaria* – precisiamo – poiché (come abbiamo già visto sul piano logico e come vedremo essere enunciato espressamente dal codice: art. 474) non è concepibile esecuzione forzata senza titolo esecutivo (*nulla executio sine titulo*) (43); ciò che non è contraddetto dalla possibili-

---

giudiziali e titoli stragiudiziali; in particolare all'opinione esposta nel testo si obietta (v., ad es., le critiche dell'ANDOLINA, *Il concetto*, cit., p. 30) la difficoltà di ravvisare un atto di accertamento nei titoli stragiudiziali. Ma chi compie queste critiche (in parte non prive di fondamento) è poi costretto a negare la figura unitaria del titolo esecutivo riconoscendola solo nel suo aspetto documentale, in funzione soltanto della successiva attività procedimentale (così in sostanza I. ANDOLINA, *op. cit.*, p. 129 e così anche A. BONSIGNORI, *L'esecuzione forzata*, cit., p. 52).

La realtà è che la qualificazione giuridica del titolo è questione priva di conseguenze pratiche, se è vero che – come riconosce anche chi nega al titolo il ruolo di condizione necessaria e sufficiente dell'azione esecutiva (G. MONTELEONE, *La nuova fisionomia*, cit., p. 1011) – essa soltanto esprime la particolare efficacia «che la legge attribuisce ad un diritto fornito di un determinato grado di certezza».

(41) E tuttavia, Cass. 3 marzo 2015 n. 4228 (in *Giusto proc. civ.*, 2015, p. 929, con nota critica di G. COSTANTINO e in *Riv. es. forz.*, 2015, p. 449, con nota contraria di C. ASPRELLA) inopinatamente (anche nella prospettiva dell'art. 24, 1° comma, Cost.) ha affermato che, ove l'azione esecutiva abbia ad oggetto un credito di natura patrimoniale, nemmeno indirettamente connesso ad interessi di natura non patrimoniale, l'interesse a proporla «non può ricevere tutela giuridica se l'entità del valore economico è oggettivamente minima e quindi tale da giustificare il giudizio di irrilevanza giuridica dell'interesse stesso». In argomento, per ulteriori considerazioni critiche, v. D. MICALI, *«Inammissibilità» e «infruttuosità» dell'espropriazione forzata*, in *Riv. dir. proc.*, 2017, p. 1052; più possibilista, invece, S. SAIJA, *Per un pugno di euro. L'interesse ad agire nell'esecuzione forzata*, in *Riv. trim. dir. e proc. civ.*, 2016, p. 1489.

Invece, non si può escludere che sussista l'interesse ad agire per ottenere un ulteriore titolo esecutivo per il medesimo credito, purché la relativa azione non comporti violazione del divieto di *ne bis in idem* (Cass. 28 agosto 2019 n. 21768, in *Riv. es. forz.*, 2020, p. 420, con nota di E. BENANTI).

(42) In argomento v. C. MANDRIOLI, *Legittimazione ad agire «in executivis» e successione nel credito*, in *Riv. trim. dir. e proc. civ.*, 1957, p. 1351.

(43) Si è osservato (R. VACCARELLA, *Titolo esecutivo*, cit., p. 43) che questa regola non è imposta da necessità logiche, ma va riconosciuta operante soltanto nell'ambito di quella disciplina, poiché non mancano esempi di esecuzioni c.d. speciali (come, ad es., quelle che concernono la riscossione coattiva delle entrate patrimoniali dello Stato di cui al T.U. 14 aprile 1910 n. 639 e l'espropriazione dell'autoveicolo ai termini della L. 15 marzo 1927 n. 436), nelle quali è difficile rinvenire un vero e proprio titolo esecutivo. Ma, è significativo che in quelle esecuzioni speciali sono presenti elementi anche di cognizione (cfr. R. VACCARELLA, *op. cit.*, p. 53). L'opportunità di «smitiz-

tà dell'intervento, nell'espropriazione, di creditori non muniti di titolo (come è previsto dall'art. 499: su ciò, v. oltre, § 18) (44); *sufficiente*, perché gli organi dell'esecuzione forzata sono, come abbiamo visto, dispensati da ogni altro compito diverso da quello dell'eseguire e perciò operano in quanto ci sia (e sia fatto valere) il titolo, anche se, per avventura, il diritto sostanziale in esso accertato sia superato dalla realtà (ad es., colui che è stato accertato essere debitore, ha successivamente adempiuto). In relazione a quest'attitudine, che ha il titolo, di isolare il diritto accertato dalla realtà, e di fondare l'esecuzione con riferimento a quanto risulti da esso, si suole parlare di *efficacia incondizionata del titolo*.

Naturalmente, efficacia incondizionata del titolo non significa impossibilità assoluta di arrestare l'esecuzione di un diritto che non è più esistente o che, successivamente alla formazione del titolo, sia stato riconosciuto come non mai esistito. Ma significa impossibilità di fermare l'esecuzione forzata *senza togliere di mezzo il titolo* o senza quanto meno avviare una procedura intesa a togliere di mezzo il titolo; significa cioè necessità – per fermare l'esecuzione – di contestare il diritto di procedere ad esecuzione forzata, o azione esecutiva, *contestando il titolo*; significa insomma necessità di instaurare un giudizio di cognizione che, pur potendo influire sull'esecuzione, s'inserisce in essa come una parentesi autonoma. Tale giudizio è l'opposizione all'esecuzione (art. 615), che è per l'appunto una delle opposizioni alle quali si è già fatto cenno al § 3 e di cui si parlerà ampiamente nel cap. 5° (ai §§ 35 e 36).

D'altra parte, l'efficacia incondizionata del titolo non esclude – anzi implica – il controllo dell'organo esecutivo circa l'effettiva esistenza di un titolo per eseguire *quel* diritto, a favore di *quel* soggetto che chiede l'esecuzione e contro *quel* soggetto contro il quale l'esecuzione è richiesta. Tale controllo può dare anche esito negativo con la possibilità del rilievo (anche d'ufficio) del difetto di titolo esecutivo (45) e la conseguente dichiarazione di improcedibilità della procedura esecutiva (46), nonché di un *rifiuto* a far luogo all'esecuzione (47). Il quale rifiuto è ovviamente

---

zare» il titolo esecutivo e di spostare l'attenzione dal titolo al processo è prospettata anche da F.P. LUISO, *L'esecuzione*, cit., p. 10. Sull'evoluzione del principio v. G. VERDE, *Attualità del principio «nulla executio sine titulo»*, in *Riv. dir. proc.*, 1999, p. 903; B. CAPPONI, *Dall'esecuzione civile all'ottemperanza amministrativa*, *ivi*, 2018, p. 370.

(44) Chi sostiene la contraddizione richiamata nel testo (ad es., I. ANDOLINA, *«Cognizione»*, cit., p. 67) non tiene adeguato conto, a nostro parere, del fatto che i creditori privi di titolo possono solo intervenire nella fase satisfattiva di un processo espropriativo già in corso ed il cui ambito oggettivo (valore dei beni pignorati) non può tener conto di futuri possibili interventi. Qualora questi si verifichino è possibile un'estensione dei beni pignorati, ma solo da parte dei creditori muniti di titolo (art. 499).

(45) Cass. 19 maggio 2011 n. 11021; Cass. 9 luglio 2001 n. 9293.

(46) Cass. 20 febbraio 2019 n. 4961 (in *Riv. es. forz.*, 2019, p. 606, con nota critica di L. IANNICELLI), per la quale il relativo provvedimento è impugnabile esclusivamente con l'opposizione agli atti esecutivi ex art. 617.

(47) V., sull'argomento, N. JAEGER, *Il rifiuto del pignoramento*, in *Studi urbinati*, 1933, p. 1; G.

anch'esso assoggettato a controlli sia a seguito di ricorso al capo dell'ufficio giudiziario, dal quale l'organo esecutivo dipende (arg. ex art. 60, n. 1) (48), e sia a seguito di un'iniziativa in sede di cognizione (v. anche il § seguente circa il rifiuto di eseguire per difetto di presupposti processuali).

L'azione di cognizione – si vide a suo tempo (vol. I, § 14) – è un diritto *autonomo* dal diritto sostanziale, poiché si rivolge verso un soggetto diverso dal soggetto passivo del diritto sostanziale (lo Stato in persona dei suoi organi giurisdizionali) e tende ad una prestazione diversa da quella alla quale tende il diritto sostanziale: la tutela giurisdizionale mediante cognizione. L'azione esecutiva – il cui esercizio è talora, sul piano funzionale, una prosecuzione dell'esercizio dell'azione di cognizione – è anch'essa *un diritto autonomo dal diritto sostanziale*, per le medesime ragioni: è rivolta ad un soggetto diverso dal soggetto passivo del diritto sostanziale (l'organo esecutivo) e tende ad una prestazione diversa da quella alla quale tende il diritto sostanziale, ossia tende alla prestazione della tutela giurisdizionale mediante esecuzione forzata (v. vol. I, § 16).

Ancora: si vide a suo tempo (v. vol. I, § 14) che l'azione di cognizione è un diritto *astratto* dal diritto sostanziale poiché sussiste indipendentemente dall'esistenza di quest'ultimo, bastando l'affermazione di quel diritto, come ipoteticamente accoglibile. L'azione esecutiva, pur presupponendo l'accertamento del diritto sostanziale, è tuttavia anch'essa *un diritto in certa misura astratto dal diritto sostanziale*, poiché, come si è visto, essa presuppone *soltanto* il titolo, ossia un sufficiente grado di *accertamento* del diritto: e si è visto che diritto accertato nel titolo non significa necessariamente diritto esistente, o ancora esistente, poiché da un lato la legge attribuisce talora l'efficacia di titolo esecutivo ad accertamenti non definitivi, mentre dall'altro lato l'efficacia incondizionata del titolo lo rende insensibile ai mutamenti della realtà giuridica, fino a quando il titolo stesso non sia stato eliminato o modificato.

L'azione di cognizione è diritto all'attività giurisdizionale fino ad un provvedimento sul merito, che l'attore postula a lui favorevole ma che potrebbe anche risultare sfavorevole. L'azione esecutiva è diritto all'attività giurisdizionale esecutiva fino al suo atto conclusivo, che è preordinato alla soddisfazione del diritto, ma che potrebbe anche non conseguire tale soddisfazione per ragioni contingenti (insufficienza del patrimonio del debitore, sopravvenuta distruzione della cosa da consegnare, ecc.).

D'altra parte, a fronte dell'eventualità, accennata da ultimo, che l'azione esecutiva non pervenga al risultato della soddisfazione del credito, può verificarsi l'eventualità opposta: che cioè la soddisfazione del credito possa avvenire attraverso l'esercizio di un'azione speciale abbreviata che prescinde dal suo fondamen-

---

MARTINETTO, *Gli accertamenti*, cit., p. 98. Nega l'esercizio ufficioso di tale potere di controllo M. CIRULLI, *Valori funzionali del processo esecutivo e poteri ufficiosi*, in *Riv. es. forz.*, 2019, p. 250.

(48) V. T. SEGRÈ, *L'ufficiale giudiziario organo giurisdizionale e amministrativo*, in *Riv. dir. proc.*, 1972, p. 310; A. TEDOLDI, *Ufficiale giudiziario*, in *Dig. civ.*, XIX, Torino, 1999, p. 482.

to su un titolo esecutivo, ma che comunque non può essere esercitata se non in un processo esecutivo iniziato da altri (nelle forme dell'espropriazione) fondato su un titolo esecutivo. Ci riferiamo all'intervento nell'espropriazione in corso, da parte dei creditori che, pur non essendo muniti di titolo, possono tuttavia partecipare alla distribuzione del ricavato della vendita. Come vedremo a suo luogo (§ 18), si tratta di un'azione accessoria ad un'altrui azione esecutiva e nel cui esercizio sono riscontrabili gli elementi di un sia pur sommario accertamento in funzione della partecipazione al risultato dell'esecuzione (49).

L'azione esecutiva è, dunque, un diritto autonomo ed astratto, condizionato in maniera necessaria e sufficiente da un titolo esecutivo, ed avente per oggetto la prestazione dell'attività giurisdizionale esecutiva fino al suo compimento in funzione della soddisfazione del diritto accertato nel titolo, ed indipendentemente dall'effettivo conseguimento di questa soddisfazione (50). È appena il caso

---

(49) Si è sostenuto, da un'autorevole corrente della dottrina, ancorché in opere non recenti (V. ANDRIOLI, *Il concorso dei creditori nell'esecuzione singolare*, Roma, 1937, p. 11; E. GARBAGNATI, *Il concorso dei creditori nell'esecuzione singolare*, Milano, 1938, p. 140; S. SATTA, *Esecuzione forzata*, Torino, 1952, p. 100; tutti con posizioni assai differenziate), che l'azione esecutiva possa assumere due figure distinte: *espropriativa* e *satisfattiva*; l'una intesa all'espropriazione e l'altra alla soddisfazione. Si è, tuttavia, obiettato (C. MANDRIOLI, *L'azione esecutiva*, cit., p. 541) che, da un lato, l'eventualità che l'azione espropriativa non consegua il risultato satisfattivo dipende da ragioni contingenti, che non investono l'essenza del diritto: mentre, dall'altro lato, la possibilità che il creditore non munito di titolo possa partecipare alla soddisfazione, costituisce esercizio di una forma particolare di azione esecutiva nella quale non manca un certo grado di accertamento. Del resto, lo stesso E. GARBAGNATI ha successivamente (*Il concorso di creditori nel processo di espropriazione*, Milano, 1959) preferito parlare, anziché di azione satisfattiva, di *azione esecutiva concorsuale*. L'unità dell'azione esecutiva è, d'altra parte, riconosciuta anche da chi (I. ANDOLINA, «*Cognizione*», cit., p. 67) sostiene che il potere di intervento dei creditori privi di titolo implichi un superamento della regola *nulla executio sine titulo* (su quest'opinione, v. retro, la nota 44).

(50) Si è negato che il diritto sostanziale abbia rilievo nel processo esecutivo (M. BOVE, *L'esecuzione forzata ingiusta*, cit., p. 50 e *passim*). Secondo quest'A., la totale autonomia del processo esecutivo dal diritto sostanziale implicherebbe una netta distinzione tra legittimità del processo esecutivo, basata solo sulle norme processuali (*op. cit.*, p. 51), e «giustizia» dello stesso, da valutarsi secondo i parametri del diritto sostanziale; i quali parametri resterebbero estranei al processo esecutivo sia nel suo avvio (poiché il titolo esecutivo si limiterebbe a condizionare il potere dello Stato di aggressione del patrimonio del debitore e non l'azione esecutiva), e sia nella sua prosecuzione, sulla quale non influirebbe direttamente neppure l'accertamento dell'inesistenza del credito, attraverso l'opposizione all'esecuzione. Conseguentemente lo stesso brocardo «*nulla executio sine titulo*» sarebbe accettabile solo nel senso che il titolo condizionerebbe non l'azione esecutiva, ma il potere di aggressione del patrimonio del debitore che spetta solo allo Stato (*op. cit.*, p. 50).

Non ci sembra che quest'esasperazione dell'autonomia e dell'astrattezza dell'azione esecutiva trovi supporto nel diritto positivo e sia, d'altra parte, necessaria né utile per spiegare l'apparente contraddizione insita nel fenomeno per il quale il processo esecutivo si svolge legittimamente anche quando il diritto sostanziale azionato in via esecutiva, si rivela inesistente. Sotto il primo profilo, ci sembra determinante il rilievo che l'art. 476 è assai chiaro nel condizionare l'esecuzione forzata a un «*titolo esecutivo per un diritto*» sostanziale; sotto il secondo, ci sembra determinante il rilievo che la legittimità del processo esecutivo viene paralizzata *proprio per effetto di una pronuncia che accerta l'inesistenza del credito* (v. oltre § 36, nota 60).

di aggiungere, a conclusione di queste notazioni sull'azione esecutiva, che anche gli elementi d'individuazione e d'identificazione (v. vol. I, § 28) di ciascuna singola azione esecutiva si condensano e si esauriscono interamente nel titolo esecutivo (51). Ed infatti, mentre, per quanto concerne i soggetti (*personae*), abbiamo già visto (e meglio vedremo al § 6) come i soggetti dell'azione esecutiva siano precisamente i soggetti (attivo e passivo) del titolo, per quanto concerne gli elementi oggettivi (*petitum* e *causa petendi*), è chiaro che, se il titolo contiene l'accertamento del diritto sostanziale da eseguirsi, dal titolo e solo dal titolo deve risultare la prestazione da conseguirsi in via esecutiva e la ragione giuridica su cui tale prestazione si fonda. Questo, però, non impedisce che il diritto sostanziale accertato nel titolo resti rilevante anche nelle vicende del processo esecutivo, nella misura in cui la disciplina processuale ne prevede le verifiche. Ciò che, come si vedrà, accade non solo con le opposizioni all'esecuzione, ma, nell'espropriazione, anche con le contestazioni in sede di distribuzione del ricavato rispetto ai crediti sia dei creditori intervenuti e sia del creditore procedente (52) (v. oltre, §§ 19 e 30).

6. *I soggetti del processo esecutivo: gli organi, le parti, i terzi; l'efficacia soggettiva del titolo esecutivo.*

Già osservammo al § 3 che talune caratteristiche proprie del processo esecutivo concernono i suoi soggetti e, più precisamente, da un lato, i suoi organi e, dall'altro, quei soggetti che, con la terminologia propria del processo di cognizione, chiamiamo «parti».

Con riguardo agli organi, abbiamo già posto in rilievo (al § 3) che al centro dell'attività esecutiva sta l'*organo esecutivo* (l'ufficiale giudiziario) (53), che, nel processo esecutivo, è assai più che un ausiliario del giudice (v. vol. I, § 43), il

---

(51) In proposito v. le considerazioni, anche in chiave storica, di G. SCARSELLI, *Sulla necessità di ampliare l'ambito dei titoli esecutivi nonché l'accesso all'esecuzione forzata*, in *Giusto proc. civ.*, 2012, p. 89.

(52) Si è sostenuto che anche la sussistenza del diritto sostanziale, e non solo del titolo esecutivo, condiziona l'azione esecutiva (A.A. ROMANO, *Espropriazione forzata e contestazione del credito*, Napoli, 2008, pp. 50, p. 331). Opinione questa che è condivisibile solo in parte, ossia con la precisazione che la sussistenza del credito non si affianca al titolo nel condizionare *la proposizione* dell'azione esecutiva, ma solo la possibilità di *proseguire* e superare la fase dei possibili controlli interni al processo esecutivo. Dal che, a nostro parere, consegue non «un colpo fatale al modo di intendere l'astrattezza dell'azione esecutiva» (*ivi*, p. 160), ma solo un'ulteriore limitazione al suo grado di astrattezza.

(53) Sull'argomento, v. T. SEGRÈ, *L'ufficiale giudiziario* ecc., cit.; S. LA CHINA, *L'esecuzione forzata*, cit., p. 86; A. TEDOLDI, *Ufficiale giudiziario*, cit., p. 482; F. TOMMASEO, *L'esecuzione*, cit., p. 35; B. CAPPONI, *Manuale*[4], cit., p. 68; A. SPERTI, *I poteri officiosi dell'ufficiale giudiziario nell'esecuzione forzata ordinaria*, in *Riv. es. forz.*, 2017, p. 136.

quale, d'altra parte, opera nell'ambito di un *ufficio giudiziario*. Questo ufficio giudiziario (che il codice chiama genericamente «giudice» nel senso ampio, appunto, di ufficio giudiziario: v. vol. II, § 13) per ora è soltanto il tribunale. Anche se il D.Lgs. 116/2017 ha stabilito che – a partire dal 31 ottobre 2025 – il processo esecutivo di espropriazione sui beni mobili passi alla competenza del giudice di pace (art. 15 bis).

Nell'ambito di quest'ufficio giudiziario operano anche altri organi, tra i quali primeggia, per importanza di mansioni, il *giudice dell'esecuzione* (v. oltre, § 14; «giudice», qui, nel senso di organo giudiziario: v. ancora vol. II, § 13), con funzioni direttive della procedura, ordinatorie e, genericamente, di controllo. Altre funzioni ordinatorie spettano al presidente del tribunale quale capo dell'ufficio giudiziario (v., ad es., artt. 482, 484, 488, 2° comma, ecc.); ed altre ancora al *cancelliere*, analoghe a quelle che a questo organo competono nel processo di cognizione (v. vol. I, § 43). D'altra parte, le funzioni decisorie (che sono solo marginali nell'esecuzione forzata) appartengono al giudice dell'esecuzione nel ruolo di tribunale in composizione monocratica (art. 281 quater).

Per quanto concerne le parti, le osservazioni compiute al § 3 nel senso che esse vengono qui in rilievo senz'altro come *creditore* e, rispettivamente, *debitore*, vanno alquanto sviluppate specie con riguardo a quanto abbiamo rilevato nel § precedente circa la funzione, propria del titolo esecutivo, di individuare anche il profilo soggettivo del diritto che si porta ad esecuzione. L'azione esecutiva spetta, come appunto osservammo, al soggetto che nel titolo risulta creditore e nei confronti del soggetto che nel titolo risulta debitore.

Ma questa titolarità (attiva e passiva) dell'azione esecutiva in che rapporto sta con la qualità di parte? E, più precisamente, si può parlare di parti nel processo esecutivo così come si parla di parti nel processo di cognizione? (54).

Nel processo di cognizione – si ricorderà (v. vol. I, § 44) – la qualità di parte prescinde, oltre che dalla titolarità del rapporto sostanziale, anche dalla titolarità dell'azione e perfino dal potere di proporre la domanda; tale qualità dipende in realtà soltanto dal fatto della proposizione di una domanda e spetta a colui che propone (o nel cui nome è proposta) la domanda stessa, nonché a colui nei cui confronti la domanda è proposta.

Nel processo esecutivo la situazione è differente perché, come si è visto nel § precedente, e come del resto enuncia testualmente il codice (art. 474; v. oltre, § 9) questo processo non può neppure avere inizio senza un titolo esecutivo, ossia senza il previo accertamento dell'esistenza (con la sua titolarità attiva e passiva)

---

(54) Sull'argomento, v. C. MANDRIOLI, *Il terzo nel processo esecutivo*, in *Riv. dir. proc.*, 1954, p. 159; S. LA CHINA, *L'esecuzione forzata* ecc., cit., p. 289; F.P. LUISO, *Efficacia del titolo esecutivo verso terzi*, I, Perugia, 1979; ID., *L'esecuzione «ultra partes»*, cit., p. 373; A. BONSIGNORI, *L'esecuzione forzata*, cit., p. 33; F. TOMMASEO, *L'esecuzione*, cit., p. 23; B. CAPPONI, *Manuale*[4], cit., p. 71; L. DURELLO, *Contributo allo studio della tutela del terzo nel processo esecutivo*, Napoli, 2016.

del diritto che si porta ad esecuzione. E poiché questa titolarità attiva e passiva, che coincide con la titolarità dell'azione esecutiva, è determinata dalla qualità di creditore e, rispettivamente, di debitore, secondo quanto risulta dal titolo esecutivo, se ne può desumere che, almeno in linea di principio (e salve le estensioni previste dal codice con riguardo ai successori: artt. 475, 2° comma, 477, 111; v. oltre, § 10), il processo esecutivo ha, come sue parti, per l'appunto, questi due soggetti, i quali, secondo la terminologia propria del processo di cognizione, sarebbero invece le parti legittimate o «giuste parti» (v. vol. I, § 44) (55).

Naturalmente questa conclusione è valida nei limiti in cui il processo esecutivo viene condotto sul fondamento di un titolo esecutivo e si mantiene nell'ambito della sua portata soggettiva; ciò che, nella concreta realtà, potrebbe anche non verificarsi: quando, ad es., il titolo esecutivo fosse tale solo in apparenza, o quando, per errore, l'ufficiale giudiziario agisse contro un soggetto diverso da colui che nel titolo risulta debitore o a favore di un soggetto diverso da colui che nel titolo risulta creditore. Quando ciò si verifica, quando cioè accade che un soggetto proponga la domanda di esecuzione senza che un titolo lo qualifichi tale, o si agisca nei confronti di un soggetto senza che il titolo lo qualifichi debitore; quando dunque si verifichi una di queste ipotesi, si deve ritenere che quei soggetti assumano una qualità assimilabile a quella della parte, in un processo che, sia pure eccezionalmente, si svolge al di fuori della portata soggettiva del titolo. E ciò, naturalmente, a prescindere dai rimedi che il codice prevede per ovviare a tale irritualità, con le forme delle opposizioni nel processo esecutivo.

In particolare, il codice attribuisce i poteri d'iniziativa al «creditore», mentre al «debitore» attribuisce altri più limitati poteri intesi soprattutto a tutelare la legittimità e, in certa misura, anche l'opportunità, del modo col quale questi subisce l'esecuzione. Tra i poteri del debitore che, per i rilievi ora compiuti, debbono essere considerati estesi a coloro ai quali viene, in concreto, fatto assumere il ruolo del debitore, è compresa anche (come si vedrà meglio al cap. 5°) la legittimazione all'opposizione all'esecuzione ed all'opposizione agli atti esecutivi.

Questa nozione delle parti (*«i soggetti che risultano rispettivamente creditore e debitore nel titolo»*) ed il suo allargamento nel senso di *ricomprendervi coloro che, di fatto, assumono o ai quali viene fatto assumere quel ruolo*, è utile anche per individuare, di riflesso, la nozione del *terzo* nel processo esecutivo (56). Se, in-

---

(55) A quest'ordine di rilievi si è ricondotto il fondamento della c.d. *perpetuatio legitimationis* passiva nel processo espropriativo, che rimane insensibile all'eventuale alienazione del bene dopo il pignoramento (G. LASERRA, *L'alienazione del bene pignorato e la legittimazione nel processo espropriativo*, in *Studi in onore di E.T. Liebman*, III, Milano, 1979, p. 2231). Secondo quest'A. il fondamento positivo della *perpetuatio legitimationis* di cui trattasi va rinvenuto non già negli artt. 2913 e 2914 c.c. e neppure nell'art. 111 c.p.c., ma piuttosto nell'art. 2919 c.c. In proposito v. anche G. TOTA, *Note sulla successione a titolo particolare nel processo esecutivo*, in *Riv. es. forz.*, 2002, p. 605; B. CAPPONI, *Manuale*[4], cit., p. 71; in giurisprudenza, Cass. 13 giugno 2013 n. 14851.

(56) Sull'argomento v., soprattutto, C. PUNZI, *La tutela del terzo nel processo esecutivo*, Milano, 1971; F.P. LUISO, *Efficacia del titolo esecutivo*, cit.; ID., *L'esecuzione «ultra partes»*, cit., p. 375;

fatti, in linea di principio, terzi sono tutti coloro che non risultano creditori o debitori nel titolo, in linea pratica si deve negare la qualità di terzo a coloro che assumono o ai quali viene fatto assumere il ruolo di creditore o debitore senza che risultino tali nel titolo. È appunto al lume di questi rilievi che si potrà a suo tempo (v. oltre, § 32) precisare e delimitare il significato della qualifica di terzi, che il codice attribuisce a certi soggetti (ad es. negli artt. 602 e ss.); e così determinare la legittimazione all'opposizione del terzo nel processo esecutivo (v. oltre, § 38); e così, infine, inquadrare, sotto il profilo soggettivo, due figure che il codice disciplina con riferimento più specifico all'esecuzione per espropriazione: la c.d. espropriazione presso terzi (v. oltre, § 23) e l'intervento dei terzi nell'espropriazione (v. oltre, § 18).

Quest'ultima figura, nella quale si concreta il fenomeno della pluralità di parti (su cui v. vol. I, §§ 54 e ss.) nel processo esecutivo, implica un temperamento – ma non una smentita – alla regola *nulla executio sine titulo.* Ed infatti, se è vero che (come si vedrà ampiamente al § 18) l'istituto in discorso consente ad alcune categorie di creditori sprovvisti di titolo esecutivo di partecipare all'espropriazione (art. 499, 1° comma), è altrettanto vero che ciò è possibile soltanto attraverso l'intervento di tali creditori in un'espropriazione già iniziata da almeno un creditore provvisto di titolo esecutivo (57).

Un temperamento della regola *nulla executio sine titulo* emerge anche dal fenomeno per il quale talora l'esecuzione può avvenire *legittimamente* nei confronti o a favore di soggetti diversi da quelli che risultano dal titolo. I casi nei quali ciò si verifica sono per lo più previsti dalla legge (di alcuni di essi avremo occasione di occuparci più avanti: ad es., al termine del § 10 a proposito del fenomeno successorio nel processo esecutivo); che poi questi casi debbano essere considerati eccezionali oppure espressione di un criterio generale che investe la portata soggettiva del titolo, è grave problema sul quale si è cimentato un approfondito (ancorché non riuscito) tentativo di dimostrare l'esistenza di un siffatto criterio generale nel senso dell'identificazione della portata soggettiva del titolo con la portata soggettiva del giudicato o dell'efficacia negoziale (58).

F. TOMMASEO, *L'esecuzione*, cit., p. 27; L. DURELLO, *Contributo*, cit., p. 49. V. anche retro, la nota 54. In proposito v. anche Cass. sez. un. 11 aprile 2012 n. 5701, per la quale sono da considerare «terzi» coloro che presentano offerte nella vendita forzata (ma diventano «parti» ove si verifichi un contrasto, anche se non formalizzato in opposizione agli atti esecutivi).

(57) Su questo tema, v. E. GARBAGNATI, *Il concorso dei creditori nel processo di espropriazione*, Milano, 1959; più di recente, A.A. ROMANO, *Intervento dei creditori*, in *Dig. civ.*, II, Torino, 2007, p. 749; R. ORIANI, *Intervento dei creditori nell'esecuzione forzata*, in *Enc. Giur. Treccani*, XVIII, Roma, 2009.

(58) F.P. LUISO, *L'esecuzione «ultra partes»*, cit., pp. 81, 221, 231, 369. Questa ricostruzione, che parte dalla contrapposizione tra la nozione del titolo in senso sostanziale e in senso documentale (*op. cit.*, p. 81), si impernia sul rilievo che il titolo, pur costituendo l'indispensabile fondamento dell'esecuzione, non contiene l'intero «programma» del processo esecutivo (*op. cit.*, p. 98); il quale, a seguito dei possibili svolgimenti della situazione sostanziale risultante dal titolo, può dar

Operazione diversa e non priva di elementi di delicatezza, è quella che concerne la determinazione della portata obbiettiva del titolo, ossia della sua interpretazione (59).

7. *I presupposti del processo esecutivo: presupposti generali (competenza, capacità e legittimazione processuale) e speciali (notificazione del titolo e del precetto).*

La nozione dei presupposti processuali che, a suo tempo (vol. I, § 10), venne esaminata nella elaborazione che la dottrina ne ha effettuato con particolare riguardo al processo di cognizione, può essere facilmente adattata al processo esecutivo. Ricordiamo che, a proposito del processo di cognizione, con l'espressione «presupposti processuali» ci si suole riferire a quei requisiti che debbono esistere prima della proposizione della domanda affinché il processo possa pervenire ad una pronuncia sul merito anziché arrestarsi ad una pronuncia sul processo. Orbene, l'adattamento di questa nozione al processo esecutivo riguarda,

---

luogo ad effetti *ultra partes*, talora *con contraddittorio* (come, ad es., nel caso degli artt. 602 e ss.) e talora *senza contraddittorio* (come, ad es., nel caso di efficacia diretta del titolo verso gli eredi: art. 477; o verso i subconduttori o altri detentori non qualificati); in ogni caso, l'ordinamento, di fronte al dilemma fra la necessità di un titolo esecutivo o l'eventualità di un'esecuzione ingiusta, opta per questa seconda soluzione, contando sulla garanzia offerta dal rimedio dell'opposizione all'esecuzione (*op. cit.*, p. 81).

Per un'ampia critica della tesi in argomento fondata sulla dimostrazione dell'autonomia della disciplina dell'ambito dell'efficacia esecutiva rispetto a quella dell'ambito del giudicato, v. C. MANDRIOLI, *In tema di rapporti tra estensione soggettiva del giudicato ed estensione soggettiva del titolo esecutivo*, in *Riv. dir. proc.*, 1985, p. 448 e in *Studi in onore di E. Allorio*, I, Milano, 1989, p. 343; A. BONSIGNORI, *L'esecuzione forzata*, cit., p. 63; L. MONTESANO, in *Riv. trim. dir. e proc. civ.*, 1987, p. 930, anche per rilievi attinenti alle garanzie costituzionali. Più aperto all'impostazione in argomento, A. CHIZZINI, *L'intervento adesivo*, II, Padova, 1992, p. 741, anche in nota.

Non ci sembra che dal problema generale della portata soggettiva del titolo esecutivo debba esser fatta dipendere (come si è prospettato) la soluzione del quesito se il socio illimitatamente responsabile di una società di persone (e come tale, titolare del beneficio di escussione) sia legittimato a proporre opposizione ex art. 615 ad un'esecuzione preannunciata col precetto nei confronti del socio responsabile, sulla base di un titolo (nella specie decreto ingiuntivo) nei confronti della sola società. Nel senso della sussistenza di tale legittimazione si è pronunciata Cass. 15 luglio 2005 n. 15036, in *Giur. it.*, 2007, p. 1466, con nota di V. TRIPALDI, adesiva, ma con argomentazioni ricondotte al suddetto problema generale. In realtà, ci sembra che la legittimazione in argomento debba essere riconosciuta – oltre che per il rilievo della mancanza di titolo esecutivo nei confronti del socio – anche e proprio in forza del beneficio di escussione, se è vero che tale beneficio opera (come ritiene la giurisprudenza prevalente) già in sede di cognizione; sicché, al di là del quesito sulla legittimazione (sul quale soltanto si è pronunciata la sentenza citata), sembra si debba desumerne anche la fondatezza della opposizione.

(59) Sull'argomento, v. F. BUCOLO, *Appunti, segnalazioni e proposte nell'interpretazione del titolo esecutivo*, in *Giur. it.*, 1983, IV, 136, che, segnalata la lacuna legislativa al riguardo, propone come tendenziale punto di riferimento, l'art. 12 delle preleggi in tema di interpretazione della legge.

oltre che la determinazione del momento di proposizione della domanda, la precisazione di ciò che è condizionato dai requisiti in discorso (in luogo della pronuncia sul merito), nonché l'individuazione delle particolarità con le quali, in caso di mancanza di quei requisiti, può avvenire l'arresto del processo.

La proposizione della domanda è, come si è già visto al § 3, quell'atto col quale, dopo gli atti introduttivi e preparatori (notificazione del titolo esecutivo e del precetto: v. §§ 11 e 12), ci si rivolge all'organo esecutivo per chiedere il pignoramento (come atto iniziale dell'espropriazione) (art. 491) o la consegna o il rilascio di cose mobili o immobili (art. 606); oppure al tribunale per chiedere la determinazione delle modalità dell'esecuzione degli obblighi di fare o non fare (art. 612) oppure, infine, senz'altro al giudice dell'esecuzione per chiedere l'assegnazione o la vendita delle cose soggette a pegno od ipoteca (art. 502). I presupposti di cui appresso debbono pertanto esistere prima del compimento dell'uno o dell'altro di questi atti, a seconda del tipo di esecuzione. Conseguentemente, la validità degli atti preparatori anteriori a quel momento prescinde dai presupposti in discorso e va valutata autonomamente.

Anche nel processo esecutivo, la presenza dei requisiti in argomento condiziona l'attitudine del processo a pervenire al suo risultato; ma poiché questo risultato non è un *dictum* (pronuncia), ma un *factum*, è chiaro che i presupposti del processo esecutivo condizionano il compimento dell'esecuzione. Il che peraltro non impedisce che, in caso di mancanza di uno o più di quei requisiti, il conseguente rifiuto di effettuare l'esecuzione possa e debba concretarsi in una pronuncia (ovviamente, sul processo: v. vol. I, § 10). La quale pronuncia assumerà le forme proprie del provvedimento di cognizione (sentenza), se il difetto del requisito ha dato luogo ad una di quelle parentesi di cognizione che abbiamo visto (§ 3) essere le opposizioni esecutive. Nell'ipotesi contraria, il codice non si cura di disciplinarne le forme, che pertanto saranno quelle più idonee al conseguimento dello scopo (art. 121: v. vol. I, § 64), non escluse quelle orali (come, ad es., il c.d. rifiuto di pignoramento da parte dell'ufficiale giudiziario, ancorché assoggettato ad un possibile controllo attraverso un ricorso al capo dell'ufficio giudiziario, dal quale l'ufficiale giudiziario dipende; arg. ex art. 60, n. 1) (60).

Venendo ora ai singoli presupposti processuali generali (ossia comuni anche al processo di cognizione) ed incominciando dalla *competenza*, si deve anzitutto osservare che le regole di competenza vengono qui in rilievo sia con riguardo diretto all'organo esecutivo (ufficiale giudiziario) e sia con riguardo all'ufficio giudiziario, nel cui ambito opera l'organo esecutivo. Sotto il primo profilo, basterà tener presente che, per il D.P.R. 15 dicembre 1959, n. 1229 (art. 106), l'ufficiale giudiziario ha competenza (funzionale) esclusiva per compiere gli atti del proprio ministero nell'ambito della circoscrizione al quale è addetto, con riguardo, cioè, al luogo di compimento dell'atto e non alla competenza dell'autorità giudi-

---

(60) Sull'argomento v. ampiamente G. MARTINETTO, *Gli accertamenti*, cit., pp. 37, p. 49; in particolare sul rifiuto del pignoramento, p. 98.

ziaria (61). Con riguardo a quest'ultima, invece, non abbiamo che da richiamare le regole che, essendo dettate dal codice nel libro primo, in sede di disposizioni generali, avevamo già esaminato a suo tempo (vol. I, §§ 36 e 37). Un esame coordinato di queste regole porta a riscontrare che, sotto il profilo della *materia* la competenza in materia esecutiva è, per ora, soltanto del tribunale. Sebbene – come abbiamo già visto – il D.Lgs. 116/2017 abbia previsto l'attribuzione al giudice di pace della competenza per l'espropriazione forzata su beni mobili, ma solo a partire dal 31 ottobre 2025. Stabilisce, infatti, l'art. 15 bis che, a partire da tale data, «*per l'espropriazione forzata di cose mobili è competente il giudice di pace*», mentre «*per l'espropriazione forzata di cose immobili e di crediti è competente il tribunale*». Tuttavia, «se cose mobili sono soggette all'espropriazione forzata insieme con l'immobile nel quale si trovano, per l'espropriazione è competente il tribunale anche relativamente ad esse».

Con riguardo al *territorio* la competenza spetta:

a) *al giudice del luogo ove le cose si trovano*, se si tratta di esecuzione su cose mobili o immobili (ma, se si tratta di esecuzione su autoveicoli, motoveicoli e rimorchi, è competente il giudice del luogo in cui il debitore ha la residenza, il domicilio, la dimora o la sede) (art. 26, 1° e 2° comma);

b) *al giudice del luogo dove il debitore ha la residenza, il domicilio, la dimora o la sede*, nel caso di espropriazione forzata di crediti (a meno che il debitore non sia una delle P.A. indicate dall'art. 413, 5° comma, perché in questo caso è competente il giudice del luogo dove ha sede l'ufficio dell'Avvocatura dello Stato nel cui distretto il creditore ha la residenza, il domicilio, la dimora o la sede) (art. 26 bis) (62);

---

(61) V. T. SEGRÈ, *L'ufficiale giudiziario*, cit.; S. LA CHINA, *L'esecuzione forzata*, cit., p. 86; A. TEDOLDI, *Ufficiale giudiziario*, cit., p. 482; F. TOMMASEO, *L'esecuzione*, cit., p. 35; B. CAPPONI, *Manuale*[4], cit., p. 68.

(62) Così il 1° comma dell'art. 26 bis dopo le modifiche in esso introdotte dall'art. 1, 29° comma, della L. 206/2021 (come già rilevato retro, al § 37 del vol. I). La nuova disposizione si applica ai procedimenti instaurati a decorrere dal centottantesimo giorno successivo alla data di entrata in vigore della stessa legge (24 dicembre 2021). In precedenza il riferimento era al «giudice del luogo in cui il terzo ha la residenza, il domicilio, la dimora o la sede».

Si tratta di competenza esclusiva, anche nel caso in cui sia indicata da una legge speciale (Cass. 16 febbraio 2021 n. 3881, in *Giur. it.*, 2021, p. 1853; Cass. 4 aprile 2018 n. 8172; pronuncia commentata, insieme a Trib. Modena 14 aprile 2018, da M. PACILLI, in *Riv. trim. dir. e proc. civ.*, 2019, p. 381). In argomento, v. anche M. RUSSO, *La nuova competenza in materia di espropriazione presso terzi*, in *Giur. it.*, 2015, p. 1773; G. MICCOLIS, *Le modifiche alla disciplina dell'esecuzione forzata: quadro generale*, in *Foro it.*, 2015, V, 76; D. LONGO, *Foro relativo all'espropriazione forzata dei crediti*, in «*Misure urgenti per la funzionalità e l'efficienza della giustizia civile*», a cura di D. DALFINO, Torino, 2015, p. 149; M.A.P. FRANCOLA, *Misure per l'efficienza e la semplificazione del processo esecutivo*, in *La nuova riforma del processo civile*, a cura di F. SANTANGELI, Roma, 2015, p. 254; v. anche i rilievi critici di V. COLESANTI, *L'infelice situazione del terzo debitore (anche dopo le recenti riforme)*, in *Riv. dir. proc.*, 2015, p. 1348; S. VINCRE, in AA.VV., *Le nuove riforme dell'esecuzione forzata*, Torino, 2016, p. 3; A. SALETTI, *ibidem*, p. 7.

c) infine, nel caso di esecuzione degli obblighi di fare o non fare, *al giudice del luogo dove l'obbligo deve essere adempiuto* (art. 26, 3° comma) (63).

Per completezza di argomento conviene anche ricordare qui le regole di competenza relative alle cause (che sono di cognizione, come abbiamo notato più volte) di opposizione nel processo esecutivo. Per queste cause, il codice, con riguardo alla distribuzione della competenza tra giudici di tipo diverso, fa riferimento al criterio del valore secondo quanto più specificamente indicato dall'art. 17; mentre, per quanto riguarda il territorio, l'art. 27 c.p.c. si riferisce al luogo dell'esecuzione o al luogo dove si svolge l'esecuzione.

Per quanto concerne quell'ulteriore presupposto processuale generale che vedemmo (v. vol. I, §§ 45 e 46) essere *la legittimazione processuale*, con riferimento alla capacità processuale, da un lato, e alla rappresentanza processuale dall'altro lato, sembra sufficiente, qui, il semplice richiamo a quanto dicemmo, in argomento, in sede di esame delle disposizioni generali. Ed infatti, la formulazione degli artt. 75 e ss. in sede di disposizioni generali è tale da consentire l'applicazione di queste norme anche nel processo esecutivo (64). Così se, ad es. con riguardo alle società di persone, si ritiene che la legittimazione processuale spetti ad esse in quanto dotate di autonoma soggettività giuridica, e non ai singoli soci (v. vol. I, § 46, al richiamo della nota 46), è logico desumerne che il titolo esecutivo contro la società non abbia efficacia contro i singoli soci e viceversa (65).

L'art. 26 bis rileva solo ai fini della determinazione della competenza e non anche della giurisdizione, rispetto alla quale assume rilevanza la natura del credito (Trib. Milano 19 maggio 2016, in *www.processocivileweb.it*; per questa ragione A. GIUSSANI-M. CASSIANI, *Il pignoramento di crediti di debitori esteri e art. 26 bis c.p.c.*, in *Riv. dir. proc.*, 2018, p. 1182, sospettano della legittimità costituzionale dell'art. 26 bis laddove il debitore non abbia residenza, domicilio, dimora o sede in Italia).

(63) Salvo, naturalmente, il più ampio raggio di efficacia del titolo esecutivo europeo (v., sul punto, E. D'ALESSANDRO, *Il titolo esecutivo europeo nel sistema del regolamento n. 1215/2012*, in *Riv. dir. proc.*, 2013, p. 1044). In proposito v. anche retro, § 51, nota 25, nel vol. III.

(64) Con la conseguenza che, qualora il debitore interdetto si sia costituito in proprio, e non in persona del tutore, legale rappresentante, detta nullità è sanabile, con efficacia *ex tunc*, a seguito del riacquisto della capacità processuale in pendenza di processo esecutivo (Cass. 23 marzo 2017 n. 7403). Sull'argomento v. comunque S. LA CHINA, *L'esecuzione forzata*, cit., p. 221.

Per l'osservazione che il giudice dell'esecuzione deve rilevare, anche d'ufficio, il difetto di competenza, come anche il difetto di giurisdizione, la litispendenza e la continenza, nonché il difetto di legittimazione processuale, v. G. TARZIA, *Il contraddittorio*, cit., p. 226.

(65) Al contrario, nelle società in nome collettivo, la posizione dei soci dipende da quella della società, e dunque il titolo esecutivo contro quest'ultima spiega i suoi effetti anche nei confronti dei soci (Cass. 23 maggio 2011 n. 11311; Cass. 18 giugno 2009 n. 14165, in *Giur. it.*, 2009, p. 2710; Cass. 16 gennaio 2009 n. 1040; Cass. 6 ottobre 2004 n. 19946, in *Riv. es. forz.*, 2005, p. 175), salvo però il beneficio d'escussione di cui all'art. 2304 c.c., che opera solo in sede esecutiva e cautelare (Cass. 3 gennaio 2014 n. 49; R. BILLÈ, in *Riv. es. forz.*, 2005, p. 281).

Sulle particolarità dell'esecuzione forzata nei confronti della P.A. v. C. DELLE DONNE, *L'esecuzione forzata nei confronti della Pubblica Amministrazione alla luce del codice del processo ammi-*

Infine, occorre tenere presente che, in quanto il processo esecutivo ha inizio con la proposizione della domanda con le modalità accennate all'inizio di questo §, il regolare compimento, prima della domanda, di quegli atti che debbono precederla e che abbiamo chiamato preparatori (sui quali v. il cap. 2°, §§ 11 e 12), assume tutti i caratteri del presupposto processuale e naturalmente con riguardo specifico al solo processo esecutivo. Il che in pratica significa che – come del resto il codice dispone espressamente (art. 479) – l'organo esecutivo non può dar corso alla domanda di esecuzione se non gli viene esibita, insieme col titolo esecutivo, la documentazione dell'avvenuta notificazione del titolo stesso e del precetto.

8. *I difensori nel processo esecutivo. Gli atti conclusivi del processo esecutivo. Le spese dell'esecuzione forzata.*

Nel processo di cognizione (v. vol. I, § 48) il ministero del difensore costituisce strumento necessario per l'esercizio dell'attività processuale delle parti, salve le eccezioni che abbiamo visto a suo tempo; l'assistenza è, invece, soltanto eventuale e facoltativa (art. 87). Queste regole sono in linea di massima applicabili anche nel processo esecutivo in quanto le norme sulle quali si fondano, dettate in sede di disposizioni generali, sono facilmente adattabili all'esecuzione forzata, anche se formulate con la terminologia propria della cognizione. Tale adattamento deve, tra l'altro, tener conto della rilevata differenza strutturale (nel processo esecutivo) della posizione delle due parti, delle quali soltanto il creditore assume di solito un ruolo attivo. Il che rende chiaro che soltanto rispetto al creditore la regola della necessità del ministero del difensore può dirsi pienamente operante (66), con esclusione tuttavia del precetto, in quanto questo atto non appartiene ancora al processo esecutivo (67), nonché, secondo la prevalente giurisprudenza e dottrina (68), dell'istanza di vendita; mentre il debitore, che non

---

nistrativo e del primo decreto correttivo, in *Riv. es. forz.*, 2011, p. 550; E. CAVUOTO, *L'attuazione della condanna civile contro la Pubblica Amministrazione tra esecuzione e ottemperanza*, in *Giusto proc. civ.*, 2019, p. 413; AA.VV., *L'esecuzione forzata nei confronti della Pubblica Amministrazione*, a cura di D. DALFINO e A.D. DE SANTIS, Milano, 2021.

(66) Cfr. S. LA CHINA, *L'esecuzione forzata*, cit., p. 278; F. TOMMASEO, *L'esecuzione forzata*, cit., p. 30, che parla di onere *attenuato*. Al creditore va assimilato, a questi effetti, l'interveniente (così Cass. 17 dicembre 1984 n. 6603, in *Foro it.*, 1985, I, 2041). Per l'applicabilità dell'art. 84 nel processo esecutivo, con particolare riguardo alla legittimazione a ricevere gli atti, v. Cass. 3 agosto 1987 n. 6690.

(67) V., al riguardo, il § 12, nota 47 e la giurisprudenza della Cassazione ivi menzionata.

(68) V. Cass. 10 dicembre 1976 n. 4595, in *Foro it.*, 1976, I, 2959; v. anche G. TARZIA, *Il contraddittorio*, cit., p. 222, che rileva come l'onere del patrocinio sia previsto, dall'art. 170 disp. att., per il pignoramento immobiliare (nello stesso senso Cass. 20 aprile 2012 n. 6264; contra, su quest'ultimo punto, Cass. 3 aprile 1982 n. 2069).

ha evidentemente bisogno di difensore quando si limita a subire gli atti esecutivi, deve sottostare all'onere del patrocinio ogni qual volta assume iniziative o formuli richieste davanti al giudice dell'esecuzione, oltre che, ovviamente, quando assume iniziative di opposizione.

Con riguardo agli atti conclusivi del processo esecutivo, conviene ricordare che – come rilevammo al § 3 – l'attività propria dell'organo esecutivo si estrinseca in «operazioni», mentre l'attività (più o meno marginale, nel processo esecutivo) del giudice si estrinseca di solito in provvedimenti ordinatori quali l'ordinanza e il decreto e non in provvedimenti decisori quali le sentenze (con le quali si concludono normalmente, invece, quelle parentesi di cognizione che sono le opposizioni nel processo esecutivo). Da questi rilievi emerge *che il processo esecutivo si conclude con atti di diversa natura, ma che presentano tutti l'elemento negativo dell'assenza della incontrovertibilità propria del giudicato.* Ciò che, peraltro, non esclude quel minimo di definitività che è implicito nella irrevocabilità di questi atti conclusivi, una volta chiuso il processo. Questa irrevocabilità implica una sorta di preclusione rispetto alle questioni risolte nel processo stesso (69); la quale preclusione copre anche la stessa possibilità di far valere i vizi del

---

La c.d. *preclusione* pro judicato

(69) E. REDENTI, *Diritto processuale civile*, III, Milano, 1954, p. 198, parla, a questo proposito, di *preclusione pro judicato.* A parte un certo margine di equivocità insito nell'espressione, è innegabile che l'assetto giuridico conseguente all'esecuzione non può essere contestato *in quanto conseguente al processo esecutivo*, mentre può essere contestato sotto il profilo sostanziale come esigono i principi che concernono la ripetizione dell'indebito (si pensi al debitore che ha subìto l'espropriazione in forza di un titolo esecutivo provvisorio poi venuto meno: Cass. 9 luglio 2020 n. 14601, in *Riv. es. forz.*, 2020, p. 1011, con nota di M.P. GASPERINI), sempre che ciò non sia impedito dal giudicato (come accadrebbe per il debitore che ha subìto l'esecuzione in forza di una sentenza passata in giudicato o che si sia visto respingere l'opposizione all'esecuzione con sentenza passata in giudicato). Ciò che conferma che il giudicato può formarsi solo in sede di cognizione (così anche, G. TOMEI, *Cosa giudicata e preclusione nei processi sommari ed esecutivi*, in *Riv. trim. dir. e proc. civ.*, 1994, p. 859). Contro l'applicabilità, nella specie, degli artt. 2033 e 2041 c.c., v. peraltro A. BONSIGNORI, *L'esecuzione forzata*, cit., p. 160; B. CAPPONI, *La verificazione dei crediti nell'espropriazione forzata*, Napoli, 1990, p. 212; ID., *Manuale*[2], cit., p. 366. Peraltro, si è giustamente osservato che attribuire all'avvenuta esecuzione una portata preclusiva rispetto all'azione di arricchimento significherebbe attribuire all'opposizione all'esecuzione il carattere della necessarietà, che le è estraneo (M. BOVE, *L'esecuzione forzata ingiusta*, cit., p. 167).

D'altra parte, è certo che le nullità del processo esecutivo non possono essere fatte valere ad esecuzione conclusa, per la loro irrilevanza rispetto alla stabilità dell'avvenuto spostamento patrimoniale, come è confermato anche dall'art. 2929 c.c. (M. BOVE, *op. cit.*, pp. 186 e 187 anche in nota), salvo il caso della sentenza riformata a esecuzione conclusa, perché qui opera l'obbligo di restituzione che emerge dagli artt. 336, 2° comma, e 389 (M. BOVE, *op. cit.*, p. 189; in giurisprudenza, v. Cass. 25 agosto 2020 n. 17661, in *Riv. es. forz.*, 2021, p. 377, con nota contraria di P. CAGLIARI; Cass. 24 ottobre 2018 n. 26927, *ivi*, 2019, p. 64, con nota contraria di M. CIRULLI, e in *Giusto proc. civ.*, 2019, p. 525, con il commento di D. AMADEI; Cass. 8 maggio 2003 n. 7036, in *Riv. es. forz.*, 2005, p. 151, con nota adesiva di L. ROSA). Ma v. anche F. TOMMASEO, *L'esecuzione*, cit., p. 223, testo e nota 14, per il quale le forme del processo esecutivo, nel dare sufficiente tutela ai diritti dei soggetti coinvolti, giustificano *la forte preclusione che può essere opposta alle iniziative della parte ingiustamente esecutata.*

procedimento che non siano stati fatti valere con le forme delle opposizioni (70). È invece ammissibile l'impiego della procedura di correzione degli errori materiali di cui agli artt. 287 e ss. (71).

Infine, per quanto concerne le spese processuali (v. vol. I, § 52), l'adattamento al processo esecutivo della disciplina generale del codice su questo punto (artt. 90 e ss.) deve essere compiuto dall'interprete soltanto con riguardo all'onere dell'anticipazione ora configurato – dopo l'abrogazione dell'art. 90 c.p.c. – dall'art. 8, 1° comma, D.P.R. 115/2002 (*Testo unico in materia di spese di giustizia*), la cui ampia formulazione («*ciascuna parte provvede alle spese degli atti che compie e di quelli che chiede e le anticipa per gli atti necessari al processo quando l'anticipazione è posta a suo carico dalla legge o dal magistrato*») ben si presta a riferirsi ad ogni tipo di processo. Mentre sul punto, assai più importante, che riguarda la possibilità per la parte vittoriosa di ottenere il rimborso delle proprie spese dalla parte soccombente, in applicazione della regola detta della soccombenza (di cui all'art. 91), l'adattamento di questa regola al processo esecutivo è già stato compiuto dal legislatore: con riguardo all'espropriazione, con un articolo collocato tra le norme dedicate alle spese in sede di disposizioni generali

---

Con più particolare riguardo alla vendita forzata, si è escluso che esista una regola unitaria che possa costituire la base positiva per il c.d. dogma della stabilità della vendita (A. BARLETTA, *La stabilità della vendita forzata*, Napoli, 2002, p. 2); ciò in quanto la c.d. stabilità non è che l'effetto di una serie di disposizioni processuali che pongono dei limiti alla possibilità di pregiudicare l'esito della vendita come subprocedimento in relazione alle finalità proprie dei singoli istituti nella cui disciplina sono inserite (*op. cit.*, *passim* e spec. p. 304). Ed in effetti, né gli artt. 2920 e 2929 c.c., né l'art. 620 c.p.c. aggiungono alcunché al regime di stabilità che consegue all'esaurimento degli strumenti processuali che l'ordinamento offre per far valere da un lato i vizi del procedimento e, dall'altro lato, i diritti sostanziali in contrasto con quelli dell'acquirente.

Sui limiti di operatività nel processo esecutivo del principio del *ne bis in idem* v. Cass. 13 novembre 2019 n. 29347.

(70) Così Cass. 8 maggio 2003 n. 7036, cit.; Cass. 9 aprile 2003 n. 5580 e, in precedenza, Cass. 9 giugno 1981 n. 3714, secondo cui i motivi di nullità della procedura esecutiva, che non siano stati fatti valere con le opposizioni non possono essere posti a fondamento di un'autonoma azione in separato giudizio; a meno che non vi sia stata collusione tra procedente ed acquirente scoperta successivamente alla chiusura del processo esecutivo e sempre che sia stata preventivamente proposta ed accolta l'opposizione all'esecuzione (Cass. 7 ottobre 1997 n. 9744, in *Foro it.*, 1998, I, 3313, con nota di C. CAPOZZI). Questo vale *anche con riguardo al regolamento di competenza*, certamente non ammissibile contro i provvedimenti del giudice dell'esecuzione, di regola privi del carattere della decisorietà; tanto più che l'art. 187 disp. att. c.p.c. prevede l'ammissibilità di questo mezzo nei confronti delle sentenze sull'opposizione agli atti esecutivi; la quale opposizione è dunque la via diretta per far valere eventuali vizi di incompetenza degli atti esecutivi (cfr. M. BINA, in *Giur. it.*, 2003, p. 1590, in nota critica a Cass. 19 giugno 2002 n. 8920, che segue invece l'orientamento giurisprudenziale di ammissibilità del regolamento contro un'ordinanza del giudice dell'esecuzione che sull'istanza di assegnazione dichiara la propria incompetenza). Diverso sarebbe il discorso con riguardo ai vizi di inesistenza, su cui v. oltre, § 37, nota 87.

(71) Cfr. Cass. 3 febbraio 2015 n. 1891, per la quale le ordinanze corrette continuano ad essere sottoponibili al rimedio dell'opposizione agli atti esecutivi ex art. 617; Cass. 15 maggio 2009 n. 11320; Cass. 16 giugno 1992 n. 7399.

(art. 95); e con riguardo alle esecuzioni dirette o specifiche, nella sede della disciplina propria di queste esecuzioni (artt. 611 e 614). Nel processo esecutivo non c'è parte vittoriosa né parte soccombente, ma soltanto un creditore, che deve veder soddisfatto senza decurtazioni il suo diritto già accertato nel titolo, nei confronti di un debitore, che, col suo rifiuto di adempiere spontaneamente, rende necessaria l'esecuzione. Perciò, in questo processo, al criterio della soccombenza si sostituisce il criterio dell'*attribuzione delle spese a carico di chi subisce l'esecuzione a causa del suo inadempimento* (72). Ciò che, nell'espropriazione, avviene in sede di distribuzione della somma ricavata dalla vendita dei beni espropriati (artt. 95 e 510; v. oltre, § 19), mentre, nell'esecuzione in forma specifica, richiede un apposito provvedimento di liquidazione da parte del giudice dell'esecuzione (artt. 611 e 614; v. oltre, §§ 33 e 34) (73).

---

(72) Per questa ragione le spese del pignoramento sono a carico dell'esecutato anche se questi ha provveduto al pagamento del dovuto dopo la consegna dell'atto di pignoramento all'ufficiale giudiziario (Cass. 15 aprile 2021 n. 9877).

(73) Il provvedimento che liquida le spese può essere contestato, nell'espropriazione, con l'opposizione di cui all'art. 512 (Cass. 8 maggio 1998 n. 4653) o con l'opposizione ex art. 615 (Cass. 11 ottobre 1994 n. 789). Quanto alle esecuzioni in forma specifica, v. § 33 e § 34. Fra le spese «per gli atti necessari del processo» di cui all'art. 8 D.P.R. 115/2002 sono ricomprese anche le spese per la conservazione stessa dell'immobile pignorato, anticipate dal creditore (così Cass. 22 giugno 2016 n. 12877, in *Riv. es. forz.*, 2017, p. 239).

Per un panorama degli orientamenti giurisprudenziali in materia v. G. FINOCCHIARO, *Le spese nei processi esecutivi*, in *Riv. es. forz.*, 2019, p. 405.

CAPITOLO II

GLI ATTI PREPARATORI DEL PROCESSO DI ESECUZIONE FORZATA

SOMMARIO: 9. Il titolo esecutivo nella sua disciplina positiva. – 10. La c.d. spedizione in forma esecutiva. L'efficacia soggettiva «*ultra partes*» del titolo esecutivo. La successione nel processo esecutivo. – 11. Gli atti preparatori del processo esecutivo; a) la notificazione del titolo esecutivo. – 12. Segue. b) Il precetto e la sua notificazione.

9. *Il titolo esecutivo nella sua disciplina positiva.*

La norma, con la quale ha inizio l'intera disciplina del processo di esecuzione (art. 474), contiene la solenne enunciazione della portata essenziale che, come si è ampiamente visto (retro, § 5), spetta al titolo esecutivo per l'avvio e la prosecuzione del processo esecutivo (1). «*L'esecuzione forzata non può aver luogo che in virtù di un titolo esecutivo*», enuncia dunque la norma in discorso, che subito precisa: «*per un diritto certo, liquido ed esigibile*».

Liquidità significa espressione del credito di denaro (o di altre cose mobili fungibili) in una misura determinata, così rimanendo escluso ogni credito espresso in modo generico (2) o *per relationem* (3); *esigibilità* significa che l'eventuale ter-

---

(1) Sulla disciplina positiva del titolo esecutivo v. V. ANDRIOLI, *Commento al c.p.c.*, III, Napoli, 1957, p. 1; S. SATTA, *Commentario al c.p.c.*, III, Milano, 1966, p. 3; A. MASSARI, *Titolo esecutivo*, in *Nss. Dig. it.*, XIX, Torino, 1973, p. 375; R. VACCARELLA, *Titolo esecutivo, precetto, opposizioni*, cit.; F.P. LUISO, *L'esecuzione «ultra partes»*, cit.; I. ANDOLINA, *Il titolo esecutivo dopo le recenti riforme*, cit., p. 14; A. RONCO, *Sub art. 474*, in *Le recenti riforme del processo civile*, diretto da S. CHIARLONI, I, Bologna, 2007, p. 571; AA.VV., *Appunti di diritto dell'esecuzione civile*, a cura di S. VINCRE, Padova, 2012; B. CAPPONI, *Sub art. 474*, in AA.VV., *Commentario c.p.c.*, cit., VI, p. 5; ID., *Manuale*[4], cit., p. 149; F. TOMMASEO, *L'esecuzione forzata*, cit., p. 45; E. ZUCCONI GALLI FONSECA, *Attualità del titolo esecutivo*, cit., p. 67; M. BOVE, *Titolo esecutivo (dir. proc. civ.)*, in *Diritto on line Treccani*, 2017; M.G. CANELLA, *Titolo esecutivo e precetto. Espropriazione forzata in generale*, in *Comm. c.p.c., diretto da S. Chiarloni*, Bologna, 2019.

(2) Se l'importo non è indicato nella sua entità quantitativa, occorre quanto meno che «questa sia desumibile attraverso un mero calcolo matematico, sulla base di elementi certi e positivi contenuti nel titolo stesso e non attinti da altre fonti» (Cass. 2 luglio 1981 n. 4315 e, più di recente, Cass. 19 febbraio 2018 n. 3970, in *Giur. it.*, 2018, p. 1893, con nota di C. NOVELLA; Cass. 23 aprile 2009 n. 9693); e questo, a pena di nullità dello stesso titolo esecutivo e del precetto (Cass. 1° ago-

mine di adempimento è già scaduto o l'eventuale condizione sospensiva si è già realizzata. Entrambi questi requisiti debbono non solo esistere, ma risultare dal titolo (4), avuto riguardo alla sua funzione di individuare (e documentare) il diritto eseguibile per l'organo esecutivo, il quale deve solo portarlo ad esecuzione senza necessità di valutazioni giuridiche.

Il requisito della *certezza*, invece, più che risultare dal titolo «nei suoi requisiti essenziali nella debita forma che esclude ogni dubbio» (5), è una conseguenza dell'esistenza del titolo stesso. Più precisamente, in relazione al fatto che il titolo contiene, come si è visto, un atto di accertamento, si potrà dire che il diritto risulta «certo» in quella concreta misura che l'ordinamento ha determinato e indicato come sufficiente, nel momento in cui, disciplinando i singoli atti che costituiscono titolo esecutivo, ha attribuito a quegli atti la qualità, appunto, di titolo esecutivo. Non dunque una certezza assoluta (v. vol. I, § 4), e neppure – come già si vide a suo tempo (v. vol. I, § 6) – necessariamente quel massimo grado di certezza che è determinato dalla cosa giudicata; ma una certezza che l'ordinamento giudica *sufficiente* per fondare l'esecuzione forzata, nel momento in cui enuncia che un determinato atto costituisce titolo esecutivo. Nei suoi termini generali, questa enunciazione è compiuta nel 2° comma del medesimo art. 474, nel quale sono d'altra parte compiuti richiami ad altre norme, collocate in altri

---

sto 2014 n. 17537; Cass. 9 aprile 2013 n. 8576, in *Foro it.*, 2014, I, 916, con nota di M. BRUNIALTI). Altre pronunce (v., ad es., Cass. 8 maggio 2003 n. 6983, in *Riv. es. forz.*, 2004, p. 257 e, in precedenza, Cass. 16 giugno 1990 n. 5656) sono, tuttavia, più possibiliste rispetto al riferimento ad altri documenti, mentre la dottrina tende a ritenere sufficiente la determinabilità del credito (v., ad es., F. SANTANGELI, *L'interpretazione della sentenza civile*, Milano, 1996, p. 301, secondo cui la determinazione piena è richiesta solo nella domanda e non anche nel titolo esecutivo). Poi, nel senso che, ai fini dell'individuazione della natura liquida del credito del titolo esecutivo-sentenza, il giudice (in sede di opposizione all'esecuzione) debba utilizzare anche l'interpretazione extratestuale, sulla base degli elementi acquisiti nel corso del processo cognitivo, v. Cass. sez. un. 2 luglio 2012 n. 11066 e n. 11067, in *Foro it.*, 2013, I, 1282, con nota di E. FABIANI; Cass. 17 gennaio 2013 n. 1027, in *Riv. es. forz.*, 2014, p. 343, con nota di L. DE PROPRIS; Cass. 1° ottobre 2015 n. 19641, in *Foro it.*, 2016, I, 2212; Cass. 21 dicembre 2016 n. 26567; con riferimento al contratto di mutuo, Cass. 27 agosto 2015 n. 17194. In proposito v. anche R. TISCINI, *L'eterointegrazione del titolo esecutivo nei suoi primi anni di esperienza applicativa. Un bilancio*, in *Riv. es. forz.*, 2018, p. 233; G. TOTA, *I controlli delle decisioni «di merito» del giudice dell'esecuzione*, in *Riv. dir. proc.*, 2018, p. 1508; M.G. CANELLA, *Titolo esecutivo*, cit., p. 99.

(3) Cass. 2 settembre 2014 n. 18519.

(4) E dunque, se il titolo (ad es., un atto pubblico o una scrittura privata autenticata) fa riferimento ad un credito solo futuro ed eventuale, ai fini della sua efficacia esecutiva è necessario che siano documentati nello stesso modo (con atto pubblico o scrittura privata autenticata) anche i fatti successivi ed eventuali che determinano l'effettivo sorgere del credito (Cass. 28 dicembre 2021 n. 41791). Sulla possibilità che il creditore agisca anche per le rate del debito non ancora scadute se sussistono i presupposti della decadenza dal beneficio del termine di cui all'art. 1186 c.c. v. Trib. Milano 17 aprile 2020, in *Riv. es. forz.*, 2021, p. 153, con nota contraria di A. TEDOLDI.

(5) F. TOMMASEO, *L'esecuzione forzata*, cit., p. 55.

luoghi del codice o in altre leggi, che contengono l'attribuzione della qualità di titolo esecutivo ad altri atti.

La suddetta attribuzione in via generale della qualità di titolo esecutivo, contenuta in questo 2° comma dell'art. 474 (6), si articola nel riferimento a tre gruppi di titoli esecutivi, cui sono rispettivamente dedicati i tre «numeri», nei quali si suddivide il comma ora in esame. Non senza previamente rilevare che il primo di questi tre gruppi, ossia quello di cui al n. 1, si riferisce ai titoli di formazione giudiziale, vale a dire a quegli accertamenti che costituiscono il risultato di un processo di cognizione e che perciò sono chiamati *titoli esecutivi giudiziali* (v. vol. I, § 6 e vol. II, § 55), mentre il secondo ed il terzo gruppo, ossia i gruppi di cui ai numeri 2 e 3, si riferiscono a quei titoli esecutivi, nei quali l'accertamento del diritto da eseguirsi si è formato per una via diversa da quella del giudizio (di cognizione) e che, perciò, e come già vedemmo a suo tempo (v. vol. I, § 6), sono detti *titoli esecutivi stragiudiziali* (7).

Il 2° comma dell'art. 474 enuncia, dunque, che «*sono titoli esecutivi*»:

1. «*le sentenze, i provvedimenti e gli altri atti ai quali la legge attribuisce espressamente efficacia esecutiva*». Si tratta, come si vede, di una norma di rinvio a quel complesso di disposizioni che già esaminammo a suo tempo (v. specialmente, vol. II, § 59) e con le quali la legge attribuisce efficacia esecutiva (*id est*: efficacia di titolo esecutivo) alle sentenze e agli altri provvedimenti che il giudice pronuncia in sede di cognizione. Con riguardo alle *sentenze*, gioverà ricordare qui che dei tre tipi di sentenza che corrispondono ai tre tipi di azione di cognizione (*condanna*, *accertamento mero* e *costitutiva*), soltanto la prima può, per la sua funzione, fondare l'esecuzione forzata (v. vol. I, § 6 e vol. II, § 59) e dunque costituire titolo esecutivo (8). D'altra parte – conviene pu-

---

(6) E che, naturalmente riguarda i titoli esecutivi italiani, lasciando ad altre disposizioni l'efficacia esecutiva in Italia dei titoli esecutivi europei (v., sul punto, M. FARINA, *Titoli esecutivi europei ed esecuzione forzata in Italia*, Roma, 2012 e cenni nel vol. III, § 51, nota 25).

(7) Per ravvisare anche nei titoli stragiudiziali un atto di accertamento occorre un evidente sforzo, sul quale si appuntano le critiche di coloro che mettono in evidenza che l'atto di accertamento presuppone il giudizio di un terzo; d'altra parte, allo sforzo per superare questa obiezione, sforzo che è fondato sul rilievo che gli effetti dell'accertamento vengono in pratica raggiunti anche a seguito del comportamento processuale del debitore, che non solleva le opposizioni alle quali sarebbe onerato (C. MANDRIOLI, *L'azione esecutiva*, cit., p. 373) viene obiettato che il comportamento processuale omissivo si svolge nel processo e non può retroagire sulla natura dell'atto che deve preesistere al processo (I. ANDOLINA, *Contributo*, cit., p. 35). A quest'ultimo rilievo, per se stesso esatto, si può tuttavia rispondere che la figura unitaria del titolo esecutivo, certo impossibile sotto il profilo strettamente ontologico, può ben essere rinvenuta in una nozione più ampia dell'accertamento, che tiene conto anche della sua successiva funzione nell'*iter* processuale.

(8) Così, ad es., Cass. 25 ottobre 2010 n. 21849, in *Riv. es. forz.*, 2010, p. 761; Cass. 26 marzo 2009 n. 7369, *ivi*, 2009, p. 135. Contra, sul principio, attraverso una svalutazione della nozione di condanna e per il rilievo che l'art. 474 evidenzia in realtà solo l'esigibilità, v. V. DENTI, *«Flashes» su accertamento e condanna*, in *Riv. dir. proc.*, 1985, p. 264. In argomento, v. anche R. BELLÈ, *Titolo giudiziale e tutela esecutiva*, in *Riv. es. forz.*, 2005, p. 499; G. FELLONI, *I titoli esecutivi stragiudiziali*, *ivi*, 2020, p. 1109.

re ricordare – le stesse sentenze di condanna sono *provvisoriamente esecutive*, ai sensi dell'art. 282, *già in primo grado*, salva la sospensione dell'esecuzione (o dell'efficacia esecutiva) in caso di impugnazione, di cui agli artt. 283 e 373 (9). In questi casi l'esecuzione forzata si sovrappone (o può sovrapporsi) alla cognizione. E naturalmente, se nei successivi sviluppi del processo di cognizione, la sentenza viene riformata (10) o se viene privata dell'efficacia esecutiva, la conseguente sopravvenuta mancanza del titolo esecutivo determina l'immediato arresto del processo di esecuzione forzata, fondando il diritto al ripristino della situazione anteriore, che, come risulta dall'art. 336, 2° comma, può essere immediato (11). Ciò allo stesso modo di quanto accade nel caso di accoglimento dell'opposizione all'esecuzione, ossia nel caso in cui – come si è visto più volte – si ha il fenomeno inverso della sovrapposizione della cognizione all'esecuzione. Va anche aggiunto che, nel caso di conferma in appello della sentenza di primo grado, il titolo esecutivo è costituito dalla sentenza di appello, la quale – come sappiamo – si sostituisce alla prima (v. vol. II, § 77) (12).

Il titolo esecutivo-sentenza può abbisognare di interpretazione; nel qual caso, ove si tratti di sentenza passata in giudicato, va considerato come autentica *lex specialis*, nel senso che gli apprezzamenti di fatto ivi contenuti sono, se esenti da vizi logici, insindacabili in cassazione (13).

I provvedimenti giudiziali diversi dalle sentenze, ai quali la legge attribuisce efficacia esecutiva, sono ordinanze o decreti che, per particolari disposizioni di

---

(9) Cfr. Cass. 3 maggio 2011 n. 9697, in *Riv. es. forz.*, 2011, p. 355. Più ampiamente sull'argomento, v. B. CAPPONI, *Orientamenti recenti sull'art. 282 c.p.c.*, in *Riv. trim. dir. e proc. civ.*, 2013, p. 265.

(10) L'ipotesi prospettata nel testo, ed alla quale si riferisce anche la successiva nota 11, è quella di una riforma totale, nel senso della negazione totale del credito. Se, invece, la sentenza di 2° grado modifica quantitativamente (in più o in meno) l'oggetto della condanna di 1° grado sul cui fondamento è stato iniziato il processo esecutivo (di espropriazione), il processo stesso prosegue senza soluzione di continuità nel nuovo limite inferiore, oppure (se la variazione è in più) previo intervento del creditore per il di più, in base al nuovo titolo (così Cass. 11 giugno 2014 n. 13249; Cass. 16 gennaio 1985 n. 101, in *Giur. it.*, 1985, I, 1, 1497). Ma la cassazione con rinvio della sentenza d'appello di riforma di quella di primo grado non determina la reviviscenza di quest'ultima (Cass. 8 luglio 2013 n. 16934).

(11) Sull'argomento, ed in particolare sulla portata dell'art. 336 cpv., v. anche, vol. II, § 73, in fine, e note 139 e 141.

(12) Cass. 16 aprile 2013 n. 9161, in *Giur. it.*, 2014, p. 594, con nota adesiva di R. CONTE. Ovviamente, ciò vale sempre che il giudice d'appello pronunci sul merito (Cass. 25 maggio 1998 n. 5212); se, invece, dichiara l'inammissibilità, l'improcedibilità o l'improponibilità dell'appello, titolo esecutivo è la sentenza di primo grado (Cass. 28 maggio 1992 n. 6438). L'opposizione con la quale si contesta la ritualità dell'esecuzione avviata sulla base della sentenza di primo grado, confermata in appello, è l'opposizione agli atti esecutivi (Cass. 12 maggio 2003 n. 7198, in *Foro it.*, 2003, I, 2033). V., per tutti, A. BONSIGNORI, *L'esecuzione forzata*, cit., p. 64.

(13) Sul punto specifico, v. Cass. 1° febbraio 2018 n. 2511; Cass. 31 maggio 2013 n. 13811; Cass. 6 luglio 2010 n. 15852. Più in generale sull'interpretazione della sentenza v. vol. I, § 68, nota 28.

legge, decidono in via definitiva, o anche solo provvisoria, questioni che già investono il diritto sostanziale. Tra i provvedimenti definitivi (o idonei a divenire tali) va ricordato in particolare il *decreto ingiuntivo* (su cui v. i cenni nel vol. I, § 15 *sub* B, d e su cui v. vol. III, i §§ da 3 a 7), in quanto sia divenuto incontrovertibile per mancata opposizione o per estinzione (art. 647) o rigetto della stessa (art. 653), o che sia stato dichiarato provvisoriamente esecutivo (artt. 642, 648). Provvedimenti definitivi sono anche l'*ordinanza di convalida di licenza o sfratto* prevista dall'art. 663, che, peraltro, costituisce titolo esecutivo soltanto insieme con l'atto d'intimazione (v. vol. III, § 10), e l'ordinanza pronunciata all'esito del *procedimento sommario di cognizione*, di cui agli artt. 702 bis-702 quater, idonea ad acquistare l'efficacia di giudicato sostanziale ove non appellata (v. oltre, § 53). Tra i provvedimenti non definitivi, si può pensare all'*ordinanza del presidente del tribunale nel giudizio di separazione dei coniugi prevista dall'art. 708* ed alla quale l'art. 189 disp. att. attribuisce efficacia di titolo esecutivo (v. vol. III, § 13); e così, ancora, all'ordinanza di rilascio ex art. 665 (v. vol. III, § 10) e alle ordinanze anticipatorie di condanna, di cui agli artt. 186 bis, 186 ter e 186 quater (v. vol. II, § 22) e 423 (v. vol. III, § 33). In questi ed in tutti gli altri casi di titoli esecutivi giudiziali, la relativa specifica disciplina contiene l'*espressa* attribuzione dell'efficacia esecutiva; e ciò in relazione col dettato della norma in esame che, come si è visto, dispone che la qualità di titolo esecutivo non spetta che ai «provvedimenti» e agli «altri atti», ai quali l'efficacia esecutiva sia attribuita *espressamente*.

Tra gli «*altri atti*», ai quali si riferisce il n. 1 dell'art. 474, vengono in rilievo in particolare i *verbali di conciliazione* (compreso quello di cui all'art. 696 bis), sia che si formino con l'omologazione da parte del giudice, sia che, invece, ne prescindano (come nel caso della mediazione e della negoziazione assistita: v. i §§ 64 e 65 del vol. III) (14);

---

(14) Cfr. A. SALETTI, *Le (ultime?) novità in tema di esecuzione forzata*, in *Riv. dir. proc.*, 2006, § 4; A. RONCO, *Sub art. 474*, cit., p. 575; D. DALFINO, *Il titolo esecutivo e il precetto*, in *L'esecuzione forzata riformata*, cit., p. 7; B. CAPPONI, *Sub art. 474*, cit., p. 14; M.G. CANELLA, *Titolo esecutivo*, cit., p. 61. Trattandosi di atto negoziale, ai fini dell'individuazione del contenuto e dell'oggetto dell'obbligo assunto, l'interpretazione del verbale di conciliazione (anche giudiziale) va operata alla stregua degli artt. 1362 e ss. c.c. (Cass. 26 febbraio 2014 n. 4564, in *Guida al dir.*, 2014, n. 18, p. 64).

Non è necessario che il verbale di conciliazione sia redatto in documento separato, come disposto dall'art. 88 disp. att. (Cass. 18 aprile 2003 n. 6288). Sull'argomento v. anche vol. II, § 18, nota 31.

Secondo I. ANDOLINA (*Il titolo esecutivo*, cit., p. 18) il «catalogo» di questi «altri atti» include anche gli atti «sostanziali» di cui al successivo n. 2. Il rilievo si inquadra in un'efficace prospettazione sintetica delle più recenti innovazioni legislative in tema di titolo esecutivo, nel duplice senso: a) dell'ampliamento del ventaglio delle fattispecie tipiche di titolo esecutivo, e b) del potenziamento del ruolo del titolo esecutivo (*op. cit.*, p. 17), non senza il rilievo che questo ampliamento e potenziamento può aprire la via a maggiori contestazioni dell'accertamento contenuto nel titolo; fenomeno a sua volta contrastato da una sorta di «sommarizzazione dei giudizi di opposizione». Per quest'ultimo rilievo v. anche B. CAPPONI, *L'intervento dei creditori dopo le tre riforme della*

2. «*le scritture private autenticate, relativamente alle obbligazioni di somme di denaro in esse contenute*» (15), «*le cambiali, nonché gli altri titoli di credito ai quali la legge attribuisce espressamente la stessa efficacia*»;

3. «*gli atti ricevuti da notaio o da altro pubblico ufficiale autorizzato dalla legge a riceverli*».

Questi due gruppi di titoli esecutivi, che esaminiamo insieme perché insieme costituiscono la categoria dei *titoli stragiudiziali*, sono di formazione negoziale; il che peraltro non impedisce che anch'essi contengano un atto di accertamento. La scelta concorde di una documentazione particolarmente solenne e rigorosamente formale (si pensi, ad es., all'impiego della parola «cambiale» richiesto dall'art. 1 della legge cambiaria) o la partecipazione di un pubblico ufficiale alla redazione dell'atto, hanno indubbiamente la funzione di richiamare l'attenzione dei soggetti dell'atto stesso sulla circostanza che essi non soltanto documentano e quindi accertano un diritto, ma lo accertano con quelle particolari forme documentali alle quali la legge fa conseguire l'efficacia esecutiva, e dunque accertano quel diritto come eseguibile, così attribuendogli il requisito della certezza in misura che la legge valuta sufficiente perché si possa fare luogo all'esecuzione forzata.

Nel n. 2 dell'art. 474, si può notare l'impiego della medesima formula usata nel n. 1, per il richiamo generico ai diversi altri possibili titoli esecutivi; la formula, cioè, con la quale si dice che titoli esecutivi sono soltanto gli atti ai quali la legge attribuisce *espressamente* efficacia esecutiva. Con riguardo al n. 3, va invece sottolineato che l'efficacia esecutiva non è attribuita a tutti gli atti ricevuti da notaio o da altro pubblico ufficiale, ma soltanto a quelli e nei limiti in cui si riferiscono o ad obbligazioni aventi ad oggetto somme di denaro, sia contrattuali che unilaterali, come, ad es., il riconoscimento del debito (16), o ad obbli-

---

XIV legislatura, in *Riv. es. forz.*, 2006, p. 24. Sull'argomento v. anche ID., *Un nuovo titolo esecutivo nella disciplina della mediazione/conciliazione*, in *Riv. es. forz.*, 2011, p. 1; E. D'ALESSANDRO, *Il conferimento dell'esecutività al verbale di conciliazione stragiudiziale e la sua circolazione all'interno dello spazio giudiziario europeo*, in *Riv. trim. dir. e proc. civ.*, 2011, p. 1157; S. VINCRE, *Mediazione ed esecuzione forzata*, in *Riv. dir. proc.*, 2012, p. 386; M. BOVE, *L'accordo conciliativo*, in *Società*, 2012, p. 82; ID., *L'accordo di conciliazione: efficacia ed esecutività ecc.*, in *Riv. trim. dir. e proc. civ.*, 2013, p. 919.

(15) Secondo Cass. 28 febbraio 2019 n. 5823, la disposizione, introdotta dal D.L. 35/2005 (conv. dalla L. 80/2005), si applica anche con riferimento alle scritture private autenticate precedentemente alla sua entrata in vigore, in ossequio al principio *tempus regit actum*.

Secondo alcuni (M. BOVE, in M. BOVE-G. BALENA, *Le riforme più recenti del processo civile*, Bari, 2006, p. 127) il riferimento alle scritture private riconosciute potrebbe includere, in via analogica, le scritture private riconosciute o comunque non disconosciute in giudizio.

(16) Cass. 26 marzo 2015 n. 6083 (in *Foro it.*, 2015, I, 2809). V. anche A. BONSIGNORI, *L'esecuzione forzata*, cit., p. 52. Sui criteri individuatori dei titoli esecutivi non giudiziali e sugli orientamenti legislativi, con i relativi limiti costituzionali, nella loro configurazione, v. R. VACCARELLA, *Diffusione e controllo dei titoli esecutivi non giudiziali*, in *Riv. dir. proc.*, 1992, p. 47.

Tra i titoli esecutivi stragiudiziali di recente introduzione va qui menzionata la «*diffida accerta-*

gazioni di consegna (di beni mobili) o rilascio (di beni immobili) (sulla quale v. oltre, § 33).

Va, d'altra parte, tenuto presente che *l'esecuzione per consegna o rilascio*, oltre che in forza dei titoli esecutivi di cui al n. 3, *può avvenire anche in forza di quelli di cui al n. 1 dell'art. 474* (titoli giudiziali *aut similia*).

Lo stesso 3° comma dell'art. 474 aggiunge che *le scritture private autenticate, di cui al n. 2 del 2° comma, debbono essere trascritte integralmente nel precetto ai sensi dell'art. 480, 2° comma* (ciò in quanto dette scritture di solito non restano presso il pubblico ufficiale autenticante la sottoscrizione) (v. anche oltre, § 12).

L'efficacia di titolo esecutivo spetta anche, in forza degli artt. 280 e 299 del Trattato sul funzionamento dell'Unione europea (nella versione consolidata dopo il Trattato di Lisbona, entrato in vigore il 1° dicembre 2009), alle decisioni di talune Istituzioni dell'Unione (sentenze della Corte di giustizia dell'Unione europea, atti del Consiglio, della Commissione o della Banca centrale europea che comportino un obbligo pecuniario a carico di persone) senza necessità di delibazione, né di *exequantur*.

Ugualmente operante nella sua efficacia esecutiva in ogni Stato membro, senza necessità di alcun procedimento delibatorio, è sia la sentenza emessa in uno degli Stati membri in applicazione del Reg. UE 1215/2012, sia il *titolo esecutivo europeo* (T.E.E.), disciplinato, limitatamente ai crediti non contestati, dal Reg. UE 805/2004, sia il *provvedimento ingiuntivo europeo* (I.P.E.) non opposto, disciplinato dal Reg. UE 1896/2006 (su cui v. cenni nel vol. III, § 51).

Pari forza esecutiva hanno anche le sentenze della Corte europea dei diritti dell'uomo, ai sensi dell'art. 46 della relativa C.e.d.u. (17).

La revoca del titolo esecutivo del creditore procedente non impedisce la prosecuzione dell'esecuzione, purché sussista un valido titolo esecutivo sia pure di altro creditore intervenuto (18).

---

tiva» per crediti patrimoniali di prestatori di lavoro configurata dall'art. 12 del D.Lgs. 124/2004. Si tratta di «accertamenti» delle Direzioni provinciali del lavoro di crediti dei prestatori di lavoro per inosservanze alla disciplina contrattuale, ai quali consegue la "diffida" dell'Ispettore al datore di lavoro, da notificarsi a quest'ultimo, col conseguente suo onere a promuovere entro trenta giorni il tentativo di conciliazione presso la Direzione provinciale del lavoro. In mancanza, la diffida dell'ispettore acquista efficacia di titolo esecutivo, efficacia che può essere sospesa a seguito di ricorso al Comitato regionale per i rapporti di lavoro e salva, ovviamente l'azione giudiziaria di accertamento negativo con possibili iniziative cautelari ex art. 700 c.p.c. Sul tema, v. il commento di A. VALLEBONA (in *Riv. es. forz.*, 2004, p. 637), che denuncia l'incostituzionalità di questo nuovo istituto, ragionevolmente proponendo la sostituzione dell'efficacia esecutiva con l'idoneità a fondare un decreto ingiuntivo.

(17) V., in argomento, V. RASCIO, *L'esecuzione delle sentenze della Corte europea dei diritti dell'uomo*, in *Riv. es. forz.*, 2017, p. 417; E. D'ALESSANDRO, *L'attuazione delle pronunce della Corte europea dei diritti dell'uomo accertanti violazioni convenzionali perpetrate da un giudicato civile*, in *Riv. trim. dir. e proc. civ.*, 2018, p. 711.

(18) Ad eccezione del caso di inesistenza, nullità o inefficacia originaria del titolo esecutivo del creditore procedente (così Cass. sez. un. 7 gennaio 2014 n. 61, in *Riv. es. forz.*, 2014, p. 297,

Va, infine, tenuto presente che, quando l'efficacia del titolo esecutivo è subordinata ad una cauzione, l'esecuzione forzata non può essere iniziata finché la cauzione stessa non sia stata prestata: così dispone l'art. 478.

10. *La c.d. spedizione in forma esecutiva. L'efficacia soggettiva* «ultra partes» *del titolo esecutivo. La successione nel processo esecutivo.*

L'art. 475, 1° comma, dispone che «*le sentenze e gli altri provvedimenti dell'autorità giudiziaria e gli atti ricevuti da notaio o da altro pubblico ufficiale, per valere come titolo per l'esecuzione forzata, debbono essere muniti della formula esecutiva, salvo che la legge disponga altrimenti*». L'apposizione di questa formula – il cui enfatico testo risulta dal 3° comma di questo medesimo art. 475 –, preceduta dall'intestazione «in nome della legge», costituisce la c.d. *spedizione del titolo in forma esecutiva* (19). Si tratta di un requisito, che riguarda la copia del provvedimento o dell'atto e che è più formalistico che formale (v. vol. I, § 64), essendo difficile ricondurlo ad un'autentica ed obbiettiva funzione processuale. Ed in realtà, se, da un lato, il 2° comma dell'articolo in esame sembra delineare una siffatta funzione nel senso di un controllo circa la legittimazione del soggetto attivo del titolo a servirsi di esso («*La spedizione del titolo in forma esecutiva può farsi soltanto alla parte a favore della quale fu pronunciato il provvedimento o stipulata l'obbligazione, o ai suoi successori ...*»), dall'altro lato, tale funzione rimane in realtà svuotata di contenuto per il fatto che il suddetto controllo non è effettuato da un giudice, ma dal cancelliere o dal notaio e rimane perciò limitato ai suoi aspetti puramente formali (art. 153 disp. att.) (20). Nei quali aspet-

---

con note di G. MONTELEONE, M. PILLONI, F. RUSSO, V. MONTELEONE e in *Giusto proc. civ.*, 2014, p. 487, con nota di A. MAJORANO; in senso contrario, in precedenza, Cass. 13 febbraio 2009 n. 3531, in *Riv. es. forz.*, 2009, p. 311, con nota di M. PILLONI, in *Riv. dir. proc.*, 2009, p. 1715, con nota critica di C. CORRADO, in *Giur. it.*, 2010, p. 385, con nota adesiva di T. SALVIONI e in *Corr. giur.*, 2009, p. 935, con nota critica di B. CAPPONI). Nel senso indicato dalle sezioni unite anche Trib. Torino 14 settembre 2018, in *Giur. it.*, 2019, p. 1358, con nota parzialmente critica di A. RONCO; Trib. Cuneo 30 novembre 2009, in *Riv. es. forz.*, 2010, p. 509, con note di B. CAPPONI e R. TISCINI.

(19) Sull'argomento, v. A. MASSARI, *Titolo esecutivo*, cit., p. 368; F. TOMMASEO, *L'esecuzione*, cit., p. 57; B. CAPPONI, *Manuale*[4], cit., p. 149; A. MAJORANO, *Sub art. 475*, in AA.VV., *Commentario c.p.c.*, cit., VI, p. 86; M.G. CANELLA, *Titolo esecutivo*, cit., p. 116.

(20) V., sul punto, i riconoscimenti di F. SANTANGELI, *L'interpretazione*, cit., p. 312, con riguardo alla tesi di F. BUCOLO (in *Giur. it.*, 1983, IV, 145), che configura uno spazio per l'interpretazione da parte del cancelliere e dell'ufficiale giudiziario. La richiesta di spedizione del titolo in forma esecutiva può essere avanzata, oltre che dal difensore munito di procura, dal domiciliatario a ciò incaricato (Cass. 5 maggio 2016 n. 8954). L'omessa spedizione in forma esecutiva va fatta valere con l'opposizione agli atti esecutivi, di cui all'art. 617 (v. oltre, § 37), ma l'opponente deve indicare quale pregiudizio alle sue prerogative il vizio abbia cagionato (Cass. 12 febbraio 2019 n. 3967, in *Riv. es. forz.*, 2019, p. 899, con nota di M. DI MARZIO).

ti formali rientra anche il disposto dell'art. 476 nel senso che la spedizione può essere effettuata una sola volta, col rilascio cioè di una sola copia in forma esecutiva (21). Si deve, infatti, tenere presente che la spedizione in forma esecutiva – che, con riferimento ai titoli esecutivi di cui al n. 1 dell'art. 474, può avvenire anche con modalità telematiche (22) – non viene effettuata sull'originale dell'atto, che rimane sempre presso il cancelliere (se è sentenza o altro provvedimento giudiziale) o presso il notaio (se è atto pubblico); ma su una copia autentica (v. vol. II, § 45) dell'atto stesso (23). E sarà appunto quell'unica copia spedita in forma esecutiva ad assolvere alla funzione di documentare all'organo esecutivo l'esistenza del diritto accertato come eseguibile e cioè il dovere dell'organo esecutivo stesso di eseguirlo, qualora ne sia richiesto.

La spedizione di altre copie in forma esecutiva non può avvenire senza «*giusto motivo*». Così dispone l'art. 476, il quale precisa che, in tale eventualità, la parte

---

(21) Pertanto, non può sostituire il titolo esecutivo neppure la copia teletrasmessa, nonostante che la L. 7 giugno 1993 n. 183 le attribuisca, in presenza dei requisiti ivi specificati, la conformità all'originale (cfr. G. COSTANTINO, in *Foro it.*, 1993, I, 2511). V., sul punto, vol. I, § 49, nota 49. È prevista una sanzione pecuniaria nei confronti dei contravventori.

Il divieto sancito, dall'art. 66 del D.P.R. 26 aprile 1986 n. 131, ai cancellieri e segretari giudiziari di rilasciare originali o copie di provvedimenti senza la previa corresponsione dell'imposta di registro (e la cui violazione costituisce mera irregolarità: Cass. 22 ottobre 2008 n. 25568, in *Foro it.*, 2009, I, 1469) è superato ora (oltre che per il c.d. «uso appello») anche per procedere in via esecutiva. Così ha pronunciato C. Cost. 6 dicembre 2002 n. 522 (in *Riv. dir. proc.*, 2003, p. 598, con nota adesiva di F. DANOVI) per il rilievo che la tutela esecutiva costituisce la prosecuzione funzionale della tutela di condanna nell'ambito della stessa tutela giurisdizionale costituzionalmente garantita (per questa identità funzionale, v. C. MANDRIOLI, *L'azione esecutiva*, cit., p. 499 e *passim*). Alla medesima conclusione è poi pervenuta C. Cost. 10 giugno 2010 n. 198 con riferimento al versamento dell'imposta di registro relativa alla sentenza dichiarativa di fallimento per poter esperire opposizione allo stato passivo.

(22) Infatti, la L. 176/2020, di conversione del D.L. 137/2020, ha introdotto il comma 9° bis nell'art. 23 dello stesso D.L., in base al quale non solo il cancelliere può rilasciare la copia esecutiva del titolo in forma di documento informatico, «previa istanza, da depositare in modalità telematica, dalla parte a favore della quale fu pronunciato il provvedimento», ma a tale copia anche la formula esecutiva viene aggiunta con modalità telematiche e la sottoscrizione del cancelliere è apposta come firma digitale, in sostituzione del sigillo previsto dall'art. 153, 1° comma, disp. att. Va aggiunto che il 1° comma dell'art. 23 del citato D.L. 137/2020 prevede che le disposizioni contenute in tale disposizione si applichino finché duri lo stato di emergenza legato alla diffusione del virus Covid-19. In proposito v. anche A. SALETTI, *L'emergenza pandemica ed i processi esecutivi*, in *Riv. es. forz.*, 2021, p. 281; G. PARISI, *Il rilascio della formula esecutiva con modalità telematiche ecc.*, *ibidem*, p. 352.

Va anche segnalato che l'art. 1, 12° comma, lett. a, della L. 206/2021, nell'ambito della più generale delega per la riforma del processo civile, delega il Governo a prevedere che, per intraprendere l'esecuzione forzata, le sentenze e gli altri provvedimenti giudiziali e gli atti ricevuti da notaio o da altro pubblico ufficiale devono essere formati in copia attestata conforme all'originale, «abrogando le disposizioni del c.p.c. e le altre disposizioni legislative che si riferiscono alla formula esecutiva e alla spedizione in forma esecutiva».

(23) Copia che, nel caso dei titoli esecutivi c.d. giudiziali, può essere rilasciata dal cancelliere come documento informatico con firma digitale dello stesso cancelliere: v. la nota precedente.

interessata richiede il rilascio di un'altra copia, con ricorso al capo dell'ufficio giudiziario che ha pronunciato il provvedimento o, quando si tratti di titolo stragiudiziale, al presidente del tribunale nella cui circoscrizione l'atto fu formato.

Occorre, infine, tener presente che la spedizione in forma esecutiva è necessaria soltanto quando occorre servirsi di una copia dell'atto, ossia per i titoli il cui originale deve rimanere presso il cancelliere o il notaio; non è invece necessaria né possibile per i titoli (cambiale, assegno e ora anche scritture private autenticate, accordo di conciliazione a seguito di mediazione o di negoziazione «assistita»), il cui originale è in possesso del creditore; sicché quest'ultimo potrà servirsi senz'altro dell'originale, con le modalità di trascrizione integrale del titolo esecutivo nel precetto (v. §§ 11 e 12).

Il già riportato 2° comma dell'art. 475, con l'indicare i soggetti a favore dei quali può essere effettuata la spedizione in forma esecutiva del titolo, mentre, da un lato, offre un'indiretta conferma (sotto il profilo attivo) del modo già visto (v. retro, §§ 5 e 6) col quale la regola della legittimazione ad agire opera in sede esecutiva (l'azione esecutiva spetta a colui che dal titolo risulta creditore), dall'altro lato, indica il limitatissimo margine di applicazione estensiva di questa regola, nel senso che l'azione esecutiva spetta anche ai «*successori*» di colui che nel titolo risulta creditore (24).

Analoga funzione ha – con riguardo al soggetto passivo dell'azione esecutiva – l'art. 477, il quale dispone che «il titolo esecutivo contro il debitore ha efficacia contro gli *eredi*». Ciò, infatti, significa estendere, nei confronti di questi ultimi, la legittimazione dell'azione esecutiva sotto il profilo passivo (v. retro, §§ 5 e 6) (25).

---

(24) Si è osservato (A. LORENZETTO PESERICO, *La successione nel processo esecutivo*, Padova, 1983, p. 344) che, in realtà, la norma in esame si riferisce non alla titolarità dell'azione esecutiva, ma solo alla spedizione in forma esecutiva del titolo. Ma si è anche dato atto (*op. cit.*, p. 359) che consentire la spedizione in forma esecutiva a favore dei successori senza attribuire loro l'azione esecutiva non avrebbe senso. Così anche F.P. LUISO, *L'esecuzione*, cit., p. 34.

(25) Si è osservato (F.P. LUISO, *Efficacia del titolo*, cit., p. 21; ID., *L'esecuzione*, cit., p. 55) che l'estensione non presuppone l'accertamento giudiziario della qualità di erede, giacché altrimenti l'estensione suddetta rimarrebbe del tutto vanificata. Conseguentemente, il successore a titolo sia universale che particolare ha semplicemente l'onere di affermare tale sua qualità e non anche quello di far precedere l'esecuzione dalla notifica degli atti o documenti su cui si fonda, salva la contestazione del debitore in sede di opposizione (Cass. 30 agosto 1995 n. 9195).

D'altra parte – si è aggiunto (A. LORENZETTO PESERICO, *op. cit.*, p. 354) – la volontà del codice di escludere la necessità dell'accertamento della qualità di erede risulta anche dal 2° comma dell'art. 477 ove si prevede la possibilità di iniziare l'esecuzione forzata utilizzando il titolo contro il defunto, notificandolo collettivamente ed impersonalmente agli eredi, e quindi senza necessità di individuarli. Spetta comunque al creditore procedente l'onere di allegare e provare, nell'eventuale giudizio di opposizione, l'estensione dell'efficacia soggettiva del titolo esecutivo (Cass. 26 agosto 2014 n. 18258, in *Foro it.*, 2015, I, 1706). Proprio sulla base dell'art. 477 si è ritenuto che, in caso di estinzione della società dopo la formazione del titolo esecutivo contro quest'ultima, il relativo titolo esecutivo ha efficacia contro i soci, nei confronti dei quali l'azione esecutiva può essere intrapresa nei limiti di quanto riscosso a seguito della liquidazione o illimitatamente, a seconda che, *pendente societate*, fossero limitatamente o illimitatamente responsabili per i debiti sociali (Cass. 19

La quale estensione è soltanto assoggettata all'onere, che la norma in discorso addossa al creditore, di lasciar decorrere almeno dieci giorni tra i due atti preparatori che esamineremo nei prossimi due paragrafi: la notificazione del titolo esecutivo e la notificazione del precetto (26) (v. oltre, §§ 11 e 12) e sempre che entrambi questi atti non fossero già stati notificati al *de cuius*, prima della morte, oppure gli fosse stato notificato solo il titolo esecutivo e non anche il precetto (27).

Il raffronto tra le due norme dalle quali risulta l'estensione della portata soggettiva del titolo esecutivo sotto il profilo rispettivamente attivo e passivo (ossia gli artt. 475, 2° comma, e 477, 1° comma) consente di rilevare che, mentre sotto il profilo attivo, l'estensione soggettiva riguarda genericamente tutti *i successori del creditore*, ossia consegue ad ogni fenomeno successorio (*mortis causa* o *inter vivos*), sotto il profilo passivo tale estensione parrebbe limitata ai soli *eredi del debitore*, conseguendo alla sola successione *mortis causa* a titolo universale. Quest'ultima limitazione va, peraltro, coordinata col disposto (già esaminato a suo tempo: vol. I, § 59 in fine), dell'art. 111, 4° comma, secondo il quale, in caso di successione a titolo particolare nel diritto controverso in corso di causa, la sentenza pronunciata contro l'alienante o il successore universale spiega sempre i suoi effetti anche contro il successore a titolo particolare. E poiché, secondo l'opinione prevalente, tra questi effetti è compresa anche l'efficacia di titolo esecutivo, ne consegue un ulteriore allargamento dell'efficacia del titolo esecutivo giudiziale con riguardo ai successori anche a titolo particolare (28). Non sembra esserci

---

ottobre 2016 n. 21105; Cass. 8 agosto 2013 n. 18923; ciò, in linea con quanto stabilito da Cass. sez. un. 12 marzo 2013 n. 6070, n. 6071 e n. 6072, già prese in esame nella nota 111 del § 64 nel vol. II, a proposito delle conseguenze dell'estinzione della società per i giudizi pendenti).

Invece, in caso di soppressione dell'ente, il titolo esecutivo formatosi nei confronti di tale ente è utilizzabile nei confronti del soggetto che è successore *ex lege* (ad es., la Regione rispetto alle U.s.l.) (Cass. 29 gennaio 2014 n. 1975, in *Guida al dir.*, 2014, n. 15, p. 79).

Sul tema della portata dell'art. 475, 2° comma, nonché dell'art. 477, v. ampiamente C. MANDRIOLI, *In tema di rapporti tra estensione soggettiva del giudicato ed estensione soggettiva del titolo esecutivo*, in *Riv. dir. proc.*, 1985, p. 470; con particolare riguardo all'efficacia esecutiva nei confronti dell'avente causa *post rem iudicatam* del convenuto soccombente, v. G. MICCOLIS, *Giudizi sull'appartenenza e pignoramenti*, Bari, 1994, p. 184; sull'estensione dell'efficacia soggettiva del titolo in caso di obbligazioni solidali dal lato del debitore v. Cass. 24 aprile 2020 n. 8151, in *Riv. es. forz.*, 2021, p. 139, con nota di R. MININNO.

(26) Nel caso che il titolo esecutivo sia costituito da cambiali o da altri titoli di credito, scritture private autenticate, accordo a seguito di mediazione o negoziazione «assistita», l'onere di cui trattasi implica una deroga alla regola per la quale questi titoli vengono semplicemente trascritti nel precetto (v. oltre, § 12). In tal caso il creditore deve previamente notificare agli eredi l'atto separatamente (così Cass. 24 aprile 1974 n. 1181, in *Giur. it.*, 1975, I, 1, 506).

(27) Così Cass. 14 luglio 2015 n. 14653; Cass. 10 ottobre 2008 n. 25003; Cass. 21 aprile 2000 n. 5200. Tuttavia, nel senso che, in caso di morte dell'esecutato, comunque il creditore debba procedere a notificare nuovamente titolo e precetto agli eredi, v. Cass. 14 luglio 2000 n. 9365; Trib. Napoli 30 ottobre 2002, in *Giur. merito*, 2003, p. 436.

(28) Cfr. Cass. 14 febbraio 2013 n. 3643; Cass. 17 gennaio 2003 n. 601. V., in argomento, C. MANDRIOLI, *Legittimazione ad agire «in executivis» e successione nel credito*, in *Riv. trim. dir. e proc.*

dubbio, invece, sull'allargamento dell'efficacia del titolo nei riguardi anche di alcuni soggetti corresponsabili per legge, come, ad es., i soci delle società in nome collettivo (29).

Se, dunque, il titolo esecutivo può avere eccezionalmente efficacia anche a favore e/o contro i successori, ne consegue il rilievo più generale che il processo esecutivo può iniziarsi e svolgersi tra i soggetti (eventualmente diversi da quelli risultanti dal titolo), che dovranno in definitiva riceverne o subirne gli effetti, non soltanto nei casi, ora visti, di successione anteriore all'inizio dell'esecuzione, ma anche nei casi di successione che si verifica quando il processo è già pendente.

È chiaro, infatti, che se è possibile che il processo esecutivo si svolga, nell'un caso, con soggetti diversi da quelli risultanti dal titolo, non c'è ragione perché questo non sia possibile anche nell'altro caso (30), senza che a questa conclusione rechi ostacolo la disciplina degli artt. 110 e 111, la cui discutibile e discussa applicabilità nel processo di esecuzione sarebbe da limitarsi alle disposizioni compatibili con la struttura del processo esecutivo (31) e non sarebbe comun-

---

civ., 1957, p. 1351. Contraria parrebbe Cass. 6 luglio 2001 n. 9211 (in *Guida al dir.*, 2001, n. 36, p. 38), che però si riferisce ad una fattispecie nella quale il successore non aveva manifestato la volontà di proseguire nel processo esecutivo intervenendo nello stesso (v. oltre, al richiamo della nota 36). V. poi ampiamente F.P. LUISO (*Efficacia del titolo*, cit., p. 49; ID., *L'esecuzione «ultra partes»*, cit., p. 231), che sostiene la tesi secondo cui l'ambito soggettivo di efficacia esecutiva propria del titolo esecutivo coincide, quando il titolo è costituito da un provvedimento giudiziario, con l'ambito di efficacia soggettiva di giudicato, proprio di quest'ultimo (in proposito v. anche retro, § 6). Altri (A. LORENZETTO PESERICO, *op. cit.*, pp. 356, 362) è giunto alla medesima conclusione prospettata nel testo, attraverso il rilievo che, se è possibile che il titolo abbia efficacia contro i successori a titolo universale, non può non essere possibile che tale efficacia sussista anche nei confronti dei successori a titolo particolare.

Contraria all'operatività dell'art. 111, 4° comma, rispetto all'efficacia di titolo esecutivo in capo ai successori del creditore a titolo particolare, si dichiara G. TOTA, *Sulla legittimazione del terzo all'esercizio dell'azione esecutiva*, in *Riv. es. forz.*, 2003, p. 731, per il rilievo che la norma suddetta è stata pensata per il processo di cognizione. Tuttavia, questo dissenso si traduce sul piano pratico, solo nel suggerimento di un *iter* non diverso per ottenere lo stesso risultato pratico, ossia l'intervento del successore nel processo esecutivo in corso per continuare l'azione esecutiva, che nel frattempo può proseguire tra le parti originarie.

Dall'allargamento dell'efficacia del titolo esecutivo va tenuto distinto il fenomeno della *perpetuatio legitimationis* passiva dopo e nonostante il pignoramento. Su questo argomento v. i rilievi alla nota 55 al § 6.

(29) In proposito, v. retro, alla nota 65 del § 7. Parrebbe logico, peraltro, che una siffatta estensione presupponga l'accertamento della qualità di socio illimitatamente responsabile solo se contestata. Ancora più condivisibile sembra poi l'estensione di tale efficacia nei confronti dei soci delle società di fatto (Cass. 8 agosto 1997 n. 7353).

(30) Cfr. A. LORENZETTO PESERICO, *op. cit.*, p. 369.

(31) A questo riguardo, se da un lato, non sarebbe decisivo il dato (ampiamente suffragato da un'indagine storico-comparativa compiuta da A. LORENZETTO PESERICO, *op. cit.*, p. 43) che gli artt. 110 e 111 sono entrati nel nostro ordinamento con riguardo soltanto al processo di cognizione, dall'altro lato sta di fatto che nei suddetti due articoli sono contenute diverse disposizioni, delle quali alcune soltanto (come, ad es., l'art. 111, 4° comma, come osservato nel testo) sarebbero compatibili col processo esecutivo.

que, per se stessa, decisiva (32). La realtà è che, per quanto riguarda la successione nel processo, *ferma l'inapplicabilità dell'istituto dell'interruzione nel processo esecutivo* (33), l'affermazione che il processo è proseguito dal successore universale o in suo confronto può essere riferita anche al processo esecutivo soltanto se intesa nei suoi termini più generici, mentre, con riguardo alla successione a titolo particolare, dagli artt. 475 e 477 emergono dati precisi dai quali risultano alcune particolarità e incompatibilità col processo esecutivo (34).

In pratica, il successore, documentando tale sua qualità (35), potrà senz'altro prendere il posto del suo dante causa (36); né è da escludere che un'eventuale

---

(32) Ne è prova il fatto che sia chi afferma in linea di principio l'applicabilità nel processo esecutivo dell'art. 110 (S. LA CHINA, *op. cit.*, p. 358) e sia chi la nega (A. LORENZETTO PESERICO, *op. cit.*, pp. 331 e 332) pervengono a conclusioni analoghe, e cioè ad affermare che *ad altre norme* è affidata la disciplina del fenomeno successorio quando il processo esecutivo è già pendente (cfr. S. LA CHINA, *op. cit.*, p. 361; A. LORENZETTO PESERICO, *op. cit.*, p. 342).

(33) A. LORENZETTO PESERICO, *op. cit.*, p. 376.

(34) Ferma, peraltro, l'applicabilità della regola della prosecuzione tra le parti originarie (Cass. 15 settembre 1995 n. 9727) e la legittimazione anche del cessionario ad assumere le iniziative impugnatorie di cui all'art. 111, 4° comma, con le forme e le modalità proprie del processo esecutivo (Cass. 11 marzo 2004 n. 4985). In effetti, in caso di successione dal lato attivo, trovano applicazione, con gli opportuni adattamenti, sia il 1° che il 3° comma dell'art. 111, mentre, in caso di successione dal lato passivo (acquisto del bene sottoposto a pignoramento immobiliare), è applicabile solo il 1° comma, ostando all'applicazione anche del 3° comma il regime di inefficacia delineato dall'art. 2913 c.c. (Cass. 12 aprile 2013 n. 8936 (in *Riv. dir. proc.*, 2014, p. 242, con nota di S. VINCRE).

Tra le suddette particolarità, si è discusso su quella che concerne la condanna ad un *facere* su cosa oggetto di trasferimento a titolo particolare. Secondo Cass. 8 gennaio 2003 n. 73 (in *Riv. es. forz.*, 2004, p. 205), in quest'ipotesi la legittimazione passiva *in executivis* resterebbe in capo all'alienante e si trasferirebbe all'acquirente solo in caso di un'iniziativa di quest'ultimo. A nostro parere, questa pronuncia non è condivisibile, perché si risolve in una sostanziale negazione dell'applicabilità della regola di cui all'art. 111, 3° comma. Merita, invece, approvazione l'affermazione secondo cui il trasferimento della legittimazione passiva rispetto all'esecuzione forzata del *facere* presuppone che l'acquirente abbia anche il possesso o la detenzione della cosa sulla quale va operato il *facere* (Cass. 17 gennaio 2003 n. 601, in *Riv. es. forz.*, 2004, p. 205; Cass. 14 febbraio 2013 n. 3643, la quale chiarisce anche che gli atti esecutivi già compiuti nei confronti del dante causa conservano validità nei confronti del successore).

(35) Cfr. S. LA CHINA, *L'esecuzione*, cit., p. 359.

(36) Secondo la LORENZETTO PESERICO (*op. cit.*, p. 373), la norma che può offrire il paradigma per questa sostituzione è l'art. 511. Secondo la Cassazione il successore può validamente manifestare volontà contraria alla prosecuzione del processo esecutivo (Cass. 6 luglio 2001 n. 9211, in *Foro it.*, 2002, I, 813; Cass. 14 giugno 2001 n. 8056). Traendo spunto da queste pronunce, entrambe basate sul presupposto della successione a titolo particolare nel titolo esecutivo, si è arrivati alla conclusione (G. TOTA, *Note sulla successione a titolo particolare nel processo esecutivo*, in *Riv. es. forz.*, 2002, p. 605) che gli ostacoli all'applicazione diretta dell'art. 111 nel processo esecutivo sono superabili, da un lato, ritenendo l'automaticità dell'estromissione del dante causa e del subentro dell'avente causa (*op. cit.*, p. 618) e, dall'altro lato, sulla base dell'inopponibilità al creditore pignorante delle alienazioni della cosa pignorata (*op. cit.*, p. 613). Con riguardo all'esecuzione per rilascio sembra aderire all'opinione secondo cui l'affermazione dell'esecutato di possedere in forza di titolo autonomo non può arrestare l'esecuzione, se non si concreta in una opposizione ex art. 615.

iniziativa al riguardo possa essere assunta anche dall'esecutato o da colui che subisce l'esecuzione come acquirente a titolo particolare (37).

Nell'ipotesi che venga meno il debitore, l'inapplicabilità, nel processo esecutivo, dell'istituto dell'interruzione fa sì che il processo possa proseguire legittimamente nei confronti dei successori, i quali però – in ossequio alle esigenze del contraddittorio – debbono essere resi destinatari (eventualmente nei modi di cui all'art. 477, 2° comma) delle comunicazioni e degli avvisi, purché ovviamente l'evento che ha dato luogo alla successione risulti da un atto del processo (38).

11. *Gli atti preparatori del processo esecutivo; a) la notificazione del titolo esecutivo.*

Abbiamo già avuto diverse occasioni (retro, §§ 3, 7 in fine, e 10) di accennare alla caratteristica, propria del processo esecutivo, per la quale alcuni atti, pur funzionali al processo esecutivo, debbono tuttavia essere compiuti prima dell'inizio del processo stesso e sono perciò *atti preparatori o preliminari*. Tali atti – che sono la *notificazione al debitore del titolo esecutivo* e *del precetto* – hanno la funzione di preannunciare solennemente al debitore il proposito del creditore di procedere all'esecuzione forzata, e più precisamente il proposito di esercitare l'azione esecutiva che si fonda su quel titolo esecutivo (che appunto perciò va notificato), per il conseguimento di *quel* diritto e con quella portata soggettiva, che emerge dal titolo. Ed è facile comprendere la ragione di questo solenne preannuncio: offrire al debitore, da un lato, l'ultima possibilità di eseguire il proprio obbligo spontaneamente, così evitando di subire l'esecuzione e le relative spese; e, dall'altro lato, la possibilità di conoscere tutti gli elementi dell'azione esecutiva preannunciata onde valutare le concrete possibilità di contestarne la legittimità, prima ancora del suo effettivo esercizio (v. oltre, §§ 36 e 37).

Il coordinamento funzionale degli atti preparatori in discorso con il processo esecutivo consente di attribuire loro la generica qualifica di «atti esecutivi», anche se, d'altro canto, essi non appartengono al processo esecutivo, non ancora iniziato.

L'art. 479, 1° comma, enuncia che «se la legge non dispone altrimenti, *l'esecuzione forzata deve essere preceduta dalla notificazione del titolo in forma esecu-*

---

(37) A. LORENZETTO PESERICO, *op. cit.*, p. 380. In questo senso ampiamente, in motivazione, Cass. 4 settembre 1985 n. 4612 (in *Foro it.*, 1986, I, 503 e in *Riv. dir. proc.*, 1987, p. 467, con nota di G. MICCOLIS) che, con riguardo al terzo acquirente del bene pignorato, ne desume la sua legittimazione alle opposizioni all'esecuzione e agli atti esecutivi. Sull'argomento v. § 36, nota 9 e § 38, nota 119.

(38) Cfr. L. BIFFI (*Successione nel processo esecutivo e principio del contraddittorio*, in *Riv. dir. proc.*, 1998, p. 594), che ne desume, per il caso di omissione, l'invalidità degli atti successivi, opponibile con l'opposizione agli atti esecutivi; v. anche M.G. CANELLA, *Titolo esecutivo*, cit., p. 183.

tiva e del precetto». Il primo degli atti preparatori è dunque la notificazione del titolo esecutivo (39). In un certo senso, anche il titolo esecutivo e la sua spedizione in forma esecutiva (quando è necessaria) sono atti preparatori dell'esecuzione forzata. Tuttavia, mentre il titolo esecutivo, per se stesso, è solo il documento di un atto già compiuto, la spedizione in forma esecutiva, invece, pur essendo un atto dinamico evidentemente mosso dal proposito di avvalersi del titolo, è soltanto un indizio di tale proposito, poiché, per se stesso, l'atto della spedizione si esaurisce nel comportamento del cancelliere o del notaio che appone la formula esecutiva sul documento.

In realtà, sia il titolo esecutivo e sia la sua spedizione in forma esecutiva incominciano ad assolvere in modo dinamico alla loro funzione preparatoria dell'esecuzione forzata soltanto nel momento in cui il creditore li fa oggetto di un ulteriore atto che, essendo rivolto al debitore, implica già la manifestazione, ancorché implicita, a quest'ultimo, del proposito di dare inizio all'esecuzione forzata. Quest'atto è per l'appunto la notificazione del titolo esecutivo.

Ricordando qui la nozione della notificazione vista a suo tempo (vol. I, § 70) e quale emerge dall'art. 137, possiamo dire che la notificazione del titolo esecutivo consiste nella consegna al debitore, nei modi determinati dalla legge, da parte dell'ufficiale giudiziario ed a seguito di richiesta del creditore, di una copia autentica del titolo esecutivo, che, agli effetti della notificazione, funzionerà da originale. Ciò naturalmente riguarda solo i titoli per i quali è richiesta la spedizione in forma esecutiva, mentre negli altri casi (ossia, come abbiamo visto, quando il titolo esecutivo è costituito da scrittura privata autenticata, da cambiale o altro titolo di credito o da accordo a seguito di mediazione o di negoziazione «assistita»: v. § 9) la notificazione del titolo si riduce ad una modalità della notificazione del precetto (40), come si vedrà tra poco (v. § 12).

Il 2° comma dell'art. 479 dispone che la *notificazione del titolo esecutivo va fatta alla parte «personalmente», a norma degli artt. 137 e ss.* È questo uno dei casi (li si veda, in generale, nel vol. I, § 49) nei quali il legislatore si serve dell'avverbio «personalmente» per contrapporre la parte (qui, il debitore) al suo difensore-procuratore (e naturalmente ci si riferisce al difensore dell'eventuale precedente processo di cognizione, poiché quello di esecuzione non è ancora iniziato). Quando si abbia a che fare con il titolo esecutivo costituito da una sentenza di primo grado, occorrerà la doppia notificazione (al difensore costituito, ai fini del decorso del termine breve per impugnare, ai sensi dell'art. 326: v. vol. II, § 72;

---

(39) Sull'argomento, in generale, v. ancora A. MASSARI, *Titolo esecutivo*, cit., p. 389; A. RONCO, *Sub art. 479*, in *Le recenti riforme*, cit., I, p. 601; A. MAJORANO, *Sub art. 479*, in AA.VV., *Commentario*, cit., VI, p. 126; M.G. CANELLA, *Titolo esecutivo*, cit., p. 203.

(40) Salvo il caso che il creditore agisca contro gli eredi; per la quale ipotesi, occorre procedere alla notificazione separata e preventiva del titolo (ad es., la cambiale), il cui testo può essere trascritto in un atto a parte diverso dal precetto e anteriore allo stesso (Cass. 24 aprile 1974 n. 1181, in *Giur. it.*, 1975, I, 1, 506).

alla parte *personalmente*, ai fini della «preparazione» all'esecuzione), non essendo idonea la prima ai fini della seconda, e viceversa.

In caso di morte del debitore prima dell'inizio dell'esecuzione forzata, il 2° comma dell'art. 477 dispone che, agli effetti dell'esercizio dell'azione esecutiva contro gli eredi (consentito dal 1° comma, come si è già visto), la notificazione del titolo esecutivo può essere effettuata – entro un anno dalla morte del debitore – agli eredi, *collettivamente* e *impersonalmente* nell'ultimo domicilio del defunto (41).

12. *Segue. b) Il precetto e la sua notificazione.*

Come abbiamo accennato poc'anzi, la notificazione del titolo esecutivo è già idonea a manifestare al debitore il proposito del creditore di procedere ad esecuzione forzata, ma si tratta di una manifestazione soltanto implicita poiché, con la notificazione del titolo, il debitore non riceve altro che, appunto, il titolo esecutivo. La manifestazione del proposito di procedere ad esecuzione forzata viene, invece, compiuta in modo esplicito e solenne con l'atto di precetto, che è un autonomo atto del creditore, da notificarsi al debitore (42). Di questo atto dobbiamo vedere innanzi tutto in che consiste e, quindi, con quali modalità va notificato (43).

Secondo il disposto dell'art. 480, 1° comma, «*il precetto consiste nell'intimazione di adempiere l'obbligo risultante dal titolo esecutivo, entro un termine non*

---

(41) Cass. 25 settembre 2009 n. 20680 ha affermato la natura eccezionale di tale disposizione, negandone l'applicabilità oltre il periodo stabilito e all'infuori dei casi espressamente previsti.

(42) Può accadere che, sul fondamento di un medesimo titolo esecutivo, vengano notificati più precetti; come quando, ad es., il titolo esecutivo consiste in una condanna a prestazioni alimentari periodiche, condanna nella quale la giurisprudenza ravvisa una sorta di condanna in futuro. In tale ipotesi si è ritenuto (Trib. Torino 9 luglio 1976, in *Giur. it.*, 1977, I, 2, 354, con nota adesiva del BUCOLO) che sia sufficiente notificare il titolo esecutivo una volta sola, col richiamo a tale unica notificazione in forma esecutiva nei diversi singoli precetti. Sulla possibilità di reiterazione dell'atto di precetto, fino al pagamento integrale del credito, purché non venga richiesto, nei precetti successivi, il pagamento delle spese per quelli precedenti, v. Cass. 29 agosto 2013 n. 19876; Cass. 23 ottobre 2012 n. 18161. È stata ritenuta inammissibile, comunque, perché in contrasto con il principio di infrazionabilità del credito, la possibilità di avviare più esecuzioni fondate sul medesimo titolo esecutivo, non giustificata da particolari esigenze di effettiva tutela del credito (così Cass. 19 marzo 2015 n. 5491, in *Riv. es. forz.*, 2015, p. 449, con nota contraria di C. ASPRELLA; Cass. 9 aprile 2013 n. 8576 e Cass. 15 marzo 2013 n. 6663, entrambe in *Foro it.*, 2014, I, 916, con nota di M. BRUNIALTI).

(43) In generale sull'argomento, v. P. PERSICO, *Precetto*, in *Nss. Dig. it.*, XII, Torino, 1966, p. 561; C.A. NICOLETTI, *Precetto (dir. proc. civ.)*, in *Enc. dir.*, XXXIV, Milano, 1985, p. 848; R. VACCARELLA, *Precetto*, in *Enc. Giur. Treccani*, XXIII, Roma, 1990; F. TOMMASEO, *L'esecuzione*, cit., p. 64; B. CAPPONI, *Manuale*[4], cit., p. 172; A. SALETTI, *Sub art. 480*, in AA.VV., *Commentario c.p.c.*, cit., VI, p. 140; M. BOVE, *Precetto (dir. proc. civ.)*, in *Diritto on line Treccani*, 2017; M.G. CANELLA, *Titolo esecutivo*, cit., p. 214; R. METAFORA, *Forma, notificazione ed efficacia del precetto*, in *Riv. es. forz.*, 2021, p. 497.

minore di dieci giorni – salva l'autorizzazione di cui all'art. 482 (e di cui tra poco) – *con l'avvertimento che, in mancanza, si procederà ad esecuzione forzata*». Ed è opportuno osservare subito che questo avvertimento è generico – ossia lascia indeterminato l'oggetto della futura esecuzione – se preannuncia l'espropriazione; mentre è specifico – ossia deve indicare esattamente tale oggetto – se preannuncia l'esecuzione in forma specifica (v. il § 33) (44).

L'intimazione, nella quale si sostanzia il precetto, deve logicamente avvenire tra quelle che saranno le due parti nel (non ancora iniziato) processo esecutivo; più precisamente, va effettuata dal creditore (che è dunque l'autore del precetto e che deve sottoscriverlo) nei confronti del debitore, il quale ne è il destinatario ed al quale il precetto va notificato. Il precetto è, infatti, un atto tipicamente recettizio nel senso che non produce alcun effetto, se non in quanto portato a conoscenza (mediante notificazione) del suo destinatario.

Per quanto concerne il destinatario dell'atto, il codice dispone che il precetto vada notificato alla parte «*personalmente*», a norma degli artt. 137 e ss. (art. 480, 4° comma); per quanto, invece, concerne l'autore dell'atto, la medesima disposizione ora citata si limita ad enunciare che il precetto deve essere sottoscritto a norma dell'art. 125, ossia a norma di una disposizione che, come si vide a suo tempo (vol. I, § 65 in fine), contempla, per gli atti di parte, la sottoscrizione della parte personalmente (se in tal modo essa può stare in giudizio) oppure del difensore. Si tratta, allora, di vedere se rispetto al precetto sussiste o meno l'onere del patrocinio: ed a questo quesito si suole rispondere in senso negativo per il rilievo che il precetto non è atto del processo esecutivo, ma soltanto ne preannuncia l'inizio (45). D'altra parte, l'art. 83 include espressamente il precetto tra gli atti in calce o a margine dei quali può essere rilasciata la procura al difensore (46). Se ne deduce che il precetto *può* (e non *deve*) essere sottoscritto dal difensore (47), purché, naturalmente, egli sia munito di procura (v. vol. I, § 49),

---

(44) Se l'obbligo contenuto nel titolo esecutivo consiste nel pagamento di una somma, l'indicazione, nel precetto, di una somma maggiore di quella dovuta non rende nullo il precetto, che resta valido ed efficace per la minor somma dovuta (Cass. 30 gennaio 2013 n. 2160; Trib. Lucca 24 marzo 2000, in *Riv. es. forz.*, 2000, p. 537, con nota adesiva di D. AMADEI).

Invece, eventuali ratei di credito maturati successivamente all'intimazione del precetto e basati sul medesimo titolo esecutivo possono essere indicati anche con la c.d. nota di precisazione del credito, invalsa nella prassi e depositata ai fini dell'ordinanza determinativa delle somme necessarie per la conversione del pignoramento, senza che sia necessario un nuovo atto di precetto (Cass. 11 dicembre 2012 n. 22645).

(45) V. C. MANDRIOLI, *Precetto e inizio dell'esecuzione forzata*, in *Giur. it.*, 1954, I, 2, 825.

(46) Per l'esatto rilievo, v. S. LA CHINA, *L'esecuzione forzata*, cit., p. 278. Ci sembra, d'altra parte, che le deduzioni che questo A. trae dal suddetto rilievo in ordine alla presenza in linea di principio dell'onere del patrocinio anche nel processo esecutivo (v. retro, § 8) non investano il precetto.

(47) Cfr. Cass. 7 febbraio 2012 n. 1687; Cass. 9 luglio 2001 n. 9292; non occorre, tuttavia, che la procura (a carattere sostanziale) sia riportata sull'atto (Cass. 24 maggio 2012 n. 8213).

da rilasciarsi anteriormente alla notificazione, senza che qui possa operare la disposizione eccezionale di cui al 2° comma dell'art. 125 (48).

Il 2° e il 3° comma dell'art. 480 indicano dettagliatamente i requisiti del precetto in aggiunta all'intimazione ad adempiere che, come si è visto, ne è l'elemento essenziale. Non è richiesta, in primo luogo, l'indicazione dell'ufficio giudiziario innanzi al quale si svolgerà l'esecuzione (49). È richiesta invece – ma non a pena di nullità – la dichiarazione di residenza o l'elezione di domicilio da parte dell'istante nel comune in cui ha sede il giudice competente per l'esecuzione, ai sensi degli artt. 26 e 26 bis (v. retro, § 7) (50); se effettuata, determina in tale luogo la competenza, ex art. 27, per l'opposizione al precetto, che, come si vedrà al § 36, è una delle forme di opposizione all'esecuzione; se non effettuata (o se effettuata in un luogo diverso) (51), tale competenza spetta al giudice del luogo della notificazione del precetto e l'eventuale opposizione al precetto può essere notificata al creditore mediante deposito presso la cancelleria del giudice (art. 480, 3° comma) (52). Ugualmente, la sanzione della nullità non è prevista

---

(48) Così Cass. 19 luglio 1991 n. 8043 e così C. MANDRIOLI, in *Giur. it.*, 1952, I, 2, 516 e T. CARNACINI, in *Riv. trim. dir. e proc. civ.*, 1954, p. 582. Tuttavia, sarebbe valida la procura rilasciata dopo la notificazione dell'atto purché anteriormente al compimento del primo atto di esecuzione e in tempo utile per essere depositati nell'eventuale giudizio di opposizione (Cass. 18 settembre 2007 n. 19362, secondo cui la ratifica del *dominus* è ammissibile per il compimento di qualsiasi atto di natura sostanziale; Cass. 14 luglio 2000 n. 9365, in *Riv. es. forz.*, 2001, p. 248, con nota di D. LONGO). Diversa è l'ipotesi della procura tempestivamente rilasciata sull'originale, ma non trascritta sulla copia notificata: secondo Cass. 31 marzo 2006 n. 7611 ciò non rende nullo l'atto perché la procura si incorpora nell'originale e può anche non essere trascritta sulla copia.

D'altra parte, la natura del precetto, in quanto atto anteriore all'inizio del processo esecutivo, consente di utilizzare anche procure rilasciate in altri atti o procedimenti (purché naturalmente ciò sia consentito dal contesto della procura), come, ad es., nel ricorso per ingiunzione (così Cass. 20 maggio 2003 n. 7886), salvo che dal tenore letterale della procura tale potere sia escluso (Cass. 20 aprile 2012 n. 6282). Peraltro, nel senso dell'ultrattività della procura rilasciata anche per la fase esecutiva dalla parte successivamente deceduta, Cass. 8 febbraio 2012 n. 1760 (in *Foro it.*, 2012, I, 2108, con osservazioni di F.S. DAMIANI).

In ogni caso, la contestazione dei poteri del procuratore va compiuta nei modi e termini dell'opposizione agli atti esecutivi (v. oltre, la nota 58).

(49) Cfr. Cass. 9 aprile 1994 n. 3336.

(50) In sostanza, il creditore, nell'eleggere domicilio o dichiarare la residenza (come dall'art. 480, 3° comma) può scegliere tra i possibili luoghi dell'esecuzione ove siano presenti beni pignorabili (Cass. 15 marzo 2005 n. 5621). Tuttavia, ai fini dell'individuazione del giudice territorialmente competente per l'opposizione al precetto, è irrilevante che il creditore non abbia scelto uno dei possibili luoghi dell'esecuzione (Cass. 8 agosto 2016 n. 16649, in *Foro it.*, 2017, I, 676).

(51) Cfr. Cass. 29 agosto 2013 n. 19876.

(52) Cfr. Cass. 29 agosto 2013 n. 19876; Cass. 11 aprile 2008 n. 9670, in *Guida al dir.*, 2008, n. 27, p. 79; in proposito v. anche, tuttavia, i rilievi compiuti da C. Cost. 22 dicembre 2010 n. 365 proprio sul deposito in cancelleria come notificazione in caso di mancata dichiarazione di residenza o elezione di domicilio da parte del destinatario. A seguito di questi rilievi si è avuta l'introduzione, da parte del legislatore, del c.d. domicilio digitale di cui all'art. 16 sexies del D.L. 179/2012, introdotto dal D.L. 90/2014 (conv. dalla L. 114/2014), su cui v. retro, il § 48 del vol. I. Se la noti-

per l'omissione dell'avvertimento che si procederà ad esecuzione forzata (53) e neppure per l'omissione dell'avvertimento che il debitore può, con l'ausilio di un organismo di composizione della crisi o di un professionista nominato dal giudice, utilizzare la procedura di *sovraindebitamento* prevista dalla L. 3/2012, che è finalizzata all'esdebitazione del debitore (54).

Sono, invece, richiesti a pena di nullità, i requisiti dell'indicazione delle parti e dell'indicazione della data di notificazione del titolo esecutivo (art. 480, 2° comma) (55). Quest'ultimo requisito (nel quale è implicito quello dell'indicazione del titolo) (56) è tuttavia superato in due ipotesi:

a) quando il creditore si avvalga della facoltà – che espressamente gli concede l'ultimo comma dell'art. 479 – di redigere il precetto di seguito al titolo esecutivo, e di notificarlo insieme con questo, purché la notificazione sia fatta al debitore «personalmente» (con che si vede che la notificazione «personale» al debitore, del precetto, è, come si è visto per la notificazione del titolo esecutivo, senza eccezioni);

---

fica dell'opposizione al precetto è effettuata presso la cancelleria nonostante l'elezione di domicilio, causando la contumacia del creditore procedente, troveranno applicazione l'art. 327, 2° comma, e l'art. 354, 1° comma (così Cass. 9 febbraio 2017 n. 3464).

Se, in contrasto con l'elezione di domicilio o la dichiarazione di residenza da parte del creditore, l'opponente propone l'opposizione al precetto davanti al giudice del luogo di notificazione del precetto, ciò implica contestazione del presupposto (presenza di beni da pignorare) per la suddetta elezione o dichiarazione; questo onera il creditore alla prova del suddetto presupposto (così Cass. 9670/2008, cit., e in precedenza, Cass. 15 marzo 2005 n. 5621, già richiamata nella nota 50).

(53) Cfr. Cass. 24 ottobre 1986 n. 6230.

(54) Tuttavia, nel senso che l'assenza di tale «avvertimento» determini nullità del precetto v. Trib. Milano 23 dicembre 2015, in *Giur. it.*, 2017, p. 96, con nota contraria di C. BECHIS; in senso contrario, Trib. Frosinone 28 gennaio 2016, *ibidem*; Trib. Milano 19 gennaio 2016, in *Dir. fall.*, 2016, p. 928, con nota di G. PARISI.

Sulla procedura di sovraindebitamento v. retro, al § 2. Occorre rilevare che la necessità di quest'«avvertimento» è stata introdotta dal D.L. 83/2015, conv. dalla L. 132/2015 per qualsiasi forma di precetto, ma è evidente che esso assume rilevanza solo per il precetto preliminare all'espropriazione forzata. In proposito v. E. PELLECCHIA, *Brevi note sulla modifica dell'art. 480 c.p.c. ecc.*, in *Nuove leggi civ. comm.*, 2015, p. 961; A. SALETTI, in AA.VV., *Le nuove riforme*, cit., p. 29.

(55) La cui mancata indicazione è rilevabile anche d'ufficio in sede di opposizione al precetto (Cass. 23 giugno 2014 n. 14209, in *Guida al dir.*, 2014, n. 43, p. 61); tuttavia, nel senso che tale mancanza sia sanata, per raggiungimento dello scopo, dall'opposizione al precetto ex art. 617, v. Cass. 18 luglio 2018 n. 19105; Cass. 2 dicembre 2014 n. 25433. Equivale alla mancata indicazione, l'indicazione che generi assoluta incertezza (Cass. 14 febbraio 2017 n. 3775).

(56) Requisito, questo, che è distinto dall'indicazione della data di notificazione (v. la precedente nota) e che è di solito ritenuto indispensabile per il raggiungimento dello scopo sicché la sua mancanza è vizio non sanabile per effetto dell'opposizione agli atti esecutivi (così Cass. 8 novembre 1980 n. 5997; v. anche Trib. Palermo 3 marzo 2009, in *Guida al dir.*, 2009, n. 35, p. 36), nonché rilevabile d'ufficio in ogni stato e grado del giudizio (Cass. 1° dicembre 2000 n. 15364); può tuttavia bastare che il titolo risulti individuato da altri elementi, purché senza incertezze (cfr. Cass. 28 gennaio 2020 n. 1928; Cass. 25 maggio 2007 n. 12230).

b) quando il titolo esecutivo sia costituito da cambiale o altro titolo di credito, da scrittura privata autenticata o, ancora, da accordo di conciliazione concluso nella procedura di mediazione o di negoziazione assistita (cfr. §§ 64 e 65 del vol. III). In tali casi, infatti, opera il disposto dell'art. 480, 2° comma, che richiede la trascrizione del titolo all'interno del precetto quando ciò è stabilito dalla legge (57). E questo, ovviamente, e come si diceva nel § precedente, supera anche la necessità di un'autonoma notificazione del titolo esecutivo. Naturalmente, occorre un'attestazione che il titolo – così come trascritto dal creditore nel precetto – corrisponde all'originale: il codice (art. 480, 2° comma, in fine) affida questo compito all'ufficiale giudiziario.

La sottoscrizione del precetto a norma dell'art. 125 (e quindi ad opera della parte personalmente o del difensore munito di procura, come si è visto sopra) è richiesta dall'art. 480, 4° comma; questa norma non commina la nullità per il precetto non sottoscritto, ma non si vede come tale conseguenza possa essere evitata, attesa la funzione della sottoscrizione (58).

Il precetto – si diceva poc'anzi – è atto recettizio, nel senso che non produce alcun effetto se non è notificato. *La notificazione del precetto* (59) – che è atto

---

(57) Tale requisito viene ravvisato, per la cambiale, dall'art. 63 L. camb.; per l'assegno, nell'art. 55 L. ass.; per la scrittura privata autenticata, dall'art. 474, 3° comma, c.p.c., mentre per l'accordo di conciliazione nella procedura di mediazione, dall'art. 12, 1° comma, D.Lgs. 28/2010, e per il medesimo accordo nella negoziazione assistita, dall'art. 5, comma 2° bis, D.L. 132/2014 (conv. dalla L. 162/2014).

Secondo la Cassazione, poiché le disposizioni della L. ass. e della L. camb., citate, non richiedono la trascrizione «integrale» della cambiale o assegno, se ne deve desumere che, agli effetti della validità del precetto, è sufficiente l'indicazione degli elementi essenziali per l'individuazione della cambiale o assegno e che neppure è indispensabile la certificazione di conformità dell'ufficiale giudiziario (Cass. 18 febbraio 1988 n. 1744; Cass. 10 settembre 1986 n. 5531; Cass. 9 maggio 1985 n. 2895). Qualora manchi anche l'indicazione degli elementi essenziali, il precetto non è inesistente, ma affetto da nullità che può essere fatta valere nei modi e termini dell'opposizione agli atti esecutivi (Cass. 20 aprile 1995 n. 4475; Cass. 15 settembre 1986 n. 5602).

(58) Cfr. V. ANDRIOLI, *Commento*, III, cit., p. 53; P. PERSICO, *Precetto*, cit., p. 505. Si deve, tuttavia, rilevare che la giurisprudenza tende a considerare il difetto in discorso come semplice irregolarità e lo ritiene comunque un vizio sanabile per effetto dell'opposizione (che sarebbe opposizione agli atti esecutivi) del debitore. In ogni caso, l'assenza di sottoscrizione sulla sola copia notificata non è causa di nullità se l'ufficiale giudiziario attesta di averla ricevuta dal difensore del notificante e ne attesti la conformità all'originale (Cass. 22 giugno 2001 n. 8593).

Il vizio da difetto di rappresentanza in capo al procuratore che ha sottoscritto il precetto può essere fatto valere solo con l'opposizione agli atti esecutivi entro venti giorni dalla notifica del precetto; in mancanza resta sanato e non si propaga agli atti successivi (Cass. 8 maggio 2006 n. 10497, in *Riv. es. forz.*, 2006, p. 642; Cass. 1° febbraio 2002 n. 1308, in *Giur. it.*, 2002, p. 2060, con nota di P.L. NELA).

(59) Come quella del titolo, la notificazione del precetto va effettuata «personalmente», nel luogo di residenza o domicilio del debitore (art. 479, 2° comma). Se effettuata in luogo diverso, è nulla, ma la nullità può essere fatta valere entro venti giorni dall'effettiva conoscenza dell'atto, con l'opposizione agli atti esecutivi, che peraltro sana il vizio (Cass. 15 maggio 2001 n. 6706; Cass. 11 luglio 2000 n. 9185).

distinto dal precetto stesso in quanto atto dell'ufficiale giudiziario (v. vol. I, § 70) – è tuttavia atto tipicamente strumentale ed insostituibile rispetto al precetto, allo stesso modo di come lo è la notificazione dell'atto di citazione rispetto a quest'ultimo atto (v. vol. II, § 5). La notificazione del precetto consiste nella consegna, da parte dell'ufficiale giudiziario, al destinatario – che, come si è visto, è il debitore «personalmente» o chi per esso – di una copia autentica del precetto debitamente sottoscritta nei modi veduti sopra; consegna da documentarsi nella relazione di notificazione in calce ad entrambe le copie dell'atto di precetto (60).

Come il precetto è atto autonomo e distinto dal titolo esecutivo, così la notificazione del precetto è atto distinto dalla notificazione del titolo esecutivo. Quest'ultima deve, in linea di principio, precedere la notificazione del precetto, come si desume anche dal rilievo che, come abbiamo visto poc'anzi, nel precetto dev'essere indicata la data della notificazione del titolo esecutivo; abbiamo anzi visto (retro, § 10) che in un caso (quello di cui all'art. 477, che concerne l'esecuzione contro gli eredi del debitore) tra la notificazione del titolo e quella del precetto deve addirittura intercorrere un termine (dilatorio) di dieci giorni (61).

Ma, a parte questo caso, il requisito dell'anteriorità della notificazione del titolo rispetto a quella del precetto, non impone un'effettiva anteriorità cronologica, poiché al contrario il codice – a parte la già veduta ipotesi della trascrizione del titolo nel contesto del precetto – consente espressamente (art. 479, ultimo comma) la notificazione contemporanea dei due atti che addirittura possono essere redatti sullo stesso documento: l'uno (il precetto) di seguito all'altro (il titolo esecutivo) (62), alla sola condizione che la notificazione sia fatta alla parte «personalmente» (63).

Va anche ricordato che, ai sensi dell'art. 654, 2° comma, non è necessario procedere alla preventiva notificazione del titolo esecutivo e del precetto, quando si intenda portare ad esecuzione forzata un decreto ingiuntivo (v. § 7 del vol.

---

(60) Si ritiene che ogni vizio, anche di nullità, che investe *la notificazione* del precetto rimanga sanato per effetto dell'opposizione dell'intimato (così Cass. 25 marzo 1981 n. 1737, in *Foro it.*, 1981, I, 968), purché però sia stato assegnato il termine di dieci giorni per adempiere o comunque l'esecutato abbia avuto un termine utile per adempiere ed evitare il pignoramento (Cass. 23 giugno 2014 n. 14209, cit. retro, alla nota 55). È sanabile in questo modo anche il vizio di nullità conseguente alla notificazione del precetto a più intimati in una sola copia (Cass. 23 marzo 1998 n. 3072, in *Foro it.*, 1998, I, 1849).

(61) Termine che, nel caso di esecuzione contro la P.A. è di centoventi giorni: v. oltre, nel testo.

(62) Per un'applicazione v. Cass. 12 agosto 1992 n. 9536.

(63) In caso di mancata o contestata notificazione del titolo insieme al precetto, fatta valere con l'opposizione al precetto ex art. 617 (Cass. 21 gennaio 2021 n. 1096), l'opponente è onerato della prova del dedotto fatto impeditivo alla prosecuzione della procedura esecutiva (Cass. 26 giugno 2015 n. 13212), senza che sia richiesta la prova di alcun specifico pregiudizio (Cass. 9 novembre 2021 n. 32838).

III) (64). E neppure c'è bisogno della notificazione del precetto (e del titolo esecutivo) in caso di intervento del creditore nell'espropriazione già iniziata da altro creditore (65).

A differenza della notificazione del titolo esecutivo, la notificazione del precetto non conserva indefinitamente la sua efficacia propria di atto preliminare all'esecuzione forzata; *tale efficacia è, infatti, limitata a novanta giorni dalla notificazione* che, a questi effetti, si perfeziona solo con la consegna al destinatario (66). Se entro tale termine (67) l'esecuzione forzata non viene iniziata (o è sopravvenuta la rinuncia al precetto), l'avvenuta notificazione non è più utilizzabile (art. 481), nel senso che per dare validamente inizio all'esecuzione (68) occorre un nuovo atto di precetto da notificare (69) (ferma, invece, rimanendo l'efficacia dell'avvenuta notificazione del titolo esecutivo, di cui si dovrà far menzione nel nuovo precetto).

Si è detto sopra che l'intimazione ad adempiere in cui si sostanzia il precetto deve contenere la concessione di un termine – di regola non inferiore a dieci giorni (70) – che naturalmente (trattandosi di termine dilatorio: v. vol. I, § 66)

---

(64) Ciò, tuttavia, sempre che l'esecutato coincida con il debitore ingiunto; laddove, invece, così non fosse, è comunque necessario che anche il decreto ingiuntivo ed il relativo precetto siano preventivamente notificati al debitore esecutato (Cass. 29 marzo 2017 n. 8150).

(65) Cass. 8 febbraio 2018 n. 3021.

(66) Cass. 2 gennaio 2009 n. 127, in *Guida al dir.*, 2009, n. 11, p. 49. Poiché trattasi di termine di decadenza e non di prescrizione (Cass. 28 aprile 2006 n. 9966), che sta ancora a monte dell'inizio dell'esecuzione forzata, ossia del processo esecutivo, si ritiene che esso non abbia natura processuale, con la conseguenza che ad esso non si applica la sospensione dei termini in periodo feriale di cui alla L. 742/1969 (v. vol. I, § 66) (Cass. 21 maggio 1976 n. 1840, in *Foro it.*, 1977, I, 943) e con l'ulteriore conseguenza di cui alla nota 67.

A questi effetti è sufficiente la proposizione dell'istanza di pignoramento, a prescindere dal suo esito (così F. TOMMASEO, *L'esecuzione forzata*, cit., p. 71, che dà atto di un orientamento in senso opposto).

Questo termine è sospeso per effetto dell'opposizione al precetto e riprende a decorrere a norma dell'art. 627: così dispone l'art. 481, 2° comma. Si ritiene, d'altra parte, che la sospensione consegua anche per effetto della sospensione dell'esecuzione disposta in sede di impugnazione nel giudizio di merito (Cass. 10 aprile 2008 n. 9860).

(67) Che resta sospeso per effetto della sospensione dell'efficacia esecutiva del titolo (Cass. 10 aprile 2008 n. 9360, in *Riv. dir. proc.*, 2009, p. 816 e in *Foro it.*, 2009, I, 1874, con nota adesiva di R. METAFORA).

(68) «Inizio» nel senso del primo pignoramento, mentre gli eventuali pignoramenti successivi al primo effettuato nel termine possono avvenire anche dopo la decorrenza del termine stesso (cfr. Cass. 28 aprile 2006 n. 9966; Cass. 31 maggio 2005 n. 11578).

(69) Cfr. Trib. Lucca 6 settembre 2011, in *Foro it.*, 2012, I, 3540.

(70) L'indicazione di un termine inferiore, come anche l'omessa indicazione del termine non comporta la nullità dell'atto di precetto, ma rende applicabile ad esso il termine minimo legale (Cass. 8 agosto 1991 n. 8624; Cass. 10 marzo 1990 n. 1985; Cass. 25 marzo 1981 n. 1737, in *Foro it.*, 1981, I, 968).

La rinnovazione del precetto determina la revoca del precedente (Cass. 9 maggio 2006 n. 10613), e dunque il termine dilatorio di dieci giorni decorre dal precetto successivo (Cass. 7 agosto 2012 n. 14189).

deve essere interamente decorso prima che si possa validamente dare inizio all'esecuzione. La necessità di rispettare questo termine è spesso controproducente agli effetti della funzionalità dell'esecuzione, poiché il debitore può approfittare di esso per occultare i suoi beni, per occultare la cosa da consegnare o comunque pregiudicare i successivi atti esecutivi. Per ovviare a questo inconveniente, il codice (art. 482) dispone che *il capo dell'ufficio giudiziario competente per l'esecuzione o un giudice da lui delegato* (71) *può – se vi è pericolo nel ritardo – autorizzare l'esecuzione immediata*, eventualmente subordinando la concessione alla prestazione, da parte del creditore procedente, di una cauzione. L'autorizzazione – precisa la norma in discorso – è data con decreto scritto in calce al precetto e trascritto nella copia da notificarsi (72).

Per converso, va tenuto presente che la stessa notificazione del precetto è, nel caso particolare di esecuzione contro la Pubblica Amministrazione, assoggettata ad un termine dilatorio di centoventi giorni, in forza dell'art. 14 del D.L. 669/1996 (conv. dalla L. 30/1997, poi modificato dall'art. 147 L. 388/2000), ciò che attribuisce al rispetto di questo termine la natura di condizione di efficacia del titolo (73), anche laddove il titolo venga utilizzato ai fini dell'intervento nell'espropriazione già iniziata da altri creditori (v. oltre, § 18) (74).

In conclusione, l'esame della disciplina positiva dell'atto di precetto evidenzia la stretta coordinazione di quest'atto con la successiva serie degli atti del processo esecutivo, nel quale senza dubbio si inserisce (75), senza acquisire la natura

---

(71) Anche oralmente, trattandosi di provvedimento che attiene all'organizzazione interna all'ufficio giudiziario (Cass. 6 agosto 2010 n. 18355).

(72) Se, in mancanza dell'autorizzazione di cui all'art. 482, venga intimato l'adempimento immediato, il precetto non è nullo, ma l'esecuzione non potrà essere iniziata prima del decorso del termine minimo di dieci giorni (Cass. 4 gennaio 2002 n. 55, in *Giust. civ.*, 2002, I, p. 650).

Le questioni concernenti la competenza a concedere questa autorizzazione e la valutazione del *periculum in mora* sono materia di opposizione agli atti esecutivi (Cass. 18 ottobre 1982 n. 5420).

(73) Così Cass. 14 ottobre 2005 n. 19966, in *Giur. it.*, 2006, p. 1229, che ne desume la natura di opposizione all'esecuzione, dell'opposizione proposta dalla P.A. prima del decorso di detto termine (v. oltre, § 36, dopo il richiamo della nota 10); nello stesso senso anche Cass. 20 settembre 2006 n. 20330; Cass. 30 novembre 2011 n. 25567, in *Foro it.*, 2012, I, 2136, con nota di A. MAJORANO, la quale, tuttavia, ha escluso l'applicabilità del termine di cui nel testo laddove le amministrazioni dello Stato o gli enti pubblici non economici siano terzi nelle procedure di pignoramento presso terzi: v. la sezione terza del cap. 3°). Con riguardo a questa disposizione, la Corte giust. 11 settembre 2008 n. 265/07 ha deciso che la stessa non è in contrasto con la Direttiva n. 2000/35/CE. Tale termine dilatorio, tuttavia, non si applica alle società private di riscossione dei tributi (Cass. 7 giugno 2018 n. 14739).

(74) Con la conseguenza che il relativo titolo deve essere previamente notificato alla P.A. o all'ente pubblico non economico (Cass. 18 aprile 2012 n. 6067).

(75) Questo rilievo sta alla base della giurisprudenza che considera la mancanza del precetto come vizio dell'atto di esecuzione successivo, da farsi valere con le forme e nei termini dell'opposizione agli atti esecutivi, su cui v. il § 37 (Cass. 31 ottobre 2013 n. 24662). La prefissione di un termine iniziale e di un termine finale per il successivo svolgimento degli atti del processo esecutivo sono forse gli elementi più appariscenti dell'inserimento del precetto nel processo esecutivo, su

di atto propriamente processuale, trattandosi di un atto cronologicamente anteriore all'inizio del processo stesso (76) ed alla proposizione della domanda esecutiva (77), che contiene il primo esercizio dell'azione medesima (78). Quest'anteriorità implica che l'atto di precetto debba essere considerato come atto sostanziale, idoneo a mettere in mora il debitore e a produrre l'*effetto interruttivo della prescrizione del credito* (79).

---

cui si fonda la sua natura processuale (in questo senso E.T. LIEBMAN, *Per la nozione dell'atto di precetto*, in *Foro it.*, 1931, I, 489; C. MANDRIOLI, *Precetto*, cit.; G. TOMEI, *I difficili nodi dell'atto di precetto*, in *Studi in onore di E.T. Liebman*, III, Milano, 1979, p. 2399).

(76) Cfr. Cass. 19 settembre 2014 n. 19738. Su questa particolarità e sulle ragioni per le quali si deve evitare di trarne motivi di dubbio circa la natura processuale del precetto v. C. MANDRIOLI, *op. loc. cit.*

(77) Per la tesi secondo la quale il precetto sarebbe l'atto che contiene la domanda introduttiva del processo esecutivo, v. V. DENTI, *L'esecuzione forzata in forma specifica*, cit., p. 120. Per la critica, imperniata sul rilievo che il precetto non è rivolto ad un giudice né ad alcun organo giurisdizionale, v. C. MANDRIOLI, *op. loc. cit.*; poi anche A. SALETTI, *Processo esecutivo e prescrizione*, cit., p. 31, che mette in evidenza come la domanda nel processo esecutivo risulti da una fattispecie complessa nella quale il precetto ha la portata di definire il tenore della domanda e che si articola nella richiesta della sua attuazione, oltre che in eventuali ulteriori istanze (*op. cit.*, p. 72).

(78) Queste ultime precisazioni non sembra siano tenute sempre presenti in alcune pronunce della Cassazione ove si afferma che il precetto ha natura sostanziale, sia pure solo per desumerne che può essere validamente sottoscritto dalla parte (v. retro, le note 46, 47 e 48) o che l'eventuale rinuncia ad esso non richiede l'accettazione da parte dell'intimato (così, pure correttamente, Cass. 9 giugno 1981 n. 3736). Per una argomentata adesione all'opinione esposta nel testo e definita «eclettica», v. A. BONSIGNORI, *L'esecuzione forzata*, cit., p. 68; B. CAPPONI, *Manuale*[4], cit., p. 174.

(79) In correlazione con la negazione che il precetto costituisca atto iniziale del processo esecutivo sta la negazione dell'effetto interruttivo dalla prescrizione in senso permanente, di cui all'art. 2945, 2° comma, c.c. (che consegue alla proposizione della domanda esecutiva: v. retro, § 3, al richiamo della nota 13 e nella nota stessa), fermo peraltro l'effetto di costituzione in mora di cui all'art. 2943, ultimo comma, c.c. (Cass. 19 settembre 2014 n. 19738; Cass. 29 marzo 2007 n. 7737; Cass. 7 dicembre 1985 n. 6165, in *Giur. it.*, 1986, I, 1, 1317). Tuttavia, chi ha dimostrato che la domanda esecutiva si concreta in una fattispecie complessa che inizia proprio col precetto (A. SALETTI, *op. loc. cit.*) ha potuto desumerne che il precetto realizza anche un'anticipazione dell'effetto interruttivo in senso permanente (*op. cit.*, p. 135).

CAPITOLO III
L'ESPROPRIAZIONE FORZATA

Sezione prima
L'ESPROPRIAZIONE FORZATA IN GENERALE

13. *L'espropriazione forzata e le sue diverse forme.*

L'art. 2910 c.c. – che è una delle norme fondamentali che concernono la tutela giurisdizionale, la sua disponibilità e il suo risultato di diritto sostanziale e che perciò sono contenute nel codice civile (v. retro, § 1 in fine) – enuncia che «*il creditore, per conseguire quanto gli è dovuto, può fare espropriare i beni del debitore secondo le regole stabilite dal codice di procedura civile*» (1).

L'espropriazione forzata è appunto – e come si è visto al § 4 – quel tipo di processo esecutivo che consiste nel sottrarre coattivamente al debitore determinati beni appartenenti al suo patrimonio e nel trasformarli, pure coattivamente, in denaro, per destinarli alla soddisfazione del creditore, in attuazione della loro funzione di garanzia generica dei crediti; quella garanzia generica, che consegue alla responsabilità patrimoniale con tutti i «beni presenti e futuri», enunciata dall'art. 2740 c.c. (2). E pertanto, attraverso questo tipo di processo esecutivo,

---

(1) Sulle norme fondamentali del codice civile in materia di espropriazione, v. G.A. MICHELI, *Dell'esecuzione forzata*, in *Comm. c.c., a cura di Scialoja e Branca*, Bologna e Roma, 1953, p. 361; S. MAZZAMUTO, *L'esecuzione forzata*, in *Trattato di diritto privato*, diretto da P. RESCIGNO, XX, Torino, 1985, p. 189; ID., *Dell'esecuzione forzata*, in *Comm. c.c. a cura di Scialoja e Branca*, Bologna, 2020, p. 176; M. PILLONI, *Accertamento e attuazione del credito nell'esecuzione forzata*, Torino, 2011, p. 49; A. TEDOLDI, *Esecuzione forzata*, cit., p. 83.

(2) Sulla correlazione necessaria tra responsabilità patrimoniale e oggetto dell'espropriazione,

possono essere coattivamente soddisfatti *i crediti aventi ad oggetto una somma di denaro*, sia che questo fosse il loro oggetto originario o sia che, in sede di cognizione, siano stati trasformati in crediti di denaro, proprio in vista della loro soddisfazione coattiva (3).

Va anche rilevato che l'obiettivo di evitare la necessità, per il creditore, di ricorrere all'espropriazione forzata è alla base di due istituti, introdotti di recente (dal D.L. 59/2016, conv. dalla L. 119/2016): il c.d. *pegno non possessorio* (art. 1) e il c.d. *patto marciano* (art. 2).

Nel primo caso, infatti, il creditore dell'imprenditore può ottenere, a garanzia del suo credito, un pegno non possessorio sui beni mobili (anche immateriali) non registrati destinati all'esercizio dell'impresa (e sui crediti derivanti da o inerenti a tale esercizio), sui quali soddisfarsi in caso di inadempimento del debitore, senza dover ricorrere all'espropriazione forzata (4).

Nel secondo caso (5), invece, il finanziamento dell'imprenditore (in deroga al divieto di patto commissorio di cui all'art. 2744 c.c.) viene garantito al creditore da un particolare patto, che prevede – sempre in caso di inadempimento del debitore – il trasferimento al creditore «*della proprietà di un immobile o di un altro diritto immobiliare dell'imprenditore o di un terzo, sospensivamente condizionato all'inadempimento del debitore*», ove quest'inadempimento integri determinate condizioni (6). Verificatosi l'inadempimento, infatti, il creditore comunica al debitore e, se diverso, al proprietario dell'immobile, la volontà di avvalersi degli effetti del patto di garanzia e quindi chiede al presidente del tribunale del luogo dove si trova l'immobile la nomina di un perito per la stima del valore del diritto reale oggetto del patto.

Tornando all'espropriazione forzata, essa colpisce preferibilmente il denaro del debitore ed i suoi beni che siano più facilmente trasformabili in denaro, come i titoli di credito e gli oggetti preziosi (art. 517, 2° comma); ma può, comun-

---

v. C. PUNZI, *Responsabilità patrimoniale e oggetto dell'espropriazione*, in *Riv. trim. dir. e proc. civ.*, 1989, p. 735 e A. BONSIGNORI, *op. cit.*, p. 11.

(3) Per i fondamenti sistematici, v. E. GARBAGNATI, *Espropriazione, azione esecutiva e titolo esecutivo*, in *Riv. trim. dir. e proc. civ.*, 1956, p. 1331; per la presentazione della disciplina normativa, v. A. TRAVI, *Espropriazione forzata in genere*, in *Dig. civ.*, VIII, Torino, 1992, p. 25; M. BOVE, *Espropriazione forzata (dir. proc. civ.)*, in *Diritto on line Treccani*, 2013; M.G. CANELLA, *Titolo esecutivo*, cit., p. 265.

(4) In argomento v. anche A. CARRATTA, *Le più recenti riforme*, cit., p. 54; E. GABRIELLI, *Pegno «non possessorio» e teoria delle garanzie mobiliari*, in *Riv. dir. comm.*, 2017, II, p. 241.

(5) Sul quale v. A. CARRATTA, *op. cit.*, p. 56; A. LUMINOSO, *Patto commissorio, patto marciano e nuovi strumenti di autotutela esecutiva*, in *Riv. dir. civ.*, 2017, p. 10; S. PAGLIANTINI, *L'art. 2744 e le alchimie del legislatore ecc.*, in *Nuove leggi civ. comm.*, 2016, p. 931.

(6) Vale a dire, quando il mancato pagamento si protrae per oltre 9 mesi dalla scadenza: a) di almeno 3 rate, anche non consecutive, nel caso di rimborso del finanziamento a rate mensili; b) di una sola rata, in caso di rimborso rateale superiore a quello mensile; c) del rimborso previsto nel contratto, quando non sia previsto il rimborso rateale.

que, colpire ogni bene idoneo ad essere trasformato in denaro: beni mobili, crediti, beni immobili. Perciò, la disciplina dell'espropriazione concerne, anzitutto, le modalità per sottrarre alla disponibilità giuridica del debitore e vincolare i beni del debitore stesso (7) (*pignoramento*), e quindi per trasformarli coattivamente in denaro (*vendita forzata*, salvo il caso dell'*assegnazione* diretta). La disciplina in discorso concerne poi le modalità per passare, col denaro così conseguito, a soddisfare sia il creditore che ha assunto l'iniziativa (c.d. creditore procedente) e sia gli eventuali altri creditori che abbiano approfittato di questa iniziativa per partecipare alla ripartizione del denaro (c.d. creditori intervenienti: v. retro, § 6 in fine e oltre, § 18).

Questo *iter* si riflette, secondo l'articolazione della disciplina legale, nella successione delle tappe scandite dai seguenti istituti: *pignoramento, eventuale intervento dei creditori, vendita forzata (o assegnazione), distribuzione del ricavato*. Si determina così una sequenza che costituisce la linea conduttrice della disciplina dell'espropriazione e che il codice percorre dapprima dettando una disciplina che concerne tutti i suddetti istituti nelle loro caratteristiche generali, e cioè una disciplina unica per ciascuno di questi istituti, quale che sia il tipo di bene oggetto dell'espropriazione (capo 1°: «*dell'espropriazione in generale*»); e quindi dettando tre ulteriori discipline integrative, concernenti gli aspetti particolari che ciascuno di questi istituti assume a seconda che l'espropriazione abbia ad oggetto:

a) denaro o altri beni mobili (capo 2°: «*dell'espropriazione mobiliare presso il debitore*»);
b) crediti del debitore verso terzi o altre cose mobili di sua proprietà, ma nella disponibilità di terzi (capo 3°: «*dell'espropriazione presso terzi*»);
c) beni immobili (capo 4°: «*dell'espropriazione immobiliare*»).

In ciascuno di questi capi è pertanto contenuta una disciplina (integrativa di quella generale contenuta nel capo 1°) di ciascuno dei suddetti istituti, e cioè, rispettivamente, del pignoramento, dell'intervento dei creditori, della vendita e dell'assegnazione, della distribuzione del ricavato.

Naturalmente, spetta al creditore optare per l'una piuttosto che per l'altra di queste tre forme di espropriazione, in relazione alla presenza dell'uno piuttosto che dell'altro tipo di beni nel patrimonio del debitore, ma nel rispetto delle limitazioni poste dal legislatore (8). Il codice – che non impone alcun ordine di prio-

---

(7) O il bene in comunione legale fra i coniugi: sul punto v., più avanti, il § 31.

(8) V., in particolare, le limitazioni che riguardano i crediti di natura tributaria. Infatti, l'art. 76, 1° comma, D.P.R. 602/1973 prevede che, quando si portino ad esecuzione forzata crediti di natura tributaria, l'agente della riscossione possa procedere all'espropriazione immobiliare solo se l'importo complessivo del credito per cui si procede supera complessivamente i 120.000 euro e comunque non dia corso all'espropriazione se l'unico immobile di proprietà del debitore è adibito ad uso abitativo e lo stesso vi risiede anagraficamente (ciò che determina la sopravvenuta

rità se non per quanto riguarda i beni sui quali il creditore già fruisce di una garanzia reale (art. 2911 c.c.) – consente al creditore di valersi cumulativamente dei diversi mezzi di espropriazione; ma, il debitore può opporsi per ottenere dal giudice dell'esecuzione un'ordinanza non impugnabile che limiti l'espropriazione al mezzo che il creditore sceglie o, in mancanza, a quello che il giudice stesso determina (art. 483 c.p.c.), tenuto conto anche dei crediti degli intervenienti (9). Ciò, naturalmente, quando la suddetta azione cumulativa risulti eccessiva e non sia resa necessaria dall'entità del credito da soddisfare in relazione al valore dei beni costituenti oggetto delle singole espropriazioni, cumulabili anche se dello stesso tipo (10).

Occorre ancora tener presente che la disciplina delle diverse forme di espropriazione è richiamata ed attuata, sia pure nel quadro di taluni orientamenti in parte diversi, dalla legge fallimentare, che, come rileveremo meglio al § 18, realizza un'espropriazione integrale del patrimonio del debitore (11).

---

improcedibilità dell'azione esecutiva eventualmente già esercitata: Cass. 12 settembre 2014 n. 19270, in *Guida al dir.*, 2014, n. 42, p. 71). Inoltre, l'art. 77, comma 1° bis, dello stesso D.P.R. 602/1973 ammette la possibilità che l'agente della riscossione iscriva ipoteca sugli immobili del debitore (anche quando non si siano ancora verificate le condizioni per procedere all'espropriazione) per un importo pari al doppio dell'importo del credito per cui si procede, purché l'importo complessivo di tale credito non sia inferiore complessivamente a 20.000 euro; ciò, comunque, solo dopo la comunicazione al contribuente e la concessione di un termine per esercitare il proprio diritto di difesa; altrimenti l'iscrizione è da considerare nulla (Cass. sez. un. 18 settembre 2014 n. 19667 e n. 19668). Le controversie aventi ad oggetto tale atto rientrano nella giurisdizione del giudice tributario, qualora si tratti di crediti dell'amministrazione finanziaria (Cass. sez. un. 16 gennaio 2015 n. 641). L'opposizione all'iscrizione dell'ipoteca non costituisce un'opposizione di natura esecutiva, ma un'ordinaria azione di accertamento negativo (Cass. 27 dicembre 2016 n. 27019).

(9) Su quest'istituto, v. ampiamente A. SALETTI (*Cumulo ed eccesso dei mezzi di espropriazione forzata*, in *Riv. dir. proc.*, 1984, p. 506), che delinea l'ambito del potere discrezionale del giudice di limitare l'espropriazione, precisa che l'«opposizione» che determina l'esercizio di questo potere va considerata un mero reclamo (*op. cit.*, p. 538) e riafferma, anche con riguardo a possibili dubbi di costituzionalità, la non impugnabilità dell'ordinanza di cui trattasi; v. dello stesso A., *Sub art. 483*, in AA.VV., *Commentario*, cit., VI, p. 183. Se però l'opposizione è proposta con giudizio autonomo, concreta, secondo Cass. 14 luglio 2003 n. 10998 (in *Riv. es. forz.*, 2004, p. 457) un'opposizione agli atti esecutivi. In questo medesimo ordine di idee, v. A.M. SOLDI, *I rimedi contro l'abuso dell'espropriazione forzata*, in *Riv. es. forz.*, 2008, p. 131, che si sofferma (spec. p. 133) sull'implicito criterio di legittimità del cumulo nei limiti in cui non arrechi un ingiustificato pregiudizio al debitore; ma v. Trib. Roma 24 febbraio 2014, in *Riv. es. forz.*, 2014, p. 370, con nota di C. ASPRELLA; M.G. CANELLA, *Titolo esecutivo*, cit., p. 268. V. anche, oltre, § 17, nota 68.

(10) Cfr. Cass. 9 aprile 2015 n. 7078; Cass. 21 aprile 1997 n. 3423, in *Giur. it.*, 1998, I, 1131.

(11) Soltanto in sede fallimentare o delle altre procedure c.d. concorsuali è possibile l'espropriazione dell'azienda come complesso di beni organizzati per l'esercizio dell'impresa. La disciplina dell'espropriazione individuale non prevede, invece, altri possibili oggetti all'infuori degli immobili, dei mobili e dei crediti, limitando la previsione del collegamento tra beni a quello pertinenziale, accessoriale o di arredamento (su cui v. § 26, note 7 e 8) ossia a un tipo di collegamento, che, di solito, non include quello aziendale (Cass. 29 settembre 1993 n. 9760, in *Foro it.*, 1994, I, 1840). Né è possibile pervenire al risultato dell'espropriazione dell'azienda attraverso

Va, infine, evidenziato che per i crediti dello Stato e di altri enti pubblici l'espropriazione avviene secondo le regole della c.d. *esecuzione esattoriale*, che attribuisce l'azione esecutiva ai «concessionari del servizio di riscossione», secondo la disciplina contenuta nel D.Lgs. 112/1999 (12).

Anche la disciplina dell'espropriazione è stata alquanto modificata dalla riforma del 2005, che ha opportunamente tenuto conto anche di alcune prassi applicative, con risultati in qualche misura apprezzabili (13), e poi ulteriormente ritoccata – in alcuni «snodi» significativi – dal D.L. 132/2014 (conv. dalla L. 162/2014), dal D.L. 83/2015 (conv. dalla L. 132/2015) e dal D.L. 52/2016 (conv. dalla L. 119/2016).

14. *Il giudice dell'esecuzione e i suoi provvedimenti.*

L'art. 484 – rubricato sotto il titolo «giudice dell'esecuzione» – enuncia, nel 1° comma, che «*l'espropriazione è diretta da un giudice*».

Ricordando quanto dicemmo a suo tempo circa il duplice possibile significato col quale il codice impiega la parola «giudice», ossia quello di «ufficio giudiziario» e quello di «organo», al quale sono attribuite determinate funzioni nell'ambito di un ufficio giudiziario (v. vol. II, § 13), appare subito evidente che,

---

l'espropriazione dei suoi singoli componenti, mancando lo strumento per espropriare i crediti non pecuniari. Sull'argomento v. G.C. RIVOLTA, *Azienda e processo esecutivo*, in *Riv. dir. civ.*, 1986, I, p. 205.

(12) Su queste esecuzioni, v. G. COSTANTINO, *Le espropriazioni forzate speciali*, Milano, 1984. Poi ampiamente A. SALETTI, *L'espropriazione per credito fondiario nella nuova disciplina bancaria*, in *Riv. dir. proc.*, 1994, p. 977; M.C. GIORGETTI, *La nuova esecuzione esattoriale*, in *Riv. es. forz.*, 2000, p. 273; R. MUNHOZ DE MELLO, *La c.d. esecuzione esattoriale*, in *Appunti di diritto dell'esecuzione civile*, a cura di S. VINCRE, Padova, 2012, p. 165; P. GAGGERO, *Trasparenza del contratto e rimedi di autotutela*, in *Riv. trim. dir. e proc. civ.*, 2013, p. 461. V. anche i cenni al § 28, in fine.

Con riferimento all'esecuzione esattoriale, va anche ricordato che l'art. 3, 10° comma, D.L. 16/2012 (conv. dalla L. 44/2012), ha escluso che si possa procedere alla riscossione coattiva dei crediti tributari qualora l'ammontare dovuto, comprensivo di sanzioni amministrative e interessi, non superi per ciascun credito l'importo di euro 30 per ogni periodo di imposta. Sempre con riferimento all'esecuzione esattoriale v. anche quanto stabilito dai commi da 537 a 544 dell'art. 1 della L. 228/2012 a proposito della scissione fra titolarità del credito e dell'azione esecutiva. Su questi interventi v. D. LONGO, *Le ultime novità in tema di riscossione coattiva*, in *Giur. it.*, 2014, p. 1046.

Circa i limiti di proponibilità, in sede di opposizione agli atti esecutivi, di vizi relativi alla cartella di pagamento, ove non fatti valere tempestivamente con l'opposizione a quest'ultima, v. Cass. 13 maggio 2014 n. 10326; sulla condanna alle spese dell'ente di riscossione, in caso di illegittimità dell'azione esecutiva, anche laddove essa dipenda dal comportamento dell'ente impositore, v. Cass. 6 febbraio 2017 n. 3105. Quanto, invece, alla proponibilità anche in tale sede dell'opposizione all'esecuzione ex art. 615 v. C. Cost. 31 maggio 2018 n. 114. In argomento v. anche G. CALTABIANO, *Profili dell'opposizione all'esecuzione esattoriale*, in *Riv. es. forz.*, 2021, p. 191.

(13) Per un primo bilancio sugli effetti di questa riforma, v. F. VIGORITO, *Nodi critici e prospettive del processo esecutivo a tre anni dalla riforma. Un confronto su interpretazioni e prassi dei giudici dell'esecuzione*, in *Riv. es. forz.*, 2008, p. 667.

nella surriferita proposizione, il codice si riferisce ad un organo giudiziario e che pertanto anche nel processo esecutivo, come in quello di cognizione, sussiste la suddetta contrapposizione tra giudice-ufficio giudiziario e giudice-organo. Tale contrapposizione si concreta, qui, nella contrapposizione tra *giudice competente per l'esecuzione* e *giudice dell'esecuzione* (14).

Quando si parla di *giudice competente per l'esecuzione* ci si riferisce a quel giudice-ufficio giudiziario, nel cui ambito può svolgersi una determinata esecuzione forzata. Ciò in applicazione delle regole di ripartizione dei poteri giurisdizionali tra diversi uffici giudiziari, che sono regole di competenza e che, con riguardo al processo esecutivo, abbiamo già esaminato al § 7 (v. anche vol. I, §§ 36 e 37).

Quando, invece, parliamo di *giudice dell'esecuzione*, ci riferiamo ad un *magistrato* appartenente a quel determinato ufficio giudiziario, *da designarsi volta per volta*, così come avviene per il giudice istruttore rispetto a ciascun processo di cognizione (v. vol. II, §§ 10, 13). Nel processo esecutivo, tale designazione è disciplinata dal 2° comma dell'art. 484, con modalità analoghe a quelle della designazione del giudice istruttore e che esamineremo nel § seguente.

Il 4° comma dell'art. 484 dispone che «*si applicano al giudice dell'esecuzione le disposizioni degli articoli 174 e 175*», ossia le norme che concernono l'immutabilità del giudice istruttore (v. vol. II, § 10 in fine) ed i poteri direttivi ed ordinatori del procedimento a lui attribuiti (v. vol. II, § 15). Da questa norma di richiamo emerge palesemente una consapevole assimilazione della figura del giudice dell'esecuzione a quella del giudice istruttore (15). Assimilazione che è ribadita e completata dall'art. 487, il quale prevede, per i provvedimenti del giudice dell'esecuzione, la medesima forma dei provvedimenti del giudice istruttore (ossia l'ordinanza), stabilendo che essi debbono essere pronunciati con le medesime modalità e comunicati negli stessi modi previsti per le ordinanze del giudice istruttore (artt. 176 e 186, richiamati dall'art. 487, 2° comma, *in quanto applicabili*), ed ancora che essi hanno le medesime caratteristiche di revocabilità e modificabilità. Tuttavia, tale revocabilità e modificabilità sussiste soltanto fino a quando le ordinanze in discorso non abbiano avuto esecuzione (16). Da questa

---

(14) In generale sul giudice dell'esecuzione, v. G. MARTINETTO, *Gli accertamenti*, cit., pp. 9, 19, 25; B. FRATINI, *Sub art. 484*, in AA.VV., *Commentario c.p.c.*, cit., VI, p. 202; B. CAPPONI, *Il giudice dell'esecuzione e la tutela del debitore*, in *Riv. dir. proc.*, 2015, p. 1447; M.G. CANELLA, *Titolo esecutivo*, cit., p. 279; A. TEDOLDI, *op. cit.*, p. 96.

(15) Su quest'assimilazione, v., per tutti, S. LA CHINA, *L'esecuzione forzata*, cit., p. 53 e Autori ivi citati; A. BONSIGNORI, *op. cit.*, p. 31; M.G. CANELLA, *op. cit.*, p. 289.

(16) E perciò senza limiti di tempo se a contenuto negativo (Cass. 9 maggio 2012 n. 7053; Cass. 21 aprile 1997 n. 3247). In dottrina si è addirittura sostenuto che tutte le ordinanze del giudice dell'esecuzione a contenuto dichiarativo siano irrevocabili in quanto non eseguibili (G. BASILICO, *La revoca dei provvedimenti civili contenziosi*, Padova, 2001, p. 306).

La giurisprudenza della Cassazione sembra orientata, inoltre, a limitare la revocabilità o modificabilità delle ordinanze del giudice dell'esecuzione solo alla sussistenza di «ragioni di ordine og-

limitazione emerge una prima differenza rispetto alle ordinanze del giudice istruttore, differenza che sta evidentemente in relazione con le particolarità del processo esecutivo.

In realtà, le figure del giudice dell'esecuzione e del giudice istruttore, mentre sono assai vicine tra loro per quanto concerne la posizione formale di organo dell'ufficio giudiziario ed i poteri ordinatori del processo, divergono profondamente non appena si scende alla sostanza della loro rispettiva attività. Ciò in relazione al fatto che, mentre la cognizione si risolve in un giudizio per il quale occorre, oltre all'attività ordinatoria, un'autentica programmazione, l'esecuzione si risolve invece in una serie di atti o di operazioni (v. vol. I, § 69 in fine) con funzione realizzatrice del diritto, per i quali, oltre all'attività ordinatoria, occorre soltanto una programmazione di natura pratica, come, ad es., stabilire i tempi e i modi della vendita forzata. Perciò, se è vero che anche per questo tipo di programmazione possano o debbano svolgersi delle udienze (v. vol. I, § 65), non è meno vero che in tali udienze non si debbono, almeno di regola, risolvere controversie, ma, di solito, soltanto affrontare questioni di opportunità pratica, oltre che di funzionalità ordinatoria, in relazione alle quali lo stesso principio del contraddittorio opera, come abbiamo già visto (retro, § 3), in una maniera alquanto diversa rispetto al processo di cognizione.

In questa prima visione globale della figura del giudice dell'esecuzione, merita ancora tener presente che in quelle parentesi di cognizione, che sono costituite per lo più dalle opposizioni esecutive, il giudice dell'esecuzione ha ancora funzioni di coordinazione tra l'uno e l'altro processo, specialmente con riguardo alla possibilità di disporre la sospensione dell'esecuzione (v. oltre, § 39).

Va, infine, tenuto presente che, contro le ordinanze del giudice dell'esecuzione, non è normalmente proponibile il reclamo al collegio, salvo che per le ordinanze concernenti l'estinzione del processo (art. 630: v. oltre, § 40) (17). Invece, la via normale per far valere eventuali illegittimità delle ordinanze del giudice dell'esecuzione è quella dell'opposizione agli atti esecutivi (v. oltre, § 37), ciò che di regola preclude l'impugnabilità con altri mezzi, ed in particolare col regolamento di competenza, salvi i casi in cui le ordinanze risolvano specificamente contestazioni sulla competenza (18).

---

gettivo» (così Cass. sez. un. 12 gennaio 2010 n. 262, in *Giur. it.*, 2010, p. 2130, con nora critica di A. Ronco, e in *Foro it.*, 2010, I, 1462, con nota anch'essa contraria di C.M. Barone, che, proprio in base ad una tale motivazione, ha escluso la revoca o modifica dell'ordinanza con la quale venga disposta la vendita all'incanto in sede di espropriazione immobiliare solo «per andare incontro ad esigenze manifestate da un singolo potenziale offerente»).

(17) Cfr. Cass. 20 dicembre 1991 n. 13771. Tanto meno è proponibile il ricorso straordinario per cassazione ex art. 111 Cost. Sul punto, v. C. Mandrioli, in *Giur. it.*, 1979, I, 1, 749; R. Oriani, in *Foro it.*, 1981, I, 1101; Id., *Opposizione all'esecuzione*, in *Nss. Dig. it.*, Appendice, V, Torino, 1984, p. 519.

(18) Al di fuori di queste ipotesi il regolamento di competenza (anche quello d'ufficio: Cass. 8 agosto 2014 n. 17845) è inammissibile avverso i provvedimenti del giudice dell'esecuzione (Cass. 26

15. *L'iscrizione a ruolo, la designazione del giudice dell'esecuzione e le udienze.*

Passiamo ora a sciogliere la riserva di poc'anzi circa le modalità con le quali avviene la designazione del giudice dell'esecuzione. Il 2° comma dell'art. 484 dispone che tale designazione è compiuta *dal presidente del tribunale «su presentazione, a cura del cancelliere, del fascicolo, entro due giorni dalla sua formazione»* (19).

Il fascicolo, al quale si riferisce questa norma è il «*fascicolo dell'esecuzione*» che, secondo quanto dispone l'art. 488, il cancelliere deve formare per ogni procedimento di espropriazione e nel quale «*sono inseriti tutti gli atti compiuti dal giudice, dal cancelliere e dall'ufficiale giudiziario e gli atti e documenti depositati dalle parti e dagli eventuali interessati*» (20).

Il momento nel quale il cancelliere deve provvedere alla formazione del fascicolo è, come nel processo di cognizione, un momento successivo a quello della fase iniziale del processo. Nel processo di cognizione, il fascicolo d'ufficio viene formato dopo che è avvenuta la notificazione dell'atto di citazione e la costituzione di una delle parti. Qualcosa di simile accade anche per il processo di espropriazione. In questo caso *il fascicolo d'ufficio viene formato dopo l'iscrizione a ruolo del processo per espropriazione.* Per le diverse forme di espropriazione (artt. 518, 6° comma, 521 bis, 5° comma, 543, 4° comma, 557, 2° comma), infatti, è previsto l'onere a carico del creditore procedente di provvedere ad iscrivere a ruolo il processo esecutivo così avviato (21).

---

luglio 2011 n. 16292; Cass. 23 luglio 2010 n. 17462). Sull'argomento v. B. FRATINI, *Sull'esperibilità del regolamento di competenza avverso i provvedimenti del giudice dell'esecuzione*, in *Giur. it.*, 2002, p. 940; M. BINA, *Sub art. 486*, in AA.VV., *Commentario*, cit., VI, p. 254; M.G. CANELLA, *op. cit.*, p. 279.

(19) Sulla designazione del giudice dell'esecuzione, con particolare riguardo ai problemi, anche di natura costituzionale, inerenti alla precostituzione del giudice, v. S. LA CHINA, *L'esecuzione forzata*, cit., p. 78 e Autori ivi citati. Sul fascicolo dell'esecuzione v. A. TRAVI, *Espropriazione forzata in genere*, cit., p. 31; M. SCAVELLO, *Sub art. 488*, in AA.VV., *Commentario c.p.c.*, cit., VI, p. 265.

(20) Secondo la Cassazione (Cass. 24 aprile 2008 n. 10654; Cass. 2 maggio 1975 n. 1961) la mancata allegazione del titolo esecutivo in originale o in copia costituisce semplice irregolarità che non pregiudica la procedibilità dell'azione esecutiva (ma in senso contrario Trib. Milano 29 giugno 2016, in *www.processocivileweb.it*). Tuttavia, ai fini della regolarità del pignoramento è sufficiente l'esibizione del titolo e non il possesso materiale dello stesso nelle mani dell'ufficiale giudiziario (Cass. 4 ottobre 2010 n. 20596, in *Guida al dir.*, 2011, n. 2, p. 66).

(21) In argomento v. anche A. CARRATTA, in A. CARRATTA-P. D'ASCOLA, *Nuove riforme per il processo civile: il d.l. 132/2014*, in *www.treccani.it*; G. VERDE, in *Guida al dir.*, 2014, n. 39, p. 8; C. CONSOLO, *Un d.l. processuale in bianco e nerofumo ecc.*, in *Corr. giur.*, 2014, p. 1180; M. GRADI, *Inefficienza della giustizia civile e «fuga dal processo»*, Messina, 2014, p. 52; G. MICCOLIS, *Le modifiche alla disciplina dell'esecuzione forzata: quadro generale*, in *Foro it.*, 2015, V, 76; G.G. POLI, *Modifiche in tema di iscrizione a ruolo della procedura esecutiva ecc.*, *ibidem*, 82; G. FICARELLA, *L'iscrizione a ruolo del processo esecutivo per espropriazione*, in «*Misure urgenti per la funzionalità e l'efficienza della giustizia civile*», cit., p. 211; S. LEUZZI, *Iscrizione a ruolo del processo esecutivo per espropriazione*, in *La nuova riforma*, cit., p. 229; M.G. CANELLA, *Novità in materia di esecuzione forzata*, in *Riv. trim. dir. e proc. civ.*, 2015, p. 271.

Più precisamente, e tenendo presente che il pignoramento è atto dell'ufficiale giudiziario e che, come vedremo, deve consegnare «senza ritardo» al creditore procedente il processo verbale dell'avvenuto pignoramento mobiliare o l'atto di citazione nel pignoramento presso terzi o l'atto di pignoramento immobiliare, in modo che lo stesso creditore possa provvedere all'iscrizione a ruolo (22), la formazione del fascicolo avviene subito dopo quest'ultimo adempimento.

Oltre all'iscrizione a ruolo, che avviene mediante presentazione alla cancelleria del giudice della nota di iscrizione a ruolo (art. 159 bis disp. att.) (23), il creditore deve anche provvedere a depositare presso la cancelleria del giudice competente il titolo esecutivo e il precetto, con copie conformi. Anch'essi vanno inseriti nel fascicolo dell'esecuzione. Va aggiunto che il titolo esecutivo deve essere inserito nel fascicolo dell'esecuzione in originale, salva l'autorizzazione del giudice dell'esecuzione (o, prima della sua nomina, del presidente del tribunale) a depositare una copia autentica, con l'obbligo di presentare l'originale a ogni richiesta del giudice (art. 488, 2° comma).

Peraltro, l'iscrizione a ruolo potrebbe essere effettuata anche ad opera di un soggetto diverso dal creditore procedente. Anzitutto, l'art. 159 ter disp. att. ammette che, ove prima che il creditore provveda all'iscrizione a ruolo sia depositato un atto o un'istanza ad opera di un soggetto diverso, questi «*deve depositare la nota di iscrizione a ruolo e una copia dell'atto di pignoramento*». Inoltre, l'istanza di iscrizione a ruolo potrebbe provenire dall'ufficiale giudiziario: in tal caso, all'iscrizione provvede d'ufficio il cancelliere. Infine, il deposito telematico della nota di iscrizione a ruolo può essere effettuato anche dai soggetti di cui all'art. 16 bis, 1° comma, D.L. 179/2012 (conv. dalla L. 221/2012), e cioè dai difensori delle parti precedentemente costituite, dai soggetti nominati o delegati dall'autorità giudiziaria, dai dipendenti delle Pubbliche Amministrazioni dei quali queste si avvalgono per stare in giudizio (24).

Resta inteso che, quando l'iscrizione a ruolo avvenga ad opera di un soggetto diverso dal creditore procedente, quest'ultimo deve comunque provvedere (nei termini indicati dagli artt. 518, 521 bis, 543 e 557: v. nota 22), *a pena di ineffica-*

---

(22) L'iscrizione a ruolo deve avvenire *nel termine di quindici giorni* dalla consegna dell'ufficiale giudiziario, in caso di pignoramento mobiliare (art. 518, 6° comma) e immobiliare (art. 557, 2° comma); *nel termine di trenta giorni*, in caso di pignoramento presso terzi (art. 543, 4° comma) e di pignoramento di autoveicoli, motoveicoli e rimorchi (art. 521 bis, 5° comma).

(23) Il deposito della nota di iscrizione a ruolo deve avvenire esclusivamente con modalità telematiche (art. 16 bis, 2° comma, D.L. 179/2012, conv. dalla L. 221/2012). V. anche M. LUPANO, *Il deposito telematico nel procedimento di esecuzione forzata*, in *Giur. it.*, 2016, p. 2054; M.C. VANZ, in AA.VV., *Le nuove riforme*, cit., p. 99; B. CAPPONI, *Noterella su pendenza dell'esecuzione e opposizioni esecutive*, in *Riv. es. forz.*, 2017, p. 188.

(24) In questo caso – aggiunge l'art. 159 ter disp. att. – «*il deposito può aver luogo con modalità non telematiche e la copia dell'atto di pignoramento può essere priva dell'attestazione di conformità*». V. anche M.R. GIUGLIANO, *La digitalizzazione del processo esecutivo ecc.*, in *Riv. es. forz.*, 2020, p. 314.

cia del pignoramento, al deposito delle copie conformi del titolo esecutivo e del precetto e si applica l'art. 164 ter disp. att. ai fini della dichiarazione di inefficacia del pignoramento (v. oltre, § 17).

Durante il processo di espropriazione *i poteri ordinatori e direttivi fanno capo al giudice dell'esecuzione.* Davanti a questo giudice si svolge, di regola, l'udienza per l'autorizzazione alla vendita o all'assegnazione delle cose pignorate (artt. 530, 569: v. oltre, §§ 22 e 28) e si possono svolgere eventuali altre udienze richieste dalla legge o disposte dallo stesso giudice dell'esecuzione, quando questi ritiene necessario «sentire» le parti ed eventualmente altri interessati. In tal caso – così dispone l'art. 485 – il giudice fissa l'udienza con decreto, da comunicarsi (v. vol. I, § 70) a cura del cancelliere e col quale dispone la comparizione davanti a lui delle parti e degli eventuali altri interessati, la cui audizione configura un incontro certamente rilevante anche sotto il profilo di una possibile apertura al contraddittorio (25).

Al giudice dell'esecuzione possono essere rivolte, dalle parti e dagli altri interessati, domande ed istanze, che sono, di regola, proposte oralmente quando avvengono all'udienza, e, negli altri casi, con ricorso da depositarsi in cancelleria (art. 486) (26).

Durante il processo di espropriazione può risultare necessario effettuare notificazioni o comunicazioni al creditore procedente (si pensi, ad es., al decreto che fissa un'udienza davanti al giudice dell'esecuzione). A questo riguardo, l'art. 489 stabilisce che tali notificazioni o comunicazioni vanno effettuate nella residenza dichiarata o nel domicilio eletto nell'atto di precetto (o nella domanda di intervento: v. oltre, § 18) (27), aggiungendo che, in mancanza, esse si effettuano presso la cancelleria del giudice competente per l'esecuzione.

Infine, l'art. 490 detta alcune regole generali a proposito della pubblicità che deve essere data a taluni avvisi di atti dell'espropriazione, che possono interessare il pubblico (tra i quali specialmente quelli relativi alle vendite forzate, secondo il disposto dell'art. 173 ter disp. att., che richiama, appunto l'art. 490) (28).

---

(25) Cfr. L. DURELLO, *L'audizione delle parti e degli interessati: attuazione del principio del contraddittorio nel processo esecutivo?*, in *Riv. trim. dir. e proc. civ.*, 2011, p. 863.

(26) In proposito, C. SPACCAPELO, *Sub art. 486*, in AA.VV., *Commentario c.p.c.*, cit., VI, p. 242.

(27) Ciò vale anche per le opposizioni all'esecuzione non ancora iniziata; se invece l'esecuzione è già iniziata, si applicano le disposizioni generali degli artt. 137 e ss. c.p.c. (Cass. 16 maggio 2003 n. 7638).

Sull'argomento, v. A. STORTO, *Gli interventi in materia di esecuzione forzata nella legge 28 dicembre 2001 n. 448*, in *Riv. es. forz.*, 2002, p. 305; C. CROCI, *La pubblicità in materia esecutiva*, *ivi*, 2002, p. 319; P. FARINA, *Il nuovo regime della vendita e dell'assegnazione nell'espropriazione mobiliare*, *ivi*, 2007, p. 237; M. SCAVELLO, *Sub art. 489*, in AA.VV., *Commentario c.p.c.*, cit., VI, p. 279; M.G. CANELLA, *Titolo esecutivo*, cit., p. 335.

(28) Di conseguenza, il loro mancato rispetto può determinare, a seguito di opposizione agli atti esecutivi, la nullità dell'aggiudicazione in esito alla vendita forzata (Cass. 7 maggio 2015 n. 9255).

La norma prevede, al 1° comma, nel caso in cui debba essere data pubblica notizia ad un atto esecutivo, l'inserimento del relativo avviso sul portale del Ministero della giustizia, in un'area pubblica denominata «*portale delle vendite pubbliche*» (29), con le modalità indicate dall'art. 161 quater disp. att. (30), e a pena di estinzione del processo esecutivo (v. oltre, § 40) (art. 631 bis) (31).

Lo stesso art. 490 aggiunge, al 3° comma, come facoltativa *l'inserzione dell'avviso una o più volte* (anche su iniziativa del creditore procedente o dei creditori intervenuti muniti di titolo esecutivo e almeno 45 giorni prima del termine per la presentazione delle offerte) *sui quotidiani di informazione locali aventi maggiore diffusione* o, quando opportuno, anche su quotidiani di informazione nazionali o con le forme di pubblicità commerciale (32), ma sempre con omissione dell'indicazione del debitore.

Infine, in caso di espropriazione di beni mobili registrati per un valore superiore a euro 25.000 e di beni immobili, l'avviso deve essere inserito in appositi siti internet, sempre almeno quarantacinque giorni prima del termine per la presentazione delle offerte o della data dell'incanto (2° comma dell'art. 490) (33).

---

(29) Va anche ricordato che l'art. 18 bis D.P.R. 115/2002 (T.U. sulle spese di giustizia) stabilisce che, per la pubblicazione sul portale del Ministero di ciascun atto esecutivo relativo a beni immobili o mobili registrati, è dovuto un contributo unificato pari ad euro 100, a carico del creditore procedente e da corrispondere per ogni lotto ove la vendita sia disposta in più lotti. Tale contributo non è dovuto, invece, quando si tratti di vendita forzata relativa a beni diversi da quelli indicati.

(30) Stabilisce l'art. 161 quater disp. att. che la pubblicazione sul portale deve essere effettuata «*a cura del professionista delegato per le operazioni di vendita o del commissionario o, in mancanza, del creditore pignorante o del creditore intervenuto munito di titolo esecutivo*», in conformità alle «*specifiche tecniche*», stabilite dal responsabile per i sistemi informativi automatizzati del Ministero della giustizia. Il portale è operativo dal 17 luglio 2017 (*https://portalevenditepubbliche.giustizia.it*) e la sua funzionalità è stata accertata con D.M. 5 dicembre 2017 del Ministro della giustizia. In proposito v. anche R. D'ALONZO, *Il Portale delle vendite pubbliche, la vendita telematica e le (inevitabili) lacune del neonato sistema*, in *Rass. es. forz.*, 2019, p. 133; M.G. CANELLA, *Titolo esecutivo*, cit., p. 345.

(31) Sempre che la mancata pubblicazione sia dipesa da «*causa imputabile al creditore procedente o al creditore intervenuto munito di titolo esecutivo*» e non sia dovuta al non funzionamento dei sistemi informatici del dominio giustizia, debitamente attestato a norma dell'art. 161 quater disp. att. c.p.c. In senso critico su questa soluzione v. P. FARINA, *L'ennesima espropriazione immobiliare «efficiente» (ovvero accelerata, conveniente, rateizzata e cameralizzata)*, in *Riv. dir. proc.*, 2016, p. 129; A. SALETTI, in AA.VV., *Le nuove riforme*, cit., p. 355; L. IANNICELLI, *Pubblicità sul portale delle vendite pubbliche ed estinzione del processo esecutivo*, in *Riv. dir. proc.*, 2016, p. 1583; P.R. LODOLINI, *La chiusura anticipata della procedura per infruttuosità e l'estinzione per mancato espletamento della pubblicità sul portale delle vendite pubbliche*, in *Riv. es. forz.*, 2016, p. 232; E. GASBARRINI, *Pubblicità della vendita e delega delle operazioni (I e II parte)*, *ivi*, 2018, p. 498 e p. 742; M. MONTANARO, *L'estinzione della procedura esecutiva ai sensi dell'art. 631*-bis *c.p.c.*, *ibidem*, p. 698.

(32) Ai sensi del 3° comma dell'art. 490, sono equiparati ai quotidiani i giornali di informazione locale multisettimanali o settimanali editi da soggetti iscritti al registro operatori della comunicazione (ROC).

(33) È appena il caso di sottolineare l'importanza di quest'allargamento della pubblicità degli

16. *Il pignoramento: a) funzione ed effetti.*

L'art. 491 enuncia solennemente che, eccezion fatta soltanto per l'ipotesi prevista dall'art. 502 (che riguarda l'espropriazione delle cose soggette a pegno o ad ipoteca: su cui v. oltre, § 17 in fine e § 19), «*l'espropriazione forzata si inizia col pignoramento*». Dobbiamo esaminarlo sotto il duplice profilo della sua funzione e della sua struttura (34).

In linea generale si può dire che la funzione del pignoramento consiste nel *vincolare determinati beni del debitore alla soddisfazione del credito* per il quale il creditore procedente agisce, nonché alla soddisfazione dei crediti degli altri creditori successivamente intervenuti. Si tratta di un *vincolo giuridico* che investe le cose con riguardo al loro valore di scambio e che, perciò, di regola, non impedisce al debitore di disporre materialmente delle cose pignorate e di servirsene, salve determinate cautele intese ad impedire la loro sottrazione, distruzione o deterioramento (v., ad es., artt. 520, 546, 559).

La tecnica della quale l'ordinamento si serve per realizzare questo vincolo giuridico consiste nell'attribuire al pignoramento l'*effetto* (che riguarda il diritto sostanziale e che perciò è disciplinato nel codice civile) *di rendere inefficaci nei confronti del creditore procedente* e dei creditori intervenuti nell'espropriazione *gli atti con i quali il debitore alieni le cose pignorate* o comunque ne disponga giuridicamente. Questi eventuali atti di alienazione o di disposizione sono, più precisamente, colpiti da *un'inefficacia relativa*, nel senso che l'atto, perfettamente valido per se stesso, è tuttavia inefficace rispetto all'espropriazione avviata. E dunque: da un lato, l'atto di disposizione non può impedire che il processo esecutivo prosegua con la vendita forzata del bene e che il ricavo dalla vendita sia

---

avvisi in funzione della più ampia c.d. *provocatio ad offerendum*, per contrastare le frequenti interessate «opacità» (così F. DE SANTIS, *Il «programma» della vendita forzata immobiliare ecc.*, in *Riv. es. forz.*, 2006, p. 465).

Si ritiene (P. FARINA, *op. cit.*, p. 239) che i vizi della pubblicità comportino (salvo il raggiungimento dello scopo) improcedibilità della vendita e possano esser fatti valere con l'opposizione agli atti. Per l'esperibilità dell'opposizione agli atti esecutivi anche A. RONCO, *Sub art. 490*, in *Le recenti riforme*, cit., I, p. 612; M. BINA, *Sub art. 490*, in AA.VV., *Commentario*, cit., VI, p. 292, e, in giurisprudenza, Cass. 9 giugno 2010 n. 13824; Cass. 31 ottobre 2005 n. 21106.

(34) Sul pignoramento in generale, v. T. CARNACINI, *Contributo alla teoria del pignoramento*, Padova, 1936; C. CALVOSA, *Struttura del pignoramento e del sequestro conservativo*, Milano, 1953; G. VERDE, *Il pignoramento*, Napoli, 1964; A. BONSIGNORI, *Pignoramento*, in *Nss. Dig. it.*, XIII, Torino, 1966, p. 75; ID., *L'esecuzione forzata*, cit., p. 93; G. VERDE, *Pignoramento in generale*, in *Enc. dir.*, XXXIII, Milano, 1983, p. 763; S. MAZZAMUTO, *L'esecuzione forzata*, cit., p. 204; E. CAVUOTO, *Il titolo esecutivo e il pignoramento*, in *Riv. es. forz.*, 2007, p. 87; F. TOMMASEO, *L'esecuzione forzata*, cit., p. 73; B. CAPPONI, *Pignoramento*, in *Enc. Giur. Treccani*, XXIII, Roma, 1990 (e *ivi* G. TOTA, Postilla di aggiornamento, Roma, 2008); ID., *Manuale*[4], cit., p. 179; S. IZZO, *Pignoramento in generale*, in *Dig. civ.*, Agg., II, Torino, 2007, p. 912; G. MICCOLIS, *Il pignoramento in generale*, in *L'esecuzione forzata riformata*, cit., p. 41; A. SALETTI, *Sub art. 491*, in AA.VV., *Commentario*, cit., VI, p. 301; M.G. CANELLA, *Titolo esecutivo*, cit., p. 354; A. TEDOLDI, *op. cit.*, p. 103.

destinato alla soddisfazione del creditore procedente e dei creditori intervenuti; mentre, dall'altro lato, la validità dell'atto di disposizione fa sì che l'eventuale estinzione del processo esecutivo prima della vendita (ad es., per rinuncia del creditore, perché questi sia stato altrimenti soddisfatto, per accoglimento di un'opposizione o per qualsiasi altro motivo) restituisca all'atto stesso la sua piena efficacia (35).

Nel disciplinare dettagliatamente questo effetto di inefficacia relativa del pignoramento (36), il codice civile si preoccupa di coordinare tale effetto con l'operare di altri principî, come gli effetti del possesso di buona fede di beni mobili non registrati o della trascrizione rispetto agli immobili e ai mobili registrati, e distingue a seconda che l'atto di disposizione sia successivo al pignoramento, oppure anteriore ad esso. Per l'ipotesi che *l'atto di disposizione sia successivo al pignoramento*, l'art. 2913 c.c. enuncia la regola generale secondo la quale «*non hanno effetto in pregiudizio del creditore pignorante e dei creditori che intervengono nell'esecuzione, gli atti di alienazione dei beni sottoposti a pignoramento*». Questa è per l'appunto la regola dell'inefficacia relativa, che, tuttavia, è temperata dalla prevalente esigenza di salvaguardare il principio per cui, con riguardo ai beni mobili non registrati, il trasferimento del possesso a terzi in buona fede equivale a legittimo trasferimento della proprietà (art. 1153 c.c.). E pertanto, la norma prosegue aggiungendo che restano «*salvi gli effetti del possesso di buona fede per i mobili non iscritti in pubblici registri*».

Gli *atti di disposizione anteriori al pignoramento* dovrebbero, a rigor di logica, prevalere sul pignoramento ed impedirne l'efficacia. Ma poiché, anche qui, occorre far salve le regole generali che disciplinano i conflitti di diritti contrastanti sui medesimi beni, l'art. 2914 c.c. stabilisce che gli atti di disposizione an-

---

(35) Cfr. Cass. 17 luglio 2009 n. 16714; Cass. 14 dicembre 1992 n. 13164, in *Giur. it.*, 1993, I, 1, 1446. Per un'applicazione di questi principi all'ipotesi di pignoramento in danno dell'acquirente di cosa pignorata, v. G. VERDE, in *Riv. trim. dir. e proc. civ.*, 1992, p. 91; v. anche, per il caso di nuovo pignoramento contro il compratore del bene pignorato, la pronuncia di un giudice di merito in *Riv. dir. proc.*, 1992, p. 681, con nota di G. DELLA PIETRA. Sull'efficacia tra le parti della compravendita di un bene assoggettato a pignoramento immobiliare, v. Cass. 16 marzo 1981 n. 1475 (in *Foro it.*, 1981, I, 2217), che ne ha desunto l'assoggettabilità all'imposta di registro della compravendita stessa; Cass. 5 agosto 1987 n. 6748.

(36) Sugli effetti sostanziali del pignoramento, v. per tutti G.A. MICHELI, *Dell'esecuzione forzata*, cit., p. 385; A. BONSIGNORI, *L'esecuzione forzata*, cit., p. 93; F. TOMMASEO, *L'esecuzione*, cit., p. 84; B. CAPPONI, *Manuale*[4], cit., p. 256; M.G. CANELLA, *Titolo esecutivo*, cit., p. 361; S. MAZZAMUTO, *Dell'esecuzione*, cit., p. 304; A. TEDOLDI, *op. cit.*, p. 304. Per un esame dettagliato di questa disciplina, con particolare riguardo agli effetti dei giudizi sull'appartenenza della cosa pignorata, v. G. MICCOLIS, *Giudizi sull'appartenenza e pignoramento*, Bari, 1994.

L'acquirente di immobile già pignorato non può intervenire neppure in via adesiva nell'espropriazione, né proporre opposizione agli atti, ma solo proporre l'opposizione di terzo ex art. 619 allo scopo di far valere l'eventuale inesistenza o nullità del pignoramento; può inoltre partecipare alla distribuzione del prezzo ricavato eventualmente residuo dopo la soddisfazione del creditore procedente e degli intervenuti (Cass. 26 luglio 2004 n. 14003).

teriori al pignoramento *prevalgono soltanto se*: a) *per quanto riguarda i beni immobili o mobili registrati*, siano stati trascritti anteriormente alla trascrizione del pignoramento (37); b) *per quanto riguarda i beni mobili non registrati*, il possesso sia stato trasferito anteriormente al pignoramento con atto scritto avente data certa (ai sensi dell'art. 2704 c.c.); c) *per quanto riguarda i crediti*, la loro cessione sia stata notificata o accettata anteriormente al pignoramento; d) per quanto riguarda, infine, le *universalità di mobili*, le alienazioni abbiano data certa anteriore al pignoramento. Ai medesimi principî si ispira, poi, l'art. 2915 c.c. nel disciplinare la prevalenza sul pignoramento degli atti e delle domande giudiziali, per la cui efficacia rispetto ai terzi il codice richiede la trascrizione (2° comma) (38), ed in generale degli atti che importano vincoli di indisponibilità (1° comma), nonché l'art. 2918 nel disciplinare gli effetti del pignoramento nei confronti della cessione e della liberazione di pigioni e di fitti (39).

Per l'ipotesi che oggetto del pignoramento sia un credito, l'art. 2917 c.c. enuncia la regola dell'inefficacia relativa degli atti di estinzione di esso per cause verificatesi in epoca successiva al pignoramento; il che significa in pratica che *quando un credito è stato pignorato, il pagamento al creditore* (del debito pignorato, ma esecutato nell'espropriazione) *non libera il debitore* (terzo debitore dell'esecutato), al quale, proprio per questo motivo, viene intimato di non disporre di quanto costituisce oggetto del debito (v. art. 543, 2° comma, n. 2; v. oltre, § 23) (40).

---

(37) Anche il conflitto fra creditore pignorante di partecipazione a s.r.l. e acquirente della stessa va risolto applicando l'art. 2914, n. 1, c.c. (Cass. 18 agosto 2017 n. 20170, in *Riv. es. forz.*, 2018, p. 768, con nota di V. DE CAROLIS). In proposito v. anche la nota 27 del § 20.

In caso di pignoramento di beni oggetto di accettazione tacita di eredità da parte dell'esecutato, laddove l'accettazione di eredità non sia stata trascritta, a detta trascrizione può provvedere anche il creditore procedente dopo la trascrizione del pignoramento (ma prima dell'autorizzazione alla vendita), ripristinando così la continuità delle trascrizioni.

(38) Anche laddove si tratti di domanda giudiziale di accertamento della comunione legale del bene pignorato proposta dal coniuge dell'esecutato (Cass. 18 novembre 2013 n. 25865, in *Riv. es. forz.*, 2015, p. 80, con nota di M.C. VANZ).

(39) Sulla portata di questa norma, v. Cass. 26 ottobre 2002 n. 15141, *ivi*, 2003, I, 498, con nota di E. SCODITTI; Cass. 4 settembre 1985 n. 4612, in *Foro it.*, 1986, I, 494. In dottrina, v. A. BONSIGNORI, *op. ult. cit.*, p. 103 e Autori ivi citati, cui *adde* B. CAPPONI, *Manuale*[4], cit., p. 261, e, con particolare riferimento alla cessione dei crediti, E. CERRATO, *Rimedi processuali avverso il pignoramento di crediti*, in *Riv. es. forz.*, 2004, p. 743, ove i suddetti rimedi sono esaminati nella prospettiva di ciascuno dei soggetti delle complesse vicende.

(40) Salvo poi a vedere se gli effetti di «arresto» che l'art. 546 riconduce all'intimazione debbano considerarsi come effetti preliminari per lasciare gli effetti definitivi al momento perfezionativo della fattispecie del pignoramento (V. COLESANTI, *Pignoramento presso terzi*, in *Enc. dir.*, XXXIII, Milano, 1987, pp. 852, 855) o se, invece, il momento che l'art. 2917 c.c. indica con riferimento al «pignoramento» debba senz'altro ricondursi all'intimazione come atto centrale della fattispecie lasciando agli atti successivi il ruolo di «atti integrativi della fattispecie» (così G. VERDE, *Pignoramento*, cit., p. 769; v. anche A. BONSIGNORI, *op. ult. cit.*, p. 105; B. CAPPONI, *Manuale*[4], cit., p. 262). Sul punto v. anche oltre, § 23, nota 16.

Infine, l'art. 2916 c.c. applica ancora i medesimi principî nel disporre l'inefficacia (relativa) (41) delle ipoteche e dei privilegi iscritti dopo il pignoramento, nonché l'inefficacia dei privilegi per i crediti sorti dopo il pignoramento.

17. *Segue. Il pignoramento: b) la struttura. La conversione e la riduzione del pignoramento.*

Dopo aver visto quali sono gli effetti del pignoramento, in relazione alla sua funzione, dobbiamo ora vedere in che consiste l'atto di pignoramento nella sua essenza propria, ossia nella sua struttura giuridico-processuale (42).

Si deve, anzitutto, osservare che la struttura di questo atto presenta notevoli differenze nella disciplina dei diversi tipi di espropriazione, pur essendo comuni gli elementi nei quali si risolve la sua essenza propria.

Questi elementi comuni ed essenziali emergono dal disposto del 1° comma dell'art. 492, il quale enuncia che, salve le forme particolari previste nei capi seguenti, «*il pignoramento consiste in un'ingiunzione, che l'ufficiale giudiziario fa al debitore, di astenersi da qualunque atto diretto a sottrarre alla garanzia del credito esattamente indicato i beni che si assoggettano all'espropriazione e i frutti di essi*».

Sotto il profilo soggettivo, il pignoramento è dunque *atto dell'ufficiale giudiziario* (43), il quale lo pone in essere su istanza del creditore e dietro esibizione, da parte di quest'ultimo, del titolo esecutivo e del precetto debitamente notificati. Sotto il profilo oggettivo, il pignoramento si sostanzia – salve le particolari modalità e gli ulteriori atti richiesti dalla disciplina dei diversi tipi di espropriazione – nell'*ingiunzione al debitore* di non sottrarre i beni alla garanzia del credito; ciò che esige l'*esatta indicazione* sia *del credito* e sia *dei beni che, con l'atto in discorso, vengono pignorati* (44).

---

(41) Nei confronti del solo creditore procedente (Cass. 10 ottobre 2017 n. 23667, in *Riv. dir. proc.*, 2018, p. 1350, con nota di G. FINOCCHIARO).

(42) Sull'argomento, v. le opere già richiamate all'inizio del § 16 e in particolare G. VERDE, *Il pignoramento*, cit., p. 2; G. TARZIA, *op. cit.*, p. 173; A. BONSIGNORI, *Pignoramento*, cit., p. 79; B. CAPPONI, *Manuale*[4], cit., p. 186; A. SALETTI, *Sub art. 491*, cit., p. 304; M.G. CANELLA, *Titolo esecutivo*, cit., p. 354; A. TEDOLDI, *op. cit.*, p. 107.

(43) Per l'individuazione dell'ufficiale giudiziario competente, v. la L. 1229/1959. Si ritiene che l'atto di pignoramento che proviene da ufficiale giudiziario incompetente non sia inesistente, ma nullo e che tale nullità deve essere fatta valere con le modalità e nei termini dell'opposizione agli atti esecutivi (v. oltre, § 37) (Cass. 9 aprile 2003 n. 5583; Cass. 22 ottobre 1976 n. 3774).

(44) La mancata o incompleta identificazione del bene pignorato vizia la regolarità formale del pignoramento ed è deducibile attraverso l'opposizione agli atti esecutivi, esperibile fino a che non risulti che la vendita sia stata comunque possibile (Cass. 8 maggio 2018 n. 10895).

La constatazione che l'ingiunzione al debitore è, da un lato, un elemento sempre presente in qualsiasi forma di pignoramento e, dall'altro lato, l'elemento centrale della fattispecie complessa, e variamente articolata, che caratterizza il pignoramento (fattispecie che certamente non si esaurisce nell'ingiunzione: V. ANDRIOLI, *Commento*, III, cit., p. 79) sembra qui sufficiente per evitare di

Prima di vedere come si perviene a questo risultato, vanno richiamati alcuni elementi che devono accompagnare l'atto di pignoramento. Infatti, nei commi 2° e 3° dell'art. 492, è previsto che:

«*il pignoramento deve altresì contenere l'invito rivolto al debitore ad effettuare presso la cancelleria del giudice dell'esecuzione la dichiarazione di residenza o l'elezione di domicilio in uno dei comuni del circondario in cui ha sede il giudice competente per l'esecuzione con l'avvertimento che, in mancanza ovvero in caso di irreperibilità presso la residenza dichiarata o il domicilio eletto, le successive notifiche o comunicazioni a lui dirette saranno effettuate presso la cancelleria dello stesso giudice* (45).

Il pignoramento deve anche contenere l'avvertimento che il debitore, ai sensi

---

soffermarsi (per un atteggiamento analogo v. A. BONSIGNORI, *Pignoramento*, cit., p. 76, il quale parla di questione meramente classificatoria) sulle discussioni della dottrina sull'opportunità della drastica affermazione del legislatore («il pignoramento consiste ...»), al quale legislatore non competono le definizioni (particolarmente critico il SATTA, *Commentario*, III, cit., p. 154); sulla natura complessa o procedimentale della fattispecie (in questo ultimo ordine di idee specialmente C. CALVOSA, *Struttura*, cit., p. 31; sul punto v. V. COLESANTI, *Alcune osservazioni sulla concezione del pignoramento come procedimento*, in *Jus*, 1961, p. 502; G. VERDE, *Pignoramento*, cit., p. 766; B. CAPPONI, *Manuale*[4], cit., p. 183); sulla presenza o meno di una funzione anche cautelare (G. VERDE, *Pignoramento*, cit., p. 78), che comunque sarebbe secondaria (A. BONSIGNORI, *Pignoramento*, cit., p. 77); e infine, sulla possibilità ed opportunità di individuare attorno all'ingiunzione, come dato minimo e costante della fattispecie procedimentale, una figura unitaria di procedimento (contrario il CALVOSA, *op. cit.*, p. 1). A parere di chi scrive *la lettera della norma impone di prendere atto dell'essenzialità dell'ingiunzione* (che è sempre atto dell'ufficiale giudiziario, anche nei casi di cui agli artt. 543 e 555, contrariamente a quanto affermato dal BONSIGNORI, *Pignoramento*, cit., p. 78, e come si vedrà meglio a suo luogo: §§ 23 e 26) *nella fattispecie del pignoramento.* Sul piano pratico questo significa che la mancanza dell'ingiunzione dà luogo non a semplice irregolarità (così, invece, F. TOMMASEO, *L'esecuzione forzata*, cit., p. 97), ma a nullità del pignoramento, ai termini dell'art. 156, 2° comma (di inesistenza del pignoramento parla, invece, Cass. 30 gennaio 2009 n. 2473; Cass. 10 marzo 1999 n. 2082; ma di nullità Cass. 12 aprile 2011 n. 8408). Né per ritenere che tale nullità è sanabile col conseguimento dello scopo, ai termini dell'art. 156, 3° comma, occorre negare (come fa il BONSIGNORI, *op. loc. cit.*; ID., *L'esecuzione forzata*, cit., p. 81) l'indispensabilità dell'ingiunzione. Quanto, poi, al problema della mancata sottoscrizione dell'ingiunzione da parte dell'ufficiale giudiziario, essa possa essere validamente sostituita dalla relazione di notificazione sottoscritta dall'ufficiale giudiziario (Cass. 13 febbraio 2015 n. 2859).

Sull'argomento, v. anche G.F. RICCI, «*Ingiunzione*» o «*forme particolari*»? *Un dubbio in tema di pignoramento*, in *Riv. trim. dir. e proc. civ.*, 1977, p. 1583; T. SALVIONI, *Sub art. 492*, in AA.VV., *Commentario c.p.c.*, cit., p. 310; B. CAPPONI, *L'acquirente del bene pignorato: un personaggio in cerca d'autore*, in *Giusto proc. civ.*, 2014, p. 205.

(45) Si è parlato, a questo riguardo, di opportuno coinvolgimento del debitore (G. MICCOLIS, in *Foro it.*, 2005, V, 112; ID., *Il pignoramento*, cit., p. 47) e di accentuazione del contraddittorio nell'ambito del processo esecutivo (A. RONCO, *Sub art. 492*, in *Le recenti riforme*, cit., I, p. 618) e si è evidenziato (A. SALETTI, *Le (ultime?) novità*, cit., § 7) che il suo comportamento (specie con riguardo ai creditori intervenuti) assume un ruolo determinante. A proposito delle comunicazioni e notificazioni presso la cancelleria del giudice, in caso di mancata dichiarazione di residenza o elezione di domicilio, v. anche i rilievi compiuti da C. Cost. 22 dicembre 2010 n. 365 e l'introduzione del c.d. domicilio digitale, da parte del D.L. 90/2014 (conv. dalla L. 114/2014), già richiamati retro, alla nota 52 del § 12.

dell'articolo 495 (sul quale v. tra poco nel testo)*, può chiedere di sostituire alle cose o ai crediti pignorati una somma di denaro pari all'importo dovuto al creditore pignorante e ai creditori intervenuti, comprensivo del capitale, degli interessi e delle spese, oltre che delle spese di esecuzione, sempre che, a pena di inammissibilità, sia da lui depositata in cancelleria, prima che sia disposta la vendita o l'assegnazione a norma degli articoli 530, 552 e 569, la relativa istanza unitamente ad una somma non inferiore ad un quinto dell'importo del credito per cui è stato eseguito il pignoramento e dei crediti dei creditori intervenuti indicati nei rispettivi atti di intervento, dedotti i versamenti effettuati di cui deve essere data prova documentale*».

Lo stesso 3° comma dell'art. 492 aggiunge che «*il pignoramento deve contenere l'avvertimento che, a norma dell'art. 615, 2° comma, terzo periodo, l'opposizione è inammissibile se è proposta dopo che è stata disposta la vendita o l'assegnazione a norma degli artt. 530, 552 e 569, salvo che sia fondata su fatti sopravvenuti ovvero che l'opponente dimostri di non avere potuto proporla tempestivamente per causa a lui non imputabile*» (46). La disposizione si giustifica con la previsione dell'art. 615, 2° comma, sui limiti di proponibilità dell'opposizione all'esecuzione (v. oltre, § 36).

Con specifico riferimento all'individuazione dei beni da sottoporre a pignoramento, invece, vanno segnalate alcune importanti disposizioni dell'art. 492 atte ad accrescere le prospettive di successo dello stesso pignoramento. In particolare, il 4° comma dell'art. 492 prevede che:

«*Quando per la soddisfazione del creditore procedente i beni assoggettati a pignoramento appaiono insufficienti ovvero per essi appare manifesta la lunga durata della liquidazione, l'ufficiale giudiziario invita il debitore ad indicare ulteriori beni utilmente pignorabili, i luoghi in cui si trovano ovvero le generalità dei terzi debitori, avvertendolo della sanzione prevista per l'omessa o falsa dichiarazione. Della dichiarazione del debitore è redatto processo verbale che lo stesso sottoscrive*» (47).

Nel prosieguo, lo stesso art. 492 (5° comma) contiene una disciplina distinta per ciascuno dei diversi tipi di espropriazione, disciplina finalizzata all'estensio-

---

(46) In assenza di espressa previsione di nullità, la mancanza di tale «avvertimento» nell'atto di pignoramento dovrebbe comportare mera irregolarità (A. CARRATTA, *Le più recenti*, cit., p. 43; A. SALETTI, in AA.VV., *Le nuove riforme*, cit., p. 44; G. FINOCCHIARO, *Nuovo avvertimento al debitore esecutato con il pignoramento*, in *Guida al dir.*, 2016, n. 23, p. 46; M.G. CANELLA, *Titolo esecutivo*, cit., p. 389).

(47) Secondo F. CORSINI (in *Riv. es. forz.*, 2005, p. 537) quest'invito (di competenza dell'ufficiale giudiziario) costituisce un autonomo elemento dell'atto di pignoramento, da effettuarsi in concreto con modalità diverse: *oralmente* (e quindi nel processo verbale) nell'espropriazione mobiliare, e *per iscritto* nell'atto di pignoramento immobiliare e, nell'espropriazione presso terzi, nell'atto da notificare al debitore. Quanto all'elezione di domicilio, l'A. non ritiene sufficiente la dichiarazione in cancelleria, ritenendo necessaria la previa notifica ai creditori.

Ai fini della valutazione della «sufficienza» dei beni assoggettati a pignoramento, rileva il criterio oggettivo dell'*importo del credito precettato aumentato della metà*, al quale si riferiscono gli artt. 517, 1° comma, e 546, 1° comma (G. FINOCCHIARO, *Il valore dei beni nell'espropriazione riformata*, in *Vita notarile*, 2006, p. 1178).

ne del pignoramento ai beni indicati dal debitore (48). In base a tale disciplina: a) «*se sono indicate cose mobili queste, dal momento della dichiarazione, sono considerate pignorate*» (v. oltre, § 20); b) «*se sono indicati crediti o cose mobili che sono in possesso di terzi il pignoramento si considera perfezionato nei confronti del debitore esecutato dal momento della dichiarazione e questi è costituito custode della somma o della cosa ... quando il terzo, prima che gli sia notificato l'atto di cui all'art. 543* (v. oltre, § 23)*, effettua il pagamento o restituisce il bene*»; c) «*se sono indicati beni immobili, il creditore procede ai sensi degli articoli 555 e seguenti*» (v. oltre, § 26).

Inoltre, per l'ipotesi che il successivo intervento di altri creditori renda insufficienti i beni pignorati l'art. 492 così prosegue nel 6° comma: «*Qualora, a seguito di intervento di altri creditori, il compendio pignorato sia divenuto insufficiente, il creditore procedente può richiedere all'ufficiale giudiziario di procedere ai sensi dei precedenti commi ai fini dell'esercizio della facoltà di cui all'art. 499, quarto comma*». E cioè al fine di indicare ai creditori chirografari, tempestivamente intervenuti, l'esistenza di altri beni del debitore, utilmente pignorabili, ai quali estendere l'originario pignoramento.

Quanto, poi, alle ulteriori ricerche, che l'ufficiale giudiziario può effettuare al fine di individuare altri beni o crediti del debitore da pignorare, assumono particolare rilevanza sia l'8° comma dell'art. 492, sia l'art. 492 bis.

E così, l'8° comma dell'art. 492 configura un altro adempimento da parte dell'ufficiale giudiziario – previa istanza del creditore procedente – per l'ipotesi che il debitore sia un imprenditore commerciale, adempimento finalizzato all'acquisizione delle sue scritture contabili, ai fini dell'individuazione di cose e crediti pignorabili, come testualmente riportato nella nota (49).

---

(48) Per questa sorta di «pignoramento sulla parola» (così G. MICCOLIS, in *Foro it.*, 2005, V, 112) v. anche A. PROTO PISANI, *ibidem*, p. 91; G. FINOCCHIARO, in *Guida al dir.*, 2005, n. 31, p. XVII; F. CORDOPATRI, *Le nuove norme sull'esecuzione forzata*, in *Riv. dir. proc.*, 2005, p. 759; A. SALETTI, *Le novità in materia di pignoramento e di ricerca dei beni da espropriare*, in *Riv. es. forz.*, 2005, p. 747; M.G. CANELLA, *Titolo esecutivo*, cit., p. 393; A. TEDOLDI, *op. cit.*, p. 114.

(49) «*Se il debitore è un imprenditore commerciale l'ufficiale giudiziario, previa istanza del creditore procedente, con spese a carico di questi, invita il debitore a indicare il luogo ove sono tenute le scritture contabili e nomina un commercialista o un avvocato ovvero un notaio iscritto nell'elenco di cui all'articolo 179 ter delle disposizioni per l'attuazione del presente codice per il loro esame al fine dell'individuazione di cose e crediti pignorabili. Il professionista nominato può richiedere informazioni agli uffici finanziari sul luogo di tenuta nonché sulle modalità di conservazione, anche informatiche o telematiche, delle scritture contabili indicate nelle dichiarazioni fiscali del debitore e vi accede ovunque si trovi, richiedendo quando occorre l'assistenza dell'ufficiale giudiziario territorialmente competente. Il professionista trasmette apposita relazione con i risultati della verifica al creditore istante e all'ufficiale giudiziario che lo ha nominato, che provvede alla liquidazione delle spese e del compenso. Se dalla relazione risultano cose o crediti non oggetto della dichiarazione del debitore, le spese dell'accesso alle scritture contabili e della relazione sono liquidate con provvedimento che costituisce titolo esecutivo contro il debitore*». Per un'applicazione, v. Trib. Milano 7 gennaio 2008, in *Giur. it.*, 2008, p. 2277, con nota di M.C. GIORGETTI.

L'art. 492 bis (50), invece, prevede che, su istanza del creditore che abbia diritto di procedere ad esecuzione forzata (51), il presidente del tribunale del luogo in cui il debitore ha la residenza, il domicilio, la dimora o la sede, verificato il diritto della parte istante, possa autorizzare l'ufficiale giudiziario a procedere alla ricerca *con modalità telematiche* di beni da pignorare, vale a dire mediante collegamento telematico diretto alle banche dati delle pubbliche amministrazio-

---

(50) V. anche, per l'evidenziazione delle incongruenze del dettato normativo, F. COSSIGNANI, *D.L. n. 132/2014: considerazioni sparse in materia di esecuzione forzata*, in *Giur. it.*, 2015, p. 1759; D. MICALI, *La ricerca con modalità telematiche dei beni da pignorare*, *ibidem*, p. 1766; G.G. POLI, *La ricerca con modalità telematiche dei beni da pignorare*, in «*Misure urgenti per la funzionalità e l'efficienza della giustizia civile*», cit., p. 173 e in *Foro it.*, 2015, V, 82; M.A.P. FRANCOLA, *Misure per l'efficienza e la semplificazione del processo esecutivo*, in *La nuova riforma*, cit., p. 276; M. MONTANARI, *Profili di rilievo per l'analisi sistematica in un recente intervento riformatore in tema di esecuzione forzata*, in *Giusto proc. civ.*, 2015, p. 687; B. CAPPONI, *Manuale*[4], cit., p. 198; D. LONGO, *La ricerca telematica dei beni da pignorare e l'efficacia nel tempo dell'atto di precetto*, in *Riv. dir. proc.*, 2016, p. 454; M.G. CANELLA, *Titolo esecutivo*, cit., p. 410; A. TEDOLDI, *op. cit.*, p. 114. Ai sensi dell'art. 155 sexies disp. att., la disposizione si applica «*anche per l'esecuzione del sequestro conservativo e per la ricostruzione dell'attivo e del passivo nell'ambito delle procedure concorsuali, di procedimenti in materia di famiglia e di quelli relativi alla gestione di patrimoni altrui*».

Occorre anche ricordare che, stando a quanto previsto dall'art. 155 quater disp. att., le pubbliche amministrazioni che gestiscono banche dati contenenti informazioni utili ai fini della ricerca di cui all'art. 492 bis mettono a disposizione degli ufficiali giudiziari gli accessi, su richiesta del Ministero della giustizia. Gli standard di comunicazione e le regole tecniche saranno fissate dall'Agenzia per l'Italia digitale e, in mancanza, attraverso convenzioni finalizzate alla fruibilità informatica dei dati, sentito il Garante per la protezione dei dati personali. L'elenco delle banche dati utilizzabili è pubblicato sul portale servizi informatici del Ministero della giustizia e, inoltre, presso ogni ufficio UNEP è istituito il registro cronologico, denominato «Modello ricerca beni». Prima della modifica del 2015 l'art. 155 quater disp. att. faceva riferimentoalla preventiva emanazione di un decreto del Ministro della giustizia, di concerto con il Ministro dell'interno e con quello dell'economia e sentito il Garante per la protezione dei dati personali. Dopo le modifiche del 2015, nel senso che non sia necessario tale decreto per autorizzare il creditore ad utilizzare le modalità telematiche di ricerca dei beni da pignorare, v. Trib. La Spezia 6 settembre 2016, in *Rep. Foro it.*, 2016, voce *Esecuzione per obbligazioni pecuniarie*, n. 93; Trib. Padova 14 ottobre 2015, in *www.ilcaso.it*; in senso contrario, Trib. Alessandria 30 giugno 2015, *ibidem*. In proposito v. anche S. VINCRE, in AA.VV., *Le nuove riforme*, cit., p. 51 e ss.; C. SPACCAPELO, *Le ultime modifiche in tema di ricerca e pignoramento di beni*, in *Giur. it.*, 2016, p. 1266; F. DE STEFANO, *Ricerca con modalità telematiche dei beni da pignorare*, in *Il libro dell'anno del diritto Treccani*, Roma, 2017, p. 585; F. DE VITA, *La ricerca con modalità telematiche dei beni da pignorare ecc.*, in *Nuove leggi civ. comm.*, 2017, p. 78.

(51) Così Trib. Mantova 3 febbraio 2015, in *www.ilcaso.it*; Trib. Pavia 25 febbraio 2015, *ibidem*; Trib. Sulmona 29 giugno 2015, in *Foro it., Merito extra*, 2015. In argomento v. anche M. BOVE, *Riforme sparse in materia di esecuzione forzata ecc.*, in *Riv. es. forz.*, 2016, p. 11; C. SPACCAPELO, *Le ultime modifiche*, cit., p. 1265; S. VINCRE, in AA.VV., *Le nuove riforme*, cit., p. 56.; F. DE VITA, *La ricerca*, cit., p. 80.

Tale istanza (che può essere depositata anche telematicamente: Trib. Milano 28 ottobre 2015, in *www.ilcaso.it*) deve contenere – ai sensi del 1° comma dell'art. 492 bis – «*l'indicazione dell'indirizzo di posta elettronica ordinaria ed il numero di fax del difensore nonché, ai fini dell'art. 547, dell'indirizzo di posta elettronica certificata*». L'istante è anche tenuto al pagamento contestuale del contributo unificato, che è pari ad euro 43 (così l'art. 13, comma 1 quinquies, D.P.R. 115/2002).

ni e, in particolare, all'anagrafe tributaria, compreso l'archivio dei rapporti finanziari (52), e alle banche dati degli enti previdenziali. Ciò, al fine di acquisire «*tutte le informazioni rilevanti per l'individuazione di cose e crediti da sottoporre ad esecuzione, comprese quelle relative ai rapporti intrattenuti dal debitore con istituti di credito e datori di lavoro o committenti*» (53).

L'istanza, tuttavia, non può essere proposta prima che sia decorso il termine di cui all'art. 482, e cioè il termine minimo per adempiere, indicato nel precetto e comunque non inferiore a dieci giorni dalla notificazione dello stesso (v. retro, § 12), salvo che non vi sia pericolo nel ritardo (54).

Al termine delle operazioni di consultazione delle banche dati – stabilisce il 2° comma dell'art. 492 bis – l'ufficiale giudiziario (55) redige un unico processo verbale, nel quale indica tutte le banche dati interrogate e gli esiti. Quindi, a seconda degli esiti della consultazione, procede nei modi specificamente indicati nei commi successivi (dal 3° al 7°) dello stesso art. 492 bis (56).

---

(52) Per «archivio dei rapporti finanziari» – stabilisce l'art. 155 bis disp. att. – «si intende la sezione di cui all'articolo 7, sesto comma, del D.P.R. 29 settembre 1973, n. 605».

(53) Quando le strutture tecnologiche necessarie per consentire l'accesso diretto a tali banche dati da parte dell'ufficiale giudiziario non sono funzionanti, a norma dell'art. 155 quinquies disp. att., il creditore, sempre su autorizzazione del presidente del tribunale, può ottenere dai gestori delle stesse banche dati le informazioni in esse contenute (così anche Trib. Milano 28 ottobre 2015, cit.; Trib. Rimini 7 novembre 2015, in *www.ilcaso.it*; Trib. Palermo 3 novembre 2015, *ibidem*).

Lo stesso creditore, inoltre, sempre che lo richieda, può partecipare personalmente alle operazioni di consultazione delle banche dati da parte dell'ufficiale giudiziario (art. 155 ter, 1° comma, disp. att., che richiama l'art. 165 disp. att.).

(54) In questo caso il presidente del tribunale può autorizzare la ricerca telematica dei beni da pignorare prima della notificazione del precetto, che deve essere consegnato o trasmesso all'ufficiale giudiziario (art. 492 bis, 2° comma).

Va aggiunto che la già cit. L. 206/2021, di delega per la riforma del processo civile, ha delegato il Governo a prevedere, fra l'altro, che in caso di istanza avanzata ai sensi dell'art. 492 bis c.p.c. il termine di efficacia del precetto, di cui all'art. 481 (v. retro, § 12), rimanga sospeso e riprenda a decorrere dalla conclusione delle operazioni previste dal 2° comma dell'art. 492 bis.

(55) Occorre anche ricordare che, per quest'attività, l'ufficiale giudiziario è retribuito mediante un ulteriore compenso, che rientra fra le spese di esecuzione, stabilito dal giudice dell'esecuzione secondo le indicazioni fornite dall'art. 122, 2° comma, del D.P.R. 1229/1959 (introdotto dal D.L. 132/2014). V., in proposito, M.G. CANELLA, *Titolo esecutivo*, cit., p. 440.

(56) «*Se l'accesso ha consentito di individuare cose che si trovano in luoghi appartenenti al debitore compresi nel territorio di competenza dell'ufficiale giudiziario, quest'ultimo accede agli stessi per provvedere d'ufficio agli adempimenti di cui agli articoli 517, 518 e 520. Se i luoghi non sono compresi nel territorio di competenza di cui al periodo precedente, copia autentica del verbale è rilasciata al creditore che, entro quindici giorni dal rilascio a pena d'inefficacia della richiesta, la presenta, unitamente all'istanza per gli adempimenti di cui agli articoli 517, 518 e 520, all'ufficiale giudiziario territorialmente competente.*

L'ufficiale giudiziario, quando non rinviene una cosa individuata mediante l'accesso nelle banche dati di cui al secondo comma, intima al debitore di indicare entro quindici giorni il luogo in cui si

Va, infine, ricordato quanto dispone l'ultimo comma dell'art. 492, nel caso in cui la legge richiede che l'ufficiale giudiziario, nel compiere il pignoramento, sia munito del titolo esecutivo, e cioè che «*il presidente del tribunale competente per l'esecuzione può concedere al creditore l'autorizzazione prevista dall'articolo 488, 2° comma*». Ovvero, l'autorizzazione a depositare, in luogo dell'originale, una copia autentica dello stesso titolo esecutivo.

Con riguardo all'elemento dell'individuazione dei beni che vengono pignorati, è opportuno porre in rilievo che soltanto col compimento di quest'atto – che coincide col momento di inizio del processo esecutivo – il *generico* assoggettamento di tutti i beni del debitore alla soddisfazione dei suoi debiti (che risulta dall'art. 2740 c.c.) si concreta nell'*assoggettamento specifico di determinati beni ad un determinato credito*. Ed in realtà, gli atti anteriori al pignoramento, ossia gli atti preparatori dell'esecuzione forzata, rimangono nel generico in quanto si risolvono in un semplice preannuncio dell'esecuzione (v. retro, §§ 11 e 12); ciò è evidente per la notificazione del titolo esecutivo che esprime solo implicitamente il proposito di agire in via esecutiva; ed è ugualmente evidente per il precetto che, pur contenendo l'indicazione esatta del credito per il quale il creditore intende procedere, e la manifestazione espressa dell'intenzione di procedere, lascia (o può lasciare) ancora indeterminati i beni che verranno assoggettati all'espropriazione.

I medesimi beni possono essere pignorati da più creditori, i quali possono compiere insieme un unico atto di pignoramento (art. 493, 1° comma) oppure compiere pignoramenti successivi (art. 493, 2° comma), ognuno dei quali ha effetto indipendente, anche se unito ad altri in un unico processo (art. 493, 3° comma); ed in effetti, anche nel disciplinare i diversi tipi di pignoramento, il co-

---

trova, avvertendolo che l'omessa o la falsa comunicazione è punita a norma dell'articolo 388, sesto comma, del codice penale.

Se l'accesso ha consentito di individuare crediti del debitore o cose di quest'ultimo che sono nella disponibilità di terzi, l'ufficiale giudiziario notifica d'ufficio, ove possibile a norma dell'art. 149 bis c.p.c. o a mezzo telefax, al debitore e al terzo il verbale, che dovrà anche contenere l'indicazione del credito per cui si procede, del titolo esecutivo e del precetto, dell'indirizzo di posta elettronica certificata di cui al primo comma, del luogo in cui il creditore ha eletto domicilio o ha dichiarato di essere residente, dell'ingiunzione, dell'invito e dell'avvertimento al debitore di cui all'art. 492, primo, secondo e terzo comma, nonché l'intimazione al terzo di non disporre delle cose o delle somme dovute, nei limiti di cui all'art. 546 c.p.c. Il verbale di cui al presente comma è notificato al terzo per estratto, contenente esclusivamente i dati a quest'ultimo riferibili.

Quando l'accesso ha consentito di individuare più crediti del debitore o più cose di quest'ultimo che sono nella disponibilità di terzi l'ufficiale giudiziario sottopone ad esecuzione i beni scelti dal creditore.

Quando l'accesso ha consentito di individuare sia cose di cui al terzo comma che crediti o cose di cui al quinto comma, l'ufficiale giudiziario sottopone ad esecuzione i beni scelti dal creditore».

La scelta da parte del creditore dei beni da sottoporre ad esecuzione, ai sensi del 6° e 7° comma dell'art. 492 bis, deve essere effettuata entro dieci giorni dalla comunicazione dell'ufficiale giudiziario; in mancanza, la richiesta di pignoramento perde efficacia (così l'art. 155 ter, 2° comma, disp. att.).

dice (artt. 524, 550, 561) vuole la riunione dei processi espropriativi sullo stesso oggetto, riunione che deve essere disposta anche d'ufficio (57).

Al momento del pignoramento, il debitore può evitare *in extremis* il pignoramento stesso e quindi l'inizio del processo esecutivo, versando nelle mani dell'ufficiale giudiziario la somma per cui si procede, con l'importo delle spese (art. 494, 1° comma). Ma è chiaro che, in tanto l'ufficiale giudiziario può astenersi dall'effettuare il pignoramento, in quanto riceva un effettivo pagamento, e non un semplice deposito, ossia in quanto il debitore che gli versa la somma, lo autorizzi a consegnarla al creditore (58); quest'autorizzazione può essere attenuata soltanto dalla riserva di ripetere la somma così versata (art. 494, 2° comma).

Se, invece, il debitore non vuole effettuare il pagamento ed estinguere il debito (perché intende sollevare opposizioni, o perché è in corso il processo di cognizione, o per qualsiasi altra ragione), ma vuole evitare gli inconvenienti del pignoramento di cose, *può versare all'ufficiale giudiziario l'importo del credito* e delle spese, aumentato di due decimi, *offrendo tale importo come oggetto di pignoramento* (art. 494, 3° comma) (59).

---

(57) Cfr. G. TARZIA, *L'oggetto*, cit., p. 529. In giurisprudenza, cfr. Cass. 10 marzo 1979 n. 1492 (in *Giur. it.*, 1980, I, 1, 1240), che mette in evidenza che l'eventuale difetto di riunione non dà luogo a nullità o improcedibilità del pignoramento successivo, sicché in tale ipotesi prevarrà il provvedimento espropriativo finale compiuto anteriormente (cfr. G. TARZIA, *op. cit.*, p. 537 in nota; ivi v. anche la menzione di opinioni diverse). Tra queste v. G.F. RICCI, *La connessione nel processo esecutivo*, Milano, 1986, pp. 165, 201, secondo cui la riunione va comunque disposta (dal giudice dell'esecuzione; così Cass. 20 dicembre 1985 n. 6549, in *Foro it.*, 1986, I, 2226) fino a quando è possibile la revoca dell'ordinanza di riparto. Secondo questo A., l'istituto in discorso, che potrebbe essere assimilato a quello che nel processo di cognizione è il litisconsorzio c.d. quasi necessario, offre un esempio di connessione nel processo esecutivo. La riunione dei più pignoramenti tra le stesse parti esclude comunque il fenomeno della litispendenza (Cass. 18 settembre 2008 n. 23847, in *Riv. es. forz.*, 2008, p. 804 e in *Riv. dir. proc.*, 2009, p. 1371, con nota critica di L. DITTRICH) e consente anche la revoca del provvedimento di assegnazione del bene emesso in uno dei procedimenti riuniti (Cass. 4 ottobre 2010 n. 20595, in *Guida al dir.*, 2010, n. 46, p. 85). In argomento v. anche T. SALVIONI, *Sub art. 493*, in AA.VV., *Commentario*, cit., VI, p. 343; M.G. CANELLA, *Titolo esecutivo*, cit., p. 450 e Trib. Roma 18 aprile 2017, in *www.processocivileweb.it*.

(58) Sul quale, pertanto, grava il rischio incidente sulla somma per smarrimento, furto, peculato. Cfr. V. ANDRIOLI, *Commento*, III, cit., p. 88, secondo il quale l'ufficiale giudiziario è un *adiectus solutionis causa*, è tenuto a rilasciare quietanza e non può accettare il pagamento da parte di un terzo. Contrario su quest'ultimo punto A. BONSIGNORI, *Pignoramento*, cit., p. 79.

Naturalmente se il pagamento avviene, la conseguente soddisfazione del credito non può considerarsi come il risultato del processo esecutivo, ma piuttosto l'effetto di un adempimento ancorché coartato; in pratica questo significa che il meccanismo di cui all'art. 494, 1° comma, configura una forma di c.d. esecuzione indiretta (su cui v. retro, § 4, nota 24): in questo senso v. F. TOMMASEO, *Sull'attuazione* ecc., cit., in *Riv. dir. civ.*, 1978, I, p. 492; ID., *L'esecuzione*, cit., p. 103; B. CAPPONI in *Riv. dir. proc.*, 1989, p. 101; ID., *Manuale*[4], cit., p. 180; P. PUCCIARIELLO, *Sub art. 494*, in AA.VV., *Commentario*, cit., VI, p. 354; M.G. CANELLA, *Titolo esecutivo*, cit., p. 457. Non trattandosi di esecuzione, è esclusa ogni possibilità di opposizione rispetto ad essa (cfr. Trib. Firenze 17 ottobre 2000, in *Riv. es. forz.*, 2001, p. 415).

(59) In questo caso, dunque, a differenza di quello di cui ai due commi precedenti, si pone in

Questo stesso risultato può in pratica essere raggiunto anche in seguito, attraverso un'istanza al giudice dell'esecuzione di sostituire ai beni pignorati una somma di denaro pari all'importo delle spese e dei crediti (comprensivi degli interessi) del creditore pignorante e dei creditori intervenuti (60) (art. 495, 1° comma), ossia con la c.d. *conversione del pignoramento*, la cui possibilità, come abbiamo visto, va segnalata dall'ufficiale pignorante, in sede di pignoramento (art. 492, 3° comma).

La conversione può essere chiesta *una sola volta* nel corso dell'espropriazione dal debitore esecutato o dai successori di quest'ultimo (61), prima che sia disposta la vendita o l'assegnazione, a norma degli artt. 530, 552 e 569 (62), ed il giudice dell'esecuzione la attua con ordinanza, dopo aver *sentito le parti* in udienza (art. 495, 3° comma) (63), con l'effetto di liberare dal pignoramento i beni mobili o immobili pignorati, ma solo dopo il versamento dell'intera somma (64) stabilita

---

essere un vero e proprio pignoramento, sul cui fondamento si svolge il successivo *iter* procedimentale, con la sola semplificazione che, come in ogni altro caso di pignoramento di denaro, diviene superflua la fase della vendita (art. 529): v. oltre, §§ 19 e 22.

D'altra parte – a differenza della *conversione* di cui subito nel testo – qui la somma non viene determinata dal giudice dell'esecuzione, ma a *forfait* dall'ufficiale giudiziario.

(60) In quest'ultimo caso senza distinguere tra interventi tempestivi e interventi tardivi (Cass. 12 luglio 1974 n. 2104) ed indipendentemente dalle contestazioni sull'esistenza dei crediti e sul loro ammontare (Cass. 8 novembre 1982 n. 5867). Si tratta di un provvedimento privo di portata decisoria rispetto ai diritti dei creditori e ininfluente al di fuori del processo esecutivo (Cass. 26 settembre 2009 n. 20733, in *Riv. es. forz.*, 2010, p. 312, con nota di B. CAPPONI), perciò impugnabile solo con l'opposizione agli atti esecutivi, con la quale vanno indicate *in modo specifico* le ragioni per le quali se ne contesta la legittimità (Cass. 9 agosto 2007 n. 17481).

(61) Cfr. Cass. 21 giugno 2017 n. 15362 (in *Riv. es. forz.*, 2018, p. 568, con nota di G. PIROTTA); Cass. 12 dicembre 2013 n. 27852 (in *Guida al dir.*, 2014, n. 8, p. 74).

(62) In proposito v. Cass. 19 dicembre 2014 n. 26930; Cass. 18 gennaio 2012 n. 688. Se vi siano più provvedimenti di vendita, già il primo preclude l'istanza di conversione (A. RONCO, *Sub art. 495*, in *Le recenti riforme*, cit., I, p. 673).

L'omissione della segnalazione al momento del pignoramento non pregiudica la validità dello stesso pignoramento, ma può fondare l'opposizione agli atti esecutivi contro l'ordinanza che dispone la vendita (cfr. A. STORTO, *La riforma del processo espropriativo e l'accertamento anticipato dei crediti ecc.*, in *Riv. es. forz.*, 2007, p. 226).

La Cassazione ha affermato, alla luce della nuova formulazione dell'art. 187 bis disp. att., con portata di interpretazione autentica, che l'improcedibilità dell'istanza di conversione successiva all'assegnazione o all'aggiudicazione "provvisoria" (Cass. 2 aprile 2009 n. 8017, in *Riv. es. forz.*, 2009, p. 487; poi anche Cass. 18 gennaio 2012 n. 688). In generale sull'argomento, v. F. CORDOPATRI, *Rimeditazione sulla conversione del pignoramento*, in *Riv. dir. proc.*, 2010, p. 557; P. PUCCIARIELLO, *Sub art. 495*, in AA.VV., *Commentario*, cit., VI, p. 370; M.G. CANELLA, *Titolo esecutivo*, cit., p. 465; A. TEDOLDI, *op. cit.*, p. 120.

(63) L'omissione di quest'audizione può essere fatta valere solo dagli interessati (Cass. 29 marzo 1989 n. 1490).

(64) La quale deve comunque tener conto anche dei crediti dei creditori intervenuti successivamente all'istanza di conversione, ma prima della decisione del giudice (Cass. 13 gennaio 2020 n. 411).

con l'ordinanza che dispone la conversione (art. 495, 6° comma) (65).

D'altra parte, il codice onera il richiedente al versamento immediato (ossia unitamente all'istanza) di una somma *non inferiore ad un sesto* dell'intero importo, comprensivo dei crediti degli intervenuti e dedotti i versamenti effettuati (2° comma) (66). Tale somma è destinata ad essere inglobata nei beni pignorati, in caso di omissione (o ritardo di oltre trenta giorni) del versamento del residuo (o anche di una sola rata, ove sia stato ammesso il versamento rateale) (5° comma).

Infine, è anche consentita la *conversione del pignoramento con versamenti rateali mensili* (entro il termine massimo di quarantotto mesi), in caso di pignoramento mobiliare o immobiliare, ove ricorrano «*giustificati motivi*» (art. 495, 4° comma). In questo caso, tuttavia, il giudice ogni sei mesi provvede, a norma dell'art. 510 (v. oltre, § 19), al pagamento del creditore pignorante e alla distribuzione parziale delle somme versate dal debitore.

Ancora, con provvedimento del giudice dell'esecuzione (67), è possibile la

---

(65) Sull'argomento, v. B. CAPPONI, *Conversione del pignoramento e cognizione sui crediti*, in *Riv. trim. dir. e proc. civ.*, 1988, p. 485; ID., *Intorno ai rimedi «cognitivi» ecc.*, in *Riv. dir. proc.*, 1989, p. 584; A. SALETTI, in *Riv. trim. dir. e proc. civ.*, 1992, p. 455; P.L. NELA, in AA.VV., *Le riforme del processo civile*, a cura di S. CHIARLONI, Bologna, 1992, p. 579; E. GARBAGNATI, *In tema di conversione del pignoramento*, in *Riv. dir. proc.*, 1992, p. 424. Sull'assoggettamento della pronuncia in questione al controllo dell'opposizione agli atti esecutivi ex art. 617 esperibile da parte del debitore, del creditore procedente e di quello intervenuto v. Cass. 10 dicembre 2013 n. 27542 e Cass. 28 settembre 2009 n. 20733 (in *Riv. es. forz.*, 2010, p. 312, con nota critica di B. CAPPONI); fermo, peraltro, il diritto del debitore a lamentare l'esistenza e/o l'ammontare del credito con l'opposizione all'esecuzione (Cass. 3 settembre 2007 n. 18538, in *Giur. it.*, 2008, p. 1195; Cass. 1° settembre 1999 n. 9194, *ivi*, 2000, p. 1617; Cass. 16 maggio 1987 n. 4516, in *Riv. dir. proc.*, 1989, p. 584) e ferma la contestabilità dei crediti ai sensi dell'art. 512 in sede di distribuzione del ricavato (Cass. 6 giugno 1992 n. 6994) e della congruità di una o più componenti del credito azionato attraverso l'opposizione agli atti esecutivi avverso l'ordinanza di distribuzione o attribuzione delle somme versate (Cass. 1° aprile 2014 n. 7537, in *Guida al dir.*, 2014, n. 27, p. 79). Per parte sua, F. CORDOPATRI, *Rimeditazione*, cit., p. 557, mette in evidenza che la conversione conserva il vincolo del pignoramento e assicura soltanto un vincolo di destinazione per le somme ratealmente versate. In argomento v. anche L.M. PETRONE, *Conversione del pignoramento*, in *Riv. es. forz.*, 2001, p. 239; P. PUCCIARIELLO, *Sub art. 495*, cit., p. 383; A. CRIVELLI-P. PRINCIPALE, *Questioni controverse in tema di conversione del pignoramento*, in *Riv. es. forz.*, 2018, p. 308; R. METAFORA, *Conversione del pignoramento, intervento dei creditori e distribuzione del ricavato*, *ivi*, 2021, p. 608.

(66) Quanto all'esatta determinazione del suddetto intero importo, sembra determinante il riferimento della norma al momento in cui è stato eseguito il pignoramento, nel senso che tale importo va inteso come comprensivo degli interessi maturati fino a quel momento e, agli effetti dei versamenti successivi, degli interessi successivamente maturati (F. DANOVI, *Sulla determinazione della somma da depositare ex art. 495, 2° comma c.p.c.*, in *Riv. dir. proc.*, 2002, p. 551).

(67) Impugnabile con l'opposizione agli atti esecutivi (Cass. 29 gennaio 1999 n. 797; Cass. 21 agosto 1992 n. 9726). Quanto al momento a partire dal quale può proporsi la relativa istanza, all'opinione della Cassazione e di alcuni Autori nel senso che l'istanza può essere proposta anche prima dell'udienza fissata per l'autorizzazione della vendita, stante la mancanza di un termine iniziale (Cass. 28 luglio 1999 n. 8221, in *Riv. es. forz.*, 2000, p. 114, con nota adesiva di F. LEPRI e Autori ivi citati; Cass. 15 novembre 1999 n. 1618) si obietta che la riduzione non può pregiudicare i creditori che possono intervenire fino alla suddetta udienza, che pertanto funge da termine iniziale

riduzione del pignoramento (ossia la riduzione del vincolo a taluni beni, liberando gli altri), quando il valore dei beni pignorati è superiore all'importo dei crediti per cui si procede e delle spese (art. 496) (68); così come, d'altra parte, è possibile, nell'ambito dell'espropriazione mobiliare (art. 540 bis), l'integrazione del pignoramento (69).

L'efficacia del pignoramento è assoggettata ad un termine (acceleratorio: v. vol. I, § 66) di *quarantacinque giorni* (art. 497). Se entro tale termine non viene compiuto il successivo atto di impulso processuale – che, come vedremo al § 19, è l'istanza di vendita o di assegnazione delle cose pignorate – il pignoramento diventa inefficace (70).

In ogni caso, l'efficacia del pignoramento cessa sia per la mancata iscrizione a ruolo del processo di espropriazione (v. retro, § 15) (71), sia per la chiusura an-

---

(così M. VELLANI, in *Riv. trim. dir. e proc. civ.*, 2002, p. 693 e Autori ivi citati).

La riduzione del pignoramento può essere disposta anche quando siano stati pignorati solo beni ipotecati, senza che a ciò costituisca ostacolo il disposto dell'art. 588, come ritenuto in precedenza (Cass. 16 gennaio 2006 n. 702, in *Giur. it.*, 2006, p. 2114).

(68) L'eccessività del pignoramento non impedisce la legittimità né la validità del pignoramento, salva la possibilità di farla valere anche come responsabilità processuale aggravata ex art. 96, ciò che, tuttavia, rende improponibile l'azione risarcitoria ex art. 2043 c.c. (Cass. 8 marzo 2005 n. 6895, in *Riv. es. forz.*, 2006, p. 590, con nota adesiva di J.V. D'AMICO). Quanto al criterio per la valutazione dell'eccessività, è chiaro che esso coincide con quello per la valutazione dell'insufficienza e per il quale v. la nota 47 in questo §. Sull'argomento v. anche A.M. SOLDI, *I rimedi contro l'abuso*, cit. nella nota 9 al § 13, che, ferma la legittimità del cumulo per se stesso (salvo che esso arrechi pregiudizio al debitore) approva la giurisprudenza che, anche in quest'ultima ipotesi, ravvisa la risarcibilità del danno solo in caso di dolo o colpa (v., in tal senso, Cass. 3 settembre 2007 n. 18533).

(69) V., sull'argomento, A. CARRATTA, in C. MANDRIOLI-A. CARRATTA, *Come cambia il processo civile*, Torino, 2009, p. 89; E. BRUSCHETTA, *Nuove questioni in tema di pignoramento. Estensione del pignoramento*, in *Riv. es. forz.*, 2011, p. 267; ID., *Oggetto del pignoramento presso terzi*, *ibidem*, p. 260. V. anche il § 22.

(70) Questo termine è soggetto al regime di sospensione nel periodo feriale (così Cass. 29 luglio 1986 n. 4841, in *Foro it.*, 1987, I, 498). D'altra parte, questo termine è sospeso dall'eventuale opposizione al precetto, con conseguente suo prolungamento (App. L'Aquila 2 agosto 2001, in *Riv. es. forz.*, 2003, p. 715).

Il mancato rispetto di questo termine dà luogo, secondo l'opinione prevalente (v., per tutti, V. ANDRIOLI, *Commento*, III, cit., p. 391; G. VERDE, *Pignoramento*, cit., p. 773), ad un'ipotesi di estinzione del processo (Cass. 16 giugno 2003 n. 9624), con conseguente rilevabilità anche d'ufficio ai sensi dell'art. 630 (v. oltre, § 28, nota 38). Non mancano, tuttavia, opinioni e pronunce secondo cui l'inosservanza di questo termine va fatta valere con l'opposizione agli atti esecutivi (v., ad es., Cass. 18 luglio 1997 n. 6637, in *Foro it.*, 1998, I, 1240, con nota critica di S. BOCCAGNA).

(71) In questo caso, stabilisce l'art. 164 ter disp. att., «*il creditore entro cinque giorni dalla scadenza del termine* [per il deposito della nota di iscrizione a ruolo] *ne fa dichiarazione al debitore e all'eventuale terzo, mediante atto notificato*». Aggiunge lo stesso art. 164 ter disp. att. che «*in ogni caso ogni obbligo del debitore e del terzo cessa quando la nota di iscrizione a ruolo non è stata depositata nei termini di legge*»; «cessazione di ogni obbligo» del debitore e del terzo che va limitata, evidentemente, alla sola espropriazione forzata avviata con il pignoramento divenuto inefficace.

Peraltro, ove sia necessario procedere alla cancellazione della trascrizione del pignoramento (in caso di beni immobili o mobili registrati), essa viene eseguita (dal conservatore dei registri) quan-

ticipata del processo esecutivo (ad es., per estinzione: v. § 40) (72). Questa chiusura anticipata, peraltro, ai sensi dell'art. 164 bis disp. att., può essere disposta anche d'ufficio dal giudice dell'esecuzione in caso di *infruttuosità dell'espropriazione forzata* iniziata, e cioè «*quando risulta che non è più possibile conseguire un ragionevole soddisfacimento delle pretese dei creditori, anche tenuto conto dei costi necessari per la prosecuzione della procedura, delle probabilità di liquidazione del bene e del presumibile valore di realizzo*». È stata così recepita nel codice una prassi seguita da alcuni giudici di merito, sebbene da sempre contrastata da quelli di legittimità (73).

Il pignoramento può colpire beni mobili o immobili a scelta del creditore; in linea di principio, tutti i beni del debitore sono pignorabili, salvo i casi che l'impignorabilità risulti dalla legge o dalla specifica destinazione dei beni (74).

---

do sia ordinata dal giudice oppure quando il creditore pignorante dichiari nelle forme prescritte che il pignoramento è divenuto inefficace per mancato deposito della nota di iscrizione a ruolo nel termine stabilito.

(72) Sull'argomento, v. E. BRUSCHETTA, *Inefficacia del pignoramento per chiusura anticipata del processo esecutivo*, in *Riv. es. forz.*, 2011, pp. 285 e 291.

(73) V., *ex multis*, Cass. 19 dicembre 2006 n. 27148, in *Riv. es. forz.*, 2006, p. 898. In argomento v. anche O. DESIATO, *Infruttuosità dell'esecuzione forzata*, in «*Misure urgenti per la funzionalità*», cit., p. 237; M.A.P. FRANCOLA, *Modifiche per l'efficienza*, cit., p. 332; L. MORETTI, *Le nuove ipotesi di chiusura anomala del processo esecutivo ecc.*, in *Giusto proc. civ.*, 2015, p. 587; per alcune applicazioni v. Trib. Como 23 aprile 2015, in *Nuova giur. civ. comm.*, 2015, p. 1038, con commento di M. POLIZZI; Trib. Roma 1° ottobre 2015, in *Foro it.*, 2016, I, 1872, con nota di O. DESIATO; Trib. Belluno 20 dicembre 2016, in *Riv. es. forz.*, 2017, p. 735, con nota di A. DONVITO.

Una volta che la chiusura anticipata non sia contestata, la cancellazione del pignoramento è un atto dovuto (Cass. 10 maggio 2016 n. 9501, in *Riv. dir. proc.*, 2017, p. 1356, con nota di M. TURRINI).

(74) La legge dichiara espressamente impignorabili alcuni beni mobili (v. oltre, § 20, al richiamo della nota 7). Con riguardo alla loro funzione, sono impignorabili *i beni della P.A.* che appartengono al patrimonio indisponibile o che abbiano una destinazione effettiva e già determinata, a un pubblico servizio. Sulla base di questa interpretazione, C. Cost. 21 luglio 1981 n. 138 (in *Foro it.*, 1981, I, 2353) ha rigettato l'eccezione di incostituzionalità della normativa sul punto ed ha enunciato la sostanziale eguaglianza, in linea di principio, della P.A. rispetto ad ogni altro debitore.

Limiti alla pignorabilità del denaro della P.A.

Sennonché, rispetto alla *pignorabilità del denaro della P.A.*, gli orientamenti della legislazione più recente sembrano offrire altre ragioni di dubbi di costituzionalità con riguardo alla deteriore posizione del creditore della P.A. A questo riguardo, infatti, sebbene la dottrina e una parte della giurisprudenza tendano a superare il tradizionale ostacolo costituito dal fatto che il bilancio dell'ente imprimerebbe un vincolo di destinazione il cui superamento implicherebbe la violazione della discrezionalità della P.A. (v. vol. I, § 32, nota 55), occorre prendere atto di altri ostacoli introdotti dalla legislazione, come ad es. l'art. 12 bis della L. 80/1991, che introduce un'autentica improcedibilità (ancorché camuffata da sospensione) dell'azione espropriativa verso la P.A. Per questi rilievi, v. M.C. VANZ, *Espropriazione forzata contro P.A.* ecc., in *Riv. dir. proc.*, 1991, p. 1094. Analoghi rilievi vanno compiuti riguardo al D.L. 8/1993, conv. dalla L. 68/1993, che pone gravi limiti all'esecuzione forzata nei confronti degli enti locali (v., sul punto, A. TEDOLDI, in *Studi in onore di C. Mandrioli*, I, Milano, 1995, p. 70) e poi all'art. 159 D.Lgs. 267/2000. Sul tema, nel senso che il limite di pignorabilità (non applicabile ai crediti vantati dall'ente nei confronti di terzi diversi dal proprio istituto

Per quanto concerne la forma, il pignoramento si attua *con atto scritto* nell'espropriazione presso terzi (art. 543) ed in quella immobiliare (art. 555); *verbalmente* nell'espropriazione mobiliare presso il debitore (art. 518); ma anche in quest'ultimo caso viene immediatamente documentato in un processo verbale. L'atto (o il processo verbale) di pignoramento viene, dall'ufficiale giudiziario, consegnato «senza ritardo» al creditore, perché questi provveda all'iscrizione a ruolo del processo esecutivo, come abbiamo visto retro, al § 15.

Si deve, infine, tener presente che vi sono dei casi nei quali gli effetti proprî del pignoramento sono già acquisiti anche indipendentemente dal compimento dell'atto di pignoramento: ciò accade quando si tratta di beni mobili dati in pegno o di beni mobili registrati assoggettati ad ipoteca. In questi casi, come vedremo al § 19, il codice consente il successivo atto d'impulso – ossia l'istanza di vendita – senza il previo pignoramento (art. 502) (75).

---

tesoriere: Cass. 9 novembre 2021 n. 32824) presupponga un provvedimento amministrativo o una norma di legge che abbia destinato il denaro all'attuazione di una funzione amministrativa v. Cass. 5 maggio 2009 n. 10284; Cass. sez. un. 27 febbraio 2002 n. 2954; poi, con particolare riguardo ai problemi di distribuzione dell'onere della prova, Cass. 6 giugno 2006 n. 13263, in *Riv. es. forz.*, 2006, p. 585, con nota di R. VACCARELLA, mentre con riguardo all'inutilizzabilità, ai fini dell'assolvimento dell'onere probatorio da parte della P.A., della certificazione dei propri organi o uffici, Cass. 26 marzo 2012 n. 4820. In argomento v. anche M. MONTANARI, *Esecuzione sulle somme di pertinenza degli enti locali e relativi limiti di pignorabilità*, in *Riv. es. forz.*, 2011, p. 359.

Un altro esempio di impignorabilità per la funzione dei beni è offerto dagli artt. 170 e 189 c.c. con riguardo ai beni del fondo patrimoniale, salvo che il credito per cui si agisce non sia strettamente connesso ai bisogni della famiglia (Cass. 8 febbraio 2021 n. 2904). In questo caso l'onere della prova grava sulla parte che intenda far valere l'impignorabilità (Cass. 11 luglio 2014 n. 15886, in *Foro it.*, 2014, I, 3494).

Altro esempio sono le somme e i crediti destinati agli Istituti autonomi case popolari e derivanti dalla locazione o dall'alienazione degli immobili destinati a edilizia residenziale pubblica (v., *ex multis*, Cass. 3 ottobre 2016 n. 19758).

Per i limiti di pignorabilità dei crediti v. oltre, § 23.

(75) L'art. 502 fa espressamente salve le disposizioni del codice civile per l'espropriazione delle cose date in pegno e dei mobili soggetti ad ipoteca. Tra queste il potere di soddisfazione coattiva stragiudiziale configurato dagli artt. 2796 e ss. c.c. che disciplina la vendita coattiva stragiudiziale delle cose date in pegno, previa intimazione a mezzo di ufficiale giudiziario e con facoltà di opposizione da parte del debitore in sede di cognizione. Su questo procedimento e sulle sue possibili interferenze con l'espropriazione giudiziale, v. G. BONGIORNO, *La tutela espropriativa speciale del creditore pignoratizio*, in *Riv. dir. proc.*, 1990, p. 1037, il quale inquadra l'istituto tra le forme di autotutela esecutiva (ID., *L'autotutela esecutiva*, Milano, 1984, p. 3).

Il giudizio di opposizione previsto dall'art. 2797 c.c. determina, se proposto nel termine di cinque giorni dall'intimazione mediante precetto, la sospensione automatica della vendita, che, peraltro, può essere paralizzata a sua volta da un provvedimento d'urgenza, nel quadro dell'orientamento che ritiene ammissibile la tutela d'urgenza anche per bloccare l'efficacia di un provvedimento giudiziario in assenza di altri strumenti cautelari tipici (v., sul punto, in questo vol. § 49, nota 21 in fine) (v. Trib. Bologna, 31 maggio 2002, nel commento di I. LOMBARDINI, in *Riv. trim. dir. e proc. civ.*, 2004, p. 1133, dove anche un attento esame del procedimento di opposizione ex art. 2797 c.c., ritenuto un ibrido tra l'opposizione all'esecuzione e l'opposizione agli atti). La Cassazione (Cass. 29 agosto 2008 n. 21908, in *Riv. dir. proc.*, 2009, p. 1045, con nota di M. BINA) ha, invece,

18. *L'intervento dei creditori nell'espropriazione.*

Abbiamo visto che il pignoramento vincola il bene pignorato alla soddisfazione del credito per il quale si procede, così rendendo *specifica* quella generica destinazione dell'intero patrimonio di ogni soggetto alla soddisfazione dei suoi debiti, che è configurata nel dettato dell'art. 2740 c.c., per il quale «*il debitore risponde dell'adempimento delle obbligazioni con tutti i suoi beni presenti e futuri*». Ma qual è l'intensità e quali sono i limiti di questa «specificazione», ossia di questa sorta di «accaparramento» di un determinato cespite patrimoniale per la soddisfazione di un determinato credito?

In astratto, il legislatore avrebbe potuto orientarsi in due direzioni opposte: applicare il principio *prior in tempore potior in jure*, considerando quell'«accaparramento» come esclusivo a favore del creditore pignorante e così attribuendo al pignoramento una funzione di prelazione simile a quella del pegno e dell'ipoteca; oppure considerare quel vincolo come destinato alla soddisfazione di tutti i debiti in eguale misura, in omaggio al principio della *par condicio creditorum*.

In concreto, la scelta del legislatore si è determinata nel senso che l'orientamento di massima, ispirato ad una solenne enunciazione della regola della *par condicio*, rimane in pratica attenuato da alcune modalità – quelle, appunto, ora in esame – della disciplina dell'espropriazione. La suddetta solenne enunciazione della regola della *par condicio* è compiuta dall'art. 2741 c.c. secondo cui «*i creditori hanno uguale diritto di essere soddisfatti sui beni del debitore*, salve le cause legittime di prelazione», ossia i privilegi, i pegni e le ipoteche (76); ed è appena il caso di osservare che la salvezza delle cause di prelazione non è in contrasto con la regola della *par condicio*, ma ne costituisce un limite imposto dalla stessa ragion d'essere di questi istituti.

L'attenuazione della regola della *par condicio* è, invece, determinata dalle modalità della disciplina dell'espropriazione nella misura in cui tale disciplina limita a favore di determinati creditori le possibilità degli altri creditori di soddisfarsi sui beni pignorati.

Siffatta limitazione è minima o tendenzialmente inesistente nell'espropriazione in sede di procedure concorsuali di natura liquidatoria (come, ad es., il falli-

---

ritenuto che si tratta di opposizione all'esecuzione non ancora iniziata, assoggettata alla disciplina degli artt. 615 e 616, sia sotto il profilo della forma che della competenza.

Sui problemi delle interferenze dell'espropriazione con l'ipoteca cambiaria v. M.C. VANZ, *Espropriazione forzata ed ipoteca cambiaria*, in *Riv. es. forz.*, 2014, p. 97.

(76) Sempre che i relativi beni del debitore non siano sottoposti alla misura di prevenzione della confisca da parte del giudice penale, ai sensi della L. 575/1965, perché in questo caso la misura di prevenzione patrimoniale prevale comunque sull'ipoteca, anche se iscritta anteriormente (salvo il diritto al risarcimento del soggetto che sia stato privato del diritto reale di garanzia) (Cass. sez. un. 7 maggio 2013 n. 10532, in *Corr. giur.*, 2013, p. 1203, con nota di R. GIUFFRÈ e P. PIAZZA; poi anche Cass. 7 ottobre 2013 n. 22814).

mento o la liquidazione giudiziale), ove l'applicazione rigorosa del principio della *par condicio* – salve sempre e soltanto le cause legittime di prelazione – è imposta dalle finalità dell'istituto, ed è, d'altra parte, consentita dalla struttura dell'istituto stesso che, dando luogo all'espropriazione immediata di *tutti* i beni del debitore a cura di organi che operano nell'interesse collettivo, consente la soddisfazione, in egual misura, di *tutti* i creditori (*concorsualità*) (77).

Diversamente accade nella disciplina dell'espropriazione individuale, della quale attualmente ci occupiamo. Ed infatti, siccome essa non ha ad oggetto la totalità dei beni del debitore, ma soltanto quei beni che sono stati assoggettati a pignoramento ad iniziativa del creditore procedente, la relativa disciplina rende opportuna – e sotto certi aspetti, necessaria – un'applicazione più attenuata della regola della *par condicio.* Più attenuata nel senso che – fatte salve sempre le cause legittime di prelazione – la soddisfazione sul ricavato della vendita dei beni pignorati, pur non essendo riservata al creditore procedente, ed essendo perciò soggetta ad una ripartizione proporzionale in caso di insufficienza a soddisfare tutti i creditori, è tuttavia limitata a vantaggio, oltre che del creditore procedente, di quelli, tra gli altri creditori, che trovandosi in una delle particolari situazioni che tra poco esamineremo (e che non impediscono di qualificare come «a porte chiuse» l'iniziativa di cui subito appresso), abbiano assunto tempestivamente una precisa iniziativa nel processo espropriativo, che abbiano cioè effettuato *un intervento* nel processo espropriativo (78).

A seguito di tale intervento, *i creditori intervenuti concorrono, insieme col creditore procedente, alla ripartizione del ricavato della vendita dei beni pignorati, in misura proporzionale al credito di ciascuno.* In altri termini, con l'intervento nel

---

(77) In generale, sull'argomento, v. E. GARBAGNATI, *Fallimento ed azioni dei creditori*, in *Riv. trim. dir. e proc. civ.*, 1960, p. 368; A. BONSIGNORI, *L'esecuzione forzata*, cit., p. 106. Sulle reali dimensioni e sui limiti della regola della c.d. *par condicio creditorum* nel nostro sistema ed in particolare sul rilievo che a tale regola sfuggono comunque i debiti non pecuniari, v. P. SCHLESINGER, *L'uguale diritto dei creditori di essere soddisfatti sui beni del debitore*, in *Riv. dir. proc.*, 1995, p. 319. Poi, con più particolare riferimento alle eccezioni alla regola (ormai solo tendenziale: v. anche M. PILLONI, *op. cit.*, p. 49) della *par condicio* v. anche G. TARZIA, *Par aut dispar condicio creditorum?*, in *Riv. dir. proc.*, 2005, p. 1.

(78) Sull'argomento, v. V. ANDRIOLI, *Il concorso dei creditori nell'esecuzione singolare*, Roma, 1937; S. COSTA, *L'intervento in causa*, Torino, 1953, p. 337; G. VERDE, *Intervento e prova del credito nell'espropriazione forzata*, Milano, 1968; E. GARBAGNATI, *Il concorso di creditori nel processo di espropriazione*, Milano, 1959; ID., *Concorso dei creditori*, in *Enc. dir.*, VIII, 1961, p. 533; V. ANDRIOLI, *Intervento dei creditori*, *ivi*, XXI, Milano, 1972, p. 486; A. BONSIGNORI, *L'esecuzione forzata*, cit., p. 108; F. TOMMASEO, *L'esecuzione*, cit., p. 141; B. CAPPONI, *La verificazione dei crediti nell'espropriazione forzata*, Napoli, 1990; ID., *Manuale*[4], cit., p. 271; F. D'AQUINO, *L'intervento dei creditori*, in *Riv. es. forz.*, 2006, p. 772; O. DESIATO, *L'intervento dei creditori nell'esecuzione forzata*, *ivi*, 2007, p. 277; G. CANALE, *Sub art. 499*, in *Le recenti riforme*, cit., I, p. 680; C. PERAGO, *L'intervento dei creditori*, in *L'esecuzione forzata riformata*, cit., p. 87; M. PILLONI, *Accertamento e attuazione*, cit., p. 109; P. PUCCIARIELLO, *Sub art. 499*, in AA.VV., *Commentario*, cit., VI, p. 422; M.G. CANELLA, *Titolo esecutivo*, cit., p. 524; A. TEDOLDI, *op. cit.*, p. 289. V. anche la rassegna giurisprudenziale di R. TREZZA, in *Riv. es. forz.*, 2020, p. 192.

processo espropriativo già in corso, gli altri creditori (79), nei limiti che vedremo, possono approfittare dell'iniziativa assunta dal creditore procedente, dando luogo ad una ripartizione proporzionale che, a differenza di quella che avviene in sede fallimentare (che riguarda l'intero patrimonio del fallito e la massa dei creditori), ha per oggetto soltanto *alcuni beni* (quelli pignorati) e riguarda soltanto *alcuni creditori* (quello procedente e gli intervenienti). D'altra parte, ogni azione esecutiva su determinati beni deve svolgersi nel medesimo processo (80).

Venendo, ora, alle modalità ed ai limiti dell'intervento dei creditori, incominciamo ad esaminare le regole che, al riguardo, il codice detta in questa prima sede di disciplina generale, e che, come abbiamo visto (retro, § 13), vanno integrate con le altre più particolarmente riferite ai singoli tipi di processo espropriativo.

In primo luogo, il codice si preoccupa di evitare che l'espropriazione possa avvenire senza la partecipazione dei creditori che hanno, sui beni pignorati, un diritto di prelazione. Ed infatti, se ciò accadesse, la prelazione ne rimarrebbe svuotata di contenuto, poiché la vendita forzata libera il bene dalle ipoteche e dai privilegi (art. 586).

Per il caso che il diritto di prelazione risulti da pubblici registri (poiché, nel caso contrario, che è quello del pegno, lo spossessamento del debitore costituisce già sufficiente garanzia), l'art. 498 dispone che il creditore pignorante notifichi ai creditori assistiti da prelazione un avviso contenente l'indicazione del creditore pignorante, del credito per il quale si procede, del titolo e delle cose pignorate (81). Questa notificazione dovrebbe avvenire entro cinque giorni dal pignoramento, ma si tratta di un termine non perentorio, come risulta dal 3° comma dello stesso articolo, che si limita a disporre che, in mancanza della prova della suddetta notificazione, il giudice non può provvedere sull'istanza di assegnazione o di vendita.

Quest'avviso ha evidentemente la funzione di mettere i creditori assistiti da prelazione nella condizione di intervenire e di far valere la loro prelazione in sede di distribuzione del ricavato.

Invece, l'art. 499, 1° comma, disciplina la possibilità di intervenire nell'esecuzione anche per gli altri creditori. E stabilisce che l'intervento è consentito *soltanto ai creditori muniti di titolo esecutivo* (in forza del quale il loro intervento è

---

(79) Sotto questo profilo, sarebbe «terzo» anche il creditore procedente che facesse valere un credito diverso da quello per il quale ha avviato l'espropriazione (Pret. Alba 17 marzo 1994, in *Giur. it.*, 1994, I, 2, 1109).

(80) Si parla, a questo riguardo, di «litisconsorzio quasi necessario» (cfr. E. GARBAGNATI, *Il concorso*, cit., p. 54; A. BONSIGNORI, *L'esecuzione forzata*, cit., p. 110).

(81) L'omissione di questo avviso, che, secondo un orientamento, potrebbe essere fatta valere con l'opposizione agli atti esecutivi (Cass. 22 marzo 1993 n. 3379, in *Giur. it.*, 1993, I, 1, 2268; ma contra Cass. 1° marzo 1994 n. 2023, *ivi*, 1994, I, 1, 1716), non dà luogo a nullità ma può fondare l'obbligo di risarcimento dei danni (Cass. 26 giugno 1993 n. 6999 e la già cit. Cass. 1° marzo 1994 n. 2023). In argomento v. anche P. PUCCIARIELLO, *Sub art. 498*, in AA.VV., *Commentario c.p.c.*, cit., VI, p. 417.

già esercizio di una loro azione esecutiva) (82), oltre che – eccezionalmente – ad alcune categorie di creditori non muniti del titolo esecutivo. Vale a dire, ai creditori: a) che al momento del pignoramento avevano eseguito un sequestro sui beni pignorati (83); b) che avevano sugli stessi un diritto di pegno o un diritto di prelazione risultante da pubblici registri; c) titolari di un credito di somme di denaro risultante dalle scritture contabili di cui all'art. 2214 c.c. (ovvero dalle scritture contabili dell'imprenditore commerciale).

Con riguardo a quest'ultima ipotesi, d'altro canto, il 2° comma dell'art. 499 precisa, poi, che «*se l'intervento ha luogo per un credito di somma di denaro risultante dalle scritture di cui al 1° comma, al ricorso deve essere allegato, a pena di inammissibilità, l'estratto autentico notarile delle medesime scritture rilasciato a norma delle vigenti disposizioni*».

Tale disciplina ridimensiona, senza superare antichi e sempre dibattuti problemi (84), l'istituto dell'intervento nel processo espropriativo, tentando di ridurre i ritardi che il processo esecutivo potrebbe subire in conseguenza dell'intervento dei creditori sprovvisti di titolo esecutivo (85) e dell'esigenza di accertamento del loro credito prima della distribuzione del ricavato della vendita forzata (86).

---

(82) Cfr. A.A. ROMANO, *Espropriazione forzata*, cit., p. 302. Il quale esercizio dell'azione esecutiva dell'interveniente resterebbe sospeso (nel senso del divieto del compimento di atti esecutivi e successiva eventuale riassunzione) per effetto della sospensione dell'efficacia esecutiva del suo titolo (*op. cit.*, p. 348). D'altra parte, anche l'azione esecutiva dell'interveniente, come del «secondo pignorante» può essere paralizzata da un'opposizione all'esecuzione (*op. cit.*, p. 356 e ss.).

(83) Ma anche, a quanto si ritiene, a coloro che avevano eseguito un provvedimento cautelare o d'urgenza ex art. 700 per il pagamento di somme di denaro (A.A. ROMANO, *op. cit.*, p. 181); v. anche A. SALETTI, *Le (ultime?) novità*, cit., p. 193; M. PILLONI, *op. cit.*, p. 111, in nota 129; P. PUCCIARIELLO, *op. cit.*, p. 430; M.G. CANELLA, *Titolo esecutivo*, cit., p. 565).

(84) Richiamati, tra altri, da S. ZIINO, in *Nuove leggi civ. comm.*, 2006, p. 1051; P. LAI, *L'intervento del creditore non titolato nell'espropriazione forzata*, Roma, 2014, p. 63. Si tratta del passaggio dall'intervento «a porte aperte» all'intervento «a porte chiuse» (o, più esattamente, a «porte semichiuse»). Sulle ragioni che giustificano questo mutamento, e che si possono sintetizzare nella necessità di snellire la procedura espropriativa, v. A. STORTO, *La riforma*, cit., p. 228, G. CANALE, *Sub art. 499*, cit., p. 486 e M. PILLONI, *op. cit.*, p. 104; P. PUCCIARIELLO, *op. cit.*, p. 429; M.G. CANELLA, *Titolo esecutivo*, cit., p. 554.

(85) Questi vantaggi sono peraltro controbilanciati dal maggior onere che finirà col gravare (in definitiva) sul debitore, in conseguenza della necessità, nella quale vengono a trovarsi i creditori privi di titolo, di procurarsi, appunto il titolo per lo più con un procedimento ingiuntivo (v., per questi rilievi, R. CONTE, in *Giur. it.*, 2005, p. 1783).

Questo A. evidenzia anche una disparità di trattamento a danno dei creditori che abbiano ottenuto il sequestro *dopo* il pignoramento e che, secondo la lettera della norma, non potrebbero intervenire. Al riguardo, l'A. propone un'interpretazione dell'art. 499 estensiva in adeguamento dei principi costituzionali, nel senso che l'intervento sia consentito anche ai creditori che hanno ottenuto il sequestro dopo il pignoramento.

(86) Passo che qui si concreta solo in via tendenziale nell'avere prevalentemente imperniato sul titolo esecutivo la disciplina dell'intervento nell'espropriazione, con la conseguente trasformazione delle relative questioni in questioni di legittimazione alla ripartizione del ricavato. Per questi rilievi e per lo svolgimento degli argomenti che li sostengono, con un pertinente richiamo ai risalenti ri-

L'art. 499, 2° comma, precisa che l'intervento si effettua con un ricorso (da depositarsi prima dell'udienza in cui è disposta la vendita o l'assegnazione) (87), il quale *deve essere redatto con l'assistenza di un difensore munito di procura* (88) *e contenere l'indicazione del credito e quella del titolo di esso* (vale a dire, la ragione di diritto sostanziale del credito stesso), *la domanda di partecipazione alla distribuzione della somma ricavata e la dichiarazione di residenza o l'elezione di domicilio nel comune in cui ha sede il giudice competente per l'esecuzione.*

L'efficacia dell'intervento non dipende, ovviamente, dal permanere dell'efficacia del pignoramento originario, sempreché la prosecuzione dell'esecuzione avvenga su impulso del creditore intervenuto munito di titolo esecutivo (89).

Le modalità con le quali i creditori intervenienti (muniti o non muniti di titolo esecutivo) partecipano alla distribuzione del ricavato dipendono dai tempi dell'intervento, ossia dalla sua tempestività, tenendo presente che esso *è tempestivo quando il ricorso è depositato prima che sia tenuta l'udienza in cui è disposta la vendita o l'assegnazione ai sensi degli artt. 530, 552 e 569* (90). Ciò che dà senz'altro diritto a partecipare al ricavato dell'espropriazione.

Ove, invece, l'intervento riguardi un creditore chirografario e non munito di titolo esecutivo e sia successivo alla suddetta udienza – ossia *tardivo* –, esso darà

---

lievi di C. FURNO, v. A. TEDOLDI, *L'oggetto della domanda di intervento e delle controversie sul riparto nella nuova disciplina dell'espropriazione*, in *Riv. dir. proc.*, 2006, p. 1297.

Che poi questo progetto di «depurazione» del processo esecutivo dalle parentesi di cognizione sia stato pienamente realizzato è, a parere di chi scrive, opinabile anche in considerazione del difficile (se non impossibile) superamento dell'idoneità al giudicato, sotto il profilo costituzionale, delle sentenze sulle opposizioni, come meglio rilevato nei successivi §§ 36 e 37. V. anche, in proposito, P. LAI, *L'intervento*, cit., p. 155.

(87) Si noti: il riferimento è all'«udienza in cui *è disposta* la vendita» e non più la «prima udienza» fissata all'uopo, sicché sono utili gli eventuali rinvii (cfr. F. CARPI, in *Riv. trim. dir. e proc. civ.*, 2006, p. 221).

(88) Che può essere contenuta anche a margine di un precedente precetto, seguito da un processo esecutivo poi estinto (Cass. 20 aprile 2012 n. 6266); di conseguenza, non può produrre effetti la dichiarazione orale con cui il creditore manifesti l'intenzione di intervenire (Cass. 20 aprile 2016 n. 7780, in *Giur. it.*, 2016, p. 2382, con nota di C. MASTRACCHIO).

(89) Cfr. Cass. sez. un. 7 gennaio 2014 n. 61, già cit. retro, alla nota 18 del § 9, dove anche altri riferimenti; in senso diverso, in precedenza, Cass. 13 febbraio 2009 n. 3531, richiamata sempre nella nota 18 del § 9.

L'atto di intervento non esige la preventiva notificazione del titolo esecutivo e del precetto (Cass. 8 febbraio 2018 n. 3021).

(90) O, comunque, anche oltre tale udienza quando la stessa sia stata differita, sempreché sia avvenuto prima dell'emissione dell'ordinanza di vendita (Cass. 18 gennaio 2012 n. 689, in *Guida al dir.*, 2012, n. 8, p. 38, con nota di M. PISELLI). Per i problemi di coordinamento con queste norme specifiche, v. A.A. ROMANO, *op. cit.*, p. 210.

Circa, poi, il profilo della tempestività dell'intervento, la Cassazione ha riconosciuto che la doglianza con la quale un creditore eccepisce la tardività dell'intervento di un altro creditore va qualificata come controversia attinente alla distribuzione, da risolversi ai sensi dell'art. 512 (v. oltre, § 18) (Cass. 1° aprile 2011 n. 7556, in *Giur. it.*, 2012, p. 653 e in *Riv. dir. proc.*, 2012, p. 793, con nota di S. VINCRE).

diritto soltanto a partecipare alla distribuzione della parte di ricavato, che sopravanzi dopo che siano stati soddisfatti i diritti del creditore procedente, dei creditori privilegiati e di quelli chirografari intervenuti tempestivamente; *purché l'intervento avvenga, comunque, prima del provvedimento di distribuzione* nell'espropriazione mobiliare (art. 528) e prima dell'udienza di cui all'art. 596 nell'espropriazione immobiliare (art. 565).

«*Ai creditori chirografari, intervenuti tempestivamente* – prevede, infatti, il 4° comma – *il creditore pignorante ha facoltà di indicare, con atto notificato o all'udienza in cui è disposta la vendita o l'assegnazione, l'esistenza di altri beni del debitore utilmente pignorabili, e di invitarli ad estendere il pignoramento se sono forniti di titolo esecutivo o, altrimenti, ad anticipare le spese necessarie per l'estensione. Se i creditori intervenuti, senza giusto motivo, non estendono il pignoramento ai beni indicati ai sensi del periodo precedente entro il termine di trenta giorni, il creditore pignorante ha diritto di essere loro preferito in sede di distribuzione*» (91).

Inoltre, il 3° comma aggiunge – con riferimento a tutti gli intervenienti privi di titolo esecutivo – che «*il creditore privo di titolo esecutivo che interviene nell'esecuzione, deve notificare al debitore, entro i dieci giorni successivi al deposito, copia del ricorso, nonché copia dell'estratto autentico notarile attestante il credito, se l'intervento nell'esecuzione ha luogo in forza di essa*». Fermo restando che la domanda di intervento è già perfezionata col deposito del ricorso previsto dall'art. 499, 2° comma, sicché questa notifica condiziona soltanto l'ammissione al concorso ed in sua mancanza il credito dell'interveniente viene accantonato.

Quindi, preso atto che potrebbero intervenire anche i creditori non muniti di titolo esecutivo, l'art. 499 configura, allo scopo una sorta di subprocedimento imperniato sull'eventuale riconoscimento di tali crediti da parte del debitore, precisando peraltro che questo riconoscimento opera *solo agli effetti dell'esecuzione* (92). «*Con l'ordinanza con cui è disposta la vendita o l'assegnazione ai sensi*

---

(91) Si è giustamente osservato (G.F. RICCI, *La connessione*, cit., p. 231) che il termine «estensione» di cui si serve questa norma va inteso con un significato atecnico, poiché tale estensione avviene solo con un nuovo pignoramento (così già G. TARZIA, *L'oggetto*, cit., p. 480). Se questo è vero, è corretto ravvisare nell'istituto un altro esempio di connessione nel processo esecutivo (così G.F. RICCI, *op. cit.*, p. 244; alle p. 229 e ss. v. l'esame dettagliato dei problemi ai quali l'applicazione della norma può dar luogo almeno nella nozione sostenuta da questo A., della connessione esecutiva come nesso tra procedimenti (*op. cit.*, p. 311) e non tra gli oggetti del processo (così invece G. TARZIA, *L'oggetto*, cit., p. 400). L'estensione, comunque, può avvenire solo entro l'udienza per l'autorizzazione alla vendita o all'assegnazione (Cass. 8 ottobre 2019 n. 25026).

Nell'ipotesi che il debitore si opponga all'estensione, propone un'opposizione che è opposizione all'esecuzione (oltre, § 36) se si fonda sulla mancanza, nel credito dell'intervenuto, dei requisiti di cui all'art. 525 c.p.c., e che è invece opposizione agli atti esecutivi (oltre, § 37) se si fonda sulla contestazione del requisito della certezza, liquidità ed esigibilità (Cass. 27 febbraio 1979 n. 1292, in *Riv. dir. proc.*, 1980, p. 781, con nota di C. CONSOLO).

(92) Si tratta, quindi, di un accertamento anomalo, in quanto si concreta nella sola alternativa tra contestazione e non contestazione, ai soli effetti del processo esecutivo. Ciò che secondo alcuni non

degli artt. 530, 552 e 569 – così, infatti, il 5° comma dell'art. 499 – *il giudice fissa, altresì, udienza di comparizione davanti a sé del debitore e dei creditori intervenuti privi di titolo esecutivo, disponendone la notifica a cura di una delle parti* (93). *Tra la data dell'ordinanza e la data fissata per l'udienza non possono decorrere più di sessanta giorni*».

All'udienza di comparizione il debitore – stabilisce, quindi, il 6° comma – «*deve dichiarare quali dei crediti per i quali hanno avuto luogo gli interventi egli intenda riconoscere in tutto o in parte, specificando in quest'ultimo caso la relativa misura. Se il debitore non compare* (salvo che ciò avvenga per ragioni di forza maggiore)*, si intendono riconosciuti tutti i crediti per i quali hanno avuto luogo interventi in assenza di titolo esecutivo. In tutti i casi il riconoscimento rileva comunque ai soli effetti dell'esecuzione* (94). *I creditori intervenuti i cui crediti siano stati riconosciuti da parte del debitore partecipano alla distribuzione della somma ricavata per l'intero ovvero limitatamente alla parte del credito per la quale vi sia stato riconoscimento parziale* (95). *I creditori intervenuti i cui crediti siano stati*

---

impedirebbe di vedere nel subprocedimento *de quo* l'esercizio di «un'azione di cognizione per quanto sommaria e specializzata rispetto al contesto» (così B. CAPPONI, *L'intervento*, cit., p. 27) e secondo altri (A. TEDOLDI, *L'oggetto*, cit., p. 1312), ed anche a parere di chi scrive, ha ad oggetto soltanto il diritto processuale al concorso e non l'esistenza del diritto sostanziale. Così anche F. TOMMASEO, *L'esecuzione*, cit., p. 150 e, con ampie argomentazioni, A.A. ROMANO, *Espropriazione forzata*, cit., p. 223, che parla, al riguardo, di autonoma azione esecutiva, ancorché intrinsicamente debole (p. 234). Dello stesso A. (p. 242) ampi rilievi sull'unicità di questi controlli, nel senso sintetizzato nel testo. Di consolidamento della *legitimatio ad concursum* dei creditori intervenuti non titolati, a seguito del riconoscimento, parla, invece, M. PILLONI, *Accertamento e attuazione*, cit., p. 145, mentre di (eventuale) anticipazione alla fase espropriativa della controversia distributiva sul diritto del creditore *sine titulo* di partecipare alla distribuzione, P. LAI, *L'intervento*, cit., p. 276.

(93) Se la notifica non avviene, il principale interessato ai suoi effetti (ossia l'interveniente privo di titolo) e che perciò ne è particolarmente onerato, non può più contare sull'eventuale riconoscimento del suo credito (cfr. A. SALETTI, *Le (ultime?) novità*, cit., § 10).

(94) Ossia ha valore non confessorio (perché riguarda i diritti e non i fatti) e comunque soltanto endo-processuale (così A. SALETTI, *Le (ultime?) novità*, cit., § 10; G. CANALE, *Sub art. 499*, cit., p. 702; P. LAI, *op. cit.*, p. 265; M.G. CANELLA, *Titolo esecutivo*, cit., p. 579), ma non già con efficacia di «titolo esecutivo endoprocessuale» (così M. BOVE, in G. BALENA-M. BOVE, *Le riforme*, cit., p. 184; C. PERAGO, *L'intervento*, cit., p. 114; P. PUCCIARIELLO, *op. cit.*, p. 444). Si ritiene che questo riconoscimento possa operare anche nelle ipotesi di verifiche anticipate, come nei casi di riduzione e/o di conversione del pignoramento; ciò per i poteri *lato sensu* e precariamente cognitori che l'art. 512 attribuisce al giudice dell'esecuzione e su cui v. oltre, § 19 (v. sul punto le più articolate osservazioni di A. STORTO, *La riforma*, cit., p. 232).

Si deve, comunque, ritenere (in forza della limitazione di efficacia che l'art. 499, 6° comma, attribuisce al riconoscimento del debitore) che nulla impedisca al debitore di disconoscere in sede di distribuzione ex art. 512 il debito riconosciuto in questa sede (cfr. A. CARRATTA, *Le controversie in sede distributiva ecc.*, in *Corr. giur.*, 2009, p. 567).

(95) Agli effetti specifici di questo subprocedimento, nessuna prova (del resto, non prevista) può contrastare la dichiarazione del debitore, in capo al quale sussiste un'anomala sorta di discrezionalità circa la collocazione dell'interveniente privo di titolo (cfr. B. CAPPONI, *L'intervento*, cit., p. 30).

viceversa disconosciuti dal debitore hanno diritto, ai sensi dell'articolo 510, 3° comma, all'accantonamento delle somme che ad essi spetterebbero, sempre che ne facciano istanza e dimostrino di avere proposto, nei trenta giorni successivi all'udienza di cui al presente comma, l'azione necessaria affinché essi possano munirsi del titolo esecutivo» (96). E questo anche laddove il credito del creditore intervenuto non munito di titolo esecutivo fosse privilegiato (97).

Infine, l'art. 500 determina l'effetto dell'intervento, stabilendo che esso, sulla base delle disposizioni sulle diverse forme di espropriazione e nei casi ivi previsti, non *solo dà diritto a partecipare alla distribuzione della somma ricavata*, ma anche – come enuncia il testo della norma – *a provocare i singoli atti* del processo esecutivo (ovviamente in caso di intervento fondato su titolo esecutivo) (98). La partecipazione alla distribuzione della somma ricavata implica la partecipazione anche all'effetto tipico del pignoramento, ossia quello dell'inopponibilità delle alienazioni dei beni pignorati (99).

---

(96) Sulla perentorietà di questo termine e sulle conseguenze che le vicende dell'eventuale giudizio potrebbero determinare sulla permanenza dell'accantonamento, v. A.A. ROMANO, *Espropriazione forzata*, cit., p. 280. In generale sull'argomento, v. C. CORRADO, *La contestazione dei crediti riconosciuti e non riconosciuti ecc.*, in *Riv. es. forz.*, 2008, p. 470; P. PUCCIARIELLO, *op. cit.*, p. 450; P. LAI, *op. cit.*, p. 279.

(97) I creditori privilegiati, infatti, possono intervenire «tardivamente», ma se non munti di titolo esecutivo vanno anch'essi equiparati ai creditori disconosciuti, e dunque sottoposti alle stesse conseguenze (Cass. 19 gennaio 2016 n. 774).

(98) La caducazione successiva all'intervento del titolo esecutivo del pignorante iniziale non determina la caducazione del pignoramento e la non proseguibilità del processo per i creditori intervenuti (Cass. sez. un. 7 gennaio 2014 n. 61, già cit. retro, alla nota 18 del § 9, componendo un precedente contrasto; in senso contrario, in precedenza Cass. 13 febbraio 2009 n. 3531, in *Riv. es. forz.*, 2009, p. 144, con note di R. METAFORA e di M. PILLONI, in *Riv. dir. proc.*, 2009, p. 1715, con nota critica di C. CORRADO, in *Giur. it.*, 2010, p. 385, con nota adesiva di T. SALVIONI, e in *Corr. giur.*, 2009, p. 935, con nota critica di B. CAPPONI). D'altra parte, si ritiene che anche l'interveniente tardivo possa, se munito di titolo, compiere atti di impulso (Cass. 30 novembre 2005 n. 26088, in *Giur. it.*, 2006, p. 2116).

Ovviamente gli atti esecutivi possono essere compiuti dall'interveniente titolato (o da quello divenuto tale nel corso della procedura: Cass. 30 settembre 2016 n. 19396) solo se non sia stata nel frattempo sospesa l'efficacia esecutiva del proprio titolo (Cass. 18 gennaio 2012 n. 689, cit. retro, in nota 90) e sempre che provveda a depositare l'originale del titolo esecutivo prima della distribuzione del ricavato (Cass. 25 maggio 2017 n. 13163, in *Foro it.*, 2017, I, 3077, con nota di E. CAVUOTO). E anche la partecipazione ad eventuali distribuzioni parziali del ricavato presuppone che l'efficacia esecutiva del titolo del creditore intervenuto non sia stata sospesa (Cass. 16 febbraio 2021 n. 4034, in *Riv. es. forz.*, 2021, p. 657, con nota di F. TIZI).

(99) Si ricorderà, infatti (retro, § 16), che la norma che configura la suddetta inopponibilità (l'art. 2913 c.c.) stabilisce che «non hanno effetto in pregiudizio del creditore pignorante *e dei creditori che intervengono nell'esecuzione*, gli atti di alienazione dei beni sottoposti a pignoramento». Qualora si tratti di beni immobili o di beni mobili iscritti in pubblici registri, occorre riferirsi all'art. 2915, 2° comma che, con riferimento alla trascrizione, ribadisce la medesima regola.

19. *Vendita forzata, assegnazione e distribuzione del ricavato.*

L'atto d'impulso processuale (v. vol. I, § 21) immediatamente successivo al pignoramento è un'istanza che il creditore pignorante (o un creditore intervenuto munito di titolo esecutivo) ha l'onere di rivolgere al giudice dell'esecuzione designato (v. retro, § 14) e con la quale viene richiesta la vendita forzata dei beni pignorati o la loro assegnazione.

Per tale istanza il codice prevede, oltre al già visto (al § 17) termine (acceleratorio) di non oltre *quarantacinque giorni* dal pignoramento (art. 497), anche un termine dilatorio: l'istanza in discorso non può, infatti, essere proposta se non sono decorsi *dieci giorni* dal pignoramento (100), tranne che si tratti di cose deteriorabili (art. 501) (101). Nelle situazioni che, come si è visto al § 17 in fine, il codice considera come sostitutive del pignoramento (pegno e cosiddetta ipoteca su cose mobili; a parte, naturalmente, la particolare facoltà attribuita dall'art. 2796 c.c. al creditore pignoratizio, di far vendere direttamente la cosa ricevuta in pegno: v. retro, la nota 75), tale termine decorre dalla notificazione del precetto (art. 502, 2° comma) (102).

A seguito dell'istanza in argomento, il giudice dell'esecuzione provvede a disporre la vendita o l'assegnazione con le modalità particolari a ciascun tipo di espropriazione.

La *vendita forzata* (103) ha la funzione di trasformare i beni pignorati in de-

---

(100) Qual è la conseguenza della mancata osservanza di questo termine dilatorio? Nel silenzio della legge, la Cassazione ha ritenuto sussistere una nullità, peraltro sanabile per il raggiungimento dello scopo e non rilevabile d'ufficio (Cass. 18 gennaio 2012 n. 682, che ammette l'esperibilità dell'opposizione agli atti esecutivi; Cass. 16 gennaio 2003 n. 564; Cass. 7 novembre 2002 n. 15630; Cass. 21 maggio 1999 n. 4953, in *Giur. it.*, 2000, p. 713, con nota contraria di M.C. VANZ).

Nel caso, invece, *di inosservanza del termine acceleratorio*, si propende per l'estinzione del processo esecutivo con la conseguente reclamabilità del provvedimento che dichiara tale estinzione, ai sensi degli artt. 630, 3° comma e 130 disp. att. (Cass. 16 giugno 2003 n. 9624, in *Giur. it.*, 2004, p. 1169, con nota di R. CONTE, il quale ribadisce il suo rilievo di fondo che l'estinzione consegue non al vizio, ma alla *mancanza di un atto*; pure adesivo sulla tesi dell'estinzione M. BINA, in *Riv. es. forz.*, 2004, p. 427, a commento di una pronuncia di merito nello stesso senso).

(101) La valutazione sulla deteriorabilità va fatta non per categorie astratte, ma caso per caso (Cass. 7 gennaio 1984 n. 133, in *Giur. it.*, 1987, I, 1, 188, con nota di L. MALAGÙ).

(102) Su questo particolare strumento di tutela e sui problemi che presenta, specie con riguardo al parziale superamento della *par condicio*, v. C.E. BALBI, *Autotutela del creditore pignoratizio e concorso dei creditori*, in *Studi in onore di C. Mandrioli*, II, Milano, 1995, p. 617.

(103) V. A. TRAVI, *Vendita dei beni pignorati*, in *Nss. Dig. it.*, XX, Torino, 1975, p. 636; A. CERINO CANOVA, *Vendita forzata*, in *Enc. Giur. Treccani*, XXXII, Roma, 1990; A. BONSIGNORI, *L'esecuzione forzata*, cit., p. 114; F. MAZZARELLA, *Vendita forzata*, in *Enc. dir.*, XLVI, Milano, 1993, p. 552; A. TEDOLDI, *Vendita e assegnazione forzata*, in *Dig. civ.*, XIX, Torino, 1999, p. 653; E. FABIANI, *La delega delle operazioni di vendita in sede di espropriazione forzata immobiliare*, Padova, 2007; ID., *Dalla delega delle operazioni di vendita in sede di espropriazione forzata alla delega di giurisdizione in genere*, in *Giusto proc. civ.*, 2016, p. 161; B. CAPPONI, *Manuale*[4], cit., 297; P. VITTORIA, *Vendita e assegnazione forzata: la disciplina sostanziale*, in *Riv. es. forz.*, 2011, p. 171;

naro liquido. Perciò, ovviamente la vendita non avviene né deve essere disposta quando il pignoramento abbia colpito una somma di denaro; in tal caso il creditore procedente potrà chiedere senz'altro la distribuzione, di cui ci occuperemo tra poco.

La vendita viene effettuata con modalità che variano nei diversi tipi di espropriazione e che esamineremo specificamente nell'esame della disciplina di ciascuno di essi. In sede di disciplina generale, il codice si limita a dettare alcune norme di portata, appunto, assai generale, e così a disporre, in primo luogo, che la vendita può avvenire talora «con incanto», ossia con offerte successive in aumento (c.d. asta), eventualmente a mezzo di istituti autorizzati (art. 159 disp. att.), e talora «senza incanto» (art. 503), secondo le modalità previste per le diverse forme di espropriazione. Tuttavia, il 2° comma dell'art. 503 limita la possibilità di utilizzare le modalità della vendita con incanto, stabilendo che «*l'incanto può essere disposto solo quando il giudice ritiene probabile che la vendita con tale modalità abbia luogo ad un prezzo superiore alla metà rispetto al valore del bene, determinato a norma dell'art. 568* (v. oltre, § 28) *nonché, nel caso di beni mobili, degli artt. 518 e 540 bis* (v. oltre, § 22)». Così privilegiando, evidentemente, il ricorso alla vendita senza incanto, sia nell'ambito dell'espropriazione immobiliare, che in quella mobiliare.

In secondo luogo, il codice si limita a stabilire che, quando la vendita è fatta in più volte o in più lotti, deve cessare quando il prezzo già ottenuto raggiunge l'importo delle spese e dei crediti per i quali si procede (art. 504).

Si è molto discusso e si discute circa la *natura giuridica della vendita forzata* (104). Anzitutto, la vendita forzata differisce nettamente dal comune contratto di compravendita, per il dato fondamentale che essa avviene prescindendo totalmente dalla volontà di colui che sarebbe il venditore. D'altra parte, l'acquirente non acquista di certo a titolo originario, ma a titolo derivativo; egli è veramente un acquirente; solo che colui che vende non è il proprietario, ma è lo Stato e, per esso, l'organo giurisdizionale; e non certo – come sosteneva una teoria da tempo superata (105) – in rappresentanza del debitore, ma in sua vece. Secondo un'autorevole opinione (106), lo Stato sottrae al debitore, non il bene, ma il potere di alienarlo. Ed in realtà, quest'opinione è avvalorata dal dato positivo

---

ID., *Vendita ed assegnazione forzata: la disciplina processuale. Parte prima: l'istanza di vendita ed il deposito dei documenti*, *ivi*, 2014, p. 1; P. FARINA, *L'aggiudicazione nel sistema delle vendite forzate*, Napoli, 2012, p. 3; M. CARNEVALE, *Sub art. 503*, in AA.VV., *Commentario c.p.c.*, cit., VI, p. 467; A. BARLETTA, *Vendita forzata (dir. proc. civ.)*, in *Diritto on line Treccani*, 2014; M.G. CANELLA, *Titolo esecutivo*, cit., p. 642; A. TEDOLDI, *op. cit.*, p. 141.

(104) Per un quadro delle diverse opinioni, v., ad es., S. SATTA, *Commentario*, III, cit., p. 176 e, successivamente, con una motivata adesione all'opinione del SATTA, v. A. CERINO CANOVA, *Vendita forzata ed effetto traslativo*, in *Riv. dir. civ.*, 1980, I, p. 148; ID., *Vendita forzata*, cit., p. 1.

(105) Ripresentata, tuttavia, da F. CARNELUTTI, *Istituzioni del processo civile italiano*, III, Roma, 1956, p. 25.

(106) G. CHIOVENDA, *Istituzioni*, I, cit., p. 265.

che il denaro ricavato dalla vendita appartiene ancora al debitore, il quale riceve in restituzione l'eventuale residuo (art. 510 ultimo comma) (107).

C'è, comunque, un acquisto a titolo derivativo (108) per effetto di una vendita effettuata dall'organo giurisdizionale, con modalità che, oltre ad essere determinate dalla legge, appartengono strettamente alla disciplina processuale; il che fa sì che l'effetto traslativo non si riconduce allo scambio dei consensi, ma ad una serie di atti (incluso il pagamento del prezzo) che appartengono appunto al procedimento (109).

Si tratta in sostanza del convergere e reciproco completarsi di atti che, in relazione ai diversi soggetti da cui sono compiuti, sono regolati da differenti discipline: quelli dell'ufficio esecutivo, da una disciplina tipicamente processuale ancorché idonea a produrre effetti anche sostanziali; quelli dell'acquirente, da una disciplina tipicamente negoziale (110).

Gli effetti sono quelli configurati dagli artt. 2919 e ss. c.c., che disciplinano dettagliatamente la materia (111) con elementi di anomalia (rispetto alla disci-

---

(107) Non manca, tuttavia, chi nega che da questa norma si debba desumere che il denaro ricavato appartenga ancora al debitore. Il MONTESANO (*La cognizione*, cit., p. 569) sostiene, infatti, che tale denaro ricavato appartiene allo Stato; per la critica a quest'opinione v. A. BONSIGNORI, *L'esecuzione forzata*, cit., p. 148.

(108) V., per la dimostrazione del carattere derivativo dell'acquisto, G.A. MICHELI, *Dell'esecuzione forzata*, cit., p. 465; più di recente, A. BONSIGNORI, *L'esecuzione forzata*, cit., p. 122, con la precisazione delle conseguenze che ne derivano. V. anche, in giurisprudenza, Cass. 13 marzo 2017 n. 6386; Cass. 22 settembre 2010 n. 20037.

(109) Quest'aspetto è particolarmente evidenziato in diverse maniere dalle opinioni che prevalgono in dottrina: quella detta «del procedimento» (per la quale v., per tutti, V. ANDRIOLI, *Appunti di diritto processuale civile*, Napoli, 1962, p. 374) e quella detta dell'atto-procedimento (propugnata specialmente da S. PUGLIATTI, *Esecuzione forzata e diritto sostanziale*, Milano, 1935, p. 301; v. anche G.A. MICHELI, *op. loc. cit.* e V. TAVORMINA, in *Riv. dir. proc.*, 1988, p. 622). Per più ampie ed aggiornate indicazioni bibliografiche v. A. CERINO CANOVA, *Vendita forzata*, cit., p. 150; F. DE STEFANO, *Gli effetti della vendita forzata dopo la riforma del processo esecutivo*, in *Riv. es. forz.*, 2007, p. 657; ID., *Gli effetti della vendita forzata e della assegnazione*, *ivi*, 2013, p. 294.

(110) Il provvedimento autoritativo – osserva M. BOVE, *L'esecuzione forzata ingiusta*, cit., p. 130 – rende rilevante nel processo esecutivo una fattispecie privatistica e i suoi effetti.

(111) La presenza di questa disciplina – si è giustamente osservato (A. CERINO CANOVA, *Vendita forzata*, cit., p. 149, nota 47) – costituisce la ragione del progressivo affievolirsi del dibattito sulla natura della vendita forzata. Rimane, comunque, nello sfondo la disciplina della vendita con le sue obbligazioni tipiche, come ad es. quella di custodire e conservare la cosa, di cui all'art. 1477 c.c. (Cass. 17 febbraio 1995 n. 1730).

Questa disciplina prevede, tra l'altro, l'esclusione della garanzia per i vizi (art. 2922 c.c.); la quale esclusione, secondo quanto ritiene la Cassazione non riguarda anche la mancanza di qualità della cosa (che consentirebbe l'annullamento), né la vendita di *aliud pro alio* (Cass. 17 marzo 2015 n. 5257; Cass. 17 settembre 2012 n. 15599; in senso contrario Cass. 3 dicembre 1983 n. 7233, in *Giur. it.*, 1985, I, 1, 226, che peraltro aveva ravvisato nella situazione una «nullità sostanziale della vendita giudiziale», che consentirebbe all'acquirente la ripetizione di quanto versato).

La disciplina in argomento prevede ancora, tra l'altro, all'art. 2929 c.c., l'inopponibilità all'acquirente o all'assegnatario della nullità degli atti esecutivi anteriori alla vendita, salve alcune ecce-

plina negoziale) che stanno in correlazione con la prevalenza, nell'istituto in discorso, degli elementi processualistici (112). Viene fatto salvo, comunque, il principio della tutela dell'affidamento incolpevole del terzo acquirente (113).

---

zioni configurate dalla giurisprudenza, come la collusione (v., ad es., Cass. 27 febbraio 2004 n. 3970), la denuncia di vizi che si configurino come motivi di opposizione all'esecuzione (Cass. 29 settembre 2009 n. 20814, in *Guida al dir.*, 2010, n. 9, p. 72), la mancata pubblicità dell'avviso di vendita forzata (Cass. 9 giugno 2010 n. 13824; non anche, però, la non coincidenza fra l'ordinanza di autorizzazione alla vendita e la pubblicità: Cass. 25 ottobre 2016 n. 21480). D'altra parte, l'applicabilità dell'art. 2929 c.c. presuppone che la vendita sia effettivamente avvenuta esente da vizi, e questo sia che si tratti di vizi che direttamente la concernano, sia che si tratti di vizi che rappresentino il riflesso della tempestiva e fondata impugnazione di atti del procedimento esecutivo anteriori, ma ad essi obbligatoriamente prodromici (Cass. 20 aprile 2012 n. 6280; Cass. 9 giugno 2010 n. 13824; Cass. 10 gennaio 2003 n. 193); in proposito v. anche la successiva nota 113.

(112) In questo quadro ben si comprende l'orientamento della Cassazione nel senso che i vizi della vendita (compresi quelli di collusione tra creditore e acquirente) vanno fatti valere con l'opposizione agli atti esecutivi (v., ad es., Cass. 4 marzo 2003 n. 3168). Per una rigorosa impostazione processuale del problema con precise deduzioni di natura anche pratica, v. A. BONSIGNORI, *L'esecuzione forzata*, cit., p. 118.

(113) In realtà l'art. 2929 c.c., che fa salvi i diritti del terzo acquirente rispetto alle nullità formali degli atti del processo esecutivo, relative alle questioni dedotte successivamente all'aggiudicazione (Cass. 13 febbraio 2009 n. 3531, cit. retro, alla nota 98), non esaurisce la tutela dell'affidamento del terzo che, secondo Cass. 1° agosto 1991 n. 8471 (in *Giur. it.*, 1992, I, 1, 89) sussiste anche rispetto alle nullità sostanziali, tra le quali certamente quelle che affliggono proprio la vendita o l'assegnazione (Cass. 1° aprile 2010 n. 7991; Cass. sez. un. 28 ottobre 2009 n. 22755, per le quali l'eventuale accertamento della comunione legale dell'immobile sottoposto a vendita forzata non è opponibile al compratore in buona fede; Cass. 29 settembre 2009 n. 20814, cit.; Cass. 11 novembre 2004 n. 21439, che precisa che la copertura di cui all'art. 2929 c.c. riguarda solo i vizi formali e non anche i vizi che si configurano come motivo di opposizione all'esecuzione). Su questo tema v. anche M. CIRULLI, *La nullità della vendita forzata e l'opposizione all'esecuzione*, in *Giusto proc. civ.*, 2018, p. 231 e le osservazioni di D. PETITTO (in *Riv. dir. proc.*, 1995, p. 760), che ravvisa nell'opposizione agli atti esecutivi lo strumento per questa particolare tutela, quando ancora pende il processo esecutivo. A questa stessa conclusione perviene, sempre a proposito del vizio dell'*aliud pro alio*, Cass. 2 aprile 2014 n. 7708 (in *Nuova giur. civ. comm.*, 2014, I, p. 873, con nota di F. COSSIGNANI, e in *Riv. dir. proc.*, 2015, p. 1303, con nota di C. MOSCHELLA), che ammette l'esperibilità dell'opposizione agli atti esecutivi da parte dell'aggiudicatario, ma comunque entro il termine perentorio di venti giorni dalla conoscenza o dalla conoscibilità dell'atto viziato. V. anche, più avanti, la nota 76 del § 28.

In argomento v. anche Cass. sez. un. 28 novembre 2012 n. 21110, in *Foro it.*, 2013, I, 1234, con nota di D. LONGO, in *Corr. giur.*, 2013, p. 387, con nota di B. CAPPONI e in *Riv. dir. proc.*, 2013, p. 1551, con nota di S. VINCRE, le quali hanno affermato che il sopravvenuto accertamento dell'inesistenza di un titolo idoneo a giustificare l'esercizio dell'azione esecutiva non fa venir meno l'acquisto dell'immobile pignorato, salvo che sia dimostrata la collusione del terzo col creditore procedente, fermo peraltro restando il diritto dell'esecutato di far proprio il ricavato della vendita e di agire per il risarcimento dell'eventuale danno. Negli stessi termini Cass. 10 febbraio 2015 n. 2472.

Tra gli aspetti di questo affidamento a favore del terzo acquirente, va tenuto presente il disposto dell'art. 187 bis disp. att. che, per i casi di estinzione o di chiusura anticipata del processo esecutivo (con riferimento all'espropriazione) dopo l'aggiudicazione o l'assegnazione, stabilisce che restano fermi gli effetti di tali atti a favore degli aggiudicatari e assegnatari (per un'applicazione, v. Cass. sez. un. 30 novembre 2006 n. 25507, in *Giur. it.*, 2007, p. 1717, con nota di A. RONCO, la quale ha riconosciuto al terzo aggiudicatario il diritto di fare affidamento sulla *serietà* della procedura esecutiva).

L'*assegnazione forzata* (114), invece, è l'attribuzione diretta del bene pignorato al creditore sulla base di un determinato valore.

Se non vi è stato l'intervento di altri creditori (v. retro, § 18), la soddisfazione del solo creditore procedente può avvenire attraverso una sorta di *datio in solutum*, e la determinazione del valore del bene assegnato serve solo a stabilire se il creditore è soddisfatto totalmente, oppure solo parzialmente, oppure se, al contrario, c'è un margine di valore in più da restituire al debitore.

Se, invece, si è verificato l'intervento di altri creditori e si deve conseguentemente far luogo al concorso dei creditori, la determinazione del valore dei beni assegnati serve anche a stabilire l'importo del ricavato su cui deve effettuarsi il concorso, affinché siano fatte salve in primo luogo le spese di esecuzione e le ragioni di prelazione e quindi la *par condicio* dei creditori intervenienti chirografari. Ciò può esigere che l'assegnatario versi, in parte o anche per l'intero, il valore delle cose assegnate; ed in questa cornice si comprende il disposto dell'art. 506, 1° comma, secondo cui «*l'assegnazione può essere fatta soltanto per un valore non inferiore alle spese di esecuzione e ai crediti aventi diritto a prelazione anteriore a quello dell'offerente*»; soltanto sull'eventuale valore eccedente concorrono poi l'offerente e gli altri creditori, osservate le cause di prelazione che li assistono (art. 506, 2° comma). Va aggiunto che, nell'ambito dell'espropriazione immobiliare, è anche ammessa la possibilità che l'istanza di assegnazione venga avanzata dal creditore a favore di un terzo (art. 588; v. oltre, § 30).

Infine, se l'assegnazione ha ad oggetto un credito, essa opera come cessione *pro solvendo* (art. 2928 c.c.). L'assegnazione, con la relativa determinazione del valore o prezzo di assegnazione, è compiuta, a richiesta del creditore (art. 505), dal giudice dell'esecuzione con l'ordinanza il cui contenuto è dettagliatamente indicato dall'art. 507.

L'acquirente e l'assegnatario sono, d'altra parte, coperti dai rischi conseguenti alla nullità degli atti, che hanno preceduto la vendita e l'assegnazione, nel senso che la suddetta eventuale nullità non ha effetto nei loro confronti, come dispone l'art. 2929 c.c. (115).

Peraltro, per effetto della modifica di cui all'art. 187 bis disp. att. nel senso che, in caso di chiusura anticipata del processo esecutivo, dopo una vendita o

---

(114) V. A. TRAVI, *Assegnazione dei beni pignorati*, in *Nss. Dig. it.*, I, 2, Torino, 1958, p. 1045; G. DE STEFANO, *Assegnazione nell'esecuzione forzata*, in *Enc. dir.*, III, Milano, 1958, p. 270; A. BONSIGNORI, *Assegnazione forzata e distribuzione del ricavato*, Milano, 1962; ID., *L'esecuzione forzata*, cit., p. 131; ID., *Assegnazione forzata*, in *Enc. Giur. Treccani*, III, Roma, 1988; F. TOMMASEO, *L'esecuzione*, cit., p. 163; B. CAPPONI, *Manuale*[4], cit., p. 314; C. PERAGO, *Sub art. 505*, in AA.VV., *Commentario c.p.c.*, cit., VI, p. 483; P. FARINA, *L'aggiudicazione*, cit., p. 226; A. BARLETTA, *Assegnazione forzata (dir. proc. civ.)*, in *Diritto on line Treccani*, 2014; M.G. CANELLA, *Titolo esecutivo*, cit., p. 659; A. TEDOLDI, *op. cit.*, p. 161.

(115) Così anche Cass. sez. un. 28 novembre 2012 n. 21110, già citata retro, alla nota 113; Cass. 6 agosto 2010 n. 18346, in *Corr. giur.*, 2010, p. 1282. Tuttavia, per la sopravvivenza di determinati vizi anche all'operare dell'art. 2929 c.c. v. retro, alla nota 111.

un'aggiudicazione non ancora definitiva, restano fermi gli effetti di tali atti (116), è da ritenere che l'*iter* di individuazione del miglior offerente e di aggiudicazione definitiva debba proseguire fino al suo completamento secondo il normale *iter* procedimentale (117).

Se la vendita o l'assegnazione hanno per oggetto un bene gravato da pegno o da ipoteca, l'aggiudicatario o l'assegnatario possono, con l'autorizzazione del giudice dell'esecuzione, concordare l'assunzione del debito liberando il debitore (art. 508) (118). Ed in tal caso, nel provvedimento di vendita o di assegnazione va menzionata l'assunzione del debito.

La fase del processo espropriativo, che segue la vendita forzata o l'assegnazione, è la *distribuzione della somma ricavata* (119). La somma da distribuire è formata da quanto proviene a titolo di prezzo o conguaglio delle cose vendute o assegnate, aumentata di eventuali accessori (art. 509).

Se vi è un solo creditore pignorante senza intervento di altri creditori, la somma ricavata viene attribuita al creditore procedente fino a soddisfazione del credito e degli interessi e delle spese, salva la già veduta restituzione al debitore del residuo (120). Quest'attribuzione è compiuta dal giudice dell'esecu-

---

(116) Cfr. S. VINCRE, *La stabilità della vendita forzata: un "dogma" riaffermato*, in *Riv. dir. proc.*, 2013, p. 1558 a commento di Cass. sez. un. 28 novembre 2012 n. 21110, sulla quale v. retro, alla nota 113.

(117) In questo senso Cass. sez. un. 30 novembre 2006 n. 25507, già richiamata retro, alla nota 113; poi, E. GASBARRINI, *Estinzione del processo esecutivo, aggiudicazione provvisoria ed offerte in aumento*, in *Riv. es. forz.*, 2010, p. 95; P. FARINA, *op. cit.*, pp. 58 e 177.

Peraltro, l'ordinanza di assegnazione viene meno se nella stessa data della sua pubblicazione venga anche pubblicata l'ordinanza di sospensione dell'efficacia esecutiva del titolo (Cass. 19 novembre 2014 n. 24637).

(118) Quest'assunzione non costituisce atto esecutivo, tra l'altro agli effetti dell'art. 2929 c.c. (Cass. 5 novembre 1981 n. 5846).

(119) V. A. TRAVI, *Distribuzione della somma ricavata*, in *Nss. Dig. it.*, V, Torino, 1960, p. 1144; V. DENTI, *Distribuzione della somma ricavata*, in *Enc. dir.*, XIII, Milano, 1964, p. 321; A. BONSIGNORI, *Assegnazione forzata*, cit.; ID., *L'esecuzione forzata*, cit., p. 143; A.M. SOLDI, *Il progetto di distribuzione e le controversie distributive*, in *Riv. es. forz.*, 2007, p. 43; F. D'AQUINO, *La predisposizione del progetto di distribuzione: questioni sostanziali e processuali*, in *Riv. es. forz.*, 2007, p. 257; A. CARRATTA, *Distribuzione del ricavato*, in *Enc. Giur. Treccani*, XI, Roma, 2010; M. BATTAGLIESE, *La collocazione in sede distributiva del credito ipotecario non annotato*, in *Riv. es. forz.*, 2011, p. 583; C. PERAGO, *Sub art. 510*, in AA.VV., *Commentario*, cit., VI, p. 508; A. NASCOSI, *Contributo allo studio della distribuzione della somma ricavata nei procedimenti di espropriazione forzata*, Napoli, 2013; R. TISCINI, *Le controversie distributive di nuova generazione. Riflessioni sulla natura e sui rapporti con altri incidenti cognitivi*, in *Riv. es. forz.*, 2015, p. 1; M.G. CANELLA, *Titolo esecutivo*, cit., p. 698; M.P. FUIANO, *La stabilità del riparto esecutivo*, Bari, 2020; A. TEDOLDI, *op. cit.*, p. 311; S. RUSCIANO, *Sul dogma della stabilità della distribuzione nel processo esecutivo*, in *Riv. dir. proc.*, 2021, p. 875.

(120) Se, viceversa, il ricavato non basta a soddisfare le spese del creditore procedente, è dubbio se questo possa far valere in altra sede il relativo credito (in senso negativo, Cass. 5 ottobre 2018 n. 24571, in *Corr. giur.*, 2019, p. 253, con nota contraria di S. BOCCAGNA, e in *Rass. es. forz.*, 2019, p. 199, con nota anch'essa critica di A. CRIVELLI e postilla di S. BOCCAGNA e B. SASSANI;

zione che provvede con ordinanza, sentito il debitore (art. 510, 1° comma).

Se vi sono intervenienti, il provvedimento del giudice dell'esecuzione effettuerà un riparto proporzionale (*progetto di distribuzione*), secondo le modalità proprie di ciascun tipo di espropriazione e comunque tenendo conto dei privilegi (inclusi quelli per le spese di giustizia di cui all'art. 2770 c.c.) (121) e delle cause di prelazione (art. 510, 2° comma) (122). In caso di creditori intervenuti ma privi di titolo esecutivo, i cui crediti non siano stati in tutto o in parte riconosciuti dal debitore, il medesimo provvedimento disporrà l'accantonamento delle somme a loro destinate, in attesa che essi provvedano a munirsi del titolo esecutivo.

Stabilisce, infatti, il 3° comma dello stesso art. 510 che l'accantonamento «*è disposto dal giudice dell'esecuzione per il tempo ritenuto necessario affinché i predetti creditori possano munirsi di titolo esecutivo e, in ogni caso, per un periodo di tempo non superiore a tre anni*». Decorso tale termine senza che i creditori interessati si siano muniti di titolo esecutivo, su istanza di una delle parti o anche d'ufficio, il giudice dispone la comparizione davanti a sé del debitore, del creditore procedente e dei creditori intervenuti muniti di titolo esecutivo non ancora integralmente soddisfatti e provvede alla distribuzione anche della somma accantonata. Il residuo della somma ricavata, anche dopo l'ulteriore distribuzione, è comunque consegnato al debitore o al terzo che ha subito l'espropriazione (123).

Eventuali creditori di ciascun creditore avente diritto alla distribuzione possono chiedere di sostituirsi a lui per la soddisfazione dei loro crediti, proponendo domanda al giudice dell'esecuzione con forme analoghe a quelle del ricorso per intervento, di cui all'art. 499, 2° comma (art. 511, 1° comma); il giudice dell'esecuzione provvederà alla distribuzione anche nei loro confronti (art. 511, 2° comma), ma eventuali contestazioni relative alle loro domande non possono

---

Cass. 25 giugno 2003 n. 10126, in *Riv. es. forz.*, 2004, p. 247; ma in senso affermativo, A. GUALANDI, *Spese e danni nel processo civile*, Milano, 1962, p. 201; S. BOCCAGNA-B. SASSANI, *Il diritto incompreso: le spese del creditore nell'espropriazione forzata*, in *Riv. es. forz.*, 2018, p. 465; S. BOCCAGNA, *Le spese nel processo di espropriazione forzata*, in *Il libro dell'anno del diritto Treccani*, Roma, 2019, p. 519).

(121) Limitatamente a quelle effettuate nell'interesse comune dei creditori. Per un esame delle spese che possono fruire del privilegio, v. F. D'AQUINO, *La predisposizione*, cit., p. 258, che fa anche un esame specifico dei problemi concernenti la collocazione dei crediti per le diverse ragioni di prelazione.

(122) Se si tratta di iscrizione ipotecaria, la prelazione si estende, ai sensi dell'art. 2855, 3° comma, c.c., agli interessi di qualunque natura (corrispettivi o moratori) maturati successivamente al pignoramento (Cass. 27 marzo 2015 n. 6403).

(123) Si è rilevato (R. CONTE, in *Giur. it.*, 2006, pp. 2238-2239) che il limite di tre anni previsto per l'accantonamento appare largamente insufficiente specie con riguardo ai tempi occorrenti per la conversione del sequestro conservativo. V. anche A. CARRATTA, *Distribuzione*, cit., p. 11.

ritardare la distribuzione tra gli altri creditori concorrenti (124).

In sede di distribuzione, il creditore procedente e ciascuno dei creditori intervenuti possono assumere evidentemente posizioni di reciproco contrasto poiché la concorrenza di ciascun credito può diminuire la percentuale di soddisfazione di tutti gli altri. Da ciò il possibile interesse alla reciproca contestazione dei crediti: la quale contestazione è, d'altra parte, resa più probabile dal fatto che, come si è visto (retro, § 18), il codice non richiede, per l'intervento, un accertamento giudiziario definitivo. Il codice, tra l'altro preoccupato di non pregiudicare i creditori non ancora muniti di titolo, sconta – per evitare questo pregiudizio – l'eventualità di contestazioni, alla quale eventualità è pertanto dedicato l'art. 512 (125).

La sostituzione del creditore nella distribuzione del ricavato

(124) Su quest'istituto, v. N. PICARDI, *La domanda di sostituzione nel processo esecutivo*, in *Riv. dir. proc.*, 1959, p. 577; M. ACONE, *La domanda di sostituzione del creditore nella distribuzione del ricavato*, in *Riv. dir. proc.*, 1981, p. 233. In quest'ultimo scritto, v. il richiamo al contrasto tra la giurisprudenza della Cassazione (Cass. 12 novembre 1979 n. 5850, in *Foro it.*, 1981, I, 242) che vede nell'istituto, accanto al normale fine satisfattivo, un eventuale fine surrogatorio che legittima il terzo anche a provocare i singoli atti di espropriazione, ed i giudici di merito secondo cui il creditore del creditore (ma non anche il debitore esecutato, per far valere un controcredito in compensazione nei confronti di un creditore: Cass. 20 settembre 2012 n. 15932) è soltanto legittimato a partecipare, in luogo del creditore sostituito, alla ripartizione della somma ricavata dall'esecuzione. Nello scritto suddetto, l'istituto in discorso è ravvicinato alla azione diretta di cui agli artt. 1595 e 1676 c.c. mentre si sostiene che la relativa domanda presuppone i requisiti richiesti per l'intervento «puro e semplice» (*op. cit.*, p. 261) e può essere proposta senza limiti temporali fino a quando non è stato depositato il provvedimento di distribuzione (*op. cit.*, p. 270). Nello stesso senso, poi, G. BALENA, *Contributo allo studio delle azioni dirette*, Bari, 1990, p. 310; A. CARRATTA, *Distribuzione*, cit., p. 3; M.G. CANELLA, *Titolo esecutivo*, cit., p. 734.

In giurisprudenza, v. Cass. 20 aprile 2015 n. 8001, per la quale la domanda di sostituzione non è assimilabile all'intervento del creditore, perché il creditore istante non fa valere una pretesa nei confronti dell'esecutato, ma di un altro creditore; di conseguenza, ai fini della sostituzione, non è richiesto il possesso del titolo esecutivo in capo al *creditor creditoris* (conclusione, questa, crtiticata da BRIGUGLIO, *La necessità del titolo esecutivo per la domanda di sostituzione del* creditor creditoris *ex art. 511 c.p.c.*, in *Riv. dir. proc.*, 2015, p. 885); in precedenza, Cass. 13 marzo 1987 n. 2608 (in *Giur. it.*, 1987, I, 1, 1739), la quale, da un lato, limita la portata del richiamo dell'art. 511 all'art. 499, 2° comma alle sole modalità dell'intervento e, dall'altro lato, riafferma la generica finalità anche surrogatoria dell'istituto. Con queste premesse, la Cassazione afferma l'indisponibilità del credito fatto valere da parte del creditore sostituito con atti volontari successivi alla domanda di sostituzione e viceversa l'opponibilità degli atti antecedenti. In argomento v. anche B. CAPPONI, *La cognizione sulla domanda di sostituzione del creditore nella distribuzione della somma ricavata*, in *Riv. dir. civ.*, 1987, II, p. 717; ID., *La «sostituzione esecutiva» tra vecchio e nuovo codice*, in *Riv. trim. dir. e proc. civ.*, 1990, p. 95, ove si mette in evidenza la riemersione, nell'istituto, degli aspetti anche cognitivi che lo caratterizzavano nel codice previgente. Nel senso, poi, della riconducibilità delle contestazioni fra sostituito e sostituto alle opposizioni agli atti esecutivi v. Cass. 20 settembre 2012 n. 15932; Cass. 19 ottobre 2006 n. 22409; mentre, per l'esclusione della necessità del consenso anche del subcreditore ai fini dell'estinzione per rinuncia agli atti, Cass. 17 novembre 2020 n. 26054, in *Riv. es. forz.*, 2021, p. 676, con nota di A. DI FEO, che parla di surrogazione non in senso stretto; in senso contrario si è espresso, invece, Trib. Roma 4 agosto 2008, *ivi*, 2010, p. 341, con nota fondatamente critica di C. DELLE DONNE.

(125) Sul modo col quale il giudizio configurato da questa norma si coordina con la valutazio-

Abbiamo già avuto occasione di accennare – e più ampiamente si vedrà al cap. 5° – che il fenomeno della cognizione inserita nel processo esecutivo è tipico delle opposizioni nel processo esecutivo. In realtà, da un punto di vista generale, anche la contestazione di cui qui si tratta (compresa quella riguardante la sostituzione di cui all'art. 511) potrebbe essere assimilata ad un'opposizione.

Sorta una tale contestazione, che può riguardare la *sussistenza* o l'*ammontare del credito* o la *sussistenza del titolo di prelazione*, l'art. 512 affida al giudice dell'esecuzione il potere di deciderla nell'esercizio dei poteri ordinatori propri del giudice dell'esecuzione e perciò *con ordinanza.* E poiché quest'ordinanza è *impugnabile* nelle forme e nei termini di cui all'art. 617 (come vedremo, propri dell'opposizione agli atti esecutivi: § 37), ne consegue che solo per effetto di quest'opposizione si aprirebbe quell'autentica parentesi di cognizione, che è caratteristica delle opposizioni nel processo esecutivo.

Così esso dispone, infatti: «*se in sede di distribuzione, sorge controversia tra i creditori concorrenti o tra creditore e debitore o terzo assoggettato all'espropriazione, circa la sussistenza o l'ammontare di uno o più crediti o circa la sussistenza di diritti di prelazione, il giudice dell'esecuzione, sentite le parti e compiuti i necessari accertamenti, provvede con ordinanza, impugnabile nelle forme e nei termini di cui all'art. 617, 2° comma*» (126).

Aggiunge il 2° comma che «*il giudice può, anche con l'ordinanza di cui al 1° comma, sospendere, in tutto o in parte, la distribuzione della somma ricavata*» (127). Va anche tenuto presente che, contro il provvedimento di sospensione, è ammesso reclamo ai sensi dell'art. 669 terdecies: così dispone il 2° comma dell'art. 624.

---

ne dei requisiti di ammissibilità dell'intervento ci siamo intrattenuti nella nota 97 al § precedente. In sostanza: se non sorge contestazione – che potrebbe essere sollevata anche verbalmente davanti al giudice dell'esecuzione (Cass. 26 febbraio 2008 n. 5006; Cass. 4 maggio 1994 n. 4281) –, la ripartizione avviene in una maniera che, per questo solo fatto, è basata su un implicito accordo; se sorge contestazione si svolge un giudizio che sembra ancora di piena cognizione, ai termini dell'art. 512; ma v. le critiche di R. ORIANI, in *Riv. trim. dir. e proc. civ.*, 1993, p. 131.

(126) Il richiamo dell'art. 617 e la sostanziale identità strutturale e funzionale fra l'incidente cognitivo in sede distributiva e l'opposizione all'esecuzione dell'art. 615 (per tale identità v. anche Cass. 11 dicembre 2012 n. 22642) sono stati ritenuti idonei a far estendere anche alle controversie di cui all'art. 512 il divieto di applicazione della sospensione dei termini feriali di cui alla L. 742/1969 (Cass. sez. un. 6 maggio 2010 n. 10617, in *Corr. giur.*, 2010, p. 1305, con nota problematica di M. PILLONI; ma su quest'aspetto v. anche la nota alla medesima pronuncia di S. VINCRE, in *Riv. dir. proc.*, 2011, p. 444). Nel senso, poi, che vada qualificata come controversia distributiva anche la contestazione, da parte di un creditore, della tardività dell'intervento di un altro creditore, Cass. 1° aprile 2011 n. 7556 (in *Giur. it.*, 2012, p. 653).

(127) La norma precisa che la sospensione può essere disposta anche con l'ordinanza di cui al 1° comma: per la spiegazione delle ragioni per le quali l'opportunità della sospensione può verificarsi anche in questa occasione, v. A. CARRATTA, *Le controversie*, cit., p. 19; ID., *Distribuzione*, cit., p. 9. Per la natura cautelare della sospensione in questione v. Trib. S.M. Capua Vetere 26 marzo 2013, in *Riv. es. forz.*, 2014, p. 170, con nota di A.L. BONAFINE.

La disciplina delle controversie distributive (128), dunque, attribuisce al giudice dell'esecuzione funzioni anche cognitorie nel merito (129), lasciando all'eventuale opposizione l'assoggettamento di tale accertamento ad un autentico giudizio di cognizione (§§ 36 e 37) (130).

Va, d'altra parte, tenuto presente che l'art. 512 si riferisce espressamente, oltre che alle controversie tra creditori concorrenti, anche alle controversie «*tra creditore e debitore o terzo assoggettato all'espropriazione*», così configurando la possibilità che l'oggetto di queste controversie abbia a coincidere con quello proprio dell'opposizione all'esecuzione (v. oltre, § 36). Ciò che, da un lato, crea alcuni problemi di coordinamento (131).

---

(128) Sulla quale v. anche C. PERAGO, *La distribuzione del ricavato*, in *L'esecuzione forzata riformata*, cit., p. 136; ID., *Sub art. 512*, in AA.VV., *Commentario c.p.c.*, cit., VI, p. 527; A. NASCOSI, *Il nuovo volto delle controversie distributive ex art. 512 c.p.c.*, in *Riv. trim. dir. proc. civ.*, 2010, p. 213; ID., *Contributo*, cit., p. 185; M. PILLONI, *Accertamento e attuazione*, cit., p. 241; M.G. CANELLA, *Titolo esecutivo*, cit., p. 746; M.P. FUIANO, *op. cit.*, p. 244; A. TEDOLDI, *op. cit.*, p. 320.

(129) Cfr. R. ORIANI, in *Foro it.*, 2005, V, 107. Nel senso, cioè, che si tratta di cognizione sui soli aspetti processuali, mentre sui sottostanti aspetti sostanziali circa la sussistenza e l'entità dei singoli crediti, la cognizione non può essere che incidentale, con la conseguente possibilità che il debitore eserciti la c.d. *condictio indebiti* (S. MENCHINI, *Nuove forme di tutela, ecc.*, in *Riv. dir. proc.*, 2006, p. 899). Anche S. VINCRE, *Profili delle controversie della distribuzione del ricavato (art. 512 c.p.c.)*, Padova, 2010, p. 102 ritiene che oggetto del giudizio che si apre ai sensi dell'art. 512 sia il «*diritto al ricavato di un concorrente*», il quale si configurerebbe come «situazione giuridica autonoma, ma ... legata alle precedenti da un evidente rapporto di pregiudizialità-dipendenza», sebbene poi escluda che «queste pregiudiziali entrino necessariamente nell'oggetto del giudizio». Nella medesima direzione v. anche Trib. Napoli 8 gennaio 2016, in *www.ilcaso.it.*

(130) Nel quale ogni concorrente è litisconsorte necessario (Cass. 18 dicembre 1992 n. 13428; Cass. 3 marzo 1987 n. 2233), così come lo è il debitore (Cass. 13 maggio 2003 n. 7284, in *Riv. es. forz.*, 2004, p. 267). Poiché questo giudizio sfocia in un provvedimento non impugnabile, ne consegue l'assoggettamento al ricorso straordinario ex art. 111 Cost., fermo restando che l'efficacia di giudicato investe solo gli aspetti processuali (S. MENCHINI, *op. cit.*, p. 897). V. anche, sul punto, B. CAPPONI, *Inibitoria e sospensione nell'esecuzione forzata*, in *Riv. es. forz.*, 2009, p. 382. Rispetto a questo giudizio, dubbi possono sorgere (e sono stati espressi: v. G. SCARSELLI, in *Foro it.*, 2005, V, 175, nota 13) circa la carente «terzietà» del giudice.

(131) Sul coordinamento tra il giudizio di cui trattasi e l'opposizione all'esecuzione v. S. SATTA, *La distribuzione del ricavato e l'opposizione all'esecuzione*, in *Riv. dir. proc.*, 1973, I, p. 98; E. GARBAGNATI, *Espropriazione, azione esecutiva*, cit., p. 1365; L. MONTESANO, *L'opposizione all'esecuzione e le controversie sulla distribuzione del ricavato*, in *Riv. dir. proc.*, 1957, p. 555; V. DENTI, *Distribuzione della somma ricavata*, cit., p. 332; I. ANDOLINA, *Cognizione ed esecuzione*, cit., pp. 111, 129, che si sofferma in particolare sulla critica alle tesi restrittive del SATTA (secondo cui col rimedio ex art. 512 si potrebbero contestare solo i crediti sforniti di titolo esecutivo) e del GARBAGNATI (secondo cui con l'opposizione all'esecuzione può essere contestata soltanto la pretesa del creditore pignorante), proponendo una soluzione imperniata sul rilievo che la contestazione ex art. 512 può essere proposta solo nella fase satisfattiva. D'altra parte, in sede di distribuzione, ogni contestazione va ricondotta nell'alveo dell'art. 512 (così già V. ANDRIOLI, *Commento*, III, cit., p. 123). A questa tesi aderiscono A. LOTTI, *Le contestazioni del debitore nelle fasi di distribuzione dell'espropriazione*, in *Riv. trim. dir. e proc. civ.*, 1981, p. 322; A. CARRATTA, *Distribuzione*, cit., p. 8, e A. NASCOSI, *Il nuovo volto*, cit., p. 232; ID., *Contributo*, cit., p. 215. A conclusioni diverse

Ebbene, attraverso la disciplina sopra esposta – a cominciare dall'esclusione dell'intervento dei creditori privi di titolo esecutivo non sequestranti, né privilegiati, né titolari di crediti risultanti dalle scritture contabili di cui all'art. 2214 c.c. – il legislatore ha sostanzialmente mutato i termini della questione, nel passato dibattuta, dell'accertamento della sussistenza dei crediti dei creditori intervenuti non titolati (132).

In essa, infatti, appare evidente l'orientamento legislativo verso l'eliminazione della partecipazione al riparto di crediti non accertati in un titolo esecutivo, né riconosciuti dal debitore, o comunque non assoggettati al vaglio dell'accertamento, di cui all'art. 512. Orientamento che appare confermato e perfezionato dall'aggiunta all'art. 510 dell'ulteriore previsione, secondo cui, in sede di distribuzione, il giudice deve provvedere all'accantonamento delle somme che spetterebbero ai creditori intervenuti privi di titolo esecutivo, i cui crediti non sono stati riconosciuti dal debitore, «*per il tempo necessario affinché i predetti creditori possano munirsi di titolo esecutivo e, in ogni caso, per un periodo di tempo non superiore a tre anni*» (3° comma) (133).

Per quanto riguarda, invece, la questione dell'oggetto del giudizio, che si apre a seguito delle contestazioni di cui all'art. 512, la disposizione è ben chiara nell'indicare tale oggetto *nell'accertamento della sussistenza o dell'ammontare dei singoli crediti o della sussistenza dei diritti di prelazione*, così rendendo

---

perviene, invece, S. VINCRE, *Profili*, cit., p. 218, la quale, dopo aver criticato le tesi favorevoli ad escludere la proponibilità dell'opposizione all'esecuzione anche in sede distributiva, accoglie la conclusione opposta (anche in considerazione del particolare oggetto che l'A. attribuisce alle controversie ex art. 512: v. retro, la nota 129), osservando, tuttavia, che il rapporto che intercorre fra i due rimedi differisce a seconda del momento in cui sopraggiunga la pronuncia sull'opposizione all'esecuzione (*ivi*, p. 259).

Più grave problema è quello che concerne la possibilità per l'esecutato che non aveva sollevato contestazioni in sede di distribuzione, di essere reintegrato delle somme assegnate al creditore procedente per credito inesistente. All'orientamento prevalentemente negativo (per il rilievo che il provvedimento che chiude il processo esecutivo, pur non essendo soggetto al giudicato, è caratterizzato da una sorta di definitività (Cass. 13 febbraio 2019 n. 4263; Cass. 24 ottobre 2018 n. 26927, già cit. retro, alla nota 69 del § 8; Cass. 23 agosto 2018 n. 20994; Cass. 13 marzo 2018 n. 6024) si contrappone Cass. 25 gennaio 1991 n. 760, in *Foro it.*, 1992, I, 1883, con nota di B. CAPPONI, del quale v. anche *La verificazione dei crediti*, Napoli, 1990, p. 186. Sulla medesima questione v. S. VINCRE, *Profili*, cit., p. 200; A. NASCOSI, *Note sulla stabilità della distribuzione della somma ricavata in sede di espropriazione forzata*, in *Riv. trim. dir. e proc. civ.*, 2011, p. 533; ID., *Contributo*, cit., p. 185; M.G. CANELLA, *op. cit.*, p. 725; M.P. FUIANO, *op. cit.*, p. 368; S. RUSCIANO, *op. cit.*, p. 876.

(132) Su questo problema, come si poneva prima dell'ultima riforma, e sulle soluzioni che per esso proponeva la dottrina e la giurisprudenza, v. C. PERAGO, *Controversie sull'accertamento del credito e sulla distribuzione del ricavato*, in *Riv. es. forz.*, 2005, p. 213.

(133) Resta così superata la possibilità di partecipazione al riparto di creditori senza titolo, ancorché sequestratari o privilegiati, ove non riconosciuti dal debitore, e, d'altra parte, confermata la contestabilità dei crediti *sine titulo*, ancorché riconosciuti dal debitore (cfr. A.A. ROMANO, *Espropriazione*, cit., p. 279). È, in sintesi, evidente la volontà legislativa di evitare quel «groviglio di esecuzione e di cognizione» (così B. CAPPONI, *Par condicio*, cit., p. 253) che caratterizzava il sistema precedente.

possibile un margine di comunanza con l'oggetto proprio dell'opposizione all'esecuzione (134).

Di conseguenza, all'accertamento del credito oggetto di contestazione si perviene attraverso un procedimento articolato in due fasi: *l'una* (quella che si conclude con l'ordinanza di cui all'art. 512) *a cognizione sommaria* e *l'altra* (eventuale) *a cognizione piena ed esauriente* (135), che si apre con l'opposizione, da proporre «*nelle forme e nei termini di cui all'art. 617, 2° comma*», e si conclude con sentenza, impugnabile – secondo l'opinione che ci sembra preferibile – con l'appello come la sentenza sull'opposizione dell'esecuzione, sebbene pronunciata a norma dell'art. 617 (136).

---

(134) Ciò che ci induce a dissentire sia dall'opinione di coloro secondo i quali il provvedimento conclusivo dovrebbe avere portata solo endoprocessuale ai soli effetti distributivi (così M. BOVE, in G. BALENA-M. BOVE, *Le riforme*, cit., p. 255; M. PILLONI, *op. cit.*, p. 329; P. LAI, *L'intervento*, cit., p. 290; M.P. FUIANO, *op. cit.*, p. 329; per altre indicazioni e per la critica di quest'orientamento v. A. CARRATTA, *Le controversie*, cit., p. 569; ID., *Distribuzione*, cit., p. 3) e sia dall'orientamento giurisprudenziale secondo il quale l'opposizione all'esecuzione e questa opposizione agli atti sarebbero proponibili l'una solo prima e l'altra solo dopo l'avvio della fase distributiva (Cass. 23 aprile 2001 n. 5961), preferendo l'opinione di chi, ritenendo possibile che quest'opposizione possa avere ad oggetto anche la sussistenza di crediti o prelazioni (eventualmente in via pregiudiziale, cfr. A.A. ROMANO, *Espropriazione*, cit., p. 338; di rapporto di pregiudizialità-dipendenza fra «diritto al riparto» e diritto di credito sostanziale parla anche S. VINCRE, *Profili*, cit., p. 126), in eventuale cumulo con contestazioni di solo rito o irregolarità, non esclude che la sentenza conclusiva possa avere, in tutto o in parte, efficacia di giudicato (così, se ben comprendiamo, anche G.L. BARRECA, *Le nuove norme sulle controversie distributive*, in *Riv. trim. dir. e proc. civ.*, 2008, p. 267; A. NASCOSI, *Il nuovo volto*, cit., p. 213; ID., *Contributo*, cit., p. 205; S. VINCRE, *Profili*, cit., p. 182).

In argomento v. anche A. CARRATTA (*Le controversie*, cit., p. 559), dove si fa riferimento ad un «accertamento "modulato"» (e anche "progressivo") tra il minimo del riconoscimento o della non contestazione e il massimo del giudicato «ottenibile attraverso un procedimento a cognizione sommaria ma trasformabile a cognizione piena» a seguito di opposizione ex art. 617, 2° comma, a sua volta destinato a proseguire nel giudizio di merito (art. 618) che ha ancora quello stesso oggetto che include «la sussistenza» del credito.

Ciò che, d'altra parte, implica il rilievo di un'evoluzione dell'opposizione ex art. 617 da strumento di controllo della regolarità formale a giudizio di cognizione residuale (*op. cit.*, p. 567). Alle medesime conclusioni aderisce S. VINCRE, *Profili*, cit., p. 191; invece, nel senso che il riferimento dell'art. 512, 1° comma, sia all'opposizione agli atti esecutivi nella sua integralità M. PILLONI, *op. cit.*, p. 273, testo e nota 74; M.P. FUIANO, *op. cit.*, p. 344.

(135) Così A. CARRATTA, *Le controversie*, cit., p. 568; ID., *Distribuzione*, cit., p. 6.

(136) Invece, nel senso che la sentenza che chiude il giudizio ex art. 512 sia non appellabile, in quanto il richiamo dell'art. 617 implicherebbe implicito richiamo anche dell'art. 618, v. Cass. 15 settembre 2020 n. 19122 (in *Riv. es. forz.*, 2021, p. 685, con nota parzialmente critica di R. GIORDANO).

Sezione seconda

L'ESPROPRIAZIONE MOBILIARE PRESSO IL DEBITORE

SOMMARIO: 20. Il pignoramento mobiliare. – 21. L'intervento dei creditori. – 22. Vendita forzata (e delega ad un professionista), assegnazione forzata e distribuzione del ricavato.

20. *Il pignoramento mobiliare.*

Ultimato l'esame delle norme che il codice dedica all'espropriazione forzata, veniamo ora ad esaminare le norme dedicate più specificamente ed in via integrativa ai singoli tipi di espropriazione, incominciando con l'*espropriazione mobiliare presso il debitore* (1). E poiché, come si è visto (retro, § 13), ciascuna di queste discipline più specifiche ha per oggetto i medesimi istituti (e nel medesimo ordine) che abbiamo or ora visto nella loro disciplina generale, l'esame delle norme dedicate all'espropriazione mobiliare incomincia con quelle dedicate al pignoramento.

Abbiamo già rilevato (retro, § 17) che l'atto di pignoramento, nella sua essenza propria di ingiunzione al debitore, è atto dell'ufficiale giudiziario; atto che talora è scritto e talora (come appunto nell'espropriazione mobiliare) verbale (ma da documentarsi subito in apposito processo verbale). Ed abbiamo visto pure che l'ufficiale giudiziario effettua il pignoramento a seguito di un'istanza (verbale) del creditore (2), che costituisce il primo atto di esercizio dell'azione esecutiva e che implica, ovviamente, l'esibizione all'ufficiale giudiziario del titolo esecutivo e del precetto: l'uno e l'altro previamente notificati (tranne che nel caso in cui il creditore abbia ottenuto l'autorizzazione all'esecuzione immediata prevista dall'art. 482: v. retro, § 12 in fine; nel qual caso la notificazione può avvenire immediatamente prima del pignoramento).

---

(1) In generale sull'argomento, v. A. TRAVI, *Espropriazione mobiliare presso il debitore*, in *Nss. Dig. it.*, VI, Torino, 1960, p. 920; G. VERDE, *Pignoramento mobiliare diretto e immobiliare*, in *Enc. dir.*, XXXIII, Milano, 1983, p. 822; A. BONSIGNORI, *L'esecuzione forzata*, cit., p. 169; G. BONGIORNO, *Espropriazione mobiliare presso il debitore*, in *Dig. civ.*, VIII, Torino, 1992, p. 68; F. TOMMASEO, *L'esecuzione forzata*, cit., p. 106; B. CAPPONI, *Manuale*[4], cit., p. 192; A. TEDOLDI, *Esecuzione forzata*, cit., p. 171.

(2) Questa istanza verbale all'ufficiale giudiziario può essere proposta anche dal creditore personalmente (Cass. 19 luglio 1979 n. 4284; Cass. 10 dicembre 1976 n. 4595, in *Foro it.*, 1976, I, 2959).

L'ufficiale giudiziario, al quale dunque sia stata rivolta la richiesta di effettuare il pignoramento, previa esibizione del titolo e del precetto, deve, a questo punto, ricercare le cose da pignorare (3). Al riguardo, l'art. 513 dispone che egli *può ricercarle nella casa del debitore* (intesa come il luogo nel quale il debitore abita stabilmente) *e negli altri luoghi a lui appartenenti* (negozio, ufficio, officina, ecc.) (4). Può anche ricercarle sulla persona del debitore, osservando le opportune cautele per rispettarne il decoro. E in ogni caso può vincere eventuali resistenze, ricorrendo, se del caso, all'assistenza della forza pubblica (art. 513, 2° comma).

Il 3° comma dell'articolo in esame contempla l'ipotesi che le cose da pignorare si trovino in luoghi appartenenti non al debitore ma ad un terzo, pur essendo nella diretta disponibilità del debitore (5). Per individuare bene questa ipotesi (per la quale si può pensare al contenuto di una cassetta di sicurezza) e le ragioni della sua particolare considerazione, occorre tener presente che, se il debitore non avesse la disponibilità diretta della cosa, ossia se tale disponibilità dipendesse dalla *prestazione* del terzo, si dovrebbe ricorrere alle forme del pignoramento presso terzi (su cui v. la sezione terza di questo capitolo); mentre, d'altro canto, il fatto che le cose si trovino in luogo appartenente ad un terzo, la cui *cooperazione* condiziona in qualche modo la disponibilità della cosa da parte del debitore, esige particolari cautele nei confronti del terzo. Perciò il 3° comma dell'art. 513 dispone che in questi casi, quando cioè si tratti di pignorare cose «*che non si trovano in luoghi appartenenti al debitore, ma delle quali egli può direttamente disporre*», il pignoramento, pur potendo avvenire con le forme del pignoramen-

(3) Sul punto v. S. SATTA, *La ricerca delle cose da pignorare*, in *Riv. trim. dir. e proc. civ.*, 1965, p. 150; poi L.P. COMOGLIO, *L'individuazione dei beni da pignorare*, in *Riv. dir. proc.*, 1992, p. 83 ed E. MERLIN, in *Giur. it.*, 1993, IV, 205, con ampie prospettive, anche comparatistiche e *de jure condendo* sulle cause dell'«ineffettività» della tutela espropriativa e sui suoi possibili rimedi; N. VENTURA, *Sub art. 513*, in AA.VV., *Commentario*, cit., VI, p. 555.

(4) Sulla nozione di «casa del debitore», la dottrina e la giurisprudenza si soffermano soprattutto con riguardo ai limiti probatori per l'opposizione del terzo, configurati dall'art. 621. Su ciò v. oltre, § 38, nota 130. Sul punto, v. comunque C. CALVOSA, *Struttura del pignoramento*, cit., p. 47 e specialmente, G. TARZIA, *L'oggetto*, cit., p. 202, secondo cui «casa del debitore» è quella sulla quale questo ha un rapporto di fatto in forza del quale egli ha un diritto di godimento secondo la coscienza sociale. V. anche C. PUNZI, *La tutela del terzo*, cit., p. 310. È quindi legittimo il pignoramento nella casa dei genitori (o del coniuge) nella quale il debitore abita stabilmente, col conseguente onere della prova in capo al genitore (o coniuge) circa la sua proprietà dei beni pignorati, con le forme dell'opposizione del terzo e relativi limiti (così Cass. 4 maggio 2006 n. 10287, in *Riv. es. forz.*, 2006, p. 637). V. in questo vol., il § 38. L'art. 513, dunque, pone una presunzione di appartenenza al debitore dei beni che si trovano nella sua casa e negli altri luoghi a lui appartenenti (Cass. 20 dicembre 2012 n. 23625, in *Corr. giur.*, 2013, p. 1121, con nota di A. CARRATO).

(5) V. sul punto, G. TARZIA, *L'oggetto*, cit., p. 187; S. SATTA, *Commentario*, III, cit., p. 221; C. PUNZI, *La tutela del terzo*, cit., p. 34. V. anche, con particolare riferimento al contenuto della cassetta di sicurezza, C. CALVOSA, *Struttura del pignoramento*, cit., p. 51. Non sono nella diretta disponibilità del debitore le somme della P.A. debitrice giacenti presso l'Esattoria (così Cass. sez. un. 18 dicembre 1987 n. 9407, in *Foro it.*, 1988, I, 2321).

to presso il debitore, presuppone che l'ufficiale giudiziario abbia preventivamente ottenuto l'*autorizzazione del presidente del tribunale o di un giudice da lui delegato*, il quale provvede con decreto, su istanza del creditore. Tale autorizzazione non è, tuttavia, necessaria quando il terzo consenta di esibire all'ufficiale giudiziario le cose del debitore da pignorare (art. 513, 4° comma).

L'accesso – eventualmente forzoso – nei luoghi ora visti, allo scopo di effettuare il pignoramento, non può avvenire nei giorni festivi né nelle ore notturne, secondo le precisazioni compiute dall'art. 147, che riguarda l'ora per le notificazioni, ma che è espressamente richiamato dall'art. 519 (6).

Ottenuto l'accesso, l'ufficiale giudiziario provvede anzitutto alla scelta delle cose da pignorare. A questo proposito, il codice, in primo luogo, impone all'ufficiale giudiziario di preferire il denaro, gli oggetti preziosi e i titoli di credito e ogni altro bene che ritiene di sicura realizzazione (art. 517, 2° comma), autorizzandolo peraltro ad eseguire il pignoramento preferibilmente sulle cose che l'ufficiale giudiziario ritiene di più facile e pronta liquidazione (1° comma dell'art. 517), nel limite di un presumibile valore di realizzo *pari all'importo del credito precettato aumentato della metà*. In ogni caso, il pignoramento non può colpire i beni che il codice dichiara impignorabili, tra i quali in primo luogo quelli dettagliatamente elencati nell'art. 514, secondo il criterio dell'*indispensabilità minima* per la vita (ad es., il letto), per il sostentamento (ad es., commestibili e combustibili per un mese di sostentamento del debitore e della sua famiglia) (7), per il

---

(6) Non sembra, peraltro, che l'eventuale violazione di questa disposizione possa dar luogo a nullità (cfr. S. SATTA, *Commentario*, III, cit., p. 265).

(7) V., in proposito, C. PUNZI, *Limiti alla pignorabilità e oggetto della responsabilità*, in *Riv. dir. proc.*, 2013, p. 1281. La giurisprudenza mette, d'altra parte, in rilievo che la indispensabilità va valutata in senso relativo (Cass. 10 febbraio 1994 n. 1356) con la conseguente pignorabilità di cose per se stesse indispensabili, ma presenti in quantità sovrabbondante o di cui non sia provata l'unicità (Cass. 20 agosto 2003 n. 12212, in *Giur. it.*, 2004, p. 1160, con nota di F. PORCARI, sulla nozione di indispensabilità e relativo onere della prova; Cass. 11 marzo 1987 n. 2523) il relativo onere probatorio grava sul debitore opponente (Cass. 18 ottobre 2012 n. 17900). Per un esempio di indispensabilità per l'attività lavorativa v. Cass. 9 novembre 1989 n. 4719.

Ai sensi dell'art. 514:

«*Oltre alle cose dichiarate impignorabili da speciali disposizioni di legge (545; c.c. 170, 188, 326, 1558, 1881, 1923, 2117, 2305, 2531, 2614)*, non si possono pignorare:

1) le cose sacre *e quelle che servono all'esercizio del culto (c.c. 831);*

2) l'anello nuziale, i vestiti, la biancheria, i letti, i tavoli per la consumazione dei pasti con le relative sedie, gli armadi guardaroba, i cassettoni, il frigorifero, le stufe ed i fornelli di cucina anche se a gas o elettrici, la lavatrice, gli utensili di casa e di cucina unitamente ad un mobile idoneo a contenerli, in quanto indispensabili al debitore ed alle persone della sua famiglia con lui conviventi*; sono tuttavia esclusi i mobili, meno i letti, di rilevante valore economico anche per accertato pregio artistico o di antiquariato;*

3) i commestibili e i combustibili necessari per un mese *al mantenimento del debitore e delle altre persone indicate nel numero precedente;*

4) (numero ora abrogato)*;*

5) le armi *e gli* oggetti *che il debitore ha l'obbligo di conservare* per l'adempimento di un pubblico servizio*;*

valore morale (ad es., l'anello nuziale, le cose sacre, gli animali d'affezione o da compagnia, ecc.). Si tratta di un'*impignorabilità assoluta* che, come si vedrà (§ 36 in fine), può essere fatta valere con l'opposizione all'esecuzione (ex art. 615, 2° comma) (8).

Regole particolari sono, invece, dettate dagli artt. 515 e 516 con riguardo a *cose mobili impignorabili relativamente*, in quanto destinate al servizio o alla coltivazione di un fondo o agli strumenti *indispensabili* per la professione, l'arte o il mestiere (art. 515) (9), o pignorabili solo in determinate circostanze (frutti non ancora raccolti e bachi da seta) (art. 516). Gli strumenti, gli oggetti e i libri *indispensabili* (ma non anche semplicemente utili) (10) per l'esercizio della professione, dell'arte o del mestiere del debitore sono pignorabili *solo se il presumibile valore di realizzo degli altri beni pignorati appare insufficiente* e *solo nei limiti di un quinto* (limite che, peraltro, non sussiste se il debitore è una società o ha comunque struttura con prevalenza di capitale investito rispetto al lavoro: art. 515, ultimo comma) (11). Un limite alla pignorabilità va visto anche nel vincolo delle

---

6) le decorazioni al valore*, le lettere, i registri* e in generale gli scritti di famiglia*, nonché i manoscritti, salvo che formino parte di una collezione;*

6-bis) gli animali di affezione o da compagnia tenuti presso la casa del debitore o negli altri luoghi a lui appartenenti, senza fini produttivi, alimentari o commerciali;

6-ter) gli animali impiegati ai fini terapeutici o di assistenza del debitore, del coniuge, del convivente o dei figli.

(8) Ciò che, peraltro, non sembra escludere la rilevabilità del vizio anche d'ufficio (v., sull'argomento, A.C. SAITTA, *Rilevabilità d'ufficio dell'impignorabilità*, in *Riv. trim. dir. e proc. civ.*, 1978, p. 1367).

(9) Come dettagliatamente specificato nell'art. 515, per il quale «*Le cose, che il proprietario di un fondo vi tiene per il servizio e la coltivazione del medesimo, possono essere pignorate separatamente dall'immobile soltanto in mancanza di altri mobili; tuttavia il giudice dell'esecuzione, su istanza del debitore e sentito il creditore, può escludere dal pignoramento, con ordinanza non impugnabile, quelle tra le cose suindicate che sono di uso necessario per la coltura del fondo, o può anche permetterne l'uso, sebbene pignorate, con le opportune cautele per la loro conservazione e ricostituzione.*

Le stesse disposizioni il giudice dell'esecuzione può dare relativamente alle cose destinate dal coltivatore al servizio o alla coltivazione del fondo.

Gli strumenti, gli oggetti e i libri indispensabili per l'esercizio della professione, dell'arte o del mestiere del debitore possono essere pignorati nei limiti di un quinto, quando il presumibile valore di realizzo degli altri beni rinvenuti dall'ufficiale giudiziario o indicati dal debitore non appare sufficiente per la soddisfazione del credito; il predetto limite non si applica per i debitori costituiti in forma societaria e in ogni caso se nelle attività del debitore risulta una prevalenza del capitale investito sul lavoro».

(10) I quali, dunque, in quanto non indispensabili risultano pienamente pignorabili (nello stesso senso A. RONCO, *Sub art. 515*, in *Le recenti riforme*, cit., p. 778). Di conseguenza, incombe sul debitore l'onere di provare la natura indispensabile del bene pignorato attraverso l'opposizione all'esecuzione dell'art. 615 (v. anche Cass. 18 ottobre 2012 n. 17900).

(11) Secondo taluno il «limite di un quinto» andrebbe riferito al solo ricavato (G. FINOCCHIARO, in *Guida al dir.*, 2006, n. 10, p. 34), mentre sembra più opportuno riferirlo al complessivo valore di detti beni (così A. RONCO, *Sub art. 515*, in *Le recenti riforme*, cit., I, p. 777, il quale ammet-

somme di denaro di proprietà della P.A. all'«*esercizio di una concreta funzione pubblica*» (12).

Le cose scelte per il pignoramento debbono essere valutate, almeno approssimativamente, per la necessaria loro commisurazione all'entità del credito. A ciò provvede lo stesso ufficiale giudiziario, che può farsi assistere – se lo ritiene opportuno – da uno stimatore. L'ufficiale giudiziario sceglie, dunque, le cose da pignorare in relazione al loro valore e, con riferimento ad esse, compie al debitore (o a un suo familiare o addetto alla casa o all'ufficio, purché non minore di 14 anni né palesemente incapace; v. art. 139, 2° comma), la fondamentale ingiunzione di non sottrarre le cose scelte alla garanzia del credito; e subito provvede a redigere processo verbale delle sue operazioni, dando atto dell'ingiunzione compiuta, descrivendo le cose pignorate con la determinazione del loro valore, menzionando le disposizioni (alle quali stiamo per accennare) date per la conservazione delle cose pignorate ed infine – nel caso che il debitore non sia presente – consegnando alle persone presenti (o affiggendo alla porta dell'immobile) un avviso circa l'avvenuta ingiunzione al debitore: il tutto come verrà meglio precisato tra poco con l'esame dettagliato degli artt. 518 e 519, sui quali ci soffermeremo tra poco.

Per quanto concerne la custodia delle cose pignorate, l'art. 520 dispone che il denaro, gli oggetti preziosi e i titoli di credito siano consegnati al cancelliere del tribunale. Il denaro viene depositato con le forme dei depositi giudiziari, mentre i titoli di credito e gli oggetti preziosi sono custoditi nei modi che il giudice determina (13). Di regola il custode, che non ha diritto a compenso se non lo ha chiesto subito e se non gli è stato riconosciuto (art. 522), non può essere il creditore o il suo coniuge né il debitore o un suo familiare, a meno che a ciò consenta, rispettivamente, il debitore o il creditore (art. 521, 1° comma). Quest'articolo prosegue, indicando gli adempimenti ai quali è tenuto il custode, con gli ulteriori commi qui riportati nella nota (14).

---

te anche la possibilità che il debitore rimuova spontaneamente il limite; N. VENTURA, *Sub art. 515*, in AA.VV., *Commentario c.p.c.*, cit., VI, p. 582). Sono comunque pignorabili gli strumenti che, sebbene obiettivamente indispensabili, sono in quantità sovrabbondante (Cass. 11 luglio 2006 n. 15705, in *Foro it.*, 2007, I, 3173). Tuttavia, nel caso di attrezzatura lavorativa unica, nel senso che si avrebbe un'ipotesi di impignorabilità assoluta «allo stato» del bene, v. Trib. Trani 5 novembre 2014, in *Giur. it.*, 2015, p. 1630, con nota di D. CASTAGNO, dove anche Trib. Modena 14 maggio 2013, che, invece, arriva ad una soluzione esattamente opposta.

(12) Fermo restando che, in mancanza di questo vincolo diretto, le somme sono pignorabili (v., anche per indicazioni, retro la nota 74 del § 17).

(13) Ai sensi dell'art. 520, 2° comma, «*per la conservazione delle altre cose l'ufficiale giudiziario provvede, quando il creditore ne fa richiesta, trasportandole presso un luogo di pubblico deposito oppure affidandole a un custode diverso dal debitore; nei casi di urgenza l'ufficiale giudiziario affida la custodia agli istituti autorizzati di cui all'articolo 159 delle disposizioni per l'attuazione del presente codice*».

(14) «*Il custode sottoscrive il processo verbale dal quale risulta la sua nomina.*

Al fine della conservazione delle cose pignorate, l'ufficiale giudiziario autorizza il custode a lasciarle nell'immobile appartenente al debitore o a trasportarle altrove.

Se l'ufficiale giudiziario trova un pignoramento già iniziato da altro ufficiale giudiziario, continua le operazioni insieme con lui redigendo un unico processo verbale (art. 523); mentre, se trova che i beni sono già stati pignorati in precedenza, «*ne dà atto nel processo verbale descrivendo i mobili precedentemente pignorati, e quindi procede al pignoramento degli altri beni o fa constare nel processo verbale che non ve ne sono*» (art. 524, 1° comma).

«*Il processo verbale* – così il 2° comma dell'art. 524 – *è depositato in cancelleria e inserito nel fascicolo formato in base al primo pignoramento, se quello successivo è compiuto anteriormente all'udienza prevista nell'articolo 525, 1° comma* [udienza per l'autorizzazione della vendita o per l'assegnazione], *ovvero alla presentazione del ricorso per l'assegnazione o la vendita dei beni pignorati nella ipotesi nel 2° comma dell'articolo 525* [c.d. «piccola espropriazione» e cioè valore dei beni pignorati non superiore a 20.000 euro]. *In tal caso il cancelliere ne dà notizia al creditore primo pignorante e l'esecuzione si svolge in unico processo*».

«*Il pignoramento successivo* (15) – così il 3° comma dello stesso art. 524 – *se è compiuto dopo l'udienza di cui sopra ovvero dopo la presentazione del ricorso predetto, ha gli effetti di un intervento tardivo rispetto ai beni colpiti dal primo pignoramento. Se colpisce altri beni, per questi ha luogo separato processo*». Naturalmente, l'ufficiale giudiziario può pignorare altri beni, così dando luogo ad un procedimento autonomo (16). Se non ve ne sono, ne dà atto nel processo verbale, così come del resto deve regolarsi ogni qual volta non trovi beni da pignorare (17).

Venendo ora all'esame dettagliato degli artt. 518 e 519, vediamo che l'art. 518 dispone, nel suo 1° comma, che «*l'ufficiale giudiziario redige delle sue operazioni processo verbale nel quale dà atto dell'ingiunzione di cui all'articolo 492 e descrive le cose pignorate, nonché il loro stato, mediante rappresentazione fotografica ovvero altro mezzo di ripresa audiovisiva, determinandone approssimativamente il presumibile valore di realizzo con l'assistenza, se ritenuta utile o richiesta dal creditore, di un esperto stimatore da lui scelto. Se il pignoramento cade su frut-*

Il custode non può usare delle cose pignorate senza l'autorizzazione del giudice dell'esecuzione e deve rendere il conto a norma dell'art. 593.

Quando è depositata l'istanza di vendita il giudice dispone la sostituzione del custode nominando l'istituto di cui al 1° comma dell'articolo 534 che entro trenta giorni, previo invio di comunicazione contenente la data e l'orario approssimativo dell'accesso, provvede al trasporto dei beni pignorati presso la propria sede o altri locali nella propria disponibilità. Le persone incaricate dall'istituto, quando risulta necessario per apprendere i beni, possono aprire porte, ripostigli e recipienti e richiedere l'assistenza della forza pubblica. Per i beni che risultano difficilmente trasportabili con l'impiego dei mezzi usualmente utilizzati l'istituto può chiedere di essere autorizzato a provvedere alla loro custodia nel luogo in cui si trovano».

(15) Che è idoneo a reggere l'intero processo esecutivo nel caso di sopravvenuto difetto del titolo originario (Trib. Vicenza 21 giugno 2011, in *Riv. es. forz.*, 2011, p. 693, con nota di A. MAJORANO).

(16) In precedenza, v. Cass. 1° aprile 1987 n. 3130.

(17) Sull'istituto del pignoramento successivo, sulla sua riconducibilità teorica alla figura della continenza e sui diversi problemi pratici ai quali dà luogo la disciplina dell'art. 524, v. G.F. RICCI, *La connessione*, cit., p. 213; N. VENTURA, *Sub art. 524*, in AA.VV., *Commentario*, cit., VI, p. 626.

ti non ancora raccolti o separati dal suolo, l'ufficiale giudiziario ne descrive la natura, la qualità e l'ubicazione».

Nei successivi 2°, 3° e 4° comma, lo stesso art. 518 dispone con riguardo all'eventuale differimento, alla liquidazione delle spese e del compenso spettanti all'esperto e alle disposizioni per la conservazione, come testualmente riportato nella nota (18).

Il 5° comma dello stesso art. 518 stabilisce poi che, «*se il debitore non è presente, l'ufficiale giudiziario rivolge l'ingiunzione alle persone indicate nell'articolo 139, 2° comma, e consegna loro un avviso dell'ingiunzione stessa per il debitore. In mancanza di dette persone affigge l'avviso alla porta dell'immobile in cui ha eseguito il pignoramento*».

Il comma successivo disciplina l'iscrizione a ruolo del processo di espropriazione, con la successiva formazione del fascicolo d'ufficio dell'esecuzione.

Infatti, «*compiute le operazioni, l'ufficiale giudiziario consegna senza ritardo al creditore il processo verbale, il titolo esecutivo e il precetto. Il creditore deve depositare nella cancelleria del tribunale competente per l'esecuzione la nota di iscrizione a ruolo* (19)*, con copie conformi degli atti di cui al periodo precedente, entro quindici giorni dalla consegna* (20)*. La conformità di tali copie è attestata dall'avvocato del creditore ai soli fini del presente articolo*». Come abbiamo già visto (retro, § 17), il pignoramento diviene inefficace, ove la nota di iscrizione a ruolo e le copie degli atti siano depositate oltre il termine di quindici giorni dalla consegna al creditore (e sempre che l'iscrizione a ruolo non sia già avvenuta ad opera degli altri soggetti indicati dall'art. 159 ter disp. att.: v. retro, § 15). A seguito dell'iscrizione a ruolo, il cancelliere forma il fascicolo dell'esecuzione (21).

---

(18) Così il 2°, 3° e 4° comma dell'art. 518:

«*Quando ritiene opportuno differire le operazioni di stima l'ufficiale giudiziario redige un primo verbale di pignoramento, procedendo senza indugio e comunque entro il termine perentorio di trenta giorni alla definitiva individuazione dei beni da assoggettare al pignoramento sulla base dei valori indicati dall'esperto, al quale è consentito in ogni caso accedere al luogo in cui i beni si trovano.*

Il giudice dell'esecuzione liquida le spese ed il compenso spettanti all'esperto, tenuto conto dei valori di effettiva vendita o assegnazione dei beni o, in qualunque altro caso, sulla base dei valori stimati.

Nel processo verbale l'ufficiale giudiziario fa relazione delle disposizioni date per conservare le cose pignorate».

(19) Il cui contenuto è individuato dall'art. 159 bis disp. att.

(20) Il deposito della nota di iscrizione a ruolo e delle copie degli atti deve avvenire esclusivamente con modalità telematiche (art. 16 bis, 2° comma, D.L. 179/2012, conv. dalla L. 221/2012). V. anche retro, § 15.

(21) In caso di rifiuto di effettuare il pignoramento da parte dell'ufficiale giudiziario, si ritiene che il giudice competente debba provvedere, sentite le parti, in applicazione estensiva degli artt. 60, 485 e 486: così v. per tutti, G. VERDE, *Pignoramento mobiliare*, cit., p. 830 e citazioni ivi; in giurisprudenza, Cass. 12 marzo 1992 n. 3030, che precisa che il provvedimento assunto in questa sede potrebbe trovare rimedio nell'opposizione di cui all'art. 617, ma contra Cass. 21 marzo 2008 n. 7674 (in *Riv. es. forz.*, 2008, p. 276), secondo cui il comportamento di un ausiliario del giudice dell'esecuzione non può essere fatto oggetto di opposizione agli atti fino a quando non sia fatto proprio dal giudice dell'esecuzione.

In ogni caso, fino a quando non maturi il termine di cui all'art. 497, di cessazione dell'efficacia del pignoramento (retro, § 17), copia del processo verbale è conservata dall'ufficiale giudiziario a disposizione del debitore (22).

Questa dettagliata disciplina è poi completata dal 7° comma (quest'ultimo dedicato ai possibili rimedi all'eventuale sottostima) riportato nella nota (23).

L'art. 519 disciplina, infine, il tempo e l'orario del pignoramento mobiliare, stabilendo che esso non può essere eseguito nei giorni festivi né fuori delle ore indicate dall'art. 147, ossia tra le 7 e le 21, salva autorizzazione del presidente del tribunale o di un giudice da lui delegato. Ma il pignoramento iniziato nelle ore prescritte può essere proseguito fino al suo compimento.

Una speciale forma di pignoramento mobiliare è quella disciplinata dall'art. 521 bis, che riguarda gli *autoveicoli, motoveicoli e rimorchi* e che può essere utilizzata in alternativa al pignoramento mobiliare presso il debitore, di cui agli artt. 518 e ss.

Abbiamo già visto (retro, § 7) che in questo caso la competenza territoriale è del tribunale del luogo in cui il debitore ha la residenza, il domicilio, la dimora o la sede (art. 26, 2° comma).

Per quanto riguarda il pignoramento su tali beni, esso – oltre che con le forme previste dagli artt. 518 e ss. – può essere eseguito dall'ufficiale giudiziario mediante notificazione al debitore «*di un atto nel quale si indicano esattamente, con gli estremi richiesti dalla legge speciale per la loro iscrizione nei pubblici registri, i beni e i diritti che si intendono sottoporre ad esecuzione*», insieme all'intimazione di cui all'art. 492 (v. retro, § 16). «*Il pignoramento* – prosegue il 1° comma dell'art. 521 bis – *contiene altresì l'intimazione* [al debitore] *a consegnare entro dieci giorni i beni pignorati, nonché i titoli e i documenti relativi alla proprietà e all'uso dei medesimi, all'istituto vendite giudiziarie autorizzato ad operare nel territorio del circondario nel quale è compreso il luogo in cui il debitore ha la residenza, il domicilio, la dimora o la sede o, in mancanza, a quello più vicino*» (24). In ogni caso, con

---

Fenomeno diverso dal rifiuto è la *colposa omissione di pignoramento*, sul cui fondamento un giudice di merito (Trib. Viterbo 28 maggio 2003, in *Foro it.*, 2003, 2849, con nota adesiva di G. SCARSELLI) ha riconosciuto la responsabilità risarcitoria dell'ufficiale giudiziario che aveva per negligenza trascurato di descrivere e pignorare beni mobili esistenti nella casa del debitore.

(22) Del resto, ove dall'esame del verbale depositato emergano irregolarità o nullità del pignoramento, il debitore può avanzare opposizione agli atti esecutivi (Cass. 30 giugno 2010 n. 15633, in *Giur. it.*, 2011, p. 1361).

(23) Così il 7° comma dello stesso art. 518: «*Su istanza del creditore, da depositare non oltre il termine per il deposito dell'istanza di vendita, il giudice, nominato uno stimatore quando appare opportuno, ordina l'integrazione del pignoramento se ritiene che il presumibile valore di realizzo dei beni pignorati sia inferiore a quello indicato nel 1° comma. In tale caso l'ufficiale giudiziario riprende senza indugio le operazioni di ricerca dei beni*».

(24) Decorso il termine di dieci giorni per la consegna, «gli organi di polizia che accertano la circolazione dei beni pignorati o comunque li rinvengono procedono al ritiro della carta di circolazione nonché, ove possibile, dei titoli e dei documenti relativi alla proprietà e all'uso dei beni pignorati e consegnano il bene pignorato all'istituto vendite giudiziarie più vicino al luogo in cui il

il pignoramento il debitore è costituito custode dei beni pignorati e di tutti gli accessori, senza diritto al compenso, ma, a seguito della consegna all'istituto vendite giudiziarie (comunque avvenuta), custode diventa quest'ultimo e di ciò dà comunicazione al creditore pignorante.

Eseguita la notificazione al debitore, l'ufficiale giudiziario consegna senza ritardo al creditore l'atto di pignoramento, perché proceda alla trascrizione nei pubblici registri e, successivamente, all'iscrizione a ruolo dell'espropriazione così avviata (entro trenta giorni dalla comunicazione dell'istituto vendite giudiziarie dell'avvenuta consegna del bene) (25), a pena di inefficacia del pignoramento.

Ove venga utilizzata questa speciale forma di pignoramento, «*in deroga a quanto previsto dall'art. 497* [v. retro, § 17], *l'istanza di assegnazione o l'istanza di vendita deve essere depositata entro quarantacinque giorni dal deposito da parte del creditore della nota di iscrizione ... ovvero dal deposito da parte di quest'ultimo delle copie conformi degli atti, a norma dell'art. 159 ter disp. att. del presente codice* [v. retro, § 15]» (art. 521 bis, 7° comma) (26).

Vanno evidenziate, inoltre, le particolarità del pignoramento delle quote delle società a responsabilità limitata, pignoramento che, nella disciplina configurata per esso dall'art. 2471 c.c. (come modificato dal D.Lgs. 6/2003), sembra riconducibile anch'esso all'espropriazione mobiliare diretta che non all'espropriazione presso terzi, come la dottrina prevalente era solita ritenere anche prima dell'intervento normativo (27). Esso stabilisce, infatti, che la partecipazione nel-

---

bene pignorato è rinvenuto» (4° comma dell'art. 521 bis). Senza l'apprensione del bene da parte dell'istituto vendite giudiziarie l'espropriazione non può aver corso e deve essere dichiarata estinta (Trib. Mantova 17 luglio 2015, in *www.ilcaso.it*); il giudice dell'esecuzione, tuttavia, può – sempre in caso di inottemperanza del debitore – comminargli una sanzione pecuniaria, ai sensi dell'art. 67 c.p.c. e disporre la sostituzione del custode (Trib. Mantova 13 ottobre 2015, in *www.ilcaso.it*). In proposito v. anche M. BOVE, *Pignoramento e custodia di autoveicoli, motoveicoli e rimorchi*, in *Giur. it.*, 2015, p. 1754; A. TEDOLDI, *Le novità in materia di esecuzione forzata*, in *Corr. giur.*, 2015, p. 403; S. ZIINO, *Le novità in materia di ricerca dei beni da pignorare e le disposizioni sulla espropriazione degli autoveicoli*, in C. PUNZI, *Il processo civile. Sistema e problematiche. Le riforme del quinquennio 2010-2014*, Torino, 2015, p. 502; C. CARIGLIA, *La nuova disciplina del pignoramento e della custodia degli autoveicoli*, in *Nuove leggi civ. comm.*, 2015, p. 436; F.G. DEL ROSSO, *Pignoramento e custodia di autoveicoli, motoveicoli e rimorchi*, in *«Misure urgenti per la funzionalità e l'efficienza della giustizia civile»*, cit., p. 221; D. CASTAGNO, *Il nuovo art. 521 bis c.p.c. ecc.*, in *Giur. it.*, 2016, p. 1266; S. VINCRE, in AA.VV., *Le nuove riforme*, cit., p. 104; P. GOBIO CASALI, *L'esecuzione forzata su autoveicoli* ex *art. 521*-bis *c.p.c.: problemi operativi*, in *Riv. es. forz.*, 2019, p. 531.

(25) Ma, se il debitore non procede alla consegna del bene, il termine non decorre (Trib. Trapani 8 ottobre 2020, in *Corr. giur.*, 2021, p. 1287, con nota di P. GOBIO CASALI).

(26) Nonostante il tenore letterale dell'art. 521 bis, secondo Trib. Mantova 18 ottobre 2016 (in *www.processocivileweb.it*), esso deve essere interpretato «come se l'assegnazione sia ammissibile solo dopo un primo infruttuoso tentativo di vendita (analogamente a quanto previsto per gli immobili dall'*art. 588* c.p.c.)».

Il pignoramento delle quote delle s.r.l.

(27) V., in proposito, G.C. RIVOLTA, *Pignoramento di azioni e di quote e variazioni del capitale sociale*, in *Riv. dir. civ.*, 1988, p. 805; S. CHIARLONI, in *Giur. it.*, 1995, IV, 153; R. CONTE, *Il sequestro conservativo nel*

le società a responsabilità limitata può formare oggetto di espropriazione, che «*il pignoramento si esegue mediante notificazione al debitore e alla società e successiva iscrizione nel registro delle imprese*» e che «*successivamente gli amministratori procedono senza indugio all'iscrizione nel libro dei soci*».

D'altra parte, poiché la Cassazione ha ritenuto la pignorabilità anche delle quote delle società di persone, nel caso in cui l'atto costitutivo preveda la loro trasferibilità, si è affermato che il relativo pignoramento possa avvenire con rife

---

processo civile, Torino, 2000, p. 137; in giurisprudenza, Trib. Milano 17 febbraio 2000, in *Giur. it.*, 2000, p. 2069 e Trib. Torino 9 ottobre 2002, in *Giur. it.*, 2003, p. 70, con nota di F. CORSINI. Lo svolgimento del precedente orientamento è bene riassunto da M. ACONE, *Note in tema di pignoramento di quote di società a responsabilità limitata*, in *Riv. es. forz.*, 2004, p. 627.

In risposta al quesito di quale sia l'oggetto della notifica e dell'iscrizione sembra condivisibile quanto scrive F. CORSINI nella nota citata, ossia che tale oggetto sia «*un atto di pignoramento dal contenuto complesso, che, oltre all'ingiunzione di cui all'art. 492 c.p.c., contenga l'indicazione della partecipazione non in modo generico (come invece può avvenire nell'esecuzione presso terzi) ma in maniera specifica. Il procedente avrà quindi l'onere di dichiarare l'esatto ammontare (nominale) della quota che intende espropriare*»; così anche ID., *Art. 2471*, in *Il nuovo processo societario*, a cura di S. CHIARLONI, Bologna, 2004, p. 1298; A. AMENDOLA, *Il pignoramento di quote di s.r.l.*, in *Riv. es. forz.*, 2004, p. 24; M. ACONE, *Note*, cit., p. 635; P. GOBIO CASALI, *Note (tra teoria e pratica) sulle modalità di espropriazione delle quote di s.r.l.*, in *Giur. it.*, 2013, p. 865. V. anche Trib. Parma 24 maggio 2013, in *Società*, 2013, p. 997; Trib. Milano 8 ottobre 2014, in *Giur. it.*, 2015, p. 871, con nota di C. MOTTIRONI; Trib. Torino 10 ottobre 2016, in *www.processocivileweb.it*.

Altri ritiene che occorra anche l'intimazione alla società di non disporre delle quote senza ordine del giudice; ma si è obiettato (M.P. GASPERINI, *Pignoramento e sequestro di quote di s.r.l. nella riforma delle società commerciali*, in *Riv. dir. proc.*, 2004, p. 837; ID., *Pignoramento e sequestro di partecipazioni sociali*, Torino, 2007, p. 127 e M. ACONE, *Note*, cit., p. 634) che queste come le altre modalità, proprie del pignoramento presso terzi, non sono più compatibili col sostanziale ripudio delle forme di questo tipo di pignoramento da parte della nuova legge.

Si ritiene che legittimato alla richiesta al conservatore di iscrizione del pignoramento nel registro delle imprese sia l'ufficiale giudiziario come anche il creditore pignorante (cfr. A. AMENDOLA, *op. loc. cit.*). Sembra d'altra parte evidente che il pignoramento, valido ed efficace tra le parti dal momento della notifica al debitore del relativo atto, diventa opponibile ai terzi con l'iscrizione nel registro delle imprese con riferimento all'art. 2914 n. 1 c.c.; così M. ACONE, *Note*, cit. Così come si deve ritenere che i diritti connessi alla partecipazione spettino, come nel caso del sequestro delle quote, al custode, alla cui nomina deve provvedere l'ufficiale giudiziario in applicazione dell'art. 521 (cfr. A. AMENDOLA, *op. cit.*, p. 25).

Va, infine, evidenziato che (con riferimento all'art. 2914, n. 1, c.c.; così M. ACONE, *Note*, cit., p. 634; v. anche la nota 37 del § 16) l'art. 2471 bis c.c. dispone che la partecipazione *de qua* può formare oggetto di pegno, usufrutto e – così superando ogni problema sul punto – di *sequestro*. A quest'ultimo riguardo, si è dimostrato (M.P. GASPERINI, *Pignoramento e sequestro di quote*, cit., p. 851) che sia per il sequestro conservativo e sia anche per quello giudiziario delle quote della s.r.l. possono essere impiegate le forme dell'art. 2471 c.c.

Il 2° comma dell'art. 2471 c.c. aggiunge poi che il giudice dispone la vendita della partecipazione con ordinanza che va notificata alla società a cura del creditore. Sull'argomento v. anche R. BILLÈ, *Misure cautelari e azioni esecutive su partecipazioni societarie*, in *Riv. es. forz.*, 2005, p. 276; M.M. ANDREONI, *L'esecuzione e le partecipazioni sociali*, in *Appunti di diritto dell'esecuzione civile*, a cura di S. VINCRE, cit., p. 39; P. GOBIO CASALI, *Il procedimento di esecuzione forzata sulla quota di società a responsabilità limitata*, in *Riv. es. forz.*, 2021, p. 329.

rimento analogico alla disciplina del pignoramento delle quote della s.r.l. (28).

Va, infine, qui segnalata l'applicabilità della disciplina dell'espropriazione mobiliare con riguardo ai *diritti patrimoniali di proprietà industriale* esplicitamente disposta dal D.Lgs. 10 febbraio 2005 n. 30 (c.d. codice della proprietà industriale) all'art. 137 con l'indicazione del contenuto del relativo atto di pignoramento e degli atti successivi (29).

21. *L'intervento dei creditori.*

Nell'espropriazione di cui ora si tratta, l'intervento dei creditori ai termini dell'art. 499 (di cui al § 18 abbiamo visto la disciplina con riguardo all'espropriazione in generale) può essere effettuato dai soli creditori in quella sede indicati, ossia quelli muniti di titolo esecutivo e quelli che al momento del pignoramento avevano eseguito un sequestro sui beni pignorati o avevano un diritto di prelazione risultante da pubblici registri o un diritto di pegno o il cui credito risulti dalle scritture contabili di cui all'art. 2214 c.c. (30). D'altra parte, gli intervenienti muniti di titolo esecutivo potrebbero assumere anche un ruolo attivo, nel senso che, anziché limitarsi a partecipare alla distribuzione del ricavato, potrebbero provocare i singoli atti dell'esecuzione (art. 526) (31).

L'intervento può avvenire – nelle forme che si sono viste esaminando quest'istituto in generale – non oltre l'udienza di autorizzazione della vendita o per l'assegnazione (art. 525, 2° comma) (32) oppure non oltre la presentazione del ricorso con l'istanza di vendita, nel caso della c.d. «piccola espropriazione» (in caso di

---

(28) Il riferimento è a Cass. 7 novembre 2002 n. 15005, in *Giur. it.*, 2003, I, 1, p. 1866 e a R. BILLÈ, *Misure cautelari e azioni esecutive*, cit., p. 270; v. anche G. RIOLFO, *Brevi riflessioni sul tema del pignoramento delle quote di società di persone*, in *Contr. e impr.*, 2015, p. 1205.

(29) V., sull'argomento, G. GIUSTI, *L'espropriazione dei diritti patrimoniali di proprietà industriale*, in *Riv. es. forz.*, 2007, p. 329, ove anche l'esame delle norme dedicate alla tutela preventiva dell'invenzione industriale (art. 124) e al sequestro (art. 129).

(30) Ricordando qui quanto si disse al § 18, la presenza di questi caratteri rileva sia come requisito (processuale) di ammissibilità dell'intervento – e sotto questo profilo l'eventuale mancanza può essere fatta valere solo con le modalità e nei termini dell'opposizione agli atti esecutivi –, e sia come *causa petendi* che fonda la domanda di partecipazione alla distribuzione. In argomento v. anche M.A. IUORIO, *Sub art. 525*, in AA.VV., *Commentario c.p.c.*, cit., VI, p. 631.

Si ritiene che, agli effetti dell'ammissibilità, il requisito della certezza sussista anche se sia in corso una controversia giuridica, quando il credito risulti da un titolo idoneo, ad es. un contratto (cfr. S. SATTA, *Commentario*, III, cit., p. 276).

(31) Si è già visto – alla nota 98 al § 18 – che è sufficiente che il titolo esecutivo venga ad esistere al momento in cui l'interveniente provvede concretamente a provocare i singoli atti (Cass. 10 luglio 1973 n. 1994).

(32) O, comunque, anche oltre tale udienza quando la stessa sia stata differita, sempreché ciò sia avvenuto prima dell'emissione dell'ordinanza di vendita (Cass. 18 gennaio 2012 n. 689, in *Guida al dir.*, 2012, n. 8, p. 38, con nota di M. PISELLI).

valore dei beni pignorati non superiore a euro 20.000) (su cui v. il § 22), nella quale la vendita viene fissata senza previa udienza (art. 525, 3° comma).

Se avviene dopo, ma prima del provvedimento di distribuzione (c.d. «intervento tardivo»), l'interveniente, pur potendo – se munito di titolo esecutivo – provocare i singoli atti esecutivi, può soddisfarsi solo sull'eventuale residuo dopo la soddisfazione del creditore procedente, dei creditori privilegiati e dei creditori chirografari intervenuti tempestivamente (art. 528, 1° comma), a meno che abbia un diritto di prelazione sulle cose pignorate, nel qual caso questo diritto deve essere fatto salvo (art. 528, 2° comma). Resta inteso che il creditore intervenuto «tardivamente» e sprovvisto di titolo esecutivo, per poter partecipare alla distribuzione del ricavato, deve avanzare domanda di accantonamento (art. 510, 3° comma: retro, § 19) e dimostrare di aver agito, entro 30 giorni dalla data dell'intervento, per conseguire il titolo esecutivo nei confronti dell'esecutato (33).

Come abbiamo visto (retro, § 18), il creditore pignorante (al quale il cancelliere ha dato notizia dell'intervento) ha facoltà di indicare (con atto notificato o all'udienza) ai creditori chirografari intervenuti tempestivamente l'esistenza di altri beni del debitore, utilmente pignorabili, con le modalità e gli effetti di estensione precisati nell'art. 499, 4° comma.

22. *Vendita forzata (e delega ad un professionista), assegnazione forzata e distribuzione del ricavato.*

Si è visto (§ 19) che il primo atto d'impulso successivo al pignoramento è l'istanza che il creditore pignorante e/o i creditori intervenuti muniti di titolo esecutivo hanno l'onere di rivolgere al giudice dell'esecuzione nel termine (acceleratorio) di quantacinque giorni (art. 497) e col rispetto del termine (dilatorio) di dieci giorni dal pignoramento (art. 529, 1° comma, con riferimento all'art. 497 e all'art. 501).

Oggetto di quest'istanza è la *vendita dei beni pignorati*, o, più esattamente, la determinazione delle modalità di tempo e di luogo di tale vendita forzata. Ed è chiaro che, se il pignoramento ha colpito denaro liquido, non c'è bisogno di vendita ed il creditore procedente (oppure ognuno dei creditori intervenuti muniti di titolo esecutivo) può chiedere senz'altro la soddisfazione del suo credito o la distribuzione del denaro. Ciò è detto espressamente nel 1° comma dell'art. 529 (34). Nel 2° comma del medesimo articolo è prevista l'eventualità che il pignoramento abbia ad oggetto titoli di credito o cose il cui valore risulta da listino di borsa o di

(33) Cass. 19 gennaio 2016 n. 774.

(34) Ai fini della tempestività dell'intervento, questa istanza è da intendersi parificata alla prima udienza di cui all'art. 530 (S. SATTA, *Commentario*, III, cit., p. 281).

mercato: di questi il creditore pignorante o i creditori intervenuti muniti di titolo esecutivo possono chiedere anche l'assegnazione (v. retro, § 19) (35).

A seguito dell'istanza di vendita o di assegnazione, il giudice dell'esecuzione provvede innanzi tutto a fissare un'udienza per l'audizione delle parti (art. 530, 1° comma) (36). Ciò, salvo che si tratti della c.d. «piccola espropriazione» (valore dei beni pignorati non superiore a 20.000 euro: così l'attuale 2° comma dell'art. 525): nel qual caso – e sempre che non siano intervenuti altri creditori – il giudice dell'esecuzione dispone senz'altro, con decreto, l'assegnazione o la vendita (art. 530, 5° comma) (37), con le modalità che tra poco vedremo e che potranno essere anche telematiche (art. 530, 6° comma), senza fissare l'udienza per l'audizione delle parti.

Dell'udienza di «audizione delle parti» già si è detto, parlando delle caratteristiche generali dell'esecuzione forzata (§ 3), che essa non dà luogo ad una trattazione in contraddittorio per la soluzione di contestazioni giuridiche, ma è semplicemente l'occasione perché le parti possano «*fare osservazioni circa l'assegnazione e circa il tempo e le modalità della vendita*» (art. 530, 2° comma).

Il codice compie un accenno alle opposizioni agli atti esecutivi, disponendo che esse vanno proposte appunto in questa occasione e sempre che non sia già intervenuta la decadenza. A questo riguardo, va tenuto presente che la proposizione dell'opposizione in discorso è assoggettata al termine di venti giorni, decorrente dal primo atto di esecuzione o dal giorno in cui i singoli atti furono compiuti (art. 617, 2° comma: v. oltre, § 37). Occorre aggiungere che – per effetto delle modifiche introdotte dal D.L. 59/2016 (conv. dalla L. 119/2016) nel 2° comma dell'art. 615 (v. oltre, § 36) – anche le eventuali opposizioni all'esecuzione andranno proposte prima che sia disposta la vendita o l'assegnazione, essendo inammissibili se proposte successivamente, salvo che siano fondate su fatti sopravvenuti ovvero che l'opponente dimostri di non aver potuto proporle tempestivamente per causa a lui non imputabile.

Dice, dunque, il codice che, se non vi sono opposizioni o se su di esse si raggiunge l'accordo, il giudice dell'esecuzione dispone con ordinanza l'assegnazione o la vendita; altrimenti, decide le opposizioni *con sentenza* (che è il tipico provvedimento che definisce un processo di cognizione; tale è, infatti, come sappiamo, il giudizio sull'opposizione: v. § 35) e dispone con ordinanza l'assegnazione o la vendita.

---

(35) Secondo la Cassazione, dovendo applicarsi anche all'espropriazione mobiliare l'art. 505 (v. retro, § 13), la richiesta di assegnazione potrebbe riguardare qualsiasi bene pignorato, in caso di infruttuoso esito del primo tentativo di vendita forzata (Cass. 11 giugno 2019 n. 15596).

(36) V., in argomento, A. CARRATTA, *Le più recenti*, cit., p. 48; A. TEDOLDI, *Le novità in materia di esecuzione forzata nel d.l. 83/2015 … in attesa della prossima puntata*, in *Corr. giur.*, 2016, p. 175; ID., *Le novità in materia di esecuzione forzata nel d.l. 59/2016*, *ibidem*, p. 1329; M. CATALANO, *Il sistema delle vendite mobiliari riformato*, in *Giur. it.*, 2016, p. 2045; S. VINCRE, in AA.VV., *Le nuove riforme*, cit., p. 120; B. CAPPONI, *Manuale*[4], cit., p. 297.

(37) Se provvede in questo senso, senza che sussistano i requisiti di legge, il debitore non può lamentare la propria mancata convocazione (Cass. 30 luglio 1997 n. 7109).

L'ordinanza del giudice dell'esecuzione può disporre la *vendita a mezzo di commissionario* oppure la *vendita all'incanto*. Ma – stando a quanto previsto ora dall'art. 503 (v. retro, § 19) – l'incanto, in caso di espropriazione mobiliare, può essere disposto dal giudice solo quando questi ritenga probabile che la vendita con tali modalità abbia luogo ad un prezzo superiore della metà rispetto al valore del bene determinato a norma dell'art. 518 (in sede di pignoramento) o dell'art. 540 bis (in sede di integrazione del pignoramento).

Se il giudice dell'esecuzione sceglie la prima soluzione, affida l'incarico all'istituto di vendite giudiziarie, ovvero, con provvedimento motivato, ad altro soggetto specializzato nel settore di competenza, iscritto nell'elenco di cui all'art. 169 sexies disp. att., e sentito, quando occorre, uno stimatore, fissa il prezzo minimo della vendita e l'importo globale fino al raggiungimento del quale la vendita deve essere eseguita, se del caso imponendo al commissionario una cauzione. Lo stesso giudice fissa anche il numero complessivo, non superiore a tre, degli esperimenti di vendita, i criteri per determinare i relativi ribassi, le modalità di deposito della somma ricavata dalla vendita e il termine finale non superiore a 6 mesi, alla cui scadenza il soggetto incaricato della vendita deve restituire gli atti in cancelleria (art. 532, 2° comma).

Il commissionario, anzitutto, assicura agli interessati la possibilità di esaminare, anche con modalità telematiche, le cose poste in vendita almeno tre giorni prima della data fissata per l'esperimento di vendita e non può consegnare la cosa all'acquirente prima del *pagamento integrale* del prezzo (art. 533, 1° comma). È stato superato, dunque, l'obbligo per il commissionario di vendere il bene solo per contanti (come prevedeva in precedenza il 1° comma dell'art. 533). Ed infatti, l'art. 169 quater disp. att. dispone che «*il prezzo di acquisto può essere versato con sistemi telematici di pagamento ovvero con carte di debito, di credito o prepagate o con altri mezzi di pagamento con moneta elettronica disponibili nei circuiti bancario e postale*».

Il commissionario (il cui compenso è stabilito dal giudice dell'esecuzione con decreto) deve documentare le vendite effettuate (e ogni 6 mesi presentare un *prospetto riepilogativo delle stime e delle vendite*: art. 169 quinquies) e non può mai restare al di sotto degli eventuali valori di estimo o di borsa. Deve provvedere alla vendita nel termine fissato dal giudice, ai sensi dell'art. 532, 2° comma (termine, come detto, non superiore a 6 mesi); in caso contrario «*il commissionario restituisce gli atti in cancelleria e fornisce prova dell'attività specificamente svolta in relazione alla tipologia del bene per reperire potenziali acquirenti*» e di aver effettuato la pubblicità disposta dal giudice (art. 533, 2° comma).

Una volta che gli atti siano stati restituiti in cancelleria, il giudice provvederà a dichiarare la *chiusura anticipata del processo esecutivo*, anche laddove non sussistano i presupposti di cui all'art. 164 bis disp. att. (vale a dire, i presupposti per disporre la chiusura anticipata per «infruttuosità dell'espropriazione forzata»: v. retro, § 17). Ciò, tuttavia, sempre che non vi siano istanze di integrazione del pignoramento, a norma dell'art. 540 bis (su cui v. oltre, in questo §).

Invece, quando il giudice dell'esecuzione dispone la *vendita all'incanto* (38), stabilisce, col suo provvedimento, il giorno, l'ora e il luogo in cui deve eseguirsi, affidandone l'esecuzione al cancelliere o all'ufficiale giudiziario o a un istituto all'uopo autorizzato (art. 159 disp. att.) e disponendo per l'opportuna pubblicità (art. 534) (v. retro, § 15 in fine). Con lo stesso provvedimento egli fissa il prezzo base dell'incanto, a meno che il valore risulti da listini di borsa o di mercato o che lo stesso giudice ritenga opportuno autorizzare la vendita al migliore offerente senza prezzo minimo (art. 535).

Inoltre, il 6° comma dell'art. 530 prevede la possibilità per il giudice di stabilire, nel pronunciare l'ordinanza di autorizzazione alla vendita, che il versamento della cauzione, la presentazione delle offerte, lo svolgimento della gara tra gli offerenti e il pagamento del prezzo siano effettuati con modalità telematiche, salvo che queste modalità risultino pregiudizievoli per gli interessi dei creditori o per il sollecito svolgimento della procedura. Va anche aggiunto che con il D.M. 32/2015 del Ministro della giustizia sono state stabilite le regole tecnico-operative per la vendita telematica di beni ed è stato istituito il registro dei gestori di tale particolare modalità di vendita (39).

Il comma successivo, il 7°, invece, riconosce la possibilità per lo stesso giudice dell'esecuzione di disporre che la pubblicità prevista dall'art. 490, 2° comma (inserimento dell'avviso in appositi siti internet, in caso di espropriazione di beni mobili registrati per un valore superiore a euro 25.000: v. retro il § 15), sia effettuata almeno 10 giorni prima della scadenza del termine per la presentazione delle offerte o della data dell'incanto.

Mentre, al fine di rendere più efficace la pubblicità della procedura in corso, lo stesso giudice – sempre a norma del 7° comma dell'art. 530 – deve disporre che «*sia sempre effettuata la pubblicità prevista dall'art. 490, 1° comma, nel rispetto del termine di cui al precedente periodo*». Deve disporre, cioè, che venga sempre effettuata la pubblicità mediante inserimento dell'avviso sul «portale delle vendite pubbliche» (v. retro, § 15) almeno dieci giorni prima della scadenza del termine per la presentazione delle offerte o della data dell'incanto.

Infine, l'8° comma dello stesso art. 530 stabilisce che il giudice, nell'autorizzare la vendita e sempre che non si tratti di vendita nell'ambito della «piccola espropriazione» (beni pignorati di valore inferiore a 20.000 euro: art. 525, 2° comma), possa anche disporre che «*il versamento del prezzo abbia luogo ratealmente ed entro un termine non superiore a dodici mesi*». In tal caso, tuttavia, si applicano, «*in quanto compatibili*», alcune disposizioni applicabili anche al pa-

---

(38) Le modalità (indicate dall'art. 537) sono più semplici rispetto a quelle dell'incanto nell'espropriazione immobiliare; inoltre, a differenza di queste ultime non è prevista l'offerta per persone da nominare né l'esclusione della legittimazione all'acquisto in capo al debitore.

(39) Su questo v. R. D'ALONZO, *La vendita mobiliare telematica: tra opportunità e criticità*, in *Riv. es. forz.*, 2021, p. 730; E. FABIANI, *La vendita forzata telematica tra involuzioni normative e difficoltà dell'interprete*, in *Foro it.*, 2016, V, 290.

gamento rateale nella vendita forzata immobiliare, che riguardano la sussistenza di «giustificati motivi» per disporre tale forma di pagamento (art. 569, 3° comma, terzo periodo), la possibilità di immissione provvisoria, previa fideiussione, nel possesso dei beni venduti (art. 574, 1° comma, secondo periodo) e le conseguenze (decadenza dall'aggiudicazione) del mancato pagamento anche di una sola rata alla scadenza (art. 587, 1° comma, secondo periodo) (v. anche oltre, § 28).

Gli artt. 536 e 537 indicano, inoltre, le modalità di trasporto e di vendita all'incanto, stabilendo che della vendita si redige processo verbale da depositare in cancelleria. In caso di esito negativo del primo esperimento di vendita il soggetto a cui è stata affidata l'esecuzione della vendita fissa un nuovo incanto ad un prezzo base inferiore di un quinto rispetto a quello precedente (art. 538) (40). Rispetto agli oggetti d'oro e d'argento esiste un minimo al di sotto del quale gli oggetti stessi non possono essere venduti in nessun caso: quello del loro valore intrinseco; se restano invenduti sono assegnati per tale valore ai creditori (art. 539, v. retro, § 19).

L'art. 534 bis disciplina la *delega delle operazioni di vendita ad un professionista*, che oggi è divenuta una soluzione obbligata per il giudice. Più precisamente stabilisce che «il giudice, con il provvedimento di cui all'art. 530, delega all'istituto di cui al 1° comma dell'art. 534, ovvero in mancanza a un notaio avente sede preferibilmente nel circondario o a un avvocato o a un commercialista, iscritti nei relativi elenchi di cui all'art. 179 ter disp. att., il compimento delle operazioni di vendita con incanto ovvero senza incanto di beni mobili iscritti nei pubblici registri. La delega e gli atti conseguenti sono regolati dalle disposizioni di cui all'art. 591 bis, in quanto compatibili con le previsioni della presente sezione» (ovvero dalle disposizioni sulla delega a professionista della vendita immobiliare: v. oltre il § 29).

Per quanto concerne il problema della risoluzione delle difficoltà che possono insorgere nel corso delle operazioni di vendita delegate al professionista, il legislatore ha preferito, anziché ricorrere al semplice richiamo all'art. 591 ter (che offre la soluzione per l'identico problema nell'espropriazione immobiliare), dettare in modo autonomo la specifica disciplina in un apposito articolo (l'art. 534 ter), il cui contenuto è peraltro coincidente con quello dell'art. 591 ter. Esso stabilisce, infatti, che, quando sorgono difficoltà durante la vendita, il professionista o il commissionario possa rivolgersi al giudice dell'esecuzione, il quale provvede con decreto reclamabile allo stesso giudice con ricorso. Il reclamo non sospende le operazioni di vendita, salvo che il giudice, concorrendo gravi motivi, disponga la sospensione, ed è deciso con ordinanza, avverso la quale è proponibile l'ulteriore reclamo al collegio, ai sensi dell'art. 669 terdecies (vale a dire, il reclamo cautelare: v. oltre, § 44) avverso il provvedimento del giudice dell'esecuzione (entro 15 giorni dalla pronuncia del provvedimento in udienza o dalla comunicazione o dalla notificazione se anteriore). Non si può non rilevare che tale disciplina si differen-

(40) La quale ultima eventualità potrebbe, secondo l'opinione prevalente, verificarsi una terza volta e così di seguito.

zia da quella dell'espropriazione mobiliare senza delega al professionista, nel senso che, in quest'ultimo caso, contro i singoli atti esecutivi è sempre proponibile l'opposizione di cui all'art. 617, che – come vedremo (oltre, § 37) – si conclude con sentenza ricorribile per cassazione ai sensi dell'art. 111 Cost. (41).

L'aggiudicatario deve versare il prezzo (anche ratealmente, come abbiamo visto, se ciò è stato previsto dall'ordinanza che autorizza la vendita: art. 530, 8° comma) ed il relativo importo, consegnato al cancelliere, viene depositato con le forme dei depositi giudiziari. In caso di mancato pagamento del prezzo (pagamento che condiziona il passaggio di proprietà) (42) o di una rata, entro 10 giorni dalla sua scadenza (ove sia stato ammesso il pagamento rateale: art. 587, 1° comma, secondo periodo, richiamato per l'espropriazione mobiliare dall'art. 530, 8° comma) (43), si fa luogo ad un nuovo incanto (c.d. rivendita) a spese e sotto la responsabilità del primo aggiudicatario in quanto contraente inadempiente: in pratica egli risponderà dell'eventuale differenza in meno del prezzo ricavato, oltre che delle spese (art. 540).

Il ricavato della vendita (e/o il denaro pignorato) va, infine, distribuito ai creditori, secondo la procedura descritta in via generale dall'art. 510 ed alla quale si è accennato al § 19. Con riguardo particolare a questo tipo di espropriazione (44), il codice – che nell'art. 528, come visto al termine del § 21, detta le regole che conseguono alla tardività dell'intervento – si limita a dettare norme concernenti, da un lato, l'ipotesi che i creditori concorrenti si siano accordati su un piano di riparto, e, dall'altro lato, l'ipotesi contraria. Nel primo caso il giudice provvede senz'altro in conformità al piano concordato (art. 541) (45). Nel se-

---

(41) A meno che non si ammetta anche avverso la decisione sul reclamo, ove di natura decisoria, l'esperibilità del ricorso per Cassazione ai sensi dell'art. 111 Cost. In proposito v., però, Cass. 9 maggio 2019 n. 12238 (in *Riv. es. forz.*, 2019, p. 881, con nota critica di G. PARISI), la quale, con riferimento all'identica disposizione dell'art. 591 ter nel caso della delega della vendita nell'espropriazione immobiliare (v. oltre, al § 29), ha escluso la ricorribilità per cassazione della decisione sul reclamo.

(42) Fatti salvi, comunque, i diritti acquisiti dal terzo aggiudicatario, anche in via provvisoria: art. 187 bis disp. att.

Occorre anche ricordare che – ai sensi dell'art. 574, 1° comma, secondo periodo (richiamato per l'espropriazione mobiliare dall'art. 530, 8° comma) –, in caso di pagamento rateale, il giudice può autorizzare l'aggiudicatario che ne faccia richiesta ad immettersi nel possesso del bene venduto, a condizione che sia prestata fideiussione autonoma, irrevocabile e a prima richiesta per un importo pari ad almeno il 30% del prezzo di vendita.

(43) Lo stesso art. 587, 1° comma, secondo periodo, aggiunge che «*il giudice dell'esecuzione dispone la perdita a titolo di multa anche delle rate già versate*».

(44) In argomento, v. V. DENTI, *Distribuzione*, cit., p. 328.

(45) Si tratta di un accordo extraprocessuale (S. SATTA, *Commentario*, III, cit., p. 301), ma soltanto nella sua genesi, poiché gli effetti che produce sono interamente mediati dal provvedimento del giudice e pertanto produce effetti processuali e non negoziali (V. DENTI, *Distribuzione*, cit., p. 329); il che peraltro non impedisce che, per concordare il piano, occorre la presenza personale dei creditori o quanto meno una procura speciale in capo ai difensori (V. ANDRIOLI, *Commento*, III, cit., p. 181).

condo caso (se cioè i creditori non raggiungono l'accordo o il giudice non l'approva) il giudice dell'esecuzione, a richiesta di uno o più creditori, provvede alla distribuzione con riguardo dapprima ai diritti di prelazione e quindi al criterio di proporzionalità (art. 542). È appena il caso di rilevare che la mancanza di un accordo su un piano di riparto è cosa diversa da quella vera e propria contestazione del credito o dei crediti altrui che, come abbiamo visto al § 19 in fine, dà luogo all'autonomo giudizio di cognizione che è previsto dall'art. 512 (46).

Con lo stesso provvedimento col quale effettua la distribuzione, il giudice ordina il pagamento delle singole quote (art. 542, 2° comma).

Per l'eventualità che il pignoramento mobiliare effettuato riveli la sua inidoneità o insufficienza per conseguire il suo scopo di soddisfare i creditori, l'art. 540 bis configura una sorta di integrazione successiva e di nuovo pignoramento connesso, ad iniziativa di uno o più creditori, prima che il giudice disponga l'approvazione o la distribuzione del ricavato. Se sono pignorate nuove cose, il giudice ne dispone la vendita senza necessità di nuova istanza; mentre, nell'ipotesi opposta, dichiara l'estinzione del procedimento, salvo che non siano da completare le operazioni di vendita.

Particolare interesse presenta, in tal caso, la previsione di estinzione del procedimento per il caso di insuccesso dell'integrazione del pignoramento. Premesso che si tratta di un'ipotesi di estinzione, che si aggiunge a quelle di cui agli artt. 629 e 630, c'è da domandarsi se essa resti limitata all'espropriazione mobiliare (come parrebbe doversi dedurre dalla collocazione della norma) o possa trovare applicazione in via analogica anche alle altre forme di espropriazione: soluzione, quest'ultima, che sembra più conforme al principio costituzionale di ragionevolezza (47).

Il provvedimento che dichiara l'estinzione sarà l'ordinanza del giudice dell'esecuzione ex art. 630, 2° comma, reclamabile al collegio ai sensi del 3° comma del medesimo articolo (v. oltre, il § 40).

Ad essa occorre aggiungere le due ipotesi di chiusura anticipata (anche d'ufficio) del processo esecutivo: l'una, prevista in termini generali dall'art. 164 bis disp. att. e già vista retro, al § 17, per infruttuosità dell'espropriazione, ossia «quando risulta che non è più possibile conseguire un ragionevole soddisfacimento delle pretese dei creditori»; l'altra, prevista per la sola espropriazione mobiliare dall'art. 532, 2° comma e già esaminata retro, in caso di esito negativo della vendita a mezzo commissionario.

---

(46) In realtà, poiché l'art. 542 dispone che, se non si verifica l'accordo, il giudice dell'esecuzione provvede alla distribuzione a norma degli artt. 510 e ss., sembra evidente che il mancato accordo di cui all'art. 541 non escluda, per se stesso, la soluzione non contenziosa di cui all'art. 510, nell'attuazione della quale potrebbero anche non sorgere le contestazioni di cui all'art. 512. Diversa è la soluzione che il legislatore ha scelto per l'espropriazione immobiliare (v. § 30 in fine). In argomento v. anche N. VENTURA, *Sub art. 542*, in AA.VV., *Commentario c.p.c.*, cit., VI, p. 712.

(47) A. CARRATTA, in C. MANDRIOLI-A. CARRATTA, *Come cambia il processo civile*, cit., p. 89.

Sezione terza

L'ESPROPRIAZIONE PRESSO TERZI

SOMMARIO: 23. Il pignoramento presso terzi. – 24. La dichiarazione del terzo debitore e il successivo eventuale accertamento del suo obbligo. L'intervento dei creditori. – 25. L'assegnazione e la vendita forzata.

23. *Il pignoramento presso terzi.*

Quando l'espropriazione ha ad oggetto crediti del debitore verso un terzo o cose di proprietà del debitore stesso in possesso di un terzo, il procedimento non può svolgersi con le forme dell'espropriazione presso il debitore.

Da un lato, infatti, i crediti, essendo entità giuridiche prive di consistenza materiale, non possono essere individuati, valutati, né tanto meno vincolati se non con la partecipazione del loro soggetto passivo, ossia del terzo (debitore del debitore) (1). Dall'altro lato, quando le cose del debitore sono in possesso di un terzo in modo che il debitore stesso non ne possa direttamente disporre (ché, se così fosse, o se comunque il terzo ne consentisse l'esibizione (2), sarebbero applicabili le forme del pignoramento presso il debitore: art. 513, 3° e 4° comma; v. retro, § 20), la loro acquisizione dà luogo ad una intromissione nella sfera giuridica del terzo, che – proprio come nel caso dell'espropriazione del credito – non può avvenire senza la partecipazione del terzo.

---

(1) Con le forme che stiamo per esaminare si effettua, tra l'altro, il pignoramento dei crediti nei confronti delle banche, e così anche dei crediti documentati in libretti di deposito bancario, in quanto documenti di legittimazione (Cass. 9 febbraio 1981 n. 798, in *Giust. civ.*, 1981, I, p. 968); ma non anche il pignoramento dei crediti incorporati in un documento cambiario, per i quali vanno seguite le forme del pignoramento mobiliare presso il debitore.

Quanto al pignoramento sui crediti menzionati in un titolo di credito (o sulle merci da esso rappresentate), l'art. 1997 c.c. dispone che esso non ha effetto se non si attua sul titolo; ne consegue che quando il titolo sia in possesso di un terzo in forza di un potere che non gliene attribuisca la proprietà, come la sua amministrazione, il pignoramento può effettuarsi con le forme del pignoramento presso terzi (Cass. 28 febbraio 2007 n. 4653).

Le contestazioni sull'impiego delle suddette forme costituiscono opposizione agli atti esecutivi (Cass. 28 settembre 2020 n. 20338).

Con le stesse forme sono pignorabili da parte del creditore del condominio anche i crediti che lo stesso vanta nei confronti dei singoli condomini per i contributi dovuti in base a ripartizioni approvate dall'assemblea (Cass. 14 maggio 2019 n. 12715, in *Riv. es. forz.*, 2020, p. 440, con nota adesiva di L. BACCAGLINI).

(2) Cfr. Cass. 9 giugno 1994 n. 5617.

Questa partecipazione del terzo al procedimento è per l'appunto la principale caratteristica strutturale del procedimento in discorso (3).

In primo luogo, si tratta di venire incontro alla necessità di sapere dal terzo se egli è veramente debitore del debitore, per quale importo, con quali modalità, termini ecc.; o se egli veramente possiede cose del debitore. Da ciò l'esigenza che egli renda, su tutto ciò, una specifica «dichiarazione» all'ufficio esecutivo, in maniera ufficiale. D'altra parte, è pure indispensabile che il vincolo che costituisce il tipico effetto del pignoramento in generale e che consegue all'ingiunzione dell'ufficiale giudiziario di non sottrarre i beni pignorati alla garanzia del credito, divenga operante subito. Subito, vale a dire dal momento della prima notizia che il terzo ha della procedura esecutiva, e comunque prima della sua «dichiarazione» all'ufficio esecutivo, ad evitare che egli – magari colludendo col debitore – anticipi la sua prestazione nei confronti di quest'ultimo, così frustrando l'iniziativa del creditore. Infine, occorre la predisposizione di un meccanismo processuale idoneo a fornire un accertamento, sia pure limitato alla procedura esecutiva in corso, nel caso che la dichiarazione del terzo fosse negativa o comunque fosse difforme dalla situazione che risulta al creditore e/o al debitore.

Per venire incontro a queste diverse e complesse esigenze, il codice ha configurato l'atto di pignoramento c.d. presso terzi come un atto scritto complesso. Complesso sia nel senso che in esso sono presenti caratteri propri degli atti del processo esecutivo insieme con altri che sono propri dell'accertamento; e sia nel senso che esso è posto in essere dall'attività coordinata di due soggetti (il creditore procedente e l'ufficiale giudiziario) nei confronti di altri due soggetti (il debitore ed il terzo).

---

(3) Sul tema v., soprattutto, V. COLESANTI, *Il terzo debitore nel pignoramento di crediti*, Milano, 1967; ID., *Pignoramento presso terzi*, in *Enc. dir.*, XXXIII, Milano, 1983, p. 834; G.A. MICHELI, *La tutela del diritto di credito nel processo esecutivo*, in *Riv. dir. proc.*, 1950, p. 322; A. TRAVI, *Espropriazione verso terzi*, in *Nss. Dig. it.*, VI, Torino, 1960, p. 960; T. PALA, *Il pignoramento di crediti*, Sassari, 1965; F. BUCOLO, *Il pignoramento e il sequestro presso il terzo*, Padova, 1986; A. BONSIGNORI, *L'esecuzione forzata*, cit., p. 205; R. VACCARELLA, *Espropriazione presso terzi*, in *Dig. civ.*, VIII, Torino, 1992, p. 94; A. SALETTI, *L'espropriazione presso terzi dopo la riforma*, in *Riv. es. forz.*, 2008, p. 283; F. TOMMASEO, *L'esecuzione forzata*, cit., p. 114; B. CAPPONI, *Manuale di diritto dell'esecuzione*[2], cit., p. 201; AA.VV., *Le espropriazioni presso terzi*, a cura di F. AULETTA, Bologna, 2011; G. TOTA, *Sub art. 543*, in AA.VV., *Commentario*, cit., VI, p. 716; ID., *Individuazione e accertamento del credito nell'espropriazione forzata presso terzi*, Napoli, 2014; M. MONTANARI, *Sui limiti di revocabilità del riconoscimento (effettivo o presunto) del credito pignorato nel nuovo sistema dell'espropriazione presso terzi*, in *Giusto proc. civ.*, 2014, p. 97; A. TEDOLDI, *Esecuzione forzata*, cit., p. 193.

Quale sia la veste formale nella quale si concreta la partecipazione del terzo, se cioè il terzo assuma anche veste di parte nel processo esecutivo (in questo senso v. F. BUCOLO, *op. cit.*, p. 29), è questione di scarso rilievo pratico, ove si tenga presente che il «terzo» può essere legittimato alle opposizioni nel processo esecutivo (cfr. F. BUCOLO, *op. cit.*, p. 44), che il creditore agisce *jure proprio* e non *utendo juribus* del debitore (cfr. V. COLESANTI, *Pignoramento*, cit., p. 848; F. TOMMASEO, *op. cit.*, p. 122) e che il creditore è certamente terzo – agli effetti dell'art. 2704 c.c. – rispetto a documenti e atti intercorsi tra debitore esecutivo e terzo pignorato (cfr. V. COLESANTI, *Pignoramento*, cit., p. 848).

Premesso che la competenza territoriale è – come abbiamo già visto (retro, § 7) – quella inderogabile di cui all'art. 26 bis (v. retro, § 7), l'iniziativa è naturalmente assunta dal creditore procedente, il quale incomincia col predisporre l'atto di pignoramento in discorso (in pratica, anche nella parte che deve far capo all'ufficiale giudiziario, che poi l'assume su di sé con la sottoscrizione), consegnandola all'ufficiale giudiziario perché compia quanto di sua spettanza, ossia l'ingiunzione di non sottrarre il bene pignorato alla garanzia del credito e la notificazione dell'intero atto al terzo e al debitore pignorato.

Vediamo ora più da vicino gli elementi che debbono essere contenuti nell'atto in questione. L'art. 543 – dopo aver premesso, nel 1° comma, che il pignoramento di cui trattasi si esegue mediante atto notificato a due destinatari: *al terzo* e *al debitore* – precisa, nel 2° comma, che l'atto deve contenere, *oltre all'ingiunzione al debitore* di cui all'art. 492, 1° comma (ossia quell'ingiunzione di non sottrarre le cose pignorate alla garanzia del credito, che l'ufficiale giudiziario compie al debitore, ed in cui si è visto consistere l'elemento essenziale del pignoramento) (4) e all'avvertimento previsto dallo stesso art. 492, 3° comma (5), anche i seguenti elementi, che, invece, appartengono tutti a quella prima parte dell'atto che promana dal creditore procedente:

---

(4) Cfr. Cass. 30 gennaio 2009 n. 2473; Cass. 26 aprile 1995 n. 4621. Non manca, in dottrina, chi sostiene che l'ingiunzione al debitore abbia a provenire – come l'intimazione al terzo – dal creditore pignorante (A. BONSIGNORI, *Pignoramento*, cit., p. 78). Ma l'opinione non sembra sostenibile, atteso il chiaro significato del richiamo contenuto nell'art. 543, 2° comma, all'«ingiunzione al debitore di cui all'art. 492». Ciò è del resto riconosciuto anche da chi non concorda sull'essenzialità dell'ingiunzione al debitore di cui all'art. 492 nella fattispecie del pignoramento (S. SATTA, *Commentario*, III, cit., p. 312). Sull'essenzialità della notificazione al debitore di quest'ingiunzione, v., ad es., Cass. 17 luglio 1997 n. 6580, in *Giur. it.*, 1998, I, 1115; Cass. 20 dicembre 1988 n. 6941, in *Foro it.*, 1989, I, 2867 e in *Giust. civ.*, 1989, I, p. 1130.

Ma, a parte il veduto rilievo di diritto positivo, l'opinione surriferita (come del resto le numerose altre opinioni che tendono a porre sullo stesso piano, se non ad assimilare o confondere, l'ingiunzione al debitore con l'intimazione al terzo; v. per tutti E. REDENTI, *Diritto processuale civile*, III, cit., p. 240) appare insostenibile alla luce della dimostrazione, compiuta anche sulla base di precisi dati storici, che il pignoramento dei crediti si attua *contro* il debitore e *verso* il terzo, che non è soggetto alla sanzione esecutiva (così V. COLESANTI, *Il terzo*, cit., p. 292; ID., *Pignoramento*, cit., p. 837).

Altro e diverso problema è poi quello che concerne la sanabilità del vizio che investe l'atto di pignoramento di credito nel quale l'ingiunzione al debitore sia compiuta dal creditore anziché dall'ufficiale giudiziario. A questo riguardo, anche se si deve ribadire che siffatto atto è nullo (contra F. CARNELUTTI, *Istituzioni*, III, cit., p. 55, secondo il quale l'ufficiale giudiziario, notificando l'atto, fa propria anche l'ingiunzione), si può convenire sulla sua sanabilità per effetto del conseguimento dello scopo, che in ogni caso presuppone che l'attività dell'ufficiale giudiziario non risulti limitata alla semplice notificazione dell'atto.

(5) Vale a dire l'avvertimento al debitore esecutato, volto a renderlo edotto delle modalità e dei termini per poter chiedere la c.d. conversione del pignoramento, ai sensi dell'art. 495 (Cass. 23 marzo 2011 n. 6662, che ritiene tale avvertimento elemento essenziale di ogni atto di pignoramento).

1. *l'indicazione del credito per il quale si procede, del titolo esecutivo e del precetto*;

2. *l'indicazione, almeno generica, delle cose e delle somme dovute* (s'intende, dal terzo al debitore): sono le cose o somme destinate ad essere indirettamente pignorate (6); e poiché non sempre il creditore procedente ne conosce l'esatto ammontare o l'esatta consistenza, il codice ne considera sufficiente la «indicazione almeno generica», fino a quando il terzo non compia le necessarie precisazioni con la sua «dichiarazione» (7). Insieme a tale «indicazione», l'atto deve anche contenere l'*intimazione al terzo di non disporre delle cose e delle somme dovute al debitore senza ordine di giudice* (da non confondersi con l'ingiunzione dell'ufficiale giudiziario al debitore; questa di cui ora si tratta è compiuta *dal creditore procedente al terzo* e consiste, in pratica, in un'intimazione a *non adempiere* fino a quando un giudice non avrà stabilito a chi ed in che misura tale adempimento dovrà essere compiuto; quest'intimazione sarà vincolante per il terzo in quanto coordinata ed integrata con l'ingiunzione dell'ufficiale giudiziario al debitore) (8);

---

(6) Fermo restando che l'oggetto del pignoramento è il credito (cfr., ad es., F. BUCOLO, *op. cit.*, p. 90), anche non esigibile o condizionato (Cass. 22 giugno 2017 n. 15607), nel qual caso la sua pignorabilità non è condizionata dalla sua esigibilità (Cass. 15 marzo 2004 n. 5235; Cass. 4 dicembre 1987 n. 9027), o i beni di proprietà del debitore in possesso del terzo. Sull'argomento, v. G. TOTA, *Il principio*, cit., p. 244; ID., *Sub art. 543*, cit., p. 744; E. BRUSCHETTA, *Oggetto del pignoramento prezzo terzi*, in *Riv. es. forz.*, 2011, p. 280; G. OLIVIERI, in AA.VV., *Le espropriazioni*, cit., p. 7.

(7) Come ha chiarito anche la Cassazione (v., ad es., Cass. 20 marzo 2014 n. 6518, in *Guida al dir.*, 2014, n. 31, p. 40). L'essenzialità dell'indicazione almeno generica del credito o delle cose che si intendono pignorare rende nullo il pignoramento che non contenesse tale indicazione (S. SATTA, *Commentario*, III, cit., p. 312). La Cassazione ha anche chiarito che il pignoramento successivo di quote diverse del medesimo credito non costituisce pignoramento di beni diversi, ma di un bene unitario (con l'obbligo per il giudice di riunire i diversi procedimenti esecutivi eventualmente avviati) (Cass. 4 ottobre 2010 n. 20595).

(8) Si è già osservato, nella nota 4, che sono assai frequenti le confusioni tra questa intimazione al terzo (che è atto di parte) e l'ingiunzione al debitore (che è atto dell'ufficiale giudiziario). A favore di tale distinzione v. anche Cass. 3 aprile 2015 n. 6835, la quale ha aggiunto che, ove l'intimazione al terzo provenga dall'ufficiale giudiziario e non dal creditore, si è in presenza di irregolarità e non nullità dell'atto.

Così come per l'ingiunzione al debitore si è sostenuto che dovrebbe provenire dal creditore, per quest'intimazione si è sostenuto autorevolmente (E. REDENTI, *Diritto processuale civile*, III, cit., p. 241) che dovrebbe provenire dall'ufficiale giudiziario. È opinione prevalente che entrambe queste ingiunzioni sono essenziali nel senso che la mancanza di una di esse dà luogo a inesistenza del pignoramento (Cass. 30 gennaio 2009 n. 2473, in *Riv. es. forz.*, 2009, p. 150; Cass. 21 giugno 1995 n. 7019). Tuttavia, Cass. 23 gennaio 1998 n. 669 (in *Giur. it.*, 1998, I, 1331) ha ritenuto che la mancanza dell'ingiunzione al debitore dia luogo non ad inesistenza, ma a nullità sanabile se non impugnata con l'opposizione agli atti esecutivi.

Ma anche a questo riguardo, a parte la chiarezza del dato positivo, è determinante il rilievo che questa intimazione (a differenza dell'ingiunzione al debitore) non è un atto autoritativo, perché il terzo non è assoggettato all'esecuzione. Si tratta, invece, di un atto negoziale (anche se ad esso si ricollegano alcuni effetti processuali, come, ad es., quelli di cui all'art. 546, su cui v. oltre nel testo), nel quale si è ravvisata la sostanza dell'opposizione all'adempimento di cui all'art. 2906, 2° comma, c.c. con i relativi effetti anche di natura cautelare (così V. COLESANTI, *Il terzo*, cit., p. 296).

3. *la dichiarazione di residenza o l'elezione di domicilio nel comune in cui ha sede il giudice dell'esecuzione competente, nonché l'indicazione dell'indirizzo di posta elettronica certificata del creditore procedente*;

4. *la citazione del debitore esecutato a comparire davanti al giudice competente ai sensi dell'art. 26 bis e l'invito al terzo a comunicare la dichiarazione di cui all'art. 547 al creditore procedente entro dieci giorni, a mezzo raccomandata ovvero a mezzo di posta elettronica certificata* (9). Allo stesso terzo, inoltre, va formulato l'avvertimento che, in caso di mancata comunicazione della dichiarazione, la stessa dovrà essere resa comparendo in un'apposita udienza e che, laddove non compaia a tale udienza o, sebbene comparso, non renda la dichiarazione, il credito o il possesso di cose di appartenenza del debitore, nell'ammontare e nei termini indicati dal creditore, si considererà non contestato ai fini del procedimento in corso (10).

Naturalmente, la citazione – come è proprio di quest'atto (v. vol. II, § 3) – conterrà l'indicazione di un'udienza di comparizione, che verrà indicata dal creditore procedente in modo che, tra la notificazione dell'atto in discorso e la data dell'udienza, decorra il termine (dilatorio) dell'art. 501 (almeno dieci giorni) (art. 543, 3° comma).

L'atto, così predisposto dal creditore nella parte di sua competenza e sottoscritto da esso (se sta in giudizio in persona) o dal suo difensore, viene consegnato all'ufficiale giudiziario il quale vi aggiunge (o, in pratica, fa propria con la sottoscrizione di quanto già predisposto dal creditore) l'ingiunzione al debitore, di cui si è parlato sopra, e quindi provvede a notificare l'atto stesso al terzo e al debitore.

La notificazione al debitore di quest'atto complesso – che apre solo una fase del processo esecutivo (11) – segna il momento determinante per l'acquisto del-

(9) Sul difetto di coordinamento (e sul suo possibile superamento) di questa nuova disciplina, prevista per il pignoramento presso terzi, con la disciplina dell'attuazione del sequestro conservativo su crediti o su beni mobili in possesso di terzi, di cui all'art. 678, rinviamo al § 46, al richiamo della nota 31 e nella nota stessa.

(10) Se il creditore è il concessionario della riscossione dei tributi, l'atto di pignoramento può contenere l'ordine al terzo di pagare direttamente al concessionario fino a concorrenza del credito per cui si procede (art. 72 bis D.P.R. 602/1973), fermo restando quanto previsto dall'art. 545, 4°, 5° e 6° comma, c.p.c. e dall'art. 72 ter dello stesso D.P.R. 602/1973. In proposito v. anche D. LONGO, *Le ultime novità in tema di riscossione coattiva*, in *Giur. it.*, 2014, p. 1049.

(11) Così Cass. 1° febbraio 1991 n. 983, che ne desume che il regime di validità dell'atto e dei suoi vizi va ricondotto autonomamente all'art. 156, 2° comma. D'altra parte, il terzo, al momento della notifica, non è ancora parte neppure nel processo esecutivo, né lo diviene in senso pieno, tanto che, *se terzo debitore è la P.A.*, non è richiesta la sua rappresentanza a mezzo dell'Avvocatura dello Stato e l'atto va notificato al dirigente dell'ufficio chiamato a rendere la dichiarazione (Cass. 9 febbraio 1981 n. 798); più precisamente «presso la struttura territoriale dell'ente pubblico nella cui circoscrizione risiedono i soggetti privati interessati» (art. 14 D.L. 669/1996, conv. nella L. 30/1997, modificato dall'art. 147 L. 388/2000). Del resto, proprio perché la notifica del pignoramento al terzo ha la funzione di costituirlo custode delle cose e dei crediti da lui dovuti, laddove esso sia costituito da una P.A. o da un ente pubblico non economico, non ha diritto di avvalersi del termine dilatorio di centoventi giorni previsto dallo stesso art. 14 cit., sul quale v. retro, il § 12 (Cass. 30 novembre 2011 n. 25567, in *Foro it.*, 2012, I, 2136, con nota di A. MAJORANO).

l'efficacia, e anche per la stessa esistenza, del pignoramento, la cui fattispecie, peraltro, non è ancora completa (12). Da quel momento il debitore è soggetto ai vincoli proprî del pignoramento (13), mentre il terzo, che non può essere assoggettato a quei vincoli in quanto proprî del soggetto passivo dell'esecuzione, rimane estraneo al processo esecutivo (14), nel senso che viene soltanto assoggettato ad un vincolo indiretto, che il codice riconduce agli obblighi del custode (art. 546, il quale limita tale responsabilità all'importo del credito precettato aumentato della metà) (15). In pratica, egli è custode responsabile del credito colpito dal pignoramento; responsabile nel senso che, se adempie senza ordine di giudice, tale adempimento non sarà per lui liberatorio, come appunto dispone l'art. 2917 c.c. (16).

---

(12) Il completamento avverrà solo con la dichiarazione del terzo o con l'accertamento del credito (Cass. 9 dicembre 1992 n. 13021). Il pignoramento presso terzi che non risulta notificato anche al terzo non è inesistente (come erroneamente ritenuto da Trib. Milano 17 gennaio 2007, in *Giur. it.*, 2007, p. 2537, con nota critica di M. MAFFUCCINI), ma nullo e sanabile con la rinnovazione (ma anche col decorso del termine per l'opposizione agli atti) (così Trib. Roma 20 giugno 2006, in *Giur. it.*, 2007, p. 1743, con nota motivatamente adesiva di F. AULETTA).

(13) Cfr. Cass. 3 ottobre 1997 n. 9673 (in *Giur. it.*, 1998, I, 1337), la quale precisa che questo è il momento dell'inizio dell'esecuzione e della decorrenza del termine per l'opposizione agli atti esecutivi.

(14) Nel quale, dunque, non è litisconsorte necessario, né lo è nell'eventuale giudizio di opposizione all'esecuzione o di opposizione agli atti esecutivi (Cass. 19 maggio 2009 n. 11585), salvo che abbia o possa avere un interesse giuridicamente rilevante all'esito dell'opposizione proposta (Cass. 15 gennaio 2003 n. 493), come, ad es., nel caso che nell'opposizione all'esecuzione si discuta della validità ed efficacia del pignoramento (Cass. 24 ottobre 2018 n. 26935, in *Rass. es. forz.*, 2019, p. 195, con nota di B. CAPPONI). Per una diversa conclusione, tuttavia, v. Cass. 18 maggio 2021 n. 13533, per la quale, invece, il terzo pignorato è sempre litisconsorte necessario. D'altra parte, egli non è legittimato a proporre opposizione all'esecuzione (Cass. 5 giugno 2007 n. 13069, in *Riv. es. forz.*, 2007, p. 394), né agli atti esecutivi (Cass. 12 febbraio 2008 n. 3276, in *Giur. it.*, 2008, p. 1984), salvo quanto stabilito dal 2° comma dell'art. 548 e dall'art. 549 (v. infra, nel § successivo).

(15) Tale limite non è superabile neanche in caso di successivi interventi, anche se dello stesso creditore procedente (Cass. 18 maggio 2020 n. 9054; Cass. 11 giugno 2019 n. 15595, in *Riv. es. forz.*, 2020, p. 142, con nota di G. TOSCHES).

(16) Secondo questa norma, l'estinzione del credito per cause verificatesi successivamente al pignoramento *non ha effetto* in pregiudizio del creditore pignorante e dei creditori che intervengono nell'esecuzione (Cass. 29 luglio 2015 n. 16035; con riguardo al non operare dell'estinzione per compensazione fino al momento della relativa dichiarazione, Cass. 19 novembre 1998 n. 11690).

Si sostiene in dottrina che il momento che la norma indica riferendosi al «pignoramento» sia quello del perfezionamento della fattispecie (e cioè quello della dichiarazione del terzo: v. il § che segue) o dell'accertamento giudiziario, sicché solo a quel momento si dovrebbero ricondurre gli effetti definitivi di inefficacia relativa, limitatamente peraltro agli atti diversi da quelli di disposizione, per i quali l'art. 546 prevede effetti da intendersi come «preliminari» (così V. COLESANTI, *Pignoramento*, cit., pp. 852, 855). Altri sostiene, invece, che il riferimento al «pignoramento» debba essere inteso come riferimento all'atto centrale della fattispecie (l'intimazione), dovendosi ritenere gli atti successivi come meramente integrativi (G. VERDE, *Pignoramento*, cit., p. 769) motivando che solo così si possono superare diversi problemi di termini (ad es., quello del *dies a quo* per l'istanza di vendita) che altrimenti sarebbero insuperabili (v., in questa linea, Cass. 9 ottobre 1997

Eseguita l'ultima notificazione, l'ufficiale giudiziario consegna senza ritardo al creditore procedente l'originale dell'atto di citazione, perché provveda ad iscrivere a ruolo il procedimento espropriativo (come detto, a pena di inefficacia del pignoramento già compiuto: retro, § 15), depositando la nota di iscrizione a ruolo, con copie conformi dell'atto di citazione, del titolo esecutivo e del precetto, entro trenta giorni dalla consegna (17).

Entro la data dell'udienza di comparizione indicata nell'atto di pignoramento il creditore è anche tenuto – a pena di inefficacia dello stesso pignoramento – a notificare al debitore e al terzo l'avviso di avvenuta iscrizione a ruolo della procedura e a depositare l'avviso notificato nel fascicolo dell'esecuzione (così il 5° comma dell'art. 543, introdotto dall'art. 1, 32° comma, della L. 206/2021) (18). Ciò al fine di evitare che il pignoramento effettuato permanga, anche se il creditore non ha proceduto alla relativa iscrizione a ruolo. Ove il creditore non provveda a tale adempimento – aggiunge il 6° comma dell'art. 543, anch'esso introdotto dalla L. 206/2021 –, «gli obblighi del debitore e del terzo cessano alla data dell'udienza indicata nell'atto di pignoramento» (19).

Agli adempimenti finora esaminati provvederà il creditore anche laddove

---

n. 9673). Altri ancora (F. BUCOLO, *op. cit.*, pp. 360, 383) preferisce ricondurre la contrapposizione tra i due ordini di effetti alla natura proibitiva di quello di cui all'art. 546 e sanzionatoria di quelli di cui all'art. 2917 c.c. Il non lieve problema può qui essere soltanto evidenziato.

Quest'effetto – che non è che il tipico effetto del pignoramento – trova peraltro il suo limite nel collegamento sinallagmatico tra il debito del terzo e la controprestazione a lui dovuta. In altri termini, ciò che è investito dal pignoramento non è il debito avulso dal rapporto nel quale si inserisce, ma nel contesto di questo rapporto e quindi con salvezza delle ragioni creditorie del terzo (cfr. ampiamente V. COLESANTI, *Il terzo*, cit., p. 545).

Per queste (o anche per altre) ragioni, il credito potrebbe essere non ancora esistente al momento della notificazione dell'atto di pignoramento; ciò che, peraltro, non pregiudicherebbe la validità del pignoramento stesso, bastando, a questi effetti, che il credito esista al momento della dichiarazione del terzo o al momento in cui se ne accerti l'esistenza (Cass. 17 maggio 2013 n. 12113, in *Foro it.*, 2014, I, 1209, con nota di O. DESIATO; Cass. 26 luglio 2005 n. 15615, in *Riv. es. forz.*, 2006, p. 388, con note ragionatamente adesive di G. MERCOLINO e di P. DELLA MURA, e in *Foro it.*, 2006, I, 3190, con nota adesiva di R. ROSSI).

L'inopponibilità al creditore concerne ogni atto di disposizione del credito e così, ad es., una transazione tra il debitore e il terzo (v., per questa fattispecie, Cass. 26 settembre 1979 n. 4970, in *Foro it.*, 1980, I, 95) o l'incasso di un assegno post-datato, sebbene la dazione dell'assegno al creditore-debitore esecutato sia avvenuta prima del pignoramento (Cass. 20 aprile 2012 n. 6265).

(17) Il deposito della nota di iscrizione a ruolo e delle copie degli atti deve avvenire esclusivamente con modalità telematiche (art. 16 bis, 2° comma, D.L. 179/2012, conv. dalla L. 221/2012). V. anche retro, § 15.

(18) Ai sensi dell'art. 1, 37° comma, della L. 206/2021, le nuove disposizioni si applicano ai procedimenti instaurati a decorrere dal centottantesimo giorno successivo alla data di entrata in vigore della medesima legge (avvenuta il 24 dicembre 2021).

(19) V. anche la nota precedente. Lo stesso 6° comma dell'art. 543 c.p.c. prevede, ovviamente, che «qualora il pignoramento sia eseguito nei confronti di più terzi, l'inefficacia [conseguente alla mancata notifica dell'avviso di iscrizione a ruolo] si produce solo nei confronti dei terzi rispetto ai quali non è notificato o depositato l'avviso».

l'ufficiale giudiziario abbia proceduto alla ricerca delle cose e dei crediti da pignorare con le modalità telematiche, ai sensi dell'art. 492 bis (v. retro, § 17) (così il 5° comma dell'art. 543). In questo caso, tuttavia, decorso il termine (dilatorio) di cui all'art. 501 (v. retro) e previa istanza del creditore procedente (o di uno dei creditori intervenuti muniti di titolo esecutivo) di assegnazione o vendita dei beni mobili o dei crediti rinvenuti, il giudice fissa l'udienza di comparizione del debitore e del creditore con un decreto, che deve contenere anche l'invito e l'avvertimento al terzo di cui al n. 4 del medesimo art. 543 (v. retro, in questo §), e provvede a norma degli artt. 552 e 553 (cioè, all'assegnazione o alla vendita: v. oltre, il § 25).

L'individuazione della competenza territoriale, ad opera dell'art. 26 bis, 2° comma, nel luogo di residenza, domicilio, dimora o sede del debitore (v. retro, § 7) consente di superare i problemi, pure emersi nel passato, nel caso di pignoramento presso terzi residenti in luoghi appartenenti a circoscrizioni giudiziarie diverse (20).

Sempre nel caso di pignoramento eseguito presso più terzi, d'altra parte, l'esecutato può chiedere al giudice dell'esecuzione la riduzione proporzionale a norma dell'art. 496 o la dichiarazione di inefficacia parziale (art. 546, 2° comma).

Se il credito pignorato è garantito da pegno, si intima a chi detiene la cosa data in pegno di non eseguire la riconsegna senza ordine del giudice, mentre, se è garantito da ipoteca, l'atto di pignoramento deve essere annotato nei libri fondiari. Così dispone l'art. 544 nei suoi due commi.

Se il credito pignorato è incorporato in un titolo di credito, il pignoramento (come anche il sequestro conservativo) va eseguito sul titolo, secondo il disposto dell'art. 1997 c.c. (21).

Non tutti i crediti sono pignorabili. Non lo sono, anzitutto, i *crediti alimentari* (tranne che per cause di alimenti, previa autorizzazione del giudice e nella misura da lui determinata con decreto: art. 545, 1° comma) ed i *sussidi di sostentamento o di assistenza* (art. 545, 2° comma) (22).

---

(20) In argomento v. B. CAPPONI, *Il* simultaneus processus *nell'espropriazione forzata dei crediti*, in *Riv. es. forz.*, 2011, p. 342; ID., *Manuale*², cit., p. 207; G. TOTA, *In tema di* translatio iudicii *e connessione nel processo di espropriazione presso terzi*, in *Riv. dir. proc.*, 2008, p. 1585.

(21) Cfr. Cass. 13 marzo 2001 n. 3747, in *Giur. it.*, 2001, p. 1822, con nota di A. RONCO. Se però il titolo si trova in possesso di un terzo in forza di un rapporto che non gli attribuisca la titolarità del credito, come nel caso di deposito di titoli in amministrazione, il pignoramento può essere eseguito con la forma del pignoramento presso terzi (Cass. 28 febbraio 2007 n. 4653, in *Giur. it.*, 2008, p. 167).

(22) Parimenti impignorabili, a pena di nullità rilevabile d'ufficio, sono – ai sensi dell'art. 19 bis del D.L. 132/2014 (conv. dalla L. 162/2014) – le somme a disposizione dei soggetti di cui all'art. 21, 1° comma, lett. a, della Convenzione di New York del 2 dicembre 2004 (di cui alla L. 5/2013) sulle immunità giurisdizionali degli Stati e dei loro beni (v. il § 32 del vol. I), depositate su conti correnti bancari o postali, in relazione alle quali il capo delle rappresentanza, del posto consolare o il direttore dell'organizzazione internazionale in Italia, con atto preventivamente comunicato al Ministero degli esteri e all'impresa autorizzata all'esercizio dell'attività bancaria presso la

Quanto ai crediti costituiti da *stipendi, salari ed indennità* relativi al rapporto di lavoro (23) o di impiego privato (comprese le indennità da licenziamento e il trattamento di fine rapporto) (24), essi possono essere pignorati, per causa alimentare, nella misura determinata dal giudice e, per altre cause, *in misura non superiore al quinto* (art. 545, 3° e 4° comma) e comunque, in caso di concorso, *mai in misura superiore alla metà* (art. 545, 5° comma) (25). Ciò, salvo quanto si dirà per l'ipotesi in cui le somme relative a tali crediti siano accreditate direttamente sul conto corrente bancario o postale del debitore (v. oltre in questo §).

Identico discorso vale per gli *emolumenti dei pubblici dipendenti*. Ciò, dopo che la Corte costituzionale (26) ha dichiarato l'incostituzionalità dell'art. 2 D.P.R. 180/1950, che escludeva la pignorabilità di stipendi, salari e retribuzioni dei dipendenti pubblici, ma conservandola per i dipendenti dello Stato (27), e dopo che, con un successivo intervento (28), ha eliminato anche quest'ultima eccezione (29).

---

quale le somme sono depositate, ha dichiarato che il conto contiene esclusivamente somme destinate all'espletamento delle funzioni dei soggetti sopra indicati.

(23) Fra i rapporti di lavoro vanno ricompresi anche quelli di cui all'art. 409, n. 3 (rapporti di agenzia, rappresentanza commerciale e rapporti di collaborazione coordinata e continuativa) (Cass. 18 gennaio 2012 n. 685). Secondo le sezioni unite non va ricompreso, invece, il rapporto fra l'amministratore unico o il consigliere di amministrazione e la società (Cass. sez. un. 20 gennaio 2017 n. 1545, in *Riv. dir. proc.*, 2017, p. 821, con nota di S. VINCRE, che hanno escluso, di conseguenza, l'applicazione dei limiti di cui all'art. 545, 4° comma, agli emolumenti derivanti da tale incarico).

(24) Cass. 25 luglio 2018 n. 19708.

(25) Sulla costituzionalità della pignorabilità di tali crediti v. C. Cost. 3 dicembre 2015 n. 248. I limiti alla pignorabilità dei crediti di lavoro non possono operare in favore dell'eventuale cessionario (Cass. 16 giugno 2003 n. 9630, in *Giur. it.*, 2004, p. 743); ciò che appare coerente con la *ratio* delle norme, come ritiene anche l'Annotatore (A. RONCO), che peraltro ipotizza la soluzione opposta per il caso del trasferimento del credito *mortis causa*.

Un'ulteriore limitazione è stata poi introdotta per i crediti di natura tributaria dal D.L. 16/2012 (conv. dalla L. 44/2012). L'art. 3, 5° comma, D.L. 16/2012, infatti, ha fissato – introducendo l'art. 72 ter nel D.P.R. 602/1973 – in un decimo il limite di pignorabilità per importi tributari dovuti fino ad euro 2.500 e in un settimo per importi fra euro 2.500 ed euro 5.000. Resta ferma la misura di cui all'art. 545, 2° comma, se le somme dovute superano i 5.000 euro. In proposito D. LONGO, *Le ultime novità*, cit., p. 1050. Impignorabili si ritengono anche i fondi strutturali europei, concessi al debitore, in quanto espressamente vincolati dall'Unione (così Trib. S.M. Capua Vetere 29 giugno 2017, in *www. processocivileweb.it*).

(26) C. Cost. 31 marzo 1987 n. 89, in *Foro it.*, 1987, I, 1001.

(27) V. A. SALETTI, *La «nuova» impignorabilità degli emolumenti dei pubblici dipendenti*, in *Riv. dir. proc.*, 1987, p. 987.

(28) C. Cost. 26 luglio 1988 n. 878, in *Riv. dir. proc.*, 1989, p. 1178, con nota di M. RIVA; C. Cost. 9 marzo 1990 n. 115 (in *Foro it.*, 1990, I, 2750) e C. Cost. 19 marzo 1993 n. 99 (in *Giur. it.*, 1993, I, 1, 1135, con nota di M. RIVA, in *Giur. it.*, 1994, I, 296).

(29) Sulla possibilità (e i limiti) del concorso tra cessione volontaria della quinta parte dello stipendio e un successivo pignoramento di pari valore, v. Cass. 9 maggio 1994 n. 4488, in *Giur. it.*, 1995, I, 1, 1740.

Quanto ai *crediti a titolo di pensione* – dopo alcuni interventi della Corte costituzionale, che hanno determinato il superamento del precedente regime di impignorabilità nel senso della loro pignorabilità nei limiti di un quinto (30) – il legislatore è finalmente intervenuto con il D.L. 83/2015 (conv. dalla L. 132/2015), introducendo nell'art. 545 ulteriori tre commi (7°, 8° e 9°), con l'obiettivo, da un lato, di assicurare al debitore il «minimo vitale inderogabile» (31) e, dall'altro, di risolvere il problema della pignorabilità «limitata» di tali somme anche in caso di accreditamento delle stesse direttamente sul conto corrente del debitore (32).

E così, anzitutto, ha stabilito – con riguardo alle «*somme da chiunque corrisposte a titolo di pensione, di indennità che tengono luogo di pensione o di altri assegni di quiescenza*» – che esse siano pignorabili *nei limiti di un quinto* (limite aumentabile fino alla metà in caso di pluralità di pignoramenti) solo per la parte di esse *eccedente l'importo massimo dell'assegno sociale, aumentato della metà* (art. 545, 7° comma).

Inoltre, ha previsto che, laddove le *somme a titolo di pensione* (indennità pensionistiche o assegni di quiescenza) o *quelle a titolo di stipendio o salario* (o altre indennità comunque relative al rapporto di lavoro o impiego) siano accreditate direttamente sul conto corrente bancario o postale del debitore, esse possono essere pignorate *solo per la parte eccedente il triplo dell'assegno sociale*, se sono state accreditate prima della data di pignoramento; *nei limiti stabiliti nei commi 3°, 4°, 5° e 7°*, se vengono accreditate alla data del pignoramento o successivamente (art. 545, 8° comma) (33).

---

(30) C. Cost. 22 novembre 2002 n. 468 e 4 dicembre 2002 n. 506, entrambe in *Riv. es. forz.*, 2003, p. 170; la prima anche in *Giur. it.*, 2003, p. 1307, con nota di M. LOSANA, che hanno dichiarato l'incostituzionalità dell'art. 128 R.D.L. 1827/1935, là dove escludeva il pignoramento delle pensioni corrisposte ai dipendenti pubblici e dall'INPS; poi anche C. Cost. 26 giugno 2009 n. 183 (in *Riv. dir. proc.*, 2010, p. 1180, con nota critica di T. SALVIONI), con riferimento alle pensioni corrisposte da Enasarco; v. anche Cass. 18 novembre 2014 n. 24536. In argomento v. anche C. PUNZI, *Limiti*, cit., p. 1281; A. TATANGELO, *I limiti di pignorabilità dei trattamenti economici spettanti ai lavoratori dipendenti (pubblici e privati) ed ai pensionati, nella giurisprudenza della Corte Costituzionale*, in *Riv. es. forz.*, 2004, p. 63.

(31) Così la già citata C. Cost. 4 dicembre 2002, n. 506. Dopo tale pronuncia, infatti, si è affermato nella giurisprudenza di merito l'orientamento secondo il quale, in assenza di un intervento legislativo generalizzato in materia, con riferimento alle pensioni sottoposte a discipline legislative che ne prevedono l'impignorabilità assoluta (e non ancora colpite da dichiarazioni di incostituzionalità), spetterebbe al giudice determinare la misura del *quantum* impignorabile al fine di assicurare il «minimo vitale inderogabile» (v., ad es., Trib. Avellino 7 ottobre 2008, in *Corr. giur.*, 2009, p. 399, con nota favorevole di R. CONTE).

(32) C. Cost. 15 maggio 2015 n. 85, la quale, infatti, aveva sollecitato un intervento proprio del legislatore per risolvere il problema. In precedenza, nel senso che il limite di impignorabilità non si applichi quando la prestazione pensionistica sia stata già eseguita a favore dell'avente diritto, mediante accreditamento in conto corrente bancario, Trib. Bari 19 novembre 2008, in *Giur. it.*, 2009, p. 2009, sulla scia di Cass. 12 giugno 1985 n. 3518.

(33) Ciò, peraltro, vale anche per i procedimenti iniziati prima dell'entrata in vigore della riforma del 2015, dopo che C. Cost. 31 gennaio 2019 n. 12 (in *Giur. it.*, 2019, p. 1341, con nota adesiva

Infine, quanto alle conseguenze derivanti dal mancato rispetto di tali limiti di pignorabilità, ha stabilito che «*il pignoramento eseguito sulle somme di cui al presente articolo in violazione dei divieti e oltre i limiti previsti dallo stesso e dalle speciali disposizioni di legge è parzialmente inefficace*» e «*l'inefficacia è rilevata dal giudice anche d'ufficio*» (34). Del resto, anche prima dell'intervento legislativo si riteneva che l'impignorabilità dei crediti determinasse, ove sussistente, un vizio di nullità, rilevabile d'ufficio dal giudice e incensurabile in Cassazione, in presenza di congrua motivazione (35).

Quanto agli effetti del pignoramento, mentre in precedenza si riteneva che essi si estendessero all'intera somma di cui il terzo era debitore e non si limitassero alla sola quota di essa pari al credito per il quale il creditore aveva agito in via esecutiva (36), ora il 1° comma dell'art. 546 dispone che il terzo è assoggettato agli obblighi del custode nei limiti dell'importo precettato aumentato della metà (37).

Invece, nell'ipotesi del pignoramento di *somme a titolo di stipendio o salario o di pensione*, accreditate direttamente sul conto corrente bancario o postale del debitore, l'art. 546 prevede che gli obblighi di custodia del terzo non operano *per un importo pari al triplo dell'assegno sociale*, quando l'accredito sul conto corrente è avvenuto prima della data del pignoramento; mentre, se l'accredito è

---

di A. SALETTI) ha dichiarato l'illegittimità costituzionale dell'art. 23, 6° comma, D.L. 83/2015, con. dalla L. 132/2015, che prevedeva il contrario (in precedenza, nel senso che, per i procedimenti iniziati prima dell'entrata in vigore della riforma del 2015, continuasse a valere la pignorabilità indistinta dell'intero ammontare del conto corrente, Cass. 17 ottobre 2018 n. 26042).

(34) Sulle nuove disposizioni v. D. BORGHESI, *La l. 132/2015 interviene ancora sul pignoramento di crediti (con particolare riferimento a quelli di lavoro e previdenziali)*, in www.judicium.it; A. TEDOLDI, *Esecuzione forzata*, cit., p. 208.

(35) Così Cass. 18 novembre 2014 n. 24536; Cass. 22 marzo 2011 n. 6548, sulla scia di Cass. 11 giugno 1999 n. 5761, in *Foro it.*, 2001, I, 2019.

(36) Cass. 29 gennaio 1999 n. 798, in *Giur. it.*, 1999, p. 2258; in precedenza Cass. 22 aprile 1995 n. 4584, in *Foro it.*, 1996, I, 3770; ivi le opinioni, anche contrastanti, della dottrina e della giurisprudenza e la nota di M. ACONE, che era invece orientato ad attribuire rilievo alla domanda del creditore, escludendo l'estensione automatica all'intera somma. Per una più dettagliata esposizione delle diverse opinioni sul tema, v. L. GROPPOLI, *Oggetto del pignoramento di crediti e suo accertamento in sede esecutiva*, in *Riv. es. forz.*, 2002, p. 253; G. TOTA, *Sub art. 545*, in AA.VV., *Commentario*, cit., VI, p. 780.

(37) Si è rilevato (V. BATTAGLIA, in *Riv. es. forz.*, 2006, p. 773) che la soluzione fornita dal nuovo testo dell'art. 546 lascia irrisolta la questione (prodromica) relativa al momento in cui l'oggetto del pignoramento può dirsi completamente delineato. Sul punto, v. Cass. 21 novembre 2019 n. 30500; Cass. 26 luglio 2005 n. 15615, già cit. retro, alla nota 16. Ma poi v. l'ampia analisi critica di M. ACONE (*Note in tema di pignoramento presso terzi*, in *Riv. es. forz.*, 2006, p. 1), il quale evidenzia questo ed altri inconvenienti soprattutto pratici di questo compromesso, che, tra l'altro, può rendere inevitabile una serie di altri pignoramenti. Successivamente, R. MUNHOZ DE MELLO, *La nuova disciplina degli obblighi del terzo debitore*, in *Riv. dir. proc.*, 2007, p. 133) G. TOTA, *Il principio della domanda*, cit., p. 265; ID., *Sub art. 545*, cit., p. 789; R. D'ALONZO, *L'estensione del pignoramento presso terzi*, in *Riv. es. forz.*, 2011, p. 38; G. OLIVIERI, *op. cit.*, p. 3.

avvenuto nella stessa data del pignoramento o successivamente, gli obblighi di custodia del terzo operano nei limiti stabiliti dall'art. 545.

24. *La dichiarazione del terzo debitore e il successivo eventuale accertamento del suo obbligo. L'intervento dei creditori.*

Come abbiamo visto, il 4° comma dell'art. 543 dispone che il creditore è tenuto a depositare presso la cancelleria del giudice competente la nota di iscrizione a ruolo, con le copie conformi dell'atto di citazione, del titolo esecutivo e del precetto, che vengono inserite nel fascicolo dell'esecuzione.

Si giunge, così, alla «dichiarazione» del terzo e all'udienza fissata per la comparizione del debitore e del creditore (38).

Quanto alla «dichiarazione» del terzo, l'art. 547, 1° comma, stabilisce che «*a mezzo raccomandata inviata al creditore procedente o ... a mezzo di posta elettronica certificata, il terzo, personalmente o a mezzo di procuratore speciale o del difensore munito di procura speciale, deve specificare di quali cose o di quali somme è debitore o si trova in possesso e quando ne deve eseguire il pagamento o la consegna*», precisando altresì se vi sono stati altri precedenti pignoramenti (39) o sequestri (v. oltre, § 45) o cessioni che gli sono state notificate o che ha accettato (art. 547, 2° comma; art. 550, 1° comma).

In caso di precedente sequestro, il creditore pignorante deve chiamare nel processo il sequestrante, nel termine perentorio fissato dal giudice (art. 547, 3° comma). In caso di precedenti pignoramenti, il terzo deve indicare che sono stati eseguiti presso di lui, mentre, laddove si tratti di pignoramenti eseguiti dopo la dichiarazione, il terzo può limitarsi a richiamare la dichiarazione precedente e i pignoramenti ai quali si riferiva (art. 550, 2° comma). Si applicano, comunque, le disposizioni dell'art. 524, 2° e 3° comma (v. retro, § 20) (40).

Se il creditore procedente ed il debitore non hanno contestazioni da sollevare sul contenuto della dichiarazione del terzo, detta dichiarazione – pur non essendo una vera confessione (41) – offre tutti gli elementi necessari per la pro-

---

(38) Agli effetti delle opposizioni agli atti, quest'udienza assolve alla stessa funzione preclusiva di cui agli artt. 530 e 569 (Cass. 1° febbraio 2002 n. 1308, in *Giur. it.*, 2002, p. 2060, con nota di P.L. NELA).

(39) Anche se il pignoramento sia stato effettuato dallo stesso debitore (Cass. 9 luglio 2020 n. 14597).

(40) Con la possibilità, dunque, che l'esecuzione si svolga in un unico processo (Cass. 27 luglio 2021 n. 21514). Tuttavia, nel caso che le espropriazioni successive sullo stesso credito dovessero restare separate, al primo creditore procedente spetta l'azione ex art. 617, la quale consente il controllo sul processo esecutivo (Cass. 20 luglio 2010 n. 17029).

(41) In realtà, il terzo è soltanto parte – ed in maniera del tutto anomala – nel procedimento espropriativo. In argomento v. V. COLESANTI, *Il terzo debitore*, cit., p. 236. In sostanza, la dichiarazione del terzo non è che il perfezionamento della fattispecie del pignoramento (cfr. V. COLESANTI,

secuzione, che avverrà nelle forme che vedremo nel § seguente.

Sennonché, può accadere che il terzo non renda la dichiarazione o che sul contenuto di essa sorgano contestazioni (perché, ad es., essa sia negativa o riconosca un debito inferiore a quello che risulta al creditore procedente e/o al debitore) (42).

A tal proposito, gli artt. 548 e 549 distinguono, anzitutto, l'ipotesi della *mancata dichiarazione del terzo* dall'ipotesi in cui *la dichiarazione del terzo vi sia stata, ma su di essa siano sorte contestazioni.*

«*Quando all'udienza il creditore* dichiara di non aver ricevuto la dichiarazione – stabilisce l'art. 548, 1° comma –, il giudice, con ordinanza, fissa un'udienza successiva. L'ordinanza è notificata al terzo almeno dieci giorni prima della nuova udienza. *Se questi non compare alla nuova udienza o, comparendo, rifiuta di fare la dichiarazione, il credito pignorato o il possesso del bene di appartenenza del debitore, nei termini indicati dal creditore, si considera non contestato ai fini del procedimento in corso e dell'esecuzione fondata sul provvedimento di assegnazione se l'allegazione del creditore consente l'identificazione del credito e dei beni di appartenenza del debitore in possesso del terzo e il giudice provvede a norma degli artt. 552 e 553*». Vale a dire che, in questo caso, l'accertamento così ottenuto è sufficiente per procedere all'assegnazione o alla vendita delle cose o delle som-

---

Pignoramento, cit., p. 846). In questa cornice, nel passato Cass. 18 dicembre 1987 n. 9407 ha ricondotto l'ipotesi della dichiarazione mendace e/o compiacente del terzo non alla responsabilità ex art. 96 c.p.c. che riguarda la parte, ma alla responsabilità aquiliana per la violazione del dovere di collaborazione con la giustizia (sul quale v. il § 23, al richiamo della nota 3); nello stesso senso, poi, Cass. 28 febbraio 2017 n. 5037 (in *Riv. es. forz.*, 2017, p. 391), che ne ha ammesso l'azionabilità in via autonoma; mentre Cass. 30 maggio 1991 n. 6124 (in *Foro it.*, 1992, I, 814) ha ritenuto nulla e non ratificabile la dichiarazione del *falsus procurator* del terzo.

(42) Nel passato Cass. 19 settembre 1995 n. 9888 ha ritenuto che questo comportamento del terzo non sarebbe *per se stesso*, illecito e fonte di danni, come aveva invece ritenuto, in precedenza, Cass. sez. un. 18 dicembre 1987 n. 9407, sul rilievo che il terzo è obbligato a collaborare quale ausiliario del giudice e che, in mancanza di tale collaborazione, deve rispondere di lesione del credito. Al riguardo, si è giustamente osservato (R. CONTE, in *Giur. it.*, 2001, p. 1639, a commento di un provvedimento cautelare contro il terzo inerte), che, poiché l'emanando provvedimento di assegnazione al creditore è titolo per agire nei confronti del terzo, il creditore può chiedere, nelle more, un sequestro conservativo contro il terzo inerte.

Per il caso di omissione per errore da parte del terzo della dichiarazione di precedente pignoramento, si è ammessa la legittimazione anche del terzo a denunciare l'errore con l'opposizione agli atti esecutivi, da esperire avverso l'ordinanza di assegnazione ex art. 553 (Cass. 20 febbraio 2007 n. 3958); ma, nel senso che il terzo, resosi conto dell'errore, ha l'onere di revocare immediatamente la propria dichiarazione, proponendo eventualmente opposizione agli atti esecutivi avverso l'ordinanza di assegnazione, frattanto emessa, Cass. 25 maggio 2017 n. 13143; Cass. 5 maggio 2017 n. 10912 (in *Riv. es. forz.*, 2017, p. 753); invece, nel senso che l'errore della dichiarazione sia emendabile solo con il rimedio dell'art. 617 v. Trib. Alessandria 2 marzo 2017 (in *Riv. es. forz.*, 2018, p. 578, con nota di A. BARALE). Da escludere, comunque, la possibilità di revoca *ad nutum* da parte del terzo della dichiarazione resa, anche prima dell'assegnazione del credito, e ciò a tutela dell'affidamento degli altri soggetti della procedura (Cass. 26 febbraio 2019 n. 5489, in *Corr. giur.*, 2019, p. 951, con nota parzialmente contraria di G. TOTA).

me dovute dal terzo, sempre che le indicazioni offerte dal creditore pignorante ai sensi dell'art. 543 consentano l'esatta determinazione del credito e dei beni da pignorare e sempre che lo stesso creditore non abbia tenuto un comportamento in violazione dell'obbligo di correttezza di cui all'art. 88 c.p.c. (43).

Questo non toglie, tuttavia, che il terzo possa impugnare «nelle forme e nei termini di cui all'art. 617 l'ordinanza di assegnazione di crediti adottata ... *se prova di non averne avuto tempestiva conoscenza per irregolarità della notificazione o per caso fortuito o forza maggiore*» (art. 548, 3° comma) (44). Ma ciò al solo fine di neutralizzare gli effetti dell'ordinanza di assegnazione e dunque per far valere eventuali vizi di natura formale di questa. Per questa ragione è da ritenere che rimanga intatta la sua possibilità di agire in un autonomo giudizio di cognizione per ottenere l'accertamento negativo del suo obbligo e la conseguente restituzione di quanto indebitamente versato o consegnato.

Diversa la procedura prevista per *l'ipotesi in cui la dichiarazione del terzo sia stata resa e su di essa siano sorte contestazioni oppure se, a seguito della mancata dichiarazione del terzo, non sia possibile l'esatta identificazione del credito o dei beni del debitore in possesso del terzo.*

In questo caso – stabilisce l'art. 549 – «*il giudice dell'esecuzione, su istanza di parte, provvede con ordinanza, compiuti i necessari accertamenti nel contraddittorio tra le parti e con il terzo*». Anche quest'ordinanza «*produce effetti ai fini del procedimento in corso e dell'esecuzione fondata sul provvedimento di assegnazione*», ma essa «*è impugnabile nelle forme e nei termini di cui all'art. 617*» (45), ad opera del creditore procedente, del debitore esecutato o del terzo. Non è chiaro, tuttavia, quale sia l'oggetto di questa successiva ed eventuale «impugnazione», e cioè se la sola regolarità formale del provvedimento del giudice dell'esecuzione, come sembrerebbe indicare il richiamo dell'art. 617, oppure anche il diritto sostanziale oggetto della dichiarazione e delle successive contestazioni, come sem-

---

(43) Così Cass. 14 ottobre 2021 n. 28047.

(44) V. anche, in argomento, G. MONTELEONE, *Semplificazioni e complicazioni nell'espropriazione presso terzi*, in *Riv. es. forz.*, 2013, p. 1; A. SALETTI, *Le novità dell'espropriazione presso terzi*, *ibidem*, p. 12, che dubita della legittimità costituzionale dell'art. 548, 2° comma, c.p.c.; A. BRIGUGLIO, *Note brevissime sull'«onere di contestazione» per il terzo pignorato (nuovo art. 548 c.p.c.)*, *ibidem*, p. 30; A. STORTO, *Riforma natalizia del pignoramento presso terzi: le instabili conseguenze della "stabilità"*, *ibidem*, p. 34; S. VINCRE, *Brevi osservazioni sulle novità introdotte dalla L. 228/2012 ecc.*, *ibidem*, p. 53; G. TOTA, *Sub art. 548*, in AA.VV., *Commentario c.p.c.*, cit., VI, p. 856; in senso decisamente critico, V. COLESANTI, *Novità non liete per il terzo debitore (cinquant'anni dopo!)*, in *Riv. trim. dir. e proc. civ.*, 2013, p. 1255; G. OLIVIERI, *Modifiche legislative all'espropriazione presso terzi*, in *Il libro dell'anno di diritto Treccani*, Roma, 2014, p. 567; A. CARRATTA, *Riforma del pignoramento presso terzi e accertamento dell'obbligo del terzo*, in *Giur. it.*, 2014, p. 1029; G. PARISI, *Oggetto e natura del giudizio di accertamento dell'obbligo del terzo pignorato*, in *Riv. es. forz.*, 2020, p. 342; A. TEDOLDI, *Esecuzione forzata*, cit., p. 201.

(45) Opposizione da proporre, dunque, con ricorso (Cass. 2 luglio 2019 n. 17663); ma prima della riforma del 2015 con citazione (Cass. 3 giugno 2020 n. 10432).

brerebbe più ragionevole (46). Dalla scelta per l'una o per l'altra soluzione dipende anche, evidentemente, l'efficacia dell'ordinanza in questione e la possibilità che il diritto, sul quale sono sorte le contestazioni, sia oggetto di un autonomo giudizio di cognizione (47).

Infine, quanto all'intervento dei creditori, l'individuazione dei soggetti legittimati all'intervento è lasciata, ancora una volta, all'art. 499, che tale legittimazione disciplina con riguardo ad ogni tipo di espropriazione. D'altra parte, l'art. 551 enuncia espressamente che valgono le regole dettate dagli artt. 525 e ss. con riguardo all'intervento dei creditori nell'espropriazione mobiliare (v. retro, § 21). Viene solo precisato, nel capoverso, che il termine la cui osservanza consente di ritenere l'intervento «tempestivo» (v. retro, § 21) è quello dell'udienza di comparizione delle parti (ovvero l'udienza indicata nella citazione notificata al debitore o differita d'ufficio dal giudice) (48).

---

(46) Questa sembra essere anche la conclusione della Cassazione (Cass. 15 settembre 2020 n. 19104; Cass. 20 maggio 2020 n. 9267 (in *Riv. es. forz.*, 2020, p. 1033, con nota di G. MASTROGIOVANNI), che ha anche riconosciuto in capo al terzo la posizione di litisconsorte necessario; Cass. 24 settembre 2019 n. 23644; Cass. 23 ottobre 2018 n. 26702; Cass. 19 aprile 2018 n. 9624, che ha riconosciuto in capo al terzo debitore l'onere della prova del controcredito, ove abbia dichiarato la compensazione con il credito dell'esecutato; Cass. 9 ottobre 2018 n. 24867, per la quale, laddove il *debitor debitoris* voglia opporre l'avvenuto pagamento del credito al debitore esecutato, la relativa quietanza deve essere munita di data certa, stante la posizione di terzo rispetto al rapporto sostanziale del creditore procedente). In ogni caso di accertamento dell'obbligo del terzo, ai sensi degli artt. 548 e 549, il debitore esecutato è litisconsorte necessario (Cass. 17 ottobre 2019 n. 26329, in *Giur. it.*, 2020, p. 585, con nota di A. CORDERO).

(47) V., in proposito, A. CARRATTA, *Riforma*, cit., p. 1031; nello stesso senso R. GIORDANO, *Considerazioni sul procedimento di accertamento dell'obbligo del terzo*, in *Riv. es. forz.*, 2016, p. 636; diversamente orientato M. ZULBERTI, *Sull'oggetto del giudizio di accertamento dell'obbligo del terzo nel pignoramento di crediti*, in *Riv. dir. proc.*, 2021, p. 484. V. anche C. CONSOLO, *Un d.l. processuale in bianco e nerofumo ecc.*, in *Corr. giur.*, 2014, p. 1181; M. GRADI, *Inefficienza della giustizia civile e «fuga dal processo»*, Messina, 2014, p. 47; D. BORGHESI, *Il silenzio del terzo pignorato*, in *Il processo esecutivo. Liber amicorum R. Vaccarella*, Torino, 2014, p. 409; L. SALVANESCHI, *Il perfezionamento del pignoramento presso terzi dopo la riforma del 2014*, in *Riv. dir. proc.*, 2015, p. 665; E. D'ALESSANDRO, *L'espropriazione presso terzi*, in *Foro it.*, 2015, V, 89; A. MAJORANO, *Modifiche in tema di espropriazione presso terzi*, in *«Misure urgenti per la funzionalità e l'efficienza della giustizia civile»*, cit., p. 165 e in *Foro it.*, 2015, V, 450; M.A.P. FRANCOLA, *Misure per l'efficienza e la semplificazione del processo esecutivo*, cit., p. 267; V. COLESANTI, *L'infelice situazione del terzo debitore (anche dopo le recenti riforme)*, in *Riv. dir. proc.*, 2015, p. 1349; B. CAPPONI, *Manuale*[4], cit., p. 194; G. BALENA, *Termine di efficacia del pignoramento ed espropriazione presso terzi*, in *Giusto proc. civ.*, 2016, p. 1; G. TOTA, *Mancata dichiarazione del terzo e non contestazione nella nuova disciplina dell'espropriazione forzata presso terzi*, *ibidem*, p. 513; T. SALVIONI, *Le modifiche in materia di espropriazione presso terzi*, in *Giur. it.*, 2016, p. 1278; A. SALETTI, in AA.VV., *Le nuove riforme*, cit., p. 189; A. TEDOLDI, *op. cit.*, p. 205. In proposito v. anche C. Cost. 10 luglio 2019 n. 172 (in *Giur. it.*, 2020, p. 1368, con nota adesiva di C. SPACCAPELO), che ha dichiarato infondati i relativi dubbi di legittimità costituzionale.

(48) Cfr. Cass. 4 ottobre 2010 n. 20595. In caso di intervento tardivo, il creditore non titolato, al fine di ottenere l'accantonamento in sede di distribuzione (v. retro, §§ 18 e 19), deve dimostrare di aver agito per acquisire il titolo esecutivo entro i trenta giorni dalla data dell'intervento tardivo (così Cass. 19 gennaio 2016 n. 774, in *Riv. es. forz.*, 2018, p. 602, con nota di B. CAPPONI).

25. *L'assegnazione e la vendita forzata.*

Rimane ora da vedere come prosegue il processo esecutivo dopo che l'esistenza del diritto del debitore nei confronti del terzo sia stata accertata, per riconoscimento di quest'ultimo o attraverso l'accertamento «semplificato» che abbiamo visto nel precedente §.

Se il terzo si è riconosciuto (o è stato giudizialmente dichiarato) possessore di cose mobili di proprietà del debitore, queste cose sono senz'altro assoggettate all'espropriazione; più precisamente, il giudice provvederà alla loro assegnazione o vendita, sentite le parti, seguendo le medesime regole che il codice detta per l'espropriazione mobiliare presso il debitore (art. 552; v. retro, § 22).

Se, invece, si tratta di crediti del debitore, ossia se il terzo si è riconosciuto o è stato giudizialmente dichiarato debitore di una somma di denaro nei confronti del debitore-esecutato (49), occorre distinguere tra l'ipotesi che il credito sia esi-

---

(49) In linea di principio, l'ipotesi che il terzo si sia riconosciuto debitore e l'ipotesi che il terzo sia stato giudizialmente dichiarato debitore sono assimilabili soltanto sotto un punto di vista generico e descrittivo. In realtà, solo nella seconda ipotesi si è formato un titolo esecutivo anche nei confronti del terzo, che può perciò essere assoggettato ad esecuzione forzata; mentre nella prima ipotesi, l'ordinanza di assegnazione ha solo efficacia traslativa del credito (e non ha affatto natura di condanna) sicché, se il creditore assegnato vuole agire contro il terzo, deve agire prima in via di cognizione (ad es., con procedimento ingiuntivo). In argomento, v. F. CORDOPATRI, *Posizione e tutela del «debitor debitoris» nel processo di espropriazione*, in *Riv. dir. proc.*, 1976, p. 825.

Occorre, però, prendere atto che la giurisprudenza tende a superare gli ostacoli sistematici e letterali (mancata inclusione nell'elencazione dell'art. 474), specialmente per condivisibili ragioni pratiche; in questo senso – ossia per la portata di titolo esecutivo spettante all'ordinanza *de qua* in entrambe le ipotesi – si è pronunciata Cass. 18 marzo 2003 n. 3976, in *Riv. es. forz.*, 2003, p. 708, con nota sostanzialmente adesiva di L. GROPPOLI; Cass. 2 febbraio 2017 n. 2724. Ma, si è puntualizzato che l'ordinanza di assegnazione acquista efficacia esecutiva soltanto dal momento in cui sia portata a conoscenza del terzo o dal momento successivo a tale conoscenza che sia specificamente indicato nella stessa ordinanza (Cass. 10 maggio 2016 n. 9390, in *Riv. es. forz.*, 2016, p. 667, con nota di S. RUSCIANO; Cass. 16 dicembre 2016 n. 26013). V. anche la nota 54. Laddove l'ordinanza di assegnazione abbia liquidato anche le spese della procedura a favore del creditore procedente, queste potranno essere pretese in sede di escussione del terzo nei limiti del credito assegnato (Cass. 21 luglio 2020 n. 15447).

Con riferimento all'ordinanza di assegnazione pronunciata nonostante il mancato riconoscimento del debito la Cassazione (Cass. 7 agosto 2001 n. 10897, in *Giur. it.*, 2002, p. 706, con nota di V. SAFFIOTTI) ha ritenuto che, mentre il creditore ha l'onere di chiedere il giudizio di accertamento, il debitore esecutato può proporre opposizione agli atti esecutivi contro l'ordinanza.

Quanto, poi, al sopraggiungere del fallimento del debitore, dopo l'avvenuto pagamento del creditore da parte del *debitor debitoris*, la Cassazione ne ha ammessa la revocabilità se il pagamento risale al periodo sospetto antecedente la dichiarazione di fallimento (Cass. 1° aprile 2011 n. 7579, in *Riv. dir. proc.*, 2012, p. 814, con nota di G. BATTAGLIA); mentre, qualora al sopraggiungere di tale dichiarazione il pagamento non sia ancora avvenuto, esso va effettuato direttamente al curatore fallimentare (Cass. 14 marzo 2011 n. 5994, *ibidem*) e, laddove sia effettuato al creditore pignorante, è da considerare inefficace ai sensi dell'art. 44 L. fall. (Cass. 10 agosto 2017 n. 19947; Cass. 22 gennaio 2016 n. 1227, in *Riv. dir. proc.*, 2018, p. 1602, con nota di R. MUNHOZ DE MELLO); né, a tal proposito, assume alcuna rilevanza l'eventuale opposizione ex art. 617 avverso l'ordi-

gibile immediatamente o comunque entro un termine non superiore a novanta giorni e l'ipotesi che esso sia esigibile in un termine più lungo. Nel primo caso il giudice dell'esecuzione dovrà provvedere senz'altro alla sua assegnazione, eventualmente previa ripartizione *pro quota* fra i creditori concorrenti (art. 553, 1° comma) (50). E naturalmente si tratterà di un'assegnazione salva esazione, ossia *pro solvendo*: il che significa che il creditore assegnatario dovrà prima escutere il terzo debitore e, solo in caso di incapienza, potrà proseguire nella sua azione esecutiva contro il suo debitore originario (ad es., pignorando altri suoi beni) (51).

Nel secondo caso, ossia nel caso di crediti esigibili in un termine maggiore di novanta giorni, come anche nel caso di censi o rendite perpetue o temporanee, l'assegnazione è possibile solo se chiesta concordemente dai creditori; altrimenti il credito verrà venduto con le regole della vendita forzata delle cose mobili (art. 553, 2° comma: v. retro, § 22) ed insieme col credito verranno trasferite le relative garanzie reali (art. 554).

L'ordinanza di assegnazione è impugnabile soltanto con l'opposizione agli atti esecutivi (52), anche da parte del terzo (53), e costituisce, a sua volta, titolo

---

nanza di assegnazione di cui all'art. 553 (Cass. 5 giugno 2020 n. 10820, in *Riv. es. forz.*, 2021, p. 402, con nota di L. VACCARELLA). In proposito v. anche, con diffuse considerazioni critiche, V. COLESANTI, *Sul «conflitto» tra assegnazione di credito e fallimento dell'espropriato*, *ibidem*, p. 1440, il quale ritiene inconcepibile «l'idea di postulare una inefficacia a carico dell'assegnatario *accipiens*, ancorando all'art. 44 L. fall. un atto che *non* è del fallito».

(50) Nel compiere quest'assegnazione, il giudice dell'esecuzione deve controllare, anche d'ufficio, se il credito preteso dal creditore procedente corrisponde alle indicazioni del titolo esecutivo (Cass. 16 febbraio 2000 n. 1728; in precedenza, Cass. 10 settembre 1996 n. 8215, in *Foro it.*, 1997, I, 2610) e del precetto, anche in assenza di contestazioni del debitore (Cass. 17 novembre 2014 n. 24367). La pronuncia dell'ordinanza di assegnazione fa maturare gli interessi sul credito assegnato, ai sensi dell'art. 1282 c.c. (Cass. 4 luglio 2018 n. 17440), e non fa venir meno l'interesse all'opposizione all'esecuzione (Cass. 27 agosto 2015 n. 17191), mentre impedisce l'esperibilità dell'opposizione di terzo all'esecuzione tradiva, ai sensi dell'art. 620 c.p.c. (Cass. 6 febbraio 2020 n. 2868). In ogni caso, a seguito dell'ordinanza, il terzo può opporre anche un controcredito in compensazione nei confronti del creditore assegnatario (Cass. 4 luglio 2018 n. 17441).

(51) Cfr. Cass. 18 settembre 1980 n. 5304.

(52) Cass. 24 marzo 2017 n. 7706; Cass. 20 novembre 2012 n. 20310, in *Riv. es. forz.*, 2013, p. 382, con nota di A. BONAFINE; con ricorso al giudice dell'esecuzione (Cass. 8 febbraio 2016 n. 2490). In questo caso, il valore della causa è dato dal valore del credito assegnato (Cass. 13 febbraio 2015 n. 2858). Di conseguenza, l'ordinanza di assegnazione non è né ricorribile ex art. 111 Cost. (Cass. 9 marzo 2011 n. 5529), né appellabile (salvo il caso che abbia, esulando dai suoi limiti, deciso su diritti: Cass. 26 febbraio 2019 n. 5489, già cit. retro, alla nota 42; Cass. 8 febbraio 2007 n. 2745) o sottoponibile a regolamento di competenza (Cass. 4 aprile 2001 n. 4989, in *Giur. it.*, 2002, p. 940; per l'ammissibilità, invece, Cass. 19 giugno 2002 n. 8920, in *Giur. it.*, 2002, p. 1590, con nota critica di M. BINA).

L'ordinanza di assegnazione del credito viziata dall'impignorabilità del credito assegnato

Secondo un orientamento della Cassazione l'impugnabilità con l'opposizione agli atti esecutivi sussiste *anche quando il vizio che inficia l'ordinanza concerne l'impignorabilità del credito*, poiché l'impugnabilità con l'opposizione all'esecuzione secondo il disposto dell'art. 615, 2° comma, è, in questo caso, impedita dal fatto che l'ordinanza *de qua* chiude il processo esecutivo (Cass. 19

esecutivo utilizzabile dal creditore assegnatario nei confronti del terzo pignorato inadempiente (54).

Va, infine, rilevato che anche l'efficacia del pignoramento presso terzi, come quella di ogni altra forma di pignoramento, cessa con la chiusura anticipata del processo esecutivo, che – come abbiamo già visto (retro, § 17) – può essere disposta d'ufficio dal giudice anche per infruttuosità, ai sensi dell'art. 164 bis disp. att.

---

maggio 2003 n. 7761, in *Riv. es. forz.*, 2004, p. 269; Cass. 18 gennaio 2000 n. 496, *ivi*, 2001, p. 663 e in *Giur. it.*, 2001, p. 53, con nota di L. BIFFI; Cass. 21 novembre 1988 n. 6262, in *Foro it.*, 1989, I, 393; Trib. Roma 9 marzo 2017, *ivi*, 2017, I, 2877, con osservazioni di E. D'ALESSANDRO). Secondo un altro orientamento, invece, questo non è possibile, sia per il disposto dell'art. 615, 2° comma, e sia perché l'impignorabilità concerne ancora il «se» dell'esecuzione (Cass. 11 febbraio 1999 n. 1150, in *Giur. it.*, 1999, p. 2253), sicché l'impignorabilità resterebbe, in questi casi, senza rimedi. A fronte di questo difetto di tutela (che, in realtà, si avverte solo quando dalla dichiarazione del terzo non risulta l'impignorabilità del credito, giacché altrimenti è proponibile l'opposizione all'esecuzione prima dell'assegnazione) si è prospettata la proponibilità di un'autonoma *actio nullitatis* (M.G. CANELLA, in *Riv. trim. dir. e proc. civ.*, 2001, p. 225). Ma, a nostro parere, parrebbe preferibile il richiamo (sul quale v. i cenni di E. TOLLIS, in *Riv. es. forz.*, 2001, p. 664) alla portata di chiusura del sistema dei rimedi nel processo esecutivo, che viene per lo più riconosciuta proprio all'opposizione agli atti esecutivi. In argomento v. anche G. DELLA PIETRA, in AA.VV., *Le espropriazioni*, cit., p. 46; G. TOTA, *Sub art. 553*, in AA.VV., *Commentario*, cit., VI, p. 915; sugli orientamenti giurisprudenziali emersi in argomento v., in maniera approfondita, G. FINOCCHIARO, *La stabilità dell'ordinanza di assegnazione del credito pignorato*, in *Riv. es. forz.*, 2019, p. 156.

Resta inteso, peraltro, che il mancato esperimento dell'opposizione agli atti nei termini non fa venir meno l'interesse alla decisione sull'opposizione all'esecuzione precedentemente proposta, in quanto questa, se di accoglimento, determinerebbe l'invalidazione di tutti gli atti esecutivi compiuti (Cass. 15 febbraio 2019 n. 4528; Cass. 27 agosto 2014 n. 15761).

(53) Quanto al problema della decorrenza del termine di venti giorni per la proposizione dell'opposizione agli atti esecutivi da parte del terzo, la Cassazione ha chiarito che tale termine decorre dal momento in cui egli ne abbia avuta legale conoscenza (Cass. 25 febbraio 2016 n. 3712; Cass. 26 maggio 2014 n. 11642, in *Riv. es. forz.*, 2015, p. 471, con nota di G. MARMIROLI, e *ibidem*, p. 759, con nota di R. GIORDANO), tramite notificazione da parte del creditore (Cass. 14 dicembre 2015 n. 25110), e non dalla data di pronuncia del provvedimento, salvo che questa sia avvenuta in udienza alla presenza anche del terzo (Cass. 19 ottobre 2015 n. 21081).

(54) Cass. 3 giugno 2015 n. 11493, che, di conseguenza, ha ammesso l'esperibilità dell'opposizione all'esecuzione ex art. 615 da parte del terzo pignorato; Cass. 18 marzo 2003 n. 3976, cit. retro alla nota 49. In tal caso, tuttavia, le spese del precetto saranno a carico del creditore procedente, se il terzo adempie in un termine ragionevole (Cass. 4 luglio 2018 n. 17440; Cass. 13 aprile 2018 n. 9246).

Nel senso che, quando l'ordinanza di assegnazione riguardi un credito nei confronti della P.A., essa, divenuta definitiva, sia suscettibile di esecuzione mediante giudizio di ottemperanza (ex art. 112, 3° comma, lett. c, D.Lgs. 104/2010), avendo portata decisoria e attitudine al giudicato, v. Cons. Stato ad. pl. 10 aprile 2012 n. 2 (in *Giur. it.*, 2012, p. 1003); ma, in senso diverso, T.a.r. Toscana 5 marzo 2014 (in *www.ilcaso.it*).

Sezione quarta

L'ESPROPRIAZIONE IMMOBILIARE

26. *Il pignoramento immobiliare.*

La circostanza che il pignoramento abbia ad oggetto beni immobili (o diritti reali di godimento su beni immobili) dà luogo a particolari esigenze che, a loro volta, introducono particolari modalità del procedimento (1), rispetto al quale va ricordato (v. vol. I, § 37, dopo il richiamo della nota 65) che la *competenza per territorio* è disciplinata dagli artt. 26 e 27.

Anzitutto, la scelta dei beni da pignorare non è compiuta dall'ufficiale giudiziario, al momento del pignoramento, ma, in un momento anteriore, dal creditore procedente. Quest'ultimo, oltre a dover optare per il pignoramento immobiliare piuttosto che per quello mobiliare o presso terzi, dovrà già sapere (ove scelga il pignoramento immobiliare) quali beni immobili appartengono al debitore (2) e se il loro valore sia approssimativamente sufficiente per soddisfare il

---

(1) In generale sull'argomento, v. A. TRAVI, *Espropriazione immobiliare*, in *Nss. Dig. it.*, VI, Torino, 1960, p. 902; G. VERDE, *Pignoramento mobiliare diretto e immobiliare*, in *Enc. dir.*, XXXIII, Milano, 1983, p. 822; G. TARZIA, *Il bene immobile nel processo esecutivo*, in *Riv. dir. proc.*, 1989, p. 340; A. BONSIGNORI, *L'esecuzione forzata*, cit., p. 229; G. BONGIORNO, *Espropriazione immobiliare*, in *Dig. civ.*, VIII, Torino, 1992, p. 34; F. TOMMASEO, *L'esecuzione forzata*, cit., p. 124; B. CAPPONI, *Manuale*[4], cit., p. 211; A. TEDOLDI, *Esecuzione forzata*, cit., p. 217.

Sui limiti di funzionalità dei meccanismi di cui si avvale il codice per l'espropriazione immobiliare e sulle possibilità offerte dalle diverse possibili prassi applicative, v. A. SALETTI, *La prassi di fronte alle norme e al sistema*, in *Riv. es. forz.*, 2001, p. 487; ID., *Tecniche ed effetti delle vendite forzate immobiliari*, in *Riv. dir. proc.*, 2003, p. 1038.

Circa i limiti di utilizzabilità dell'espropriazione immobiliare quando si proceda per l'esecuzione forzata di crediti di natura tributaria v. retro, la nota 8 del § 13.

(2) In caso di costituzione di un *trust*, di per sé privo di autonoma soggettività giuridica, l'azione esecutiva immobiliare va proposta nei confronti del *trustee* e non direttamente contro il *trust* (Cass. 27 gennaio 2017 n. 2043; Trib. Milano 6 novembre 2015, in *Trusts*, 2016, p. 308; Trib. Reggio Emilia 10 giugno 2013 e 25 marzo 2013, in *Giur. it.*, 2014, p. 1913, con nota adesiva di F. CORSINI, del quale A. v. anche *Il* trustee *nel processo di cognizione*, Torino, 2012, p. 219).

In caso di espropriazione immobiliare di un bene indiviso il pignoramento deve indicare, a

suo credito; e per sapere ciò dovrà fare capo alle risultanze dei pubblici registri immobiliari (3), anche per conoscere le eventuali ragioni di altrui prelazione che potrebbero frustrare la sua iniziativa, o l'esistenza di altri precedenti pignoramenti che potrebbero indurlo a preferire un intervento nelle relative procedure. Il solo limite nella scelta riguarda il creditore ipotecario, il quale non può pignorare altri immobili, se non sottopone a pignoramento anche gli immobili gravati da ipoteca (art. 2911 c.c.). Se il creditore ipotecario estende il pignoramento a immobili non ipotecati a suo favore, il giudice dell'esecuzione può ridurre il pignoramento ai termini dell'art. 496 (v. retro, § 17) oppure può sospendere la vendita fino al compimento di quella relativa agli immobili ipotecati (art. 558).

Il pignoramento dell'immobile (4) comprende gli accessori, le pertinenze e i frutti della cosa pignorata (5). Dal rilievo che l'art. 2912 c.c. configura palesemente un'estensione del pignoramento (come risulta anche dalla sua rubrica) (6), si deve desumere l'automaticità di tale estensione e l'unicità del pignoramento (7).

---

pena di nullità (sanabile attraverso la nota di trascrizione), la quota del bene spettante al debitore (Cass. 3 aprile 2015 n. 6833, in *Foro it.*, 2015, I, 3659).

(3) Tuttavia, l'esistenza di un provvedimento giudiziale di assegnazione della casa familiare al coniuge separato affidatario dei figli non impedisce il pignoramento (Cass. 11 luglio 2014 n. 15885). In proposito v. anche la nota 101 del § 14 nel vol. III.

(4) Nella sua unità; ad es., non si può frazionare un appartamento (Cass. 4 settembre 1985 n. 4612, in *Foro it.*, 1986, I, 494); cfr. anche G. TARZIA, *Il bene immobile*, cit., p. 346, che parla di una «regola non scritta» di «rispetto dell'individualità fisica del bene» la cui mancata osservanza potrebbe dar luogo ad inammissibilità. Per l'osservanza di questa regola si potrà eventualmente ricorrere all'«esperto» di cui all'art. 568 (*op. cit.*, p. 349); B. RAVENNA, *Sub art. 556*, in AA.VV., *Commentario*, cit., VI, p. 946. In caso di erronea indicazione dei dati catastali, il pignoramento non è nullo se l'immobile è comunque identificabile (Cass. 15 settembre 2020 n. 19123).

Il pignoramento immobiliare, per se stesso, non impedisce l'utile decorrenza del termine ventennale per l'usucapione (Cass. 30 dicembre 2009 n. 27668, in *Giur. it.*, 2010, p. 2134, con nota di N. ANDREOZZI), legittimando, quindi, il terzo a far valere l'usucapione sul bene mediante l'opposizione di terzo di cui all'art. 619. Parimenti, il pignoramento (o l'atto di intervento in un processo esecutivo intrapreso da altri) non può essere considerato atto equipollente alla rinnovazione dell'iscrizione dell'ipoteca, che, ai sensi dell'art. 2847 c.c., va effettuata prima della scadenza del ventennio (Cass. 8 febbraio 2017 n. 3401), né è in grado di sospenderne il decorso (Cass. 15 maggio 2014 n. 10632); di conseguenza, l'inefficacia dell'ipoteca per decorso del termine ventennale, dopo l'avvenuto pignoramento, priva il creditore procedente della causa di prelazione (Cass. 5 febbraio 2014 n. 2610).

(5) Cfr., ad es., Cass. 16 novembre 2000 n. 14863; Cass. 10 ottobre 1987 n. 7522. Tra i frutti dell'immobile pignorato rientrano non solo i canoni di locazione, ma anche il risarcimento dei danni dovuto dal conduttore per la ritardata consegna (Cass. 7 gennaio 2011 n. 267).

(6) Tuttavia, tale estensione è da escludersi con riferimento alla pertinenza, ove la stessa non sia indicata nell'atto di pignoramento e nella nota di trascrizione con i suoi dati catastali (Cass. 21 maggio 2014 n. 11272).

(7) Così G.F. RICCI, *La connessione*, cit., p. 119, che ne desume, tra l'altro, l'esclusione della possibilità della separazione delle procedure. Secondo questo A., l'automaticità dell'estensione non è affatto pregiudicata nell'ipotesi di pignoramento separato dei frutti o delle pertinenze (*op. cit.*, p. 138). Può essere talora delicata la distinzione tra *pars rei*, pertinenza e accessorio; per la quale distinzione v. G.F. RICCI, *op. cit.*, p. 131. La qualifica di pertinenza è stata esclusa, ad es., con riguardo

Non si verifica, invece, estensione automatica con riguardo ai mobili che arredano l'immobile. In questo caso, il collegamento – non funzionale, ma meramente economico – può rendere opportuno lo svolgimento contemporaneo delle due espropriazioni, come appunto prevede l'art. 556, che configura, per tale ipotesi, la formazione di atti di pignoramento separati per gli immobili e per i mobili, da depositarsi entrambi nella cancelleria del tribunale, alla cui competenza viene attratto anche il pignoramento mobiliare (8).

Una volta scelto il bene (o i beni) che intende pignorare, il creditore procedente dovrà individuarli e indicarli in maniera che non consenta equivoci; ciò in funzione di quello che, anche qui, è l'elemento centrale del pignoramento, ossia l'ingiunzione dell'ufficiale giudiziario al debitore, prevista dall'art. 492; infine, il meccanismo dell'opponibilità ai terzi di tutti i trasferimenti o i vincoli che colpiscono i beni immobili esige che il pignoramento sia fatto risultare nei pubblici registri immobiliari.

A questa complessa e triplice esigenza (scelta e individuazione dei beni da pignorare; ingiunzione da parte dell'ufficiale giudiziario e trascrizione nei pubblici registri immobiliari) viene incontro la struttura complessa dell'atto di pignoramento immobiliare. Quest'atto, a differenza del pignoramento mobiliare consiste in un *atto scritto* predisposto e sottoscritto dal creditore procedente (e, per esso, dal suo difensore munito di procura) (9): così dispone l'art. 170 disp. att. *L'atto deve contenere l'esatta indicazione dei beni e dei diritti immobiliari che si intendono sottoporre ad esecuzione, con gli estremi richiesti dal codice civile per l'individuazione dell'immobile ipotecato* (art. 555).

L'atto, così predisposto e sottoscritto (10), viene poi consegnato all'*ufficiale giudiziario*, il quale lo integra con *l'ingiunzione al debitore di non sottrarre i beni pignorati alla garanzia del credito* e provvede quindi alla sua *notificazione* al debitore (11). In pratica, l'ingiunzione al debitore rimane incorporata nel contesto della relazione di notificazione predisposta dallo stesso creditore procedente.

---

agli ascensori e agli impianti di riscaldamento qualificati «parti dell'edificio» e perciò non pignorabili autonomamente (Cass. 27 febbraio 1976 n. 654, in *Giur. it.*, 1977, I, 1, 1392, con nota perplessa del BUCOLO).

(8) Sull'argomento v. ampiamente G.F. RICCI, *La connessione*, cit., p. 69, che ravvisa in quest'istituto un tipico esempio di connessione di procedimenti esecutivi, attuabile, peraltro, solo nel momento iniziale e suscettibile di separazione. Qui anche (pp. 69-118), un ampio esame dei diversi problemi ai quali l'applicazione della norma può dare luogo.

(9) Anche se la procura è stata rilasciata nell'atto di precetto. L'eventuale vizio potrà esser fatto valere con l'opposizione agli atti esecutivi (Cass. 20 aprile 2012 n. 6264, sulla base del riconoscimento al pignoramento del valore di domanda giudiziale di espropriazione).

(10) Dal procuratore del creditore oppure anche da questo personalmente (Cass. 3 aprile 1982 n. 2069); v. retro, § 8, nota 68.

(11) Nel luogo di residenza del debitore. Se compiuta in altro luogo, la notificazione non è inesistente, ma nulla ed il relativo vizio va fatto valere con l'opposizione agli atti esecutivi nel termine di cinque giorni dalla conoscenza dell'atto (Cass. 4 dicembre 1998 n. 12315).

A questo punto, per la perfezione del pignoramento manca soltanto la sua *trascrizione* nei pubblici registri immobiliari (12). Tale trascrizione può essere compiuta dall'ufficiale giudiziario oppure dal creditore pignorante. Nel primo caso, l'ufficiale giudiziario, che dovrà essere stato, in precedenza, munito della nota di trascrizione (in due esemplari), provvederà, immediatamente dopo la notificazione, a consegnare copia autentica dell'atto così notificato al competente conservatore dei registri immobiliari che trascriverà l'atto e gli restituirà uno degli esemplari della nota con gli estremi di avvenuta trascrizione (art. 555, 2° comma). Nel secondo caso, l'ufficiale giudiziario consegnerà – se richiesto – al creditore procedente la copia autentica dell'atto notificato, in modo che questi possa provvedere a richiedere la trascrizione (art. 555, 3° comma) (13).

In ogni caso, l'originale dell'atto di pignoramento notificato e la nota di trascrizione restituita dal conservatore dei registri immobiliari devono essere consegnati dall'ufficiale giudiziario al creditore senza ritardo, affinché questi possa provvedere, entro quindici giorni, all'iscrizione a ruolo del procedimento di espropriazione, depositando nella cancelleria del tribunale competente la nota di iscrizione a ruolo, con copie conformi del titolo esecutivo, del precetto, dell'atto di pignoramento e della nota di trascrizione (art. 557, 1° comma). Invece, laddove alla trascrizione abbia provveduto direttamente il creditore, ai sensi dell'art. 555, 3° comma (v. retro), questi depositerà la nota di trascrizione appena restituitagli dal conservatore dei registri immobiliari (art. 557, 2° comma).

A seguito di ciò, il cancelliere provvederà alla formazione del fascicolo dell'esecuzione, restando inteso che – come abbiamo già visto (retro, § 17) – il pignoramento è destinato a perdere efficacia (14), ove l'iscrizione a ruolo non venga effettuata dal creditore nel termine prescritto (art. 557, 3° comma) (15) e sempre

(12) Tant'è che la sua mancanza impedisce al giudice di disporre la vendita e comporta l'estinzione del processo esecutivo (Cass. 20 aprile 2015 n. 7998, che parla di fattispecie a formazione progressiva). Il rilievo che la fattispecie del pignoramento non si perfeziona se non con la trascrizione dovrebbe implicare che solo dal momento della trascrizione decorre il termine di efficacia di cui all'art. 497 (v. retro, § 17). In proposito v. oltre, la nota 31.

Rispetto ai terzi determinante è il momento della trascrizione; così, ad es., agli effetti dell'insussistenza della legittimazione all'opposizione agli atti esecutivi (Cass. 14 aprile 1993 n. 4409, in *Giur. it.*, 1994, I, 1, 7).

(13) La quale trascrizione, ai sensi dell'art. 2668 ter c.c., conserva la sua specifica efficacia per 20 anni, salva rinnovazione (Trib. Larino 24 ottobre 2011, in *Riv. es. forz.*, 2011, p. 683 e Trib. Nocera Inferiore 27 settembre 2011, *ivi*, p. 686, con nota di C.I. RISOLO); ne deriva che, in mancanza di rinnovazione, si ha la caducazione del titolo ed eventualmente anche del processo esecutivo (Cass. 11 marzo 2016 n. 4751, in *Riv. es. forz.*, 2016, p. 501). Sull'argomento v. E. FABIANI, *L'inefficacia della trascrizione del pignoramento*, in *Giusto proc. civ.*, 2010, p. 771.

(14) Con conseguente cancellazione della trascrizione del pignoramento, ai sensi dell'art. 164 ter, 2° comma, disp. att.

(15) In tal senso Trib. Milano 29 giugno 2016, in *www.processocivileweb.it*. L'inefficacia del pignoramento dovrebbe aversi anche laddove il creditore, che abbia effettuato la trascrizione, non provveda a depositarla in cancelleria entro quindici giorni dalla restituzione dal conservatore dei registri immobiliari (Trib. Salerno 12 dicembre 2019, in *Giur. it.*, 2020, p. 852, con nota contraria di R. CONTE).

che ad essa non provveda uno degli altri soggetti indicati dall'art. 159 ter disp. att. (v. retro, § 15).

Il fascicolo dell'esecuzione è – per un determinato immobile – sempre unico, anche nell'eventualità di più pignoramenti successivi (16): in tal caso, infatti, il cancelliere, che avrà avuto notizia del precedente pignoramento, poiché di esso il conservatore avrà fatto menzione sulla nota di trascrizione che restituisce (art. 561, 1° comma), depositerà l'atto di pignoramento successivo nel fascicolo formato in base al primo pignoramento (art. 561, 2° comma).

Col pignoramento il debitore è costituito custode dei beni pignorati (17) e di tutti gli accessori, compresi le pertinenze e i frutti, senza diritto a compenso. Così dispone il 1° comma dell'art. 559, seguito dai seguenti ulteriori commi, che opportunamente restringono le ipotesi nelle quali custode è il debitore (ovviamente non interessato alla funzionalità della procedura) per valorizzare il ruolo del custode-terzo:

«*Su istanza del creditore pignorante o di un creditore intervenuto, il giudice dell'esecuzione, sentito il debitore, può nominare custode una persona diversa dallo stesso debitore. Il giudice provvede a nominare una persona diversa quando l'immobile non sia occupato dal debitore.*

Il giudice provvede alla sostituzione del custode in caso di inosservanza degli obblighi su di lui incombenti.

Il giudice, se custode dei beni pignorati è il debitore e salvo che per la particolare natura degli stessi ritenga che la sostituzione non abbia utilità, dispone, al mo-

---

(16) Nei confronti *dello stesso debitore*; per i problemi che sorgono nel caso di pignoramenti successivi contro debitori diversi, v. G. DELLA PIETRA, in *Riv. dir. proc.*, 1992, p. 681. Il pignoramento successivo è idoneo a reggere la procedura esecutiva anche in caso di sopravvenuto difetto del titolo originario (Trib. Vicenza 21 giugno 2011, in *Riv. es. forz.*, 2011, p. 693, con nota di A. MAJORANO).

(17) Sull'argomento v. M. VELLANI, *Custode*, in *Nss. Dig. it.*, V, Torino, 1960, p. 84; S. COSTA, *Custodia dei beni pignorati o sequestrati (dir. proc. civ.)*, in *Enc. dir.*, XI, Milano, 1962, p. 564; A. SALETTI, *Questioni attinenti alla custodia dell'immobile pignorato*, in *Giur. it.*, 1989, IV, 138. Sui poteri del custode, v. anche G. TARZIA, *Il bene immobile*, cit., p. 355 ed alcune pronunce di merito in *Giur. it.*, 2003, p. 1609, anche con riguardo all'assenza di diritti del debitore alla sua nomina a custode; B. RAVENNA, *Sub art. 559*, in AA.VV., *Commentario c.p.c.*, cit., VI, p. 969.

Il custode è legittimato – quale organo di giustizia e perciò in nome proprio – ad esercitare le azioni inerenti all'amministrazione del bene pignorato, ma non quelle relative ai diritti su di esso, e comunque indicando nell'atto introduttivo la sua qualità di custode, a pena di inammissibilità della domanda (Cass. 29 aprile 2015 n. 8695). V., sul punto, A. CASTOLDI, *La legittimazione processuale del custode*, in *Riv. dir. proc.*, 1987, p. 489. V. anche, Cass. 12 novembre 1999 n. 12556 (in *Giur. it.*, 2000, p. 1373, con nota di C. VANZ), che ha riconosciuto al custode la legittimazione ad agire per la condanna del conduttore al risarcimento del danno per ritardata restituzione dell'immobile.

L'eventuale sostituzione del custode (che può avvenire solo su richiesta dei creditori: art. 559, 2° comma) avviene con ordinanza del giudice dell'esecuzione, non impugnabile (art. 66, 3° comma), ma i cui eventuali vizi dovrebbero poter essere fatti valere con l'opposizione agli atti esecutivi (così G. SENSALE, *L'opposizione agli atti dell'esecuzione immobiliare*, in *Riv. es. forz.*, 2004, p. 48).

L'art. 559 dispone, tra l'altro, che il giudice provvede a nominare come custode una persona diversa quando l'immobile non sia occupato dal debitore, e che il giudice provvede alla sua sostituzione in caso di inosservanza degli obblighi su di lui incombenti.

mento in cui pronuncia l'ordinanza con cui è autorizzata la vendita o disposta la delega delle relative operazioni, che custode dei beni medesimi sia la persona incaricata delle dette operazioni o l'istituto di cui al primo comma dell'articolo 534.

Qualora tale istituto non sia disponibile o debba essere sostituito, è nominato custode altro soggetto.

I provvedimenti di cui ai commi che precedono sono pronunciati con ordinanza non impugnabile» (18).

Quanto ai comportamenti dei diversi soggetti coinvolti, con riguardo alla custodia, all'amministrazione e alla gestione dell'immobile pignorato, l'art. 560 prevede che «*il debitore e il terzo nominato custode debbono rendere il conto a norma dell'art. 593*» e che «*il custode nominato ha il dovere di vigilare affinché il debitore e il nucleo familiare conservino il bene pignorato con la diligenza del buon padre di famiglia e ne mantengano e tutelino l'integrità*» (19).

Questo, in considerazione del fatto che, a seguito dell'avvenuto pignoramento, «*il debitore e i familiari che con lui convivono non perdono il possesso dell'immobile e delle sue pertinenze sino al decreto di trasferimento* [di cui all'art. 586: v. oltre]» (3° comma) (20), salvo che il giudice non ne ordini prima la liberazione nei casi di cui al 6° comma dello stesso art. 560. Inoltre, «*il debitore deve consentire, in accordo con il custode, che l'immobile sia visitato da potenziali acquirenti*» (4° comma), con le modalità individuate dall'ordinanza di autorizzazione alla vendita di cui all'art. 569 (v. oltre, il § 28) (21).

---

(18) Tuttavia, nel caso del provvedimento di liquidazione del compenso del custode (diverso dal debitore), esso è sottoponibile all'opposizione di cui all'art. 170 D.P.R. 115/2002, essendo egli un ausiliario del giudice (Cass. 27 febbraio 2017 n. 4950; Cass. 25 ottobre 2016 n. 21475); su quest'opposizione v. il § 43 del vol. I.

(19) In argomento v. anche P. VITTORIA, *Modi della custodia e tutele del debitore che abita l'immobile pignorato, dopo le recenti modifiche dell'art. 560 c.p.c.*, in *Riv. es. forz.*, 2019, p. 243; P. FARINA, *Le modifiche apportate dalla l. 11 febbraio 2019, n. 12 alla conversione del pignoramento ed all'ordine di liberazione*, *ibidem*, p. 149; A. AULETTA, *Commento a prima lettura ecc.*, in *www.inexecutivis.it*; G. FANTICINI, *Il nuovo ordine di liberazione*, *ibidem*; M. ANGELONE, *Il nuovo "modo" della custodia dopo la l. 12/2019*, in *Riv. es. forz.*, 2019, p. 506; M.L. RUSSO, *La liberazione dell'immobile alla luce delle novelle legislative ecc.*, *ivi*, 2020, p. 678 e p. 964; A. TEDOLDI, *Esecuzione forzata*, cit., p. 224.

(20) Occorre ricordare che, prima delle modifiche intervenute nel 2019 (con la L. 12/2019, di conversione del D.L. 135/2018), la permanenza del debitore e dei suoi familiari nell'immobile era consentita solo previa autorizzazione, e comunque fino all'aggiudicazione o all'assegnazione dell'immobile pignorato.

(21) Va anche aggiunto che l'art. 1, 12° comma, lett. d-h, della L. 206/2021, di delega per la riforma del processo civile, ha delegato il Governo a prevedere che: 1) il custode collabori con l'esperto nominato ai sensi dell'art. 569 c.p.c. al controllo della completezza della documentazione catastale di cui all'art. 567, 2° comma; 2) il giudice dell'esecuzione provveda alla sostituzione del debitore nella custodia dell'immobile pignorato nominando il custode giudiziario entro quindici giorni dal deposito della stessa documentazione catastale, contemporaneamente alla nomina dell'esperto di cui all'art. 569, salvo che la custodia non abbia alcuna utilità ai fini della conservazione o dell'amministrazione del bene ovvero per la vendita; 3) il giudice ordini la liberazione dell'immobile pignorato non abitato dall'esecutato e dal suo nucleo familiare oppure occupato da soggetto privo di tito-

Come già detto, prima del decreto di trasferimento dell'immobile, il giudice può ordinare la sua liberazione da parte del debitore e del suo nucleo familiare, che continuino ad occuparlo, e dopo aver sentito il custode e il debitore – secondo quanto stabilisce il 6° comma dell'art. 560 –, «*qualora sia ostacolato il diritto di visita di potenziali acquirenti, quando l'immobile non sia adeguatamente tutelato e mantenuto in uno stato di buona conservazione, per colpa o dolo del debitore e dei membri del suo nucleo familiare, quando il debitore viola gli altri obblighi che la legge pone a suo carico*» (22).

Parimenti, egli ordina subito la liberazione dell'immobile pignorato quando «*non è abitato dal debitore e dal suo nucleo familiare*» (e quindi, anche quando – è da ritenere – si tratti di immobile non adibito ad uso abitativo). In ogni caso, «*al debitore è fatto divieto di dare in locazione l'immobile pignorato se non è autorizzato dal giudice dell'esecuzione*» (7° comma) (23).

Una volta pronunciato, l'ordine di liberazione può essere attuato dal custode – stabilisce ancora il 6° comma dell'art. 560 (24) –, a richiesta dell'aggiudicatario, «*senza l'osservanza delle formalità di cui agli articoli 605 e seguenti*» (formalità previste dal codice per l'esecuzione forzata del rilascio di immobili: v. oltre, § 33) ed il giudice può autorizzare lo stesso custode ad avvalersi della forza pubblica e nominare ausiliari ai sensi dell'art. 68 c.p.c.

Quando nell'immobile si trovano beni mobili, che non devono essere consegnati, il custode intima alla parte tenuta al rilascio di asportarli, assegnando un

---

lo opponibile alla procedura al più tardi nel momento in cui pronuncia l'ordinanza di autorizzazione alla vendita o di delega delle relative operazioni e che ordina la stessa liberazione quando l'immobile è occupato dall'esecutato convivente con il suo nucleo familiare al momento della pronuncia del decreto di trasferimento; 4) la relazione di stima e gli avvisi di vendita siano redatti secondo schemi standardizzati; 5) sia il custode ad attuare il provvedimento di liberazione dell'immobile pignorato secondo le disposizioni del giudice dell'esecuzione, senza l'osservanza delle formalità di cui agli artt. 605 e ss. c.p.c., successivamente alla pronuncia del decreto di trasferimento nell'interesse dell'aggiudicatario o dell'assegnatario se questi non lo esentano.

(22) La Cassazione ha escluso che il provvedimento, con il quale il giudice dell'esecuzione ordina la liberazione dell'immobile pignorato sia ricorribile per cassazione ai sensi dell'art. 111, 7° comma, Cost., in quanto privo dei requisiti della decisorietà e della definitività, pur riconoscendo possibile, per il terzo locatario, formulare opposizione all'esecuzione avverso il provvedimento stesso costituente titolo esecutivo per il rilascio da eseguirsi a cura del custode (Cass. 30 giugno 2010 n. 15623 e Cass. 17 dicembre 2010 n. 25654, in *Riv. dir. proc.*, 2011, p. 1262, con nota di S. VINCRE).

(23) L'eventuale locazione dell'immobile non autorizzata dal giudice dell'esecuzione non è opponibile alla procedura esecutiva (Cass. 14 novembre 2019 n. 29491).

(24) Dopo le modifiche che sono state introdotte dall'art. 18 quater, 1° comma, della L. 8/2020, di conversione del D.L. 162/2019. Aggiunge il 3° comma del medesimo art. 18 quater che «Le disposizioni di cui al 1° comma si applicano anche alle procedure di espropriazione immobiliare pendenti alla data di entrata in vigore della legge di conversione del presente decreto». Occorre ricordare che il 2° comma del citato art. 18 quater ha anche previsto che, in deroga a quanto stabilito dal 4° comma dell'art. 4 del D.L. 135/2018, conv. dalla L. 12/2019, le disposizioni introdotte dal 2° comma del predetto art. 4 [relative alla nuova formulazione dell'art. 560 c.p.c.] «si applicano anche alle procedure di espropriazione immobiliare prendenti alla data di entrata in vigore della citata L. 12/2019 nelle quali non sia stato pronunciato provvedimento di aggiudicazione del bene».

termine non inferiore a trenta giorni, salvi i casi urgenti. Se, invece, vi siano beni mobili di provata o evidente titolarità di terzi, l'intimazione è rivolta anche a questi ultimi. Ove l'asporto di tali beni non sia eseguito nel termine assegnato, essi si considerano abbandonati e il custode ne dispone lo smaltimento o la distruzione, salva diversa disposizione del giudice dell'esecuzione.

Infine, a seguito della notifica o della comunicazione del decreto di trasferimento, di cui all'art. 586 (su cui v. oltre), il custode, su istanza dell'aggiudicatario o dell'assegnatario (da avanzare, evidentemente, prima della pronuncia dello stesso decreto) (25), provvede all'attuazione del provvedimento di rilascio, decorsi sessanta giorni e non oltre centoventi giorni dalla predetta istanza, con le modalità di cui al 6° comma dell'art. 560, già richiamate.

Va anche ricordato che, ai sensi dell'art. 562, «*se il pignoramento diviene inefficace per il decorso del termine previsto nell'art. 497* [v. retro, § 17]*, il giudice dell'esecuzione con l'ordinanza di cui all'art. 630 dispone che sia cancellata la trascrizione. Il conservatore dei registri immobiliari provvede alla cancellazione su presentazione dell'ordinanza*».

27. *L'intervento dei creditori.*

Anche nell'espropriazione immobiliare, l'individuazione dei soggetti legittimati all'intervento è lasciata all'art. 499, 1° comma, ossia alla norma che tale legittimazione disciplina con riguardo ad ogni tipo di espropriazione, sicché operano anche qui le limitazioni previste da detta norma (26). Ed anche nell'espropriazione immobiliare si distingue tra intervento «*tempestivo*» (ossia effettuato non oltre l'udienza per l'autorizzazione alla vendita o all'assegnazione) (27) e intervento «*tardivo*». Questa distinzione emerge dal 1° comma dell'art. 525, dall'art. 564 (il quale aggiunge che anche qui i creditori muniti di titolo esecutivo possono provocare i singoli atti) (28) e dall'art. 566, ove si dispone che i creditori interve-

---

(25) Infatti, ai sensi dell'art. 586, 2° comma, il decreto di trasferimento contiene anche l'ingiunzione al rilascio dell'immobile (v. oltre). Nello stesso senso anche Trib. S.M. Capua Vetere 7 ottobre 2020, in *Giur. it.*, 2021, p. 1644, con nota adesiva di G. FELLONI; Trib. S.M. Capua Vetere 23 novembre 2020, in *www.ilcaso.it.*

(26) Sull'argomento, v. G.L. BARRECA, *L'intervento dei creditori e il piano di riparto nelle procedure esecutive riformate*, in *Riv. es. forz.*, 2007, p. 21; P. PUCCIARIELLO, *Sub art. 564*, in AA.VV., *Commentario*, cit., VI, p. 991; B. CAPPONI, *Manuale*[4], cit., p. 273.

(27) O, comunque, anche oltre tale udienza quando la stessa sia stata differita, sempreché ciò sia avvenuto prima dell'emissione dell'ordinanza di vendita (Cass. 31 marzo 2015 n. 6432; Cass. 18 gennaio 2012 n. 689, in *Guida al dir.*, 2012, n. 8, p. 38, con nota di M. PISELLI).

(28) Cfr. E. GARBAGNATI, *Il concorso*, cit., p. 61. V. però Cass. 10 novembre 1979 n. 5798, secondo la quale anche gli intervenienti «tardivi» potrebbero, se muniti di titolo, provocare i singoli atti. In ogni caso, questa possibilità di provocare i singoli atti presuppone la permanenza in atto di una valida procedura esecutiva (Cass. 13 febbraio 2009 n. 3531, già cit., retro alla nota 18 del § 9), anche a mezzo di creditore intervenuto titolato (Cass. sez. un. 7 gennaio 2014 n. 61, già cit. retro, alla nota 18 del § 9).

nuti dopo l'udienza di autorizzazione alla vendita o all'assegnazione, ma prima del provvedimento di distribuzione (v. oltre, § 30), possono soddisfarsi soltanto sull'eventuale residuo, a meno che siano creditori ipotecari o privilegiati, nel qual caso possono concorrere alla distribuzione del ricavato secondo i loro diritti di prelazione (art. 566). Ma sia nell'uno che nell'altro caso, occorre che l'intervento, ancorché tardivo, avvenga prima dell'udienza di approvazione del progetto di distribuzione, di cui all'art. 596 (v. oltre, § 30) (29).

28. *La vendita forzata.*

L'*iter* procedimentale che conduce alla vendita (30) è assai simile a quello visto per l'espropriazione mobiliare. Inizia con l'istanza di vendita da proporsi (dal creditore pignorante o da altro creditore intervenuto munito di titolo esecutivo) al giudice dell'esecuzione nominato dal presidente del tribunale ai sensi dell'art. 484, nel termine acceleratorio di *quarantacinque giorni* dall'avvenuto pignoramento (art. 497) (31) e col rispetto del termine dilatorio di dieci giorni dal medesimo atto (art. 567, 1° comma) (32).

---

(29) Cass. 14 maggio 2013 n. 11565; Cass. 28 dicembre 2012 n. 23993, in *Foro it.*, 2013, I, 2582, con nota di E. CAVUOTO; ma è possibile anche dopo, se l'udienza distributiva non venga effettivamente tenuta (Cass. 8 giugno 2012, n. 9285, *ibidem*, I, 1654). Agli effetti dell'opponibilità del pignoramento ai terzi successivi acquirenti (v. retro, § 16) non ha rilievo il fatto che l'intervento sia avvenuto dopo la trascrizione del pignoramento (Cass. 7 novembre 1975 n. 3761, in *Foro it.*, 1976, I, 1, 1288).

L'interventore, sia tempestivo che tardivo, è tenuto comunque a depositare i documenti giustificativi del suo credito nel termine fissato dal giudice dell'esecuzione o dal professionista delegato (Cass. 27 gennaio 2017 n. 2044, in *Foro it.*, 2017, I, 3078, con nota di E. CAVUOTO), insieme all'originale del titolo esecutivo (Cass. 25 maggio 2017 n. 13163, *ibidem*).

(30) E sul quale v. G. LIGUORI, *Profili della nuova disciplina della vendita forzata immobiliare*, in *Riv. es. forz.*, 2008, p. 420; M. CARNEVALE, *Sub art. 567*, in AA.VV., *Commentario c.p.c.*, cit., VI, p. 1002; A. TEDOLDI, *Esecuzione forzata*, cit., p. 232.

(31) Il mancato rispetto di questo termine dà luogo all'inefficacia del pignoramento, con conseguente estinzione del processo e cancellazione della trascrizione (art. 562) (v. retro, § 17, nota 70). Ma se, nonostante la tardività, viene ugualmente fissata l'udienza, il debitore ha l'onere di sollevare l'eccezione di inefficacia del pignoramento in udienza come sua prima difesa (Cass. 16 giugno 2003 n. 9624, in *Riv. es. forz.*, 2004, p. 274).

(32) È dubbio se questo termine dilatorio – come anche quello acceleratorio di quarantacinque giorni – decorra dalla notificazione dell'atto di pignoramento (v. S. SATTA, *Commentario*, III, cit., pp. 164, 344 e la prevalente giurisprudenza: ad es., Cass. 16 settembre 1997 n. 9231, in *Foro it.*, 1998, I, 1969; Cass. 25 giugno 1977 n. 2733; Trib. Monza 22 gennaio 2019, in *Riv. es. forz.*, 2019, p. 478; nello stesso senso, ai fini della configurazione del reato di sottrazione di beni pignorati, Cass., sez. pen., 28 settembre 2009 n. 38099, in *Giur. it.*, 2010, p. 887, con nota contraria di R. CONTE) o dalla trascrizione (come ritiene la prevalente dottrina: v. G. TARZIA, *Sul termine di efficacia del pignoramento*, in *Riv. dir. proc.*, 1966, p. 320 e qualche isolata pronuncia di merito; v., ad es., Trib. Asti 25 ottobre 1995, in *Giur. it.*, 1997, I, 2, 112, con ampia nota adesiva di P.L. NELA). Per questo e per altri problemi pratici soluzioni diverse e più articolate sono proposte dal VERDE (*Pignoramento*, cit., p. 770), che propende per la riconduzione dell'efficacia al momento dell'intimazione come atto centrale della fattispecie.

L'art. 567 (33), dopo avere così richiamato e disposto, specifica, nei successivi 2° e 3° comma, gli ulteriori adempimenti ai quali deve provvedere il creditore che procede alla vendita, come segue:

«*Il creditore che richiede la vendita deve provvedere, entro sessanta giorni dal deposito del ricorso, ad allegare allo stesso l'estratto del catasto, nonché i certificati delle iscrizioni e trascrizioni relative all'immobile pignorato effettuate nei venti anni anteriori alla trascrizione del pignoramento; tale documentazione può essere sostituita da un certificato notarile attestante le risultanze delle visure catastali e dei registri immobiliari*» (34).

«*Il termine di cui al 2° comma* – prevede, poi, il 3° comma dell'art. 567 – *può essere prorogato una sola volta su istanza dei creditori o dell'esecutato, per giusti motivi e per una durata non superiore ad ulteriori sessanta giorni* (35). *Un termine di sessanta giorni è inoltre assegnato al creditore dal giudice, quando lo stesso ritiene che la documentazione da questi depositata debba essere completata* (36)».

Lo stesso 3° comma stabilisce, inoltre, le conseguenze della mancata ottemperanza del creditore a tali adempimenti. Infatti, «*se la proroga non è richiesta o non è concessa, oppure se la documentazione non è integrata nel termine assegnato ai sensi*

---

(33) V. F. DE STEFANO, *Novità sull'espropriazione forzata*, in *Il libro dell'anno del diritto Treccani*, Roma, 2016; P. FARINA, *L'ennesima espropriazione immobiliare «efficiente» ecc.*, in *Riv. dir. proc.*, 2016, p. 130; A. CARRATTA, *Le più recenti riforme*, cit., p. 48; M.C. VANZ, in AA.VV., *Le nuove riforme*, cit., p. 223; B. CAPPONI, *Manuale*[4], cit., p. 297; A. TEDOLDI, *Le novità in materia di esecuzione forzata nel d.l. 83/2015*, cit., p. 169; F. PETRUCCO TOFFOLO, *La fase della vendita nell'espropriazione immobiliare «riformata»*, in *Riv. es. forz.*, 2016, p. 650; A. AULETTA, *La riforma dell'esecuzione forzata ecc.*, *ibidem*, p. 205.

(34) Tale documentazione è funzionale a consentire al giudice di verificare d'ufficio la titolarità, in capo all'esecutato, del diritto (di proprietà o reale minore) sul bene pignorato (Cass. 26 maggio 2014 n. 11638, in *Corr. giur.*, 2014, p. 1023). Di conseguenza, sarebbe doverosa la richiesta, da parte del giudice dell'esecuzione, della certificazione attestante che, in base alle risultanze dei registri immobiliari, il bene pignorato sia di proprietà del debitore esecutato, con inevitabile chiusura anticipata del processo, in caso di inottemperanza (Cass. 11 giugno 2019 n. 15597).

(35) Sui vantaggi conseguenti alla prorogabilità dei termini di cui all'art. 567, v. G. SENSALE, *Profili dell'espropriazione immobiliare*, in *Riv. es. forz.*, 2006, p. 91; P. LICCARDO, *I modelli decisionali ecc.*, *ibidem*, p. 99; M. MONTANARO, *C'era una volta la documentazione ipo-catastale ecc.*, *ibidem*, p. 179, secondo cui il legislatore avrebbe potuto eliminare l'onere della produzione della documentazione da parte del creditore. Sull'inapplicabilità a tali termini della sospensione feriale e sull'infondatezza del dubbio di costituzionalità di tale esclusione v. C. Cost. 20 luglio 2016 n. 191.

Anche in questo caso l'art. 1, 12° comma, lett. c, della già citata L. 206/2021 (v. retro, la nota 21) ha delegato il Governo a prevedere che il termine prescritto dal 2° comma dell'art. 567 c.p.c. per il deposito della documentazione catastale «coincide con quello previsto dal combinato disposto degli artt. 497 e 501 del medesimo codice per il deposito dell'istanza di vendita», salva la possibilità che detto termine sia prorogato di ulteriori quarantacinque giorni nei casi previsti dal 3° comma dell'art. 567.

(36) Secondo F. CORSINI (a commento di una pronuncia di merito in *Giur. it.*, 2007, p. 2015) siamo qui in presenza dell'anomala figura di un termine perentorio prorogabile; che va, d'altra parte, coordinato con una possibile proroga ad iniziativa officiosa per il caso di documentazione incompleta (e non anche, come da altri sostenuto, completa, ma carente: *op. cit.*, p. 2014).

di quanto previsto nel periodo precedente, il giudice dell'esecuzione, anche d'ufficio, dichiara l'inefficacia del pignoramento relativamente all'immobile per il quale non è stata depositata la prescritta documentazione (37). *L'inefficacia è dichiarata con ordinanza, sentite le parti. Il giudice, con l'ordinanza, dispone la cancellazione della trascrizione del pignoramento. Si applica l'articolo 562, 2° comma. Il giudice dichiara altresì l'estinzione del processo esecutivo se non vi sono altri beni pignorati*» (38).

La documentazione catastale consente al giudice dell'esecuzione di stabilire il valore dell'immobile agli effetti dell'espropriazione, ossia il valore base per la vendita. L'art. 568, 1° comma stabilisce, infatti, che tale valore viene determinato dal giudice «*avuto riguardo al valore di mercato sulla base degli elementi forniti dalle parti e dall'esperto nominato ai sensi dell'art. 569, 1° comma*». Puntualizza, inoltre, il 2° comma del medesimo art. 568 che nella determinazione del valore di mercato l'esperto procede «*al calcolo della superficie dell'immobile, specificando quella commerciale, del valore per metro quadro e del valore complessivo, esponendo analiticamente gli adeguamenti e le correzioni della stima, ivi compresa la riduzione del valore di mercato praticata per l'assenza della garanzia per vizi del bene venduto, e precisando tali adeguamenti in maniera distinta per gli oneri di regolarizzazione urbanistica, lo stato d'uso e di manutenzione, lo stato di possesso, i vincoli e gli oneri giuridici non eliminabili nel corso del procedimento esecutivo, nonché per le eventuali spese condominiali insolute*». Questa determinazione del valore dell'immobile è compiuta dal giudice dell'esecuzione col provvedimento col quale autorizza la vendita all'esito dell'apposita udienza, e sempre che in tale sede non siano state sollevate opposizioni.

La disciplina dell'udienza di autorizzazione della vendita e delle modalità che precedono e investono tale autorizzazione è contenuta nell'art. 569, che, nel suo 1° comma, recepisce una prassi già in atto presso diversi tribunali (39).

«*A seguito dell'istanza di vendita* – così il 1° comma dell'art. 569 – *di cui all'articolo 567 il giudice dell'esecuzione, entro quindici giorni dal deposito della documentazione di cui al 2° comma dell'articolo 567, nomina l'esperto* (40) *che presta*

---

(37) È prevista così un'estinzione parziale, riferita all'ipotesi che il pignoramento abbia ad oggetto una pluralità di immobili. Circa l'impugnabilità del relativo provvedimento, v. oltre, § 40, nota 53.

(38) L'estinzione del processo per il mancato rispetto del termine in discorso era prevista anche dal previgente 4° comma dell'art. 567; perciò, sebbene non fosse espressamente dichiarato perentorio, tale doveva essere ritenuto; cfr. M. MONTANARO, *L'estinzione della procedura esecutiva ai sensi dell'art. 567, 4° comma c.p.c.* (in *Riv. es. forz.*, 2002, p. 432), che poi evidenzia la diversità e la particolarità di questa fattispecie estintiva, e dimostra la necessità della previa disposizione della comparizione personale delle parti (*op. cit.*, p. 437). Secondo una pronuncia del Tribunale di Napoli e secondo il suo commentatore (A. ROCCHI, in *Riv. es. forz.*, 2003, p. 740) l'ordinanza estintiva *de qua* è impugnabile col reclamo ex art. 630 e unicamente con detto reclamo (Cass. 17 marzo 2005 n. 5789, in *Riv. es. forz.*, 2005, p. 419).

(39) Ampiamente sull'argomento, v. R. FONTANA, in *Foro it.*, 2005, V, 123; M. CARNEVALE, *Sub art. 569*, in AA.VV., *Commentario*, cit., VI, p. 1027.

(40) È dubbio se con questa disposizione si sia inteso rendere obbligatoria quella nomina del-

giuramento in cancelleria mediante sottoscrizione del verbale di accettazione e fissa l'udienza per la comparizione delle parti e dei creditori di cui all'articolo 498 che non siano intervenuti. Tra la data del provvedimento e la data fissata per l'udienza non possono decorrere più di novanta giorni (41)». Aggiunge lo stesso 1° comma che, salvi i casi di intervento tardivo dei creditori, «*non oltre trenta giorni prima dell'udienza, il creditore pignorante e i creditori intervenuti ai sensi dell'art. 499 depositano un atto, sottoscritto personalmente dal creditore e previamente notificato al debitore esecutato, nel quale è indicato l'ammontare del residuo credito per cui si procede, comprensivo degli interessi maturati, del criterio di calcolo di quelli in corso di maturazione e delle spese sostenute fino all'udienza*». In mancanza di tale atto, «*agli effetti della liquidazione della somma di cui al primo comma dell'art. 495* [cioè, ai fini della conversione del pignoramento: v. retro, § 17], *il credito resta definitivamente fissato nell'importo indicato nell'atto di precetto o di intervento, maggiorato dei soli interessi al tasso legale e delle spese successive*» (42).

«*All'udienza* – prosegue il 2° comma – *le parti possono fare osservazioni circa il tempo e le modalità della vendita, e debbono proporre, a pena di decadenza, le opposizioni agli atti esecutivi, se non sono già decadute dal diritto di proporle*» (43).

Peraltro, occorre aggiungere che – stando a quel che prevede il 2° comma

---

l'esperto che l'art. 568, 3° comma, prevede come solo eventuale o se – come sembra più logico – si sia voluto far riferimento alla sola eventualità che detta nomina (che nella prassi è quasi costante) risulti opportuna. È comunque certo che il giudice non è vincolato alle valutazioni dell'esperto.

Quanto al compenso da corrispondere all'esperto nominato l'art. 161, 3° comma, disp. att. prevede che esso viene calcolato sulla base del prezzo ricavato dalla vendita e che prima della vendita «*non possono essere liquidati acconti in misura superiore al 50% del compenso calcolato sulla base del valore di stima*». L'esperto, comunque, risponde in proprio degli eventuali danni cagionati in violazione dei doveri connessi al proprio ufficio (Cass. 18 settembre 2015 n. 18313). In proposito v. anche P. FARINA, *L'ennesima*, cit., p. 1325; A. TEDOLDI, *Le novità*, cit., p. 177; M.C. VANZ, in AA.VV., *Le nuove riforme*, cit., p. 239.

(41) Per le conseguenze dell'inosservanza di questo termine, v. Cass. 10 agosto 2002 n. 12138.

Va anche aggiunto che l'art. 1, 12° comma, lett. n, della già citata L. 206/2021 (v. retro, la nota 21) ha delegato il Governo a prevedere che: 1) il debitore, con istanza depositata non oltre dieci giorni prima dell'udienza di cui all'art. 569 c.p.c. e per una sola volta a pena di inammissibilità, possa chiedere di essere autorizzato a procedere direttamente alla vendita dell'immobile pignorato per un prezzo non inferiore al prezzo base indicato nella relazione di stima; 2) all'istanza del debitore deve essere sempre allegata l'offerta di acquisto irrevocabile per centoventi giorni e prestata cauzione non inferiore a un decimo del prezzo di acquisto; 3) il giudice dell'esecuzione, con decreto, valutata l'ammissibilità della proposta, dispone la pubblicità dell'offerta pervenuta, rendendo noto che entro sessanta giorni possono essere formulate ulteriori offerte di acquisto, e fissa l'udienza per deliberare sull'offerta o per lo svolgimento della gara fra i molteplici offerenti; 4) con il provvedimento di aggiudicazione lo stesso giudice fissa le modalità di pagamento del prezzo, da versare entro novanta giorni, pena la decadenza di cui all'art. 587 c.p.c.

(42) In proposito, con rilievi critici, v. M.R. GIUGLIANO, *Il procedimento di conversione del pignoramento: questioni applicative e modifiche normative*, in *Riv. es. forz.*, 2021, p. 306.

(43) Il termine per questa opposizione nei confronti dei provvedimenti pronunciati in questa udienza, decorre dalla data della pronuncia anche per il debitore non presente, ma onerato a presenziare (Cass. 22 febbraio 2006 n. 3950).

dell'art. 615 (v. oltre, § 36) – anche le eventuali opposizioni all'esecuzione andranno proposte prima che sia disposta la vendita o l'assegnazione, essendo inammissibili se proposte successivamente, salvo che siano fondate su fatti sopravvenuti ovvero l'opponente dimostri di non aver potuto proporle tempestivamente per causa a lui non imputabile.

«*Nel caso in cui il giudice disponga con ordinanza la vendita forzata* – così il 3° comma dello stesso art. 569 –, *fissa un termine non inferiore a novanta giorni, e non superiore a centoventi, entro il quale possono essere proposte offerte d'acquisto ai sensi dell'articolo 571. Il giudice con la medesima ordinanza stabilisce le modalità con cui deve essere prestata la cauzione, se la vendita è fatta in uno o più lotti, il prezzo base determinato a norma dell'articolo 568, l'offerta minima, il termine, non superiore a centoventi giorni dall'aggiudicazione, entro il quale il prezzo dev'essere depositato, con le modalità del deposito e fissa, al giorno successivo alla scadenza del termine, l'udienza per la deliberazione sull'offerta e per la gara tra gli offerenti di cui all'articolo 573. Quando ricorrono giustificati motivi, il giudice dell'esecuzione può disporre che il versamento del prezzo abbia luogo ratealmente ed entro un termine non superiore a dodici mesi. Il giudice provvede ai sensi dell'articolo 576* [e cioè, con la vendita all'incanto] *solo quando ritiene probabile che la vendita con tale modalità possa aver luogo ad un prezzo superiore della metà rispetto al valore del bene, determinato a norma dell'art. 568*» (44).

Con la stessa ordinanza, poi, secondo quel che prevede il 4° comma dell'art. 569, «*il giudice stabilisce, salvo che sia pregiudizievole per gli interessi dei creditori o per il sollecito svolgimento della procedura, che il versamento della cauzione, la presentazione delle offerte, lo svolgimento della gara tra gli offerenti e, nei casi previsti, l'incanto, nonché il pagamento del prezzo, siano effettuati con modalità telematiche, nel rispetto della normativa regolamentare di cui all'art. 161 ter disp. att. c.p.c.*» (45).

In tal caso, l'art. 173 quinquies disp. att. ammette che il giudice possa anche «*disporre che la presentazione dell'offerta d'acquisto e la prestazione della cauzione ai sensi degli articoli 571, 579, 589 e 584 possano avvenire con sistemi telematici di pagamento ovvero con carte di debito, di credito o prepagate o con altri mezzi di pagamento disponibili nei circuiti bancario e postale*». Aggiunge, inoltre, che «*è consentita la prestazione della cauzione anche mediante fideiussione autonoma, irrevocabile e a prima richiesta, rilasciata da banche, società assicuratrici e intermediari finanziari che svolgono in via esclusiva o prevalente attività di rilascio di*

(44) In questa sua nuova formulazione il 3° comma dell'art. 569 trova applicazione anche nei procedimenti già pendenti alla data di entrata in vigore del D.L. 83/2015 (27 giugno 2015), a meno che non sia stata già disposta la vendita; ma, secondo la giurisprudenza della Cassazione, è necessario che la nuova disciplina sia richiamata dall'ordinanza autorizzativa o imposta dall'esito della sua impugnazione (Cass. 5 ottobre 2018 n. 24570).

(45) Come per la vendita mobiliare *con modalità telematiche* (v. retro, § 22), anche in questo caso trova applicazione il D.M. 26 febbraio 2015 n. 32 del Ministro della giustizia, che fissa le regole tecnico-operative, istituisce il registro dei gestori della vendita telematica e individua tre diverse forme di vendita con modalità telematiche (sincrona, mista e asincrona).

garanzie e che sono sottoposti a revisione contabile da parte di una società di revisione». Sarà lo stesso giudice dell'esecuzione, con l'ordinanza di vendita, ad individuare la categoria professionale alla quale deve appartenere il soggetto che può rilasciare tale fideiussione. In ogni caso, l'offerente è tenuto a comunicare, a mezzo posta elettronica certificata, la dichiarazione contenente le indicazioni sull'offerta prescritte dall'art. 571 (v. oltre, in questo §).

All'udienza per l'autorizzazione alla vendita o all'assegnazione – precisa il 5° comma dell'art. 569 – «*se vi sono opposizioni* (46) *il tribunale le decide con sentenza e quindi il giudice dell'esecuzione dispone la vendita con ordinanza*».

Infine, «*con la medesima ordinanza* (47) *il giudice fissa il termine entro il quale essa deve essere notificata, a cura del creditore che ha chiesto la vendita o di un altro autorizzato, ai creditori di cui all'articolo 498* (ossia i "creditori privilegiati iscritti") *che non sono comparsi*» (art. 569, ultimo comma) (48).

Le modalità della vendita si riconducono a due procedure diverse: la vendita *senza incanto* e la vendita *con incanto* (49).

Come già detto, il giudice *deve disporre sempre la vendita senza incanto*, mentre l'incanto può essere utilizzato solo laddove egli ritenga che, con tale modalità, la vendita possa aver luogo ad un prezzo superiore della metà rispetto al valore del bene, determinato ai sensi dell'art. 568 (così gli artt. 503, 2° comma, e 569, 3° comma) (50).

La pubblicazione dell'avviso di vendita è l'atto col quale ha inizio la procedura di vendita senza incanto. Le modalità di quest'avviso e della pubblicità, al-

---

(46) Si tratta delle opposizioni agli atti esecutivi proposte in udienza (Cass. 26 ottobre 1984 n. 5491). Sulle ragioni con le quali la giurisprudenza sostiene questa limitazione, v. G. SENSALE, *Le opposizioni*, cit., p. 30.

(47) Quest'ordinanza è opponibile con l'apposizione agli atti esecutivi, ma non per vizi derivanti da vizi di atti prodromici non opposti tempestivamente (Cass. 15 novembre 2000 n. 14821).

(48) L'omissione di questa notifica fonda la responsabilità aquiliana per la perdita della garanzia ipotecaria (Trib. Monza 3 novembre 2004, in *Riv. es. forz.*, 2005, p. 664, con nota di A. TEDOLDI, su diversi complessi problemi coinvolti nella decisione, come, ad es., l'analogia con la giurisprudenza in tema di responsabilità per l'omissione dell'avviso di cui all'art. 498, la natura giuridica del danno per violazione delle forme processuali, i rapporti con l'arricchimento *sine causa* dei creditori).

(49) V. sul punto, A. CERINO CANOVA, *Offerte dopo l'incanto*, Padova, 1975, p. 149; A. BONSIGNORI, *L'esecuzione forzata*, cit., p. 235; G. TRISORIO LIUZZI, *La responsabilità del professionista delegato alla vendita nell'espropriazione immobiliare*, in *Riv. es. forz.*, 2010, p. 1; S. BARDARO, *Sub art. 591 bis*, in AA.VV., *Commentario c.p.c.*, cit., VI, p. 1164; A. TEDOLDI, *Esecuzione forzata*, cit., p. 237.

(50) Sull'importanza e la portata pratica di questa disposizione v. R. FONTANA, in *Foro it.*, 2005, V, 126; G. SENSALE, *Profili*, cit., p. 78, che si sofferma sul rilievo che la semplificazione (propria della vendita senza incanto) dell'*iter* per gli aspiranti acquirenti contribuisce (insieme con la presenza attiva del custode giudiziario e la previsione dell'ausilio del finanziamento bancario) a togliere spazio alle speculazioni degli affaristi delle espropriazioni (*ivi*, p. 79); A. TEDOLDI, *Le novità in materia di esecuzione forzata nel d.l. 132/2014*, in *Corr. giur.*, 2015, p. 390; B. CAPPONI, *Manuale*[4], cit., p. 331. Analoghe considerazioni – con riferimento anche all'importanza della segretazione delle offerte di cui all'art. 571, 4° comma, e su cui subito nel testo – da parte di M. ROSATO, *L'espropriazione immobiliare riformata dal legislatore del 2005*, in *Riv. es. forz.*, 2007, p. 315.

la quale deve essere assoggettato, risultano dall'art. 570 e, più in generale, dall'art. 490 richiamato dalla norma in discorso. Dall'avviso va esclusa l'indicazione del debitore.

Il meccanismo della vendita senza incanto si sostanzia nell'esame, da parte del giudice dell'esecuzione, e nell'eventuale accoglimento, dell'offerta che chiunque – tranne il debitore (51) – può compiere per l'acquisto dell'immobile pignorato, con dichiarazione scritta da presentarsi in cancelleria personalmente o a mezzo di procuratore legale anche a norma dell'art. 579, ultimo comma (52). L'offerente – così prosegue il 1° comma dell'art. 571 – deve presentare nella cancelleria dichiarazione contenente l'indicazione del prezzo, del tempo e modo del pagamento e ogni altro elemento utile alla valutazione dell'offerta.

L'offerta – così il 3° comma – è irrevocabile, salvo che:

1) il giudice ordini l'incanto;

2) siano decorsi centoventi giorni dalla sua presentazione ed essa non sia stata accolta.

Tuttavia, «*l'offerta non è efficace* – prevede il 2° comma dello stesso art. 571 – *se perviene oltre il termine stabilito ai sensi dell'articolo 569, 3° comma, se è inferiore di oltre un quarto al prezzo stabilito nell'ordinanza o se l'offerente non presta cauzione, con le modalità stabilite nell'ordinanza di vendita, in misura non inferiore al decimo del prezzo da lui proposto*».

Infine, circa le modalità di formulazione dell'offerta, il 4° comma stabilisce che essa «*deve essere depositata in busta chiusa all'esterno della quale sono annotati, a cura del cancelliere ricevente, il nome, previa identificazione, di chi materialmente provvede al deposito, il nome del giudice dell'esecuzione o del professionista delegato ai sensi dell'articolo 591-bis e la data dell'udienza fissata per l'esame delle offerte. Se è stabilito che la cauzione è da versare mediante assegno circolare, lo stesso deve essere inserito nella busta. Le buste sono aperte all'udienza fissata per l'esame delle offerte alla presenza degli offerenti*» (53).

L'art. 572, invece, si occupa delle deliberazioni sull'offerta. «*Sull'offerta* – così il 1° comma – *il giudice dell'esecuzione sente le parti e i creditori iscritti non intervenuti*».

I successivi 2° e 3° comma prendono in considerazione le due ipotesi che l'offerta sia pari o superiore oppure inferiore al valore dell'immobile stabilito

(51) Ma anche il pubblico ufficiale per i beni venduti tramite il suo ministero (come, ad es., il giudice dell'esecuzione designato per la procedura e i suoi sostituti istituzionali od occasionali) (Cass. 13 febbraio 2019 n. 4149, in *Riv. es. forz.*, 2019, p. 323, con nota adesiva di R. METAFORA).

(52) V., sull'argomento, Cass. 5 maggio 2016 n. 8951; v. anche B. CAPPONI, *Responsabilità "pro quota" ex art. 587, comma 2, c.p.c. e 177 disp. att. c.p.c. di più offerenti ecc.*, in *Riv. es. forz.*, 2011, p. 575.

(53) L'apertura delle buste prima dell'udienza e senza la presenza di testimoni dà luogo ad un vizio che, come ogni altra violazione della procedura di vendita, è sanabile se non fatto valere nei termini e con le modalità dell'opposizione agli atti esecutivi (Cass. 15 settembre 2008 n. 23683, in *Guida al dir.*, 2008, n. 48, p. 52).

nell'ordinanza di vendita, disponendo che, nella prima ipotesi, l'offerta è senz'altro accolta (54), mentre nella seconda ipotesi, laddove il prezzo offerto sia inferiore a quello stabilito in misura non superiore ad un quarto, «*il giudice può far luogo alla vendita quando ritiene che non vi sia seria possibilità di conseguire un prezzo superiore con una nuova vendita e non sono state presentate istanze di assegnazione ai sensi dell'articolo 588*».

L'ultimo comma dell'art. 572 dispone, infine, che si applicano anche in questi casi le disposizioni degli artt. 573, 574 (concernenti come stiamo per vedere, un'eventuale gara tra gli offerenti e il provvedimento sulla vendita e il versamento del prezzo), nonché l'art. 577 (concernente l'indivisibilità dei fondi).

Infatti, se le offerte sono più di una – stabilisce il 1° comma dell'art. 573 –, «*il giudice dell'esecuzione invita in ogni caso gli offerenti ad una gara sull'offerta più alta*», che è stata formulata. Tuttavia – aggiungono il 2° e il 4° comma –, se sono state presentate anche istanze di assegnazione, ai sensi dell'art. 588, e il prezzo indicato nella migliore offerta o nell'offerta presentata per prima o offerto all'esito della gara è inferiore al valore dell'immobile stabilito nell'ordinanza di vendita, «*il giudice non fa luogo alla vendita e procede all'assegnazione*». In tali casi, infatti, risulta indubbiamente più vantaggiosa l'assegnazione (chiesta per un valore almeno pari a quello stabilito nell'ordinanza) della vendita dell'immobile.

Ai fini dell'individuazione della «migliore offerta» – precisa, poi, il 3° comma dello stesso art. 573 – «*il giudice tiene conto dell'entità del prezzo, delle cauzioni prestate, delle forme, dei modi e dei tempi del pagamento nonché di ogni altro elemento utile indicato nell'offerta stessa*».

Quando dispone la vendita, il giudice pronuncia un decreto col quale indica le modalità del versamento del prezzo (art. 574). Quindi (ma solo a versamento avvenuto), pronuncia un altro decreto, quello previsto dall'art. 586, col quale l'immobile viene trasferito in proprietà all'acquirente.

Abbiamo visto, peraltro, che con l'ordinanza con la quale viene disposta la vendita il giudice può anche prevedere *che il versamento del prezzo sia rateizzato entro un termine massimo di dodici mesi* (art. 569, 3° comma). Ebbene, in tal caso – prevede il 1° comma dell'art. 574 – con il medesimo decreto il giudice dell'esecuzione «*può autorizzare l'aggiudicatario che ne faccia richiesta, ad immettersi nel possesso dell'immobile venduto, a condizione che sia prestata una fideiussione, autonoma, irrevocabile e a prima richiesta, rilasciata da banche, società assicuratrici o intermediari finanziari che svolgono in via esclusiva o prevalente attività di rilascio di garanzie e che sono sottoposti a revisione contabile da parte di una società di revisione, per un importo pari ad almeno il 30% del prezzo di vendita*». Tale fideiussione va rilasciata a favore della procedura esecutiva e serve a garantire il rilascio dell'immobile da parte dell'aggiudicatario entro trenta giorni dal-

---

(54) Ciò che sembra impedire al giudice dell'esecuzione di prendere in considerazione eventuali richieste di assegnazione del bene, anche se più vantaggiose (così, invece, Trib. Udine 15 luglio 2017, in *Riv. es. forz.*, 2018, p. 427, con nota contraria di P. FARINA).

l'adozione del provvedimento di decadenza dall'aggiudicazione per il mancato pagamento anche di una sola rata (indicato dall'art. 587, 1° comma, secondo periodo), nonché del risarcimento dei danni eventualmente arrecati all'immobile dallo stesso.

Il meccanismo della vendita con incanto, che, come abbiamo visto, può essere utilizzato solo in via residuale, è invece imperniato su una gara ad offerte in aumento (c.d. *vendita all'asta*).

Il punto di partenza di questa procedura è l'ordinanza con la quale il giudice ordina l'incanto. Tale ordinanza – che è anch'essa pubblicata dal cancelliere ai termini dell'art. 490 e con eventuali altre forme di pubblicità straordinaria – deve contenere taluni elementi necessari per il successivo svolgimento della procedura e che sono elencati nell'art. 576. Tra essi sono particolarmente importanti, oltre all'indicazione del prezzo base dell'incanto (che è quello determinato ai sensi dell'art. 568), l'indicazione del giorno e dell'ora dell'incanto, la misura minima dell'aumento da apportarsi alle singole offerte; l'ammontare della cauzione (in misura non superiore al decimo del prezzo base d'asta) da depositare in via preventiva entro un termine da fissarsi, di natura perentoria (55), il termine entro il quale, in caso di aggiudicazione, il prezzo deve essere versato, nonché il termine che deve decorrere tra le forme di pubblicità e l'incanto. Solo eventualmente possono essere disposte forme di pubblicità straordinaria (56). Le operazioni di vendita possono essere affidate a un istituto autorizzato (art. 159 disp. att.) (57) o ad un professionista.

Chiunque, eccetto il debitore (58), può partecipare all'incanto, personalmente o a mezzo di procuratore speciale (art. 579); gli avvocati possono fare offerte per persona da nominare che va designata nel termine di tre giorni, altrimenti

---

(55) In questo senso Cass. sez. un. 12 gennaio 2010 n. 262 (in *Giur. it.*, 2010, p. 256, con nota critica di A. RONCO, nonché in *Foro it.*, 2010, I, 1462, con nota anch'essa critica di C.M. BARONE, e in *Riv. es. forz.*, 2010, p. 308, con nota di A. CERRATO). Ne deriva che anche la possibilità per il giudice dell'esecuzione di revocare o modificare l'ordinanza di autorizzazione alla vendita con incanto, pure in via generale ammessa dall'art. 487 (v. retro, il § 14) fino all'inizio dell'incanto risulta limitata alle sole ipotesi in cui emergano «ragioni di ordine oggettivo e non per andare incontro ad esigenze manifestate da un singolo potenziale offerente».

(56) La cui inosservanza, pertanto, non dà luogo a nullità (cfr. A. CERINO CANOVA, in *Giur. it.*, 1983, I, 2, 755; contra Cass. 23 novembre 1985 n. 5826), così come non dà luogo a nullità l'inosservanza del termine che deve decorrere tra le forme di pubblicità ordinaria e l'incanto di cui poc'anzi nel testo (Cass. 3 dicembre 1984 n. 6297, in *Giur. it.*, 1987, I, 1, 765).

(57) V., per questa dimostrazione, A. PROTO PISANI, in *Foro it.*, 1992, I, 444; con riguardo alla disciplina degli atti di questi ausiliari e alla loro opponibilità, v. R. ORIANI, in *Riv. dir. proc.*, 1993, p. 998; poi, con l'evidenziazione dell'opportunità che le operazioni di vendita siano affidate a persone o enti qualificati sotto il profilo professionale, G. COSTANTINO, in *Riv. trim. dir. e proc. civ.*, 1993, p. 1053.

(58) Ma anche il coniuge del debitore in regime di comunione (Cass. 2 febbraio 1982 n. 605, in *Foro it.*, 1982, I, 1979). Nulla, d'altra parte, impedisce che due o più persone si accordino, prima della gara, per partecipare ad essa a mezzo di una di esse o di un comune mandatario (Cass. 20 marzo 1982 n. 1814).

l'aggiudicazione diviene definitiva al nome dell'avvocato (art. 583) (59).

«*Per offrire all'incanto* – così l'art. 580, 1° comma – *è necessario avere prestato la cauzione a norma dell'ordinanza di cui all'art. 576*» (60). Il 2° comma precisa, poi, che, se l'offerente non diviene aggiudicatario, la cauzione gli viene restituita dopo la chiusura dell'incanto (salvo che lo stesso abbia omesso di partecipare all'incanto senza giustificato motivo, nel qual caso gli vengono restituiti solo i nove decimi), mentre per l'ipotesi che l'offerente divenga aggiudicatario, ma non versi il prezzo nel termine stabilito, l'art. 587 prevede la fissazione di un nuovo incanto (su questo v. oltre) e la perdita della cauzione a titolo di multa: ciò che induce la prevalente dottrina ad assimilare la cauzione *de qua*, sotto il profilo funzionale, alla caparra confirmatoria. Sotto il profilo strutturale, la cauzione in discorso va, invece, considerata condizione di efficacia dell'offerta, come si desume dall'art. 571 a proposito della vendita senza incanto (61). Conseguentemente, l'offerta non accompagnata dalla cauzione può essere dichiarata inefficace con provvedimento ordinatorio, mentre l'ammissione all'incanto di offerta inefficace per i suddetti motivi dà luogo a un'irregolarità che può essere fatta valere con l'opposizione agli atti esecutivi.

L'incanto ha luogo in un'udienza davanti al giudice dell'esecuzione (62) – secondo il disposto dell'art. 581, 3° comma – con l'attesa di un periodo complessivo di tre minuti per la proposizione di altre offerte, che non sono valide se non superano il prezzo base o l'offerta precedente nella misura indicata nell'ordinanza che dispone l'incanto. In questo caso, l'offerente precedente cessa di essere impegnato dalla sua offerta (art. 581, ultimo comma). Rimane aggiudicatario l'offerente la cui offerta non è superata, entro il periodo suddetto, da una valida offerta maggiore (63).

---

(59) Se l'offerta è fatta da persona priva della qualità di avvocato, ciò costituisce ostacolo soltanto alla sostituzione dell'aggiudicatario (Cass. 17 settembre 1981 n. 5145, in *Foro it.*, 1982, I, 1107). Fino alla designazione, l'avvocato è legittimato all'opposizione agli atti esecutivi (Cass. 26 febbraio 1994 n. 1966, in *Giur. it.*, 1994, I, 1, 1276).

Si è molto discusso se il mandato all'avvocato possa essere anche successivo all'aggiudicazione e comunque sostituito dall'accettazione della persona nominata. Per l'esposizione delle contrapposte opinioni con argomentata presa di posizione in senso affermativo, v. E. FABIANI, *In tema di aggiudicazione per persona da nominare ai sensi dell'art. 583 c.p.c.*, in *Riv. trim. dir. e proc. civ.*, 2003, p. 1429.

(60) Nel termine fissato al riguardo e che – come detto retro, alla nota 55 – Cass. sez. un. 12 gennaio 2010 n. 262 (ivi citata) ha ritenuto perentorio.

(61) Cfr. Cass. 28 aprile 1994 n. 4113.

(62) Il requisito della necessaria presenza del creditore procedente o di un interveniente munito di titolo (Cass. 4 settembre 1985 n. 4612, in *Foro it.*, 1986, I, 494) sembra ormai superato dall'orientamento della *Cassazione che nega alle operazioni di incanto l'applicabilità della disciplina delle udienze* (v., ad es., Cass. sez. un. 29 luglio 2013 n. 18185, in *Riv. es. forz.*, 2015, p. 57, con nota di F. CAMPI; Cass. 19 luglio 2004 n. 13354, in *Riv. es. forz.*, 2004, p. 804 e in *Foro it.*, 2005, I, 457), sicché l'incanto può avvenire anche in assenza dei creditori.

(63) Il fatto che in concreto non si sia realizzata la pluralità degli offerenti per essersi presentato un solo offerente, non compromette la validità dell'incanto (Cass. 3 maggio 1980 n. 2910).

Avvenuto l'incanto, possono ancora essere fatte offerte di acquisto (con le modalità di cui all'art. 571, e quindi anche con modalità telematiche) (64) entro il termine perentorio di dieci giorni (65), purché il prezzo offerto superi di almeno un quinto quello raggiunto nell'incanto (*c.d. aumento di quinto* o *offerta dopo l'incanto*; art. 584) (66). Se viene superato questo minimo, l'offerta dopo l'incanto fa caducare l'offerta precedente (67) con la successiva apertura di un'ulteriore gara, ai termini dell'art. 573.

L'art. 584 disciplina, nei successivi commi l'*iter* da percorrere per queste ulteriori offerte e la gara ulteriore che può svolgersi tra i nuovi offerenti.

«*Le offerte di cui al 1° comma* – così il 2° comma – *si fanno mediante deposito in cancelleria nelle forme di cui all'articolo 571, prestando cauzione per una somma pari al doppio della cauzione versata ai sensi dell'articolo 580*».

«*Il giudice* – prosegue il 3° comma – *verificata la regolarità delle offerte, indice la gara, della quale il cancelliere dà pubblico avviso a norma dell'articolo 570 e comunicazione all'aggiudicatario fissando il termine perentorio entro il quale possono essere fatte ulteriori offerte a norma del 2° comma*».

«*Alla gara possono partecipare* – così il 4° comma – *oltre gli offerenti in aumento di cui ai commi precedenti e l'aggiudicatario, anche gli offerenti al precedente incanto che, entro il termine fissato dal giudice, abbiano integrato la cauzione nella misura di cui al 2° comma*» (68).

---

(64) Compresa la dichiarazione di residenza (Cass. 29 aprile 1999 n. 4304) e compreso il versamento cauzionale (Cass. 26 ottobre 1988 n. 5796, in *Giust. civ.*, 1989, I, p. 336), che non può essere integrato dopo la scadenza dei dieci giorni (Cass. 9 aprile 1999 n. 3470).

(65) Questo termine – che, secondo il prevalente orientamento, sarebbe perentorio, ma che Cass. 29 novembre 1995 n. 12400 (in *Giur. it.*, 1996, I, 1, 1070) ha ritenuto prorogabile purché con istanza anteriore alla scadenza – è stato riconosciuto come *processuale* (agli effetti della sospensione feriale) (Cass. 19 gennaio 1987 n. 420, in *Giur. it.*, 1987, I, 1, 2000); ciò in relazione con la natura processuale della disciplina della vendita forzata (su cui v. retro, § 19, note 108 e 109 e A. CERINO CANOVA, a commento della suddetta sentenza).

(66) Sull'argomento v. A. CERINO CANOVA, *Offerte*, cit., p. 177. Su problemi più specifici, v. L. MALAGÙ, *Sulla cauzione nelle offerte dopo l'incanto*, in *Riv. trim. dir. e proc. civ.*, 1986, p. 670; E. GASBARRINI, *Estinzione del processo esecutivo, aggiudicazione provvisoria ed offerta in aumento*, in *Riv. es. forz.*, 2010, p. 42; P. FARINA, *L'aggiudicazione nel sistema delle vendite forzate*, Napoli, 2012, p. 191; M. CARNEVALE, *Sub art. 584*, in AA.VV., *Commentario*, cit., VI, p. 1099. Sull'opponibilità con l'opposizione agli atti esecutivi dell'ordinanza che dispone la gara sull'offerta e dei provvedimenti di questa procedura, v. Cass. 7 febbraio 2001 n. 1710; Cass. 10 novembre 1993 n. 11085, in *Giur. it.*, 1994, I, 1, 1340; M. RIVA, in *Riv. dir. proc.*, 1991, p. 607; sulla loro non impugnabilità ex art. 111 Cost. v. D. CAVALLINI, in *Riv. trim. dir. e proc. civ.*, 1999, p. 639.

(67) A. CERINO CANOVA, *op. cit.*, p. 194. Questa caducazione non è automatica, ma si verifica solo con la successiva apertura della gara da disporsi dal giudice dell'esecuzione come subito nel testo (Cass. 7 luglio 2003 n. 10693). Se dopo questa offerta si verifica l'estinzione del processo, gli effetti sono quelli di cui all'art. 632 (Cass. 16 giugno 1988 n. 4101); tuttavia, a seguito dell'introduzione dell'art. 187 bis disp. att., deve ritenersi che si consolidi l'aggiudicazione provvisoria e la gara prevista dall'art. 584 resti preclusa (così Cass. 7 marzo 2017 n. 5604).

(68) A questa gara possono partecipare, dunque, l'offerente o gli offerenti in aumento, oltre all'ag-

«*Se nessuno degli offerenti in aumento partecipa alla gara* – così infine il 5° comma – *indetta a norma del 3° comma, l'aggiudicazione diventa definitiva, ed il giudice pronuncia a carico degli offerenti di cui al 1° comma, salvo che ricorra un documentato e giustificato motivo, la perdita della cauzione, il cui importo è trattenuto come rinveniente a tutti gli effetti dall'esecuzione*».

L'aggiudicatario – a favore del quale è ormai vincolato il potere di vendere, a fronte del suo obbligo di pagare il prezzo – non è ancora proprietario (art. 585) (69). Per divenire tale, egli dovrà provvedere a versare il prezzo nel termine e nel modo fissati dall'ordinanza che dispone la vendita, consegnando al cancelliere il documento comprovante l'avvenuto versamento (così l'art. 585, 1° comma).

---

giudicatario provvisorio (senza bisogno di presentare nuova istanza né di integrare la cauzione: Cass. 27 febbraio 1998 n. 2226, in *Foro it.*, 1998, I, 2193). L'offerta può essere effettuata anche a mezzo di mandatario speciale (Cass. 13 gennaio 2005 n. 578, in *Riv. es. forz.*, 2005, p. 404), anche munito di procura per la partecipazione al precedente incanto, stante la natura prosecutoria del procedimento *de quo* (Cass. 7 febbraio 2011 n. 2949, in *Foro it.*, 2012, I, 230, con osservazioni di L. FERRI).

Una volta effettuata la nuova gara in conseguenza dell'offerta in aumento, l'inadempimento del nuovo assegnatario determina, comunque, ai sensi dell'art. 587, la decadenza dall'aggiudicazione e la necessità di esperire un nuovo incanto, senza che possa rivivere la precedente assegnazione provvisoria (Cass. 15 gennaio 2013 n. 790, in *Foro it.*, 2014, I, 563, con osservazioni di A. VIGLIONE).

(69) Questa è almeno l'opinione che prevale in dottrina (v. V. ANDRIOLI, *Commento*, III, cit., p. 586; B. SASSANI, in AA.VV., *L'espropriazione forzata*, Torino, 1988, p. 480) e giurisprudenza (Cass. 24 gennaio 2007 n. 1498, che ne desume la revocabilità dell'aggiudicazione fino a quando il decreto non sia stato emanato; in precedenza, Cass. 23 febbraio 1993 n. 2221, in *Giur. it.*, 1993, I, 1, 2084. Contra S. SATTA, *Commentario*, III, cit., p. 386 e A. CERINO CANOVA, *op. cit.*, p. 136, che rileva come il trasferire *il bene*, di cui parla l'art. 586, sia cosa diversa dal trasferire *il diritto* nel senso che può costituire esecuzione di quest'ultimo trasferimento). È comunque certo che, in caso di ritardo nella consegna del bene, l'aggiudicatario che aveva tempestivamente pagato il prezzo, ha diritto agli interessi (Cass. 4 agosto 1975 n. 2971). L'opinione prevalente trova un ulteriore conforto nel testo del 1° comma dell'art. 586, su cui subito nel testo (G. TARZIA, in *Riv. dir. proc.*, 1991, p. 1093), nonché nel rilievo che solo il decreto di cui trattasi chiude il subprocedimento finalizzato alla vendita (A. SALETTI, *Tecniche ed effetti*, cit., p. 1048, che peraltro rileva come questa soluzione sia «ingiustamente penalizzante» per l'aggiudicatario).

In precedenza, A. CERINO CANOVA (*Vendita forzata ed effetto traslativo*, in *Riv. dir. civ.*, 1980, p. 137) aveva criticato l'opinione dominante con il rilievo che l'abitudine a ravvisare l'effetto traslativo nel decreto, di cui all'art. 586, è l'effetto di un fraintendimento della norma, sia nella sua portata (che in realtà riguarda un momento successivo al trasferimento del diritto) e sia nella sua funzione (che è quella di una formula definitoria). D'altra parte, osservava ancora (*op. cit.*, p. 178), questa «soluzione generale» propugnata dalla teoria dominante, è «subito dimenticata» quando si tratta di risolvere i singoli problemi pratici che sono per lo più risolti, anche dalla giurisprudenza, nel modo più logico, non sempre coerente con la suddetta soluzione generale; ciò che sembra potersi rilevare con riguardo al disposto dell'art. 632 che, per il caso di estinzione del processo dopo l'aggiudicazione o l'assegnazione, lascia al debitore solo la somma ricavata (v. il rilievo da parte di A. SALETTI, *op. cit.*, p. 1053). Per un'applicazione v. Cass. 11 giugno 2003 n. 9377 (in *Giur. it.*, 2004, p. 746) che, per l'ipotesi di revoca dell'aggiudicazione e di estinzione del processo esecutivo prima del decreto di trasferimento, ha indicato il rimedio non nel reclamo ex art. 630 ma nell'opposizione agli atti esecutivi.

Più di recente, le perplessità sulla soluzione prevalente sono evidenziate da A. GILI (*Il momento traslativo della vendita forzata immobiliare*, in *Riv. dir. proc.*, 2000, p. 437), che poi le supera col richiamo all'art. 2643 n. 6 c.c. mettendo in risalto alcune residue difficoltà applicative e prospettando soluzioni *de jure condendo*.

«*Se l'immobile è stato aggiudicato* – proseguono i commi successivi dello stesso art. 585 – *a un creditore ipotecario o l'aggiudicatario è stato autorizzato ad assumersi un debito garantito da ipoteca, il giudice dell'esecuzione può limitare, con suo decreto, il versamento alla parte del prezzo occorrente per le spese e per la soddisfazione degli altri creditori che potranno risultare capienti.*

Se il versamento del prezzo avviene con l'erogazione a seguito di contratto di finanziamento che preveda il versamento diretto delle somme erogate in favore della procedura e la garanzia ipotecaria di primo grado sul medesimo immobile oggetto di vendita, nel decreto di trasferimento deve essere indicato tale atto ed il Conservatore dei registri immobiliari non può eseguire la trascrizione del decreto se non unitamente all'iscrizione dell'ipoteca concessa dalla parte finanziata» (70).

Soltanto dopo il suddetto versamento, *il giudice dell'esecuzione pronuncia il decreto di cui all'art. 586, col quale trasferisce all'aggiudicatario il bene espropriato*, ordinando la cancellazione delle trascrizioni, dei pignoramenti e delle iscrizioni ipotecarie (71). Il decreto contiene l'ingiunzione al debitore o al custode di rilasciare l'immobile venduto (72) e costituisce titolo esecutivo per il rilascio, nonché titolo per la trascrizione della vendita nei pubblici registri immobiliari (art. 586) (73).

---

(70) Sull'argomento, v. F. DE SANTIS, *Il «programma»*, cit., p. 478; C. PERAGO, *La conclusione del subprocedimento di vendita: la pronuncia del decreto di trasferimento*, in *Riv. es. forz.*, 2019, p. 303; M.C. VANZ, *La "doppia anima" del decreto di trasferimento ecc.*, *ivi*, 2020, p. 366.

(71) Con riferimento alla rilevanza del decreto di trasferimento per la cessazione degli effetti dell'iscrizione ipotecaria, cfr. Cass. 14 maggio 2012 n. 7498. Eventuali danni provocati al bene dal proprietario, dal custode o da un terzo, nel tempo intercorrente fra l'aggiudicazione e il decreto di trasferimento, sono suscettibili di risarcimento (Cass. 30 giugno 2014 n. 14765).

Sugli effetti dell'ordine di cancellazione sui singoli atti trascritti v. A. LORENZETTO PESERICO, *L'ordine di cancellazione di formalità contenuto nel decreto di trasferimento*, in *Riv. es. forz.*, 2017, p. 630, dove anche l'individuazione degli atti (come, ad es., le domande giudiziali), dei quali non va ordinata la cancellazione (*ivi*, p. 639).

(72) Ove dovesse indicare un bene diverso da quello aggiudicato, il vizio non è di inesistenza, ma di nullità da far valere con l'opposizione agli atti esecutivi (Cass. 13 marzo 2014 n. 5796, in *Riv. es. forz.*, 2015, p. 276, con nota di G. TOMBOLINI).

(73) Contro questo provvedimento è ammissibile l'opposizione agli atti esecutivi di cui all'art. 617 (v. oltre, § 37), come suole affermare la Cassazione (Cass. 26 aprile 2004 n. 7922, in *Giur. it.*, 2005, p. 94; Cass. 12 novembre 1998 n. 11430; Cass. 2 aprile 1997 n. 2867, in *Giur. it.*, 1998, I, 1386, che precisa che questo rimedio concorre con la revocabilità del decreto), negando coerentemente l'impugnabilità con ricorso ex art. 111 Cost. (Cass. 22 novembre 1978 n. 5466) o la contestazione con autonoma domanda di accertamento (Cass. 22 settembre 2021 n. 25749). In pendenza dei termini per proporre l'opposizione in questione o del relativo giudizio il provvedimento è comunque efficace (Cass. sez. un. 14 dicembre 2020 n. 28387, in *Giur. it.*, 2021, p. 1365, con nota di P. FARINA, in *Riv. dir. proc.*, 2021, p. 1002, con nota di M.C. VANZ, e in *Corr. giur.*, 2021, p. 1420, con nota di F. TRIFONE).

Questo titolo esecutivo di rilascio opererebbe anche nei confronti di qualsiasi possessore o detentore che non vanti un diritto reale o personale già opponibile al creditore pignorante (così Cass. 4 luglio 2006 n. 15268). Sarebbe, ad es., opponibile – ma solo con riguardo alla detenzione – il diritto del coniuge superstite a continuare a godere della casa destinata ad abitazione della famiglia (Cass. 13 gennaio 2009 n. 963); in proposito v. anche E. GASBARRINI, *Espropriazione forzata e di-*

Tuttavia, in alternativa a questa pronuncia, il giudice dell'esecuzione *può sospendere la vendita, quando ritiene che il prezzo offerto sia notevolmente inferiore a quello giusto* (art. 586, 1° comma) (74).

---

ritto di abitazione, in *Riv. es. forz.*, 2013, p. 581. Per riserve rispetto a quest'ampia portata dei titoli esecutivi di rilascio, v. oltre, § 33, al richiamo della nota 14 e nella nota stessa.

Il trasferimento riguarda anche gli accessori, le pertinenze e i frutti, anche se il decreto di cui trattasi non ne fa esplicita menzione (Cass. 7 giugno 1982 n. 3453) *e fa salve le eventuali locazioni aventi data certa anteriore al pignoramento* (Cass. 3 luglio 1982 n. 3978) secondo la più dettagliata disciplina di cui all'art. 2923 c.c., salvo l'onere di trascrizione se ultranovennali (art. 2643, n. 8, c.c.). Sull'argomento v. anche M.C. VANZ, *L'espropriazione dell'immobile locato*, Milano, 1997. Poi, A. TEDOLDI e R. VACCARELLA, in *Riv. es. forz.*, 2000, rispettivamente a p. 479 e a p. 488 (a commento di Trib. Monza 23 febbraio 2000), con particolare riferimento all'incidenza della L. 431/1998 sulla disciplina di cui all'art. 2923 c.c.: il primo favorevole e il secondo contrario all'opponibilità all'acquirente del contratto di locazione invalido per difetto di forma scritta. Sul punto, con l'analisi di molti particolari problemi, v. E. ASTUNI, *Vincoli opponibili nelle procedure esecutive. Le locazioni di immobili*, in *Riv. es. forz.*, 2011, p. 613.

(74) Questa disposizione è palesemente ispirata dalla finalità di evitare abusi, sicché rilevano eventuali elementi fuorvianti, piuttosto che la disformità dal prezzo di mercato (Cass. 12 dicembre 2016 n. 25324; Cass. 21 settembre 2015 n. 18451, in *Riv. es. forz.*, 2016, p. 259, con nota di P. FARINA; Cass. 3 febbraio 2012 n. 1612). Si ritiene che sia applicabile in via analogica anche nel caso della vendita senza incanto (G. TARZIA, *La sospensione della vendita forzata immobiliare*, in *Riv. dir. proc.*, 1991, p. 1090; contra C. VELLANI, *Un nuovo caso di sospensione dell'aggiudicazione immobiliare*, in *Riv. trim. dir. e proc. civ.*, 1992, p. 120; perplessità sono espresse da A. SALETTI, *Tecniche ed effetti*, cit., p. 1045). L'opinione prevalente è nel senso che con il decreto di cui all'art. 586 si abbia anche il trasferimento della proprietà (cfr. G. TARZIA, *La sospensione*, cit., p. 1090; M.C. GIORGETTI, *Appunti sulla vendita immobiliare ingiusta*, in *Riv. es. forz.*, 2002, p. 565; M. CARNEVALE, *Sub art. 586*, in AA.VV., *Commentario*, cit., VI, p. 1125; contra, tuttavia, E. IACCHERI, *Sospensione della vendita forzata ed effetto traslativo*, in *Riv. dir. proc.*, 1993, p. 820); ciò in conformità con la giurisprudenza prevalente (v., ad es., Cass. 18 gennaio 2012 n. 692).

La valutazione circa la giustezza del prezzo è discrezionale e perciò non censurabile in cassazione (Cass. 19 aprile 2000 n. 5073, in *Riv. es. forz.*, 2000, p. 323); non sembra comunque che questa valutazione – da compiersi secondo il parametro del valore oggettivo dell'immobile al momento della vendita (Cass. 18 aprile 2003 n. 6269, in *Giur. it.*, 2004, p. 1620) – possa esaurirsi nella semplice possibilità di ottenere un prezzo superiore, poiché questa possibilità è già prevista dalla legge come suscettibile di esser fatta valere con le forme e nei termini delle offerte dopo l'incanto (così A. SALETTI, *Tecniche ed effetti*, cit., p. 1047); sicché la sospensione non potrebbe giustificarsi solo per effetto di un'offerta migliorativa, anche rilevante, ma oltre il termine dell'art. 584, che altrimenti verrebbe di fatto privato della sua perentorietà (in questo senso, v. i rilievi di L. BIFFI, in *Riv. es. forz.*, 2004, p. 191, a commento di due ordinanze del Trib. Padova tra loro contrastanti).

La valutazione in argomento è, d'altra parte, impugnabile con l'opposizione agli atti esecutivi da parte di ogni soggetto interessato (Trib. Lecco 22 settembre 1992, in *Riv. dir. proc.*, 1994, p. 891, con nota adesiva di L. BIFFI), in quanto questo strumento offre tutela alle irregolarità che non raggiungono il livello della nullità, restando nel campo dell'inopportunità (cfr. oltre, § 37 in questo vol.). In proposito v. anche M.C. GIORGETTI, *Appunti*, cit., p. 585, la quale non ha mancato di mettere in rilievo che la concatenazione tipica degli atti esecutivi e la brevità del termine per proporre questa opposizione finisce col coprire gli atti anteriori alla vendita, mentre quest'ultima subisce, nella sua impugnabilità, i limiti di cui all'art. 2929 c.c., sicché per lo più rimane spazio solo per i vizi del volere del solo aggiudicatario-acquirente.

Il provvedimento di sospensione può essere pronunciato indipendentemente dall'avvenuto versamento del prezzo (cfr. P.L. NELA, in *Le riforme*, cit., p. 1126; P. FARINA, *op. cit.*, p. 226), ma solo

Gli effetti sostanziali della vendita forzata sono disciplinati dagli artt. 2919 e ss. c.c., che offrono all'acquirente una certa stabilità, configurando l'irrilevanza delle nullità degli atti anteriori alla vendita (art. 2929 c.c.) (75) e, tra l'altro, escludendo la garanzia per i vizi (art. 2922 c.c.), sebbene non anche – è da ritenere – quella dell'*aliud pro alio* (76).

Come già detto, se il prezzo non è depositato nel termine stabilito, il giudice dell'esecuzione dichiara la decadenza dell'aggiudicatario, pronuncia la perdita della cauzione a titolo di multa e dispone un «*nuovo incanto*» (art. 587) (77). Si fa così luogo alla c.d. *rivendita* in danno dell'aggiudicatario inadempiente, nel senso che se il ricavato è inferiore all'offerta dell'aggiudicatario, questi è condannato a pagare la differenza (art. 587, 2° comma) (78).

La disciplina ora esaminata non si applica nelle c.d. *espropriazioni speciali* e, in particolare, nell'*espropriazione esattoriale* (79), nella quale, tra le altre particolarità, manca il provvedimento di vendita di cui all'art. 569 c.p.c., mentre il procedimento ha inizio con l'avviso di vendita, ai sensi dell'art. 78 D.P.R. 602/1973, che

---

dopo che l'aggiudicazione è divenuta definitiva (Cass. 29 novembre 1995 n. 12400, in *Giur. it.*, 1996, I, 1, 1070), fino alla pronuncia del decreto di trasferimento (Cass. 18 aprile 2003 n. 6272) e deve intendersi in funzione di un successivo provvedimento di revoca dell'aggiudicazione (cfr. L. BIFFI, *op. cit.*, p. 893), che può essere anche implicito (Cass. 18 aprile 2003 n. 6269) e di una rifissazione con diverse modalità (Cass. 18 aprile 2003 n. 6269, in *Giur. it.*, 2004, p. 1620).

(75) V. anche Cass. sez. un. 28 novembre 2012 n. 21110, già cit. retro, alla nota 113 del § 19.

(76) Cfr. Cass. 2 aprile 2014 n. 7708 (in *Nuova giur. civ. comm.*, 2014, I, p. 873, con nota di F. COSSIGNANI, e in *Riv. dir. proc.*, 2015, p. 1303, con nota di C. MOSCHELLA), che riconosce all'aggiudicatario, per far valere il vizio dell'*aliud pro alio*, il solo rimedio dell'opposizione agli atti esecutivi; Cass. 17 settembre 2012 n. 15599; Cass. 20 marzo 2012 n. 4378; Cass. 14 ottobre 2010 n. 21249, in *Guida al dir.*, 2010, n. 44, p. 77; A. SALETTI, *Tecniche ed effetti*, cit., p. 1055, con critiche alle interpretazioni più restrittive di A. BARLETTA, *La stabilità della vendita forzata*, Napoli, 2002, p. 76; ID., *Vendita forzata (dir. proc. civ.)*, in *Diritto on line Treccani*, 2014; in argomento v. anche M. MARCHESE, *Aggiudicatario: una tutela imperfetta*, in *Riv. es. forz.*, 2020, p. 935 e retro, § 19, nota 113.

L'aggiudicazione in sede di vendita forzata prevale anche sull'eventuale confisca penale disposta sul bene immobile ai sensi della L. 675/1975 (Cass. 8 febbraio 2019 n. 3709, in *Riv. es. forz.*, 2019, p. 919, con nota adesiva di F. COSSIGNANI).

(77) In argomento v. anche S. CONFORTI, *La decadenza dell'aggiudicatario nell'espropriazione immobiliare*, in *Riv. es. forz.*, 2021, p. 290. Il riferimento del 1° comma dell'art. 587 al dovere del giudice di disporre un «*nuovo* incanto» è dovuto, probabilmente, ad un difetto di coordinamento, in quanto – come abbiamo visto in precedenza – l'opzione del giudice per la vendita con incanto, in prima battuta, è subordinata, ai sensi del 3° comma dell'art. 569, alla valutazione che ritenga probabile che la vendita con tale modalità possa aver luogo ad un prezzo superiore alla metà rispetto al valore base del bene.

(78) Il codice non chiarisce come debba regolarsi il giudice dell'esecuzione dopo l'eventuale insuccesso della vendita con incanto. Al riguardo C.M. ALBERTI (in *Riv. es. forz.*, 2008, p. 701) contesta l'opinione secondo la quale si dovrebbe, in tal caso, tornare al «senza incanto», sostenendo invece che, una volta giunto all'incanto, il sistema di vendita debba procedere con nuovi incanti fino al raggiungimento dell'aggiudicazione.

(79) Su cui v. retro, § 13 in fine.

va trascritto nei registri immobiliari prima di essere notificato all'esecutato (80).

Anche la disciplina dell'espropriazione per credito fondiario ha subìto una radicale modifica ad opera del D.Lgs. 385/1993, che ha sostituito la precedente disciplina con modifiche così penetranti da indurre chi si è soffermato su di essa, analiticamente ma anche in un quadro sistematico, ad affermare che è ormai difficile parlare, a tal proposito, di esecuzione speciale (81). Quest'osservazione trova, d'altra parte, conferma nel successivo orientamento legislativo concretatosi nel D.Lgs. 342/1999, che ha esteso l'ambito di applicazione dell'art. 41 del D.Lgs. 385/1993 anche a soggetti diversi dalle banche per crediti che abbiano originariamente fatto capo ad una banca (82).

29. *Delega della vendita forzata ad un professionista.*

Gli artt. 591 bis e 591 ter disciplinano la delega ad un professionista delle operazioni di vendita di beni immobili, oggi divenuta – dopo le modifiche introdotte nel 2015 – una soluzione obbligata per il giudice (così come abbiamo visto accadere anche per la vendita di beni mobili registrati, ai sensi degli artt. 534 bis e ter: retro, § 22) (83).

---

(80) Sui vantaggi di questa inversione per il procedente e sul rilievo di altre caratteristiche, v. G. COSTANTINO, in *Riv. trim. dir. e proc. civ.*, 1993, p. 1066; v. anche P. GAGGERO, *Trasparenza del contratto e rimedi di autotutela*, in *Riv. trim. dir. e proc. civ.*, 2013, p. 461.

In mancanza della notificazione dell'avviso all'esecutato «non può procedersi alla vendita» (così il 2° comma dell'art. 78). Di conseguenza, in tal caso, è nulla la vendita eventualmente effettuata (Cass. 19 dicembre 2014 n. 26930).

(81) Così A. SALETTI, *L'espropriazione per credito fondiario nella nuova disciplina bancaria*, in *Riv. dir. proc.*, 1994, p. 1006. Nella nuova disciplina sono state eliminate alcune particolarità, lasciandone operanti altre (come, ad es., l'esenzione dalla notificazione del titolo contrattuale esecutivo (art. 41, 1° comma) e introducendone di nuove (come, ad es., il diritto dell'aggiudicatario o dell'assegnatario di subentrare nel contratto di finanziamento stipulato dal debitore espropriato). V. anche G. COSTANTINO, *La tutela dei crediti speciali*, in *Riv. es. forz.*, 2003, p. 209; C. CROCI, *L'espropriazione per credito fondiario nel D.Lg. 385/1993*, *ivi*, 2004, p. 349; P.R. LODOLINI, *L'esecuzione individuale del creditore fondiario*, *ivi*, 2009, p. 548; M. BINA, *L'espropriazione per credito fondiario*, in *Appunti di diritto dell'esecuzione civile*, a cura di S. VINCRE, cit., p. 115.

Sull'argomento, v. anche retro, § 13, al richiamo della nota 12.

(82) Ampiamente sull'argomento, A. SALETTI, *L'espropriazione per credito fondiario alla luce delle modifiche normative e dei primi orientamenti interpretativi*, in *Riv. es. forz.*, 2000, p. 14, con cenni (p. 27) anche alla compatibilità della disciplina in argomento con la delega al professionista della vendita forzata immobiliare, di cui al § che segue.

(83) Sull'argomento v. R. ORIANI, *Il regime degli atti del notaio nelle operazioni di vendita nell'espropriazione immobiliare*, in *Foro it.*, 1998, V, 397; ID., *Ancora sul regime degli atti del notaio delegato nell'espropriazione immobiliare*, *ivi*, 1999, V, 97; G. MICCOLIS, *La delega ai notai nelle espropriazioni immobiliari*, in *Riv. dir. civ.*, 1999, I, p. 325; C. BESSO, *Espropriazione forzata e notai*, in *Giur. it.*, 1999, p. 2446; A. MENGALI-F. VALERINI, *La nuova delega nella vendita forzata*, Milano, 2006; E. FABIANI, *La delega delle operazioni di vendita nell'espropriazione forzata immobiliare*, Padova, 2007; ID., *Note per una possibile riforma del processo di espropriazione forzata immobiliare*, in *Foro*

Il codice, infatti, nel quadro dell'immutata funzione del giudice dell'esecuzione di dirigere l'espropriazione (art. 484, 1° comma) e nell'ambito della previsione di cui all'art. 68, 2° comma, prevede che il giudice – nel momento in cui provvede sull'istanza di vendita di cui all'art. 569 – *deleghi ad un professionista* (notaio, avvocato o commercialista, comunque iscritti nei relativi elenchi di cui all'art. 179 ter disp. att.) (84) *il compimento delle operazioni di vendita* secondo le modalità di cui al 3° comma del medesimo art. 569 (art. 591 bis, 1° comma). Alla delega il giudice non dovrà procedere nel solo caso indicato dal 2° comma dello stesso art. 591 bis, e cioè laddove «*sentiti i creditori, ravvisi l'esigenza di procedere direttamente alle operazioni di vendita a tutela degli interessi delle parti*».

Ove abbia optato per la delega, «*con la medesima ordinanza* – aggiunge sempre il 1° comma dell'art. 591 bis – *il giudice stabilisce il termine per lo svolgimento delle operazioni delegate* (85)*, le modalità della pubblicità, il luogo di presentazione delle offerte ai sensi dell'articolo 571, il luogo ove si procede all'esame delle offerte, alla gara tra gli offerenti e alle operazioni dell'eventuale incanto*».

Infine, si applica anche in tal caso quanto stabilisce l'art. 569, 4° comma, ovvero la possibilità che, con la medesima ordinanza il giudice stabilisca «*il versamento della cauzione, la presentazione delle offerte, lo svolgimento della gara tra gli offerenti e, nei casi previsti, l'incanto, nonché il pagamento del prezzo ... con modalità telematiche*» (in proposito v. retro, § 28).

Il professionista designato assume la veste di ausiliare del giudice e non può rifiutare l'incarico (salvo che ricorra il «giusto motivo di astensione» di cui all'art. 63, 1° comma) (86). Le modalità del conferimento dell'incarico, la vigilanza sul relativo svolgimento e le eventuali relative sanzioni sono precisate nell'art. 179 ter disp. att. (87).

L'ambito della delega (88) – che può essere revocata o modificata (89) –

---

it., 2014, V, 53; G. COSTANTINO, *La delega al professionista* ex *art. 591*-bis *c.p.c. a (quasi) venti anni dal suo esordio*, in *Rass. es. forz.*, 2019, p. 51; A. ALIOTTA, *La delega delle operazioni di vendita*, in *Riv. es. forz.*, 2020, p. 557; A. TEDOLDI, *Esecuzione forzata*, cit., p. 256.

(84) Perplessità sono state giustamente espresse (da A. PROTO PISANI, in *Foro it.*, 2005, V, 93 e da E. FABIANI, *ibidem*, 130) circa l'estensione a questi professionisti, e in particolare gli avvocati, senza l'esclusione dalle zone ove esercitano la professione; esclusione forse implicita nel dato che solo rispetto ai notai la legge esprime la (contraria) preferibilità dei professionisti residenti nel circondario.

(85) Tuttavia, il compimento di attività da parte del professionista oltre la scadenza di tale termine non incide sulla validità della delega (Trib. Padova 9 ottobre 2015, in *www.ilcaso.it*).

Nella già citata legge delega, contenuta nella L. 206/2021 (v. retro, nota 21) fra i principi e criteri direttivi si richiama anche quello di prevedere che la delega delle operazioni di vendita nell'espropriazione immobiliare abbia durata annuale, con incarico rinnovabile, e che in tale periodo il professionista debba svolgere almeno tre esperimenti di vendita (art. 1, 12° comma, lett. i).

(86) Cfr. G. MICCOLIS, *op. cit.*, p. 333.

(87) E. FABIANI, *La delega*, cit., p. 40, parla, al riguardo, di «sistema sanzionatorio». Quivi (*op. cit.*, p. 51) un dettagliato esame delle singole funzioni delegabili e delle relative problematiche.

(88) Poiché oggetto di questa delega non è un'attività giurisdizionale in senso stretto (ciò che sarebbe in contrasto con la Costituzione), ma l'esercizio di una funzione pubblica connessa alla giu-

comprende tutte le operazioni nelle quali si articola la procedura di vendita fino alla predisposizione del decreto di trasferimento, mentre la pronuncia del decreto stesso è riservata al giudice dell'esecuzione, così come resta a lui riservata la pronuncia degli altri provvedimenti di cui all'art. 586 (eventuale sospensione della vendita per inadeguatezza del prezzo, ordine di cancellazione della trascrizione del pignoramento: art. 591 bis, 10° comma).

L'art. 591 bis, 3° comma, contiene la dettagliata elencazione delle operazioni incluse (salve limitazioni, da ritenersi possibili) nella delega al professionista:

«*Il professionista delegato provvede:*

1) alla determinazione del valore dell'immobile a norma dell'art. 568, 1° comma, tenendo anche conto della relazione redatta dall'esperto nominato dal giudice ai sensi dell'art. 569, 1° comma (90), *e delle eventuali note depositate dalle parti ai sensi dell'art. 173 bis, 4° comma, delle disposizioni di attuazione del presente codice;*

2) agli adempimenti previsti dall'art. 570 (91) *e, ove occorrenti, dall'art. 576, 2° comma;*

---

risdizione, sembra logico che da un lato, essa sia disciplinata dal diritto comune (cfr. A. MENGALI, *op. cit.*, p. 15), mentre dall'altro lato, richieda una sorta di *terzietà* del professionista (cfr. A. MENGALI, *op. cit.*, p. 22) con l'applicabilità degli istituti dell'astensione e della ricusazione e con la fruizione dell'esonero da responsabilità di cui all'art. 2, 2° comma L. 117/1988.

Su quest'argomento, v. E. FABIANI, *La delega*, cit., p. 129, il quale, dopo il rilievo che il professionista delegato non può dirsi un semplice ausiliario del giudice, perché le sue funzioni hanno carattere sostitutivo di quelle del giudice (*op. cit.*, p. 137), vede nella delega *una nuova figura giuridica*, caratterizzata dalla delega di funzioni giurisdizionali (ossia di mera amministrazione giudiziaria) ad un professionista (che non è necessariamente in posizione di terzietà), senza che a ciò corrisponda uno spogliarsi, da parte del giudice, della potestà giurisdizionale di cui al procedimento delegato. V. anche, in proposito, G. TRISORIO LIUZZI, *La responsabilità*, cit., p. 1.

(89) Cfr. F.P. LUISO, *I rapporti tra notaio delegato e giudice dell'esecuzione*, in *Riv. es. forz.*, 2000, p. 5.

(90) La quale relazione, ai sensi del 3° comma dell'art. 173 bis disp. att., va inviata in copia ai creditori procedenti o intervenuti e al debitore, anche se non costituito, almeno trenta giorni prima dell'udienza fissata ai sensi dell'art. 569, a mezzo p.e.c. ovvero, quando ciò non è possibile, a mezzo telefax o posta ordinaria. Dalla relazione dell'esperto deve emergere (art. 173 bis, 1° comma, disp. att.): 1) l'identificazione del bene; 2) una sommaria descrizione del bene; 3) lo stato di possesso del bene; 4) l'esistenza di formalità, vincoli o oneri, anche di natura condominiale, gravanti sul bene e che restano a carico dell'acquirente; 5) l'esistenza di formalità, vincoli o oneri, anche condominiali, che non saranno opponibili all'acquirente; 6) la verifica della regolarità edilizia e urbanistica del bene; 7) in caso di opere abusive, il controllo della possibilità di sanatoria o di condono e i relativi costi; 8) la verifica dell'esistenza di censi, livelli o usi civici; 9) l'informazione sull'importo annuo delle spese fisse di gestione o di manutenzione, su eventuali spese straordinarie già deliberate, su eventuali spese condominiali non pagate negli ultimi due anni, sul corso di eventuali procedimenti giudiziari relativi al bene pignorato. Va anche rilevato che il perito stimatore nominato dal giudice risponde, nei confronti dell'aggiudicatario, a titolo di responsabilità extracontrattuale, solo ove sia accertato un comportamento doloso o colposo nello svolgimento dell'incarico (Cass. 23 giugno 2016 n. 13010).

(91) La notifica, da parte del professionista, dell'avviso di vendita, ai sensi dell'art. 591 bis, è idonea a far decorrere il termine per la proposizione dell'opposizione ex art. 617 per eventuali nullità anteriori (Cass. 27 febbraio 2014 n. 4688, in *Guida al dir.*, 2014, n. 18, p. 63).

3) alla deliberazione sull'offerta a norma dell'art. 572 e agli ulteriori adempimenti di cui agli artt. 573 e 574;

4) alle operazioni dell'incanto e all'aggiudicazione dell'immobile a norma dell'art. 581;

5) a ricevere o autenticare la dichiarazione di nomina di cui all'art. 583;

6) sulle offerte dopo l'incanto a norma dell'art. 584 e sul versamento del prezzo nella ipotesi di cui all'art. 585, 2° comma;

7) sulla istanza di assegnazione di cui agli artt. 590 e 591, 3° comma;

8) alla fissazione del nuovo incanto e del termine per la presentazione di nuove offerte d'acquisto ai sensi dell'art. 591;

9) alla fissazione dell'ulteriore incanto nel caso previsto dall'art. 587;

10) ad autorizzare l'assunzione dei debiti da parte dell'aggiudicatario o dell'assegnatario a norma dell'art. 508;

11) alla esecuzione delle formalità di registrazione, trascrizione e voltura catastale del decreto di trasferimento, alla comunicazione dello stesso a pubbliche amministrazioni negli stessi casi previsti per le comunicazioni di atti volontari di trasferimento nonché all'espletamento delle formalità di cancellazione delle trascrizioni dei pignoramenti e delle iscrizioni ipotecarie conseguenti al decreto di trasferimento pronunciato dal giudice dell'esecuzione ai sensi dell'art. 586;

12) alla formazione del progetto di distribuzione ed alla sua trasmissione al giudice dell'esecuzione che, dopo avervi apportato le eventuali variazioni, provvede ai sensi dell'art. 596 (92)*;*

13) ad ordinare alla banca o all'ufficio postale la restituzione delle cauzioni e di ogni altra somma direttamente versata mediante bonifico o deposito intestato alla procedura dagli offerenti non risultati aggiudicatari. La restituzione ha luogo nelle mani del depositante o mediante bonifico a favore degli stessi conti da cui sono pervenute le somme accreditate».

L'art. 591 bis dispone, d'altra parte, nel 4° comma, che «*nell'avviso di cui all'articolo 570* (sottoposto alla pubblicità di cui all'art. 490) *è specificato che tutte le attività, che, a norma degli articoli 571 e seguenti, devono essere compiute in cancelleria o davanti al giudice dell'esecuzione, o dal cancelliere o dal giudice dell'esecuzione, sono eseguite dal professionista delegato presso il suo studio ovvero nel luogo indicato nell'ordinanza di cui al 1° comma* (salva la possibilità, come detto, della vendita con modalità telematiche). *All'avviso si applica l'articolo 173-quater delle disposizioni di attuazione del presente codice*».

Lo stesso art. 591 bis dispone, inoltre, nei suoi commi successivi che «*il profes-*

(92) L'art. 1, 12° comma, lett. m, della già citata L. 206/2021 (v. retro, la nota 21) ha delegato il Governo a prevedere che il professionista predisponga il progetto di distribuzione del ricavato, sottoponendolo alle parti e convocandole davanti a sé per l'audizione, nel rispetto dei termini di cui all'art. 596 c.p.c., e che, in caso di mancata comparizione o di assenza di contestazioni, lo stesso professionista dichiari esecutivo il progetto e provveda entro sette giorni al pagamento delle singole quote, mentre, in caso di contestazioni, rimetta le parti davanti al giudice dell'esecuzione.

sionista delegato provvede altresì alla redazione del verbale delle operazioni di vendita, che deve contenere le circostanze di luogo e di tempo nelle quali le stesse si svolgono, le generalità delle persone presenti, la descrizione delle attività svolte, la dichiarazione dell'aggiudicazione provvisoria con l'identificazione dell'aggiudicatario.

Il verbale è sottoscritto esclusivamente dal professionista delegato (93) *ed allo stesso non deve essere allegata la procura speciale di cui all'art. 579, 2° comma* (ove le offerte siano state effettuate a mezzo mandatario munito di procura speciale)».

«*Se il prezzo non è stato versato nel termine* – così l'art. 591 bis, 6° comma –, *il professionista delegato ne dà tempestivo avviso al giudice, trasmettendogli il fascicolo*».

Il 7° comma dello stesso art. 591 bis dispone, poi, che «*avvenuto il versamento del prezzo con le modalità stabilite ai sensi degli articoli 574, 585 e 590, 2° comma, il professionista delegato predispone il decreto di trasferimento e trasmette senza indugio al giudice dell'esecuzione il fascicolo. Al decreto, se previsto dalla legge, deve essere allegato il certificato di destinazione urbanistica dell'immobile quale risultante dal fascicolo processuale. Il professionista delegato provvede alla trasmissione del fascicolo al giudice dell'esecuzione nel caso in cui non faccia luogo all'assegnazione o ad ulteriori incanti ai sensi dell'art. 591. Contro il decreto previsto nel presente comma è proponibile l'opposizione di cui all'art. 617.*

Le somme versate dall'aggiudicatario sono depositate presso una banca o su un conto postale indicati dal giudice. I provvedimenti di cui all'art. 586 restano riservati al giudice dell'esecuzione in ogni caso di delega al professionista delle operazioni di vendita» (94).

Circa, poi, la revoca della delega da parte del giudice dell'esecuzione, ma sempre nel contraddittorio con l'interessato, essa si verificherà – ai sensi dell'ultimo comma dell'art. 591 bis – «*se non vengono rispettati i termini e le direttive per lo svolgimento delle operazioni, salvo che il professionista delegato dimostri che il mancato rispetto dei termini e delle direttive sia dipeso da causa a lui non imputabile*».

Particolare interesse presenta, infine, l'art. 591 ter, che risolve i problemi dell'ambito dei poteri del professionista delegato di fronte all'insorgere di difficoltà, anche giuridiche, nonché, più in generale, del regime degli atti del professionista stesso invalidi, illegittimi o inopportuni.

Mediando tra le diverse soluzioni proposte in precedenza, la norma attribuisce al professionista il potere di risolvere direttamente tutte le questioni attinenti alle modalità di svolgimento dell'esecuzione, lasciandogli però l'alternativa di rivolgersi per istruzioni al giudice dell'esecuzione, il quale, se richiesto formalmente,

---

(93) Senza intervento di testimoni; e pertanto non è un atto notarile in senso stretto, ma è solo uno degli atti del procedimento (G. MICCOLIS, *op. cit.*, p. 359).

(94) Ai fini del controllo sull'attività del professionista delegato, il comma 9 sexies dell'art. 16 bis del D.L. 179/2012 (conv. dalla L. 221/2012) prevede che egli debba depositare con modalità telematiche: a) *entro dieci giorni dalla pronuncia dell'ordinanza di vendita,* un rapporto riepilogativo iniziale delle attività svolte; b) successivamente, *con cadenza semestrale*, un rapporto riepilogativo periodico; c) *entro dieci giorni all'approvazione del progetto di distribuzione*, un rapporto riepilogativo finale.

provvede con decreto (e quindi senza previo contraddittorio) che è vincolante per il professionista. Questo decreto, come anche i provvedimenti pronunciati direttamente dal professionista, può essere fatto oggetto di reclamo – da parte di chiunque vi abbia interesse – con ricorso allo stesso giudice non sottoposto a termine (95) e che, d'altra parte, non sospende le operazioni di vendita, salva solo l'ipotesi che il giudice ritenga sussistenti gravi motivi per la sospensione.

A queste disposizioni, segue l'enunciazione che «*contro il provvedimento del giudice è ammesso il reclamo ai sensi dell'art. 669-terdecies*», e cioè il reclamo cautelare (v. oltre, § 44). Il reclamo è proponibile al collegio, entro quindici giorni dalla pronuncia del provvedimento in udienza o dalla comunicazione o dalla notificazione se anteriore. Come per la delega della vendita mobiliare (v. retro, § 22), anche in questo caso la nuova formulazione ha sostituito la precedente, che faceva salva l'applicazione dell'art. 617, e cioè l'esperibilità dell'opposizione agli atti esecutivi, dopo l'esperimento del reclamo avverso i provvedimenti del professionista.

Non è inutile rilevare che – come nel caso della delega della vendita mobiliare (v. retro, § 22) – il regime così descritto si differenzia da quello della procedura senza delega al professionista, nel senso che, in quest'ultimo caso, contro i singoli atti esecutivi è sempre proponibile l'opposizione di cui all'art. 617, che – come vedremo (oltre, § 37) – si conclude con sentenza ricorribile per cassazione ai sensi dell'art. 111 Cost. (96).

30. *Assegnazione forzata, amministrazione giudiziaria e distribuzione del ricavato.*

Stabilisce l'art. 588 che, quando la vendita del bene pignorato non ha luogo, si può procedere all'*assegnazione*, sempre che questa sia stata chiesta in precedenza (97).

---

(95) Ma comunque non più proponibile dopo la pronuncia del decreto di trasferimento, il cui assoggettamento all'opposizione agli atti esecutivi priva il reclamo *de quo* del carattere della necessarietà (cfr. F.P. LUISO, *op. cit.*, p. 11). Sull'argomento, v. anche G. TRISORIO LIUZZI, *op. cit.*, p. 1; Cass. 18 aprile 2011 n. 8864, in *Riv. es. forz.*, 2011, p. 354.

(96) Disparità di rimedi che permane anche in considerazione del fatto che la Cassazione ha escluso la ricorribilità per cassazione della decisione sul reclamo, non sussistendo i requisiti della decisorietà e della definitività del provvedimento (Cass. 9 maggio 2019 n. 12238, già cit. retro, alla nota 41 del § 22).

Corre ai ripari la già citata legge delega di cui alla L. 206/2021 (v. retro, nota 21), che nell'art. 1, 12° comma, lett. l, delega il Governo a prevedere un termine di venti giorni per la proposizione del reclamo al giudice dell'esecuzione avverso l'atto del professionista delegato ai sensi dell'art. 591 ter c.p.c. e che l'ordinanza con cui il giudice decide il reclamo sia impugnabile con l'opposizione agli atti esecutivi di cui all'art. 617 c.p.c.

(97) Prima delle modifiche introdotte nel 2015, l'art. 588 subordinava la possibilità di procedere all'assegnazione alla sola ipotesi che *la vendita all'incanto non avesse avuto luogo per mancanza di offerte*.

Va premesso, al riguardo, che, sempre secondo lo stesso art. 588, ogni creditore interessato all'assegnazione è onerato a chiederla *già prima dell'udienza fissata per la vendita* e più precisamente *dieci giorni prima della data di tale udienza* (98), e ciò per l'ipotesi che – come detto – la vendita non dovesse aver luogo. La richiesta di assegnazione può essere avanzata da ogni creditore «*per sé o a favore di un terzo*».

L'art. 589 precisa, poi, che «*l'istanza di assegnazione deve contenere l'offerta di pagamento di una somma non inferiore a quella prevista nell'articolo 506 ed al prezzo base stabilito per l'esperimento di vendita per cui è presentata*» (99).

Nel 2° comma lo stesso art. 589 aggiunge che «*fermo quanto previsto al 1° comma, se nella procedura non risulta che vi sia alcuno dei creditori di cui all'articolo 498* (ossia creditori privilegiati iscritti in pubblici registri) *e se non sono intervenuti altri creditori oltre al procedente, questi può presentare offerta di pagamento di una somma pari alla differenza fra il suo credito in linea capitale e il prezzo che intende offrire, oltre le spese*».

L'art. 590 stabilisce, inoltre, che «*se la vendita non ha luogo per mancanza di offerte e vi sono domande di assegnazione, il giudice provvede su di esse fissando il termine entro il quale l'assegnatario deve versare l'eventuale conguaglio.*

Avvenuto il versamento, il giudice pronuncia il decreto di trasferimento a norma dell'articolo 586» (100).

Peraltro, siccome l'istanza di assegnazione potrebbe essere avanzata anche a favore di un soggetto diverso dal creditore istante, l'art. 590 bis prevede che, in tal caso, «*il creditore ... deve dichiarare in cancelleria, nei cinque giorni dalla pronuncia in udienza del provvedimento di assegnazione ovvero dalla comunicazione, il nome del terzo a favore del quale deve essere trasferito l'immobile, depositando la dichiarazione del terzo di volerne profittare. In mancanza, il trasferimento è fatto a favore del creditore*». *Ai fini di una maggiore responsabilizzazione del creditore che avanzi istanza di assegnazione a favore di un terzo, lo stesso art. 590 bis aggiunge che in ogni caso gli obblighi derivanti dalla presentazione dell'istanza di assegnazione* «*sono esclusivamente a carico del creditore*» (101).

Che accade se, dopo l'insuccesso della vendita, non vi sono domande di assegnazione o se il giudice decide di non accoglierle?

---

(98) Nel senso della natura perentoria di tale termine v. Trib. Palermo 18 gennaio 2019, in *Riv. es. forz.*, 2019, p. 222.

(99) Del resto, la Cassazione aveva chiarito che il riferimento al «prezzo determinato a norma dell'art. 568», contenuto nell'art. 589 prima delle ultime modifiche, doveva essere inteso al prezzo base stabilito nel provvedimento con il quale era stata disposta la vendita (Cass. 15 aprile 2011 n. 8731).

(100) Da questa previsione si ricava che l'istanza di assegnazione non equivale, ai fini degli effetti traslativi della vendita forzata, al decreto di trasferimento di cui all'art. 586 (Cass. 14 maggio 2012 n. 7498, con riferimento alla cessazione degli effetti dell'iscrizione ipotecaria sul bene).

(101) Su questo v. anche A. CARRATTA, *Le più recenti riforme*, cit., p. 51; M.C. VANZ, in AA.VV., *Le nuove riforme*, cit., p. 293.

L'art. 591 prevede, nel suo 1° comma, che in tal caso il giudice dell'esecuzione disponga l'amministrazione giudiziaria a norma degli artt. 592 e ss. oppure pronunci nuova ordinanza ai sensi dell'art. 576, perché si proceda alla vendita con incanto, «*sempre che ritenga che la vendita con tale modalità possa aver luogo ad un prezzo superiore della metà rispetto al valore del bene, determinato a norma dell'art. 568*».

Vediamo separatamente le due alternative, iniziando da quest'ultima, della quale incomincia ad occuparsi il 2° comma dello stesso art. 591.

«*Il giudice* – dispone detto 2° comma – *può altresì stabilire diverse condizioni di vendita e diverse forme di pubblicità, fissando un prezzo base inferiore al precedente fino al limite di un quarto e, dopo il quarto tentativo di vendita andato deserto, fino al limite della metà. Il giudice, se stabilisce nuove condizioni di vendita o fissa un nuovo prezzo, assegna altresì un nuovo termine non inferiore a sessanta giorni, e non superiore a novanta, entro il quale possono essere proposte offerte d'acquisto ai sensi dell'articolo 571*».

L'ultimo comma dell'art. 591 precisa, poi, che «*se al secondo tentativo la vendita non ha luogo per mancanza di offerte e vi sono domande di assegnazione, il giudice assegna il bene al creditore o ai creditori richiedenti* (102), *fissando il termine entro il quale l'assegnatario deve versare l'eventuale conguaglio*». Anche in questo caso, peraltro, «*si applica il secondo comma dell'articolo 590*», e dunque il giudice pronuncerà il decreto di trasferimento del bene una volta avvenuto il versamento del conguaglio.

Il codice non prevede l'ipotesi che anche l'incanto con successive riduzioni del prezzo base rimanga senza esito. Nella quale ipotesi parrebbe inevitabile l'amministrazione giudiziaria ai sensi degli artt. 592 e ss., a meno che non si ritenga possibile riaprire la via «circolare» dell'eventuale assegnazione o fissazione di altro incanto con l'ulteriore superamento dei limiti (103), e salva comunque l'assegnazione dell'immobile allo Stato per crediti tributari (104).

E veniamo alla seconda alternativa, ossia all'*amministrazione giudiziaria*, una misura provvisoria che ha lo scopo di lasciare un margine di tempo, affinché il nuovo incanto o l'assegnazione possano avvenire nelle condizioni più idonee (105).

---

(102) Va, tuttavia, rilevato che, se ci sono state richieste di assegnazione, a questa il giudice potrebbe aver proceduto all'esito del primo tentativo di vendita.

(103) Così M.F. GHIRGA, *Determinazione del valore dell'immobile pignorato dopo il secondo incanto andato deserto*, in *Riv. es. forz.*, 2001, p. 58.

(104) In precedenza, per il prezzo base del terzo incanto, C. Cost. 28 ottobre 2011 n. 281, nella nota di D. LONGO, in *Giusto proc. civ.*, 2012, p. 413.

(105) È quindi un'alternativa meramente eventuale ad un nuovo incanto (Cass. 19 dicembre 2006 n. 27148) ed ha lo scopo di «congelare» la procedura in attesa di tempi in cui il mercato sia più favorevole (Cass. 15 luglio 2009 n. 16453). Sul tema, v. R. PROVINCIALI, *L'amministrazione giudiziaria dell'immobile soggetto ad espropriazione*, in *Studi in onore di* E. *Redenti*, II, Milano, 1951, p. 221; ID., *Amministrazione giudiziaria*, in *Enc. dir.*, II, Milano, 1958, p. 212; M. CARNEVALE, *Sub art. 591*, in AA.VV., *Commentario*, cit., VI, p. 1174; A. TEDOLDI, *Esecuzione forzata*, cit., p. 255.

Essa è disposta per un termine non superiore a tre anni ed è affidata ad uno o più creditori o a un istituto all'uopo autorizzato, oppure allo stesso debitore, se tutti i creditori vi consentono (art. 592). L'amministratore è naturalmente tenuto al rendiconto (art. 593), e le rendite (da depositarsi nei modi stabiliti dal giudice) possono essere assegnate ai creditori, con le forme della distribuzione del ricavato (su cui fra poco), a decurtazione del loro credito (art. 594). Durante l'amministrazione giudiziaria, ognuno può fare offerta d'acquisto; ciò evidentemente in relazione con le finalità dell'istituto. Per le medesime ragioni, il creditore pignorante o uno dei creditori intervenuti può, in ogni momento, chiedere che il giudice dell'esecuzione, sentite le altre parti, proceda a un nuovo incanto o all'assegnazione (art. 595, 1° comma).

Allo scadere del termine, l'amministrazione cessa (salve proroghe che non possono prolungare complessivamente l'amministrazione oltre i tre anni) e viene quindi disposto un nuovo incanto (art. 595, 2° comma).

Rispetto alla *distribuzione del ricavato* (106), la disciplina dettata dal codice con riguardo specifico all'espropriazione immobiliare – disciplina che è naturalmente anch'essa aggiuntiva e integrativa di quella generale contenuta negli artt. 509 e ss. e che si vide al § 19 – è imperniata sul progetto di distribuzione, che il giudice dell'esecuzione (o il professionista delegato) – salvo il caso che vi sia un solo creditore – deve compiere entro trenta giorni dal versamento del prezzo. Tale progetto, con la c.d. *graduazione* dei creditori in relazione ai rispettivi diritti di prelazione (107), e la relativa liquidazione (108), va depositato in cancelleria (affinché possa essere consultato dai creditori e dal debitore) nel contesto di un'ordinanza che fissa un'udienza (a distanza di almeno dieci giorni) per l'audizione degli uni e dell'altro (art. 596) (109).

Va aggiunto che l'art. 596 prevede anche la possibilità che il giudice (o il professionista delegato) provveda ad una *distribuzione parziale*, purché non superiore comunque al novanta per cento delle somme da ripartire. Peraltro, la di-

---

(106) Sull'argomento v. V. DENTI, *Distribuzione della somma ricavata*, cit., p. 329.

(107) Sempre che questi diritti di prelazione siano ancora efficaci. Ad es., nel caso dell'ipoteca, è necessario che, al momento della distribuzione, la relativa iscrizione sia stata rinnovata prima della scadenza del termine di vent'anni, ai sensi dell'art. 2847 c.c. (Cass. 14 maggio 2012 n. 7498), restando inteso che l'inefficacia dell'ipoteca sopravvenuta nel corso del processo esecutivo ha l'unico effetto di privare il creditore della prelazione (Cass. 5 febbraio 2014 n. 2610, in *Foro it.*, 2014, I, 784).

(108) Questi due aspetti di un unico atto ricompaiono come possibile oggetto di due atti diversi nel caso in cui il giudice, di fronte a situazioni particolarmente complesse, ritenga di applicare la particolare procedura di cui all'art. 179 disp. att. (V. DENTI, *Distribuzione*, cit., p. 329).

(109) A tale udienza è comunque precluso l'intervento dei creditori, anche se privilegiati (Cass. 28 dicembre 2012 n. 23993, in *Foro it.*, 2013, I, 2582, con nota di E. CAVUOTO).

Per quanto riguarda il credito ipotecario, va tenuto presente che il relativo vincolo (e la sua trasmissione) va annotato in margine dell'iscrizione dell'ipoteca (art. 2843 c.c.). Per il caso della mancata annotazione, v. M. BATTAGLIESE, *La collocazione in sede distributiva del credito ipotecario non annotato*, in *Riv. es. forz.*, 2011, p. 583.

stribuzione parziale può avvenire anche a favore dei creditori aventi diritto all'accantonamento ai sensi dell'art. 510, 3° comma (intervenuti non ancora muniti di titolo esecutivo) ovvero dei creditori i cui crediti siano oggetto di controversia distributiva ai sensi dell'art. 512. Ciò, tuttavia, a condizione che costoro presentino una fideiussione autonoma, irrevocabile e a prima richiesta, rilasciata da uno dei soggetti indicato dall'art. 574, 1° comma, secondo periodo (banche, società assicuratrici o intermediari finanziari che svolgono in via esclusiva o prevalente attività di prestazione di garanzie e che siano sottoposte a revisione contabile da parte di una società di revisione); fideiussione idonea a garantire la restituzione alla procedura delle somme che risultino indebitamente ripartite. Con le stesse modalità – aggiunge sempre l'art. 596, 3° comma – si potrà procedere a distribuzione a favore dei creditori che avrebbero diritto al ricavato qualora risulti totalmente o parzialmente insussistente il credito del soggetto avente diritto all'accantonamento oppure oggetto di contestazione in sede di distribuzione (110).

All'udienza, le parti possono senz'altro approvare il progetto (e la mancata comparizione all'udienza implica approvazione: art. 597), oppure raggiungere altrimenti un accordo. Di ciò si dà atto nel processo verbale e il giudice dell'esecuzione o il professionista delegato ordina il pagamento delle singole quote. L'eventuale mancanza dell'accordo ha qui un significato ed una portata più grave di quanto non l'abbia in sede di espropriazione mobiliare (111). Là, trattandosi di accordo preventivo, la sua mancanza lascia aperta la via della distribuzione ad opera del giudice (art. 542); qui, in quanto il progetto giudiziale di distribuzione costituisce la base dell'eventuale accordo, la mancanza di accordo implica già una vera e propria contestazione sull'esistenza del diritto di uno o più creditori o della relativa ragione di prelazione; implica insomma una di quelle contestazioni da risolversi con le modalità di cui all'art. 512, che è per l'appunto richiamato dalla disciplina in discorso (art. 598) (112).

---

(110) V. anche A. CARRATTA, *op. cit.*, p. 52; S. VINCRE, in AA.VV., *Le nuove riforme*, cit., p. 318.

(111) V. il § 22, nota 46.

(112) In proposito, v. retro, § 19.

Sezione quinta

L'ESPROPRIAZIONE DI BENI INDIVISI E CONTRO IL TERZO PROPRIETARIO

31. *L'espropriazione di beni indivisi.*

Oggetto dell'*espropriazione dei beni indivisi* è la quota (ideale) di un bene indiviso (1). Quando il procedente è creditore di uno solo dei comproprietari, o vuole comunque agire contro uno solo, l'espropriazione deve colpire solo la quota di questo, senza violare i diritti dei comproprietari.

Per conseguire questo risultato, occorre anzitutto evitare che i comproprietari colludano col debitore per attuare una divisione in pregiudizio del creditore. A tale scopo l'art. 599, 2° comma, dispone che del pignoramento (2) sia notificato avviso, a cura del creditore pignorante, anche agli altri comproprietari, ai quali da quel momento è fatto divieto di lasciare separare dal debitore la sua parte delle cose comuni senza ordine del giudice (3).

---

(1) Sull'argomento, v. G. TARZIA, *Espropriazione dei beni indivisi*, in *Nss. Dig. it.*, VI, Torino, 1960, p. 887; E. GRASSO, *Espropriazione dei beni indivisi*, in *Enc. dir.*, XV, Milano, 1966, p. 590; S. LA CHINA, *L'attuazione dell'art. 2825 c.c. nel processo di espropriazione forzata*, in *Riv. trim. dir. e proc. civ.*, 1965, p. 1558; A. TRAVI, *Espropriazione dei beni indivisi*, in *Dig. civ.*, VIII, Torino, 1992, p. 13; F. VIGORITO, *L'espropriazione di beni indivisi*, in *Riv. es. forz.*, 2004, p. 549; F. VIGORITO, *Limiti interni ed esterni dell'azione esecutiva*, in *Riv. es. forz.*, 2006, p. 799; L.F. DI NANNI, *L'espropriazione dei beni indivisi e il giudizio di divisione*, *ivi*, 2008, p. 651; F. TOMMASEO, *L'esecuzione forzata*, cit., p. 129; B. CAPPONI, *Manuale*[4], cit., p. 213; R. LOMBARDI, *Profili problematici dell'espropriazione dei beni indivisi*, in *Riv. dir. proc.*, 2012, p. 59; ID., *L'espropriazione dei beni indivisi e le riforme dell'ultimo decennio*, *ivi*, 2016, p. 317; ID., *Le connessioni tra divisione ed espropriazione forzata*, in *Riv. es. forz.*, 2019, p. 546; G. SANTAGADA, *Sub art. 599*, in AA.VV., *Commentario*, cit., VI, p. 1193. Sull'espropriazione di beni oggetto di comunione legale tra coniugi, v. L. MALAGÙ, *Esecuzione forzata e diritto di famiglia*, Milano, 1986, p. 56; G. BALENA, *Brevi riflessioni sull'espropriazione di beni in comunione legale*, in *Giusto proc. civ.*, 2014, p. 1; R. TISCINI, *Espropriazione forzata di beni facenti parte della comunione legale ecc.*, *ivi*, 2019, p. 89; R. LOMBARDI, *L'espropriazione promossa dai creditori particolari del coniuge*, Torino, 2019; A. TEDOLDI, *Esecuzione forzata*, cit., p. 261.

(2) In caso di espropriazione immobiliare di un bene indiviso il pignoramento deve indicare, a pena di nullità (sanabile attraverso la nota di trascrizione), la quota del bene spettante al debitore (Cass. 3 aprile 2015 n. 6833, in *Foro it.*, 2015, I, 3659).

(3) Nonostante l'ambiguità della formula della legge, si ritiene che il divieto non sia una con-

In secondo luogo, occorre predeterminare un *iter* che consenta di espropriare quella sola quota del bene indiviso che appartiene al debitore. Ciò può avvenire in tre maniere diverse: 1) la *separazione*, 2) la *vendita della quota indivisa* e 3) la *divisione*.

La separazione – che, agli effetti pratici, è una divisione in natura, parziale, ossia limitata alla quota del debitore ed attuata nell'esclusivo ambito del processo esecutivo (4) – è la soluzione in certo senso preferita dal codice, che all'art. 600, 1° comma, prevede che essa venga disposta dal giudice dell'esecuzione quando è possibile (5).

«Se la separazione non è chiesta o non è possibile» – aggiunge il 2° comma del medesimo art. 600 – il giudice dell'esecuzione «dispone che si proceda alla divisione a norma del codice civile, salvo che ritenga probabile la vendita della quota indivisa (6) ad un prezzo pari o superiore al valore della stessa, determinato a norma dell'art. 568». Se si deve far luogo alla divisione, la quale costituisce in tale contesto una parentesi di cognizione all'interno del processo esecutivo (7) (con la

---

seguenza automatica dell'avviso, ma debba essere esplicitamente enunciato nell'atto (cfr. E. GRASSO, *op. cit.*, p. 795).

L'art. 180 disp. att., nell'indicare il contenuto di quest'avviso, aggiunge che con lo stesso avviso o con altro separato, gli interessati debbono essere invitati a comparire davanti al giudice dell'esecuzione per sentir dare i provvedimenti indicati nell'art. 600. Sull'argomento v. G.F. RICCI, *L'avviso ai comproprietari nel pignoramento di beni indivisi*, in *Riv. trim. dir. e proc. civ.*, 1978, p. 1211, con particolare riguardo alle conseguenze dell'eventuale omissione di questo avviso; nel senso che queste conseguenze non implicano la nullità del pignoramento, v. Cass. 17 giugno 1985 n. 3648, in *Giur. it.*, 1986, I, 1, 1213.

(4) Ciò a differenza di quanto accade nell'ipotesi della divisione, che (come tra poco nel testo) si svolge in un giudizio incidentale. Per il rilievo della differenza, v. S. LA CHINA, *op. cit.*, p. 1614, che giustamente mette in rilievo le diverse espressioni della legge che, da un lato, dice che il giudice dell'esecuzione «provvede» alla separazione, mentre, dall'altro lato, aggiunge che esso giudice «può disporre che si provveda alla divisione».

(5) Questa possibilità va pertanto accertata (Cass. 20 dicembre 1985 n. 6549, in *Foro it.*, 1986, I, 2226).

Naturalmente nulla impedisce che, con l'accordo dei compartecipi, al debitore sia attribuita, in luogo della porzione del bene corrispondente alla sua quota, una equivalente somma di denaro (cfr. E. GRASSO, *op. cit.*, p. 798 e Autori ivi citati). Mentre è da escludere l'espropriazione del bene indiviso, quando la massa comune comprenda beni di diversa natura (Cass. 19 marzo 2013 n. 6809).

(6) Con ordinanza revocabile e impugnabile solo con l'opposizione agli atti esecutivi (Cass. 20 febbraio 2003 n. 2624; Cass. 21 gennaio 2000 n. 682). La nuova norma supera la precedente discrezionalità della scelta tra le due residue soluzioni nel senso di una tendenziale preferenza per la vendita (cfr. F. DE SANTIS, *Il «programma»*, cit., p. 480).

(7) Con conseguente appellabilità della sentenza (Cass. 18 aprile 2012 n. 6072; Cass. 24 febbraio 2011 n. 4499). Ovviamente, sussiste litispendenza fra il giudizio di divisione instaurato da alcuni dei partecipanti alla comunione e la divisione endoesecutiva (Cass. 18 marzo 2019 n. 7617). V. anche, in argomento, P. CAGLIARI, *Espropriazione forzata e giudizio di divisione ecc.*, in *Riv. es. forz.*, 2021, p. 590.

competenza del giudice dell'esecuzione: art. 181 disp. att.) (8), l'esecuzione è sospesa – precisa, infine, l'art. 601 – sinché sulla divisione stessa non sia raggiunto un accordo tra le parti, o pronunciata una sentenza passata in giudicato o quanto meno di secondo grado.

Si ritiene che l'atto introduttivo del giudizio di divisione sia costituito dall'ordinanza che dispone detta divisione (9).

Concluso il giudizio di divisione, il processo esecutivo dovrebbe essere riassunto ai termini dell'art. 627 (v. oltre, § 39 in fine) (10), dopo di che si fa luogo alla vendita o all'assegnazione dei beni attribuiti al debitore (art. 601, 2° comma) (11).

La procedura ora riassunta trova applicazione con riguardo ad ogni tipo di comunione, compresa (a quanto si ritiene) quella tra coniugi per debiti personali di uno dei coniugi ai termini dell'art. 189 c.c. (12), nonché quella di crediti in

---

(8) Il 2° comma di questo art. 181 disp. att. aggiunge che, se all'udienza davanti al giudice dell'esecuzione non sono presenti tutti gli interessati, il giudice, con l'ordinanza con la quale dispone la divisione, fissa l'udienza dinanzi a sé concedendo termine per l'integrazione del contraddittorio. In proposito v. anche R. LOMBARDI, *Giudizio di scioglimento delle comunioni ed esecuzione forzata*, in *Riv. dir. proc.*, 2018, p. 404.

(9) V., in tal senso, Cass. 20 agosto 2018 n. 20817, in *Riv. dir. proc.*, 2019, p. 240, con nota contraria di R. LOMBARDI, in *Giur. it.*, 2019, p. 550, con nota anch'essa contraria di F. FRADEANI, e in *Corr. giur.*, 2019, p. 383, con nota sostanzialmente adesiva di L. BACCAGLINI; in dottrina, nello stesso senso, L.F. DI NANNI, *L'espropriazione dei beni indivisi*, cit., p. 659; G. SANTAGADA, *Sub art. 601*, in AA.VV., *Commentario c.p.c.*, cit., VI, p. 1248. L'autonomia del giudizio divisorio rispetto al processo esecutivo comporta che l'eventuale rigetto della domanda di divisione non determina automaticamente la revoca dell'ordinanza del giudice dell'esecuzione che ha disposto la divisione (Cass. 14 gennaio 2021 n. 506, in *Foro it.*, 2021, I, 3665, con nota di A. MENDOLA).

(10) Tuttavia, secondo Cass. 12 maggio 2021 n. 12685, il processo esecutivo sospeso dovrebbe essere riassunto ai termini dell'art. 295 entro tre mesi dall'ordinanza ex art. 789 o dal passaggio in giudicato della sentenza di divisione.

(11) Il giudice della divisione non ha pertanto alcun potere di compiere attribuzioni al creditore (App. Ancona 28 maggio 2018, in *Giur. it.*, 2018, p. 2386, con nota di F. FRADEANI). Così anche Cass. 27 giugno 1987 n. 5718 (in *Riv. dir. proc.*, 1988, p. 1175), che ha poi affermato che il relativo provvedimento, in quanto anomalo, sarebbe impugnabile col ricorso straordinario ex art. 111 Cost. Quest'ultima affermazione è giustamente criticata dall'Annotatore (M. RIVA, *Rapporti tra esecuzione su beni indivisi e giudizio divisorio*, *ibidem*), che correttamente indica nell'*actio nullitatis*, il rimedio contro il provvedimento *de quo*.

(12) Per l'enunciazione (implicita) di questa applicabilità, v. Cass. 2 agosto 1997 n. 7169 (in *Giur. it.*, 1998, I, 1571 e in *Foro it.*, 1999, I, 2589), che riconosce all'altro coniuge la legittimazione sia all'opposizione di terzo e sia all'opposizione agli atti esecutivi. Si ritiene che sia il coniuge escusso che l'altro coniuge abbiano l'onere di indicare al creditore procedente i beni personali da espropriarsi prima di quelli facenti parte della comunione la quale investe ciascuno dei cespiti singolarmente considerati (Trib. Napoli 6 aprile 1990, in *Giur. it.*, 1991, I, 2, 116, con nota di R. DE FALCO e precedenti ivi citati). L'omissione dell'avviso di cui all'art. 599, 2° comma, nei confronti dell'altro coniuge non pregiudica la validità del pignoramento, ma condiziona la proseguibilità dell'esecuzione (Cass. 29 gennaio 1999 n. 718, in *Foro it.*, 1999, I, 2588).

In realtà, quest'applicabilità è alquanto problematica per il rilievo (già compiuto da C. Cost. 17 marzo 1988 n. 311) della differenza ontologica delle due comunioni, attesa l'indisponibilità della quota dell'altro coniuge, che sembra implicare la sua inespropriabilità. Un recente studio che R.

corporati in un libretto bancario di risparmio ordinario nominativo intestato a più soggetti (13).

32. *L'espropriazione contro il terzo proprietario.*

Con questa espressione ci si riferisce ai casi in cui il proprietario del bene espropriato, pur essendo estraneo al rapporto debitorio («terzo» in questo particolare senso; v. retro, § 6), è tuttavia gravato da responsabilità per debito altrui (14). Ciò si verifica, da un lato, nei casi in cui il bene del terzo sia gravato da ipoteca, pegno o privilegio con sequela, per avere il terzo acquistato il bene già onerato o per aver egli fornito garanzia reale per un debito altrui; dall'altro lato, nel caso in cui l'alienazione del bene del debitore al terzo sia stata revocata per frode ai termini dell'art. 2901 c.c. (15). Ma potrebbe verificarsi – ai sensi del-

---

TISCINI ha dedicato all'argomento (in *Riv. es. forz.*, 2008, p. 713) perviene comunque alla conclusione che «il modello degli artt. 599 e ss. c.p.c. resta quello preferibile quanto alle modalità di coinvolgimento e partecipazione del comproprietario non solo non debitore, ma neppure responsabile per un debito altrui» (*loc. cit.*, p. 728). In quest'ordine di idee v. anche F. DE STEFANO, *Modalità pratiche dell'espropriazione di beni immobili compresi nella comunione legale tra coniugi* (in *Riv. es. forz.*, 2009, p. 427), orientato per la necessità del pignoramento per l'intero con la necessità dell'avviso al coniuge non esecutato. In senso analogo Cass. 14 marzo 2013 n. 6575, in *Foro it.*, 2013, I, 3274, con nota critica di M. ACONE e in *Riv. dir. proc.*, 2014, p. 790, con nota parzialmente critica di M. PILLONI; sul punto v. anche G. BALENA, *Brevi riflessioni*, cit., p. 1 e M. ACONE, *L'espropriazione dei beni della comunione coniugale per i debiti personali di uno dei coniugi*, in *Riv. dir. proc.*, 2016, p. 1417. Per una rimeditazione del tema v. R. LOMBARDI, *L'espropriazione promossa*, cit., p. 227, la quale propende per una soluzione "a geometria variabile", a seconda che il bene staggito costituisca oppure no l'intero patrimonio in comunione fra i coniugi.

(13) Per l'esplicita affermazione dell'applicabilità della procedura in argomento a questa fattispecie, v. Cass. 9 ottobre 1998 n. 10028, in *Riv. dir. proc.*, 1999, p. 1182, con nota di M.C. VANZ.

Dubbia, invece, appare l'applicabilità della procedura in esame in caso di coesistenza sullo stesso bene del diritto di nuda proprietà, oggetto di esecuzione forzata, e del diritto di usufrutto, stante la difficoltà di assimilare alla comunione quest'ipotesi (per l'affermativa, tuttavia, v. Trib. Ravenna 5 marzo 2018, in *Riv. es. forz.*, 2018, p. 420, con nota perplessa di V. VIOLANTE).

(14) Restando inteso, peraltro, che, ove il bene rientri con effetto *ex nunc* nella proprietà del debitore diretto, il processo esecutivo contro il terzo proprietario non può proseguire (Cass. 17 gennaio 2012 n. 536).

(15) Purché il creditore disponga di un titolo esecutivo efficace anche nei confronti del terzo acquirente (Cass. 12 luglio 2013 n. 17257).

Occorre tenere presente che le figure indicate nel testo non esauriscono le figure dei terzi estranei coinvolgibili o coinvolti solo di fatto nel processo espropriativo avuto riguardo agli artt. da 2913 a 2919 c.c., ma soltanto quel gruppo di terzi la cui posizione è caratterizzata dall'estraneità al rapporto obbligatorio accompagnata alla responsabilità per debito altrui; gruppo che, a sua volta, si divide tra terzi il cui titolo d'acquisto è «efficace» oppure «inefficace» nei confronti del creditore procedente. A questo gruppo si contrappone quello dei terzi estranei sia al rapporto obbligatorio che alla responsabilità contrattuale.

Per questo schema e le sue diverse articolazioni, nonché per il rilievo che i criteri sui quali si fondano tali articolazioni non vanno confusi con quelli che riguardano i limiti soggettivi di effica-

l'art. 2929 bis c.c. (16) – anche prima che sia pronunciata sentenza revocatoria dell'efficacia dell'atto ex art. 2901 (17).

Infatti, ai sensi del 1° comma dell'art. 2929 bis c.c., «*il creditore che sia pregiudicato da un atto del debitore, di costituzione di vincolo di indisponibilità o di alienazione, che ha per oggetto beni immobili o mobili iscritti in pubblici registri, compiuto gratuitamente successivamente al sorgere del credito, può procedere, munito di titolo esecutivo, a esecuzione forzata, ancorché non abbia preventivamente ottenuto sentenza dichiarativa di inefficacia, se trascrive il pignoramento nel termine di un anno dalla data in cui l'atto è stato trascritto*». Tale disposizione – aggiunge lo stesso 1° comma – si applica anche «*al creditore anteriore che, entro un anno dalla trascrizione dell'atto pregiudizievole, interviene nell'esecuzione da altri promossa*». Ed è chiaro che, in questo caso, le modalità dell'esecuzione saranno, ancora una volta, quelle dell'espropriazione nei confronti del terzo proprietario. Infatti, ai sensi del 2° comma, «*il creditore promuove l'azione esecutiva nelle forme dell'espropriazione contro il terzo proprietario ed è preferito ai creditori personali di costui nella distribuzione del ricavato*» (18).

In una situazione del genere, peraltro, il problema più rilevante è quello di

---

cia del titolo esecutivo, v. G. COSTANTINO-R. VACCARELLA, *Il terzo proprietario nei processi di espropriazione forzata*, in *Riv. dir. civ.*, 1986, II, p. 386; G. COSTANTINO, *Le figure di terzo proprietario*, I, pp. 396, 397; G. MICCOLIS, *L'espropriazione forzata per debito altrui*, Torino, 1998, p. 178.

(16) Introdotto dal D.L. 83/2015, conv. dalla L. 132/2015, e poi modificato dal D.L. 59/2016, conv. dalla L. 119/2016, trova applicazione nelle procedure esecutive iniziate successivamente all'entrata in vigore del D.L. 83/2015 (v. anche Trib. Ferrara 29 settembre 2015 e 10 novembre 2015, in *Foro it.*, 2016, I, 2265).

(17) In proposito v. E. CAVUOTO, *L'espropriazione di beni oggetto di vincoli di indisponibilità o di alienazioni a titolo gratuito*, in *Giusto proc. civ.*, 2015, p. 1171; M. BOVE, *Profili processuali dell'art. 2929 bis c.c.*, in *Riv. es. forz.*, 2016, p. 157; ID., *L'applicazione dell'art. 2929 bis c.c. tra esercizio dell'azione esecutiva ed azioni dichiarative*, *ivi*, 2017, p. 281; B. CAPPONI, *Prime impressioni sugli aspetti processuali dell'art. 2929 bis c.c.*, *ivi*, 2016, p. 59; G. MICCOLIS, *Brevi riflessioni sull'art. 2929 bis c.c.*, *ibidem*, p. 335; A. TEDOLDI, *Le novità in materia di esecuzione forzata nel d.l. n. 83/2015*, cit., p. 155; A. PROTO PISANI, *Profili processuali dell'art. 2929 bis c.c.*, in *Foro it.*, 2016, V, 136; R. METAFORA, *L'azione revocatoria semplificata di cui all'art. 2929 bis c.c.*, in *Giusto proc. civ.*, 2016, p. 849; F. DE STEFANO, *Note sull'espropriazione forzata*, cit., p. 585; M. DE CRISTOFARO, *La prospettiva processuale della pauliana ecc.*, in *Nuove leggi civ. comm.*, 2016, p. 456; M. DOMINICI, *L'art. 2929 bis c.c. e l'azione esecutiva revocatoria*, in *Giur. it.*, 2016, p. 2045; L. DURELLO, *Contributo allo studio della tutela del terzo nel processo esecutivo*, Napoli, 2016, p. 139; A. CARRATTA, *Nuove modifiche per il processo civile: il D.L. 59/2016*, in *Il libro dell'anno del diritto Treccani*, Roma, 2017, p. 495; ID., *Le più recenti riforme*, cit., p. 59; C. PERAGO, *La nuova fattispecie legislativa di espropriazione contro il terzo proprietario: l'art. 2929 bis c.c.*, in *Foro it.*, 2019, V, 162; M. CIRULLI, *Diritto e processo nell'art. 2929 bis c.c.*, in *Riv. trim. dir. e proc. civ.*, 2019, p. 941; M.P. FUIANO, *L'art. 2929 bis c.c.: profili ricostruttivi e applicativi*, in *Giusto proc. civ.*, 2020, p. 221.

(18) Aggiunge ancora il 2° comma dell'art. 2929 bis c.c. che «se con l'atto è stato riservato o costituito alcuno dei diritti di cui al primo comma dell'art. 2812 [usufrutto, uso, abitazione o servitù], il creditore pignora la cosa come libera nei confronti del proprietario. Tali diritti si estinguono con la vendita del bene e i terzi titolari sono ammessi a fare valere le loro ragioni sul ricavato, con preferenza rispetto ai creditori cui i diritti sono opponibili».

assicurare adeguate forme di tutela per il debitore e il terzo assoggettato all'espropriazione. A tal proposito il 3° comma dello stesso art. 2929 bis prevede che «*il debitore, il terzo assoggettato a espropriazione e ogni altro interessato alla conservazione del vincolo possono proporre le opposizioni all'esecuzione di cui al titolo V del libro III del c.p.c.*» quando intendano contestare «*la sussistenza dei presupposti di cui al primo comma o che l'atto abbia arrecato pregiudizio alle ragioni del creditore o che il debitore abbia avuto conoscenza del pregiudizio arrecato*». Vale a dire che il debitore, il terzo assoggettato all'espropriazione e qualunque altro interessato a sottrarsi agli effetti dell'art. 2929 bis possono proporre le opposizioni esecutive (a seconda dei casi, l'opposizione all'esecuzione di cui all'art. 615 o quella di terzo, di cui all'art. 619) per far valere le proprie ragioni contro il creditore procedente (19).

Infine, il solo limite che viene posto all'azione esecutiva «agevolata» dell'art. 2929 bis è che il terzo avente causa del contraente immediato abbia acquistato il proprio diritto con atto a titolo oneroso. In tal caso, infatti, puntualizza il 4° comma, l'azione esecutiva non può esercitarsi, «*salvi gli effetti della trascrizione del pignoramento*», e cioè salvo che il pignoramento non venga trascritto prima della trascrizione dell'atto di acquisto del diritto del terzo.

In tutti i casi espressamente indicati dall'art. 602 (oltre che in quelli appena richiamati dell'art. 2929 bis c.c.), l'espropriazione colpisce un soggetto diverso dal debitore e perciò si parla di espropriazione contro il «terzo proprietario» (20). Ma

---

(19) Il legislatore, peraltro, non chiarisce come – in caso di proposizione dell'opposizione – debba essere ripartito l'onere probatorio, e cioè se gravi sull'opponente l'onere di provare i fatti portati a sostegno della stessa opposizione oppure sull'opposto l'onere di provare la sussistenza dei presupposti per agire ex art. 2929 bis. In realtà – come già rilevato (A. CARRATTA, *Le più recenti riforme*, cit., p. 60) –, mediante la «contestazione» esperita a mezzo dell'opposizione l'opponente assume di fatto la stessa posizione che avrebbe assunto ove il creditore procedente non avesse utilizzato l'espropriazione «agevolata» dell'art. 2929 bis e avesse fatto ricorso all'ordinaria azione revocatoria di cui all'art. 2901 c.c. Ne deriva che – siccome ai fini della ripartizione dell'onere probatorio rileva la posizione sostanziale e non quella formale della parte – in sede di opposizione dovrebbe continuare a gravare sul creditore procedente l'onere di provare la sussistenza dei fatti costitutivi dell'azione esecutiva esercitata in via «agevolata» per mezzo dell'art. 2929 bis (in questo senso anche A. TEDOLDI, *Le novità*, cit., p. 156; P. LAI, *Atto gratuito, superfluità dell'azione revocatoria e tutela del terzo*, in *Riv. es. forz.*, 2016, p. 349; C. CARIGLIA, *La distribuzione degli oneri della prova nei giudizi di opposizione ex artt. 615 e 619 c.p.c. all'azione esecutiva intrapresa dal creditore ai sensi dell'art. 2929* bis *c.c.*, in *Giur. it.*, 2018, p. 2581). Non è un caso, del resto, se la Cassazione ha ribadito che, al di fuori delle ipotesi in cui trovi applicazione l'art. 2929 bis c.c., per agire nei confronti dei terzi in via esecutiva sia necessario il preventivo esercizio dell'azione revocatoria (Cass. 16 marzo 2017 n. 6836, in *Giur. it.*, 2017, p. 1591, con nota di S. ALUNNI).

Invece, nel senso che si avrebbe un'inversione dell'onere della prova a carico del debitore o del terzo, A. PROTO PISANI, *Profili*, cit., p. 137; B. CAPPONI, *Prime impressioni*, cit., p. 65; ID., *Qualche sparsa osservazione sull'art. 2929 bis c.c. «ripensato» nell'estate* 2016, in *Riv. es. forz.*, 2016, p. 619; V. VIOLANTE, *L'esecuzione forzata senza revocatoria ecc.*, in *Scritti in onore di N. Picardi*, III, Pisa, 2016, p. 2599; in giurisprudenza, Trib. Milano 22 gennaio 2020 (in *Giur. it.*, 2020, p. 1911, con nota contraria di G. PARISI).

(20) Sull'argomento, v. C. MANDRIOLI, *Il terzo*, cit., p. 185; G. TARZIA, *Espropriazione contro il*

la situazione ora descritta costituisce soltanto, per così dire, la premessa del processo espropriativo di cui trattasi, poiché, nel momento stesso in cui viene instaurato il processo espropriativo contro il «terzo», questo «terzo» cessa di essere tale sul piano processuale, in quanto, essendo lui il vero soggetto passivo dell'espropriazione (come risulta indirettamente dal disposto generico dell'art. 602), egli è in realtà *parte nel processo esecutivo* pur rimanendo terzo sul piano puramente sostanziale.

Il codice, pur continuando a definire come «terzo» il soggetto di cui trattasi, prende senz'altro atto della necessità che questi diventi parte nel senso di soggetto passivo dell'esecuzione (v. retro, § 6), e detta, al riguardo, alcune norme che non lasciano dubbi su tale qualità. Così dispone che il titolo esecutivo e il precetto siano notificati anche al terzo (21), aggiungendo anzi che nel precetto (sottoscritto dal difensore munito di apposita procura) (22) si deve fare precisa menzione del bene del terzo che si intende espropriare (art. 603); enuncia che tutti gli atti di espropriazione si compiono «*nei confronti del terzo, al quale si applicano tutte le disposizioni relative al debitore*» (23), eccezion fatta soltanto per quella che concerne il divieto al debitore di rendersi acquirente del bene espropriato (art. 604, 1° comma); ed infine, dispone che ogni qual volta sia prevista l'audizione del debitore, deve essere sentito anche il terzo (art. 604, 2° comma).

In conclusione, si può affermare che questa espropriazione si compie congiuntamente nei confronti di due soggetti; l'uno (il debitore) in una posizione che, sul piano processuale, è quella della parte in un senso puramente formale, ma pur sempre *parte necessaria* (24), anche nel giudizio di opposizione ex art. 615 avanzata dal terzo assoggettato all'esecuzione (25) e, sembrerebbe, anche

---

terzo proprietario, in *Nss. Dig. it.*, VI, Torino, 1960, p. 967; F.P. LUISO, *L'esecuzione «ultra partes»*, Milano, 1984, p. 55; A. TRAVI, *Espropriazione contro il terzo proprietario*, in *Dig. civ.*, VIII, Torino, 1992, p. 4; A. TEDOLDI, *Esecuzione forzata*, cit., p. 277.

(21) Si tratta di semplice notifica senza che occorra alcuna intimazione al terzo (cfr. S. SATTA, *Commentario*, III, cit., p. 430).

Con riferimento alla parola «anche» ed a considerazioni di ordine sistematico imperniate sul richiamo all'art. 2870 c.c., si rileva che il legislatore abbia, sia pure implicitamente, optato per la tesi che esclude la necessità di ottenere un titolo esecutivo autonomo contro il terzo (cfr. C. CALVOSA, *Struttura del pignoramento*, cit., p. 151; V. ANDRIOLI, *Commento*, III, cit., p. 300). È invece pacifico che occorre un titolo contro il debitore.

(22) Ed a tal fine non può valere la procura rilasciata per la fase di merito, quando il «terzo» non sia stato parte del giudizio instaurato dal creditore poi procedente in via esecutiva (Cass. 20 aprile 2012 n. 6282).

(23) Cfr. Cass. 5 giugno 2020 n. 10808 (in *Giur. it.*, 2020, p. 2142, con nota di G. FELLONI); Cass. 29 settembre 2007 n. 20580.

(24) Cass. 4 maggio 2015 n. 8891, con riferimento alle controversie ex art. 512; Cass. 17 gennaio 2012 n. 535; Cass. 29 settembre 2004 n. 19562.

(25) V., *ex multis*, Cass. 19 febbraio 2019 n. 4763; Cass. 27 giugno 2018 n. 17113.

in quello di opposizione agli atti esecutivi ex art. 617 (26); mentre l'altro (il c.d. terzo) è il vero soggetto passivo della espropriazione, considerato dalla legge come se fosse il debitore ed è perciò parte nel processo esecutivo (27).

Queste particolarità si riflettono anche sui limiti all'intervento dei terzi in questa procedura, nel senso, da un lato, della totale impossibilità di intervento dei creditori personali del debitore e, dall'altro lato, della limitazione del diritto di concorso dei creditori del terzo proprietario a quanto residua al soddisfacimento del creditore procedente (28).

---

(26) Così Cass. 31 gennaio 2017 n. 2333; in senso contrario, però, Cass. 29 settembre 2007 n. 20580.

(27) Cfr. S. SATTA, *Commentario*, III, cit., p. 430; F.P. LUISO, *L'esecuzione*, cit., p. 59. Per applicazioni di questo principio, v. Cass. 22 novembre 1994 n. 9885, in *Giur. it.*, 1995, I, 1, 1198.

In quest'ordine di idee, si sostiene (R. VACCARELLA, *Il terzo proprietario* ecc., cit., II, *La tutela*, in *Riv. dir. civ.*, 1986, II, p. 412) che quando il terzo contesta non l'astratta assoggettabilità all'espropriazione, ma il concreto assoggettamento per inosservanza delle modalità indicate dalla legge, lo strumento processuale per questa contestazione debba essere l'opposizione agli atti esecutivi (su cui v. oltre, § 37), previo intervento del terzo pretermesso (cfr. G. MICCOLIS, in *Riv. dir. proc.*, 1993, p. 899), esclusa invece l'ammissibilità dell'opposizione del terzo ex art. 619 (Cass. 21 agosto 1992 n. 9740, in *Riv. dir. proc.*, 1993, p. 892) e salva, comunque, la possibilità dell'opposizione all'esecuzione (come confermato anche, ora, dall'art. 2929 bis c.c.), nella quale si converte anche l'eventuale azione revocatoria ex art. 2901 c.c. proposta dal terzo proprietario nei confronti dell'atto di costituzione dell'ipoteca (Cass. 10 dicembre 2020 n. 28242, in *Giur. it.*, 2021, p. 1630, con nota di R. METAFORA).

Si è rilevato (G. TARZIA, *Il contraddittorio nel processo esecutivo*, in *Riv. dir. proc.*, 1978, p. 211) che a questa regola per la quale il terzo assoggettato all'esecuzione è strutturato come il vero soggetto passivo dell'esecuzione, fanno eccezione talune disposizioni particolari, come l'art. 2812 c.c., che consente al creditore ipotecario di «far subastare la cosa come libera» (da servitù) e l'art. 20, 1° e 5° comma, T.U. 16 luglio 1905 n. 646, sul credito fondiario, che consente all'istituto mutuante di «dirigere gli atti esecutivi contro il debitore iscritto» anche quando il fondo sia nel frattempo passato nelle mani di terzi. Ma a parte la peculiarità delle situazioni disciplinate da queste norme, la loro eccezionalità (che è stata fatta oggetto di dubbi di costituzionalità, sempre respinti, ed anche del tentativo di aggiramento attraverso l'interpretazione estensiva dell'art. 498 c.p.c.: tentativo pure respinto dalla cit. Cass. 21 agosto 1992 n. 9740) conferma la regola per la quale l'esecuzione deve essere diretta contro colui nel cui ambito patrimoniale è destinata ad incidere (così G. TARZIA, *op. cit.*, p. 214, che si riferisce alla regola del contraddittorio).

(28) V., sull'argomento, A. STORTO, *Sul problema dell'intervento dei creditori nel processo di espropriazione contro il terzo proprietario* (in *Riv. es. forz.*, 2002, p. 22), che ritiene necessario, da parte dei creditori del terzo, un pignoramento successivo (*op. cit.*, p. 33).

CAPITOLO IV
L'ESECUZIONE FORZATA IN FORMA SPECIFICA

SOMMARIO: 33. L'esecuzione per consegna o rilascio. – 34. L'esecuzione degli obblighi di fare o di non fare. Le misure coercitive dell'art. 614 bis c.p.c.

33. *L'esecuzione per consegna o rilascio.*

Tenendo conto dei rilievi d'ordine generale compiuti al cap. 1°, intorno alle caratteristiche proprie dell'esecuzione diretta o in forma specifica e venendo senz'altro al primo tipo di tale forma di esecuzione forzata, ossia all'esecuzione per consegna o rilascio (1), occorre anzitutto individuare il diritto sostanziale che con essa trova soddisfazione.

Quest'individuazione risulta dall'art. 2930 c.c., che, per l'appunto, enuncia l'eseguibilità specifica dell'obbligo di consegnare una cosa mobile o di rilasciare una cosa immobile con le forme che stiamo per esaminare. Ed è appena il caso di aggiungere che con la parola «obbligo» il codice si riferisce ad ogni situazione passiva che si presenta come obbligo al momento dell'esecuzione, e cioè, oltre ai casi in cui l'obbligo in parola sta di fronte ad un diritto di natura obbligatoria o personale, anche ai casi in cui l'obbligo sta di fronte ad un diritto reale la cui violazione dà luogo per l'appunto all'obbligo della restituzione mediante consegna o rilascio.

La disciplina del procedimento in discorso, pur costituendo l'oggetto dell'in-

---

(1) Sull'argomento, v. le opere citate al § 4 e, in particolare, C. MANDRIOLI, *Esecuzione per consegna o rilascio*, in *Nss. Dig. it.*, VI, Torino, 1960, p. 701; ID., *In tema di esecuzione per consegna o rilascio contro il terzo possessore o detentore*, in *Riv. dir. civ.*, 1985, I, p. 579; ID., *Esecuzione per consegna o rilascio*, in *Dig. civ.*, VIII, Torino, 1991, p. 616; L. MONTESANO, *Esecuzione specifica*, in *Enc. dir.*, XV, Milano, 1966, p. 542; F.P. LUISO, *Esecuzione forzata: II) Esecuzione forzata in forma specifica*, in *Enc. Giur. Treccani*, XIII, Roma, 1989; A. BONSIGNORI, *L'esecuzione forzata*, cit., p. 275; G. TRISORIO LIUZZI, *L'esecuzione dei provvedimenti di rilascio di immobili*, in *Riv. es. forz.*, 2003, p. 1; D. PIOMBO, *L'esecuzione per consegna o rilascio e le opposizioni ecc.*, *ivi*, 2004, p. 378; R. GIORDANO, *Caratteri e problematiche della nuova esecuzione per rilascio*, in *Riv. dir. proc.*, 2006, p. 1229; F. TOMMASEO, *L'esecuzione forzata*, cit., p. 244; B. CAPPONI, *Manuale*[4], cit., p. 353; M. BOVE, *Esecuzione forzata per consegna o rilascio*, in *Diritto on line Treccani*, 2013; M. MONTANARI, *Sui profili generali dell'esecuzione forzata in forma specifica*, in *Giusto proc. civ.*, 2019, p. 331; A. TEDOLDI, *Esecuzione forzata*, cit., p. 335.

tero titolo terzo del libro intitolato all'esecuzione, si esaurisce in pochi articoli, dedicati alcuni (605 e 611) genericamente sia all'esecuzione per consegna e sia a quella per rilascio, e gli altri specificamente o all'esecuzione per consegna (606 e 607) o a quella per rilascio (608, 608 bis e 609).

Con riguardo ad entrambi i tipi di procedimento, il codice detta, anzitutto, una disposizione che concerne il precetto. Più precisamente, dispone che il precetto, la cui notificazione, nel procedimento di cui trattasi, come in ogni altro procedimento esecutivo, deve precedere l'inizio del procedimento stesso (insieme o successivamente alla notificazione del titolo esecutivo), ha qui un requisito in più, e cioè la descrizione sommaria dei beni sui quali si intende procedere con l'esecuzione per consegna o rilascio (art. 605, 1° comma) (2); ed in ciò si può ravvisare il fondamento per il rilievo già compiuto (v. § 12) che il precetto, che può e deve avere portata generica quando preannuncia l'esecuzione per espropriazione, deve invece avere una portata specifica quando preannuncia un'esecuzione in forma specifica. D'altra parte, anche nell'intimazione ad adempiere, il creditore deve, nel precetto, riferirsi al termine eventualmente disposto nel titolo esecutivo e che potrebbe essere più lungo di quello di cui all'art. 482. Così dispone l'art. 605, 2° comma.

Ancora con riguardo ad entrambi i tipi di procedimento, va qui ricordato (v. retro, § 9) che i titoli esecutivi idonei a fondare questa esecuzione sono quelli indicati dal 3° comma dell'art. 474, ossia quelli indicati dallo stesso art. 474, 2° comma, n. 1 (le sentenze, i provvedimenti giudiziari e gli altri atti ai quali la legge attribuisce espressamente efficacia esecutiva, ivi compresi i verbali di conciliazione) e n. 3 (gli atti ricevuti da notaio o altro pubblico ufficiale autorizzato dalla legge a riceverli) (3).

La seconda delle disposizioni che concernono tanto l'esecuzione per consegna quanto quella per rilascio contempla l'eventualità che, nel corso dell'esecuzione, sorgano «difficoltà che non ammettono dilazione», stabilendo – per questa eventualità – che ciascuna parte può chiedere al giudice dell'esecuzione, anche verbalmente, i provvedimenti temporanei occorrenti (art. 610) revocabili e modificabili (4).

---

(2) Se però questa descrizione è già contenuta nel titolo, non occorre che sia ripetuta, purché non sussistano equivoci sull'individuazione (Cass. 26 aprile 1982 n. 2579).

(3) Sulle difficoltà derivanti dall'utilizzazione come titolo esecutivo per il rilascio dell'immobile oggetto di «contratto di godimento in funzione della successiva alienazione» (c.d. *rent to buy*), in caso di inadempimento del conduttore, v. E. FABIANI, Rent to buy *e titolo esecutivo per il rilascio dell'immobile*, in *Foro it.*, 2015, V, 358 e, in versione più ampia, in *Giusto proc. civ.*, 2015, p. 329; nel senso che, per valere come titolo esecutivo ai fini del rilascio, il contratto debba essere redatto da notaio, Trib. Verona 12 dicembre 2014, in *Dir. fall.*, 2015, II, p. 591, con nota di A. NUCERA; per l'esclusione delle scritture private autenticate ad essere utilizzate come titolo esecutivo per l'esecuzione per consegna o rilascio, v. Trib. Nola 15 settembre 2015, in *Riv. es. forz.*, 2016, p. 284.

(4) E perciò non appellabili (salvo che risolvano questioni sul diritto di eseguire, ciò che attribuirebbe loro natura di sentenza appellabile: Cass. 22 settembre 2006 n. 20667) e non impugnabili neppure col ricorso straordinario ex art. 111 Cost. (Cass. 16 maggio 1998 n. 4925; Cass. 2 novembre 1993 n. 10815), salva l'impugnabilità col regolamento, qualora contengano una implicita pro-

Queste «difficoltà» non sono vere e proprie contestazioni di natura giuridica sulla legittimità del «se» o del «come» dell'esecuzione, poiché siffatte contestazioni esigono un giudizio di cognizione e perciò possono essere sollevate solo con un'opposizione (v. il capitolo seguente) per la cui proposizione, peraltro, l'iniziativa in discorso può offrire l'occasione. Si tratta invece di questioni di opportunità o di modalità dell'esecuzione: quelle questioni che, nell'espropriazione, costituiscono il campo d'azione del potere direttivo del giudice dell'esecuzione in quanto tale. Perciò i provvedimenti sul punto non hanno carattere decisorio (5). Anche da questa disposizione si può dedurre che, in questo procedimento, pur non essendo espressamente disciplinata la nomina di un giudice dell'esecuzione, ne sono previste le funzioni, ed ora anche il ruolo formale, ancorché in via eventuale. Eventuale perché, come stiamo per vedere, l'esecuzione di cui trattasi è caratterizzata da atti tanto semplici, da poter essere affidati senz'altro all'organo esecutivo, ossia all'ufficiale giudiziario; mentre il giudice rimane sullo sfondo. Il che – giova ricordare incidentalmente – sta in relazione col rilievo, già compiuto a suo tempo (v. retro, § 7), che le norme concernenti la competenza per questo procedimento, e che si riferiscono genericamente al tribunale del luogo dove si trovano le cose da consegnare o rilasciare (art. 26), debbono essere intese come riguardanti più propriamente l'ufficio giudiziario, ossia il tribunale, al quale appartengono sia l'organo esecutivo (ufficiale giudiziario) e sia il giudice dell'esecuzione (le cui funzioni sono solo eventuali).

Ancora nel quadro di questo ruolo di sfondo che ha il giudice dell'esecuzione, va vista la sua funzione – che costituisce oggetto dell'ultima delle disposizioni (art. 611) dettate tanto per l'esecuzione per consegna quanto per quella per rilascio – di liquidare a norma degli art. 91 e ss. le spese dell'esecuzione: ciò che il giudice compie, sulla base di una specifica effettuata dall'ufficiale giudiziario, con un decreto che costituisce titolo esecutivo (6). Tra queste spese sono da ritenere compresi – dopo le modifiche apportate nel 2005 all'art. 611 – anche gli onorari dell'avvocato (7), sebbene in passato sia stato sostenuto il contrario (8).

---

nuncia sulla competenza (Cass. 10 febbraio 1994 n. 1365). Sono, d'altra parte, pronunciabili anche *inaudita altera parte* se privi di statuizione (Cass. 4 ottobre 1994 n. 8079).

(5) In caso contrario, sarebbero appellabili (Cass. 22 settembre 2006 n. 20648; Cass. 9 maggio 1994 n. 4484). V. sull'argomento, con ampie esemplificazioni, A. STORTO, *I provvedimenti del giudice dell'esecuzione di cui agli artt. 610 e 613 c.p.c.*, in *Riv. es. forz.*, 2001, p. 229.

(6) A prescindere dalla proposizione della relativa istanza (Cass. 4 novembre 2013 n. 24730). D'altra parte, le spese del precetto, e i relativi diritti, possono essere autoliquidati nel precetto stesso che, per essi, funge da titolo esecutivo. La dottrina propende invece o per l'opposizione agli atti esecutivi (R. ORIANI, *L'opposizione agli atti esecutivi*, Napoli, 1987, p. 221) o per la non impugnabilità, revocabilità e modificabilità (C. MANDRIOLI, *Esecuzione per consegna*, cit., p. 641).

(7) Da liquidare con decreto sottoponibile all'opposizione a decreto ingiuntivo (Cass. 12 luglio 2011 n. 15341; Cass. 30 novembre 2010 n. 24260); ma se la liquidazione è contenuta nel provvedimento di estinzione atipica del processo esecutivo il rimedio sarebbe l'opposizione agli atti esecutivi (Cass. 9 luglio 2020 n. 14604).

(8) Cass. 15 maggio 2007 n. 11197, in *Foro it.*, 2008, I, 1607, con nota di P. PORRECA; Cass. 10

Il procedimento per consegna di cose mobili si realizza con un semplice atto dell'ufficiale giudiziario a seguito di richiesta anche verbale del creditore della consegna. Dopo l'esaurimento degli atti preliminari all'esecuzione, ossia dopo la notificazione del titolo esecutivo e del precetto, ed il decorso del relativo termine, il creditore può, esibendo titolo e precetto, rivolgere la suddetta richiesta all'ufficiale giudiziario, il quale si reca (munito, appunto, del titolo e del precetto) sul luogo in cui le cose si trovano, e le ricerca con le modalità stabilite dall'art. 513. Dopo averle rinvenute, se ne impossessa e ne fa consegna alla parte istante o a persona da lui designata (art. 606). Ciò che naturalmente non può avvenire nell'ipotesi che le cose da consegnare risultino pignorate; nel qual caso la parte istante deve far valere le sue ragioni mediante opposizione ai termini dell'art. 619 (art. 607) (v., al riguardo, il § 38).

Nell'esecuzione per il rilascio di immobili, le forme procedimentali sono lievemente meno semplici. L'art. 608 incomincia con l'enunciare che «*l'esecuzione inizia con la notifica dell'avviso* (9) *con il quale l'ufficiale giudiziario comunica almeno dieci giorni prima alla parte, che è tenuta a rilasciare l'immobile, il giorno e l'ora in cui procederà*».

Con la quale disposizione il codice prende, tra l'altro, posizione sulla questione del momento di inizio di questa esecuzione (soprattutto rilevante con riguardo alle modalità di proposizione delle opposizioni: v. oltre, § 36, dopo il richiamo della nota 25) nel senso che anche chi scrive aveva ritenuto più logico, ma che contrastava con l'orientamento della Cassazione. La norma, tuttavia, non è precisa con riguardo alla distinzione che la Corte costituzionale ha introdotto circa gli effetti della notificazione rispetto al notificante o al notificato (10).

Nel giorno e nell'ora stabiliti, l'ufficiale giudiziario, debitamente richiesto e

---

maggio 2005 n. 9745; Cass. sez. un. 24 febbraio 1996 n. 1471, in *Foro it.*, 1996, I, 1689, con ampia nota di E. FABIANI.

(9) L'omissione di questo avviso fonda l'opposizione agli atti esecutivi (Cass. 3 ottobre 1996 n. 8651; Cass. 19 febbraio 1994 n. 1627; secondo queste sentenze l'opposizione può essere proposta anche dopo l'esaurimento della procedura quando la contestazione riguarda l'atto finale; contra però su questo punto Cass. 3 ottobre 1996 n. 8651, in *Foro it.*, 1998, I, 2970); ugualmente vanno fatti valere con questa opposizione i vizi dell'atto, che perciò non è impugnabile con azione autonoma (Cass. 12 novembre 1996 n. 9879).

Nella formulazione dell'art. 608 è evidentemente implicito che il giorno dell'esecuzione viene stabilito dal creditore del rilascio d'accordo con l'ufficiale giudiziario.

(10) Nel compiere questo rilievo F. CORDOPATRI, *Le nuove norme*, cit., p. 777, sembra orientato al riferimento al momento della presentazione dell'istanza. Per parte nostra, riterremmo più logico il riferimento al momento della effettiva consegna dell'atto.

Eventuali vizi del preavviso o del procedimento notificatorio potranno esser fatti valere con l'opposizione agli atti esecutivi ex art. 617, nei termini ivi indicati; con la conseguenza che, una volta immesso l'esecutante nel possesso dell'immobile, l'esecutato non può più proporre censure avverso gli atti dell'ufficiale giudiziario antecedenti a quello di immissione in possesso, come, appunto, il preavviso di rilascio (Cass. 26 maggio 2009 n. 7357).

sempre munito del titolo e del precetto (11), si reca sul luogo dell'esecuzione e facendo uso, quando occorre, dei poteri conferitigli dall'art. 513, immette la parte istante, o una persona da lei designata, nel possesso dell'immobile del quale le consegna le chiavi. È appena il caso di precisare che questa consegna, intesa in senso materiale, non è che un modo (non indispensabile: si pensi al caso di immobili privi di dispositivo di chiusura, come i campi) per rendere più efficace l'ingiunzione (che in tal caso avviene *re* anziché *verbis*), che è il provvedimento conclusivo che dà luogo all'immissione in possesso della parte creditrice.

Qualora l'immobile sia detenuto da terzi *nomine debitoris* (ad es., conduttori o affittuari), la cui detenzione non impedisce il trasferimento del possesso, l'ufficiale giudiziario ingiunge a tali eventuali detentori di riconoscere il nuovo possessore (art. 608, 2° comma) (12).

Qualora, invece, il terzo detentore vanti un titolo di possesso autonomo da quello del debitore, o comunque non assoggettato espressamente dalla legge all'efficacia del titolo contro il debitore (13), l'esecuzione non può, almeno in linea di principio, proseguire fino a quando non sia stata respinta l'opposizione nella quale la pretesa del detentore dovrebbe concretarsi ed alla quale esso detentore sarebbe legittimato in quanto assoggettato all'esecuzione, e fino a quando il creditore non si sia munito di un titolo esecutivo nei confronti del terzo (14).

---

(11) Ma senza più la necessità – già imposta dall'art. 7 della L. 431/1998 – che da questi atti risulti l'assolvimento degli obblighi fiscali. Questa incivile disposizione è stata infatti dichiarata incostituzionale da C. Cost. 5 ottobre 2001 n. 333, in *Riv. es. forz.*, 2001, p. 621, con nota di A. FUSILLO, che, tra l'altro, sottolinea l'importanza del riconoscimento delle garanzie costituzionali all'azione esecutiva.

(12) Salva la possibilità, per il terzo, di esperire, a seconda dei casi, o l'opposizione di terzo ordinaria, ex art. 404, 1° comma (Cass. 20 novembre 2018 n. 29850; Cass. 20 marzo 2017 n. 7041; Cass. 2 dicembre 2016 n. 24637) oppure l'opposizione di terzo revocatoria (art. 404, 2° comma) (v. retro, § 85 del vol. II), ove ritenga che la sentenza portata ad esecuzione sia effetto della collusione delle parti a suo danno (Cass. 2 settembre 2013 n. 20053).

(13) Come, ad es., è assoggettato il subconduttore all'efficacia della sentenza contro il conduttore, per effetto dell'art. 1595, ultimo comma, c.c. (Cass. 28 aprile 2006 n. 9924; Cass. 13 gennaio 1998 n. 212, in *Foro it.*, 1998, I, 3627; Cass. 15 marzo 1950 n. 694, in *Foro it.*, 1950, I, 543; L. MONTESANO, in *Riv. trim. dir. e proc. civ.*, 1987, p. 935), nonché il conduttore il cui contratto di locazione sia compatibile col rapporto che fonda il titolo esecutivo (Cass. 25 novembre 1991 n. 12629, in *Giur. it.*, 1993, I, 1, 1357).

Il rilascio contro il detentore che vanta un diritto autonomo

(14) Questa è almeno una delle opinioni più sostenute in dottrina e giurisprudenza (v. Cass. 13 febbraio 2007 n. 3087; Cass. 4 febbraio 2005 n. 2279, in *Giur. it.*, 2006, p. 1002, con nota adesiva di R. METAFORA, ben illustrativa anche dei confini con l'opposizione di terzo; Cass. 17 settembre 2003 n. 13664). A quest'opinione viene contrapposta quella secondo la quale il titolo di consegna o rilascio sarebbe efficace contro chiunque si trovi a detenere la cosa, ossia, in pratica, *erga omnes*, salva comunque la possibilità del terzo di far valere le proprie ragioni attraverso l'opposizione di cui all'art. 615 (così, ad es., Cass. 2 settembre 2013 n. 20053; Cass. 4 marzo 2003 n. 3183; in dottrina S. SATTA, *Commentario*, III, cit., p. 438; F. MAZZARELLA, *Esecuzione forzata [dir. vig.]*, in *Enc. dir.*, XV, Mi-

Se poi il creditore procedesse ugualmente contro il terzo che vanta un diritto autonomo, quest'ultimo cesserebbe di essere terzo e diverrebbe il vero soggetto passivo dell'esecuzione anche agli effetti della legittimazione all'opposizione all'esecuzione (15).

Per l'ipotesi in cui siano presenti nell'immobile beni mobili estranei all'esecuzione, l'art. 609 (16), contiene una serie di indicazioni che dovrebbero con-

---

lano, 1966, p. 464; L. MONTESANO, in *Riv. trim. dir. e proc. civ.*, 1987, p. 932 e opere ivi citate; ma, per ampie critiche a quest'opinione v. F.P. LUISO, *L'esecuzione «ultra partes»*, Milano, 1984, p. 265, che giustamente rileva che essa porrebbe nel nulla tutto il sistema della legittimazione passiva nelle azioni di restituzione.

All'opinione sostenuta nel testo si è vivacemente obiettato (dal LUISO, *L'esecuzione*, cit., p. 247) che, se bastasse affermarsi titolare di un diritto autonomo per arrestare l'esecuzione, nessun terzo detentore sarebbe tanto ingenuo da affermarsi titolare di un diritto dipendente. Ma non ci sembra che questa critica sia coordinata con quella (riportata poc'anzi) alla teoria dell'efficacia del titolo verso tutti i detentori; è chiaro, infatti, che, se si nega che l'affermazione di un diritto autonomo possa bastare (almeno in linea di principio) ad arrestare l'esecuzione, non si evita, almeno sul piano pratico, di ricadere nell'efficacia *erga omnes*, dal momento che, come è pacifico, l'ufficiale giudiziario non è strutturalmente idoneo al controllo della legittimazione.

La realtà è che l'ordinamento, mentre, da un lato, configura i limiti soggettivi di efficacia del titolo, escludendone i detentori in forza di un diritto autonomo (come risulta *a contrario* dall'art. 608, 2° comma), dall'altro lato, dà in certo senso per scontata l'eventualità che l'organo esecutivo – che può comunque avvalersi dello strumento offerto dall'art. 610 – in pratica non si arresti di fronte alla semplice affermazione di titolarità di un diritto autonomo se non in quanto concretatasi nell'opposizione all'esecuzione, che il terzo, come sopra osservato, può proporre in quanto subisce l'esecuzione e ne diviene in realtà la parte passiva: v. sul punto, § 36, nota 8.

La giurisprudenza suole anche riconoscere, a favore del terzo nei cui confronti il titolo sia inefficace, la c.d. *azione di spoglio a mezzo di ufficiale giudiziario*, ma solo nei casi di comportamento doloso da parte del richiedente (così, ad es., Cass. 8 febbraio 1996 n. 1008). V. anche, sul punto, § 47, nota 12.

Per un esame dei problemi che possono sorgere nelle esecuzioni per rilascio contro il terzo con riguardo alle diverse situazioni che possono verificarsi, v. C. MANDRIOLI, *In tema di esecuzione*, cit., p. 579. Poi, G. SCARSELLI, *La tutela del terzo avverso l'esecuzione per consegna o rilascio*, in *Foro it.*, 1997, I, 2619; R. METAFORA, *La tutela del coniuge non debitore nell'esecuzione per rilascio*, in *Giur. it.*, 2011, p. 2354 (che ravvisa tale tutela solo nell'opposizione di terzo all'esecuzione); L. DURELLO, *Contributo*, cit., p. 143; M. CIRULLI, *La tutela del terzo nell'esecuzione per consegna o rilascio*, in *Rass. es. forz.*, 2019, p. 77.

(15) V. C. MANDRIOLI, *In tema di esecuzione*, cit., p. 579; Cass. 8 marzo 2017 n. 5785; Cass. 2 dicembre 2016 n. 24637; Cass. 22 novembre 2000 n. 15083; Cass. 8 maggio 2003 n. 6986, in *Foro it.*, 2005, I, 2862, con nota di A. MAJORANO; Cass. 15 dicembre 1985 n. 5627, in *Riv. dir. proc.*, 1986, p. 965, con nota adesiva di F.P. LUISO) e sempre che ciò non sia impedito dalla litispendenza o dalla legittimazione all'opposizione di terzo ex art. 404 c.p.c., quando il pregiudizio deriva dalla sentenza (su quest'ultimo punto v. C. MANDRIOLI, in *Riv. dir. proc.*, 1951, II, p. 53; G. MICCOLIS, *Giudizi sull'appartenenza*, cit., p. 186; v. anche Cass. 20 novembre 2018 n. 29850). Sull'argomento, v. comunque oltre, §§ 36 e 37.

(16) V. anche F. COSSIGNANI, *D.L. n. 132/2014: considerazioni sparse in materia di esecuzione forzata*, in *Giur. it.*, 2015, p. 1765; M. ADORNO, *Provvedimenti circa i beni mobili estranei all'esecuzione*, in *«Misure urgenti per la funzionalità e l'efficienza della giustizia civile»*, cit., p. 229; M. PILLONI, *La nuova disciplina dei provvedimenti concernenti i beni mobili estranei all'esecuzione ecc.*, in *Nuove leggi civ. comm.*, 2015, p. 489; A. TEDOLDI, *Esecuzione forzata*, cit., p. 341.

sentire di risolvere il problema, di particolare rilevanza pratica. Esso prevede, infatti, che l'ufficiale giudiziario intimi (anche mediante atto notificato) alla parte tenuta al rilascio ovvero a colui al quale gli stessi beni mobili risultino appartenere di asportarli, assegnandogli il relativo termine, e laddove entro il termine assegnato l'asporto non sia stato eseguito, lo stesso ufficiale giudiziario, su richiesta e a spese della parte istante, determina il presumibile valore di realizzo dei beni e indica le prevedibili spese di custodia e di asporto.

Qualora il valore di realizzo appaia sufficiente a coprire le spese di custodia e di asporto – prosegue nel 2° comma – l'ufficiale giudiziario, sempre a spese dell'istante, provvede a nominare un custode e lo incarica di trasportare i beni in altro luogo. Se, invece, non viene avanzata l'istanza o non vengono anticipate le spese, i beni mobili si considerano abbandonati e l'ufficiale giudiziario ne dispone lo smaltimento o la distruzione.

Ciò, tuttavia, sempreché non appaia evidente l'utilità di procedere ad un tentativo di vendita di tali beni mobili, secondo le modalità stabilite dal giudice dell'esecuzione. In quest'ultimo caso, la somma ricavata verrà impiegata per il pagamento delle spese e dei compensi per la custodia, per l'asporto e per la vendita (5° comma) (17).

Comunque sia, colui al quale i beni mobili appartengono – stabilisce il 4° comma dell'art. 609 – può chiedere (previo pagamento delle spese e dei compensi per la custodia e per l'asporto) la consegna al giudice dell'esecuzione per il rilascio anche dopo decorso il termine fissato nell'intimazione dell'ufficiale giudiziario, ma comunque prima che sia disposta la vendita o lo smaltimento o la distruzione.

Infine, l'ultimo comma dello stesso art. 609 dispone che, se le cose mobili presenti nell'immobile sono pignorate o sequestrate, l'ufficiale giudiziario dà immediatamente notizia dell'avvenuto rilascio al creditore, su istanza del quale fu eseguito il pignoramento o il sequestro, e al giudice dell'esecuzione per l'eventuale sostituzione del custode.

La disciplina degli artt. 605 e ss. trova applicazione anche laddove si abbia a che fare con il rilascio di immobili oggetto di locazioni urbane (ai sensi dell'art. 56 L. 392/1978). Prevede, infatti, la norma in discorso che la data dell'esecuzione viene fissata dal «giudice», col «provvedimento che dispone il rilascio», entro il termine massimo di 6 mesi, ovvero, in casi eccezionali, di 12 mesi dalla data del provvedimento (18); ciò – aggiunge – «previa motivazione che tenga conto an-

---

(17) Se sono rivenuti documenti inerenti lo svolgimento di attività imprenditoriale o professionale che non siano stati asportati – stabilisce il 3° comma dell'art. 609 – gli stessi sono conservati per un periodo di 2 anni dalla parte istante ovvero, su istanza e previa anticipazione delle spese da parte di quest'ultima, da un custode nominato dall'ufficiale giudiziario. In difetto di istanza e di pagamento anticipato delle spese si procede nel modo indicato dall'ultimo periodo del 2° comma.

(18) La Cassazione ha poi riconosciuto che tale termine ha natura perentoria, ma ha anche ag-

che delle condizioni del conduttore comparate a quelle del locatore nonché delle ragioni per le quali viene disposto il rilascio stesso e, nei casi di finita locazione, del tempo trascorso dalla disdetta». Nel suo 2° comma la norma precisa che «nelle ipotesi di cui all'articolo 55 (ossia nei casi di sfratto per morosità), per il caso in cui il conduttore non provveda al pagamento nel termine assegnato, la data dell'esecuzione non può essere fissata oltre sessanta giorni dalla scadenza del termine concesso per il pagamento».

Il 3° comma aggiunge poi che «qualunque forma abbia il provvedimento di rilascio, il locatore e il conduttore possono, in qualsiasi momento e limitatamente alla data fissata per l'esecuzione, proporre al tribunale in composizione collegiale l'opposizione di cui all'articolo 6, comma 4, della legge 9 dicembre 1998, n. 431».

«Trascorsa inutilmente la data fissata – così il 4° comma – il locatore promuove l'esecuzione ai sensi degli articoli 605 e seguenti del codice di procedura civile» (19).

---

giunto che è inammissibile l'eventuale opposizione proposta dopo lo spirare del termine originariamente fissato (Cass. 23 luglio 2012 n. 12814).

Locazioni urbane e fissazione del giorno dello sfratto

(19) Con l'espressione «provvedimento che dispone il rilascio» il legislatore ha inteso riferirsi ad ogni tipo di provvedimento previsto dalla disciplina speciale come anche da quella ordinaria compresi i provvedimenti di rilascio previsti dal procedimento speciale per convalida di licenza o sfratto di cui agli artt. 657 e ss. (v. vol. III, §§ da 8 a 11). Sulla suddetta ampia portata dell'art. 56 L. 392/1978 v. Cass. 5 settembre 1987 n. 7213 e Cass. 24 marzo 1983 n. 2073, in *Foro it.*, 1984, I, 1654.

Si ritiene che il provvedimento di cui trattasi debba essere pronunciato anche d'ufficio (Cass. 10 febbraio 1987 n. 1426) ed abbia natura non decisoria ma ordinatoria (in via anticipatoria) e se ne desume la sua non impugnabilità in sede di cognizione avanti al giudice superiore o con ricorso straordinario per cassazione (Cass. 14 gennaio 1989 n. 134) e la sua revocabilità e modificabilità da parte del giudice dell'esecuzione (Cass. 3 febbraio 1987 n. 957; Cass. 5 luglio 1985 n. 4057, in *Foro it.*, 1986, I, 138), che d'altra parte può integrare il provvedimento eventualmente privo della data dell'esecuzione (Cass. 14 gennaio 1989 n. 134; Cass. 12 marzo 1984 n. 1704). Questo provvedimento non incide sulla durata del rapporto anche agli effetti della morosità (anche successiva) ma esaurisce i suoi effetti sul piano processuale esecutivo (Cass. 9 agosto 1991 n. 8662). Nulla impedisce che, in pendenza del termine, sia notificato il titolo e/o il precetto, purché sia rispettato il termine stesso (Cass. 29 maggio 1991 n. 6052, in *Foro it.*, 1993, I, 240).

Sennonché, il nostro legislatore speciale ha continuato a sovrapporre al regime di fissazione dello sfratto or ora tratteggiato, altri procedimenti o vincoli o «blocchi» all'esecuzione degli sfratti. Le successive diverse vicende legislative (sulle quali v. G. TRISORIO LIUZZI, *L'esecuzione*, cit., p. 9) sono tutta una storia di passi indietro e di interventi della Corte costituzionale (v., ad es. C. Cost. 24 luglio 1998 n. 321, in *Giur. it.*, 1999, I, 477). Tra queste, particolare attenzione merita la L. 431/1998, che, nel quadro di una conclamata «liberalizzazione controllata», ha introdotto per le locazioni ad uso abitativo in zone di c.d. «alta tensione abitativa» e con esclusione degli sfratti per morosità e inadempimenti del conduttore, la facoltà di quest'ultimo (poi estesa anche al locatore) di chiedere al tribunale, per una sola volta, la «nuova fissazione del giorno dell'esecuzione», così provocando un decreto contro il quale è ammessa opposizione al tribunale in composizione collegiale (opposizione che non sembra riconducibile all'ambito dell'opposizione agli atti esecutivi: cfr. G. TRISORIO LIUZZI, *L'esecuzione*, cit., p. 33). Per parte sua, la Corte costituzionale pur spesso respingendo le eccezioni, lo fa molte volte per ragioni solo contingenti, lasciando trasparire la consapevolezza della fondatezza (come, ad es., C. Cost. 28 mag-

Nel caso di locazioni non abitative, l'azione esecutiva *de qua* è condizionata all'avvenuto pagamento dell'eventuale indennità di avviamento prevista dall'art. 34, 3° comma, L. 392/1978 (20).

L'ufficiale giudiziario può, per assolvere al suo compito, avvalersi dell'assistenza della forza pubblica (21); in pratica, quest'assistenza, la cui effettiva concessione è affidata alla discrezionalità dell'autorità amministrativa, è considerata essenziale dagli ufficiali giudiziari (22). A differenza di quanto si è visto accadere per la consegna delle cose mobili, l'eventuale pignoramento o sequestro dell'immobile non ne impedisce il rilascio.

Le spese anticipate dal procedente sono specificate dall'ufficiale giudiziario nel verbale e sono poi liquidate, a norma degli artt. 91 e ss., dal giudice dell'esecuzione con decreto, che costituisce titolo esecutivo (art. 611) (v. anche retro, alle note 6, 7 e 8).

Molto opportuna sul piano pratico è, infine, la precisazione contenuta nell'art. 608 bis, ove, in armonia con quanto l'art. 629 enuncia con riguardo all'espropriazione, si dispone che «*l'esecuzione di cui all'articolo 605 si estingue se la parte istante prima della consegna o del rilascio, rinuncia con atto da notificarsi alla parte esecutata e da consegnarsi all'ufficiale giudiziario procedente*». L'estinzione, dunque, non abbisogna di accettazione e può senz'altro essere dichiarata con ordinanza del giudice dell'esecuzione.

---

gio 2004 n. 155, in *Giur. it.*, 2005, p. 1804, con nota di E. LENZI; v. anche la rassegna di G. MASTROGIOVANNI, in *Riv. es. forz.*, 2021, p. 755). In questa tendenza si inserisce anche C. Cost. 22 giugno 2021 n. 128 (*ibidem*, p. 626, con nota adesiva di G. FANTICINI-S. LEUZZI-R. ROSSI-S. SAIJA), la quale ha dichiarato costituzionalmente illegittima la proroga fino al 30 giugno 2021, a causa dell'emergenza derivante dal Covid-19, della sospensione delle esecuzioni aventi ad oggetto l'abitazione principale (prevista dall'art. 54 ter del D.L. 18/2020, conv. dalla L. 27/2020) (in argomento v. anche C. Cost. 19 ottobre 2021 n. 213).

Del tutto particolare, invece, la sospensione (disposta dal P.M.) dell'esecuzione dei provvedimenti di rilascio di immobili, per la durata di 300 giorni, prevista dall'art. 20, 4° comma, L. 44/1999 a favore delle vittime di attività estorsive e usurarie (v. anche S. RUSCIANO, in *Riv. trim. dir. e proc. civ.*, 2019, p. 247).

(20) Si tratta di una condizione di procedibilità dell'azione esecutiva, che non influisce sulla formazione del titolo esecutivo (Cass. 5 novembre 2001 n. 13636).

(21) La Cassazione (Cass. 19 dicembre 1980 n. 6564, in *Foro it.*, 1981, I, 2513) ha precisato che l'ufficiale giudiziario può effettuare questa richiesta in base ad un proprio autonomo potere discrezionale senza che occorra che egli invochi dal giudice la suddetta richiesta di assistenza.

(22) V. anche la nota precedente. Il provvedimento di sospensione dell'assistenza della forza pubblica per l'esecuzione degli sfratti, avendo natura amministrativa, è impugnabile davanti al giudice amministrativo (Cass. sez. un. 17 luglio 2017 n. 17620).

34. *L'esecuzione degli obblighi di fare o di non fare. Le misure coercitive dell'art. 614 bis c.p.c.*

Con questa forma di esecuzione forzata specifica (23) si realizzano gli obblighi positivi di fare, oppure quelli, originariamente negativi, consistenti nel divieto di fare, ma che, a seguito della violazione di questo divieto, sono divenuti anch'essi positivi, in quanto trasformati nell'obbligo di eliminare ciò che è stato fatto in violazione dell'originario obbligo di non fare (artt. 2931, 2933 c.c.).

Anche qui l'espressione «obbligo» va intesa con riferimento alla situazione successiva alla pronuncia della sentenza di condanna, e perciò l'obbligo eseguibile specificamente può essere, oltre che un'obbligazione in senso proprio (ad es., l'obbligo di demolire un muro costruito in violazione di un'obbligazione personale di non costruire), anche l'obbligo conseguente alla violazione di un diritto assoluto (ad es., demolizione di una costruzione effettuata in violazione di una *servitus altius non tollendi*).

Secondo l'opinione prevalente, con le forme di questo procedimento possono realizzarsi coattivamente anche gli obblighi di consegna dei minori conseguenti all'affidamento (24).

Va tenuto presente, però, che la L. 74/1987, modificativa della disciplina del divorzio, ha stabilito all'art. 6, 10° comma (certamente applicabile anche nel giudizio di separazione), che «all'attuazione dei provvedimenti relativi all'affidamento della prole provvede il giudice del merito», il quale quindi assume funzioni anche di giudice dell'esecuzione (25).

---

(23) Sull'argomento v. le opere citate al § 4 ed in particolare C. MANDRIOLI, *Esecuzione forzata degli obblighi di fare e di non fare*, in *Nss. Dig. it.*, VI, Torino, 1960, 764; ID., *Esecuzione forzata degli obblighi di fare e di non fare*, in *Dig. civ.*, VII, Torino, 1991, p. 649; L. MONTESANO, *Esecuzione specifica*, in *Enc. dir.*, XV, 1966, p. 540; G. BORRÈ, *Esecuzione forzata degli obblighi di fare e di non fare*, Napoli, 1965; M. FORNACIARI, *I limiti dell'esecuzione forzata di obblighi a fare e di non fare*, in *Riv. es. forz.*, 2000, p. 397; A. CARRATTA, *Le novità in materia di misure coercitive per le obbligazioni di fare infungibile e di non fare*, in *Rass. forense*, 2009, p. 721; E. SILVESTRI, *Esecuzione forzata degli obblighi di fare o non fare*, in *Diritto on line Treccani*, 2013; M. CIRULLI, *Parti e terzi nell'esecuzione degli obblighi di fare e di non fare*, in *Riv. es. forz.*, 2018, p. 251; A. TEDOLDI, *Esecuzione forzata*, cit., p. 325.

(24) La Cassazione si è pronunciata in questo senso con tre decisioni successive, l'ultima delle quali (Cass. 7 ottobre 1980 n. 5374, in *Foro it.*, 1980, I, 2707 e in *Riv. dir. proc.*, 1982, p. 536) contiene un tentativo di colmare razionalmente la lacuna della legge partendo dall'esigenza che anche l'esecuzione degli obblighi in discorso assuma sempre forme giurisdizionali, e quindi affermando che il procedimento in discorso può essere il più idoneo in quanto *adattato con «duttilità»*.

(25) V. sul punto, F. CARPI, *Note in tema di tecniche di attuazione dei diritti*, in *Riv. trim. dir. e proc. civ.*, 1988, p. 115.

L'attuazione dell'obbligo di consegna dei minori

La dottrina, che, in un primo tempo, si era soffermata soprattutto sull'alternativa tra l'impiego delle forme del procedimento per consegna o rilascio e quelle del procedimento di cui trattasi, propendendo per lo più per quest'ultime (C. MANDRIOLI, *Esecuzione*, cit., p. 767; E. GARBAGNATI, in *Foro pad.*, 1978, I, 1216; G. BORRÈ, *L'esecuzione*, cit., p. 163), si è, più di recente, concentrata sull'esame critico

Il limite all'utilizzazione di questo strumento processuale non è dato, dunque, dalla natura del diritto da cui è sorto l'obbligo di fare o di non fare, ma soltanto dalla obiettiva possibilità dell'esecuzione forzata, in quanto questa avviene – come sempre – prescindendo dalla volontà dell'obbligato o addirittura contro la sua volontà. Sotto questo profilo, basterà ricordare quanto dicemmo al § 4 (nota 24 in fine) circa l'obbiettiva impossibilità di eseguire coattivamente gli obblighi di fare infungibili.

L'art. 612 riconduce assai chiaramente il procedimento di cui trattasi alla «*sentenza di condanna*», lasciando intendere di ritenere *questo tipo di titolo esecutivo*

---

della soluzione proposta dalla Cassazione, talora in senso adesivo con riguardo proprio alle suaccennate «*duttilità*» (E. SILVESTRI, in *Riv. dir. proc.*, 1982, p. 336) e talora, invece, approvando alcune più recenti decisioni di giudici di merito, che hanno consapevolmente respinto la via tracciata dalla Cassazione, sostenendo che l'esecuzione dovrebbe essere condotta direttamente dal giudice tutelare (R. VACCARELLA, in *Giur. it.*, 1982, I, 2, 301; L. MALAGÙ, *Esecuzione forzata e diritto di famiglia*, Milano, 1986, p. 97). Altri (M. FORNACIARI, *L'attuazione dell'obbligo di consegna dei minori*, Padova, 1991), dopo aver riaffermato la coercibilità degli obblighi in argomento e la giurisdizionalità della relativa esecuzione, si è impegnato nella dimostrazione che la consegna del minore non può ricondursi né a un *pati*, né a un *non facere* (*op. cit.*, p. 202), essendo in realtà null'altro che, appunto, una consegna, con la conseguente maggiore opportunità di impiegare le forme dell'esecuzione per consegna o rilascio (*op. cit.*, p. 206). Alla quale conclusione non sarebbe di ostacolo, né il fatto che la consegna abbia ad oggetto una persona, né la pretesa maggior duttilità della procedura di cui agli artt. 612 e ss.; e ciò, sia per l'esiguità dello spazio che in queste norme è lasciato alla discrezionalità e sia perché nulla impedisce che anche nella procedura per consegna possa farsi luogo alla designazione di ausiliari (*op. cit.*, p. 225). Queste conclusioni, infine, non sarebbero contrastate dall'art. 6, 10° comma, L. div., perché in realtà questa norma si limiterebbe ad attribuire il *potere di controllo* al giudice del merito, ossia della cognizione (*op. cit.*, p. 235).

Per una completa rassegna delle diverse opinioni v. F. FARINA, *L'esecuzione forzata dell'obbligo di consegna dei minori*, in *Riv. dir. proc.*, 1997, p. 259; D. CONSALES, *L'attuazione dell'obbligo di consegna dei minori: orientamenti dottrinali e giurisprudenziali*, in *Riv. es. forz.*, 2002, p. 481; A. GRAZIOSI, *La sentenza di divorzio*, Milano, 1997, pp. 201-208, che si sofferma sulla misura coercitiva indiretta configurata dall'art. 12 sexies L. div., con la sanzione penale ivi prevista, rivelatrice di un orientamento legislativo verso un maggior utilizzo di queste forme di esecuzione indiretta; ID., *L'esecuzione forzata dei provvedimenti in materia di famiglia*, in *Diritto processuale di famiglia*, a cura dello stesso, Bologna, 2016, p. 229; nella stessa direzione, quella del ricorso a forme di attuazione indiretta, anche B. POLISENO, *Profili di tutela del minore nel processo civile*, Napoli, 2017, p. 433.

La nostra opinione sul tema – come indicato nel testo – si riconduce alla già menzionata, non più recente, ma significativa espressione legislativa dell'art. 6, 10° comma, della L. 74/1987, secondo la quale all'*attuazione* dei provvedimenti in argomento provvede il giudice del merito, così implicando una sorta di coordinamento tra cognizione ed esecuzione-attuazione, con le forme proprie dei singoli provvedimenti compresi gli strumenti compulsori. A rafforzare in quest'opinione ricorre anche l'art. 709 ter c.p.c., come è stato ben rilevato (F. DANOVI, *Le misure sanzionatorie a tutela dell'affidamento*, in *Riv. dir. proc.*, 2008, p. 603; v. anche A. RONCO, *L'art. 614 bis c.p.c. e le controversie in materia di famiglia*, in *Giur. it.*, 2014, p. 758; B. FICCARELLI, *L'esecuzione dei provvedimenti relativi ai minori: l'esperienza italiana e francese a confronto*, in *Fam. e dir.*, 2016, p. 83; E. VULLO, *Procedimenti*, cit., I, p. 202; G. OLIVIERI, *Esecuzione forzata e misure coercitive in materia di diritto di famiglia*, in AA.VV., *Il processo in materia di diritto di famiglia*, Milano, 2018, p. 99; R. DONZELLI, *I provvedimenti nell'interesse dei figli minori* ex *art. 709* ter *c.p.c.*, Torino, 2018, p. 69; L. QUERZOLA, *L'attuazione dei provvedimenti nella crisi familiare*, in *Riv. trim. dir. e proc. civ.*, 2019, p. 671).

come l'unico idoneo a fondare l'esecuzione in argomento. Pur potendosi convenire sull'opportunità di intendere la parola «sentenza» in senso comprensivo di ogni provvedimento contenente una condanna (26), si deve prendere atto della necessità che il titolo esecutivo sia costituito da un provvedimento giudiziario di condanna; necessità che il legislatore ha evidentemente riconosciuto come conseguenza del fatto che l'impiego della procedura in discorso presuppone una valutazione circa la fungibilità dell'obbligo (27), valutazione che a sua volta dovrebbe emergere, senza possibilità di equivoci, da un provvedimento giudiziario. Questa conclusione, tuttavia, è stata contrastata da una sentenza interpretativa di rigetto della Corte costituzionale (28), la quale ha riconosciuto che anche il verbale di conciliazione offre, con riguardo all'esecuzione degli obblighi di fare o non fare, le stesse garanzie della sentenza. D'altro canto, l'art. 12 del D.Lgs. 28/2010 (v. § 64 del vol. III) prevede espressamente che anche il verbale di conciliazione è titolo esecutivo *per l'esecuzione degli obblighi di fare o di non fare.*

Naturalmente, la sentenza di condanna, per assolvere al requisito della liquidità ed esigibilità di cui all'art. 474 deve contenere la specificazione del *quid faciendum* (29).

Venendo alla disciplina del procedimento, vale anche qui quanto dicemmo a proposito dell'esecuzione per consegna o rilascio, circa la previsione delle funzioni proprie del giudice dell'esecuzione in capo al tribunale del luogo dove l'obbligo deve essere eseguito (art. 26, ultimo comma). Ma qui le funzioni del giudice dell'esecuzione non sono (a differenza di quanto abbiamo visto accadere nell'altro tipo di esecuzione diretta) soltanto quelle eventuali del risolvere le difficoltà che possono insorgere nel corso del procedimento (art. 613, da porre in relazione con l'art. 610) (30). Né tali funzioni sono solo quelle marginali di pro-

---

(26) Si pensi, ad es., all'ordinanza con la quale il presidente del tribunale detta i provvedimenti temporanei ed urgenti nel giudizio di separazione dei coniugi (art. 708, 3° comma); v. oltre, § 51 in fine. Si è visto retro, come proprio questo provvedimento, ancorché dichiarato espressamente titolo esecutivo dalla legge, non sarebbe eseguibile con le forme del procedimento in esame.

Se gli effetti di questi provvedimenti implicano modificazioni di diritto sostanziale (si pensi alla sentenza costitutiva dell'obbligo di contrarre) tali effetti si producono solo col passaggio in giudicato. Sull'argomento v. anche il § 59 nel vol. II.

(27) Cfr. Cass. 10 luglio 2019 n. 18572; Cass. 11 aprile 2018 n. 8986.

(28) Il riferimento è a C. Cost. 12 luglio 2002 n. 336, in *Guida al dir.*, 2002, n. 36, p. 28, con nota critica di G. FINOCCHIARO, il quale, pur rammaricandosi che la Corte abbia rinunciato a perseguire il suo scopo innovativo astenendosi dalla pronuncia di illegittimità costituzionale, obietta che questa interpretazione è in contrasto con la lettera della norma e che, d'altra parte, il controllo del giudice nella redazione del verbale di conciliazione non è finalizzato all'effettività della tutela esecutiva. Diversa l'opinione di F. LEPRI che, annotando la medesima pronuncia in *Riv. es. forz.*, 2002, p. 721, ritiene persuasivi gli argomenti svolti dalla Corte per superare la lettera della legge nell'interpretare il «diritto vivente».

(29) Che, peraltro, può risultare anche da un'integrazione del dispositivo con le altre parti della decisione (Cass. 4 giugno 2004 n. 10649, in *Riv. es. forz.*, 2004, p. 31).

(30) Provvedimenti, questi, di natura ordinatoria, ma che la giurisprudenza (v., ad es., Cass. 27

nunciare il provvedimento che consente il recupero delle spese della procedura a carico del debitore (art. 614, da porre in relazione con l'art. 611); provvedimento questo, che qui è espressamente definito dal codice come decreto d'ingiunzione, da pronunciarsi su presentazione di nota delle spese anticipate. Le suddette funzioni del giudice dell'esecuzione hanno, invece, in questo procedimento, un ruolo necessario ed essenziale, poiché è previsto, come atto base per l'intero successivo *iter* procedimentale, un provvedimento del giudice, da chiedersi con ricorso a cura del creditore istante e la cui funzione consiste nella *determinazione delle modalità* dell'esecuzione.

Più precisamente, *il creditore istante* – dopo aver provveduto ai consueti atti preliminari all'inizio dell'esecuzione forzata, ossia la notificazione del titolo esecutivo e del precetto – *deve inoltrare al giudice dell'esecuzione un ricorso col quale chiede che siano determinate le modalità dell'esecuzione* (art. 612, 1° comma). Il giudice, a seguito di questo ricorso, deve anzitutto attuare il contraddittorio ossia disporre l'audizione delle parti. Dopo averle sentite, pronuncia l'ordinanza, con la quale determina le modalità dell'esecuzione, designando l'ufficiale giudiziario che deve procedere all'esecuzione e le persone che debbono provvedere al compimento dell'opera non eseguita o alla eliminazione di quella compiuta in violazione dell'obbligo di non fare (art. 612, 2° comma).

Si discute, in dottrina e in giurisprudenza, se il contenuto dell'ordinanza, di cui trattasi, debba restare limitato alla designazione dell'ufficiale giudiziario e delle persone incaricate del compimento o della distruzione dell'opera (31) o se, invece, possa assolvere ad una funzione integratrice del titolo, che, pur dovendo essere completo nella determinazione del *quid faciendum* (32), ben può postulare la sua integrazione, ma con riguardo soltanto alle modalità pratiche del fare (33).

La giurisprudenza della Cassazione è decisamente orientata in quest'ultimo senso (34); ed in questa cornice si inquadra la soluzione dell'ulteriore problema

---

agosto 1999 n. 9012) ritiene impugnabili con l'opposizione agli atti esecutivi. V. sull'argomento e con ampie esemplificazioni, A. STORTO, *I provvedimenti*, cit., p. 239.

(31) In questo senso v. Cass. 16 aprile 1970 n. 1077 (in *Foro it.*, 1970, I, 1582, con nota contraria del BORRÈ) e in dottrina, V. ANDRIOLI, *Commento*, III, cit., p. 324. Quest'opinione fa leva sulla necessaria completezza del titolo esecutivo.

(32) Cass. 11 aprile 2017 n. 9280; Cass. 21 luglio 1984 n. 4277. È comunque certo il potere di nominare un tecnico per la specificazione e direzione delle operazioni (Cass. 24 novembre 1986 n. 6901).

(33) In questo senso, in dottrina, C. MANDRIOLI, *Esecuzione forzata*, cit., p. 771; G. BORRÈ, *Esecuzione*, cit., p. 211; in giurisprudenza, Cass. 15 luglio 2009 n. 16471, in *Guida al dir.*, 2010, *dossier n. 2*, p. 19 e Cass. 8 ottobre 2008 n. 24808, in *Riv. es. forz.*, 2008, p. 805, le quali precisano che, se l'ordinanza risolve contestazioni sulla portata letterale del titolo, ha natura di sentenza ed è impugnabile con i mezzi di impugnazione ordinari; in precedenza Cass. 4 giugno 2004 n. 10649. Tra queste modalità la Cassazione ritiene che rientri anche il potere di chiedere alla P.A. il rilascio di autorizzazioni o concessioni eventualmente necessarie (Cass. 18 marzo 2003 n. 3992, in *Riv. es. forz.*, 2004, p. 251).

(34) Cfr., ad es., Cass. 27 agosto 1999 n. 9012 (in *Foro it.*, 2000, I, 1240), che si spinge fino a riconoscere al giudice il potere di supplire interamente alla mancanza di determinazioni nel titolo;

che concerne l'impugnabilità dell'ordinanza di cui trattasi. Se, infatti, quest'ordinanza si mantiene nei limiti determinati dalla suddetta sua funzione integratrice, sotto il solo profilo pratico, rispetto al titolo (35), il solo rimedio esperibile nei suoi confronti è l'opposizione agli atti esecutivi (36). Nell'ipotesi che, invece, l'ordinanza in discorso contenga statuizioni contrastanti col contenuto del titolo o decida controversie insorte sul merito della situazione contenuta nel titolo o sulla conformità al titolo della pretesa esecutiva dell'istante, la Cassazione è per lo più orientata ad applicare la regola detta della prevalenza della sostanza sulla forma (su cui v. vol. I, § 67 e II, § 70, anche per le riserve ivi espresse) e ad attribuire all'ordinanza *de qua* la cosiddetta natura sostanziale di sentenza, con la conseguente sua impugnabilità con l'appello (37), mentre solo talvolta ha ammesso l'impugnabilità ai termini dell'art. 111 Cost. (38). In tempi più recenti, tuttavia, nella stessa giurisprudenza della Cassazione va profilandosi un nuovo orientamento, secondo il quale l'ordinanza *de qua* non sarebbe assimilabile ad una sentenza in senso sostanziale, impugnabile con l'appello, ma al provvedimento che definisce la fase sommaria di un'opposizione all'esecuzione (v. oltre, § 36), nei cui confronti la parte interessata può tutelarsi introducendo un giudizio di merito ex art. 616 (39).

---

questa sentenza è pubblicata anche in *Riv. es. forz.*, 2000, p. 611, con nota di R. METAFORA favorevole all'orientamento giurisprudenziale, ma con la precisazione che l'appello può investire solo il contenuto decisorio dell'ordinanza; in precedenza Cass. 15 gennaio 1997 n. 377, in *Giur. it.*, 1998, I, 1137; Cass. 20 dicembre 1996 n. 11432, in *Foro it.*, 1997, I, 798, con nota di E. FABIANI. La Cassazione – che riconosce al giudice il potere di interpretare la sentenza (Cass. 22 marzo 1996 n. 2510; Cass. 24 novembre 1986 n. 6901) – suole anche escludere che il giudice possa devolvere la concreta determinazione delle modalità all'iniziativa dell'interessato (Cass. 24 luglio 1980 n. 4815; Cass. 29 maggio 1980 n. 3542) ed ha, d'altra parte, precisato che se la stessa sentenza di condanna contenesse la determinazione delle modalità dell'esecuzione, tale determinazione sarebbe riferibile al diverso caso dell'ottemperanza spontanea del soccombente alla sentenza (Cass. 4 aprile 1981 n. 1918), escludendo, comunque, la necessità della procedura di cui all'art. 612 quando la sentenza abbia affidato tale determinazione ad un consulente già designato (Cass. 2 settembre 1982 n. 4798).

(35) Un esempio è offerto dalla fattispecie su cui si è pronunciata Cass. 4 giugno 1974 n. 1627 (in *Foro it.*, 1975, I, 1198).

(36) Cfr. Cass. 20 maggio 2009 n. 11703 (che esclude la possibilità, decorsi i termini per proporre opposizione agli atti esecutivi, di richiedere la modifica o revoca del provvedimento); Cass. 5 giugno 2007 n. 13071 (che configura anche il potere del giudice dell'esecuzione di richiedere le autorizzazioni amministrative eventualmente necessarie; in questo senso anche Cass. 6 maggio 2010 n. 10959).

(37) V., ad es., Cass. 12 dicembre 2018 n. 32196; Cass. 28 dicembre 2016 n. 27185; Cass. 23 giugno 2014 n. 14208; Cass. 10 aprile 1992 n. 4407, in *Foro it.*, 1994, I, 2864, con nota di E. FABIANI. Il giudice dell'appello deve poi pronunciare sul merito (Cass. 1° febbraio 2000 n. 1071, in *Foro it.*, 2001, I, 1028).

(38) Così Cass. 14 marzo 2003 n. 3786 e Cass. 4 dicembre 1981 n. 6428.

(39) In questo senso Cass. 9 marzo 2018 n. 5642, in *Riv. es. forz.*, 2018, p. 644; Cass. 23 marzo 2017 n. 7402 e Cass. 21 luglio 2016 n. 15015, *ibidem*, p. 817, con nota di S. CAPRIO). In proposito v. anche B. CAPPONI, *Ordinanze decisorie "abnormi" del g.e. tra impugnazioni ordinarie e opposi-*

In ogni caso, a seguito della determinazione delle modalità di esecuzione da parte del giudice, spetta all'ufficiale giudiziario realizzare l'esecuzione secondo le modalità indicate nell'ordinanza, salva la sua richiesta al giudice dell'esecuzione di provvedimenti per eliminare le eventuali difficoltà, che dovessero emergere durante l'esecuzione, ai termini del già visto art. 613.

Il giudice dell'esecuzione provvede anche, con decreto ingiuntivo «a norma dell'art. 642», alla liquidazione delle spese (art. 614) (40).

Per quanto riguarda, poi, l'esigenza di ovviare all'infungibilità delle prestazioni di fare o di non fare, la L. 69/2009, come già detto, ha introdotto nel codice l'art. 614 bis. Su questa disposizione, peraltro, è intervenuto successivamente il D.L. 83/2015 (conv. dalla L. 132/2015), estendendone l'applicazione anche a buona parte delle obbligazioni di natura fungibile (ad esclusione solo di quelle aventi ad oggetto il pagamento di somme di denaro) (41) e così superando l'originaria impostazione del legislatore di utilizzare questo strumento soltanto per favorire l'adempimento spontaneo delle obbligazioni di fare infungibile o di non fare (42).

L'attuale testo dell'art. 614 bis, infatti, prevede che «*con il provvedimento di condanna all'adempimento di obblighi diversi dal pagamento di somme di denaro il giudice, salvo che ciò sia manifestamente iniquo, fissa, su richiesta di parte, la somma di denaro dovuta dall'obbligato per ogni violazione o inosservanza successiva ovvero per ogni ritardo nell'esecuzione del provvedimento* (43). *Il*

---

zioni esecutive, in *Riv. es. forz.*, 2017, p. 317; M. BOVE, *Sul regime dell'ordinanza pronunciata ai sensi dell'art. 612 c.p.c.*, in *Giusto proc. civ.*, 2017, p. 689; G. TOTA, *I controlli sulle decisioni «di merito» del giudice dell'esecuzione*, in *Riv. dir. proc.*, 2018, p. 1506; R. METAFORA, *Il regime di impugnazione dell'ordinanza determinativa delle modalità esecutive resa ai sensi dell'art. 612 c.p.c.*, in *Riv. es. forz.*, 2019, p. 24.

(40) Limitatamente, però, a quelle proprie dell'esecuzione, mentre quelle di rappresentanza tecnica e «cognitorie» causate da contestazioni che determinano la natura di sentenza dell'ordinanza ex art. 612 vanno liquidate con la suddetta ordinanza-sentenza appellabile (così Cass. 20 maggio 2003 n. 8339, in *Riv. es. forz.*, 2004, p. 444, con nota adesiva di M. FARINA).

Tuttavia, anche in sede di opposizione a tale decreto ingiuntivo il giudice può rilevare d'ufficio il venir meno del titolo esecutivo presupposto (Cass. 12 gennaio 2021 n. 269).

(41) Su queste modifiche v. I. GAMBIOLI, *Le misure di coercizione indiretta ex art. 614 bis c.p.c.*, in *Giur. it.*, 2016, p. 1283; G. VALLONE, *Le misure coercitive prima e dopo la riforma dell'art. 614 bis c.p.c.*, in *Riv. es. forz.*, 2016, p. 34; A. SALETTI, in AA.VV., *Le nuove riforme*, cit., p. 339; S. MAZZAMUTO, L'astreinte *all'italiana si rinnova: la riforma della comminatoria di cui all'art. 614 bis c.p.c.*, in *Europa e dir. priv.*, 2016, p. 11; G. MICCOLIS, *Prospettive ed evoluzione del processo esecutivo in Italia*, in *www.judicium.it*; S. VINCRE, *Le misure coercitive ex art. 614 bis c.p.c. dopo la riforma del 2015*, in *Riv. dir. proc.*, 2017, p. 368.

(42) Con riferimento all'originaria formulazione dell'art. 614 bis, che limitava l'applicazione della misura coercitiva alle sole obbligazioni di fare infungibile o di non fare, Cass. 23 settembre 2011 n. 19454 ha rilevato che l'introduzione dell'art. 614 bis conferma l'utilizzabilità della pronuncia di condanna anche in materia di obblighi infungibili ed ha, da questo punto di vista, valore ricognitivo di un principio di diritto già affermato in giurisprudenza.

(43) Il riferimento ad una violazione che potrebbe verificarsi successivamente alla pronuncia

provvedimento di condanna costituisce titolo esecutivo per il pagamento delle somme dovute per ogni violazione o inosservanza (44). *Le disposizioni di cui al presente comma non si applicano alle controversie di lavoro subordinato pubblico o privato e ai rapporti di collaborazione coordinata e continuativa di cui all'articolo 409.*

Il giudice determina l'ammontare della somma di cui al 1° comma tenuto conto del valore della controversia, della natura della prestazione, del danno quantificato o prevedibile e di ogni altra circostanza utile».

È appena il caso di rilevare che lo strumento del quale il legislatore si è servito è quello delle c.d. *misure coercitive*, di misure, cioè, con portata *compulsoria* nei confronti del debitore, al fine di indurlo all'adempimento spontaneo (45). Ed è pure evidente che la novità della norma sta specialmente nella sua portata generalizzata rispetto ad altre misure di questo tipo, già presenti nel nostro sistema.

D'altra parte, alla finalità, originariamente perseguita dal legislatore, di sopperire all'infungibilità delle prestazioni di fare o non fare (46), si è aggiunta la

---

della condanna consente di connotarla come condanna in futuro (v. § 15 del vol. I). Invece, nel senso che si tratterebbe di una condanna generica G. MONTELEONE, *Misure coercitive ed esecuzione forzata: attualità del pensiero di S. Satta*, in *Riv. es. forz.*, 2016, p. 543.

(44) Con la necessità che nel precetto venga determinato l'ammontare esatto della somma da portare ad esecuzione (v., in proposito, Trib. Roma 2 febbraio 2017, in *www.judicium.it*, con nota contraria di U. COREA); in argomento v. anche B. CAPPONI, *Ancora su* astreinte *e condanna civile*, in *Riv. es. forz.*, 2017, p. 569.

(45) Ciò che lascia al debitore un margine di scelta, poiché la prestazione (e soprattutto quella di fare infungibile o di non fare) presuppone un'adesione volontaria (anche se coatta) alla quale il debitore potrebbe preferire la sanzione, che assumerebbe portata risarcitoria. Del che il giudice dovrebbe tener conto nella relativa determinazione. In proposito v. anche Trib. Varese 16 febbraio 2011, in *Giust. civ.*, 2011, I, p. 2969, con nota di G.M. CELARDI; F. GODIO, *L'*astreinte *e la giurisprudenza di merito: un primo bilancio su alcuni profili operativi*, in *Corr. giur.*, 2011, p. 1121. Più in generale sull'argomento, v. B. CAPPONI, *Limiti dell'esecuzione indiretta*, in *Riv. es. forz.*, 2011, p. 186; M. FABIANI, *Attualità della tutela penale al servizio dell'effettività della tutela civile, dopo la riforma dell'art. 388 c.p.*, *ibidem*, p. 535; R. CONTE, *Tutela penale del diritto di credito. Sviluppi giurisprudenziali*, in *Giur. it.*, 2012, p. 1635; poi, C. TRAPUZZANO, *Le misure coercitive indirette*, Padova, 2012; S. CHIARLONI, *L'esecuzione indiretta ai sensi dell'art. 614 bis c.p.c.: confini e problemi*, in *Giur. it.*, 2014, p. 731; G. COSTANTINO, *Tutela di condanna e misure coercitive*, *ibidem*, p. 737 e, in chiave comparatistica, M. TARUFFO, *Note sull'esecuzione degli obblighi di fare e di non fare*, *ibidem*, p. 744; v. anche A. MONDINI, *L'attuazione degli obblighi infungibili*, Milano, 2014; F. DE ANGELIS, *Obblighi infungibili e misure coercitive: questioni interpretative e soluzioni giurisprudenziali*, in *Riv. es. forz.*, 2015, p. 157.

(46) Per questa conclusione v., sulla base del testo originario dell'art. 614 bis, Trib. Terni 6 agosto 2009, in *Giur. it.*, 2010, p. 637, con nota adesiva di S. MAZZAMUTO. L'Annotatore, nel condividere le conclusioni del giudice di merito, sottolineava che «la valutazione di (in)fungibilità viene dunque condotta non sul piano sostanziale, ma sul piano squisitamente processuale». In senso sostanzialmente analogo E. ZUCCONI GALLI FONSECA, *Le novità della riforma in materia di esecuzione forzata*, in *Riv. trim. dir. e proc. civ.*, 2010, p. 203. Tesi, questa, che era discutibile già sulla base dell'originaria formulazione dell'art. 614 bis e che continua ad esserlo anche alla luce della nuova formulazione, vista l'esplicita esclusione dall'applicazione della misura coercitiva delle obbligazio-

generica finalità di favorire comunque l'adempimento spontaneo anche delle obbligazioni di natura fungibile mediante la coercizione indiretta del debitore. Ciò che, però, rende del tutto irragionevole l'esplicita esclusione, dall'ambito applicativo della misura coercitiva in questione, delle obbligazioni aventi ad oggetto pagamento di somme di denaro (47) e di quelle derivanti dal rapporto di lavoro (pubblico e privato).

La norma precisa, comunque, seppure forse superfluamente, che la pronuncia in discorso è subordinata alla domanda di parte. Aggiunge, inoltre, che *la pronuncia di cui si tratta può essere solo contestuale alla pronuncia della condanna alle prestazioni che la legge stessa vuol tutelare*; ciò che induce ad escluderne l'utilizzabilità nei casi di inadempienza sopravvenuta e non prevista, specie quando si tratta di prestazioni continuate e periodiche (48).

---

ni pecuniarie. In argomento v. anche A. CIATTI CÀIMI, *L'esecuzione processuale indiretta (*astreinte*) e l'infungibilità convenzionale della prestazione*, in *Riv. dir. civ.*, 2015, p. 23; R. SICLARI, *Infungibilità: tra il dare e il fare*, in *Riv. trim. dir. e proc. civ.*, 2015, p. 583.

Nel senso dell'applicazione dell'art. 614 bis, nella sua originaria formulazione alle sole obbligazioni di fare infungibile o di non fare, v. anche A. CARRATTA, *Le novità*, cit., p. 721; M.A. IUORIO, *Il nuovo art. 614 bis c.p.c.: introduzione dell'esecuzione indiretta nell'ordinamento giuridico italiano*, in *Riv. es. forz.*, 2009, p. 411; G.L. BARRECA, *L'attuazione degli obblighi di fare infungibile o di non fare (art. 614 bis c.p.c.), ibidem*, p. 506; F. DE STEFANO, *Note a prima lettura della riforma del 2009 e in particolare dell'art. 614 bis c.p.c., ibidem*, p. 515; E. SILVESTRI, in *Il processo civile riformato*, a cura di M. TARUFFO, Bologna, 2010, p. 501; M. TARUFFO, *ivi*, p. 9; A. PROTO PISANI, *Appunti sulla tutela di condanna (trentacinque anni dopo)*, in *Foro it.*, 2010, V, 265; D. AMADEI, *Una misura coercitiva generale per l'esecuzione degli obblighi infungibili*, in *Riv. trim. dir. e proc. civ.*, 2010, p. 343; M. BOVE, *La misura coercitiva di cui all'art. 614 bis c.p.c., ibidem*, p. 781; F. TEDIOLI, *Osservazioni critiche all'art. 614 bis cod. proc. civ.*, in *Nuova giur. civ. comm.*, 2013, II, p. 67; M. TARUFFO, *Note*, cit., p. 747; D. POLETTI, *Sulla infungibilità degli obblighi di cui all'art. 614 bis c.p.c.*, in *Giur. it.*, 2014, p. 750; A. MONDINI, *L'attuazione*, cit., p. 62.

Invece, per una lettura dell'art. 614 bis (sempre nella sua originaria formulazione) favorevole alla sua applicabilità a tutti i provvedimenti di condanna ad obblighi di fare o di non fare, v. S. CHIARLONI, *Le nuove misure coercitive ai sensi dell'art. 614 bis c.p.c.*, in *Il libro dell'anno del diritto Treccani*, Roma, 2012, p. 704. Mentre, per l'applicabilità anche alla sentenza costitutiva ex art. 2932 c.c., C. CONSOLO, *Una «buona» novella ecc.*, in *Corr. giur.*, 2009, p. 740. (in senso contrario, sul punto, A. CARRATTA, *Le novità*, cit., p. 721; N. VENTURA, *La misura coercitiva di cui all'art. 614 bis c.p.c. e l'esecuzione dell'obbligo di contrarre*, in *Giur. it.*, 2014, p. 767).

(47) Questo, a differenza delle scelte che lo stesso legislatore ha fatto con riferimento al processo amministrativo, rispetto al quale l'art. 114, 4° comma, lett. e) del D.Lgs. 104/2010 (c.d. codice del processo amministrativo) prevede una misura coercitiva pecuniaria identica a quella stabilita dall'art. 614 bis, ma con una portata applicativa più ampia, in quanto non viene ripreso il limite di quest'ultimo rimedio al solo caso dell'inadempimento degli obblighi di fare, di consegna o di rilascio. In proposito v. anche Cons. Stato 20 dicembre 2011 n. 6688 e poi Cons. Stato, ad. pl., 26 giugno 2014 n. 15 (in *Giur. it.*, 2014, p. 1560 e in *Corr. giur.*, 2014, p. 1411, con commento di F.G. SCOCA), che ammette l'applicabilità della misura coercitiva anche con riferimento alle obbligazioni di pagamento e delinea le differenze fra le due diverse tipologie di misure coercitive. Poi, nel senso che la misura coercitiva sia applicabile (oltre che in sede di giudizio di ottemperanza) anche in sede di processo di cognizione, v. Cons. Stato, ad pl., 9 maggio 2019 n. 7 (in *Foro it.*, 2019, III, 326, con nota di G. CORDOVA).

(48) In senso critico su questa scelta v. A. CARRATTA, in C. MANDRIOLI-A. CARRATTA, *Come*

Il riferimento alla condanna è, d'altra parte, da intendersi piuttosto in senso sostanziale che formale (comprensivo di ordinanze o decreti a contenuto condannatorio (49), eventualmente anche di natura cautelare) (50), né – a quanto pare – limitato alle pronunce di primo grado.

Apprezzabile è l'inciso che esclude la pronuncia in discorso nei casi in cui «*ciò sia manifestamente iniquo*»; sulla quale valutazione la legge attribuisce al giudice ampi poteri discrezionali imperniati sul criterio di obbiettiva impossibilità di adempiere da parte del debitore, anche per ragioni di solidarietà umana e sociale.

La precisazione, da parte della norma, che il provvedimento di cui trattasi co-

---

cambia il processo civile, Torino, 2009, p. 99; ID., *Tecniche di attuazione dei diritti e principio di effettività*, in *Riv. trim. dir. e proc. civ.*, 2019, p. 13. Al riguardo si è parlato di «errore sistematico madornale» (F.P. LUISO, *La delega in materia di mediazione e conciliazione*, in *Riv. dir. proc.*, 2009, p. 1262), sulla quale affermazione chi scrive esprime qualche riserva con riguardo, in particolare, ai casi nei quali la decisione implica valutazioni tipicamente cognitorie. V. anche E. MERLIN, *Prime note sul sistema delle misure coercitive pecuniarie per l'attuazione degli obblighi infungibili nella L. 69/2009*, in *Riv. dir. proc.*, 2009, p. 1548; M. BOVE, *La misura coercitiva*, cit., p. 781; A. PROTO PISANI, *Appunti*, cit., 265; ID., *Note personali e no a margine dell'art. 614*-bis *c.p.c.*, in *Rass. es. forz.*, 2019, p. 3; S. RECCHIONI, *L'attuazione forzata indiretta dei comandi cautelari* ex *art. 614-bis c.p.c.*, in *Riv. trim. dir. e proc. civ.*, 2014, p. 1482; F. TOMMASEO, *L'esecuzione indiretta e l'art. 614 bis c.p.c.*, in *Riv. dir. proc.*, 2014, p. 267; M. BOVE, *Diritto e processo nell'applicazione dell'art. 614-bis c.p.c.: un rapporto circolare*, in *Giusto proc. civ.*, 2020, p. 377.

Viene incontro al problema la L. 206/2021, che, nell'ambito della delega per la riforma del processo civile, nell'art. 1, 12° comma, lett. o, delega il Governo a prevedere criteri per la determinazione dell'ammontare e del termine di durata delle misure coercitive di cui all'art. 614 bis c.p.c. ed inoltre l'attribuzione al giudice dell'esecuzione del potere di disporre dette misure quando il titolo esecutivo è diverso da un provvedimento di condanna oppure la misura non è stata richiesta al giudice che ha pronunciato tale provvedimento.

(49) Come, ad es., l'ordinanza di convalida dello sfratto per finita locazione (Trib. Busto Arsizio 17 dicembre 2015, in *www.ilcaso.it*).

(50) Nel senso dell'utilizzabilità della misura di cui all'art. 614 bis anche con riferimento ad un provvedimento nunciativo di danno temuto con conseguente ordine di demolizione v. Trib. Terni 6 agosto 2009, cit.; con riferimento ai provvedimenti d'urgenza, Trib. Reggio Emilia 15 aprile 2015, in *www.ilcaso.it*; Trib. Cagliari 19 ottobre 2009, in *Giur. merito*, 2010, p. 394, con nota di A. LOMBARDI; Trib. Verona 9 marzo 2010, *ivi*, 2010, p. 1857; Trib. Messina 7 luglio 2010, in *Corr. merito*, 2011, p. 42; Trib. Palermo 27 marzo 2014, in *www.ilcaso.it*; con riferimento ad un provvedimento di cancellazione della trascrizione di un sequestro conservativo, Trib. Torino 2 luglio 2010, in *Giur. it.*, 2011, p. 1121, annotata da D. FRASCHINI; Trib. Roma 26 maggio 2017, in *Foro it.*, 2017, I, 2082, con nota di M. CAPUTI; Trib. Bari 16 maggio 2016, in *Giur. it.*, 2017, p. 841, con nota di M. MONTANARI; Trib. Reggio Emilia 15 aprile 2015, *ivi*, 2015, p. 2382, con nota di G. FRUS. In argomento v. anche A. GIUSSANI, *Decreto ingiuntivo non opposto di liquidazione di misura coercitiva accessoria a provvedimento cautelare ecc.*, in *Riv. es. forz.*, 2014, p. 85; J.V. D'AMICO, *Sull'applicabilità dell'art. 614 bis c.p.c. ai provvedimenti cautelari*, in *Riv. dir. proc.*, 2014, p. 713; S. RECCHIONI, *L'attuazione*, cit., p. 1477.

Sulla conciliabilità del provvedimento ex art. 614 bis con il lodo arbitrale, v. C. BESSO, *L'art. 614 bis c.p.c. e l'arbitrato*, in *Giur. it.*, 2014, p. 763; E. ZUCCONI GALLI FONSECA, *Misure coercitive e arbitrato*, in *L'esecuzione forzata.* Liber amicorum *R. Vaccarella*, Torino, 2015, p. 1015, sia pure con qualche obiezione; B. SASSANI, *Possono gli arbitri pronunciare l'*astreinte*?*, in *Riv. es. forz.*, 2018, p. 279.

stituisce titolo esecutivo per il pagamento delle somme dovute per ogni violazione o inosservanza lascia intendere che questa efficacia esecutiva sussiste anche quando non sia ancora esecutiva la condanna di base. Ciò che induce a riconoscere al debitore, ove la misura coercitiva sia portata ad esecuzione senza che ne sussistano i presupposti, la possibilità di tutelarsi mediante l'opposizione all'esecuzione di cui all'art. 615 (v. oltre, § 36) (51).

Molte perplessità ha suscitato e continua a suscitare *l'inapplicabilità di questo strumento alle controversie di lavoro e ai rapporti di collaborazione coordinata e continua.* La disparità di trattamento è tanto più evidente in quanto le prestazioni escluse sono quelle che più sembrano meritarne l'applicazione per ragioni di solidarietà sociale (52).

Quanto, infine, ai criteri per la determinazione dell'ammontare delle somme di cui al 1° comma, i criteri ai quali il giudice deve ispirare la sua determinazione, essi sono indicati dal 2° comma dell'articolo in esame e lasciano un evidente spazio alla discrezionalità del giudice.

---

(51) Così A. CARRATTA, in C. MANDRIOLI-A. CARRATTA, *Come cambia*, cit., p. 99. V. anche E. ZUCCONI GALLI FONSECA, *Le novità*, cit., p. 208; D. AMADEI, *Una misura coercitiva*, cit., p. 343; in giurisprudenza, Trib. Milano 6 giugno 2014, in *Giorn. dir. ind.*, 2014, p. 1045. Tuttavia, nel senso che il debitore non possa esperire l'opposizione all'esecuzione per contestare la sussistenza dei presupposti per l'esecuzione della misura coercitiva, essendo necessario a tal fine procedere davanti al giudice della cautela, v. Trib. Genova 28 ottobre 2015, in *Giur. it.*, 2016, con nota di E. BERTILLO; Trib. Genova 16 novembre 2015, in *Foro it.*, 2016, I, 1046, con nota contraria di A. MONDINI.

Sulla possibilità di circolazione del provvedimento nello «spazio giudiziario europeo» v. E. D'ALESSANDRO, *La circolazione della condanna ex art. 614 bis nello spazio europeo*, in *Giur. it.*, 2014, p. 1023.

(52) Per analoghe critiche v. A. CARRATTA, *op. ult. cit.*, p. 102; ID., *Tecniche*, cit., p. 13; E. MERLIN, *op. cit.*, p. 1557; E. SILVESTRI, *op. cit.*, p. 509; A. PROTO PISANI, *Appunti*, cit., 265; B. GAMBINERI, in *Foro it.*, 2009, V, 322; L. DE ANGELIS, *ivi*, 2011, V, 18; S. CHIARLONI, *Le nuove misure*, cit., p. 707. In senso dubitativo, invece, A. CHIZZINI, *Sub art. 614 bis*, in AA.VV., *La riforma della giustizia civile*, Torino, 2009, p. 174.

Purtroppo, anche la già richiamata legge delega di cui alla L. 206/2021 (v. retro, nota 48) ha omesso di affrontare e risolvere il problema posto dalla disparità di trattamento denunciata nel testo.

CAPITOLO V
LE OPPOSIZIONI ESECUTIVE

SOMMARIO: 35. Le opposizioni esecutive in generale. – 36. L'opposizione all'esecuzione. – 37. L'opposizione agli atti esecutivi. – 38. L'opposizione del terzo nel processo esecutivo.

35. *Le opposizioni esecutive in generale.*

Abbiamo accennato, già diverse volte, a quelle parentesi di cognizione che sono occasionate dal processo di esecuzione forzata e che vanno sotto il nome di opposizioni esecutive (1).

Sul piano concettuale, il rapporto tra le opposizioni ed il processo esecutivo che le occasiona – rapporto di autonomia strutturale e, insieme, di coordinazione funzionale – emerge come conseguenza di quella che abbiamo chiamato (vol. I, § 16 e qui, retro, § 5) efficacia incondizionata del titolo esecutivo. Abbiamo visto, infatti, come quest'efficacia stia in relazione con la necessità che il processo esecutivo proceda indisturbato verso il risultato di realizzazione pratica del diritto, alla sola condizione che questo diritto risulti accertato in un titolo esecutivo. La sussistenza di questa condizione dà già per acquisita la certezza giuridica nella misura sufficiente perché possa attuarsi l'esigenza di attuazione pratica

---

(1) Sull'argomento v., in particolare, E.T. LIEBMAN, *Le opposizioni di merito nel processo di esecuzione*, Milano, 1936; C. FURNO, *Disegno sistematico delle opposizioni nel processo esecutivo*, Firenze, 1942; E. GARBAGNATI, *Opposizione all'esecuzione*, in *Nss. Dig. it.*, XI, 1965, p. 1068; F. BUCOLO, *La sospensione nell'esecuzione*, II (*Le opposizioni esecutive*), Milano, 1972; C. MANDRIOLI, *Opposizione all'esecuzione e agli atti esecutivi*, in *Enc. dir.*, XXX, Milano, 1980, p. 431; F. BUCOLO, *L'opposizione all'esecuzione*, Padova, 1982; R. ORIANI, *Opposizione all'esecuzione*, in *Nss. Dig. it.*, Appendice, V, Torino, 1984, p. 516; ID., *L'opposizione agli atti esecutivi*, Napoli, 1987; A. BONSIGNORI, *L'esecuzione forzata*, cit., p. 281; R. VACCARELLA, *Opposizioni all'esecuzione*, in *Enc. Giur. Treccani*, XXI, Roma, 1990; G. TOMEI, *Il problema delle opposizioni nel processo esecutivo*, in *Riv. trim. dir. e proc. civ.*, 1995, p. 901; F. TOMMASEO, *L'esecuzione forzata*, cit., p. 255; B. CAPPONI, *Manuale*[4], cit., p. 371; M. BOVE, *Sull'oggetto delle c.d. opposizioni di merito*, in *Riv. trim. dir. e proc. civ.*, 2013, p. 879; G. QUARANTA, *Note sulle cognizioni incidentali nell'esecuzione forzata*, in *Riv. es. forz.*, 2014, p. 265; M. CIRULLI, *Le opposizioni nel processo esecutivo*, Milano, 2018; M. PILLONI, *Cognizioni del g.e. e opposizioni esecutive*, in *Riv. trim. dir. e proc. civ.*, 2020, p. 1323; A. TEDOLDI, *Esecuzione forzata*, cit., p. 349.

del diritto, che è la funzione propria del processo esecutivo. E si è visto pure che, proprio per questa ragione, non esiste, nel processo esecutivo, un vero e proprio contraddittorio: del quale non c'è bisogno per la semplice ragione che non c'è luogo ad alcun giudizio poiché l'esecuzione deve effettuarsi con riferimento a quella situazione giuridica che è rappresentata nel titolo.

Quest'efficacia, che potrebbe dirsi «isolante», del titolo rispetto alla realtà giuridica in divenire, è appunto ciò che consente agli organi esecutivi di assolvere indisturbati al loro compito, senza essere distolti da esso da compiti di giudizio per i quali sono strutturalmente inidonei; ma al tempo stesso questa efficacia, proprio perché isola, ossia «ferma» un momento della rappresentazione della realtà giuridica, che viceversa continua ad evolversi, può condurre a conseguenze inique e contrarie ai fini dell'ordinamento, quale sarebbe ad es. l'esecuzione coattiva di una situazione giuridica superata dalla realtà (ad es., un credito che nel frattempo sia stato pagato) o l'esecuzione sul fondamento di atti illegittimi.

Per evitare queste conseguenze inique, senza d'altra parte compromettere quell'efficacia incondizionata o «isolante» del titolo, che è essenziale per la funzionalità dell'esecuzione, non c'è che una via: consentire di far valere quelle eventuali discordanze dalla realtà o quelle eventuali illegittimità, anziché nel processo esecutivo (ciò che sarebbe in contrasto con l'efficacia incondizionata del titolo), in un'autonoma sede di cognizione, quella appunto, delle opposizioni esecutive. Sede *di cognizione*, poiché si tratta di far luogo ad un accertamento in sede di cognizione; *autonoma*, nel senso che postula un autonomo atto introduttivo di un giudizio che – per quanto funzionalmente coordinato col processo esecutivo, come stiamo per vedere – si svolge in modo autonomo, ad iniziativa di chi vuol far valere quella discordanza o illegittimità. Più propriamente, ad iniziativa del soggetto passivo dell'esecuzione (è questo il caso «*delle opposizioni del debitore e del terzo assoggettato* all'esecuzione» (2): così si intitola il capo primo del titolo quinto del libro III del codice) o di un terzo (è questo il caso «*delle opposizioni di terzi*»: così si intitola il capo secondo dello stesso titolo). Colui che assume quest'iniziativa – debitore o terzo – assume la veste di opponente e, come tale, è un vero e proprio attore, mentre convenuto è il creditore o colui che si vanta tale con una concreta iniziativa di avvio o di preannuncio del processo esecutivo.

Processo autonomo, ma – come detto – *funzionalmente coordinato col processo esecutivo*. Da un lato, infatti, le opposizioni sono occasionate da un processo esecutivo iniziato o almeno preannunciato (3); mentre, dall'altro lato, e proprio per questo motivo, esse debbono poter influire – sia pure indirettamente – su

---

(2) Il «terzo assoggettato all'esecuzione» è il «terzo proprietario» di cui agli artt. 602 e ss. (v. retro, § 32).

(3) Con la notificazione del precetto o quanto meno con la notificazione del titolo esecutivo, secondo quanto previsto dagli artt. 479 e 480 (v. retro, §§ 11 e 12).

quel processo. Più precisamente, l'opposizione opera sul titolo, quando con essa si contesta il «se» dell'esecuzione (opposizione all'esecuzione); oppure (ma nulla impedisce la proposizione contemporanea delle due opposizioni) (4) opera sugli atti del processo esecutivo, quando con essa si contesta il «come» dell'esecuzione (opposizione agli atti esecutivi e opposizione del terzo nel processo esecutivo). L'eliminazione del titolo o la dichiarazione di illegittimità di determinati atti del processo esecutivo travolge o arresta questo processo; e questa è per l'appunto l'efficacia indiretta che le parentesi di cognizione in argomento producono sul processo esecutivo nel quale si inseriscono o che comunque le occasiona.

Queste considerazioni, del resto, possono riferirsi anche a quella parentesi di cognizione che è occasionata, in sede di distribuzione della somma ricavata dall'espropriazione, dalla contestazione di uno o più creditori concorrenti, ai termini dell'art. 512, della quale ci siamo già occupati al termine del § 22.

36. *L'opposizione all'esecuzione.*

Il capo primo del titolo quinto del libro III del codice, intitolato, come si è visto, alle opposizioni del debitore e del terzo assoggettato all'esecuzione (il quale terzo viene però qui in rilievo, come detto, non come terzo, ma in relazione al ruolo di debitore che la legge gli fa assumere; v. retro, § 32), è ripartito in tre sezioni dedicate rispettivamente all'opposizione all'esecuzione, all'opposizione agli atti esecutivi e alle opposizioni in materia di lavoro di previdenza e di assistenza; mentre le opposizioni del terzo in senso proprio sono disciplinate in un successivo capo secondo. Lasciando alla trattazione del processo del lavoro l'esame delle opposizioni esecutive in materia di lavoro (v. vol. III, § 40), si deve incominciare col mettere in rilievo che le opposizioni esecutive del debitore (o ad esso assimilato) sono, da un lato, l'*opposizione all'esecuzione* e, dall'altro lato, l'*opposizione agli atti esecutivi*.

Abbiamo già accennato, poc'anzi, che l'opposizione all'esecuzione (5) è quella con la quale si contesta il «se» dell'esecuzione, più precisamente – così te-

(4) Cass. 18 luglio 2016 n. 14661; Cass. 13 novembre 2009 n. 24047, in *Guida al dir.*, 2010, n. 5, p. 67.

(5) Le trattazioni sull'argomento sono ancora quelle citate nella nota 1 del § precedente con riguardo alle opposizioni esecutive in generale. Per una più ampia trattazione di carattere sistematico, v. C. MANDRIOLI, *L'azione esecutiva*, cit., p. 389. Per una specifica trattazione, sotto il profilo prevalentemente pratico, v. F. BUCOLO, *L'opposizione all'esecuzione*, Padova, 1982. Sotto un profilo più teorico v. G. TOMEI, *Le opposizioni*, cit., p. 737; R. VACCARELLA, *Opposizioni all'esecuzione*, cit., p. 2; A. STORTO, *Note su alcune questioni in tema di opposizione all'esecuzione*, in *Riv. es. forz.*, 2000, p. 233; G. OLIVIERI, *L'opposizione all'esecuzione*, *ivi*, 2003, p. 237; P. VITTORIA, *Opposizione all'esecuzione e vicende del titolo esecutivo*, in *Libro dell'anno del diritto Treccani*, Roma, 2015, p. 560; M. CIRULLI, *Le opposizioni*, cit., p. 6; D. MICALI, *L'opposizione all'esecuzione come azione in giudizio*, Napoli, 2020; A. TEDOLDI, *op. cit.*, p. 372.

stualmente l'art. 615, 1° comma – quella con la quale «*si contesta il diritto della parte istante di procedere ad esecuzione forzata*», diritto che condiziona la legittimità dell'intero processo esecutivo e che si concreta nell'esistenza di un valido titolo esecutivo (6).

Sotto il profilo soggettivo attivo, ove si ponga l'ampia espressione del codice («*si contesta*») in relazione col titolo del capo in esame, risulta evidente che l'opposizione in discorso può essere proposta da tutti coloro che in concreto subiscono l'esecuzione (o il suo preannuncio, con l'intimazione del precetto), coloro insomma ai quali la parte istante attribuisce o pretende di attribuire il ruolo di «debitore» (7), sia che tale veste risulti dal titolo esecutivo e sia che non risulti da esso (8). Più delicata, invece, è la situazione che si verifica nei casi in cui il

---

(6) Ciò che spiega, in termini generali, l'assenza di termine per la proposizione di questa opposizione, proponibile finché pende il processo esecutivo (Cass. 28 febbraio 2007 n. 4665, in *Riv. es. forz.*, 2007, p. 172), salva la limitazione di cui al 2° comma dell'art. 615 con riferimento all'espropriazione forzata. Ovviamente, la contestazione può essere anche solo parziale, ferma la validità dell'esecuzione per la parte non contestata (Cass. 29 febbraio 2008 n. 3515).

(7) Cfr. Cass. 23 giugno 1984 n. 3695 (in *Giur. it.*, 1985, I, 1, 1118), che ha escluso il litisconsorzio necessario con gli eventuali condebitori in solido.

(8) In quest'ultima ipotesi, la legittimazione all'opposizione all'esecuzione spetta solo a colui al quale la parte istante abbia effettivamente indirizzato, quanto meno col precetto, la sua pretesa esecutiva, perché ritenuto assoggettato all'efficacia del titolo (ad es., per l'art. 477) o per un qualsiasi motivo anche infondato (proprio da questa infondatezza può infatti dipendere la fondatezza dell'opposizione). In quest'ordine di idee v. anche L. MONTESANO (in *Riv. trim. dir. e proc. civ.*, 1987, p. 931). In giurisprudenza, v. Cass. 15 ottobre 1990 n. 10081. Per la stessa ragione Cass. 29 maggio 2015 n. 11172 (in *Riv. es. forz.*, 2015, p. 635, con nota di R. BRENDA) riconosce, in termini generali, che l'interesse a proporre l'opposizione al precetto sorge dalla semplice circostanza di essere destinatari della notifica di un precetto. In argomento v. anche D. MICALI, *op. cit.*, p. 399.

Se, invece, la parte istante agisce contro colui che risulta debitore dal titolo, pregiudicando *di fatto* un terzo, a questo terzo non è aperta altra via all'infuori dell'opposizione di terzo ex art. 619, che però è di regola consentita soltanto nell'espropriazione e solo eccezionalmente nelle esecuzioni dirette, come meglio si vedrà al § 38.

Nelle esecuzioni dirette, se il terzo vanta un *diritto* autonomo (v. retro, § 33), e ciononostante la parte istante pretende di agire contro di lui, ciò può attribuirgli il ruolo di soggetto passivo dell'esecuzione che lo legittima all'opposizione *de qua*, ove non sia impedito dalla legittimazione all'opposizione ex art. 404 (v. oltre, § 38) (v., ad es., Cass. 14 dicembre 1985 n. 6330, in *Foro it.*, 1986, I, 2835; Cass. 23 agosto 1990 n. 8613, *ivi*, 1991, I, 1166; Cass. 9 gennaio 1991 n. 149, in *Giur. it.*, 1992, I, 1, 952). Su questi argomenti, v. C. MANDRIOLI, *In tema di opposizione del terzo nell'esecuzione forzata in forma specifica*, in *Riv. dir. civ.*, 1973, I, p. 174. Più di recente Cass. 27 giugno 2014 n. 14640 ha concluso che, in sede di esecuzione di condanna al rilascio, il terzo utilizzerà l'opposizione all'esecuzione ex art. 615, per far valere un titolo autonomo, e l'opposizione ex art. 404, 2° comma, per far valere un titolo derivato da quello dell'esecutato, ove ritenga che la sentenza sia frutto di collusione tra questi e il proprietario.

Invece, nel senso che sia inammissibile l'opposizione all'esecuzione avanzata dal terzo detentore per contestare il diritto a procedere al rilascio, essendo l'unico rimedio da questi esperibile l'opposizione di terzo ordinario di cui all'art. 404, v. Cass. 1° dicembre 2021 n. 37847; Cass. 20 novembre 2018 n. 29850, in *Foro it.*, 2019, I, 1725, con nota decisamente critica di A. PROTO PISANI. In precedenza, del resto, anche le sezioni unite (Cass. sez. un. 23 gennaio 2015 n. 1238, in *Giur. it.*, 2015,

pregiudizio del terzo derivi dalla sua qualità di acquirente o di avente causa del debitore, perché in questo caso l'individuazione del rimedio esperibile dipende dal ruolo che viene attribuito (o si intende attribuire) a tale soggetto (e cioè se assimilabile a quello della parte o, come sembra più probabile, terzo estraneo al processo esecutivo) (9).

Legittimata passivamente è invece, ovviamente, la parte istante (10).

Sotto il profilo oggettivo, è evidente che «*il diritto di procedere ad esecuzione forzata*» *non è altro che l'azione esecutiva che si fonda sul titolo esecutivo.* Si tratta, dunque, di contestare né più né meno che il tipico effetto processuale del titolo attraverso *la negazione dell'esistenza di un titolo, fin dall'origine* (ad es.: nego che quel certo documento sia una cambiale (11); oppure sostengo la nullità del giudizio a seguito del quale è stato pronunciato il provvedimento o la nullità del provvedimento stesso: c.d. vizio di costruzione) (12), o la nullità *sopravvenu-*

---

p. 1369, con nota critica di A. CARRATTA, e in *Foro it.*, 2015, I, 2062, con note contrarie di G. COSTANTINO e A. PROTO PISANI) avevano affermato che le eventuali ragioni di cui all'art. 404 debbano essere fatte valere necessariamente con tale rimedio, non potendosi utilizzare a tal fine l'opposizione di cui all'art. 615 (ma v., per una diversa conclusione, Cass. 27 dicembre 2017 n. 30941; Cass. 13 febbraio 2015 n. 2855).

(9) Infatti, in tali ipotesi, che sono disciplinate dagli artt. da 2913 a 2920 c.c. in relazione con l'art. 2644 c.c. (sul punto v. retro, § 16), la legittimazione all'opposizione all'esecuzione (come anche all'opposizione agli atti esecutivi) è da ammettersi solo se, in forza della *ratio* dell'art. 111, la posizione del terzo viene assimilata a quella della parte (così, infatti, Cass. 4 settembre 1985 n. 4612, in *Foro it.*, 1986, I, 494); se, invece, se ne esclude la riconduzione alla parte, la reazione del terzo non può che essere l'opposizione di terzo ex art. 619 (Cass. 16 maggio 2016 n. 9994; Cass. 12 aprile 2013 n. 8936, in *Riv. dir. proc.*, 2014, p. 242, con nota di S. VINCRE); nello stesso senso, in dottrina, sulle orme di E. REDENTI, *Diritto processuale civile*, III, cit., pp. 138, 170, G. LASERRA, *L'alienazione del bene pignorato e la legittimazione nel processo esecutivo*, in *Studi in onore di E.T. Liebman*, Milano, 1979, III, p. 2233; G. COSTANTINO e R. VACCARELLA, *Il terzo proprietario nei processi di espropriazione forzata*, in *Riv. dir. civ.*, 1986, II, p. 387. Invece, per la configurazione in capo al terzo acquirente di una legittimazione surrogatoria alle opposizioni che spettano al debitore, v. R. ORIANI, *L'opposizione*, cit., p. 305; G. TOTA, *Note sulla successione*, cit., p. 620; M. CIRULLI, *La tutela del terzo acquirente dell'immobile pignorato*, in *Riv. trim. dir. e proc. civ.*, 2018, p. 820; D. MICALI, *op. cit.*, p. 322.

(10) E cioè il creditore procedente e i creditori intervenuti, muniti di titolo *che abbiano compiuto singoli atti del procedimento* (Cass. 2 aprile 1991 n. 5146), nei confronti dei quali si configurerebbe un'ipotesi di litisconsorzio necessario (Cass. 5 settembre 2011 n. 18110).

Per l'esperibilità di quest'opposizione anche nei confronti dell'amministrazione finanziaria in sede di esecuzione forzata tributaria v. C. Cost. 31 maggio 2018 n. 114 (in *Foro it.*, 2018, I, 2236), che ha dichiarato incostituzionale l'art. 57, 1° comma, lett. a), D.P.R. 602/1973, il quale non la prevedeva; sulla pronuncia v. anche il commento di D. LONGO, in *Giusto proc. civ.*, 2018, p. 1065 e di S. ZIINO, in *Riv. es. forz.*, 2019, p. 41.

(11) Oppure nego che il decreto ingiuntivo sia divenuto esecutivo (Cass. 10 agosto 1992 n. 9450, in *Giur. it.*, 1993, I, 1, 1497) o sostengo la prescrizione dell'azione cartolare (Cass. 15 gennaio 2001 n. 46, in *Giur. it.*, 2001, p. 1843).

(12) V., ad es., Cass. 6 novembre 1986 n. 6483. V. anche in proposito Cass. 31 agosto 2015 n. 17308, per la quale l'opposizione ex art. 615 va esperita in caso di inesistenza della notificazione del decreto ingiuntivo, mentre l'opposizione tardiva ex art. 650 in caso di vizio della notificazione;

ta per caducazione (13) (ad es., affermo che la sentenza esecutiva è stata riformata in appello o cassata o ne è stata revocata l'esecutività) (14); *o attraverso la negazione della idoneità soggettiva del titolo a fondare l'esecuzione* ad opera di quel soggetto o contro quel soggetto (ad es., nego la mia qualità di erede del debitore, agli effetti dell'art. 477, o la qualità di successore del creditore in capo a colui che agisce); *o attraverso la negazione della idoneità del titolo a fondare quella esecuzione* (ad es., nego la legittimità della esecuzione di un obbligo di fare sulla base di un titolo stragiudiziale); o attraverso la negazione della corrispondenza della misura richiesta col contenuto del titolo (15); *oppure per ragioni di merito*, attraverso la negazione dell'esistenza attuale del diritto per la cui attuazione si procede ad esecuzione forzata (ad es., sostengo di aver adempiuto il debito dopo il passaggio in giudicato della sentenza) (16), contestando la situazione sostanziale così come è enunciata nel titolo, attraverso la allegazione di fatti impeditivi o estintivi sopravvenuti o, al contrario, sostengo che le condizioni dell'azione esecutiva determinate da fatti sopravvenuti alla notifica del precetto, non sussistessero al momento (determinante) di tale notifica (17).

---

peraltro, per Cass. 1° dicembre 2010 n. 24398 l'opposizione al precetto ex art. 615 può essere convertita in opposizione tardiva al decreto ingiuntivo ex art. 650, qualora solo attraverso la notificazione del precetto l'intimato abbia avuto conoscenza del decreto ingiuntivo.

(13) Peraltro, rilevabile anche d'ufficio in ogni stato e grado del processo (Cass. 19 maggio 2011 n. 11021; Cass. 28 marzo 2000 n. 3728), compreso il giudizio di cassazione (Cass. 13 marzo 2012 n. 3977; Cass. 29 novembre 2004 n. 22430) e quello di rinvio (Cass. 11 dicembre 2018 n. 31955, in *Foro it.*, 2019, I, 3728, con nota di R. NICOLELLA), con conseguente dichiarazione di improcedibilità della procedura esecutiva, sindacabile con opposizione ex art. 617, e liberazione dei beni pignorati (Cass. 20 febbraio 2019 n. 4961, già cit. retro, alla nota 46 del § 5; Cass. 22 giugno 2017 n. 15605 e n. 15606, in *Riv. dir. proc.*, 2018, p. 1654, con nota di S. VINCRE); ciò, in quanto l'accertamento dell'idoneità del titolo a legittimare l'azione esecutiva si pone come preliminare dal punto di vista logico per la decisione sui motivi di opposizione, anche se questi non investano direttamente la questione (così, ancora, Cass. 13 marzo 2012 n. 3977). In proposito v. anche la nota 98 del § 18.

(14) Ma non così nel caso di sospensione dell'esecuzione, poiché in tal caso si contesta solo la legittimità dell'atto esecutivo compiuto nonostante la sospensione, ciò che fonda l'opposizione agli atti (Cass. 3 settembre 2007 n. 18535, in *Riv. es. forz.*, 2007, p. 587).

(15) Cfr. Cass. 7 dicembre 2000 n. 15533; Cass. 19 dicembre 1994 n. 10935.

(16) Per questa fattispecie, v. Cass. 17 aprile 1987 n. 3786 e, nell'esecuzione specifica, Cass. 23 marzo 1989 n. 1469; per la contestazione del *quantum*, v. Cass. 29 dicembre 1993 n. 12950; Cass. 29 maggio 1990 n. 5043.

Poiché il *proprium* di quest'opposizione è la contestazione del «se» dell'esecuzione, non sembra illogico ravvisare la distinzione tra quest'opposizione e *la contestazione* di un credito *in sede di distribuzione ex art. 512* (v. retro, § 19) proprio nel dato del *contestare l'intero processo esecutivo* così come avviato dal creditore procedente e/o condotto da un interveniente munito di titolo che ha compiuto atti propulsivi. Questo è il criterio al quale sembra essersi riferita la Cassazione nell'affrontare il complesso e discusso *problema del ricondurre all'una o all'altra figura la contestazione del «se» di un credito sollevata in sede di distribuzione* (Cass. 23 aprile 2001 n. 5961, in *Riv. es. forz.*, 2003, p. 578, con nota di M. BELLI; poi anche Cass. 21 giugno 2013 n. 15654, che pone i due rimedi in un rapporto di successione cronologica, con conseguente esclusione della loro concorrenza).

(17) Per questa fattispecie, v. Cass. 22 settembre 2006 n. 20634.

In questi ultimi casi (*c.d. opposizione di merito all'esecuzione* (18)) l'ambito delle possibilità di contestare da parte del debitore è diverso a seconda che il titolo sulla cui base si procede sia giudiziale oppure stragiudiziale. Ed infatti, nel caso dell'opposizione di merito, come anche in quello in cui si fanno valere i vizi processuali di formazione del titolo (c.d. vizi di costruzione), la natura *giudiziale* del titolo fa sì che le contestazioni di merito o processuali incontrano *il limite generale e assoluto determinato dal giudicato* che, come si suol dire, copre il dedotto ed il deducibile e sana i vizi processuali (art. 161). Tali contestazioni, perciò, possono fondarsi soltanto su fatti estintivi ed impeditivi successivi alla formazione del giudicato (posso opporre di aver pagato dopo la formazione del giudicato; ma non posso opporre di aver pagato prima; posso opporre la c.d. inesistenza della sentenza, ma non la semplice nullità di una sentenza non impugnata o impugnata senza far valere il vizio) (19). D'altra parte, un ulteriore limite sussiste nell'ipotesi che la pronuncia sul merito dei fatti sopravvenuti sia riservata ad una competenza esclusiva o a un rito speciale (20). Inoltre – quando si tratti di sentenza esecutiva, non ancora passata in giudicato – le contestazioni in discorso incontrano *il limite, ugualmente generale, determinato dalla litispendenza o dalle preclusioni eventualmente verificatesi*, nel senso che le eccezioni e contestazioni di merito o processuali costituiscono, presumibilmente (ma non necessariamente) (21), già oggetto del giudizio di impugnazione e comunque non possono essere sollevate se non in quella sede salvi solo i vizi di inesistenza e salva l'ipotesi che i fatti su cui tali eccezioni si fondano siano sopraggiunti in una fase del processo di cognizione che non consente nuove allegazioni difensive (22).

---

(18) Sul tema specifico v. E.T. LIEBMAN, *Le opposizioni*, cit.; M. BOVE, *L'esecuzione forzata ingiusta*, Torino, 1996; D. MICALI, *op. cit.*, p. 458.

(19) Per l'applicazione di questi principi, v., ad es., Cass. 19 dicembre 2006 n. 27159; Cass. 28 agosto 1999 n. 9061; Cass. 1° aprile 1994 n. 3225; ma una sconcertante obliterazione dei principi stessi sta alla base di Cass. 7 ottobre 1991 n. 10453, in *Foro it.*, 1991, I, 3038, con nota severamente critica di A. PROTO PISANI. Poi, col rilievo che l'interpretazione della sentenza-titolo esecutivo costituisce giudizio di fatto, censurabile in sede di legittimità solo nei limiti propri di questo tipo di giudizio, Cass. 5 settembre 2006 n. 19057, in *Foro it.*, 2007, I, 2522. Tuttavia, nel senso che il rimedio oppositorio possa essere utilizzato anche per contestare la natura usuraia degli interessi applicati alla pretesa creditoria, sebbene contenuta in un decreto ingiuntivo non opposto, Trib. Monza 25 luglio 2015, in *Giur. it.*, 2015, p. 2369, con nota critica di M. STELLA. In proposito v. anche M. CIRULLI, *op. cit.*, p. 54; D. MICALI, *op. cit.*, p. 445.

(20) Come, ad es., nel caso che si invochino fatti che potrebbero fondare la modifica dei provvedimenti riguardanti i coniugi o la prole ex art. 710. Sull'argomento, ma sotto il particolare angolo visuale del raggiungimento della maggiore età da parte del figlio, v. vol. III, § 14, nota 99.

(21) Ciò non accade nei casi di opposizione di contenuto meramente processuale per diversità delle *causae petendi* (cfr. Cass. 6 novembre 2001 n. 13701). V. anche la nota successiva.

(22) Cfr. Cass. 5 aprile 2008 n. 22402; Cass. 7 marzo 2003 n. 3412; v. anche una pronuncia di merito, con precedenti, in *Foro it.*, 1991, I, 3253. La Cassazione ha, peraltro, escluso la litispendenza per diversità del *petitum* tra opposizione all'esecuzione per difetto di titolo conseguente alla

Naturalmente, il giudice dell'opposizione deve anche valutare la portata del titolo esecutivo giudiziale (23) e tener conto di quanto accada in sede cognitiva (24).

Quando, invece, si tratti di titolo *stragiudiziale*, quei limiti ovviamente non esistono, pur potendo esistere limiti di altro genere (ad es., quando il titolo sia

---

nullità della notifica della sentenza di primo grado e l'appello per lo stesso motivo (Cass. 22 gennaio 1994 n. 619) ed ha anche escluso che, in caso di cassazione con rinvio, l'inefficacia del titolo esecutivo possa essere fatta valere davanti al giudice del rinvio, affermando comunque la competenza del giudice dell'esecuzione (Cass. 21 gennaio 2010 n. 975, in *Foro it.*, 2010, I, 3470, con nota adesiva di S. CAPORUSSO), mentre ha ritenuto che il *pactum de non exsequendo* possa essere fatto valere anche se non eccepito in sede di impugnazione di merito (Cass. 12 agosto 1991 n. 8774, in *Foro it.*, 1992, I, 1845). V. anche, sul punto, vol. II, § 59, nota 51.

Giudicato e litispendenza come limiti all'opposizione all'esecuzione

Questo principio trova applicazione anche quando si proceda in forza di un provvedimento provvisoriamente esecutivo diverso dalla sentenza, ma assoggettato ad una particolare forma di impugnazione, come, ad es., il decreto ingiuntivo provvisoriamente esecutivo. In questo caso, le eccezioni relative alla sussistenza del credito possono essere sollevate soltanto nella particolare sede di impugnazione prevista dalla legge (opposizione al decreto) e non già con l'opposizione all'esecuzione (Cass. 14 giugno 1999 n. 5875, in *Foro it.*, 2002, I, 545; Cass. 12 marzo 1992 n. 3007). Ci si è domandato, peraltro, se questa regola valga anche per i fatti estintivi o impeditivi sopravvenuti alla pronuncia del decreto (come, ad es., l'avvenuto pagamento del credito): a questo riguardo, la Cassazione ha affermato che il pagamento influisce sull'azione esecutiva con la conseguente ammissibilità dell'opposizione all'esecuzione; sul quale insegnamento si debbono formulare riserve quanto meno con riguardo all'ipotesi che sia già intervenuto il giudicato o che sussista la litispendenza (Cass. 18 ottobre 1983 n. 6121, in *Giur. it.*, 1984, I, 1, 230). V. anche le riserve di A. STORTO, *Note*, cit., p. 244 e vol. III, § 6, nota 75.

Assai più delicato è il medesimo problema, quando si tratti di *titoli giudiziali non impugnabili, ma neanche idonei al giudicato*, come, ad es., nel caso dell'ordinanza di rilascio ex art. 665 (su cui v. vol. III, § 10). In questi casi, il problema si pone per lo più con riguardo ai c.d. *vizi di costruzione del provvedimento* ed il criterio per la sua risoluzione è quello fondato sul rilievo che l'opposizione all'esecuzione per far valere il vizio di costruzione si risolve in un'*actio nullitatis* (v. vol. I, § 74) con i conseguenti limiti propri di quest'azione, derivanti dal fatto che potrebbe esistere una qualsiasi possibilità di riesame e controllo, compresa l'impugnabilità ai termini dell'art. 111 Cost. (v. C. MANDRIOLI, *L'assorbimento dell'azione civile di nullità e l'art. 111 della Costituzione*, Milano, 1967, p. 71). Ne consegue che rimane spazio soltanto per le contestazioni fondate sui vizi di alcuni provvedimenti anticipatori (v. oltre, al § 42) rispetto ai quali non è previsto in alcun modo che il provvedimento anticipato consenta un riesame o controllo idoneo a dar luogo all'assorbimento dei vizi di nullità in motivi di gravame; come, ad es., in taluni casi di opposizione all'esecuzione sul fondamento dell'ordinanza presidenziale ex art. 708 (Cass. 15 marzo 1957 n. 896, in *Giur. it.*, 1958, I, 1, 246, con nota di C. MANDRIOLI; Cass. 11 febbraio 1969 n. 453, *ivi*, 1969, I, 1, 499) o dell'ordinanza ex art. 789 (v. vol. III, § 20, nota 23) (in senso contrario, tuttavia, Cass. 4 maggio 1982 n. 2737, in *Giur. it.*, 1982, I, 1, 1514, con nota critica di C. MANDRIOLI).

(23) Con una valutazione che si ritiene incensurabile in Cassazione, salvo l'apprezzamento dell'ambito del giudicato e il difetto di motivazione o il vizio logico (Cass. 16 gennaio 2001 n. 552; Cass. 21 novembre 2001 n. 14727, in *Foro it.*, 2002, I, 755, con nota problematica di M. IOZZO, che si pone il problema della compatibilità di quest'orientamento con l'insegnamento delle sezioni unite circa la rilevabilità d'ufficio del giudicato esterno, risolvendolo in senso affermativo).

(24) Così Cass. 20 maggio 2014 n. 11090 (in *Guida al dir.*, 2015, n. 2, p. 64), con riferimento alla revoca del decreto ingiuntivo da parte della sentenza (pur non definitiva) che decida sulla relativa opposizione.

costituito da una cambiale, i limiti di cui agli artt. 64 e 65 L. camb.) (25).

Passiamo ora a vedere come si propone l'opposizione di cui trattasi e come si svolge il relativo giudizio. Poiché si tratta di un giudizio di cognizione, l'*iter* normale per la sua instaurazione sarebbe quello della notificazione di un atto di citazione davanti al giudice competente, secondo le regole operanti nel giudizio di cognizione in conformità agli artt. 163 e ss. In realtà questa è la soluzione prescelta per il caso (contemplato dal 1° comma dell'art. 615) in cui l'esecuzione contro la quale ci si oppone, non sia ancora iniziata (c.d. *opposizione preventiva*); mentre nel caso in cui l'esecuzione sia già iniziata (c.d. *opposizione contestuale o repressiva*), il legislatore impone un diverso *modus procedendi* e cioè un *iter* che, come stiamo per vedere, assicuri, nella fase iniziale, una maggiore coordinazione col processo esecutivo. Vediamo più da vicino le due ipotesi.

Incominciando col caso dell'*esecuzione non ancora iniziata*, ci si deve anzitutto domandare come può sorgere l'esigenza, o anche solo l'opportunità, di opporsi ad una esecuzione non ancora iniziata. L'apparente contraddizione è subito superata non appena si ponga mente al rilievo che l'esecuzione forzata è sempre necessariamente preceduta da un atto che ha la tipica funzione di preannunciare l'esecuzione stessa: tale atto è il precetto (v. retro, § 12), che, come si ricorderà, è preceduto a sua volta da (o compiuto insieme con) la notificazione del titolo esecutivo.

Soltanto dopo il compimento di questi atti ha inizio l'esecuzione forzata; l'espropriazione inizia – come si ricorderà – col pignoramento (art. 491), mentre l'esecuzione in forma specifica inizia col compimento del primo atto dell'ufficio esecutivo: nell'esecuzione per consegna, l'inizio delle operazioni da parte dell'ufficiale giudiziario, nell'esecuzione per rilascio la notifica dell'avviso col quale l'ufficiale giudiziario comunica alla parte, almeno dieci giorni prima, il giorno e l'ora in cui procederà (26), mentre nell'esecuzione degli obblighi di fare o non fare tale primo atto dovrebbe consistere nel provvedimento ex art. 612 o, secondo l'orientamento della giurisprudenza, nella presentazione del ricorso al giudice per la pronuncia di quel provvedimento.

Ricordato tutto ciò, appare evidente che, mentre da un lato la notificazione del precetto è già *sufficiente* per prospettare come imminente l'inizio di un'esecuzione, così da rendere attuale l'interesse ad opporsi a tale esecuzione che si assume illegittima (27), dall'altro lato, il non ancora avvenuto inizio di tale esecu-

---

(25) È, d'altra parte, possibile fondare l'opposizione su impugnative contrattuali, anche se prescritte, in quanto fatte valere sostanzialmente in via di eccezione (art. 1442, 3° comma, c.c.); cfr. G. MASSETANI, in *Riv. dir. proc.*, 1992, p. 320.

(26) V. retro, § 33, nota 9.

(27) Nel senso che l'illegittimità potrebbe attenere non necessariamente al diritto del creditore di procedere all'esecuzione forzata, ma anche soltanto al *quantum debeatur*, v. Cass. 10 marzo 2010 n. 5797; non anche, tuttavia, a ragioni attinenti alla giurisdizione (Cass. sez. un. 5 maggio 2017 n. 10939), la quale, dunque, spetta sempre al giudice ordinario (Cass. sez. un. 15 maggio 2017 n.

zione escluderebbe, in linea di principio, la necessità di un collegamento particolare tra il giudizio di cognizione-opposizione ed il processo esecutivo (non ancora iniziato) (28).

Perciò l'opposizione – che è propriamente un'opposizione al precetto (art. 615, 1° comma) – si instaura col normale atto di citazione (29) davanti al giudice competente secondo le normali regole (artt. 17 e 27) (30). Ma poiché, in pratica,

---

11989); circa, poi, la sussistenza della litispendenza, e non della continenza o della connessione, tra un'opposizione a precetto ed una successiva opposizione all'esecuzione avverso il medesimo titolo esecutivo e fondate su identici fatti costitutivi dell'inesistenza del diritto di procedere ad esecuzione, cfr. Cass. 17 ottobre 2019 n. 26285; Cass. 20 luglio 2010 n. 17037.

D'altra parte, la previa notificazione del precetto è anche *necessaria* per fondare tale interesse; e ciò non perché il preannuncio dell'esecuzione non possa avvenire altrimenti (la notificazione del titolo in forma esecutiva è infatti già un preciso preannuncio), ma solo perché la legge è esplicita nel parlare di *opposizione al precetto*. Ne consegue che prima della notificazione del precetto e dopo la notificazione del titolo in forma esecutiva si potrà proporre un'azione di accertamento negativo, il cui oggetto, d'altra parte, può coincidere con quello di un'opposizione ad esecuzione non iniziata ed eventualmente preannunciata in modo diverso dal precetto. Si pensi, ad es., all'intimazione di pagamento di un debito garantito da pegno, che il creditore può intimare (con preannuncio di vendita in autotutela) ai sensi dell'art. 2797, 1° comma, c.c. Nei confronti di questa intimazione il 2° comma dello stesso art. 2797 c.c. prevede un'opposizione che la Cassazione ha qualificato, in contrasto con parte della dottrina, come opposizione all'esecuzione non ancora iniziata, precisando che in questo caso va ravvisata un'opposizione all'esecuzione non iniziata assoggettata alla disciplina-modello di cui all'art. 615 ed al regime impugnatorio di cui all'art. 616 (Cass. 28 febbraio 2020 n. 5475; Cass. 2 luglio 2018 n. 17268; Cass. 28 agosto 2008 n. 21908, in *Riv. dir. proc.*, 2009, p. 1045, con nota adesiva di M. BINA).

Ma si pensi anche al socio di società di persone che, per il solo fatto di essere stato reso destinatario della notifica del precetto, può proporre, già prima del pignoramento, opposizione all'esecuzione per far valere il *beneficio della preventiva escussione* della società di cui all'art. 2304 c.c. (Cass. 15 luglio 2005 n. 15036, in *Foro it.*, 2006, I, 2408, con nota di V. TRIPALDI, che poi precisa che il creditore sociale può procurarsi subito *in sede di cognizione* il titolo esecutivo contro la società, specie agli effetti dell'iscrizione ipotecaria).

(28) V. anche la nota 21 al § 49. Secondo C. ONNIBONI (*Opposizione a precetto e opposizione al pignoramento: relazioni strutturali*, in *Riv. trim. dir. e proc. civ.*, 2002, p. 462) anche in questo caso il giudice dell'esecuzione può «paralizzare l'esecutività del titolo», anche in relazione al fatto che anche nel caso di accoglimento dell'opposizione, la paralisi dell'esecuzione richiederebbe comunque un provvedimento del giudice dell'esecuzione (*op. cit.*, p. 497). Questa A. prende in particolare considerazione l'ipotesi che dopo la proposizione dell'opposizione preventiva, venga proposta anche l'opposizione al pignoramento, dimostrando che tra le due opposizioni sussiste litispendenza perché la distinzione tra le due figure è tracciata, dall'art. 615, «con riferimento ad un criterio meramente temporale» (*op. cit.*, p. 500).

(29) Con i soli requisiti di cui all'art. 184 disp. att. e quindi senza necessità di «avvertimento» (cfr. A. STORTO, *Note*, cit., p. 237). Quanto all'iscrizione a ruolo, la Cassazione la ritiene adempimento amministrativo al quale il cancelliere sarebbe tenuto d'ufficio (Cass. 19 dicembre 1989 n. 5684).

(30) E cioè: *per quanto concerne il valore* l'alternativa al tribunale è solo il giudice di pace (v. la nota 41), con riferimento al valore del credito per cui si procede (nel suo intero importo: Cass. 27 giugno 2018 n. 16920; e anche in relazione alle controversie connesse oggettivamente e per accessorietà: Cass. 16 maggio 2019 n. 13111), risultante dal precetto (Cass. 15 febbraio 2019 n. 4530), anche laddove si tratti di precetto intimato per l'adempimento delle obbligazioni imposte in sede

il debitore teme le conseguenze del possibile inizio dell'esecuzione, l'art. 615, venendo incontro a queste esigenze, dispone che «*il giudice, concorrendo gravi motivi, sospende su istanza di parte l'efficacia esecutiva del titolo*» (31).

---

di separazione (Cass. 25 settembre 2014 n. 20303); eventualmente sommato alla differenza di controcredito domandata in via riconvenzionale (Cass. 29 aprile 2004 n. 8219); *per quanto concerne il territorio*, con riferimento al luogo dell'esecuzione (quale risulta dalla dichiarazione di residenza o dall'elezione di domicilio; Cass. 17 marzo 1998 n. 2846; Cass. 5 febbraio 1992 n. 1229; v. retro, § 12, al richiamo delle note 50, 51 e 52), purché però – almeno secondo un orientamento ancora prevalente (Cass. 11 aprile 2008 n. 9170) – nel luogo di elezione il debitore possieda beni pignorabili, mentre in caso contrario, come anche nel caso di mancata dichiarazione di residenza o elezione di domicilio, l'opposizione al precetto va proposta (come previsto dall'art. 480, 3° comma) innanzi al giudice del luogo della notificazione del precetto stesso (Cass. 13 febbraio 2007 n. 3081, in *Riv. es. forz.*, 2007, p. 168; Cass. 27 luglio 2001 n. 10278) e la notificazione dell'opposizione avviene nella cancelleria del suddetto giudice, ciò che implica contestazione del presupposto della dichiarazione o elezione del domicilio (Cass. 15 marzo 2005 n. 5621; v. retro, § 12, nota 52); tuttavia, ove l'opposizione sia stata proposta davanti al giudice del luogo della notificazione del precetto nonostante l'elezione di domicilio del creditore procedente, trovano applicazione gli artt. 327, 2° comma, e 354, 1° comma (Cass. 9 febbraio 2017 n. 3464). Va anche rilevato che una sentenza *di rigetto* della Corte costituzionale (29 dicembre 2005 n. 480, in *Giur. it.*, 2006, p. 1445, con nota adesiva di R. CONTE e in *Riv. es. forz.*, 2006, p. 367, con nota adesiva di A. RAGANATI) ha negato che quest'ultimo condizionamento appartenga al c.d. diritto vivente, ribadendo che *la proposizione dell'opposizione innanzi al giudice del luogo dell'opposizione a precetto con notifica in cancelleria è prevista solo per l'ipotesi di totale mancata indicazione della residenza o elezione di domicilio della parte istante*. Interpretazione, questa, che è stata condivisa da Cass. 28 maggio 2009 n. 12540. V. anche le pronunce in applicazione della medesima norma con riguardo all'opposizione agli atti esecutivi (§ 37, nota 101).

Secondo la Cassazione il luogo di notificazione indicato dall'art. 489 riguarda solo le notificazioni e comunicazioni di atti interni al processo esecutivo, mentre le opposizioni debbono essere notificate secondo le regole generali di cui agli artt. 138 e ss. (Cass. 25 agosto 2006 n. 18513; Cass. 10 marzo 2000 n. 2797, la quale precisa che, se il precetto è sottoscritto da difensore munito di mandato, la notificazione va effettuata a lui).

(31) Questa disposizione – che costituisce eccezione al disposto dell'art. 623 nel senso della riserva al giudice dell'esecuzione del potere di sospendere l'esecuzione (cfr. P. VITTORIA, *La sospensione esterna del processo esecutivo ecc.*, in *Riv. es. forz.*, 2007, p. 405) – trova applicazione soltanto prima dell'inizio dell'esecuzione (Cass. 10 marzo 2006 n. 5368, in *Guida al dir.*, 2006, n. 14, p. 62, con nota favorevole di G. FINOCCHIARO). Va aggiunto che la sospensione potrebbe essere disposta anche dal giudice di pace, competente *ratione valoris* a decidere l'opposizione al precetto (così Trib. Cassino 5 novembre 2015, in *Giur. it.*, 2016, p. 363, con nota di L. MORETTI). In argomento v. anche F. LOCATELLI, *Il nuovo potere sospensivo del giudice dell'opposizione a precetto*, in *Riv. dir. proc.*, 2008, p. 84.

Condivisibile ci sembra, d'altra parte, il ravvisare la natura cautelare nello strumento di cui si tratta, con una serie di implicazioni, tra cui la reclamabilità del provvedimento ex art. 669 terdecies, come hanno ammesso anche le sezioni unite della Cassazione (Cass. sez. un. 23 luglio 2019 n. 19889, in *Riv. dir. proc.*, 2019, p. 1619, con nota di L. SALVANESCHI, e in *Giur. it.*, 2019, p. 2410, con note di R. CONTE e di G. FELLONI). In proposito v. anche R. ORIANI, in *Foro it.*, 2005, V, 110; F. RUSSO, *La reclamabilità del provvedimento di sospensione ex art. 615, 1° comma, c.p.c. ecc.*, in *Giusto proc. civ.*, 2016, p. 801. Avremmo invece dei dubbi (sotto il profilo della compatibilità di cui all'art. 669 quaterdecies) sull'applicabilità dell'art. 669 ter agli effetti della proponibilità dell'istanza anteriormente alla proposizione dell'opposizione al precetto (come sostiene F. LOCA-

D'altro canto, «*se il diritto della parte istante è contestato solo parzialmente, il giudice procede alla sospensione dell'efficacia esecutiva del titolo esclusivamente in relazione alla parte contestata*».

Si svolgerà così, ad iniziativa del debitore o di colui che è equiparato al debitore (art. 604, ma anche art. 2929 bis, 3° comma, c.c.: v. retro, § 32), un normale giudizio di cognizione (destinato a concludersi con una sentenza soggetta ai normali mezzi di impugnazione) (32), il cui collegamento con l'esecuzione sta in ciò che la sentenza è destinata ad influire sul titolo o per negare o per riaffermare la sua efficacia, ossia per negare o riaffermare l'esistenza dell'azione esecutiva.

Diversa è, invece, la situazione che si verifica *quando l'esecuzione è già iniziata*. Da un lato, occorre evitare il già attuale pericolo – in ipotesi irreparabile – che venga esecutivamente attuato un diritto che si assume inesistente; e perciò occorre poter fermare provvisoriamente l'esecuzione (o almeno valutare l'opportunità di fermarla); mentre, dall'altro lato, la pendenza del processo esecutivo offre gli strumenti per poter realizzare quell'esigenza, ossia il modo di operare sull'esecuzione. Più precisamente, poiché la pendenza dell'esecuzione implica la già avvenuta designazione del giudice dell'esecuzione, c'è l'organo al quale rivolgersi perché esamini l'eventuale opportunità di una sia pure provvisoria sospensione dell'esecuzione.

Queste sono le ragioni per le quali l'art. 615, 2° comma, dispone che, quando l'esecuzione è già iniziata, l'opposizione all'esecuzione va proposta *con ricorso al giudice dell'esecuzione*, il quale fissa, con decreto in calce al ricorso stesso, l'udienza di comparizione delle parti davanti a sé ed un termine perentorio (33) per la

---

TELLI, *op. cit.*, p. 90) poiché la lettera della norma è chiara nel riservare il provvedimento al giudice dell'opposizione al precetto.

Nell'ipotesi che in pendenza di quest'istanza sia dato inizio all'esecuzione, permane in capo al giudice dell'opposizione il potere di pronunciare sull'istanza stessa? Un giudice di merito (Trib. Roma 17 maggio 2006, in *Giur. it.*, 2008, p. 403, con nota critica di G. FRUS) ha risposto negativamente sulla base di argomenti che non sembrano pertinenti, salvo il rilievo che la lettera della norma sembra limitare il potere in discorso alla sola ipotesi dell'esecuzione non ancora iniziata. Ci sembra, però, che tale limitazione riguardi solo il momento della proposizione dell'istanza, che non può influire sull'esercizio di quel potere, in difetto di disposizione contraria; con la conseguenza che, nel caso di concessione della sospensione dell'efficacia esecutiva, gli atti esecutivi nel frattempo compiuti resterebbero inefficaci per il sopravvenuto difetto di esecutività del titolo, mentre nel caso di provvedimento negativo, potrebbe soccorrere il potere di sospendere il processo esecutivo che l'art. 624 attribuisce al giudice dell'esecuzione.

(32) Fermo restando che l'individuazione del mezzo di impugnazione esperibile va effettuata con esclusivo riferimento alla qualificazione data dal giudice all'azione proposta (Cass. 14 dicembre 2007 n. 26294).

(33) Si è messo in rilievo (S. RECCHIONI, *I nuovi artt. 616 e 624 c.p.c. fra strumentalità cautelare «attenuata» ed estinzione del «pignoramento»*, in *Riv. dir. proc.*, 2006, pp. 641 e 651) che questo termine perentorio va osservato soltanto nel caso che non vi sia stata sospensione dell'esecuzione poiché, nel caso opposto, l'instaurazione della causa di merito è, in forza del 3° comma dell'art. 624, meramente eventuale e rimessa non solo all'opponente, ma anche al creditore opposto, sicché la fissazione del termine serve (in questa ipotesi) al solo scopo di fissare il momento ultimo entro il

notificazione del ricorso e del decreto (34). All'udienza così fissata – e nella quale si applicano le norme del procedimento camerale, secondo il disposto dell'art. 185 disp. att. (35) –, il giudice dell'esecuzione, che in quel momento assomma le funzioni di organo del processo esecutivo e di giudice dell'opposizione, si pronuncia sull'eventuale istanza di sospensione dell'esecuzione, concedendo tale sospensione qualora sussistano gravi motivi (art. 624, 1° comma; v. oltre, § 39) (36); ciò con ordinanza reclamabile ex art. 669 terdecies (art. 624, 2° comma) (37).

---

quale il debitore opponente può esercitare il potere alternativo di cui alla suddetta norma (e sul quale v. il § 39, al richiamo della nota 22).

(34) Ciò che naturalmente implica la competenza inderogabile del giudice del luogo dell'esecuzione (Cass. 16 marzo 1981 n. 1471). La notificazione va effettuata a tutte le parti interessate e quindi, nell'espropriazione presso terzi, anche al terzo pignorato (Cass. 1° ottobre 1997 n. 9571) che però non sarebbe, secondo un indirizzo ormai consolidato della Cassazione, litisconsorte necessario, a meno che non abbia interesse all'accertamento dell'estinzione del suo debito (come nel caso in cui abbia soddisfatto il suo creditore prima della notifica del pignoramento e della opposizione) per non essere costretto a pagare di nuovo al creditore del suo debitore (Cass. 10 novembre 2009 n. 23738; Cass. 8 agosto 2003 n. 11976). Se il giudice dell'esecuzione non è stato ancora designato, il ricorso va indirizzato al capo dell'ufficio giudiziario competente per l'esecuzione. Si ritiene che questa opposizione (come anche l'opposizione agli atti, di cui al § che segue) possa essere proposta con qualsiasi forma idonea al conseguimento dello scopo, e quindi anche oralmente all'udienza (Cass. 19 dicembre 2006 n. 27162; Cass. 1° marzo 1994 n. 2019).

(35) Al quale disposto buona parte della dottrina (v., ad es., R. ORIANI, *La sospensione dell'esecuzione ecc.*, in *Riv. es. forz.*, 2006, p. 253 e Autori ivi citati) ritiene difficile attribuire una portata concreta, oltre a quella di configurare una distinta prima fase (camerale) che precede la seconda fase a cognizione piena, specie avuto riguardo alla struttura collegiale del procedimento camerale. Nonostante l'applicazione del procedimento camerale il giudice è quello dell'esecuzione, e dunque giudica in composizione monocratica (Cass. 18 gennaio 2012 n. 688).

(36) *Con riguardo al ricorso di cui trattasi* (al quale non si applicano gli avvertimenti di cui all'art. 163, 3° comma, n. 7, in quanto estranei ai procedimenti che iniziano con ricorso) va tenuto presente che l'art. 184 disp. att. richiede, per esso, i requisiti di cui all'art. 125, nonché quelli di cui ai nn. 4 e 5 dell'art. 163. Quest'ultimo richiamo esclude l'applicabilità del 2° comma dell'art. 125 (delega al difensore-procuratore successiva alla costituzione) perché in questo procedimento la costituzione avviene col deposito del ricorso.

Per le osservazioni che precedono v. M. MONTANARO, *Opposizioni esecutive proposte nel corso dell'esecuzione e disciplina del processo ordinario di cognizione*, in *Riv. es. forz.*, 2004, p. 497, il quale, tra l'altro, rileva (p. 506) che dalle norme richiamate si desume che nell'udienza in argomento si svolge un sub-procedimento finalizzato al provvedimento di sospensione e agli altri provvedimenti indilazionabili, nonché alla definizione del *thema decidendum* del giudizio di opposizione (*op. cit.*, p. 511). Quest'udienza non ha più nulla in comune con l'udienza di cui all'art. 183, che corrisponderà, invece, con la prima successiva alla nuova introduzione del giudizio di opposizione (S. RECCHIONI, *I nuovi artt. 616 e 624*, cit., p. 656). In tale udienza, quindi, saranno ancora ammesse le limitate modifiche consentite dall'art. 183 (Cass. 31 luglio 2012 n. 13657; Cass. 23 luglio 2012 n. 12804; Cass. 8 maggio 2012 n. 6927).

(37) E perciò, a quanto pare, non più impugnabile col regolamento di competenza (Cass. 10 novembre 2006 n. 24104).

Nella stessa ordinanza (che accolga o meno l'istanza di sospensione) vi dovrà comunque essere anche la liquidazione delle spese della fase camerale (Cass. 24 ottobre 2011 n. 22033), che sarà immediatamente esecutiva (Cass. 10 ottobre 2017 n. 23734).

A questo punto, le ragioni che hanno suggerito la veduta sovrapposizione di funzioni in un solo organo si attenuano alquanto. Il giudizio di opposizione (38) si svolgerà d'ora innanzi in modo autonomo secondo le consuete regole del giudizio di cognizione (39), comprese quelle sulla posizione delle parti rispetto all'onere dell'allegazione e della prova; ma, tenendo presente che l'opponente assume la veste sostanziale e processuale di attore (40), e quelle sulla competenza (41). Per quest'ipotesi di opposizione successiva, il 1° comma dell'art. 616 dispone che, se competente per la causa sia l'ufficio giudiziario al quale appartiene il giudice dell'esecuzione, questi – così l'art. 616 (42) – «*fissa un termine perentorio per l'introduzione del giudizio di merito* (43) *secondo le modalità previste in*

---

(38) Nel quale – ove si tratti di espropriazione presso terzi – il terzo pignorato non è litisconsorte necessario, almeno in linea di principio e salvo suo specifico interesse (Cass. 10 luglio 2007 n. 15374).

(39) Anche laddove l'oggetto dell'esecuzione sia costituito da crediti per il mantenimento a seguito di separazione o divorzio (Cass. 7 aprile 2021 n. 9330).

(40) Cass. 12 ottobre 2010 n. 21074; v. anche D. MICALI, *op. cit.*, p. 369. È ritenuto possibile per l'opponente avanzare in compensazione del credito portato in esecuzione un controcredito certo e liquido o di pronta soluzione (v., ad es., Cass. 26 maggio 2020 n. 9686, in *Riv. es. forz.*, 2021, p. 416, con nota di F. TIZI, con riferimento alla compensazione del credito da assegno divorzile), restando inteso, tuttavia, che se il titolo esecutivo sia giudiziale e coperto dal giudicato, il credito fatto valere in compensazione deve essere sorto successivamente alla formazione del titolo (Cass. 16 agosto 2011 n. 17736; Cass. 20 aprile 2009 n. 9347; Cass. 24 aprile 2007 n. 9912).

(41) Con riguardo al territorio, il riferimento è all'art. 27. Con riguardo al valore, la sopravvenuta abrogazione dell'art. 16 potrebbe indurre a ritenere che, in applicazione del criterio generale che riserva al tribunale tutta la materia dell'esecuzione forzata, si sia voluto riservare al tribunale anche la competenza esclusiva nelle cause di opposizione all'esecuzione. V., tuttavia, Cass. 13 luglio 2010 n. 16357 (in *Guida al dir.*, 2010, n. 46, p. 82), la quale ha anche aggiunto che, laddove l'opposizione all'esecuzione, di competenza per valore del giudice di pace, sia cumulata con l'opposizione agli atti esecutivi, di competenza comunque del tribunale, sussiste la competenza del tribunale sul cumulo in applicazione degli artt. 10, 2° comma, e 104; nello stesso senso Cass. 23 gennaio 2017 n. 1722. Peraltro – stante la particolare struttura della fase introduttiva di tale giudizio –, la questione di competenza è ancora rilevabile nella prima udienza davanti al giudice del merito (Cass. 10 ottobre 2016 n. 20316).

(42) Secondo S. RECCHIONI (*I nuovi artt. 616 e 624*, cit., p. 644, in nota) l'art. 616 deve ritenersi applicabile sia all'opposizione preventiva che a quella successiva, anche se l'applicabilità a quest'ultima parrebbe più congrua alla lettera della norma.

(43) Termine che, per l'art. 307, 3° comma, non può essere inferiore a un mese né superiore a tre (ma la fissazione di un termine superiore non invalida l'introduzione: Cass. 5 giugno 2020 n. 10806). Poiché il codice parla di «introduzione» e non di «riassunzione», si è osservato che ciò implica, per il ricorrente, l'onere di «ricominciare da capo», ossia di riproporre l'opposizione, questa volta secondo la tipica forma dell'atto introduttivo del giudizio in relazione al tipo di obbligazione (così S. RECCHIONI, *op. cit.*, p. 648). Non si comprende, d'altra parte, la ragione di una nuova iscrizione a ruolo e soprattutto dell'esigenza che sia «previa». V. sul punto A.A. ROMANO, *La nuova opposizione all'esecuzione*, in *Riv. es. forz.*, 2006, p. 494; M. CIRULLI, *op. cit.*, 234. Si tratta, in realtà, dell'introduzione della seconda fase del giudizio già pendente, sicché l'impiego del termine «introduzione» è improprio, mentre è pertinente il diverso termine «riassunzione» che lo stesso art. 616 impiega per l'ipotesi di competenza di altro giudice (cfr.,

ragione della materia e del rito, previa iscrizione a ruolo, a cura della parte interessata, osservati i termini a comparire di cui all'art. 163 bis, o altri, se previsti, ridotti alla metà» (44).

Questo implica che il procedimento esecutivo e quello di opposizione procedono (salva la sospensione del primo) in modo autonomo, sicché le funzioni di giudice istruttore (nel secondo) potrebbero (45) essere affidate ad altro magistrato designato dal presidente (46).

Quando, invece, le regole della competenza indicano come competente un altro giudice (ad es., quando la competenza per materia e valore spetti al giudice di pace), l'art. 616 dispone che il giudice dell'esecuzione, con ordinanza (47), ri-

---

per tutti, B. CAPPONI, *Appunti sulle opposizioni esecutive dopo le riforme del 2005-2006*, in *Riv. es. forz.*, 2007, p. 612; ID., *Manuale*[4], cit., p. 410; per una diversa ricostruzione v. M. MONTANARI, *Il cantiere sempre aperto delle opposizioni esecutive*, in *Riv. es. forz.*, 2010, p. 407).

Qualora il giudice omettesse di fissare il termine per «introdurre» il giudizio di merito, la parte interessata potrebbe – a pena di estinzione ai sensi dell'art. 307, 3° comma – provvedere direttamente all'instaurazione del giudizio di merito oppure chiedere al giudice dell'esecuzione la fissazione del termine utilizzando la procedura di correzione di cui all'art. 289, mentre è da escludere la proposizione del ricorso per cassazione ex art. 111 Cost., non trattandosi di provvedimento definitivo (Cass. 24 ottobre 2011 n. 22033). Per l'applicabilità dell'art. 307 è decisivo il momento di introduzione della fase sommaria (e non quello fissato per la riassunzione) (Cass. 7 marzo 2017 n. 5608). Mentre, *qualora l'opponente omettesse di instaurare la fase sommaria davanti al giudice dell'esecuzione e instaurasse direttamente il giudizio a cognizione piena*, la conseguenza sarebbe l'improcedibilità dell'opposizione (Cass. 11 ottobre 2018 n. 25170, in *Corr. giur.*, 2019, p. 533, con nota contraria di C. ASPRELLA, la quale ha anche aggiunto, tuttavia, che in questo caso la citazione introduttiva del giudizio a cognizione piena sarebbe affetta da nullità, con possibilità di sanatoria ove sia raggiunto lo scopo della preventiva fase sommaria, ovvero di far entrare nella sfera di conoscibilità del giudice dell'esecuzione l'opposizione proposta; sulla stessa pronuncia v. A. CRIVELLI, in *Riv. es. forz.*, 2019, p. 92).

(44) La forma dell'atto introduttivo (citazione o ricorso) dipende dal rito con cui l'opposizione deve essere trattata nella fase a cognizione piena (Cass. 27 gennaio 2012 n. 1201, in *Guida al dir.*, 2012, n. 11, p. 49). Il mancato rispetto del termine di iscrizione a ruolo (anch'esso ridotto alla metà) determina improcedibilità del giudizio di opposizione (Cass. 17 gennaio 2018 n. 1058).

(45) E in realtà "dovrebbero" stante l'autonomia del procedimento, sebbene la legge nulla dica al riguardo.

(46) Cfr. R. ORIANI, *La sospensione*, cit., p. 251. Su questo punto, la norma in realtà non dice nulla, a differenza di quanto prevede l'art. 186 bis disp. att. con riguardo all'opposizione agli atti esecutivi. Ciò che però non impedisce di desumere dalle nuove modalità di introduzione della causa ricondotta sui binari ordinari, la possibilità che il presidente abbia a designare un istruttore diverso dal giudice dell'esecuzione: ciò che supererebbe le contestazioni sollevate circa l'imparzialità del giudice dell'opposizione. Per analoghi rilievi, v. A. SALETTI, *Simmetrie e asimmetrie nel sistema delle opposizioni esecutive*, in *Riv. dir. proc.*, 2007, p. 891; per una diversa conclusione M. CIRULLI, *Le opposizioni*, cit., p. 255. In argomento v. anche Cass. 11 dicembre 2012 n. 22644, la quale ha escluso che la fase di merito e la sentenza che la conclude siano viziate ove la prima sia tenuta e la seconda sia pronunciata da un giudice, in servizio presso lo stesso ufficio, diverso da quello investito delle funzioni di giudice dell'esecuzione.

(47) Non impugnabile neppure col ricorso ex art. 111 Cost. (Cass. 24 maggio 1986 n. 3499, in *Foro it.*, 1987, I, 169; Cass. 7 marzo 1981 n. 1287, che, tuttavia, l'hanno ritenuta impugnabile

metta le parti davanti all'ufficio giudiziario competente, assegnando un termine perentorio per la riassunzione della causa davanti a quest'ultimo. Si riteneva – e, stante l'immutato testo, sul punto, dell'art. 616, si può forse tuttora ritenere – che ciò avvenga con un provvedimento ordinatorio (48), che solo indirettamente implica pronuncia sulla competenza e perciò è di dubbia impugnabilità col regolamento, ancorché vi sia stato contrasto tra le parti sulla competenza; ciò almeno secondo un orientamento della Cassazione (49).

Va, d'altra parte, rilevato subito che, in forza dell'art. 618 bis, al procedimento relativo a quest'opposizione (come a quello relativo all'opposizione agli atti esecutivi) nelle cause di lavoro e previdenziali, si applica il rito del lavoro, ferma la competenza del giudice dell'esecuzione per i provvedimenti di cui all'art. 615, 2° comma (50).

La parte convenuta – che è la parte che chiede l'esecuzione – si può costituire con comparsa di risposta (51) e può svolgere la sua attività difensiva che di

---

col regolamento di competenza; mentre, contro questa impugnabilità v. Cass. sez. un. 21 luglio 1998 n. 7128, in *Giur. it.*, 1999, p. 700, con nota critica di L. BIFFI, e in *Foro it.*, 1999, I, 1555, con nota critica di L. IANNICELLI, che ravvisa la portata decisoria sulla competenza e l'impugnabilità col regolamento, soltanto nei casi in cui ci sia stato contrasto tra le parti; Cass. 13 settembre 2017 n. 21185; Cass. 11 ottobre 2016 n. 20486). Per la dimostrazione che questo provvedimento ha un *iter* di autentica riassunzione, v. A. SALETTI, *La riassunzione del processo civile*, Milano, 1981, p. 214.

(48) Poiché l'udienza si svolge col rito camerale, il provvedimento sarà un decreto motivato reso a seguito di cognizione sommaria (cfr. A.A. ROMANO, *La nuova opposizione*, cit., p. 497).

(49) V. anche retro, la nota 47. Per l'impugnabilità solo con l'opposizione agli atti esecutivi, v. Cass. 13 settembre 2017 n. 21185; Cass. 11 ottobre 2016 n. 20486.

(50) Ciò anche nell'ipotesi in cui l'opposizione riguardi un'esecuzione in materia di locazione di immobili urbani e trovi applicazione, quindi, il c.d. rito locatizio (v. § 45 del vol. III). Con la conseguenza che, nelle opposizioni ad esecuzione già iniziata, siccome resta ferma la competenza e il rito deformalizzato della fase sommaria davanti al giudice dell'esecuzione, in tale fase non trovano applicazione termini perentori o decadenze per la proposizione di domande riconvenzionali (Cass. 31 agosto 2015 n. 17312).

(51) Qual è il termine per il deposito di questa comparsa (con le preclusioni di cui all'art. 167)? La prassi secondo la quale questo deposito avviene per lo più nella stessa prima udienza innanzi al giudice dell'esecuzione è certamente legittima perché, in tal modo, la costituzione, lungi dall'essere ritardata, è al contrario anticipata. La quale anticipazione ci sembra, infatti, sufficiente per evitare di spingersi fino alla prospettazione di una doppia costituzione, l'una – quella all'udienza – nel solo processo di esecuzione e l'altra – quella in sede di trattazione – rilevante agli effetti delle preclusioni (M. MONTANARO, *op. cit.*, pp. 524, 525). In realtà non sembra possibile riferire a quest'udienza il termine di cui all'art. 166, in quanto il giudice dell'esecuzione può fissare questa udienza senza alcun termine minimo. Conseguentemente, l'udienza di riferimento» è quella che si svolge dopo la fase introduttiva e che il giudice dell'esecuzione fissa innanzi a sé, se competente; o, in caso contrario, la prima udienza innanzi al giudice competente (F.P. LUISO, in AA.VV., *Commentario alla riforma del c.p.c.*, Milano, 1996, p. 123). Nelle cause di lavoro e previdenziali il termine per il deposito della memoria difensiva è quello di dieci giorni prima dell'udienza, che però dovrebbe essere quella successiva alla prima, prevista per la conversione del rito.

solito consisterà nella richiesta del rigetto dell'opposizione con la contestazione del suo fondamento sia processuale che di merito (52). Si ritiene, d'altra parte, che il creditore opposto possa superare l'ambito della semplice attività difensiva e proporre anche domanda riconvenzionale (ad es., per chiedere la condanna, se l'esecuzione si fonda su un titolo stragiudiziale) (53), eventualmente anche per un altro credito aggiuntivo (54). Non sarebbe corretto, però, configurare questo potere come un onere perché l'oggetto del processo consiste nella contestazione del diritto di procedere ad esecuzione soltanto per il motivo dedotto dall'opponente e non per tutti i possibili motivi (55).

Quanto, poi, ai documenti prodotti dalle parti durante la fase sommaria, essi si ritengono acquisiti al processo e vanno inseriti nel fascicolo d'ufficio del giu-

---

(52) In quest'ultimo caso, il debitore opponente può eccepire la compensazione con suo credito e anche chiedere, in via riconvenzionale (come subito nel testo), la condanna per l'eventuale differenza, salva la valutazione, da parte del giudice dell'opposizione, di non facile e pronta liquidazione del credito dell'opponente ed eventuale sospensione del processo esecutivo (Cass. 23 luglio 2003 n. 11449).

Condivisibili ci sembrano le critiche che E. MERLIN ha rivolto (in *Riv. es. forz.*, 2005, p. 165) a Trib. Trento 24 giugno 2004, che aveva negato la qualifica di riconvenzionale (e conseguentemente la tardività della sua proposizione) alla invocazione da parte del creditore opposto (in comparsa di risposta tardivamente depositata) di fatti diversi da quelli posti a fondamento del titolo e del precetto, così forse implicitamente schierandosi per l'opinione della dottrina (R. VACCARELLA) che ravvisa per il debitore opponente la posizione di un sostanziale convenuto. Così come ci sembrano fondate le critiche che la stessa A. rivolge alla medesima pronuncia là dove nega al debitore opponente la facoltà di eccepire la compensazione. Tuttavia, nel senso che l'opponente abbia veste sostanziale e processuale di attore e non di convenuto, e non possa, quindi, avanzare domanda riconvenzionale, Trib. Genova 8 novembre 2016, in *Foro pad.*, 2017, I, 115.

(53) O anche per procurarsi altro titolo o fondarsi su altro titolo (v., ad es., Cass. 21 gennaio 2014 n. 1123; Cass. 29 marzo 2006 n. 7225; Cass. 27 maggio 2003 n. 8399) o per far valere l'inefficacia ex art. 2901 c.c. dell'atto negoziale posto a base dell'opposizione (Cass. 13 febbraio 2020 n. 3697, in *Riv. es. forz.*, 2020, p. 1052, con nota critica di F. TIZI). È, d'altra parte, ammissibile la chiamata di un terzo (Cass. 25 marzo 1994 n. 2928, in *Foro it.*, 1994, I, 3066).

(54) Per il quale, qualora riconosciuto, dovrebbe, peraltro, intraprendere un'esecuzione diversa aggiuntiva (o eventualmente sostitutiva di quella oggetto dell'opposizione) (Cass. 20 aprile 2007 n. 9494, in *Riv. es. forz.*, 2007, p. 393).

Se la parte istante rinuncia al precetto, non ne consegue l'estinzione del giudizio di opposizione, ma la cessazione della materia del contendere (Cass. 25 maggio 1998 n. 5207). Lo stesso effetto si ha nel caso che venga meno il titolo esecutivo per effetto di una pronuncia (in sede di impugnazione) del giudice della cognizione (Cass. sez. un. 21 settembre 2021 n. 25478). In tal caso le spese giudiziali sono regolate secondo il criterio della soccombenza virtuale, da valutare in relazione agli originari motivi di opposizione.

(55) La prospettazione di nuovi motivi, infatti, integrerebbe una nuova *causa petendi* (Cass. 7 marzo 2003 n. 3477, in *Riv. es. forz.*, 2004, p. 246), come tale idonea a determinare un inammissibile mutamento dell'originaria domanda (Cass. 20 gennaio 2011 n. 1328, in *Giur. it.*, 2011, p. 2611, con nota parzialmente critica di G. FASCIANO). D'altra parte, e per le stesse ragioni, se il creditore opposto non esercita il suddetto potere di allargamento, l'eventuale sentenza di rigetto dell'opposizione non preclude la possibilità di contestazione per altri motivi (cfr. R. VACCARELLA, *Titolo esecutivo*, cit., p. 80).

dizio di opposizione, stante la sua natura unitaria, anche se bifasica, e dunque non è necessaria la loro nuova produzione (56).

In caso di opposizione all'esecuzione nell'ambito dell'espropriazione presso terzi, il terzo debitore che non contesta tale sua situazione e le relative vicende processuali, non è litisconsorte necessario (57).

La sentenza che conclude il giudizio dopo l'eventuale istruzione, che è impugnabile con l'appello (58), sarà di accoglimento o di rigetto dell'opposizione. In quest'ultimo caso la sentenza passata in giudicato ha portata di mero accertamento del legittimo svolgimento e della proseguibilità dell'esecuzione sotto il profilo dedotto come motivo dell'opposizione (59). Nel caso dell'accoglimento, invece, la sentenza passata in giudicato ha la portata – dichiarativa (60) – di negare l'esistenza o l'efficacia attuale del titolo esecutivo o comunque dell'azione esecutiva nel suo concreto esercizio (61), con la conseguente invalidazione degli atti compiuti (62) e negazione radicale (che cioè trascende il motivo addotto) del

---

(56) Cass. 27 settembre 2021 n. 26116.

(57) Cfr. Cass. 26 giugno 2015 n. 13191; Cass. 5 giugno 2007 n. 13069, in *Riv. es. forz.*, 2008, p. 237, con nota adesiva di D. RIZZARDO, e in *Riv. dir. proc.*, 2008, p. 1114, con nota pure adesiva di G. FINOCCHIARO.

(58) In caso di sentenza del giudice di pace pronunciata secondo equità necessaria, ai sensi dell'art. 113, 2° comma, l'appello è proponibile nei limiti dell'art. 339, 3° comma (su cui v. retro, § 74 del vol. II) (Cass. 24 settembre 2019 n. 23623, in *Riv. es. forz.*, 2020, p. 125, con nota di M. MOROTTI).

Quanto ai termini per impugnare e soprattutto all'applicabilità del termine c.d. lungo di cui all'art. 327, è da escludere che ad essi possa applicarsi la sospensione feriale di cui alla L. 742/1969, senza che abbia alcuna rilevanza la natura dell'oggetto del giudizio instaurato a norma dell'art. 615 (Cass. 18 giugno 2020 n. 11780; Cass. 28 febbraio 2017 n. 5038; Cass. 18 novembre 2013 n. 25857) e quindi anche laddove si tratti di opposizione ai sensi dell'art. 615, 1° comma (Cass. 4 gennaio 2017 n. 95); la stessa esclusione riguarda anche i termini per proporre ricorso per cassazione avverso la sentenza di revocazione (Cass. 16 luglio 2015 n. 14972). In proposito v. anche B. CAPPONI, *Opposizione a precetto e sospensione feriale dei termini*, in *Riv. es. forz.*, 2010, p. 421.

(59) Per le ragioni accennate al richiamo della nota 55 e nella nota stessa.

(60) Questa portata dichiarativa o di mero accertamento (su cui v. V. ANDRIOLI, *Commento*, III, cit., p. 337; C. MANDRIOLI, *L'azione esecutiva*, cit., p. 419) è contestata da taluni Autori (v., per tutti, E. GARBAGNATI, *Opposizione*, cit., p. 1070), soprattutto per il rilievo della portata costitutiva (in senso negativo) dell'invalidazione degli atti compiuti. Ma a questo rilievo si può opporre che l'invalidazione avviene secondo la tecnica della dichiarazione della nullità con efficacia *ex tunc* (v. vol. I, § 71). V. anche, in argomento, D. MICALI, *op. cit.*, p. 173, che propende per la qualificazione dell'azione in questione come di accertamento negativo, sia quando abbia ad oggetto il diritto di credito, sia quando sia rivolta al titolo esecutivo.

Altro problema è quello di vedere se l'attribuzione generalizzata dell'efficacia esecutiva alle sentenze anche di primo grado ad opera dell'art. 282 può influire sull'esecuzione in corso. La risposta negativa sembra più congrua sia con la natura dichiarativa della sentenza *de qua* e sia col fatto che la sospensione dell'esecuzione è affidata dalla legge (art. 624) al giudice dell'esecuzione.

(61) Quest'ultima eventualità concerne soprattutto il caso della contestazione della pignorabilità dei beni, di cui subito nel testo.

(62) Salvi soltanto gli atti in forza dei quali fossero sorti diritti in capo a terzi, come, ad es., la vendita delle cose pignorate. Cfr. C. FURNO, *Disegno sistematico*, cit., p. 168.

potere di iniziare o di proseguire il processo esecutivo (63).

L'opposizione all'esecuzione può essere proposta in pendenza del processo esecutivo (64) e – nel solo caso di opposizione in sede di espropriazione forzata – entro il limite temporale fissato dal 2° comma dello stesso art. 615. Esso prevede, infatti, che «*nell'esecuzione per espropriazione l'opposizione è inammissibile se è proposta dopo che è stata disposta la vendita o l'assegnazione a norma degli artt. 530, 552, 569, salvo che sia fondata su fatti sopravvenuti ovvero l'opponente dimostri di non aver potuto proporla tempestivamente per causa a lui non imputabile*» (65). Da questa previsione deriva anche l'obbligo (art. 492) di avvertire il debitore nell'atto di pignoramento della presenza di questa preclusione (v. retro, § 17). La procedura che abbiamo visto finora è estesa dall'art. 615, 2° comma, anche al caso dell'opposizione che riguarda la «*pignorabilità dei beni*», ossia

---

(63) Se ha ad oggetto la contestazione del *quantum*, l'accoglimento dell'opposizione giustifica l'esperibilità, nei confronti del creditore soddisfatto, della ripetizione di indebito (Cass. 15 febbraio 2019 n. 4528), anche laddove il processo esecutivo si sia già concluso (Cass. 24 ottobre 2018 n. 26927, già cit. retro, alla nota 69 del § 8; poi anche Cass. 15 febbraio 2019 n. 4528, in *Foro it.*, 2019, I, 2841; Trib. Matera 30 marzo 2020, in *Riv. es. forz.*, 2020, p. 1068, con nota di G. PARISI).

Secondo M. BOVE (*L'esecuzione forzata ingiusta*, cit., pp. 96, 115) la sentenza che accoglie l'opposizione di merito consisterebbe in un'«azione di arricchimento anticipata che si specifica in una richiesta di tutela inibitoria». D'altra parte, l'accertamento dell'inesistenza del diritto sostanziale non influirebbe sulla legittimità del processo esecutivo poiché questo, per la sua totale autonomia dal diritto sostanziale, abbisognerebbe, per arrestarsi, di un atto di diritto sostanziale, ossia la revoca della domanda esecutiva da parte del creditore procedente; la quale revoca verrebbe sostituita dalla sentenza di cui trattasi con un meccanismo di attuazione coattiva della volontà negoziale, riconducibile all'art. 2932 c.c. (*op. cit.*, p. 108).

L'utilità di questo avvicinamento all'inibitoria e all'azione di arricchimento anticipata può essere riconosciuta solo sul piano descrittivo (lo riconosce lo stesso A., *op. cit.*, p. 105), mentre il *proprium* della costruzione sta nell'affidare il collegamento tra la sfera sostanziale e quella processuale all'attuazione coattiva ex art. 2932 c.c. della revoca della domanda esecutiva. Sennonché, di questa revoca e della sua attuazione coattiva non si vede il bisogno perché l'accertamento negativo dell'esistenza del credito contiene già in sé l'ordine all'organo esecutivo di fermare l'esecuzione, esattamente come la condanna contiene in sé l'accertamento del credito come bisognevole della tutela esecutiva e quindi del comando (che è nella legge) di procedere in via esecutiva (v. anche retro, § 5, nota 50). Più di recente, l'A. in discorso ha compiuto alcune precisazioni, distinguendo tra i casi in cui la nullità dell'espropriazione consegue all'insussistenza del credito del procedente (nei quali l'inopponibilità della vendita all'acquirente sta a monte dell'art. 2932 c.c.) e i casi nei quali la nullità consegue a vizi procedurali (nei quali trova applicazione l'art. 2932 c.c.) (M. BOVE, *Il bene pignorato ed espropriato tra diritto processuale e diritto sostanziale*, in *Riv. dir. proc.*, 2007, p. 1423).

(64) Cfr. Cass. 26 marzo 2003 n. 4488; Cass. 11 febbraio 1999 n. 1150.

(65) V., in proposito, A. CARRATTA, *Le più recenti riforme*, cit., p. 38; A. SALETTI, *Le modifiche al sistema dei controlli esecutivi*, in *Giur. it.*, 2016, p. 2665; M.C. VANZ, in AA.VV., *Le nuove riforme*, cit., p. 351; M. CIRULLI, *Le nuove disposizioni in materia di espropriazione forzata contenute nella l. 30 giugno 2016, n. 119*, in *Riv. es. forz.*, 2016, p. 563; D. MICALI, *Un termine finale per l'opposizione all'esecuzione ecc.*, *ibidem*, p. 419; ID., *L'opposizione*, cit., p. 370; P. FARINA, *Il nuovo art. 615 c.p.c. e le preclusioni tra discutibili esigenze sistematiche e rischi di un'esecuzione ingiusta*, in *Riv. trim. dir. e proc. civ.*, 2017, p. 259.

al caso in cui il pignoramento abbia colpito beni obbiettivamente impignorabili (artt. 514, 515, 516, 545; v. retro, § 20), ciò che ovviamente presuppone il già avvenuto inizio dell'esecuzione. L'inclusione di questa opposizione nell'ambito dell'opposizione all'esecuzione (col conseguente assoggettamento alla medesima disciplina) appare del tutto corretta anche sul piano concettuale, poiché, quando si assume che il pignoramento abbia colpito beni impignorabili, si contesta la legittimità dell'esercizio dell'azione esecutiva in concreto, ossia si contesta il «se» e non soltanto il «come» di *quella* esecuzione (66).

Infine, per quanto riguarda le particolari modalità dell'opposizione all'esecuzione in materia di lavoro, e cioè l'applicabilità, in tale ipotesi, del rito speciale del lavoro, v. vol. III, § 40.

37. *L'opposizione agli atti esecutivi.*

L'opposizione agli atti esecutivi (67) (detta anche opposizione formale) è la seconda delle due opposizioni che di regola si riconducono all'iniziativa del debitore; essa è infatti disciplinata, subito dopo l'opposizione all'esecuzione, nella sezione seconda del capo intitolato alle «opposizioni del debitore e del terzo assoggettato all'esecuzione».

Sotto il profilo della *legittimazione attiva*, al richiamo a quanto detto con riguardo all'opposizione all'esecuzione va solo aggiunto il rilievo che la contestazione del «come» – che appunto è l'oggetto di quest'opposizione –, in quanto

---

(66) La dottrina è per lo più orientata in questo senso; v., per tutti, M. BOVE, *L'esecuzione forzata ingiusta*, cit., p. 205; D. MICALI, *L'opposizione*, cit., p. 450. In giurisprudenza, v., ad es., Cass. 5 aprile 2001 n. 5077; in precedenza, Cass. 27 febbraio 1976 n. 654 (in *Giur. it.*, 1977, I, 1, 1392); Cass. 27 giugno 1981 n. 4193, che ha giustamente ritenuto opposizione all'esecuzione la contestazione della pignorabilità dello stipendio in misura superiore al quinto (v. retro, § 23 in fine). Ma in senso contrario v. Cass. 20 febbraio 2006 n. 3655 e, in precedenza, Cass. 21 novembre 1988 n. 6262, in *Foro it.*, 1989, I, 393, che, negando la proponibilità di questa opposizione dopo l'esaurimento del processo esecutivo, si è riferita all'art. 617, 2° comma. Ancora, per l'utilizzazione dell'opposizione all'esecuzione al fine di contestare la pignorabilità, ex art. 170 c.c., dei beni costituiti in fondo patrimoniale fra i coniugi, v. Cass. 19 febbraio 2013 n. 4011, in *Riv. es. forz.*, 2014, p. 327, con nota di D. MICALI; Cass. 31 ottobre 2014 n. 23158, in *Foro it.*, 2015, I, 980.

Per la particolare ipotesi che il vizio di impignorabilità del credito affligga l'ordinanza di assegnazione di cui all'art. 553, v. retro, § 25, nota 52. Ancora con riguardo all'ordinanza di assegnazione, in un caso di giudizio sull'impignorabilità svoltosi erroneamente con le forme dell'opposizione agli atti e come tale deciso, v. Cass. 26 gennaio 2006 n. 1694 ha ritenuto la relativa sentenza inopponibile in un successivo giudizio proposto ritualmente come opposizione all'esecuzione.

(67) Le trattazioni sull'argomento sono ancora quelle citate al § 35 con riguardo alle opposizioni esecutive in generale. Specificamente dedicate a questo tema, v. R. ORIANI, *L'opposizione agli atti esecutivi*, cit.; P. VITTORIA, *Il controllo sugli atti di esecuzione forzata: l'opposizione agli atti esecutivi e i reclami*, in *Riv. es. forz.*, 2000, p. 357; P. FARINA, *Note (minime) sul sistema dei controlli degli atti del processo esecutivo*, *ivi*, 2018, p. 476; R. METAFORA, *Gli atti impugnabili con l'opposizione agli atti esecutivi ed i relativi vizi*, *ivi*, 2019, p. 678; A. TEDOLDI, *op. cit.*, p. 383.

può investire i singoli atti del processo esecutivo, comporta un allargamento dell'ambito dei soggetti legittimati all'opposizione formale. L'opposizione in esame può, infatti, essere proposta, oltre che dal debitore (68) (o comunque dal soggetto passivo dell'esecuzione) (69) e dal terzo assoggettato all'esecuzione, anche da tutti i soggetti destinatari dei singoli atti interessati a rimuoverli, compresi gli intervenienti e quelli che nel processo esecutivo hanno un ruolo marginale (70). La legittimazione passiva spetta ovviamente alla parte istante, ma anche i creditori intervenuti e gli altri interessati (se concretamente coinvolti) (71) sono litisconsorti necessari (72).

L'interesse che sta alla base di questa opposizione è evidentemente finalizzato all'invalidazione dell'esecuzione, ma con un possibile ulteriore margine per la liquidazione delle spese relative alla stessa opposizione (73).

Con riguardo all'oggetto, si è già detto che qui si contesta il «come» dell'esecuzione, ossia non si nega che il creditore abbia l'azione esecutiva, ma si conte-

---

(68) Cass. 21 gennaio 2021 n. 1098; Cass. 5 aprile 2012 n. 5538.

(69) Ivi compreso il terzo avente causa del debitore espropriato (Cass. 4 settembre 1985 n. 4612, in *Foro it.*, 1986, I, 494). Il debitore è comunque sempre litisconsorte necessario (Cass. 29 agosto 1995 n. 9107, in *Giur. it.*, 1996, I, 1, 302).

(70) Così, ad es., il terzo detentore di cose del debitore delle quali quest'ultimo possa direttamente disporre e che l'art. 513, 3° comma, dichiara pignorabili previa autorizzazione del giudice (v. retro, § 33), oppure il terzo pignorato, qualora non sia interessato alle vicende processuali relative alla legittimità e alla validità del pignoramento (Cass. 19 maggio 2009 n. 11585). Occorre, peraltro, che l'irregolarità fatta valere dall'opponente leda un interesse di quest'ultimo (Cass. 16 marzo 1977 n. 1054, in *Giur. it.*, 1979, I, 1, 530) nel caso di violazione dell'art. 569, ultimo comma, per l'omissione della notifica ivi prevista. Ampiamente, sul tema della legittimazione a quest'opposizione, v. R. ORIANI, *L'opposizione*, cit., p. 273.

È, invece, escluso da quest'opposizione il terzo acquirente del bene pignorato perché estraneo al processo esecutivo anche sotto il profilo passivo; può solo proporre l'opposizione di terzo ex art. 619 per far valere l'inesistenza o la nullità del pignoramento (Cass. 12 aprile 2013 n. 8936, in *Riv. dir. proc.*, 2014, p. 242, con nota favorevole di S. VINCRE; Cass. 26 luglio 2004 n. 14003, in *Riv. es. forz.*, 2004, p. 809).

(71) Cfr., con riguardo all'aggiudicatario, Cass. 15 maggio 2007 n. 1187 e poi Cass. 30 gennaio 2009 n. 2461, ma nel caso dell'opposizione agli atti esecutivi avverso le ordinanze di vendita ed aggiudicazione.

(72) A pena di nullità rilevabile d'ufficio anche in Cassazione (v., ad es., Cass. 23 giugno 1997 n. 5591; Cass. 3 agosto 1994 n. 7213; Cass. 2 aprile 1991 n. 5146, in *Giur. it.*, 1992, I, 1, 276. Cfr. R. ORIANI, *op. cit.*, p. 384; contra, G. TOMEI, *Le opposizioni*, cit., p. 732).

In caso di espropriazione nei confronti del terzo proprietario (v. retro, § 32), il litisconsorzio necessario coinvolge il creditore, il debitore diretto e il terzo proprietario (Cass. 31 gennaio 2017 n. 2333).

(73) Ciò che induce la giurisprudenza a riconoscere la permanenza di questo interesse anche quando sia sopravvenuta la riforma o comunque l'inefficacia del titolo, salva la rinuncia delle parti (Cass. 11 ottobre 2007 n. 21323, in *Riv. es. forz.*, 2007, p. 761). Ma la cassazione con rinvio della sentenza avente ad oggetto la condanna alle spese determina cessazione della materia del contendere dell'opposizione agli atti esecutivi e la conseguente declaratoria di difetto di interesse ad agire (Cass. 3 aprile 2015 n. 6822).

sta la legittimità del modo col quale l'esercizio dell'azione è avvenuto, o è stato preannunciato; si contesta, in altri termini, secondo la terminologia del codice (art. 617), la *regolarità formale* dei singoli atti del processo esecutivo o degli atti che lo preannunciano o lo introducono (74).

La irregolarità formale, che costituisce il fondamento dell'opposizione in esame, è nozione atecnica e generica, indubbiamente più ampia della nullità, in quanto la comprende senza esaurirsi in essa e cioè lasciando un margine per le ipotesi di irregolarità che non sono nullità, e nel quale vanno incluse tutte quelle divergenze dalla fattispecie legale che, da un lato, non sono espressamente previste dalla legge come nullità e, dall'altro lato, non consistono (secondo l'espressione dell'art. 156) in difetti di requisiti indispensabili per il raggiungimento dello scopo dell'atto (75). Questo margine è particolarmente evidente nella contrapposizione tra nullità e irregolarità che, come stiamo per vedere, la legge compie, sia pure implicitamente, con riguardo al titolo esecutivo, dal momento che la nullità di quest'ultimo è materia di opposizione all'esecuzione.

La prima delle ipotesi di contestazioni che possono sollevarsi con l'opposizione in esame è configurata, dall'art. 617, 1° comma, come contestazione della *regolarità formale del titolo esecutivo* (76). Ma si noti: contestazione della sola regolarità formale, poiché se si sostenesse la nullità del titolo o, a maggior ragione, la sua inesistenza (o si negasse la qualità di titolo esecutivo) si rientrerebbe

---

(74) La mancata esibizione del titolo esecutivo all'ufficiale giudiziario, quale atto formale che condiziona l'utile avvio del processo esecutivo e la cui mancanza va fatta valere con l'opposizione agli atti, va contrapposta alla mancanza del titolo esecutivo (la cui esistenza è condizione dell'azione esecutiva), che perciò costituisce oggetto di opposizione all'esecuzione (v. retro, § 36) (Cass. 13 novembre 2009 n. 24047, cit. oltre, alla nota 78; Cass. 31 marzo 2008 n. 8306; Cass. 23 giugno 1999 n. 6396). Si è parlato di «negazione formale dell'azione esecutiva» (G. TOMEI, *op. cit.*, p. 736). Sotto questo profilo è vizio di irregolarità formale anche il difetto di giurisdizione, non suscettibile di regolamento di giurisdizione, né di opposizione all'esecuzione (Cass. sez. un. 7 gennaio 2016 n. 65; Cass. sez. un. 5 maggio 2017 n. 10939; Cass. sez. un. 7 luglio 2009 n. 15855, in *Foro it.*, 2010, I, 1865; Cass. sez. un. 19 ottobre 2000 n. 1124/SU, in *Giur. it.*, 2001, p. 688).

Proprio in ragione del diverso oggetto delle due opposizioni esecutive, mentre si ritiene arbitrabile la controversia di natura disponibile dell'opposizione all'esecuzione, ciò si esclude per l'opposizione agli atti esecutivi, avendo questa ad oggetto diritti di cui le parti non possono disporre (Cass. 30 marzo 2018 n. 7891, in *Riv. arb.*, 2018, p. 543, con nota parzialmente critica di F.P. LUISO; la pronuncia è commentata anche da B. CAPPONI, in *Giusto proc. civ.*, 2018, p. 1059).

(75) Sull'argomento dell'irregolarità (per il quale v. già il vol. I, § 75), v. in generale C. MANDRIOLI, *Sulla nozione di «irregolarità» nel processo civile*, in *Riv. dir. civ.*, 1977, I, p. 509, anche per la confutazione della tesi (sostenuta dal LA CHINA, *L'esecuzione forzata*, cit., p. 489), secondo cui dalla tassatività delle nullità si dovrebbe desumere che le irregolarità non possono costituire fondamento delle opposizioni agli atti esecutivi se non nei casi in cui danno luogo a nullità ed in quelli nei quali la suddetta possibilità è testualmente configurabile, e cioè per il titolo esecutivo e per il precetto.

(76) O della sua notificazione (Cass. 7 gennaio 1984 n. 134, in *Foro it.*, 1985, I, 558) o addirittura il difetto di tale notificazione (Cass. 14 ottobre 1992 n. 11206); oppure si faccia valere la mancata produzione (Cass. 30 maggio 1995 n. 6072) o il rilascio del titolo a favore di soggetto non legittimato (Cass. 9 settembre 1999 n. 9297).

nel campo dell'opposizione all'esecuzione; così, ad es., se si facesse valere la mancanza dell'eseguibilità provvisoria della sentenza di primo grado, perché sospesa ai sensi dell'art. 283 (v. vol. II, § 59), si dovrebbe proporre opposizione all'esecuzione; mentre l'opposizione agli atti esecutivi, se si contestasse la correttezza della formula esecutiva (v. retro, § 10) (77).

L'altra ipotesi di contestazione configurata espressamente dal 1° comma dell'art. 617 consiste nella *contestazione della regolarità formale del precetto* (ad es., per mancanza di uno dei requisiti di cui all'art. 480): si pensi al caso in cui nel precetto manchi la data della notificazione del titolo, avvenuta in precedenza (78); così come anche nel caso della contestazione della regolarità della notificazione del titolo e del precetto nonché nel caso di omissione della notifica del titolo (79).

In tutti i casi ora visti – ai quali la giurisprudenza assimila la stessa mancanza del precetto (80) – il vizio di regolarità investe un atto anteriore all'inizio dell'esecuzione. Ma può anche accadere che il vizio investa un atto successivo all'inizio dell'esecuzione stessa: ad es., un vizio di forma del pignoramento (un vizio, cioè, che investe il modo del pignoramento, e non il suo oggetto (81), nel

(77) Cass. 5 giugno 2007 n. 13069, la quale aggiunge anche che, ove si contesti invece l'esistenza o l'efficacia esecutiva del titolo per mancanza della formula esecutiva, il rimedio è l'opposizione all'esecuzione di cui all'art. 615. Poiché il codice non qualifica quest'opposizione come opposizione al precetto (come nel caso dell'opposizione all'esecuzione) *l'opposizione di cui trattasi può essere proposta anche prima della notificazione del precetto* e cioè dopo la notificazione del solo titolo, purché, naturalmente, l'atto di cui si contesta la regolarità formale sia, appunto, il titolo esecutivo; e questo implica *l'onere* di proposizione nel termine di venti giorni di cui tra poco nel testo (Cass. 4 gennaio 1992 n. 9, con riguardo ad un caso di mancanza, nel titolo, della data dell'esecuzione, di cui all'art. 56, L. 392/1978).

(78) O non avvenuta affatto (Cass. 19 aprile 1996 n. 3728; Cass. 14 ottobre 1992 n. 11206, in *Giur. it.*, 1993, I, 1, 1476). Per la fattispecie accennata nel testo, v. Cass. 10 marzo 1986 n. 1612; per quella analoga della mancata menzione della data del provvedimento di esecutorietà del decreto ingiuntivo, v. Cass. 17 ottobre 1992 n. 11412 e Cass. 25 maggio 1989 n. 2525. Si pensi anche al caso in cui il debitore eccepisce che il precetto è stato sottoscritto da persona priva di poteri; e così anche al caso di insufficiente specificazione delle somme dovute (Cass. 19 giugno 1993 n. 6845) o di insufficiente individuazione, nel precetto per il rilascio, dell'immobile da rilasciarsi (Cass. 13 novembre 2009 n. 24047, in *Guida al dir.*, 2010, n. 5, p. 67). Quest'ultima pronuncia evidenzia anche che, laddove l'opponente a precetto deduca, accanto a censure costituenti opposizione agli atti esecutivi altri motivi di opposizione avverso lo stesso precetto, integranti opposizione all'esecuzione, la sentenza, formalmente unica, resa dal tribunale su tutti i motivi di opposizione, contiene due decisioni distinte, soggette, rispettivamente, ad appello e a ricorso per cassazione ai sensi dell'art. 111, 7° comma, Cost. Con la conseguenza che, ove la corte d'appello sia stata erroneamente investita anche di censure relative alla parte della sentenza relativa all'opposizione agli atti esecutivi, la stessa non può conoscere di tali motivi, ma deve dichiararli inammissibili (e, qualora non lo faccia, la Cassazione potrà rilevare anche d'ufficio l'inammissibilità dei motivi d'appello e cassare senza rinvio della sentenza d'appello *in parte qua*).

(79) V., per questa fattispecie, Cass. 19 aprile 1996 n. 3728, in *Giur. it.*, 1997, I, 1, 1132.

(80) Cfr. Cass. 2 aprile 1992 n. 3997.

(81) Si pensi al caso della nullità del pignoramento per cessata efficacia del precetto (Cass. 3 giugno 1994 n. 5377; Cass. 9 ottobre 1986 n. 5930).

qual caso si rientrerebbe nella veduta ipotesi di cui all'art. 615, 2° comma) o dell'istanza di vendita o dell'ordinanza che dispone la vendita o, insomma, di un qualsiasi atto del processo esecutivo (82): sono queste le ipotesi prese in considerazione nel 2° comma dell'art. 617 (83); tra le quali, d'altra parte, l'opinione che prevale in dottrina e in giurisprudenza tende ad includere anche le censure di inopportunità o di incongruità che, altrimenti, stante il *numerus clausus* delle opposizioni nel processo esecutivo, rimarrebbero prive di tutela (84).

Venendo al modo col quale si propone quest'opposizione, va osservato, in primo luogo, che *anche per l'opposizione agli atti esecutivi*, come per l'opposizione all'esecuzione, *il codice distingue tra i casi di opposizione quando l'esecuzione non è ancora iniziata e i casi di opposizione successiva all'inizio dell'esecuzione* (85). Nella prima ipotesi – quella cioè in cui si contesta la regolarità formale del titolo o del precetto – l'art. 617, 1° comma, dispone che l'opposizione si propone con atto di citazione. Più precisamente, essa si propone (dal «debitore», o da colui che è assimilato al debitore [art. 604], o eventualmente anche un altro soggetto, come si è visto, che comunque assume la veste di opponente) *con atto di citazione* davanti al giudice indicato dall'art. 480, 3° comma, (il giudice competente per l'esecuzione) (86), da notificarsi entro il termine di venti giorni dalla notificazione del titolo esecutivo o del precetto. Ed è bene notare subito che questo termine di venti giorni è un elemento caratteristico e costante dell'opposizione di cui trattasi; si può dire, infatti, in linea generale, che *questa op-*

---

(82) Compreso l'atto di intervento di un terzo, se contestato sotto il solo profilo formale (Cass. 20 aprile 2012 n. 6266), il quale, se contestato per il profilo sostanziale, integra invece una controversia distributiva, non sottoposta ai termini decadenziali dell'art. 617 (Cass. 9 aprile 2015 n. 7107), tenendo però presente che, stante la strutturazione del processo esecutivo in una serie di subprocedimenti, ciascuno dei quali si conclude con un provvedimento caratterizzato da un interesse reale alla sua rimozione, solo questi ultimi – e non quelli preparatori rispetto ad essi – sono impugnabili con l'opposizione agli atti esecutivi (Cass. 20 giugno 2008 n. 16799).

(83) Ad es., costituisce mera irregolarità deducibile, nei modi e termini dell'opposizione agli atti esecutivi, soltanto dai creditori (e non dal debitore), l'omessa notificazione agli stessi creditori iscritti non comparsi dell'ordinanza di vendita dell'immobile pignorato (Cass. 16 marzo 1977 n. 1054, in *Foro it.*, 1977, I, 1117) o l'atto di pignoramento immobiliare sottoscritto dal solo difensore (Cass. 3 aprile 1982 n. 2069, in *Foro it.*, 1983, I, 1702). V. anche Cass. 25 gennaio 2017 n. 1919.

L'opponibilità delle ordinanze del giudice dell'esecuzione presuppone un certo grado di irreversibilità non ovviabile con la revoca (Cass. 23 giugno 1989 n. 2985).

(84) Così esplicitamente Cass. 22 maggio 1980 n. 3375, in *Foro it.*, 1980, I, 3025 e Cass. 16 novembre 1994 n. 9696 con riguardo alla contestazione dell'idoneità di persona designata per determinare le opere da compiere in sede di esecuzione di obblighi di fare. In dottrina, v. C. MANDRIOLI, *Opposizione*, cit., p. 453 e opinioni citate ivi.

(85) Per quanto concerne la determinazione del momento di inizio dell'esecuzione, non c'è che da richiamare quanto detto al riguardo a proposito dell'opposizione all'esecuzione (v. il § precedente).

(86) V. oltre, la nota 101. Se la proposizione avviene con ricorso anziché con citazione non ne consegue nullità purché il ricorso sia notificato nel termine di cui appresso (Cass. 16 aprile 1996 n. 3728, in *Giur. it.*, 1997, I, 1, 1132).

posizione va sempre proposta entro venti giorni dal compimento o dalla notificazione dell'atto che si assume viziato o irregolare o comunque dalla legale conoscenza che ne ha avuto la parte interessata (87).

Il termine per l'opposizione agli atti esecutivi e relativa decadenza

(87) Cass. 10 gennaio 2008 n. 252; Cass. 3 agosto 2002 n. 11646; la conoscenza si presume a seguito del successivo atto esecutivo conosciuto (Cass. 2 novembre 2010 n. 22279, cit. più avanti in questa stessa nota; Cass. 15 maggio 2001 n. 6706), ma sempre che l'opponente alleghi e dimostri quando sia venuto a conoscenza dell'atto presupposto nullo (Cass. 9 maggio 2012 n. 7051; con riferimento, poi, all'ipotesi di inesistenza della notificazione del precetto, Cass. 28 settembre 2012 n. 16529), anche facendo ricorso al principio di acquisizione probatoria (Cass. 7 novembre 2012 n. 19277). A proposito di questo termine – *al quale non si applica la sospensione feriale dei termini* (Cass. 9 giugno 1994 n. 5614; Cass. 21 aprile 1983 n. 2738, in *Foro it.*, 1983, I, 1599; salvo che l'opponente chieda anche la condanna della controparte al pagamento di una somma di denaro: Cass. 13 novembre 2009 n. 24047, già cit. retro, alla nota 78) – si deve rilevare che, trattandosi indubbiamente di termine di decadenza, esso attribuisce all'opposizione in discorso taluni caratteri proprî dell'impugnazione (v. vol. II, § 69) che, pur non potendo implicare l'applicazione diretta della regola della conversione dei vizi di nullità in motivi di gravame (in quanto inapplicabile ai provvedimenti non idonei al giudicato) (v. vol. I, § 74 e II, § 71), dà luogo ad una sorta di sanatoria dei vizi di irregolarità non fatti valere nel termine (Cass. 8 gennaio 2001 n. 190; Cass. 24 luglio 1993 n. 8293, in *Giur. it.*, 1994, I, 1, 1042); la relativa decadenza può essere fatta valere anche d'ufficio in ogni stato e grado del giudizio (Cass. 2 novembre 2010 n. 22279; Cass. 30 marzo 1999 n. 3045) e determina l'inammissibilità dell'opposizione proposta. Ciò vale per i vizi di *nullità* e, a maggior ragione, per quelli che danno luogo a *semplice irregolarità*. Non vale invece per i vizi c.d. di *inesistenza* (su cui v. vol. I, § 75) che si possono far valere senza limiti o preclusioni (Cass. 16 giugno 1992 n. 7394; contra Cass. 1° marzo 1994 n. 2024 e la già cit. Cass. 24 luglio 1993 n. 8293) e neppure per le nullità processuali insanabili (come, ad es., il difetto di *ius postulandi* del difensore: Cass. 5 maggio 2016 n. 8959); salva, comunque, la necessità di far valere l'inesistenza nel termine decadenziale decorrente dal compimento dell'atto successivo (Cass. 15 giugno 1964 n. 1499, in *Foro it.*, 1964, I, 1985, con nota contraria di G. BORRÈ, che mette in evidenza il contrasto tra quest'orientamento e la nozione stessa di inesistenza). L'opposizione agli atti per mancata notifica del titolo esecutivo (v., retro, la nota 78) va proposta entro i venti giorni dalla notifica del precetto (Cass. 19 aprile 1996 n. 3728).

Peraltro, la Cassazione afferma che il processo esecutivo è strutturato come una serie di autonome fasi successive (pignoramento, vendita, distribuzione) sicché il principio di propagazione delle nullità dall'atto antecedente a quelli successivi trova applicazione nell'ambito delle singole fasi (con conseguente possibile sanatoria e inoppugnabilità nelle fasi successive) (Cass. sez. un. 27 ottobre 1995 n. 11178, in *Giur. it.*, 1996, I, 1, 914; poi seguita da molte altre pronunce, tra cui Cass. 6 agosto 2001 n. 10841, *ivi*, 2002, I, 1855 e Cass. 16 gennaio 2007 n. 837, in *Riv. es. forz.*, 2007, p. 115). In questo quadro va visto il disposto dell'art. 2929 c.c. che esclude la possibilità di far valere, dopo la vendita, la nullità degli atti esecutivi che l'hanno preceduta (Cass. 24 febbraio 2015 n. 3603; Cass. 30 dicembre 2014 n. 27526). Tutto ciò eccezion fatta per quei vizi che impediscono all'intero processo esecutivo di conseguire il suo risultato, come ad es. l'incompetenza; analoga l'ipotesi del difetto di potere rappresentativo (su cui v. Cass. 16 gennaio 2007 n. 837 e Cass. 29 novembre 1985 n. 5926) o del difetto di comunicazione di provvedimento di audizione delle parti (su cui v. Cass. 25 febbraio 1994 n. 1929). Ma occorre che l'opposizione investa anche l'ultimo atto della serie (Cass. 9 maggio 1994 n. 4483, in *Giur. it.*, 1995, I, 1, 26). Ed eccezion fatta, evidentemente, anche per i vizi che si configurano come motivi di opposizione all'esecuzione (Cass. 29 settembre 2009 n. 20814, in *Guida al dir.*, 2010, n. 9, p. 72).

Per un'analisi della *ratio* e dei limiti di questo orientamento con particolare riguardo alla distinzione tra atti preparatori e atti finali nell'espropriazione immobiliare, v. G. SENSALE, *Le opposizioni agli atti dell'esecuzione immobiliare*, in *Riv. es. forz.*, 2004, p. 31.

È stata giustamente rilevata la disarmonia per la quale il legislatore non ha previsto anche per l'opposizione agli atti «pre-esecutiva» la possibilità, prevista per l'opposizione all'esecuzione «pre-esecutiva» (al precetto), di sottrarre al titolo l'efficacia esecutiva (88).

Per quanto riguarda, invece, l'opposizione proposta *dopo l'inizio dell'esecuzione*, il termine di venti giorni decorre dal compimento del primo atto di esecuzione, quando si fa valere il vizio *della notificazione* del titolo o del precetto oppure un vizio di regolarità del titolo o del precetto che non sia stato possibile far valere prima dell'inizio dell'esecuzione (art. 617, 2° comma) (89). Mentre, tale termine decorre dal giorno del compimento di ciascun singolo atto (90), quando si contesta la regolarità di un qualsiasi atto successivo all'inizio dell'esecuzione (art. 617, 2° comma) (91) e comunque dal momento in cui le parti del processo esecutivo vengono a conoscenza dell'atto stesso (conoscenza che si presume se la pronuncia sia avvenuta in udienza) o dell'atto successivo che ne-

---

(88) B. CAPPONI, *Appunti sulle opposizioni esecutive dopo le riforme del 2005-2006*, in *Riv. es. forz.*, 2007, p. 605, con la proposta di utilizzabilità dell'art. 700 c.p.c.

(89) Perché, ad es., sia stata autorizzata l'esecuzione immediata. Si è osservato che, con riguardo alla *notificazione* del titolo e del precetto la legge non usa il termine «irregolarità» e se ne è dedotto che i vizi opponibili rispetto alla notificazione sono solo quelli di nullità (così R. ORIANI, *op. cit.*, p. 114). *Ma anche questi vizi sono sanati dalla stessa proposizione dell'opposizione, per il raggiungimento dello scopo dell'atto* (Cass. 17 marzo 2006 n. 5906; Cass. 11 luglio 2000 n. 9185).

Anche in caso di notificazione separata del titolo esecutivo e del precetto il termine per la proposizione dell'opposizione agli atti decorre dalla notificazione del precetto, come emerge dal 1° comma dell'art. 617 che àncora la competenza alla previsione dell'art. 480 (Cass. 4 agosto 2016 n. 16281).

(90) La contestazione deve specificare il vizio lamentato, tenendo presente che la prospettazione successiva di un vizio diverso implica domanda nuova (Cass. 22 febbraio 1995 n. 1954). Si deve anche tener presente che il termine in discorso va coordinato con l'ulteriore termine di decadenza che gli artt. 530 e 569 (con riguardo all'espropriazione rispettivamente mobiliare e immobiliare: v. retro, §§ 22 e 28) indicano nell'udienza di fissazione della vendita; ciò che in pratica può abbreviare il termine in discorso al di sotto dei venti giorni.

(91) Esclusi però gli atti degli ausiliari del giudice dell'esecuzione, fino a quando non siano stati valutati da quest'ultimo (Cass. 6 marzo 2018 n. 5175; Cass. 12 dicembre 2016 n. 25317). Nel caso che si contesti la regolarità formale di un'ordinanza del giudice dell'esecuzione, occorre coordinare le regole concernenti la revocabilità di queste ordinanze (ai termini degli artt. 487 e 177) ed in particolare l'irrevocabilità delle ordinanze contro le quali sia ammesso uno speciale mezzo di reclamo (art. 177 n. 3), con la disciplina dell'opposizione in esame. Al riguardo, si deve ritenere che mentre i vizi di inesistenza (o che si trasmettono agli atti successivi o dipendenti) possono consentire la revoca d'ufficio delle ordinanze indipendentemente dal decorso del termine dei venti giorni, ma comunque non oltre il momento in cui l'ordinanza abbia avuto esecuzione, gli altri vizi possono soltanto costituire oggetto di opposizione agli atti con la conseguente sanatoria se l'opposizione non è proposta nel termine. Sul punto v. V. ANDRIOLI, *Commento*, III, cit., p. 335; S. LA CHINA, *L'esecuzione forzata*, cit., p. 524; contra, ossia per la revocabilità anche dopo il decorso del termine, R. ORIANI, *op. cit.*, p. 134. Secondo S. SATTA (*Commentario*, III, cit., p. 478) contro le ordinanze in discorso non sarebbe proponibile l'opposizione agli atti esecutivi, poiché esse non sarebbero, appunto, atti di esecuzione.

cessariamente lo presuppone (92) o dell'atto conclusivo della relativa fase (93).

In tutti questi casi di opposizione successiva all'inizio dell'esecuzione, la opposizione stessa va proposta, anziché con citazione, *con ricorso al giudice dell'esecuzione* (94), analogamente a quanto si è visto per l'opposizione alla esecuzione, e per ragioni pure analoghe. Anche qui – ove la competenza, comunque, appartiene all'ufficio giudiziario competente per l'esecuzione –, nel caso dell'opposizione preventiva, il giudizio si svolge secondo le regole del giudizio di cognizione. Invece, nel caso dell'opposizione successiva il giudice dell'esecuzione fissa con decreto l'udienza di comparizione delle parti davanti a sé (che, ai sensi dell'art. 185 disp. att., si svolge con le forme del giudizio camerale) e il termine pe-

---

(92) Cfr. Cass. 22 gennaio 2008 n. 1269, in *Riv. es. forz.*, 2008, p. 263; Cass. 7 marzo 1992 n. 2252, in *Giur. it.*, 1992, I, 1, 1892, con nota di M.C. VANZ; Cass. 27 gennaio 1982 n. 551, in *Foro it.*, 1982, I, 1316, che precisa che per tale conoscenza occorre la comunicazione (anche a mezzo fax: Cass. 20 gennaio 2017 n. 1560) o la notificazione dell'atto o di atto successivo, salva la presunzione di conoscenza delle ordinanze pronunciate in udienza. Non è sufficiente, a questi effetti, la ricezione di un biglietto di cancelleria relativo ad adempimenti fiscali (Cass. 2 marzo 1982 n. 1288), mentre è sufficiente la comunicazione anche non integrale del provvedimento (Cass. 30 marzo 2018 n. 7898); salvo che l'opponente non dimostri l'inidoneità della comunicazione ai fini dell'estrinsecazione del diritto di difesa (Cass. 6 marzo 2018 n. 5172). Nel caso che l'interessato non sia parte, il termine decorre dall'effettiva sua conoscenza dell'atto o di quello che lo presuppone (Cass. 11 marzo 1987 n. 2532, in *Foro it.*, 1987, I, 2101).

(93) Cass. 12 dicembre 1995 n. 12653, in *Giur. it.*, 1996, I, 1, 1242. La giurisprudenza della Cassazione suole al riguardo distinguere tra atti preparatori e atti finali facendo decorrere il termine solo da questi ultimi (v., ad es., Cass. 18 luglio 1997 n. 6637, in *Foro it.*, 1998, I, 1240, con nota critica di S. BOCCAGNA, con riguardo all'istanza di vendita considerata preparatoria rispetto all'ordinanza di vendita; ma v. poi Cass. 15 novembre 2000 n. 14821). Altre pronunce (v., ad es., Cass. 10 novembre 1993 n. 11085) fanno, invece, riferimento all'idoneità dell'atto a pregiudicare la parte opponente.

(94) Anche qui, se il giudice dell'esecuzione non è stato ancora designato, il ricorso va indirizzato al capo dell'ufficio giudiziario competente per l'esecuzione. Si suole d'altra parte ammettere che l'opposizione *de qua*, se proposta in udienza alla presenza di tutte le parti, possa proporsi *in forma orale* con la conseguente eliminazione della necessità del provvedimento di fissazione dell'udienza e della relativa notificazione, su cui subito nel testo (cfr. C. FURNO, *Disegno sistematico*, cit., p. 276; v. anche Cass. 17 dicembre 1996 n. 11251). In pratica la proposizione dell'opposizione al giudice dell'esecuzione si concreta nel deposito del relativo atto presso la cancelleria del giudice dell'esecuzione.

La Corte costituzionale ha ritenuto infondata l'eccezione di incostituzionalità delle disposizioni che attribuiscono la competenza per questa opposizione allo stesso giudice che ha pronunciato il provvedimento opposto, per il rilievo che l'opposizione stessa non è impugnazione in senso proprio, con riguardo all'art. 51 n. 4 (C. Cost. 28 novembre 2002 n. 497, in *Riv. es. forz.*, 2003, p. 188). Si è però giustamente obiettato (v., per tutti, G. VIGNERA, *Incompatibilità per «pre-giudizio» esecutivo del giudice dell'opposizione ex art. 617 c.p.c.*, in *Riv. es. forz.*, 2004, p. 1) che, da un lato, la restrizione delle garanzie costituzionali della terzietà del giudice ai giudizi di impugnazione in senso proprio deve intendersi superata dalla nuova formulazione dell'art. 111 Cost.; mentre, dall'altro lato, il giudizio sull'opposizione agli atti implica il riesame di quella stessa valutazione normativa che sta alla base del *facere jus*, oltre che del *dicere jus*, con un'evidente sostanza impugnatoria.

rentorio (95) per la notificazione del ricorso e del decreto (96), pronunciando senz'altro, nei casi urgenti, i provvedimenti opportuni (art. 618, 1° comma).

«*All'udienza dà con ordinanza i provvedimenti che ritiene indilazionabili ovvero sospende la procedura. In ogni caso fissa un termine perentorio per l'introduzione del giudizio di merito* (97), *previa iscrizione a ruolo a cura della parte interessa-*

---

(95) A pena di inammissibilità dell'opposizione (Cass. 2 marzo 2007 n. 4957; Cass. 27 settembre 1986 n. 5787, in *Giur. it.*, 1987, I, 1, 1872 e precedenti ivi), laddove la notificazione sia inesistente, perché laddove, invece, fosse nulla il giudice può concedere un termine per la rinnovazione (Cass. 16 dicembre 2015 n. 25308). Nell'ipotesi che il giudice dell'esecuzione, anziché fissare questo termine dichiarando formalmente la sospensione del processo esecutivo, si limiti, nonostante il passaggio in giudicato della sentenza di rigetto dell'opposizione, a soprassedere sull'istanza di vendita, la Cassazione ha deciso che il processo esecutivo non può, per ciò solo, ritenersi sospeso, ma solo in stato di quiescenza per la prosecuzione, da disporsi dal giudice, con o senza sollecitazione della parte interessata, comunque a ciò non onerata (Cass. 31 luglio 2006 n. 17452, in *Giur. it.*, 2007, p. 1731, con nota perplessa di G. FRUS, e in *Foro it.,* 2007, I, 2529, con nota di R. METAFORA).

(96) La notificazione del ricorso col decreto di fissazione dell'udienza va effettuata a tutte le parti del processo esecutivo, a cominciare dal creditore procedente (con le modalità vedute nella nota 34 al § 36) compresi gli intervenienti (Cass. 16 novembre 1989 n. 4876) e a tutti coloro che pure debbono essere considerati *litisconsorti necessari*, come il debitore esecutato, il creditore procedente e quelli intervenuti (Cass. 1° giugno 2000 n. 7264), ma non, di regola, il terzo nel pignoramento presso terzi (Cass. 12 febbraio 2008 n. 3276, in *Giur. it.*, 2008, p. 1984; contra Cass. 26 marzo 1990 n. 2423, in *Riv. dir. proc.*, 1991, p. 920, con nota critica di M.C. VANZ, secondo cui alla funzione informativa alla quale sarebbe finalizzata la partecipazione del *debitor debitoris* potrebbe assolvere la comunicazione dell'ufficio a quest'ultimo in quanto custode) o l'aggiudicatario (Cass. 5 gennaio 1996 n. 47); in mancanza, il giudice dell'esecuzione deve concedere apposito ulteriore termine, in applicazione dell'art. 102 c.p.c. (Cass. 3 giugno 1976 n. 1994, in *Giur. it.*, 1976, I, 1, 1452; Cass. 5 luglio 1980 n. 4299).

(97) Ma anche qui, come per l'opposizione all'esecuzione, si tratta della prosecuzione in altra fase di un giudizio già pendente. Tuttavia, in giurisprudenza prevale l'orientamento secondo cui si tratterebbe della vera e propria instaurazione del giudizio di merito, interpretando alla lettera quanto stabilisce l'art. 618, 2° comma (Cass. 11 luglio 2012 n. 11695; Cass. 28 giugno 2012 n. 10862; Cass. 12 dicembre 2012 n. 22838, in *Giur. it.*, 2013, p. 1615). Per la struttura unitaria, invece, Cass. 20 aprile 2015 n. 7997, la quale ha anche ammesso, di conseguenza, che la procura conferita al difensore per la fase sommaria sia da intendersi rilasciata anche per quella di merito. In argomento v. anche M. PILLONI, *Pendenza delle opposizioni esecutive e struttura "bifasica" del procedimento*, in *Riv. es. forz.*, 2017, p. 657; ID., *Considerazioni in ordine all'ammissibilità del ricorso* «per saltum» *al giudizio di merito sulle opposizioni* post-*esecutive*, in *Rass. es. forz.*, 2019, p. 21.

Comunque, l'introduzione delle cause deve avvenire con citazione se si applica il rito ordinario (Cass. 7 dicembre 2018 n. 31694, in *Riv. es. forz.*, 2019, p. 336, con nota di A. FAROLFI; Cass. 25 maggio 2018 n. 13083; Cass. 7 novembre 2012 n. 19264, in *Riv. es. forz.*, 2013, p. 401, con note di L. ABETE e B. CAPPONI). Peraltro, laddove il giudice dell'esecuzione provveda a definire la fase sommaria, dando i provvedimenti che ritenga indilazionabili, e senza provvedere sulle spese, ometta di fissare il termine perentorio per l'iscrizione a ruolo della causa di merito, il provvedimento non è impugnabile con il rimedio di cui all'art. 111, 7° comma, Cost., non avendo esso carattere definitivo (Cass. 13 aprile 2017 n. 9652; Cass. 15 dicembre 2016 n. 25902), mentre la prosecuzione del procedimento con la fase a cognizione piena è comunque possibile anche a prescindere dalla fissazione di detto termine (Cass. 13 aprile 2012 n. 6013; Cass. 30 gennaio 2012 n. 1294) e la fissazione del termine può aversi con istanza ai sensi dell'art. 289 (Cass. 9 settembre 2016 n. 17887;

ta, osservati i termini a comparire di cui all'articolo 163 bis, o altri se previsti, ridotti della metà. La causa (che, ai sensi dell'art. 186 bis disp. att. dovrà essere affidata ad altro magistrato da designarsi dal presidente) *è decisa con sentenza non impugnabile*» (art. 618, 2° comma).

In quest'udienza il giudice potrà anche revocare i provvedimenti urgenti eventualmente già pronunciati (98).

Sia che il giudizio sia stato iniziato con citazione prima dell'inizio dell'esecuzione, e sia che sia stato iniziato con ricorso dopo, esso si svolge con le regole proprie del giudizio di cognizione, fermo restando che l'opponente si costituisce col semplice deposito del ricorso (99).

Va tenuto presente che anche con riguardo al procedimento relativo a questa opposizione, come con riguardo a quello sull'opposizione all'esecuzione, nelle cause di lavoro e previdenziali, si applicano le norme del rito del lavoro in quanto compatibili (art. 618 bis, 2° comma).

Rispetto al procedimento di opposizione all'esecuzione, tuttavia, vanno messe in evidenza alcune ulteriori essenziali differenze (100) che inducono una parte della dottrina a considerare l'opposizione agli atti esecutivi come una fase incidentale inserita nel processo esecutivo, e che comunque *autorizzano a considerare il relativo giudizio come meno autonomo rispetto al processo esecutivo, di quanto non lo sia il giudizio sull'opposizione all'esecuzione.*

Questo rilievo ha riguardo specialmente alla competenza, che rimane ferma, per tutto il corso del giudizio, in capo al giudice (nel senso di ufficio giudiziario)

Cass. 23 settembre 2009 n. 20532). Invece, nel senso dell'esperibilità in tal caso del ricorso straordinario per cassazione, Cass. 9 novembre 2010 n. 22767. In ogni caso, laddove non venga rispettato il termine perentorio per l'introduzione del giudizio di merito, fissato nell'ordinanza del giudice dell'esecuzione, si avrà l'inammissibilità dell'opposizione proposta (Cass. 6 aprile 2017 n. 8874), mentre, in caso di mancata notificazione del ricorso e del decreto di fissazione dell'udienza si avrà l'improcedibilità (Cass. 18 gennaio 2017 n. 1918).

D'altro canto, l'ordinanza con la quale vengono pronunciati i provvedimenti indilazionabili non è autonomamente sottoponibile ad opposizione agli atti esecutivi (Cass. 31 gennaio 2017 n. 2353).

Come abbiamo visto per l'opposizione all'esecuzione (v. nota 43 del § 36), anche nell'opposizione agli atti esecutivi, qualora l'opponente omettesse di instaurare la fase sommaria davanti al giudice dell'esecuzione e instaurasse direttamente il giudizio a cognizione piena, la conseguenza sarebbe l'improcedibilità dell'opposizione (Cass. 11 ottobre 2018 n. 25170, già cit. retro, alla nota 43 del § 36).

(98) Cfr. Cass. 1° febbraio 1991 n. 986. Sulla necessità di quest'udienza, v. Cass. 14 luglio 2004 n. 13080. Quanto ai termini di costituzione in giudizio della parte che introduce la fase di merito, sono quelli ordinari di cui all'art. 165, nonostante che i termini di comparizione siano dimezzati (Cass. 30 settembre 2019 n. 24224, in *Riv. es. forz.*, 2020, p. 108, con nota di G. FELLONI).

(99) Cfr. Cass. 15 ottobre 1998 n. 10187, in *Foro it.*, 2000, I, 2315. Ma è ovviamente onerato a comparire alla prima udienza di comparizione; se non compare, va applicato l'art. 181, 1° comma (Cass. 18 gennaio 2003 n. 711).

(100) Esposte incisivamente da E. GARBAGNATI, *Opposizione all'esecuzione*, cit., p. 1074; v. anche C. MANDRIOLI, *Opposizione all'esecuzione*, cit., n. 11.

competente per l'esecuzione (101), mentre non sussiste più la coincidenza tra il giudice dell'esecuzione e l'istruttore della causa (102) e, d'altra parte, alla *non impugnabilità che è da sempre caratteristica delle sentenze che definiscono questo giudizio.*

Va, peraltro, aggiunto che la suddetta non impugnabilità rimane temperata dalla possibilità – finora pacificamente riconosciuta dalla giurisprudenza – di proporre, contro la sentenza in discorso, il ricorso per cassazione previsto dall'art. 111, 7° comma, della Costituzione (v. vol. II, § 79), proponibile per tutti i motivi di cui all'art. 360 (103). Occorre anche ricordare – come abbiamo già vi-

---

(101) Come si è già accennato, l'art. 617 dichiara competente il giudice indicato dall'art. 480, 3° comma, che è il giudice competente per l'esecuzione. Dalla suddetta norma si desume che l'opposizione va proposta innanzi al giudice del luogo ove il creditore ha, nel precetto, effettuato dichiarazione di residenza o elezione di domicilio, mentre, in mancanza, l'opposizione si propone davanti al giudice del luogo in cui è stato notificato il precetto e la notificazione avviene nella cancelleria del predetto giudice. La giurisprudenza della Cassazione, secondo un orientamento peraltro contrastato da C. Cost. 29 dicembre 2005 n. 480 (con riguardo all'opposizione all'esecuzione e citata nel § 36, nota 30), ha talora ritenuto che, per escludere la suddetta competenza sussidiaria, occorre – oltre all'elezione di domicilio – anche il dato che nel luogo del domicilio siano ubicati beni passibili di esecuzione (Cass. 25 ottobre 1993 n. 10591; Cass. 5 marzo 1988 n. 2311; Cass. 23 maggio 1986 n. 3463); contestandosi quest'ultimo requisito, l'opposizione può essere proposta davanti al giudice del luogo dove è stato notificato il precetto (Cass. 28 marzo 1991 n. 3346; Cass. 24 ottobre 1986 n. 6234, in *Foro it.*, 1987, I, 477 e in *Giur. it.*, 1988, I, 1, 302).

La competenza *per materia* e valore non dà più luogo a problemi poiché, considerato che il giudice di pace non ha competenza in materia esecutiva, non esistono, con riguardo alle opposizioni successive all'inizio dell'esecuzione, alternative alla competenza del tribunale.

La competenza del giudice competente per l'esecuzione nell'opposizione agli atti esecutivi ha carattere funzionale ed inderogabile (Cass. 14 settembre 1983 n. 5560, in *Giur. it.*, 1984, I, 1, 1333) e permane anche in caso di sopravvenuto fallimento (Cass. 25 maggio 1985 n. 3177, in *Foro it.*, 1985, I, 2922).

(102) Secondo il disposto dell'art. 186 bis disp. att., peraltro riferito, come già detto, soltanto alle opposizioni successive all'inizio dell'esecuzione. Va, d'altra parte, tenuto presente che con riguardo ad alcune analoghe situazioni di incompatibilità, la Corte costituzionale (v., ad es., C. Cost. 7 novembre 1997 n. 326), pur dichiarando non fondata la questione di costituzionalità, ha prospettato la soluzione del problema nell'obbligo di astensione del magistrato. V., a questo riguardo, la nota adesiva di C. FIMIANI a un provvedimento di astensione di un giudice dell'esecuzione, in *Riv. es. forz.*, 2001, p. 400.

(103) È ben vero che questa non impugnabilità era stata concepita dal legislatore del 1940 in correlazione con l'oggetto di questa opposizione riferita solo al «come» dell'esecuzione e quindi priva di efficacia di giudicato sostanziale, e quindi come episodio interno dell'esecuzione; ed è forse altrettanto vero che questa portata puramente interna all'esecuzione appartenesse anche al disegno che sta alla base delle più recenti riforme del processo esecutivo, nel senso dell'eliminazione (o della semplice riduzione al minimo?) delle parentesi di cognizione in questo processo (come prospettato da A. TEDOLDI, *L'oggetto*, cit., p. 1318).

Ma è altrettanto vero che ben difficilmente potrà essere mutata la giurisprudenza costante sull'assoggettamento delle sentenze in argomento, al ricorso per cassazione.

In forza dell'estensione in argomento vengono, d'altra parte, a cessare i problemi che il differente regime di impugnazione tra le sentenze che definiscono le due opposizioni poneva, postulan-

sto (retro, §§ 22 e 30) – l'esclusione dell'esperibilità di tale rimedio oppositorio con riferimento ai provvedimenti del giudice dell'esecuzione che abbiano deciso i ricorsi sugli atti del professionista delegato alla vendita forzata (mobiliare, art. 534 ter, e immobiliare, art. 591 ter). In tal caso, infatti, in sostituzione dell'opposizione ex art. 617, il legislatore ha previsto la proponibilità del reclamo (al collegio) ai sensi dell'art. 669 terdecies (v. oltre, § 44), così riducendo l'ambito applicativo della prima.

L'eventuale accoglimento dell'opposizione agli atti esecutivi darà luogo alla dichiarazione di nullità degli atti esecutivi contestati, con la conseguente eventuale dichiarazione d'invalidità degli atti successivi che ne sono dipendenti (art. 159) e così, eventualmente, dell'intero processo esecutivo (v. vol. I, § 71 e qui, retro, § 3 in fine); la nullità non ha effetto nei confronti dei terzi acquirenti, salvo il caso di collusione (art. 2929 c.c.) (104). In caso di rigetto dell'opposizione agli atti, se non c'è stata sospensione non occorre riassunzione e il processo esecutivo può proseguire senz'altro (105).

Nulla, infine, impedisce che col medesimo atto vengano proposte congiuntamente sia un'opposizione all'esecuzione e sia un'opposizione agli atti esecuti-

---

do un criterio distintivo tra le due opposizioni sotto questo profilo; problemi che sono di solito risolti con riguardo alla qualificazione che all'opposizione avesse dato, ancorché erroneamente, il giudice *a quo* (Cass. 20 febbraio 2004 n. 3404 e le altre pronunce citate nella nota 29, § 70, vol. II).

Sull'argomento v. anche G. PORCELLI, *La qualificazione delle opposizioni esecutive dopo la riforma* (in *Riv. trim. dir. e proc. civ.*, 2008, p. 371), a commento di una pronuncia della Cassazione su una vicenda sorta nel vigore della disciplina anteriore alla riforma, con rilievi di diritto transitorio e con l'esame di alcuni possibili residui problemi particolari che potrebbero sorgere dopo la riforma.

Va anche aggiunto che, nell'eventualità in cui una sentenza abbia pronunciato su una pluralità di opposizioni sviluppate nell'ambito dello stesso procedimento esecutivo, alcune di opposizione all'esecuzione, altre di opposizione agli atti esecutivi e non sia stata notificata, si è ritenuto (Cass. 13 novembre 2009 n. 24048, in *Guida al dir.*, 2010, n. 5, p. 68) che il termine di 60 giorni per la proposizione del ricorso per cassazione avverso i capi in cui siano decise opposizioni agli atti esecutive decorre dalla data in cui è proposto appello avverso i capi della sentenza sull'opposizione all'esecuzione.

(104) Da cui si ricava che il terzo aggiudicatario non può invocare il proprio affidamento quando abbia partecipato all'asta senza aver preliminarmente controllato gli atti della procedura esecutiva (Cass. 27 agosto 2014 n. 18312). La Cassazione ha anche aggiunto che la salvezza del diritto del terzo non esclude il diritto dell'esecutato di far proprio il ricavato della vendita e di agire per il risarcimento dell'eventuale danno nei confronti di chi, agendo senza la normale prudenza, abbia dato corso al procedimento esecutivo (Cass. sez. un. 28 novembre 2012 n. 21110, in *Foro it.*, 2013, I, 1234, con nota di D. LONGO, in *Corr. giur.*, 2013, p. 387, con nota di B. CAPPONI e in *Riv. dir. proc.*, 2013, p. 1551, con nota di S. VINCRE). Sull'argomento – ed in particolare sulle conseguenze dell'assoggettamento della vendita all'opposizione agli atti – v. R. ORIANI, *op. cit.*, p. 414.

(105) Indipendentemente – come si ritiene (v., per tutti, G. SENSALE, *Le opposizioni*, cit., p. 58) – dal passaggio in giudicato della sentenza sull'opposizione. In caso di cessazione della materia del contendere sul merito dell'opposizione, secondo la Cassazione la regolamentazione delle spese dovrà essere effettuata sulla base del principio della c.d. soccombenza virtuale (Cass. 26 luglio 2021 n. 21382).

vi (106) o che, d'altra parte, contro due distinte pronunce contenute in una sentenza formalmente unica siano proposte eventualmente due distinte impugnazioni (107).

38. *L'opposizione del terzo nel processo esecutivo.*

Accanto alle due possibili reazioni del soggetto passivo dell'esecuzione, finora viste, il codice contempla – nel capo secondo del titolo dedicato alle opposizioni, e sotto la rubrica: «delle opposizioni di terzi» (108) – la possibilità di un'opposizione da parte di un soggetto che, pur essendo *terzo* rispetto al processo esecutivo (109), viene, *di fatto*, ed illegittimamente, coinvolto in essa, in modo che, se l'esecuzione giungesse al suo epilogo, codesto terzo subirebbe l'ingiusto sacrificio di suoi diritti.

Questo fenomeno si verifica tipicamente nell'espropriazione, quando accade (e l'ipotesi è particolarmente frequente nell'espropriazione mobiliare presso il debitore) che il pignoramento colpisca, per errore, beni appartenenti non al debitore, ma ad un terzo. Abbiamo detto: per errore, poiché sappiamo che il titolo esecutivo non ha alcuna efficacia contro il terzo, e l'ufficiale giudiziario non potrebbe colpire scientemente beni di un terzo, né il creditore procedente avrebbe interesse a che ciò avvenisse. Tuttavia, in linea di fatto può accadere che l'ufficiale giudiziario pignori beni di un terzo, nella convinzione che essi appartengano al debitore, secondo la presunzione conseguente al fatto che tali beni si trovano in luoghi appartenenti al debitore; né sarebbe concepibile che l'ufficiale giudiziario si astenesse dal pignorare, per il solo fatto che il debitore gli affermasse che quei determinati beni appartengono ad un terzo; se ciò fosse suffi-

---

(106) Salve le eventuali differenze di competenza (Cass. 18 aprile 2001 n. 5685). Qualora risultasse possibile la pronuncia di una sentenza unica che decide su entrambe le opposizioni, in tale sentenza si dovrebbero ravvisare due distinte decisioni peraltro ora sottoposte al medesimo regime impugnatorio.

(107) Cass. 31 luglio 2002 n. 11377.

(108) La più ampia e specifica trattazione del tema è la monografia di C. PUNZI, *La tutela del terzo nel processo esecutivo*, Milano, 1971. V. anche C. MANDRIOLI, *Opposizione all'esecuzione e agli atti esecutivi*, cit., n. 19, p. 465; M. BOVE, *L'esecuzione forzata ingiusta*, cit., p. 199; G. MICCOLIS, *L'opposizione di terzo all'esecuzione*, in *Riv. es. forz.*, 2000, p. 177; ID., *L'opposizione di terzo all'esecuzione e i terzi nel processo esecutivo, ivi*, 2014, p. 34; E. CERRATO, *La legittimazione attiva all'opposizione di terzo all'esecuzione nell'ambito dell'espropriazione forzata*, in *Riv. es. forz.*, 2005, p. 289; R. METAFORA, *L'opposizione di terzo all'esecuzione*[2], Napoli, 2012, p. 42; B. CAPPONI, *Manuale*[4], cit., p. 407; L. DURELLO, *Sull'oggetto del giudizio di opposizione di terzo all'esecuzione*, in *Riv. trim. dir. e proc. civ.*, 2012, p. 1378; ID., *Contributo allo studio della tutela del terzo nel processo esecutivo*, Napoli, 2016, p. 240; M. CIRULLI, *op. cit.*, p. 383; A. TEDOLDI, *op. cit.*, p. 395.

(109) È appena il caso di ricordare che tale non è il «terzo assoggettato all'esecuzione» di cui agli artt. 602 e ss., che è invece legittimato alle opposizioni del debitore, come si è visto nei due paragrafi che precedono.

ciente, sarebbe troppo facile, per il debitore, sottrarsi all'esecuzione forzata. Perciò, può accadere che il pignoramento colpisca beni sui quali un terzo pretenda di avere dei diritti; e naturalmente, tale pretesa può essere fondata, come anche infondata, ciò che dà luogo ad un'esigenza di accertamento.

Quando ciò accade, il codice lascia l'iniziativa per contestare la legittimità dell'esecuzione non già al debitore, ma direttamente al terzo. A questo terzo il codice attribuisce la legittimazione a proporre un'opposizione, con le forme e le caratteristiche del giudizio di cognizione, in contraddittorio non solo col creditore, ma anche – in un'evidente ipotesi di litisconsorzio necessario (v. vol. I, § 54) – col debitore, nonché degli eventuali più creditori pignoranti (110). Il conseguente autonomo giudizio di cognizione dà luogo ad un accertamento (sul diritto vantato dal terzo), che è determinante, in un senso o nell'altro, sulla legittimità del pignoramento e degli atti successivi e quindi sull'ulteriore procedibilità dell'esecuzione (111). Si ritiene che quest'accertamento abbia efficacia anche autonoma, ossia al di fuori dell'esecuzione (112), naturalmente se ed in quanto su di esso sia sceso il giudicato.

---

(110) Sull'argomento v., per tutti, G. TARZIA, *Sul litisconsorzio necessario nell'opposizione di terzo all'esecuzione*, in *Giur. it.*, 1965, I, 1, 529, per il quale il litisconsorzio necessario investe anche i creditori intervenuti. Nello stesso senso anche Cass. 5 settembre 2011 n. 18110. La Suprema Corte è, d'altra parte, orientata ad ammettere la possibilità della successiva integrazione del contraddittorio in applicazione dell'art. 102 (Cass. 11 ottobre 1962 n. 2806, in *Foro it.*, 1963, I, 409; Cass. 28 aprile 1975 n. 1652). In proposito v. anche R. METAFORA, *L'opposizione di terzo*, cit., p. 293; L. DURELLO, *Contributo*, cit., p. 240.

(111) Nell'espropriazione immobiliare, il terzo ha l'onere di allegare un titolo di proprietà (o una domanda giudiziale) trascritto anteriormente al pignoramento (Cass. 23 ottobre 1985 n. 5194). L'esecuzione del pignoramento immobiliare non incide sull'acquisto per usucapione, e dunque il termine ventennale utile a consolidarlo può venire a maturazione anche successivamente al pignoramento stesso (Cass. 25 maggio 2010 n. 12790, in *Foro it.*, 2011, I, 1475); oggetto dell'opposizione di terzo, perciò, può essere anche un diritto non ancora giudizialmente accertato (Cass. 30 dicembre 2009 n. 27668, in *Giur. it.*, 2010, p. 2134, con nota di N. ANDREOZZI); la stessa soluzione vale con riferimento all'esecuzione del decreto di trasferimento per il rilascio dell'immobile venduto, nel quale caso si ammette l'esperibilità da parte del terzo dell'opposizione all'esecuzione ex art. 615 (Cass. 8 maggio 2009 n. 10609, in *Foro it.*, 2011, I, 1480).

(112) In questo senso è l'opinione prevalente, per la quale v., per tutti, F. BUCOLO, in *Giur. it.*, 1975, I, 1, 693; più di recente, R. METAFORA, *L'opposizione*, cit., p. 42; L. DURELLO, *Contributo*, cit., p. 257; M. CIRULLI, *Le opposizioni*, cit., p. 424. La tesi contraria (per la quale v., per tutti, C. MANDRIOLI, *Opposizione*, cit., p. 474; C. PUNZI, *La tutela del terzo*, cit., p. 323) sembra però preferibile, soprattutto per il rilievo che, come vedremo tra poco nel testo, il terzo incontra dei gravi limiti nella prova del suo diritto. Una non recente pronuncia della Cassazione sul tema (Cass. 1° giugno 1974 n. 1571, in *Giur. it.*, 1975, I, 1, 692, con la citata nota critica del BUCOLO) sottolinea il carattere incidentale della pronuncia di cui trattasi, non senza tuttavia rilevare la possibilità «marginale» che il giudicato investa il diritto del terzo. Successivamente, Cass. 26 marzo 1981 n. 1771 ha affermato che l'estinzione del processo esecutivo comporta il venir meno della ragione di far decidere l'opposizione del terzo a meno che questo chieda espressamente la pronuncia sul punto con la conseguente prosecuzione della causa tra lui e il debitore. L'opposizione di terzo può avere un oggetto più ampio solo se vi è apposita istanza di parte (Cass. 12 aprile 2011 n. 8426; Cass. 5 luglio 2011 n. 14686).

Il codice, nel disciplinare questa opposizione, ne determina l'oggetto nella *pretesa del terzo di «avere la proprietà* (comunque acquisita, inclusa l'usucapione) (113) *o altro diritto reale sui beni pignorati»* (art. 619, 1° comma), ossia con una formula che riassume il fenomeno al quale ci siamo sopra riferiti, e che sembra non lasciar margine né per far valere vizi del procedimento (salvo specifico interesse) (114), né per una sua applicazione a fenomeni analoghi. Tali fenomeni analoghi potrebbero essere, da un lato, il caso in cui, sempre nell'ambito dell'espropriazione, il terzo vanti, sulle cose pignorate, un diritto non reale, ma personale; e, dall'altro lato, il caso in cui il processo esecutivo sia diverso dalla espropriazione forzata, ossia consista in una esecuzione in forma specifica. In realtà, nonostante l'inequivocità della lettera della legge, una parte della dottrina e della giurisprudenza (115) sostiene che l'opposizione in discorso possa essere utilizzata sia in taluni casi eccezionali di diritti di credito del terzo, che rimarrebbero travolti dal pignoramento (116), e sia in taluni casi di esecuzione in forma specifica, nei quali i diritti del terzo potrebbero venire travolti per errore materiale in modo analogo a quanto accade nell'espropriazione (117).

Qui basterà osservare – con riguardo al fatto che l'art. 619 fa riferimento alla sola espropriazione – che la palese limitazione della formula della legge all'espropriazione e ai diritti reali eventualmente pregiudicati dal pignoramento ha la sua ragion d'essere in ciò che, da un lato, *l'opposizione* de qua *è riferita alle modalità concrete dell'esecuzione* e che, dall'altro lato, solo l'espropriazione forzata potrebbe coinvolgere, con le sue particolari modalità, beni diversi da quelli che costituiscono oggetto del diritto che si porta ad esecuzione, mentre nelle esecuzioni in forma specifica la coincidenza tra il bene colpito e il bene oggetto del diritto di solito esclude la stessa possibilità dell'errore. In altri termini, l'*errore* che sta alla base del fenomeno sopra descritto è un errore tipicamente inerente a quella scelta dei beni da pignorare che è propria dell'espropriazione for-

---

(113) Anche se non ancora giudizialmente accertata (Cass. 30 dicembre 2009 n. 27668, già cit. alla nota 111). Tuttavia, l'intervenuta sentenza che abbia accertato l'usucapione non spiega effetti nei confronti del creditore ipotecario e dunque il terzo deve proporre opposizione ex art. 619 e in quella sede provare l'acquisto per usucapione (Cass. 18 settembre 2012 n. 15698, in *Riv. es. forz.*, 2013, p. 418, con nota di P. FARINA).

(114) Cfr. Cass. 10 agosto 1992 n. 9452, in *Giur. it.*, 1993, I, 1, 966; Cass. 21 agosto 1992 n. 9740, in *Foro it.*, 1993, I, 1937 e in *Giur. it.*, 1993, I, 1, 1246.

(115) Per la dottrina, v. C. PUNZI, *La tutela*, cit., p. 197 e, per la giurisprudenza, v. Cass. 5 dicembre 1968 n. 3896, in *Foro it.*, 1969, I, 896.

(116) A questo proposito è soprattutto frequente il richiamo all'art. 2915, 2° comma, c.c. (v., al riguardo, V. ANDRIOLI, *Commento*, III, cit., p. 364 e C. PUNZI, *op. cit.*, p. 197).

(117) Fermo restando che, al di fuori dell'errore materiale (per il quale v. gli esempi qui oltre nel testo, dopo il richiamo della nota 120) il rimedio per il terzo che riceve pregiudizio dalla sentenza portata ad esecuzione è l'opposizione di terzo ex art. 404. In argomento v. anche R. METAFORA, *L'opposizione*, cit., p. 321; M. CIRULLI, *Le opposizioni*, cit., p. 410.

zata, mentre nell'esecuzione in forma specifica quell'errore è reso difficilmente immaginabile dal fatto che il titolo esecutivo indica, per eseguire un diritto ben determinato, un *iter* altrettanto ben determinato. E dunque, poiché di solito, avuto riguardo alle caratteristiche dell'esecuzione in forma specifica, tale diritto ed *iter* risulta, già *nel titolo*, ingiustamente pregiudizievole per il terzo (perché, ad es., ha accertato un diritto incompatibile con quello vantato dal terzo), questi avrà a disposizione il rimedio dell'impugnazione attraverso l'opposizione di terzo semplice di cui all'art. 404 (v. vol. II, § 85) (118). Qualora, invece, il creditore procedente pretendesse di far valere contro il terzo un titolo esecutivo che contempla un diverso debitore, questo terzo – che in realtà non sarebbe tale, ma di fatto già soggetto passivo dell'esecuzione – potrebbe facilmente opporre il limite soggettivo del titolo, ossia il difetto di titolo contro di lui, con un'opposizione all'esecuzione ai termini dell'art. 615 (119).

---

(118) Sul punto, v., ad es., Cass. 17 settembre 2003 n. 13664. Sui rapporti tra opposizione ex art. 619 ed opposizione di terzo ordinaria, v. ampiamente A. PROTO PISANI, *Opposizione di terzo ordinaria*, Napoli, 1965, p. 367; in giurisprudenza v. Cass. 2 aprile 1997 n. 2869, in *Foro it.*, 1997, I, 2119, con osservazioni di G. SCARSELLI, secondo cui, se il pregiudizio deriva dall'accertamento contenuto nel titolo, il rimedio è l'opposizione di terzo ex art. 404, mentre, se il pregiudizio deriva dall'esecuzione, allora il rimedio è l'opposizione ex art. 615 o quella ex art. 619; poi anche Cass. 27 dicembre 2017 n. 30941; Cass. 20 marzo 2017 n. 7041; Cass. 2 dicembre 2016 n. 24637; Cass. 14 novembre 2006 n. 24201; ciò che, tuttavia, non esclude la concorrenza fra i diversi rimedi (cfr. R. METAFORA, *op. cit.*, p. 345).

Per l'utilizzabilità di questo strumento anche nei casi nei quali il provvedimento esecutivo è costituito dall'ordinanza di convalida di sfratto, v. F.P. LUISO (*Convalida di sfratto e opposizione di terzo ordinaria*, in *Riv. dir. proc.*, 1978, p. 294), che peraltro esclude i casi nei quali il terzo abbia il possesso o la detenzione, giacché in quei casi l'esecuzione dovrebbe essere condotta contro il terzo che perciò sarebbe legittimato all'opposizione ex art. 615, come subito nel testo. Sul punto v. C. Cost. 7 giugno 1984 n. 167 (in *Foro it.*, 1984, I, 1441) e C. Cost. 25 ottobre 1985 n. 237 (*ivi*, 1985, I, 3051), che hanno indirettamente introdotto l'ammissibilità dell'opposizione del terzo contro l'ordinanza di convalida e contro l'ordinanza di sfratto per morosità. Sul punto v. anche retro, § 33, nota 14.

Tra i casi nei quali il pregiudizio è determinato dal titolo (con la conseguenza che il rimedio debba essere l'opposizione ex art. 404) non sembra rientrare quello del creditore pignoratizio che subisce l'esecuzione per consegna (come ha invece ritenuto Cass. 25 gennaio 1978 n. 339, in *Giur. it.*, 1979, I, 1, 132). Si è, infatti, osservato (F. TOMMASEO, a commento della suddetta sentenza, *loc. cit.*) che il creditore pignoratizio può rifiutare l'esibizione prevista dall'art. 513, ultimo comma, richiamato dall'art. 606, e far valere la sua *situazione possessoria*, come situazione incompatibile.

(119) Cfr. Cass. 14 dicembre 1985 n. 6330, in *Foro it.*, 1986, I, 2835 e in *Giur. it.*, 1987, I, 1, 1488. Su questi argomenti, v. C. MANDRIOLI, *In tema di opposizione del terzo*, cit., p. 180; F.P. LUISO, *L'esecuzione «ultra partes»*, cit., p. 411; R. METAFORA, *L'opposizione*, cit., p. 95. Con riferimento ai rimedi esperibili dal terzo acquirente dell'immobile pignorato v. retro, § 33.

Ostacoli di questo tipo si erano presentati in una vicenda affrontata da un giudice di merito (Trib. Nola 26 febbraio 2003, in *Riv. es. forz.*, 2004, p. 784), che, preso atto dell'improponibilità dell'opposizione di terzo ex art. 404 avverso un'ordinanza provvisoria di rilascio ex art. 665 per la sua non definitività, ha ritenuto ammissibile l'opposizione ex art. 619. Ma poiché in quella fattispecie il terzo opponente era un litisconsorte necessario pretermesso (un co-conduttore ignorato nel giudizio di merito), giustamente si è osservato (dall'Annotatrice R. METAFORA, in *Riv. es. forz.*, 2004, p. 785) che, trattandosi della portata soggettiva del titolo, lo strumento utile sarebbe stato

Ciò riaffermato in linea di principio, si può tuttavia, da un lato, convenire (120) che la terminologia del codice non è determinante, per l'abitudine del legislatore di servirsi, spesso impropriamente, della terminologia dell'espropriazione; e, dall'altro lato, riconoscere l'esistenza di taluni casi eccezionali nei quali un errore analogo a quello del pignoramento dei beni di un terzo può verificarsi sia nelle esecuzioni in forma specifica e sia, nelle espropriazioni, in pregiudizio di diritti non reali, ma personali del terzo. Nelle esecuzioni in forma specifica si può pensare al caso di un ufficiale giudiziario che, nell'eseguire contro Bianco il diritto di Rosso al rilascio del Fondo Corneliano, trasferisca a Rosso anche il possesso di una parte del Fondo Serviano appartenente a Verde; oppure si può pensare al caso di un ufficiale giudiziario che, nell'eseguire contro Caio il diritto di Tizio, ad es. alla consegna di una cosa determinata nei confronti di Caio, consegni a Tizio una cosa di Sempronio (ma è chiaro che in questo caso anche Caio potrebbe far valere, con l'opposizione ex art. 615, il superamento del limite oggettivo del titolo) (121). O, ancora, si può pensare al caso in cui il giudice dell'esecuzione, nel determinare le modalità dell'esecuzione di fare ai termini dell'art. 612, o l'ufficiale giudiziario nell'attuarle, investano erroneamente, col provvedimento o con la sua attuazione, il bene di un terzo (122). Con riguardo, invece, all'eventualità che nelle espropriazioni vengano pregiudicati diritti del terzo non reali, ma personali, si può pensare, sotto il profilo del margine lasciato dall'art. 2915, 2° comma, c.c., ai diritti potestativi all'annullamento o alla rescissione (123).

L'opposizione di cui trattasi – che non è proponibile prima del pignoramento (124) – non è assoggettata a termini di preclusione. Tuttavia, la necessità di

---

l'opposizione ex art. 615, che peraltro avrebbe incontrato i limiti determinati dalla permanente pendenza del giudizio di merito.

(120) V. C. PUNZI, *La tutela*, cit., p. 177; in precedenza, G. BORRÈ, *L'esecuzione forzata*, cit., p. 420; F.P. LUISO, *L'esecuzione*, cit., p. 406; R. METAFORA, *L'opposizione*, cit., p. 322; L. DURELLO, *Contributo*, cit., p. 285.

(121) Cfr. C. MANDRIOLI, *In tema di opposizione del terzo*, cit., p. 182; L. MONTESANO, in *Riv. trim. dir. e proc. civ.*, 1987, p. 939.

(122) Cfr. G. BORRÈ, *L'esecuzione forzata*, cit., pp. 303, 304. Questo A. fa l'esempio dell'abbattimento di un edificio diverso da quello indicato nella sentenza di condanna; nonché l'esempio dell'ordinanza determinativa delle modalità dell'esecuzione (ai termini dell'art. 612) che indica per una costruzione un luogo, costruendo sul quale rimane violato il diritto di un terzo alla distanza legale. Per identiche conclusioni Cass. sez. un. 23 gennaio 2015 n. 1238, già richiamata nella nota 8.

(123) Sul punto, v. soprattutto V. ANDRIOLI, *Commento*, III, cit., p. 364 e C. PUNZI, *La tutela*, cit., p. 197. Va peraltro rilevato che si tratta di diritti che, sebbene non «reali», sono ad efficacia reale. Secondo Cass. 4 novembre 1982 n. 5789 il riferimento della norma ai diritti reali avrebbe carattere «esemplificativo»; su questa base è stato qualificato come opposizione ex art. 619 la contestazione del terzo circa i poteri di chi ha reso la dichiarazione ex art. 547 (Cass. 5 maggio 1982 n. 2824).

(124) Ciò si evince dalla lettera della legge (che parla di «beni pignorati»), oltre che dalla funzione dell'istituto (R. METAFORA, *L'opposizione*, cit., p. 312; L. DURELLO, *Contributo*, cit., p. 278).

tener conto dei diritti di coloro che, per effetto dell'espropriazione, siano divenuti acquirenti delle cose pignorate, pone un limite alla funzionalità dell'opposizione, a partire dal momento della vendita o dell'assegnazione (art. 619, 1° comma); non che l'opposizione in discorso non possa essere proposta anche dopo tale momento (c.d. opposizione tardiva); solo che, in tal caso, gli eventuali diritti del terzo non possono essere fatti valere che sulla somma ricavata (art. 620) e naturalmente se ed in quanto questa somma non sia stata ancora distribuita (125).

L'*iter* procedimentale è presso a poco il medesimo contemplato per l'opposizione all'esecuzione dopo l'inizio dell'esecuzione stessa: ricorso al giudice dell'esecuzione, fissazione con decreto, da parte di quest'ultimo, dell'udienza di comparizione delle parti – che sono, oltre al terzo, anche, necessariamente, il creditore e il debitore (126) – davanti a sé (udienza che per l'art. 185 disp. att., si svolge con le forme del procedimento camerale e che perciò concreta anche qui

---

Nelle esecuzioni in forma specifica il termine iniziale è determinato dall'atto equivalente, ossia il primo atto dell'ufficio successivo alla notificazione del titolo e del precetto: quello stesso atto che segna l'inizio dell'esecuzione anche agli effetti delle modalità di proposizione delle opposizioni del debitore (v. i due paragrafi precedenti).

(125) Le concrete possibilità di esercitare utilmente l'opposizione dopo la vendita (o comunque dopo la data fissata per la prima asta del bene sottoposto a vendita forzata: Cass. 30 novembre 2010 n. 24271) o comunque di reazione da parte del terzo, emergono dalla coordinazione tra la disciplina processualistica (disposto dell'art. 620 e i principi generali che escludono la proponibilità di un'opposizione nel processo esecutivo dopo che questo processo è pervenuto al suo termine) e la disciplina che il codice civile dedica agli effetti della vendita e dell'assegnazione, facendo perno sulla buona o mala fede dell'acquirente e dell'assegnatario (artt. 2919 e 2920 c.c.). Da tale coordinazione risulta che se l'acquirente ha acquistato *in buona fede*, il terzo può esercitare l'opposizione *de qua* sul prezzo ricavato fino a quando sia avvenuta la distribuzione; dopo di che, può solo agire per i danni contro il creditore procedente in mala fede. Se invece l'acquirente ha acquistato *in mala fede*, il terzo può anche rivendicare la cosa, ma si tratterebbe di iniziativa ormai estranea al processo esecutivo.

La norma in esame si riferisce solo alle cose mobili, poiché rispetto alle cose immobili la disciplina sostanziale a monte non fa perno sulla buona fede (come appunto l'art. 2920 c.c.), ma sul momento della trascrizione e conseguente eventuale inefficacia della vendita ai termini dell'art. 2914 c.c. D'altra parte, il terzo che subisce l'espropriazione nonostante l'inefficacia del pignoramento nei suoi confronti sarebbe legittimato a proporre l'opposizione all'esecuzione e non l'opposizione di cui trattasi (v. retro, in questo §, al richiamo della nota 119 e nella nota stessa e § 36, nota 8); mentre, dopo l'aggiudicazione ed il decreto di trasferimento, il terzo estraneo alla procedura esecutiva può agire in via autonoma per far prevalere il proprio diritto reale immobiliare nei confronti del debitore originario, del creditore procedente e degli eventuali aggiudicatari del bene oggetto del suo diritto, atteggiandosi tale azione come rivendicazione, con efficacia di giudicato, del bene immobile pignorato ed aggiudicato nei confronti del debitore o degli eventuali aggiudicatari (Cass. 13 novembre 2012 n. 19761).

(126) Sulla necessità di questo litisconsorzio v., ad es., Cass. 22 giugno 1999 n. 6333, che precisa che, se il difetto è rilevato in cassazione, determina la cassazione con rinvio; Cass. 19 marzo 1992 n. 3454 e, con riguardo al debitore e alle eccezioni che può proporre, Cass. 5 gennaio 1994 n. 68. Non è, invece, litisconsorte il comproprietario non esecutato (Cass. 1° aprile 1994 n. 3170). In proposito v. anche L. DURELLO, *Contributo*, cit., p. 274 e ss.

una prima fase camerale) e del termine perentorio per la notificazione del ricorso e del decreto (art. 619, 2° comma) (127).

All'udienza, se le parti non raggiungono un accordo, il giudice provvede ai sensi dell'art. 616; così richiamando la norma che disciplina l'intero procedimento di opposizione all'esecuzione, compresa l'impugnabilità con l'appello della sentenza che decide su quest'opposizione. Avremo, quindi, la fissazione di un termine perentorio per l'introduzione del giudizio, previa iscrizione della causa a ruolo e osservati i termini di cui all'art. 163 bis ridotti a metà, quando è competente l'ufficio giudiziario al quale appartiene il giudice dell'esecuzione o, in caso contrario, la fissazione di un termine sempre perentorio per la riassunzione della causa davanti all'ufficio giudiziario competente per valore (art. 619, 3° comma); il tutto, previo eventuale provvedimento di sospensione della vendita (arg. ex artt. 620 e 624) (128).

Ove, invece, le parti raggiungano un accordo, lo stesso art. 619 stabilisce che «*il giudice ne dà atto adottando ogni altra decisione idonea ad assicurare, se del caso, la prosecuzione del processo esecutivo, ovvero ad estinguere il processo, statuendo altresì, in questo caso, anche sulle spese*».

Abbiamo accennato sopra che l'eventuale acquiescenza del debitore alle pretese del terzo non può essere ritenuta sufficiente, stante il pericolo di collusione tra il debitore e il terzo per frustrare l'esecuzione. Ancora con l'occhio rivolto a questo pericolo, il legislatore pone dei limiti severi ai mezzi di prova di cui il terzo può servirsi per provare il diritto da lui vantato. Più precisamente, l'art. 621 nega al terzo opponente la possibilità di provare con testimoni (129) il suo vantato diritto sui beni mobili (non registrati) pignorati *nella casa o nell'azienda del debitore* (130). Questa disposizione – che ovviamente non concerne i presupposti di applicabilità della norma (131) – va posta in relazione col rilievo che la

---

(127) Ma il raggiungimento dello scopo può rendere valida l'opposizione proposta con altre forme (Cass. 2 agosto 1986 n. 4966).

(128) Cfr. Cass. 24 settembre 1990 n. 9682.

(129) E quindi neppure con presunzioni semplici (art. 2729, 2° comma, c.c.).

(130) Solo in questa ipotesi, infatti, opera la presunzione (*juris tantum*) di appartenenza al debitore. In mancanza di questa presunzione, il terzo è onerato a provare che il bene è di sua proprietà (Cass. 12 marzo 2005 n. 5467, in *Giur. it.*, 2005, p. 2117, con nota di P.L. NELA). «*Casa del debitore*», agli effetti di questa norma, è quella nella quale il debitore dimora in linea di fatto, indipendentemente dalla natura del titolo sul quale tale dimora si fonda, purché si tratti di dimora abituale o, almeno, tendenzialmente stabile, esclusa la temporanea ospitalità in casa altrui (cfr., ad es., Cass. 25 gennaio 1979 n. 579). Ne deriva che quando in una casa convivano più persone, tutti i beni ivi esistenti possono essere pignorati per i debiti di ciascuno (Cass. 14 giugno 1982 n. 3626). Analogamente deve dirsi per l'«*azienda del debitore*», espressione, questa, da intendersi in senso ampio, comprensivo, ad es., dello studio professionale (v. anche, in motivazione, Cass. 16 aprile 1984 n. 2439, in *Giur. it.*, 1985, I, 1, 971).

(131) Ad es., il fatto che le cose siano state pignorate in luogo diverso dalla casa del debitore o l'attività professionale o artigiana che rende verosimile la presenza di cose del terzo presso il debitore (Cass. 20 maggio 1987 n. 4616; Cass. 16 aprile 1957 n. 1285).

stessa presenza di tali beni in luoghi appartenenti al debitore crea una sorta di presunzione di appartenenza a quest'ultimo, presunzione che il legislatore considera superabile con atto scritto avente *data certa* anteriore al pignoramento (art. 2914, n. 4, c.c.) o attraverso testimoni, ma soltanto in presenza di *particolari circostanze inerenti alla professione o al commercio esercitati dal terzo o dal debitore*, circostanze che rendono verosimile la suddetta presenza di cose del terzo presso il debitore (132). E pertanto, solo in quest'ultimo caso il codice consente al terzo la prova per testimoni (133). Va, d'altra parte, tenuto presente che il terzo ha l'onere di provare i fatti costitutivi non solo della sua proprietà (o altro diritto reale) (134) sulle cose pignorate, ma anche dell'avvenuto affidamento di esse al debitore (135).

---

(132) Il riferimento alla professione e al commercio è di solito considerato comprensivo anche del mestiere o dell'arte. Si può pensare al caso del debitore che ha ricevuto in affidamento cose altrui per lavorarle, ripararle o anche solo custodirle (Cass. 6 novembre 1986 n. 6492). Si può anche pensare all'esercizio della pensione limitatamente alle cose inerenti all'esercizio di tale attività; non così nel caso dell'albergo, rispetto al quale manca il requisito della stabilità della dimora (cfr. G. TARZIA, *L'oggetto dell'espropriazione*, cit., p. 203). Il contratto di locazione dei mobili pignorati tra il debitore e il terzo pignorato può essere valutato sotto questo profilo insieme ad altri elementi (Cass. 18 aprile 1996 n. 3664; Cass. 6 marzo 1986 n. 1478, ma non è, per se stesso, sufficiente per vincere la presunzione: Cass. 29 agosto 1994 n. 7564).

(133) C. Cost. 5 novembre 1986 n. 233 (in *Foro it.*, 1987, I, 7) e C. Cost. 7 luglio 1995 n. 307 (*ivi*, 1996, I, 1980, con nota critica di G. FABBRINI TOMBARI), hanno respinto l'eccezione di incostituzionalità di questa norma con riguardo alla verosimiglianza determinata dalla qualità di genitore convivente col debitore.

(134) Sia quando il pignoramento sia avvenuto in casa del debitore, sia quando sia avvenuto altrove (Cass. 20 dicembre 2021 n. 40751). Va esclusa, perciò, l'esperibilità dell'opposizione di terzo da parte del promissario acquirente dell'immobile pignorato, anche laddove abbia trascritto il contratto preliminare prima del pignoramento (Cass. 23 novembre 2017 n. 27888, in *Foro it.*, 2018, I, 2832).

(135) Cfr. Cass. 16 novembre 2000 n. 14873; in precedenza, Cass. 19 aprile 1973 n. 1139. Questo insegnamento è tutt'altro che univoco perché, da un lato, non manca chi prospetta la tesi secondo cui occorrerebbe provare soltanto l'affidamento (S. SATTA, *Commentario*, III, cit., p. 494), mentre, dall'altro lato, la stessa Cassazione mostra delle perplessità, talora insegnando che l'onere della prova dell'affidamento non grava sul terzo opponente congiunto e convivente col debitore (Cass. 16 dicembre 1968 n. 3999, in *Giur. it.*, 1970, I, 1, 148), talora ribadendo e precisando che la prova dell'affidamento non è sufficiente per fondare l'opposizione, perché il diritto alla restituzione (in forza di locazione, comodato o altro rapporto) non postula necessariamente la proprietà del locatore o comodante (Cass. 24 aprile 1998 n. 4222; Cass. 16 maggio 1968 n. 1532, in *Giur. it.*, 1970, I, 1, 628), e talora, infine, affermando che la limitazione probatoria in discorso concerne solo la proprietà del terzo (Cass. 1° febbraio 1968 n. 336, in *Foro it.*, 1968, I, 953). Per un approfondito esame dell'argomento, v. F. BUCOLO, *La sospensione*, II, cit., p. 769.

Le pronunce della Cassazione mettono in evidenza che il terzo ha l'onere di provare, oltre all'affidamento al debitore per titolo diverso dalla proprietà o altro diritto reale, anche la spettanza del diritto reale reclamato, senza tuttavia che quest'onere sia soggetto ai rigorosi principi disciplinanti la rivendicazione, trattandosi solo di vincere la presunzione *juris tantum* di appartenenza (Cass. 4 luglio 1979 n. 3807, in *Giur. it.*, 1981, I, 1, 1352); che quando la prova dell'affidamento risulta da una scrittura tra il debitore e l'opponente, questa fa piena prova contro il terzo creditore

Ancora sotto l'impulso di preoccupazioni analoghe, il legislatore aveva disposto, all'art. 622, l'improponibilità dell'opposizione in discorso da parte della moglie convivente col debitore relativamente ai beni mobili pignorati nella casa di lui, tranne che in determinate ipotesi. Ma questa norma è stata dichiarata incostituzionale dalla Corte costituzionale con la sentenza 143/1967 (136) in quanto lesiva del principio della parità della condizione giuridica dei coniugi. L'opposizione della moglie, che è conseguentemente divenuta proponibile, si assimila così all'opposizione di qualsiasi altro terzo anche con riguardo ai limiti probatori di cui all'art. 621 (137).

L'accoglimento dell'opposizione implica ovviamente il prevalere dei diritti del terzo opponente su quelli del creditore procedente e dei terzi intervenuti (138).

---

se non disconosciuta dalle parti o non fatta oggetto di querela di falso (Cass. 19 settembre 1979 n. 4811); che la prova documentale della proprietà deve avere data certa anteriore al pignoramento (Cass. 19 settembre 1979 n. 4811); che, infine, la dimostrazione da parte del terzo opponente che il debitore non abitava nella casa ove è avvenuto il pignoramento fa venire meno la presunzione di appartenenza al debitore esecutato, ma non esonera il terzo non convivente dalla prova dell'esistenza di un suo diritto reale sulle cose pignorate (Cass. 24 maggio 1984 n. 3193).

(136) La si può vedere in *Riv. dir. proc.*, 1968, p. 592, con nota di G. TARZIA.

(137) Anche la moglie può pertanto provare con tutti i mezzi, escluse soltanto la prova testimoniale e le presunzioni, l'appartenenza ad essa dei beni prima del matrimonio o il loro acquisto durante il matrimonio (Cass. 16 aprile 1984 n. 2459; Cass. 15 marzo 1976 n. 945, in *Arch. civ.*, 1976, 1013, la quale precisa che in questo caso non sussiste anche l'onere di provare di aver affidato i beni al debitore, dovendosi ciò presumere in considerazione della coabitazione).

(138) Nel caso di più pignoramenti riuniti, tale prevalenza resta tuttavia limitata all'oggetto del pignoramento contro il quale è stata proposta l'opposizione senza estendersi agli altri (Cass. 6 marzo 2001 n. 3256, in *Riv. es. forz.*, 2002, p. 119, con nota di C. CROCI).

CAPITOLO VI

SOSPENSIONE ED ESTINZIONE DEL PROCESSO ESECUTIVO

SOMMARIO: 39. La sospensione dell'esecuzione forzata. – 40. L'estinzione del processo esecutivo.

39. *La sospensione dell'esecuzione forzata.*

La sospensione dell'esecuzione forzata (1) produce conseguenze praticamente analoghe a quelle prodotte dalla sospensione del processo di cognizione (su cui v. vol. II, § 63). Anche qui la sospensione dà luogo ad un arresto della sequenza degli atti processuali. Quando il processo è sospeso – dice l'art. 626, riecheggiando l'art. 298 – nessun atto esecutivo può essere compiuto, salva diversa disposizione del giudice dell'esecuzione (2).

Diverso è (o può essere), invece, il fenomeno che costituisce la ragione della sospensione. Mentre nel processo di cognizione tale ragione sta sempre (e salvi

---

(1) In generale sull'argomento, v. C. FURNO, *La sospensione del processo esecutivo*, Milano, 1956; F. BUCOLO, *La sospensione nell'esecuzione*, Milano, 1972; A. BONSIGNORI, *L'esecuzione forzata*, cit., p. 339; F.P. LUISO, *Sospensione dell'esecuzione (dir. proc. civ.)*, in *Enc. Giur. Treccani*, XXIX, Roma, 1993; G.L. BARRECA, *La riforma della sospensione del processo esecutivo e delle opposizioni all'esecuzione e agli atti esecutivi*, in *Riv. es. forz.*, 2006, p. 653; A. MICCO, *La sospensione del processo esecutivo, ivi*, 2007, p. 291; R. METAFORA, *Sospensione dell'esecuzione*, in *Dig. civ.*, Agg., II, Torino, 2007, p. 1224; B. CAPPONI, *Inibitorie e sospensioni nell'esecuzione forzata*, in *Riv. es. forz.*, 2009, p. 389; ID., *Manuale*[4], cit., p. 421; ID., *Misure interinali contro l'esecuzione forzata*, in *Riv. trim. dir. e proc. civ.*, 2015, p. 611; F. TOMMASEO, *L'esecuzione forzata*, cit., p. 305; D. LONGO, *La sospensione nel processo esecutivo*, in *L'esecuzione forzata riformata*, a cura di G. MICCOLIS e C. PERAGO, Torino, 2009, p. 643; F. RUSSO, *La sospensione del processo esecutivo*, Roma, 2012; V. BATTAGLIA, *Spunti per una sistemazione dei rimedi sospensivi nell'esecuzione forzata*, in *Riv. es. forz.*, 2013, p. 558; F. COSSIGNANI, *L'art. 624 c.p.c. dopo la L. n. 69/2009: i nuovi interrogativi e le questioni irrisolte*, in *Giur. it.*, 2014, p. 1035; M. CIRULLI, *La sospensione del processo esecutivo*, Milano, 2015; C. VELLANI, *La sospensione dell'esecuzione*, I, Milano, 2012 e II, Torino, 2017; D. LONGO, *Contributo allo studio della sospensione nel processo esecutivo*, I, Pisa, 2018; A. TEDOLDI, *Esecuzione forzata*, cit., p. 405.

(2) Sulla latitudine di questa riserva si soffermano in modo analitico A. CRIVELLI-R. METAFORA, *Atti, provvedimenti e custodia durante la sospensione del processo esecutivo*, in *Riv. es. forz.*, 2020, p. 11.

solo i casi di sospensione su accordo delle parti) nel fatto che il giudizio in corso dipende dall'esito di un altro giudizio (pregiudizialità), nel processo esecutivo la ragione della sospensione solo eccezionalmente consiste nel suddetto rapporto di pregiudizialità (tipico il caso, visto al § 31, della sospensione dell'espropriazione dei beni indivisi fino all'esito del giudizio di divisione: art. 601, 1° comma) (3). Di solito, nel processo esecutivo, tale ragione sta nel fatto che in un giudizio di cognizione in corso (in sede di opposizione o anche di impugnazione: ad es., quando è in corso l'appello contro una sentenza provvisoriamente esecutiva) è in contestazione l'esistenza dell'azione esecutiva o la legittimità delle modalità con le quali si sta svolgendo l'esecuzione. La quale contestazione potrebbe in ipotesi concludersi con una pronuncia di totale o parziale inesistenza dell'azione o di illegittimità dell'esecuzione. Di fronte a questa eventualità – il cui grado di probabilità dovrà essere valutato caso per caso – si delinea il pericolo che la prosecuzione dell'esecuzione comprometta la situazione di fatto in modo irreparabile o difficilmente riparabile. Di qui l'opportunità di un arresto provvisorio dell'esecuzione fino alla definizione del giudizio di cognizione. Non si tratta, dunque, di ragioni di necessità più o meno imposta dalla priorità logica; si tratta solo di ragioni di opportunità che stanno palesemente in relazione con finalità di natura genericamente cautelare (4).

Nell'occuparci delle singole opposizioni nel processo esecutivo, abbiamo avuto occasione di mettere in evidenza come proprio l'opportunità di offrire uno strumento per l'eventualità della sospensione dell'esecuzione abbia talora guidato il legislatore nel configurare l'*iter* introduttivo delle opposizioni stesse. Abbiamo più precisamente visto che tale *iter* (quando l'esecuzione sia già iniziata, poiché in caso contrario il problema non si pone) è strutturato in modo da far sì che quel medesimo organo giudiziario (il giudice dell'esecuzione) al quale è affidata la prima trattazione del giudizio di opposizione – ed è perciò in grado di valutarne, sia pure sommariamente, la fondatezza o meno – abbia al tempo stesso i poteri inerenti allo svolgimento (e quindi anche alla sospensione) del processo esecutivo.

In questa cornice va vista la disposizione, di portata generale, dell'art. 623, secondo la quale *l'esecuzione non può essere sospesa che con provvedimento del giudice dell'esecuzione*. Va anche osservato che la norma in esame premette una salvezza, pure di portata generale, per l'ipotesi che *la sospensione sia disposta dalla legge* (come accade, ad es., ai sensi dell'art. 601, in caso di espropriazione di beni indivisi: v. retro, § 31) *o dal «giudice davanti al quale è impugnato il titolo esecutivo»*, con un evidente riferimento ai casi d'impugnazione, in senso pro-

(3) Per le ipotesi del tutto eccezionali nelle quali potrebbe prospettarsi l'applicazione della sospensione necessaria di cui all'art. 295 c.p.c. anche nel processo esecutivo v. M.C. VANZ, *Sospensione necessaria per pregiudizialità e processo esecutivo: spigolature a margine*, in *Riv. es. forz.*, 2020, p. 1002.

(4) Cfr. F. BUCOLO, *La sospensione*, I, cit., p. 99; D. LONGO, *Contributo*, cit., p. 209.

prio, dei provvedimenti giudiziari che siano già esecutivi, ma non ancora passati in giudicato (v. vol. II, § 59). Sono tipici i casi di cui agli artt. 283 (potere di sospensione del giudice di secondo grado in pendenza di appello), 373 (potere di sospensione del giudice di secondo grado in pendenza di ricorso per cassazione), 401 (potere di sospensione del giudice della revocazione), 407 (potere di sospensione del giudice dell'opposizione di terzo); tutti casi (5) caratterizzati dal fatto che il giudice dell'impugnazione ha il potere di sottrarre al provvedimento l'efficacia esecutiva, in modo tale che l'esecuzione non potrebbe essere iniziata, mentre, qualora fosse già stata iniziata, essa rimarrebbe sospesa per effetto di tale sottrazione (6) così come rimarrebbe sospeso il termine del precetto (7).

---

(5) Per ciascuno dei quali si può utilmente vedere la trattazione di F. BUCOLO, *La sospensione*, cit., p. 179, anche con riguardo ai problemi delle interferenze tra i poteri del giudice del gravame e quelli del giudice dell'esecuzione anche in sede di opposizione; in proposito v. anche P. VITTORIA, *L'inibitoria del titolo esecutivo e la sospensione dell'esecuzione ex art. 624 c.p.c.*, in *Riv. es. forz.*, 2010, p. 381. Al riguardo, si può dire, in sintesi, che dopo l'inizio dell'esecuzione la sospensione dell'esecuzione può essere disposta solo dal giudice dell'esecuzione (art. 623) e che la sospensione va chiesta al giudice dell'impugnazione (con conseguente esclusione dei poteri del giudice dell'opposizione), quando i motivi per i quali viene chiesta siano dedotti o deducibili con l'impugnazione stessa (Cass. 29 gennaio 2014 n. 1984). Così, ad es., se l'istanza di sospensione si fonda su fatti sopravvenuti, dovrà essere proposta al giudice dell'appello ai termini dell'art. 283, ma non al giudice di secondo grado a seguito della proposizione del ricorso per cassazione; in tal caso essa non potrà essere proposta che in sede di opposizione al giudice dell'esecuzione. In ogni caso, quando il giudice dell'impugnazione sospende l'efficacia esecutiva o l'esecuzione, il giudice dell'esecuzione deve prenderne atto e disporre, a sua volta, la sospensione ai sensi dell'art. 623 (Cass. 4 giugno 2013 n. 14048).

(6) Così anche Cass. 17 ottobre 2019 n. 26285. Lo stesso effetto si produce laddove la sospensione riguardi il titolo esecutivo di un creditore intervenuto, che si sia surrogato al creditore procedente ma rinunciatario (Cass. 18 gennaio 2012 n. 689, in *Guida al dir.*, 2012, n. 8, p. 38, con nota di M. PISELLI). Tuttavia, in caso di pluralità di creditori non si può avere sospensione parziale del processo esecutivo (Trib. Matera 6 agosto 2019, in *Giur. it.*, 2020, p. 601, con nota di G. PARISI; sul tema v. anche G. MASTROGIOVANNI, *Profili della sospensione parziale del processo esecutivo ecc.*, in *Riv. es. forz.*, 2019, p. 824).

Prima dell'inizio dell'esecuzione non è possibile sospendere un processo che ancora non pende, ma *sussiste un'esigenza di tutela che può soddisfarsi con l'esercizio del potere di sospendere l'esecutorietà del titolo* (per la distinzione tra questi due fenomeni, v. B. CAPPONI, *Inibitorie e sospensioni*, cit., p. 392), che il 1° comma dell'art. 615 attribuisce al giudice dell'opposizione al precetto (v. retro, § 36, al richiamo della nota 31 e nella nota stessa), così concretando un'ulteriore ipotesi di quella salvezza alla quale si riferisce l'inizio dell'art. 623 e che costituisce l'oggetto dei rilievi compiuti nel testo (v. anche Cass. 13 aprile 2015 n. 7364, in *Giur. it.*, 2015, p. 2111, con nota di G. ANANIA, in *Riv. es. forz.*, 2016, p. 73, con nota di D. LONGO, e in *Corr. giur.*, 2016, p. 546, con nota di S. GIULIANI e *ibidem*, p. 695, con nota di R. DONZELLI, per la quale, comunque, anche in tal caso il processo esecutivo si estingue ove non venga instaurato tempestivamente il giudizio di merito; App. Torino 27 settembre 2013, in *Corr. giur.*, 2014, p. 557, con nota di C. ONNIBONI; Trib. Venezia 19 aprile 2007, in *Giur. it.*, 2007, p. 2533).

Essendo oggi prevista la sospensione dell'efficacia esecutiva del titolo attraverso l'opposizione al precetto, non può esservi spazio a tal fine per l'utilizzabilità dell'art. 700 (Trib. Piacenza 17 gennaio 2011, in *Giur. it.*, 2011, p. 1859). V., sul punto, B. CAPPONI, *Alcuni problemi su contraddittorio e processo esecutivo*, in *Riv. es. forz.*, 2001, p. 28; C. ONNIBONI, in *Giur. it.*, 2002, p. 504;

L'art. 624 prevede, poi, più dettagliatamente, la sospensione a seguito della proposizione delle opposizioni ex artt. 615 (8) e 619 (9), enunciando che a ciò provvede, concorrendo gravi motivi (10), il giudice dell'esecuzione, mentre nel caso di competenza del giudice di pace prevale la tesi che la domanda vada proposta al tribunale (11).

Sebbene l'art. 624 ometta qualsiasi riferimento all'opposizione agli atti esecutivi, ciò non significa che quella opposizione non possa dar luogo a sospensione (12). In tal caso, infatti, soccorre il potere che l'art. 618 attribuisce, come si è visto, al giudice dell'esecuzione, una volta proposta l'opposizione, di pronunciare «i provvedimenti che ritiene indilazionabili ovvero *sospende la procedura*» (13). Mentre, d'altra parte, il fatto stesso della proposizione dell'opposizione agli atti esecutivi sospende il decorso del termine di efficacia del pignoramento (art. 628).

Il 2° comma dell'art. 624 aggiunge che «*contro l'ordinanza che provvede sull'istanza di sospensione è ammesso reclamo ai sensi dell'art. 669-terdecies*». Ciò, attesa la natura *lato sensu* cautelare di tale ordinanza (14). Questa disposizione –

F. DANOVI, *Note sui rapporti tra opposizione a precetto, sospensione e inibitoria dell'esecuzione*, in *Riv. es. forz.*, 2003, p. 254.

(7) Cfr. Cass. 10 aprile 2008 n. 9360, in *Guida al dir.*, 2008, n. 27, p. 79.

(8) Proposta ai sensi sia del 1° che del 2° comma (v. anche più avanti nel testo).

(9) Comprese le controversie che sorgono in sede di distribuzione della somma ricavata (v. § 19 in fine).

(10) Come, ad es., l'accertata opponibilità della locazione all'acquirente del bene pignorato (Trib. Roma 20 ottobre 2011, in *Riv. es. forz.*, 2011, p. 499, con nota di R. TISCINI).

(11) Cfr. R. ORIANI, *La sospensione dell'esecuzione (sul combinato disposto degli artt. 615 e 624 c.p.c.)*, in *Riv. es. forz.*, 2006, p. 228. Tuttavia, nel senso che in questo caso il giudice di pace abbia anche il potere di disporre la sospensione dell'efficacia esecutiva del titolo, Trib. Cassino 5 novembre 2015, in *www.ilcaso.it*.

(12) Prima delle ultime riforme, in questo senso F. BUCOLO, *La sospensione*, cit., p. 657. D'altra parte neppure erano mancati i sostenitori della tesi opposta, secondo la quale la stessa proposizione dell'opposizione sospenderebbe *de jure* il processo esecutivo (così C. FURNO, *La sospensione*, cit., p. 121).

(13) Secondo la dottrina e la giurisprudenza maggioritarie, anche questi provvedimenti sono reclamabili ex art. 669 terdecies, nonostante il silenzio del legislatore (R. ORIANI, *Titolo esecutivo, opposizioni, sospensione dell'esecuzione*, in *Foro it.*, 2005, V, 111; R. METAFORA, *Sospensione dell'esecuzione*, cit., p. 1209; F. COSSIGNANI, *L'art. 624 c.p.c.*, cit., p. 1040; C. VELLANI, *La sospensione*, cit., II, p. 101; M. CIRULLI, *La sospensione*, cit., p. 458; D. LONGO, *Contributo*, cit., p. 312; Cass. 29 febbraio 2016 n. 3892; Cass. 10 luglio 2013 n. 17081).

(14) Dalla quale si è desunta anche l'applicabilità degli artt. 669 novies e decies (R. ORIANI, *Titolo esecutivo*, cit., 110; ID., *La sospensione*, cit., p. 218). Nel più ampio studio successivo citato retro, alla nota 11, lo stesso R. ORIANI allarga l'ambito di applicabilità della disciplina dei procedimenti cautelari che consegue alla natura cautelare del provvedimento *de quo*, dimostrando l'applicabilità dell'art. 669 quater, 2° comma, dell'art. 669 sexies, dell'art. 669 septies e, ancora, degli artt. 669 novies, decies e undecies, con le relative implicazioni, tra le quali la possibilità di imporre una cauzione anche nel caso di sospensione dell'efficacia esecutiva (*op. cit.*, p. 223); ma, opinioni

sia per ragioni di carattere testuale e sia per l'assenza di una plausibile ragione nel diverso trattamento dell'una ipotesi di sospensione rispetto all'altra (15) – riguarda anche il provvedimento di sospensione dell'efficacia esecutiva del titolo, chiesta e ottenuta nel caso di opposizione al precetto ex art. 615, 1° comma, come hanno riconosciuto anche le sezioni unite della Cassazione (16). Così come si applica, secondo quel che già rilevammo a suo luogo (§ 19), anche al provvedimento di cui all'art. 512, 2° comma, di sospensione della distribuzione del ricavato.

D'altro canto, la prevista reclamabilità dell'ordinanza in questione (17) esclude la possibilità di esperire qualsiasi altra forma di impugnazione, come l'opposizione agli atti esecutivi (18), il regolamento di competenza previsto dall'art. 42 c.p.c. (19) e il ricorso straordinario per cassazione ai sensi dell'art. 111 Cost. (20),

---

in parte diverse sono espresse da D. LONGO, *Contributo*, cit., p. 329; G.L. BARRECA, *La riforma*, cit., p. 667; M. PILLONI, *Estinzione dei giudizi di opposizione esecutiva e ripercussioni sull'esecuzione in atto*, in *Riv. es. forz.*, 2018, p. 77. Invece, nel senso che il provvedimento che neghi la sospensione avrebbe attitudine a definire tale vicenda e dunque debba contenere anche la regolamentazione delle spese, oltre che, eventualmente, anche la condanna del debitore opponente ai sensi dell'art. 96, 3° comma (v. § 53 del vol. I), v. Trib. S.M. Capua Vetere 20 gennaio 2012, in *Corr. giur.*, 2012, p. 815, annotata criticamente da G. VERDE; mentre, sulla natura cautelare anticipatoria, Trib. Lecce 4 dicembre 2014, *ivi*, 2015, p. 539, con commento critico di B. CAPPONI.

L'eventuale ordinanza sospensiva del giudice dell'esecuzione successiva a quella del giudice dell'impugnazione sarebbe inclusa nella portata dell'art. 624 e sarebbe perciò reclamabile ai sensi del 2° comma di detto articolo (App. Torino 27 settembre 2013, cit. retro, alla nota 6; Trib. Padova 22 febbraio 2007, in *Riv. es. forz.*, 2007, p. 545, con nota di C. PETRILLO). Questa nota commenta anche Trib. Roma, 6 ottobre 2006 (*loc. cit.*) che nega l'impugnabilità (per assenza della natura cautelare) ad un'ordinanza sospensiva del giudice innanzi al quale era stato impugnato un lodo arbitrale.

(15) Così anche Trib. Torino 31 agosto 2012, in *Giur. it.*, 2013, p. 1879; Trib. Reggio Emilia 27 aprile 2010, in *Giur. merito*, 2010, p. 2150; Trib. Nola 12 dicembre 2008, *ibidem*, p. 68; Trib. Genova 5 aprile 2007, *ivi*, 2008, p. 2232; Trib. Mondovì 18 settembre 2006 e Trib. Lecco 6 luglio 2006, *ivi*, 2006, p. 2672.

(16) Cass. sez. un. 23 luglio 2019 n. 19889, già richiamata retro, alla nota 31 del § 36. La presa di posizione delle sezioni unite consente di superare i contrapposti orientamenti che si registrano nella giurisprudenza di merito (v., ad es., da un lato, Trib. Savona 16 ottobre 2012, in *Giur. it.*, 2013, p. 1879; Trib. Milano 20 agosto 2010, in *Giur. merito*, 2010, p. 2733; dall'altro, Trib. Castrovillari 4 novembre 2014, in *Rep. Foro it.*, 2016, voce *Esecuzione in genere*, n. 140; Trib. Vicenza 5 aprile 2010, in *Riv. es. forz.*, 2010, p. 707, con note di G.L. BARRECA, B. CAPPONI, C. CONSOLO, C. PETRILLO, P. PUCCIARIELLO, B. SASSANI). Fermo, peraltro, che questa reclamabilità non interferisce con il (prevalente) potere di sospendere l'efficacia esecutiva, che spetta al giudice di appello rispetto alla sentenza di primo grado (App. Genova 26 luglio 2006, in *Giur. it.*, 2007, p. 1218).

(17) Che, evidentemente, vale anche per il provvedimento di revoca della sospensione e per quello di rigetto dell'istanza (Cass. 8 maggio 2010 n. 11243, in *Giur. it.*, 2011, p. 372, con nota critica di P.L. NELA).

(18) Cass. 13 marzo 2012 n. 3954; ma contra, a quanto pare, Cass. 5 giugno 2007 n. 13065.

(19) Cass. 11 ottobre 2016 n. 20486; Cass. 19 luglio 2016 n. 14825; Cass. sez. un. 19 ottobre 2007 n. 21860, in *Giur. it.*, 2008, p. 1466.

(20) V., *ex multis*, Cass. 10 ottobre 2019 n. 25411, in *Riv. es. forz.*, 2020, p. 407, con nota di F. TIZI; Cass. 14 giugno 2016 n. 12170; Cass. 29 febbraio 2016 n. 3892.

sebbene ne sia comunque possibile la revoca da parte dello stesso giudice dell'esecuzione (21).

Inoltre, i commi 3° e 4° dello stesso art. 624 prevedono che:

«*Nei casi di sospensione del processo disposta ai sensi del 1° comma, se l'ordinanza non viene reclamata o viene confermata in sede di reclamo* (22), *e il giudizio di merito non è stato introdotto nel termine perentorio assegnato ai sensi dell'articolo 616, il giudice dell'esecuzione dichiara, anche d'ufficio, con ordinanza, l'estinzione del processo e ordina la cancellazione della trascrizione del pignoramento, provvedendo anche sulle spese* (23). *L'ordinanza è reclamabile ai sensi dell'articolo 630, 3° comma.*

La disposizione di cui al 3° comma si applica, in quanto compatibile, anche al caso di sospensione del processo disposta ai sensi dell'articolo 618».

Il testo del 3° comma è chiaro nel disporre l'*estinzione del processo* che il giudice dell'esecuzione disporrà anche d'ufficio con ordinanza nei casi, nei quali l'ordinanza di sospensione del processo non sia stata reclamata o sia stata confermata in sede di reclamo, mentre, d'altra parte, il giudizio del merito non sia stato introdotto nel termine perentorio assegnato ai sensi dell'art. 616. Insieme con la disciplina di estinzione, il giudice disporrà la cancellazione della trascrizione del pignoramento, provvedendo anche sulle spese (24).

L'applicabilità di questo disposto è poi estesa, dal 4° comma, al caso di sospensione del processo disposta ai sensi dell'art. 618, in quanto compatibile (25).

---

(21) Cass. 9 maggio 2012 n. 7053; la revoca può essere anche implicita (Cass. 27 luglio 1993 n. 8378).

(22) Nelle ipotesi richiamate dal 3° comma dell'art. 624 rientrerebbe anche la sospensione disposta in sede di reclamo (Cass. 20 marzo 2017 n. 7043, in *Riv. es. forz.*, 2017, p. 674, con nota adesiva di P. LAI; Trib. Milano 18 marzo 2016, *ivi*, 2016, p. 468, con nota di C. DELLE DONNE).

L'iniziativa per la fase di merito dell'opposizione spetta al creditore, come al debitore (v., invece, nel senso che questi sarebbe privo di interesse ad agire, Trib. Salerno 17 giugno 2020, in *Giur. it.*, 2021, p. 94, con nota contraria di G. PARISI; in proposito v. anche P. LAI, *Sospensione dell'esecuzione, reclamo e interesse al giudizio di merito*, in *Riv. es. forz.*, 2017, p. 1).

(23) Ciò non vale, tuttavia, ove il giudizio di opposizione sia stato tempestivamente introdotto e poi si sia estinto (Trib. Campobasso 25 settembre 2013, in *Riv. es. forz.*, 2014, p. 167, con nota di E. VULLO).

(24) Dalla «cancellazione» decorrerà il termine per l'eventuale richiesta di equa riparazione per irragionevole durata del processo (v. oltre, il § 56) (Cass. 29 luglio 2014 n. 17210).

(25) Secondo Trib. Vibo Valentia 4 giugno 2014, in *Riv. es. forz.*, 2014, p. 592, con nota contraria di R. VACCARELLA, l'inciso «in quanto compatibile» dell'art. 624, 3° comma, non può avere altro senso che quello di rendere applicabile tale comma ai soli casi in cui all'ordinanza che dispone o nega la sospensione ex art. 618 non sia seguita l'instaurazione del giudizio di merito entro il termine stabilito, con l'esclusione pertanto delle ipotesi in cui sia mancato o vi sia stato il reclamo ex art. 669 terdecies.

Il riferimento alla «cancellazione della trascrizione del pignoramento» potrebbe indurre a ritenere che questo meccanismo possa operare solo nell'espropriazione immobiliare, ciò che, peraltro, come si è giustamente osservato (26), sarebbe in contrasto col principio di ragionevolezza.

L'art. 624 bis si occupa, poi, della possibilità di sospensione su istanza di tutti i creditori muniti di titolo esecutivo (27).

«*Il giudice dell'esecuzione* – esso dispone – *su istanza di tutti i creditori muniti di titolo esecutivo, può, sentito il debitore, sospendere il processo fino a ventiquattro mesi* (28). *L'istanza può essere proposta fino a venti giorni prima della scadenza del termine per il deposito delle offerte di acquisto o, nel caso in cui la vendita senza incanto non abbia luogo, fino a quindici giorni prima dell'incanto. Sull'istanza, il giudice provvede nei dieci giorni successivi al deposito e, se l'accoglie, dispone, nei casi di cui al 2° comma dell'art. 490, che, nei cinque giorni successivi al deposito del provvedimento di sospensione, lo stesso sia comunicato al custode e pubblicato sul sito Internet sul quale è pubblicata la relazione di stima. La sospensione è disposta per una sola volta. L'ordinanza è revocabile in qualsiasi momento, anche su richiesta di un solo creditore e sentito comunque il debitore. Entro dieci giorni dalla scadenza del termine* (29) *la parte interessata deve presentare istanza per la fissazione dell'udienza in cui il processo deve proseguire*».

«*Nelle espropriazioni mobiliari* – specifica in fine la norma – *l'istanza per la sospensione può essere presentata non oltre la fissazione della data di asporto dei beni ovvero fino a dieci giorni prima della data della vendita se questa deve essere espletata nei luoghi in cui essi sono custoditi e, comunque, prima della effettuazione della pubblicità commerciale ove disposta. Nelle espropriazioni presso terzi l'istanza di sospensione non può più essere proposta dopo la dichiarazione del terzo*».

L'art. 625 prevede, a sua volta, che sull'istanza di sospensione di cui all'art. 624 il giudice provvede con ordinanza, sentite le parti, ossia previa instaurazione di un contraddittorio (30). Soltanto nei casi urgenti, il giudice può disporre la

---

(26) A. CARRATTA, in C. MANDRIOLI-A. CARRATTA, *Come cambia il processo civile*, cit., p. 116, con la precisazione che, ovviamente, al di fuori dell'espropriazione immobiliare, non si potrà parlare di cancellazione della trascrizione del pignoramento, ma di inefficacia dello stesso.

(27) A differenza di quanto disposto per la sospensione in sede di cognizione, qui non è richiesto il consenso di tutte le parti, poiché il debitore deve solo essere sentito. D'altra parte, la sospensione può essere richiesta solo prima della vendita ed è revocabile in qualsiasi momento; ma contra P. VITTORIA, *La sospensione esterna del processo esecutivo*, in *Riv. es. forz.*, 2007, p. 411, che si sofferma sull'argomento nelle diverse sue possibili ipotesi.

(28) Ma il termine di sospensione così concesso sarebbe soggetto anche a sospensione feriale ai sensi della L. 742/1969 (Trib. Verona 27 giugno 2011, in *Giur. it.*, 2013, p. 633, con nota di G. TOTA).

(29) Termine da ritenere perentorio (Trib. Verona 27 giugno 2011, cit. alla nota precedente). Entro tale termine, comunque, la parte è tenuta solo al deposito della relativa istanza (Cass. 9 marzo 2017 n. 6015).

(30) Sul regime di impugnabilità di tale ordinanza v. retro, in corrispondenza della nota 15 e nella nota stessa.

sospensione prima di instaurare il contraddittorio, provvedendo con un decreto col quale fissa l'udienza di comparizione delle parti. All'udienza provvede poi con ordinanza (art. 625, 2° comma). Dell'*iter* per la ripresa del processo esecutivo dopo la sospensione si occupa l'art. 627 (31). Tale ripresa avviene con un atto impropriamente definito «riassunzione» in analogia col fenomeno corrispondente nel giudizio di cognizione (v. vol. II, § 65). È previsto un ricorso da inoltrarsi nel termine perentorio fissato dal giudice dell'esecuzione e, in ogni caso, *non più tardi di sei mesi dal passaggio in giudicato della sentenza di primo grado che rigetta l'opposizione* (32) o dalla sua comunicazione, se si tratta di sentenza d'appello (33), e comunque dalla cessazione degli effetti della sospensione (34), senza che ci sia bisogno di un provvedimento di revoca della sospensione (35). L'istanza è rivolta al giudice dell'esecuzione che provvede con ordinanza, la quale parrebbe reclamabile al collegio ex art. 630 (36).

40. *L'estinzione del processo esecutivo.*

Anche l'istituto dell'estinzione del processo esecutivo è stato configurato dal legislatore secondo uno schema analogo a quello proprio dell'istituto medesimo nel processo di cognizione (v. vol. II, § 65), senza che peraltro sia stato tenuto adeguatamente conto della profonda differenza strutturale dei due processi. Ciò

---

(31) Sull'argomento v. G. TOTA, *La riattivazione del processo esecutivo sospeso ai sensi dell'art. 624 bis c.p.c. Problemi applicativi*, in *Giur. it.*, 2013, p. 635.

(32) Ma tenendo presente che la sentenza di primo grado, ai sensi dell'art. 282, è immediatamente efficace dal momento della pubblicazione, e dunque il potere di riassumere il processo esecutivo sospeso, ai sensi dell'art. 627, sorge con la pubblicazione della sentenza che rigetta l'opposizione, mentre il riferimento al passaggio in giudicato individua soltanto il *dies a quo* dal quale decorre il termine ultimo per la riassunzione a pena di estinzione del processo esecutivo (Cass. 4 aprile 2017 n. 8683; Cass. 21 novembre 2011 n. 24447, in *Giust. civ.*, 2013, I, p. 746), anche quando si tratti di decisione nel merito della Cassazione resa ai sensi dell'art. 384, 2° comma (Cass. 20 ottobre 2021 n. 29188).

(33) La giurisprudenza ribadisce l'assoluta insuperabilità di questo termine entro il quale il giudice è tenuto a restare nel fissare l'udienza (Cass. 22 luglio 2004 n. 13571, in *Riv. es. forz.*, 2004, p. 806).

La dottrina è assai perplessa circa le modalità di queste forme di ripresa, che mal si addicono alle caratteristiche del processo esecutivo. Si è peraltro osservato che nonostante la differenza tra il fenomeno descritto nel testo e quello della riassunzione del processo di cognizione, sussistono anche qui i caratteri salienti della riassunzione (cfr. A. SALETTI, *La riassunzione del processo civile*, Milano, 1981, p. 88). In caso di estinzione del processo esecutivo (su cui v. il § che segue) il termine semestrale per la riassunzione decorre dal giorno in cui diviene definitiva l'ordinanza dichiarativa dell'estinzione.

(34) Cfr. Cass. 3 settembre 2007 n. 18539.

(35) Cass. 9 maggio 2012 n. 7053; Cass. 21 novembre 2011 n. 24447, cit. retro, in nota 32.

(36) Cfr. R. ORIANI, *La sospensione*, cit., p. 273.

costringe l'interprete a compiere un delicato lavoro di adattamento (37).

Occorre, anzitutto, ricordare che l'estinzione del processo di cognizione (e dunque anche del processo esecutivo) è configurata dal legislatore come un'ipotesi di fine anormale del processo stesso, per cause diverse da quella fine normale che è determinata dall'esaurimento della serie degli atti (v. vol. II, § 65). Ed inoltre, occorre tener presente che questo esaurimento della serie normale degli atti (con conseguente fine normale del processo) si verifica, nel processo esecutivo, sia nell'ipotesi che sia stato conseguito il risultato di attuazione coattiva del diritto e sia nell'ipotesi che questo non sia stato conseguito (per ragioni contingenti, come ad es., nell'espropriazione, la mancanza o l'insufficienza dei beni del patrimonio del debitore; l'irreperibilità della cosa da consegnare nell'esecuzione per consegna, ecc.).

Ciò premesso, le ragioni che possono dar luogo alla fine anormale del processo sono, anche qui, come nel processo di cognizione, di due ordini e fanno capo ai due tipi di estinzione:

a) *per rinuncia*, da compiersi, prima dell'aggiudicazione o dell'assegnazione, «personalmente» dal creditore procedente e dai creditori intervenienti (38). La rinuncia di questi ultimi è necessaria anche se l'intervento è stato tardivo, solo se essi sono muniti di titolo esecutivo (art. 629, 1° comma) (39); tuttavia, se la rinuncia avviene dopo la vendita, occorre che sia effettuata da tutti i creditori concorrenti anche non muniti di titolo (art. 629, 2° comma) (40).

Secondo la Cassazione la rinunzia non basterebbe per determinare l'estinzione del processo fino a quando non fosse dichiarata dal giudice; ciò che, peraltro,

(37) Sull'estinzione del processo in generale, v. C. CALVOSA, *Estinzione del processo civile*, in *Nss. Dig. it.*, VI, Torino, 1960, p. 944, con accenni all'estinzione del processo esecutivo a p. 990; L. BIANCHI D'ESPINOSA-A. BALDI, *Estinzione del processo*, in *Enc. dir.*, XV, Milano, 1966, p. 916; A. SALETTI, *Estinzione del processo*, in *Enc. Giur. Treccani*, XIII, Roma, 1988; B. CAPPONI, *Manuale*[4], cit., p. 465; F.S. DAMIANI, *Estinzione atipica e chiusura anticipata del processo esecutivo*, in *Giusto proc. civ.*, 2017, p. 425; G. OLIVIERI, *Note sulla chiusura atipica del processo esecutivo*, in *Riv. es. forz.*, 2020, p. 80; A. TEDOLDI, *op. cit.*, p. 427.

(38) In un termine ragionevolmente contenuto, ove il debitore abbia adempiuto il debito, salvo che il debitore non chieda espressamente l'immediata rinuncia (Cass. 21 novembre 2017 n. 27545, in *Foro it.*, 2018, I, 1319).

(39) Cass. 26 agosto 2014 n. 18227. Non è richiesta la produzione del titolo, che può avvenire fino alla fase di distribuzione del ricavato (Cass. 21 aprile 2000 n. 5366), mentre il titolo può sopravvenire finché permane l'interesse a proseguire il processo esecutivo (Cass. 26 settembre 2000 n. 12762, in *Riv. es. forz.*, 2001, p. 67, con nota adesiva di M. GATTI). Gli intervenienti privi di titolo non hanno interesse giuridicamente rilevante a dolersi dell'estinzione (Cass. 30 luglio 1986 n. 4889, in *Giust. civ.*, 1987, I, p. 114), mentre ce l'ha il subcreditore istante per la sostituzione ex art. 511 (Trib. Roma 4 agosto 2008, in *Riv. es. forz.*, 2010, p. 335, con nota di C. DELLE DONNE).

(40) In ogni caso il codice non distingue tra intervenienti tempestivi e intervenienti tardivi (Cass. 11 giugno 1987 n. 5086; Cass. 16 settembre 1980 n. 5276).

implicherebbe l'inclusione della dichiarazione nella fattispecie estintiva, in contrasto col disposto dell'art. 629, 1° comma (41).

Circa le modalità della rinuncia, lo stesso art. 629, all'ultimo comma, dichiara applicabile, in quanto possibile, la norma dell'art. 306, che disciplina la rinuncia nel processo di cognizione (v. vol. II, § 65) (42);

b) *per inattività delle parti*, che si verifica o per il difetto di atti d'impulso (prosecuzione o riassunzione) nel termine perentorio stabilito dalla legge o dal giudice (art. 630, 1° comma), oppure per mancata comparizione all'udienza, secondo il meccanismo che l'art. 631 configura in modo analogo a quello col quale opera l'art. 309 nel processo di cognizione (v. vol. II, § 65) (43) o, infine, per omessa pubblicità sul portale delle vendite pubbliche (v. retro, § 15), per causa imputabile al creditore procedente o al creditore intervenuto munito di titolo esecutivo (art. 631 bis) (retro, § 15) (44).

L'estinzione del processo esecutivo (così come quella del processo di cognizione: art. 307, 4° comma; v. il § 66 del vol. II) può essere dichiarata *anche d'ufficio*. Infatti, il 2° comma dell'art. 630 così dispone:

«*L'estinzione opera di diritto ed è dichiarata, anche d'ufficio, con ordinanza del giudice dell'esecuzione, non oltre la prima udienza successiva al verificarsi della stessa. L'ordinanza è comunicata a cura del cancelliere, se è pronunciata fuori dall'udienza*» (45).

È certo, dunque, anche alla luce di quanto previsto dall'art. 164 bis disp. att. sulla chiusura anticipata per infruttuosità dell'espropriazione forzata (v. retro, § 17), che il giudice dell'esecuzione può e deve prendere atto del sopravvenire di ciascuna delle diverse evenienze, che rendono evidente l'inutilità della prosecuzione del procedimento (46), del tutto indipendentemente da eccezioni delle parti. Ciò ovviamente non impedisce alla parte interessata (47) di eccepire la soprav-

---

(41) Il riferimento è a Cass. 16 marzo 2008 n. 6885, in *Giur. it.*, 2008, p. 2260, con nota di A. RONCO, che, rilevato il suddetto contrasto, osserva giustamente che ciò che è determinante per l'estinzione è la circostanza che, nel momento in cui avviene la rinuncia, questa sia già idonea a provocare l'estinzione.

(42) Quest'applicabilità riguarda anche il rimborso delle spese alla parte rinunciante a favore del debitore (Cass. 23 agosto 2006 n. 18514), spese da liquidarsi con ordinanza impugnabile ex art. 111 Cost. (Cass. 13 giugno 1992 n. 7254, in *Giur. it.*, 1993, I, 1, 1020).

(43) La non comparizione in due udienze successive deve riguardare sia il creditore procedente che i creditori intervenuti muniti di titolo (Cass. 4 settembre 1985 n. 4612, in *Foro it.*, 1986, I, 494). L'art. 631, 1° comma, precisa che da queste due udienze va esclusa quella in cui ha luogo la vendita.

(44) Tuttavia, la disposizione non si applica «*quando la pubblicità sul portale non è stata effettuata perché i sistemi informatici del dominio giustizia non sono funzionanti*», a condizione che tale circostanza sia attestata a norma dell'art. 161 quater disp. att.

(45) Sui diversi orientamenti della dottrina e della giurisprudenza, prima dell'innovazione introdotta dalla L. 69/2009, rinviamo alla nota 17 del § 40 nella XIX ed. di questa trattazione.

(46) Sulla base di un giudizio prognostico fondato su dati obiettivi (Cass. 10 giugno 2020 n. 11116).

(47) Tuttavia, la Cassazione ha riconosciuto che legittimato a sollecitare la pronuncia d'ufficio

venuta estinzione o ragione di estinzione, purché lo faccia entro quel termine che la norma impone anche al giudice per il suo rilievo d'ufficio, ossia non oltre la prima udienza successiva all'estinzione avvenuta di diritto (48). La quale prima udienza successiva (eventualmente non prevista) potrebbe anche essere fissata proprio a questo scopo, dal giudice dell'esecuzione su istanza della parte interessata. Ché se poi tale udienza si svolgesse senza che né il giudice né alcuna delle parti avesse rilevato o eccepito l'avvenuta estinzione, ciò presupporrebbe l'avvenuto superamento della ragione di estinzione con un implicito accordo di prosecuzione del processo non ancora dichiarato estinto.

Va, infine, rilevato che il venir meno dei presupposti del processo esecutivo (come, in particolare, l'efficacia del titolo) (49) non potrebbe essere oggetto che di un provvedimento di cognizione (50).

Per quanto riguarda, poi, l'impugnazione dell'ordinanza che dichiara l'estinzione o rigetta l'eccezione di estinzione, il 3° comma dell'art. 630 specifica *i soggetti legittimati al reclamo* (il debitore (51), il creditore pignorante e gli altri creditori intervenuti) e *il termine perentorio* (venti giorni dall'udienza o dalla comunicazione dell'ordinanza), precisando che, con le forme di cui all'art. 178, 3°, 4° e 5° comma, *il reclamo è rivolto al collegio*, che provvede in camera di consiglio con sentenza appellabile ai sensi dell'art. 130 disp. att. (52).

---

possa essere qualsiasi interessato, il quale dimostri che dal provvedimento di estinzione possa derivargli un vantaggio (Cass. 5 aprile 2012 n. 5539).

(48) Si pensi «*all'ipotesi in cui il giudice dell'esecuzione rilevi l'inefficacia dell'eseguito pignoramento per il decorso del suo termine di efficacia, ai sensi dell'art. 497 c.p.c.: può, in tal caso, procedere anche d'ufficio alla dichiarazione di estinzione del relativo processo esecutivo entro la prima udienza successiva al maturare del termine di efficacia, a prescindere dal fatto che la parte interessata (l'esecutato) abbia sollevato specifica eccezione*» (così A. CARRATTA, *op. ult. cit.*, p. 119). In argomento v. anche A. RONCO, *L'estinzione del processo rilevabile d'ufficio*, in *Giur. it.*, 2013, p. 224.

(49) La cui revoca non impedisce la legittima prosecuzione dell'esecuzione da parte dei creditori intervenuti, muniti di titolo esecutivo, ad eccezione del caso di inesistenza, nullità o inefficacia originaria dell'atto di pignoramento iniziale (Cass. sez. un. 7 gennaio 2014 n. 61). Nel senso indicato dalle sezioni unite anche Trib. Cuneo 30 novembre 2009, in *Giur. merito*, 2010, p. 2109, con nota di M. IAPPELLI, e in *Riv. es. forz.*, 2010, p. 509, con note di B. CAPPONI e R. TISCINI.

(50) Che, secondo una recente opinione, potrebbe concretarsi in un giudizio di opposizione all'esecuzione. In questo senso, v. M. GATTI, *È ammissibile la chiusura in rito del processo esecutivo?*, in *Riv. es. forz.*, 2000, p. 535, che prospetta questa soluzione per risolvere i problemi conseguenti alla dubbia revocabilità dell'esecutività provvisoria, sul cui fondamento siano già avvenute iscrizioni ipotecarie o trascrizioni del pignoramento (per questi problemi con riguardo all'art. 649, v. vol. III, § 6, al richiamo della nota 100), problemi che, di solito, vengono affrontati attraverso eccezioni di incostituzionalità. Anche a noi sembra praticabile la via del giudizio di cognizione che, però, nel probabile difetto dei presupposti propri dell'opposizione all'esecuzione, potrebbe concretarsi in un'autonoma azione di accertamento.

(51) Peraltro, la Cassazione ha puntualizzato che il debitore non ha un interesse giuridicamente rilevante alla prosecuzione del processo esecutivo in quanto tale ed a reclamare solo a tal fine (senza denunciarne l'irritualità dei presupposti) il provvedimento di estinzione dello stesso (Cass. 28 giugno 2012 n. 10877).

(52) Cass. 20 aprile 2012 n. 6266. Cfr. anche M. BOVE, in G. BALENA-M. BOVE, *Le riforme più*

Per tale impugnazione sono, dunque, contemplate le stesse modalità (reclamo al collegio) previste nei confronti del corrispondente provvedimento nel giudizio di cognizione; il controllo di cui trattasi ha, palesemente, natura di cognizione e si inserisce ciononostante nel processo esecutivo; si deve dunque pensare ad un istituto in certo senso assimilabile ad un'opposizione (53).

Diverso, invece, sembra debba essere il regime di impugnazione del provvedimento di estinzione parziale (54) e dei provvedimenti conseguenziali all'estinzione, ai quali si applicherà il rimedio generale dell'opposizione agli atti esecutivi, di cui all'art. 617 (55).

L'estinzione arresta, come si è visto, la serie degli atti processuali rendendoli del tutto inoperanti se ed in quanto non abbiano già dato luogo a situazioni sostanziali nuove. Perciò, se l'estinzione si verifica prima dell'aggiudicazione o dell'assegnazione, tutti gli atti compiuti in precedenza divengono inefficaci (56) ed il processo esecutivo non produce, in pratica, alcuna conseguenza. Se invece avviene dopo l'aggiudicazione o l'assegnazione, le conseguenze di questi atti sono ormai intangibili; ma la somma ricavata va restituita al debitore (57). Se, quando

---

recenti del processo civile, Bari, 2006, p. 317. Va però tenuto presente che, secondo il più recente orientamento della Cassazione questo mezzo di impugnazione riguarda solo le estinzioni c.d. tipiche, mentre in caso di estinzione c.d. atipica, il provvedimento del giudice dell'esecuzione è sottoponibile all'opposizione agli atti esecutivi (Cass. 20 febbraio 2019 n. 4961, già cit. retro, alla nota 46 del § 5; Cass. 10 luglio 2018 n. 18053; Cass. 23 marzo 2018 n. 7231; Cass. 22 giugno 2017 n. 15605 e n. 15606, la prima pubblicata in *Riv. dir. proc.*, 2018, p. 1654, con nota di S. VINCRE).

(53) Ma si tratta di assimilazione descrittiva, che non implica l'applicabilità della disciplina delle opposizioni, restando ferma l'applicabilità soltanto dell'art. 630 (Cass. 24 marzo 1994 n. 2757, in *Giur. it.*, 1995, I, 1, 660), mentre in precedenza era stata sostenuta l'opinione opposta con riferimento sia all'opposizione all'esecuzione e sia all'opposizione agli atti (v. sul punto le pronunce citate da E. RUSSO in nota alla menzionata sentenza della Cassazione). In particolare, Cass. 30 gennaio 1982 n. 596 aveva affermato che le questioni relative all'estinzione del processo esecutivo ed alla sopravvivenza o meno del potere del creditore di proseguire nell'esecuzione sono inquadrabili tra le opposizioni all'esecuzione.

Tuttavia, Cass. 3 febbraio 2003 n. 1531 si è riferita alla suddetta assimilazione per affermare che *al termine di proposizione di questo reclamo non si applica la sospensione feriale*, di cui alla L. 742/1969.

(54) Si è, infatti, osservato (A. SALETTI, *Documentazione ipocatastale ed estinzione del processo esecutivo*, in *Riv. dir. proc.*, 2006, p. 1081) che il rimedio del reclamo in sede esecutiva debba essere circoscritto al caso in cui il processo esecutivo venga meno nella sua totalità, fermo restando, per le altre situazioni, il rimedio generale di cui all'art. 617. Ma, nel senso dell'applicabilità anche in questo caso, del reclamo ex art. 630, Cass. 30 agosto 2013 n. 19960.

(55) Cass. 19 dicembre 2014 n. 27031.

(56) L'inefficacia del pignoramento a seguito dell'estinzione del processo è prevista espressamente, ancorché indirettamente, dall'art. 172 disp. att. (v., sul punto, A. BONSIGNORI, *L'esecuzione forzata*, cit., p. 93).

(57) A questo riguardo, è sorto il problema dell'applicabilità o meno di questa precisa disposizione nel caso che l'estinzione si verifichi dopo l'aggiudicazione c.d. «provvisoria», ossia compiuta prima della scadenza del termine per eventuali offerte dopo l'incanto. Modificando il precedente orientamento della Cassazione per lo più nel senso che solo l'aggiudicazione «definitiva» produca

si verifica l'estinzione, pendono opposizioni, occorre distinguere a seconda che si tratti di contestazioni sul «come» o di contestazioni sul «se» dell'esecuzione. Nel primo caso, il giudizio di opposizione si svuota della materia del contendere (58); non così nel secondo caso, poiché il giudizio in corso investe – con possibilità di autonomo giudizio – i rapporti tra creditore, debitore ed eventualmente un terzo (59).

Anche nel processo esecutivo, le spese del processo estinto restano a carico delle parti che le hanno anticipate (art. 310, ultimo comma, richiamato dall'art. 632, ultimo comma) (60). Va, infine, tenuto presente che nel processo esecutivo *non opera l'interruzione* (61).

---

effetti irreversibili a favore dell'aggiudicatario, le sezioni unite (Cass. sez. un. 30 novembre 2006 n. 25507, in *Guida al dir.*, 2007, n. 5, p. 20) hanno ritenuto decisivo per la risoluzione il nuovo art. 187 bis disp. att. – ritenuto interpretativo, a superamento della sua inapplicabilità nella fattispecie *ratione temporis* –, che dispone che «in ogni caso di estinzione ... avvenuta dopo l'aggiudicazione *anche provvisoria* ... restano fermi nei confronti dei terzi aggiudicatari ... gli effetti di tali atti». La sentenza in argomento è stata poi pubblicata anche in *Giur. it.*, 2007, p. 1717, con nota adesiva di A. RONCO, con qualche precisazione circa la possibilità che l'aggiudicatario abbia a subire gli effetti di eventuale offerta successiva in aumento.

La quale offerta è – secondo N. SOTGIU (a commento della stessa sentenza in *Riv. dir. proc.*, 2007, p. 1067) – se non seguita da nuova aggiudicazione, *tamquam non esset*, mentre il debitore avrebbe interesse alla prosecuzione del processo con l'espletamento di altro incanto. Sicché, in definitiva, secondo questo A., anche dopo l'estinzione il processo dovrebbe proseguire fino alla pronuncia dei provvedimenti di cui agli artt. 586 e 587 c.p.c. V. poi altri rilievi a commento della stessa sentenza, specie con riguardo alle ipotesi di chiusura anomala del processo esecutivo, da parte di M.L. SPADA, in *Riv. es. forz.*, 2007, p. 343 e di R. METAFORA (specie con riguardo alle ricadute del mutamento), in *Foro it.*, 2008, I, 1295.

Secondo quanto si ritiene, il disposto dell'art. 632, 2° comma, si applica al caso di processo esecutivo introdotto sulla base di sentenza di primo grado poi riformata in appello. Con riguardo a quest'ipotesi, si è dubitato della sua costituzionalità, là dove prevede il prevalere dei diritti del terzo acquirente dei beni pignorati (D. AMADEI, *La riforma in appello della sentenza provvisoriamente esecutiva tra lacune di leggi e profili di costituzionalità*, in *Riv. es. forz.*, 2001, p. 41).

(58) Nello stesso senso Cass. 10 luglio 2014 n. 15761; Cass. 24 febbraio 2011 n. 4498.

(59) V., infatti, Cass. 24 ottobre 2018 n. 26927, già cit. retro, alla nota 69 del § 8; Cass. 31 maggio 2017 n. 13817; Cass. 5 luglio 2011 n. 15686.

(60) Cfr. Cass. 7 dicembre 2002 n. 17742 e Cass. 4 aprile 2003 n. 5325 (in *Riv. es. forz.*, 2005, pp. 349 e 351, con nota adesiva di F. DE SANTIS DI NICOLA); Cass. 20 febbraio 1998 n. 1834. In forza dell'art. 632, alla liquidazione delle spese il giudice provvede solo se richiesto da entrambe le parti (Cass. 4 aprile 2003 n. 5325). Il provvedimento che pronuncia sulle spese, non essendo reclamabile come l'ordinanza di estinzione, ed avendo, d'altra parte, natura decisoria definitiva, è impugnabile col ricorso per cassazione straordinario ex art. 111 Cost., sempre che la parte intenda impugnare solo la parte relativa alle spese (Cass. 15 gennaio 2003 n. 481, in *Foro it.*, 2003, I, 2424; Cass. 15 dicembre 2003 n. 19184, *ivi*, 2004, I, 1122, con nota di G. TOMBARI FABBRINI, sulla permanente operatività dell'art. 632, ultimo comma). Invece, nel senso dell'esperibilità del reclamo ai sensi dell'art. 630, anche laddove la parte intenda contestare il solo capo di condanna alle spese, v. Cass. 26 agosto 2013 n. 19540 e Cass. 19 dicembre 2014 n. 27031.

(61) Cfr. Cass. 13 giugno 1994 n. 5721. La mancata prosecuzione della procedura esecutiva, pendente all'atto della dichiarazione di fallimento del creditore, da parte del curatore non impedisce la conservazione degli effetti sostanziali del pignoramento (Cass. 4 dicembre 2012 n. 21758).

Parte Seconda

I PROCEDIMENTI CAUTELARI E IN CAMERA DI CONSIGLIO

CAPITOLO VII
I PROCEDIMENTI CAUTELARI

41. *Altri procedimenti speciali sommari.*

Richiamato quanto esposto all'inizio del volume terzo (§ 1) circa il criterio di ripartizione tra i procedimenti genericamente speciali (ripartizione che ha lasciato al terzo volume i procedimenti speciali di cognizione), basta qui ricordare che la seconda parte di questo quarto volume è dedicata agli altri procedimenti speciali presenti nel c.p.c., e cioè quelli non cognitori (cautelari e possessori), nonché il *procedimento sommario di cognizione* introdotto nel codice dalla L. 69/2009 ed infine i procedimenti in camera di consiglio.

42. *Generalità sui procedimenti cautelari. Cenni sui provvedimenti anticipatori, cautelari a strumentalità «debole» e sommari con funzione esclusivamente esecutiva.*

La «specialità» dei procedimenti cautelari consiste in una divergenza dall'ordinario processo di cognizione, che investe addirittura il tipo di attività giurisdizionale da essi svolta, l'*attività cautelare* appunto, nonché l'azione che con essi si esercita, ossia l'*azione cautelare*.

Con riguardo alle caratteristiche dell'attività cautelare, basterà qui richiamare i rilievi compiuti in sede di nozioni introduttive (v. vol. I, § 5) circa *la funzione non autonoma, ma strumentale* di questo tipo di attività giurisdizionale rispetto alla funzione (ossia rispetto alla fruttuosità) della cognizione o dell'esecuzione; nonché, correlativamente, circa il difetto di caratteri strutturali specifici di questo tipo di attività, che presenta in un primo momento caratteri paragonabili a quelli della cognizione ed in un ulteriore momento caratteri paragonabili a quelli dell'esecuzione. Qui giova aggiungere il rilievo che nella fase dell'autorizzazione del provvedimento sussistono più precisamente i caratteri della cognizione sommaria: ciò che – come si vide nel vol. III, §§ 1 e 2 – ha indotto il legislatore a disciplinare questi procedimenti accanto ai procedimenti di cognizione speciali perché sommari.

In realtà, la *sommarietà*, o *cognizione sommaria*, se, da un lato, è caratteristica sempre presente nei procedimenti cautelari, non è, dall'altro lato, esclusiva di questi ultimi, poiché appartiene anche ai procedimenti sommari non cautelari, disciplinati, in parte, nel titolo primo del libro quarto del codice di rito e in altre sedi legislative anche non codicistiche; nonché, per lo più, anche nei procedimenti di giurisdizione volontaria.

Le caratteristiche proprie della sommarietà (sintetizzabili nell'accelerazione dell'*iter* pur nel rispetto del principio del contraddittorio non sempre operante fin dall'inizio del procedimento) qualificano la c.d. *tutela giurisdizionale sommaria*, contrapposta alla *tutela a cognizione piena* (1).

Con riguardo alle caratteristiche dell'*azione cautelare* basterà pure richiamare i rilievi compiuti in sede di esame delle diverse figure di azione (v. vol. I, § 16) circa le particolarità e il diverso modo di atteggiarsi delle condizioni proprie di quest'azione nei veduti due diversi momenti del processo cautelare. Più precisamente, basta ricordare: a) che nella fase dell'autorizzazione della misura cautelare, l'azione cautelare è condizionata sia dalla sussistenza di un pericolo, al quale il ritardo può esporre il diritto (*periculum in mora*), e sia dalla probabile esistenza del diritto stesso (*fumus boni juris*); b) che nella fase dell'attuazione della misura cautelare, il provvedimento di autorizzazione assume un ruolo in qualche modo paragonabile a quello del titolo esecutivo nell'esecuzione forzata (2).

---

(1) Sui connotati della tutela sommaria, in contrapposizione a quelli della tutela a cognizione piena, v. A. PROTO PISANI, *Tutela sommaria*, in *Foro it.*, 2007, V, 241, che li esamina in correlazione con le esigenze soddisfatte da questo tipo di tutela. Successivamente, v. A. CARRATTA, *Tutela sommaria e tutela a cognizione piena: criteri discretivi*, Relazione presso la Scuola Superiore della Magistratura (4 dicembre 2013), in *www.scuolamagistratura.it* e in *www.academia.edu*; M. BOVE, *Tutela sommaria e tutela* ex *cognizione piena: criteri discretivi*, in *Giusto proc. civ.*, 2014, p. 55.

Per l'analisi delle diverse possibili combinazioni di caratteristiche funzionali e/o strutturali (accomunate dalla cognizione quantitativamente e/o qualitativamente ridotta) v. A. CARRATTA, *Processo sommario (dir. proc. civ.)*, in *Enc. dir.*, *Annali*, I, Milano, 2008, p. 877 e *ivi*, *Annali*, X, Milano, 2017, p. 659; ID., *Struttura e funzione nei procedimenti giurisdizionali sommari*, in *La tutela sommaria in Europa. Studi*, a cura dello stesso, Napoli, 2012, p. 1; sulla categoria dei provvedimenti urgenti in materia di giurisdizione volontaria, ID., *Provvedimenti a tutela dei minori e sottrazione internazionale*, in *Riv. trim. dir. e proc. civ.*, 2017, p. 1257. V. anche A. GRAZIOSI, *La cognizione sommaria del giudice civile nella prospettiva delle garanzie costituzionali*, in *Riv. trim. dir. e proc. civ.*, 2009, p. 137, sia con riguardo all'evidenziazione dei caratteri propri della tutela sommaria (ampio spazio alla discrezionalità del giudice nella concreta determinazione dell'iter procedimentale accelerato) e sia e specialmente con riguardo alla compatibilità tra le esigenze proprie della tutela sommaria e il rispetto dei principi costituzionali di cui all'art. 111 Cost.

(2) In generale sull'argomento, v., per tutti, E. FAZZALARI, *Provvedimenti cautelari (dir. proc. civ.)*, in *Enc. dir.*, XXXVII, Milano, 1988, p. 841; ID., *Profili della cautela*, in *Riv. dir. proc.*, 1991, p. 1; G. TARZIA, *La tutela cautelare*, in *Il processo cautelare*[5], a cura di G. TARZIA e A. SALETTI, Pa-

La regolamentazione anteriore alla L. 353/1990 non conteneva, per l'esercizio dell'azione cautelare e per lo svolgimento dell'attività cautelare, una disciplina autonoma ed organica, ma si limitava a disciplinare, nel libro dedicato ai procedimenti speciali, alcuni procedimenti cautelari. La L. 353/1990 ha profondamente modificato questa situazione, introducendo una serie di disposizioni riunite in un'apposita sezione dedicata ai «*procedimenti cautelari in generale*», che, pertanto, offre una disciplina organica del processo cautelare, ancorché destinata ad integrarsi con le discipline specifiche proprie dei singoli procedimenti cautelari, contenute nelle sezioni successive.

Il capo terzo del titolo primo (del libro quarto del codice), ora in esame, si articola in cinque sezioni: *la prima*, dedicata, come si è già accennato, ai *procedimenti cautelari in generale* e contenente le disposizioni applicabili, almeno tendenzialmente, a tutti i procedimenti cautelari; *la seconda* alla disciplina specifica del *sequestro*; *la terza* alla disciplina specifica delle *denunce di nuova opera e di danno temuto*; *la quarta* alla disciplina specifica dei *procedimenti di istruzione preventiva*; *la quinta* alla disciplina specifica dei *provvedimenti d'urgenza*, questi ultimi con la funzione sussidiaria alla quale ci siamo riferiti poc'anzi.

La successiva L. 69/2009 ha poi introdotto nel codice – subito dopo la disciplina sui provvedimenti cautelari – il capo terzo bis (nello stesso titolo primo del libro quarto), interamente dedicato al *procedimento sommario di cognizione*, alternativo all'ordinario processo di cognizione per le cause di competenza del tribunale in composizione monocratica, che, in realtà, non ha molto a che fare con i procedimenti cautelari, se non per la disciplina della trattazione semplificata della controversia.

Abbiamo, d'altra parte, già accennato che il codice disciplina in un capo diverso e successivo (il capo quarto) *il procedimento possessorio*, ossia il procedimento con il quale si esercitano le azioni possessorie di cui agli artt. 1168 e ss. del codice civile. Si tratta di un procedimento strutturato in maniera assai simile ai procedimenti cautelari, dai quali peraltro si distingue per la sua funzione. Ed infatti, tale funzione, pur presentando alcuni elementi in comune con i procedimenti cautelari, ha caratteristiche del tutto autonome, in relazione al fatto che il possesso è configurato dalla legge come situazione di diritto sostanziale tutelabile in via autonoma.

Precisato ciò, si deve, d'altra parte, rilevare che il codice, non soltanto configura il procedimento possessorio con caratteristiche strutturali identiche a quelle dei procedimenti cautelari, ma addirittura lo disciplina, in parte, con un richiamo alla disciplina dei procedimenti cautelari «in quanto compatibile». L'affinità del-

---

dova, 2015, p. XXIII; G. ARIETA, *Le cautele. Il processo cautelare*, in *Tratt. dir. proc. civ.*[2], XI, Padova, 2011, p. 5; A. CARRATTA, *Profili sistematici della tutela cautelare*, in *I procedimenti cautelari*, a cura dello stesso, Bologna, 2013, p. 1; con riferimento alla disciplina dei principali sistemi europei v. ID., *La tutela sommaria in Europa. Studi*, cit., p. 1. Nella prospettiva della tutela cautelare della prova, ma con ampi rilievi generali sulla tutela cautelare e la sua ritenuta autonomia, A.A. ROMANO, *La tutela cautelare della prova nel processo civile*, Napoli, 2004, p. 151.

l'oggetto sostanziale e della disciplina suggerisce l'opportunità del suo esame insieme col procedimento sulle denunce di nuova opera e di danno temuto.

Seguendo l'ordine del codice, dunque, dedicheremo la prima sezione di questo capitolo alle disposizioni concernenti *i procedimenti cautelari in generale*, la seconda ai *sequestri*, la terza alle *denunce di nuova opera e di danno temuto* e, insieme, al *procedimento possessorio*, la quarta ai *procedimenti d'istruzione preventiva* e la quinta ai *provvedimenti d'urgenza*. Un'ulteriore sezione sarà, poi, dedicata al *procedimento sommario di cognizione*.

Si deve ancora rilevare, nel quadro di questi cenni generali in tema di procedimenti cautelari, che, agli effetti della classificazione e della collocazione nel codice, la legge non attribuisce alcun particolare rilievo al fatto che in taluni procedimenti cautelari la funzione strumentale – che, come si è visto, è propria dell'attività cautelare – viene conseguita attribuendo ad essi l'*anticipazione* degli effetti proprî del provvedimento di cui vuole assicurare la fruttuosità e che, al momento della sua pronuncia, dà luogo alla *caducazione* dei provvedimenti anticipatori (3). Ciò non senza la possibilità che essi assumano un ruolo autonomo con l'acquisizione di efficacia indefinitamente protratta nel tempo, come previsto dal 6° comma dell'art. 669 octies.

D'altra parte, l'eventuale presenza dell'elemento dell'anticipatorietà in alcuni provvedimenti cautelari impone la netta contrapposizione, sul piano strutturale, tra questi *provvedimenti anticipatori con funzione cautelare* (caratterizzati dalla loro strumentalità e quindi dall'appartenenza ad un tipo di tutela distinto dalla cognizione) e i *provvedimenti anticipatori in senso proprio*, caratterizzati dall'anticipazione dei medesimi effetti della sentenza definitiva (almeno sotto il profilo qualitativo), previa cognizione non definitiva, ancorché potenzialmente piena, nel-

---

(3) Sull'argomento, v. C. MANDRIOLI, *La caducazione dei cosiddetti provvedimenti anticipatori per effetto della pronuncia di primo grado*, in *Riv. dir. civ.*, 1961, p. 518; ID., *Per una nozione strutturale dei provvedimenti anticipatori o interinali*, in *Riv. dir. proc.*, 1964, p. 551; poi F. CARPI, *Provvedimenti interinali di condanna, esecutorietà e tutela delle parti*, in *Riv. trim. dir. e proc. civ.*, 1977, p. 615; A. LEVONI, *Provvedimenti sommari non cautelari e regime sostanziale dell'azione*, ivi, 1983, p. 103 e, per un esame approfondito della tecnica dell'anticipazione, F. TOMMASEO, *I provvedimenti d'urgenza. Struttura e limiti della tutela anticipatoria*, Padova, 1983, spec. p. 33; E. MERLIN, *L'ordinanza di pagamento delle somme non contestate*, in *Riv. dir. proc.*, 1994, p. 1009.

La contrapposizione fra la «tecnica cautelare» (caratterizzata dalla durata del provvedimento fino al passaggio in giudicato della pronuncia sul merito) e la «tecnica dell'anticipazione» (caratterizzata dalla limitazione della durata del provvedimento anticipante all'ambito del giudizio di primo grado) è emersa da tempo in dottrina (v. C. MANDRIOLI, *Per una nozione*, cit., p. 534; ma v. anche M.F. GHIRGA, *Il procedimento per irregolarità della gestione sociale*, Padova, 1994, p. 147; R. CONTE, *L'ordinanza di ingiunzione nel processo civile*, Padova, 2003, p. 55, che dubitano del fondamento positivo di quella contrapposizione). Ed ha portato, più di recente, ad individuare le caratteristiche dei *provvedimenti anticipatori in senso proprio* facendo perno sul dato dell'identità qualitativa degli effetti del provvedimento anticipante rispetto a quelli della sentenza finale (A. CARRATTA, *Profili sistematici della tutela anticipatoria*, Torino, 1997, pp. 73, 261, 327). V., sul punto, subito nel testo e nella nota 4.

l'ambito di un processo di cognizione piena (4). Esempi di provvedimenti *anticipatori non cautelari* sono offerti, nel processo ordinario di cognizione, dalle ordinanze di cui agli artt. 186 bis e 186 ter (v. vol. II, § 22), mentre, tra i procedimenti speciali, dal decreto ingiuntivo provvisoriamente esecutivo nella successiva opposizione (v. vol. III, § 6), dall'ordinanza di rilascio ex art. 665 nel procedimento per convalida di licenza o sfratto (v. vol. III, § 11), dall'ordinanza presidenziale ex art. 708 nel processo di separazione dei coniugi (v. vol. III, § 14), dall'ordinanza di pagamento di somme, di cui all'art. 423, nel processo del lavoro (v. vol. III, § 33) (5).

Si deve anche rilevare, peraltro, che non mancano esempi di procedimenti o provvedimenti anticipatori cognitori *con caratteri* lato sensu *cautelari*, sebbene la loro individuazione non risulti sempre inequivoca (6).

---

(4) Così, in una linea di evoluzione rispetto alle caratteristiche prospettate da C. MANDRIOLI, *Per una nozione strutturale*, cit., v. A. CARRATTA, *Profili sistematici*, cit., pp. 73, 189, 322. L'acquisizione di questi risultati con la metodologia della correlazione tra fattispecie ed effetti, è confortata da un dettagliato esame dei provvedimenti con queste caratteristiche (*op. cit.*, pp. 136-188) raffrontato a quelli con caratteristiche diverse (*op. cit.*, p. 364). Si è anche dimostrato (*op. cit.*, p. 448) come il richiamo degli artt. 186 bis e ter agli artt. 177 e 178 sia espressione della struttura e della funzione anticipatoria, nelle quali vanno pertanto incluse le caratteristiche della revocabilità e della non impugnabilità. D'altra parte, l'anticipatorietà dei medesimi effetti della sentenza definitiva, implicherebbe che l'efficacia del provvedimento anticipatorio dopo l'estinzione del processo sia sempre decisoria piena (*op. cit.*, p. 543).

V., poi, gli approfondimenti di R. CONTE (*L'ordinanza*, cit., p. 51) in un ampio quadro della tutela sommaria specie sotto il profilo dei requisiti imposti dalla Costituzione.

Per una rimeditazione del tema, nel senso della configurabilità dei provvedimenti cautelari anticipatori come provvedimenti autonomi L. QUERZOLA, *La tutela anticipatoria tra procedimento cautelare e giudizio di merito*, Bologna, 2006, p. 140, p. 172 e p. 243, per la quale l'introduzione del 6° comma dell'art. 669 octies avrebbe comportato la trasformazione dei provvedimenti cautelari anticipatori in veri e propri provvedimenti sommari decisori (p. 228). Per la riaffermazione della natura strumentale anche dei provvedimenti cautelari a contenuto anticipatorio, v., di recente, F.S. DAMIANI, *La tutela cautelare anticipatoria. Profili storico-sistematici*, Napoli, 2018, p. 241 e J.V. D'AMICO, *Autonomia ed effetti del provvedimento cautelare anticipatorio*, Napoli, 2018, p. 268, sebbene entrambi evidenzino come, per effetto di dette modifiche legislative, si sia avuto un avvicinamento funzionale fra provvedimenti anticipatori cautelari e non cautelari.

(5) Per un ampio elenco di provvedimenti anticipatori non cautelari, v. A. LEVONI, *op. cit.*, p. 103; A. CARRATTA, *Profili*, cit., p. 136. Sull'argomento specifico e soprattutto per il rilievo della commistione di elementi cautelari e anticipatori nei singoli provvedimenti, con la conseguente difficoltà di rinvenire soluzioni valide a priori, v. F. CARPI, *Provvedimenti interinali*, cit., p. 634.

(6) Come, ad es., l'ordinanza di reintegrazione nel posto di lavoro dei lavoratori c.d. sindacalmente impegnati, prevista dall'art. 18, 11° comma, della L. 300/1970 n. 300 (su questo provvedimento v. vol. III, § 42); il provvedimento previsto dall'art. 147 del D.Lgs. 209/2005, c.d. codice delle assicurazioni, col quale provvedimento, il giudice può assegnare ai danneggiati da incidenti stradali che versino in stato di bisogno una somma fino ai quattro quinti della presumibile entità del danno risarcibile (su questo provvedimento, v. F. CARPI, *op. cit.*, p. 626; tuttavia, per la negazione della natura cautelare e per la sua riconduzione ai *provvedimenti anticipatori in senso proprio* v. A. CARRATTA, *Profili*, cit., p. 174 e p. 279; poi in questo stesso senso Cass. 18 aprile 2012 n. 6072 e Cass. 31 agosto 2011 n. 17862; Trib. Milano ord. 8 febbraio 2010 e ord. 28 maggio 2010,

L'evoluzione legislativa, infine, ha incominciato ad aprire la via ad un tipo di provvedimenti sommari, che, del tutto svincolati dal requisito dell'*urgenza* (e quindi privi della strumentalità propria dei provvedimenti cautelari), presentano la sola caratteristica di aprire subito la via alla tutela esecutiva, senza essere idonei ad acquisire efficacia di giudicato: si tratta dei *provvedimenti sommari con funzione esclusivamente esecutiva* (7).

In questo quadro il modello concreto è stato offerto dal *référé* francese (8), un provvedimento il quale, da un lato, costituisce titolo esecutivo, mentre, dall'altro lato, non presuppone l'urgenza e non acquista mai l'efficacia di giudicato; con la conseguenza che un eventuale futuro autonomo giudizio a cognizione piena (o la prosecuzione del giudizio nel quale potrebbe inserirsi) può sottrargli l'efficacia esecutiva e, al limite, toglierlo di mezzo.

La constatazione del favore che questi provvedimenti hanno ottenuto nel sistema francese e il rilievo che il più delle volte l'utilità pratica dell'esigenza di tutela dei diritti di credito sta nella formazione del titolo esecutivo, più che nell'accertamento con efficacia di giudicato (9), rendono plausibile la convinzione che questi provvedimenti potranno avere un ruolo determinante per consentire il rispetto della ragionevolezza della durata del processo, ormai assurto a livello costituzionale.

---

in *Giur. it.*, 2010, p. 2397, con nota contraria di A. TEDOLDI); oltre ad altri provvedimenti. Tra questi anche quello di cui all'art. 42, L. 416/1981 (c.d. legge-stampa) in tema di urgente pubblicazione di rettifiche e l'art. 50, L. 203/1982 in tema di rilascio abbreviato di terreni da parte dell'affittuario agrario. Su questi due provvedimenti, accomunati dalla presenza di un richiamo della legge alle forme dei provvedimenti d'urgenza (su cui v. oltre, § 49) v. lo studio di L. DITTRICH (*Dalla tutela cautelare anticipatoria alla tutela sommaria definitiva*, in *Riv. dir. proc.*, 1988, p. 672), che mette in evidenza la natura solo formale del suddetto richiamo, stante la natura non cautelare e sostanzialmente definitiva, della pronuncia.

(7) In proposito v., ampiamente, A. CARRATTA, *Processo sommario*, cit., p. 880; ID., *Struttura e funzione*, cit., p. 3. Tra i provvedimenti sommari con funzione esclusivamente esecutiva, ad. es., sono inquadrati (da R. MARUFFI, in *Riv. dir. proc.*, 2007, p. 128) quelli previsti dalla L. 67/2006 *a tutela delle persone disabili vittime di discriminazioni*. Va anche ricordato, tuttavia, che questa materia è stata interessata dal già citato D.Lgs. 150/2011, che ha disciplinato i procedimenti antidiscriminatori nell'art. 28, modellandoli sul procedimento sommario di cognizione (v. retro, cap. 6° del vol. III). Alla stessa categoria possono essere ricondotti anche il provvedimento di liquidazione delle spese del procedimento cautelare, in caso di rigetto della domanda (art. 669 septies: v. oltre, il § 44), e i provvedimenti possessori, ove alla loro pronuncia non segua la fase di merito (v. oltre, il § 47).

(8) Sulle origini e sull'attuale disciplina dell'istituto nel sistema francese e sull'avvio del suo inserimento nel sistema italiano, v. ora A. JOMMI, *Il référé provisión*, Torino, 2005; C. SILVESTRI, *Il référé nell'esperienza giuridica francese*, Torino, 2005; D. BUONCRISTIANI, *Sistema dei «référé»: tutela cautelare dal pregiudizio e tutela urgente senza pre-giudizio*, in *Riv. trim. dir. e proc. civ.*, 2006, p. 514; specie per la distinzione (pp. 580, 596) tra i casi in cui si prescinde dal solo *periculum in mora* e i casi in cui si potrebbe teoricamente prescindere (in certa misura) anche dal *fumus boni juris*; v. anche G. BONATO, *I* référés *nell'ordinamento francese*, in *La tutela sommaria in Europa*, cit., p. 35; F. FRADEANI, *I presupposti e gli effetti delle misure cautelari in Europa: l'esperienza francese ed inglese*, *ivi*, p. 211; F.S. DAMIANI, *op. cit.*, p. 308; J.V. D'AMICO, *op. cit.*, p. 18.

(9) Così E.F. RICCI, *Verso un nuovo processo civile*, in *Riv. dir. proc.*, 2003, p. 215.

Questa figura, del resto, ha iniziato in qualche modo ad essere presente anche nel nostro sistema con l'attenuazione della strumentalità di alcune categorie di provvedimenti cautelari, individuate dal 6° comma dell'art. 669 octies (su cui v. oltre nel § 44) (10).

Va, infine, rilevato – ritornando a parlare della disciplina sui provvedimenti cautelari – che anche dopo le ultime riforme essa continua a non occuparsi dell'eventuale pregiudizio dei diritti del terzo a seguito della pronuncia o dell'attuazione del provvedimento. E dunque, in queste ipotesi non si potrà che continuare a ricorrere, come già in precedenza, ad istituti generali quali l'intervento del terzo e, in taluni casi, l'opposizione all'esecuzione (11), salvo comunque il ricor-

---

(10) Si è peraltro osservato – e non senza fondamento – che l'ampio disegno legislativo di sdoppiamento tra provvedimenti cautelari in senso proprio e provvedimenti anticipatori svincolati dalla strumentalità è rimasto in parte inattuato perché il legislatore, anziché concretare quest'ultima autonoma figura, ha preferito inserirla nell'ambito della previgente disciplina dei provvedimenti cautelari, come se ne costituisse una variante, così compromettendo le potenzialità proprie dell'autentico *référé* (così G. MONTELEONE, *L'evoluzione delle misure cautelari verso l'introduzione del* référé, in *Nuove leggi civ. comm.*, 2006, p. 1182; v. anche F.S. DAMIANI, *op. cit.*, p. 16; J.V. D'AMICO, *op. cit.*, p. 195).

Non va, d'altra parte, dimenticato che, rispetto a questa figura, possono costituire una sorta di precedente alcuni dei provvedimenti anticipatori già poc'anzi menzionati, ancorché con alcune rilevanti differenze: il riferimento è alle ordinanze ex artt. 186 bis, 186 ter, 186 quater e 423, ma anche, e già da molto tempo prima, a quell'ordinanza presidenziale nel giudizio di separazione dei coniugi, alla quale l'art. 189, 2° comma, disp. att. attribuiva e ancora attribuisce quella che, molti decenni or sono, era stata definita «*provvisorietà indefinitamente protratta*» (C. MANDRIOLI, *I provvedimenti presidenziali nel giudizio di separazione dei coniugi*, Milano, 1953, p. 146).

In proposito, tuttavia, non va trascurato il fatto che, nell'ambito della delega per la riforma del processo civile, l'art. 1, 5° comma, lett. o e lett. p, della L. 206/2021 delega il Governo ad introdurre la possibilità che, nel corso del giudizio di primo grado e nelle cause di competenza del tribunale che abbiano ad oggetto diritti disponibili, il giudice emetta un'«ordinanza provvisoria di accoglimento provvisoriamente esecutiva, in tutto o in parte, della domanda proposta, quando i fatti costitutivi sono provati e le difese del convenuto appaiono manifestamente infondate» e un'ordinanza «provvisoria di rigetto della domanda proposta», da pronunciare all'esito della prima udienza di comparizione, quando la domanda risulti «manifestamente infondata ovvero se risulta assolutamente incerto il requisito previsto dall'art. 163, 3° comma, n. 3, c.p.c. ovvero se manca l'esposizione dei fatti di cui al n. 4 del predetto 3° comma» (su cui v. retro, al § 6 del vol. II). In entrambi i casi si tratta di ordinanza reclamabile ai sensi dell'art. 669 terdecies c.p.c. (su cui v. oltre, il § 44) e non idonea ad acquistare efficacia di giudicato ex art. 2909 c.c., né ad avere autorità in altri processi. Si tratta di due figure di provvedimento sommario assimilabili al *référé*, anche se pronunciabili in pendenza del giudizio di merito.

(11) Sull'argomento, v. A. CARRATTA, *Procedimento cautelare uniforme*, in *I procedimenti cautelari*, cit., p. 174; P. BIAVATI, *Note sulla tutela del terzo nei procedimenti cautelari*, in *Riv. trim. dir. e proc. civ.*, 1983, p. 998; v. anche L. SALVANESCHI, *La domanda e il procedimento*, in *Il processo cautelare*[5], a cura di G. TARZIA e A. SALETTI, cit., p. 410; C. CECCHELLA, *Il processo cautelare*, Torino, 1997, p. 62; L. QUERZOLA, *La tutela*, cit., p. 241; J.V. D'AMICO, *op. cit.*, p. 353; in senso favorevole all'intervento v. Trib. Firenze 10 giugno 2008, in *Foro toscano*, 2008, p. 147; Trib. Napoli 20 febbraio 2001, in *Giur. merito*, 2001, p. 1261; Trib. Torre Annunziata 5 maggio 2000, *ibidem*, p. 29; Trib. Verona 28 marzo 1995, in *Giur. it.*, 1996, I, 2, p. 186, con nota di C. CONSOLO; contra Trib. Roma 12 marzo 2001, in *Giust. civ.*, 2002, I, p. 751. Secondo Trib. Roma 29 maggio 2000, in

so, quando ne sussistano i presupposti, alla tutela d'urgenza (12). Sembra prevalere, d'altra parte, la tesi dell'applicabilità anche nel procedimento cautelare dell'istituto del litisconsorzio necessario (13) e della legittimazione al reclamo in capo al litisconsorte pretermesso (14) e anche in capo al terzo, che, pur non essendo litisconsorte, comunque subisca pregiudizio diretto dal provvedimento (15).

Giur. it., 2000, p. 2065, il terzo che non ha partecipato al primo grado cautelare può proporre reclamo solo se litisconsorte necessario o legittimato ad intervenire in appello ex art. 344 c.p.c.; nello stesso senso, Trib. Torino 25 giugno 2004, in *Giur. merito*, 2005, p. 291.

Si è, d'altra parte, osservato che l'ammissibilità dell'intervento del terzo va limitata ai casi in cui l'interventore potrebbe ricevere pregiudizio già dal contenuto del provvedimento, soccorrendo, altrimenti, altri rimedi (C. CONSOLO, in *Giur. it.*, 1996, I, 2, 188). In quest'ordine di idee, va registrato un interessante tentativo di percorrere, almeno nei casi di errore nell'esecuzione della misura cautelare, la via dell'opposizione ex art. 619, superando l'ostacolo costituito dall'eterogeneità tra esecuzione e attuazione della misura cautelare, col rilievo che il terzo, estraneo al procedimento cautelare, subisce in pratica un'esecuzione (A. LEVONI, in *Studi in onore di C. Mandrioli*, I, Milano, 1995, p. 579). Ed in realtà – aggiungeremmo – il terzo subisce l'invasione della sua sfera di autonomia. V., in quest'ordine di idee, Trib. Bologna 9 marzo 2007, in *www.ilcaso.it;* Trib. Padova 11 agosto 1995, in *Foro it.*, 1996, I, 1445.

Si è infine sostenuto che l'orientamento manifestato dalla Corte costituzionale ad ammettere l'*opposizione di terzo* anche contro provvedimenti diversi dalle sentenze (come l'ordinanza di convalida e il decreto ingiuntivo – per il quale orientamento v. vol. II, § 85, nota 18) dovrebbe indurre a riconoscere l'ammissibilità dell'opposizione di terzo anche contro i provvedimenti cautelari e possessori interinali (così C. CECCHELLA, in *Giur. it.*, 1997, I, 2, 239). In argomento v. anche E. VULLO, *L'attuazione dei provvedimenti cautelari*, Torino, 2001, p. 215; A. CARRATTA, *Il procedimento*, cit., p. 408; C. DELLE DONNE, *L'attuazione delle misure cautelari*, Roma, 2012; J.V. D'AMICO, *op. cit.*, p. 376.

(12) Per il caso in cui l'intervento del terzo non sia più possibile, si è ritenuto ammissibile il provvedimento d'urgenza ex art. 700 (Trib. Parma 19 marzo 1999, in *Giur. it.*, 2000, p. 304). Per il commento ad una pronuncia implicitamente in questo senso v. anche P. BIAVATI, *Errata esecuzione di un sequestro e tutela cautelare del terzo*, in *Riv. trim. dir. e proc. civ.*, 1984, p. 1360. Ma v., sul punto, le perplessità di A. LEVONI, *op. cit.*, p. 571.

(13) V. Trib. Bologna 13 agosto 2011, in *Ann. dir. autore*, 2013, p. 679; Trib. Roma 12 marzo 2001, in *Giust. civ.*, 2002, I, p. 751, con nota di M. GIORGETTI; Trib. Palmi 29 novembre 2001, in *Giur. merito*, 2003, I, p. 59; in senso contrario, invece, Trib. Roma 15 aprile 2004, *ivi*, 2005, p. 14; Trib. Trani 25 luglio 1995, in *Giur. it.*, 1996, I, 2, 88 e citazioni ivi.

(14) V., ad es., Trib. Verona 30 maggio 2000, in *Giur. it.*, 2001, p. 2294; Trib. Roma 27 marzo 2000, *ibidem*, p. 300.

(15) V., ad es., Trib. Vallo Lucania 7 gennaio 2008, in *Rep. Foro it.*, 2010, voce *Procedimenti cautelari*, n. 62; Trib. Rovigo 25 settembre 2000, in *Giur. it.*, 2001, p. 2294 e anche retro, la nota 11.

Sezione prima

LE DISPOSIZIONI COMUNI AI PROCEDIMENTI CAUTELARI

43. *La disciplina sui procedimenti cautelari in generale e il suo ambito di applicazione. La domanda, la competenza e il procedimento per l'autorizzazione.*

La sezione intitolata «*Dei procedimenti cautelari in generale*», nel capo del codice dedicato ai procedimenti cautelari, contiene una disciplina unitaria per tutti questi procedimenti, disciplina da integrarsi con quella dei singoli procedimenti contenuta nelle successive sezioni del medesimo capo. I quattordici articoli di questa sezione sono gli articoli da 669 bis a 669 quaterdecies. Ed è proprio in quest'ultimo articolo che è contenuta la determinazione dell'ambito applicativo di questa disciplina.

Si tratta di una disciplina unitaria (1), che è *generale* perché si applica: a) a

(1) Sulla quale v. A. PROTO PISANI, *La nuova disciplina dei procedimenti cautelari in generale*, in *Foro it.*, 1991, IV, 57; ID., *La nuova disciplina del processo civile*, Napoli, 1991, p. 293; ID., *Procedimenti cautelari*, in *Enc. Giur. Treccani*, XXIV, Roma, 1991, con Postilla di aggiornamento, Roma, 2006; A. SALETTI, *Appunti sulla nuova disciplina delle misure cautelari*, in *Riv. dir. proc.*, 1991, p. 357; G. OLIVIERI, *I provvedimenti cautelari nel nuovo processo civile*, *ibidem*, p. 688; G. ARIETA, in L. MONTESANO-G. ARIETA, *Il nuovo processo civile*, Napoli, 1991, p. 117; AA.VV., *Le riforme del processo civile*, a cura di S. CHIARLONI, Bologna, 1992, p. 607; G. VERDE, *Appunti sul procedimento cautelare*, in *Foro it.*, 1992, V, 432; I. ANDOLINA, *Profili della nuova disciplina dei provvedimenti cautelari*, *ivi*, 1993, V, 95; AA.VV., *Il nuovo processo cautelare*, a cura di G. TARZIA, Padova, 1993; E. MERLIN, *Procedimenti cautelari ed urgenti in generale*, in *Dig. civ.*, XIV, Torino, 1996, p. 393; C. CECCHELLA, *Il processo cautelare*, Torino, 1997; G. TARZIA-A. SALETTI, *Processo cautelare*, in *Enc. dir.*, *Agg.*, V, Milano, 2002, p. 837; F. CIPRIANI, *Il procedimento cautelare tra efficienza e garanzia*, in *Giusto proc. civ.*, 2006, p. 9; S. RECCHIONI, *Il processo cautelare uniforme*, in AA.VV., *I procedimenti sommari e speciali*, a cura di S. CHIARLONI e C. CONSOLO, II, Torino, 2005; ID., *Diritto processuale cautelare*, Torino, 2015; E. DALMOTTO, in *Le recenti riforme del processo civile*, a cura di S. CHIARLONI, II, Bologna, 2007, p. 1231; AA.VV., *Il processo cautelare*[5], a cura di G. TARZIA e A. SALETTI, Padova, 2015; G. ARIETA, *Le cautele. Il processo cautelare*, in *Trattato*[2], XI, cit.; A. CARRATTA, *Procedimento cautelare uniforme*, in *I procedimenti cautelari*, a cura dello stesso, cit., p. 77; E. VULLO, *Procedimenti cautelari in generale*, in *Comm. del c.p.c., diretto da S. Chiarloni*, Bologna, 2017.

tutti i procedimenti cautelari, specificamente disciplinati nelle successive sezioni seconda, terza e quinta, ad eccezione dei procedimenti di istruzione preventiva, ai quali sono applicabili solo l'art. 669 septies e – a seguito di successivi interventi dei giudici costituzionali, come vedremo più avanti, nel § 48 – anche l'art. 669 quinquies (2) e, parzialmente, l'art. 669 terdecies (3); b) «*in quanto compatibili*, agli altri provvedimenti cautelari previsti dal codice civile e dalle leggi speciali» (4), oltre, s'intende, quelli che la richiamano espressamente (5). Per

---

(2) Cfr. C. Cost. 28 gennaio 2010 n. 26 (in *Giur. it.*, 2010, p. 1647, con nota di G. BONATO, e *ibidem*, p. 2114, con nota di C. DELLE DONNE), la quale ha dichiarato illegittimo costituzionalmente, per violazione degli artt. 3 e 24 Cost., l'art. 669 quaterdecies nella parte in cui, escludendo l'applicazione dell'art. 669 quinquies ai procedimenti di istruzione preventiva, impedisce, in caso di clausola compromissoria, di compromesso o di pendenza del giudizio arbitrale, la proposizione della domanda di accertamento tecnico preventivo al giudice che sarebbe stato competente a conoscere del merito.

(3) Cfr. C. Cost. 16 maggio 2008 n. 144, in *Nuove leggi civ. comm.*, 2011, p. 485, commentata da C. BESSO, che ha ammesso l'esperibilità del reclamo avverso il rigetto dell'istanza di provvedimento di accertamento tecnico preventivo ex art. 696.

(4) Questa formulazione dell'art. 669 quaterdecies dà luogo a non poche perplessità (A. CARRATTA, *Procedimento cautelare uniforme*, cit., p. 83), sia ai fini dell'individuazione della nozione di provvedimento cautelare (F. TOMMASEO, *Variazioni sulla clausola di compatibilità*, in *Riv. dir. proc.*, 1993, p. 713), sia perché la formulazione parrebbe escludere i provvedimenti cautelari disciplinati nel codice di rito e diversi da quelli disciplinati nelle sezioni espressamente elencate, ciò che non sarebbe coerente con la portata potenzialmente onnicomprensiva di questa disciplina (così anche A. ATTARDI, *Le nuove disposizioni sul processo civile*, Padova, 1991, p. 270; A. SALETTI, *Appunti*, cit., p. 358; S. SATTA-C. PUNZI, *Diritto processuale civile*[11], Padova, 1992, p. 858; G. COSTANTINO, in *Riv. dir. proc.*, 1993, p. 449; A. CARRATTA, *op. cit.*, p. 88; ma contra G. OLIVIERI, *I provvedimenti*, cit., p. 731, che sostiene la ragionevolezza di questa esclusione). Non sembra, peraltro, che il problema sia suscettibile di importanti riflessi pratici sia perché è molto dubbia – e per lo più da negarsi – la natura strutturalmente cautelare dei provvedimenti ai quali ci si suole riferire, come, ad es., i vari provvedimenti di sospensione dell'esecuzione provvisoria della sentenza, i provvedimenti presidenziali ex art. 708 c.p.c. nel giudizio di separazione dei coniugi (v. vol. III, § 13, nota 52) e per quelli analoghi nel giudizio di divorzio (v. vol. III, § 16, al richiamo della nota 168 e nella nota stessa), come anche per i «sequestri» di cui all'art. 156, 6° comma, c.c., che hanno una particolare natura non cautelare, ma coercitiva (v. vol. III, § 14, nota 105), e sia perché la maggior parte di questi provvedimenti sono già autonomamente disciplinati.

(5) Per un più dettagliato esame analitico dei provvedimenti ai quali è applicabile la disciplina generale con l'esame del modo col quale, per ciascuno di essi, opera la c.d. riserva di compatibilità, v. A. PROTO PISANI, *La nuova disciplina*, cit., p. 386; A. CARRATTA, *op. cit.*, p. 83. Va, in particolare, segnalata l'inclusione delle varie forme di sequestro previste dalle leggi sui brevetti, marchi invenzioni e diritti d'autore (A. PROTO PISANI, *op. cit.*, p. 388; C. CONSOLO, in AA.VV., *Commentario*, cit., p. 729; F. TOMMASEO, *op. cit.*, p. 698; E. MARINUCCI, *La stabilità dei provvedimenti cautelari in materia di proprietà intellettuale e industriale alla luce del D.Lgs. 140/2006*, in *Riv. dir. proc.*, 2007, p. 101). In questa materia è poi intervenuto il D.Lgs. 131/2010, il quale ha introdotto disposizioni processuali comuni e specifiche (diverse da quelle codicistiche) sia per il sequestro che per la descrizione (art. 129 D.Lgs. 30/2005; sull'applicabilità in tal caso del reclamo ex art. 669 terdecies, v. Trib. Bari 6 luglio 2017, in *Foro it.*, 2018, I, 353) ed ha disciplinato *ex novo* i rapporti fra provvedimento cautelare e giudizio di merito. Al riguardo va anche segnalata la possibilità, introdotta espressamente dal D.Lgs. 131/2010, di avere in questa materia domande cautelari

quanto concerne la valutazione di compatibilità, sembra ragionevolmente motivata l'opinione, secondo cui la compatibilità deve essere globale, ossia riguardare l'intero corpo delle disposizioni comuni sul procedimento cautelare (6); ciò che è sufficiente per escludere dall'ambito applicativo, ad es., tutti i provvedimenti che, per esplicita previsione normativa, non siano concedibili *ante causam* (come, ad es., il provvedimento di cui all'art. 2378, 4° comma, c.c.) (7) o comunque i provvedimenti la cui disciplina speciale offra un sistema compiutamente definito (8).

Questa disciplina si articola in tre fasi: a) *di autorizzazione* del provvedimento cautelare; b) *di attuazione*; c) *di impugnazione* con reclamo.

La fase di autorizzazione ha caratteristiche strutturali simili a quelle dell'attività di cognizione e si svolge, su domanda dell'interessato, in funzione della pronuncia di un provvedimento. Con tale provvedimento, che normalmente ha la forma dell'ordinanza, il giudice, previo riscontro dell'esistenza dei presupposti e delle condizioni di fondatezza dell'azione cautelare, autorizza o nega la misura. Nel primo caso, il provvedimento non assume alcuna incontrovertibilità e può essere successivamente revocato o dichiarato inefficace (v. sul punto, il § successivo); mentre nel secondo caso, è sempre possibile la riproposizione dell'istanza, sia pure con alcune limitazioni (art. 669 septies, 1° comma).

La fase di attuazione della misura cautelare ha caratteristiche strutturali assimilabili a quelle dell'esecuzione forzata; come abbiamo già notato, rispetto ad

---

volte all'accertamento negativo della contraffazione (così il comma 6 bis dell'art. 120 D.Lgs. 30/2005). In proposito, v. anche F. FERRARI, *La recente riforma delle norme processuali del codice della proprietà industriale*, in *Riv. dir. proc.*, 2011, p. 1473; ID., *La disciplina cautelare in materia di proprietà industriale ed intellettuale*, in AA.VV., *Il processo cautelare*[5], cit., p. 655; L. DI COLA, *I provvedimenti cautelari in materia di diritto d'autore e di proprietà industriale. Profili processuali*, in *I procedimenti cautelari*, a cura di A. CARRATTA, cit., p. 979 e ivi, per i profili sostanziali, A. SARACENO, p. 939; G.G. POLI, *Note sull'efficacia esecutiva della misura coercitiva ex art. 131 c.p.i. in materia cautelare industriale*, in *Giusto proc. civ.*, 2017, p. 533.

(6) V., in questo senso, G. FRUS, in AA.VV., *Le riforme*, cit., p. 776; ID., *Prime estensioni del procedimento cautelare uniforme a provvedimenti cautelari disciplinati dal codice civile*, in *Giur. it.*, 1994, I, 2, 139; nello stesso senso M. FABIANI, *Il nuovo procedimento cautelare: la regola della compatibilità ecc.*, in *Giur. it.*, 1993, I, 2, 647.

(7) In proposito v. G. FRUS, *Prime estensioni*, cit., 139; C. FERRI, *I provvedimenti cautelari e urgenti in materia di società commerciali*, in *Riv. trim. dir. e proc. civ.*, 1995, p. 119; dopo la riforma del 2003, ID., *Le impugnazioni di delibere assembleari. Profili processuali*, in *Riv. dir. proc.*, 2005, p. 63; A. CARRATTA, *Sub art. 2378 c.c.*, in *Il nuovo processo societario*[2], a cura di S. CHIARLONI, II, Bologna, 2008, p. 1479; L. IANNICELLI, *Profili processuali delle impugnazioni delle deliberazioni assembleari di società per azioni*, Salerno, 2008; F. FRADEANI, *I provvedimenti cautelari in materia societaria*, in *I procedimenti cautelari*, a cura di A. CARRATTA, cit., p. 1105.

(8) Così F. TOMMASEO, *Variazioni*, cit., p. 710. Questo A. si sofferma sulla dimostrazione che la compatibilità deve essere non «materiale» ma «*juris*», sicché resta esclusa quando la disciplina speciale offre un sistema compiutamente organizzato (*op. cit.*, p. 705). V. anche, sul punto, C. FERRI (*op. cit.*), che si sofferma (p. 113) sulle necessarie caratteristiche della provvisorietà strutturale e della strumentalità.

essa, il provvedimento autorizzativo sta in un rapporto in certo senso assimilabile a quello che sussiste tra il titolo esecutivo e l'esecuzione forzata.

La fase di impugnazione, invece, consente un controllo ad opera di un giudice diverso sul provvedimento autorizzativo, mediante la proposizione del reclamo.

La disciplina della *prima fase* (quella di *autorizzazione*) inizia con l'art. 669 bis, il quale enuncia che «*la domanda si propone con ricorso depositato nella cancelleria del giudice competente*». Il requisito del deposito in cancelleria induce ad escludere la possibilità della proposizione della domanda verbalmente all'udienza (9). Il ricorso – in mancanza di specificazione legislativa del suo contenuto e di una disciplina di preclusioni al riguardo (10) – deve contenere essenzialmente i requisiti generali di cui all'art. 125, tra cui la procura (11), oltre all'indicazione delle condizioni proprie dell'azione cautelare (*fumus boni juris* e *periculum in mora*) ed all'indicazione del provvedimento cautelare richiesto (12). In caso di domanda cautelare *ante causam*, essa deve contenere anche gli elementi individuatori della proponenda azione per il merito; ciò, tra l'altro, agli effetti del riscontro della tempestiva proposizione di quest'ultima (quando è necessaria), nonché dell'individuazione del giudice preventivamente adito per gli effetti di cui all'art. 39 (13), della deter-

---

(9) In questo senso v. anche L. SALVANESCHI, *La domanda e il procedimento*, in *Il processo cautelare*[5], cit., p. 376; A. CARRATTA, *Procedimento cautelare*, cit., p. 118; in giurisprudenza v. Trib. Bari 29 aprile 1994 e Trib. Trani 28 luglio 1993, in *Foro it.*, 1994, I, 2884; Trib. Agrigento 24 novembre 1994, in *Giur. it.*, 1995, I, 2, 570; Trib. Bologna 2 luglio 1996, in *Giur. merito*, 1997, p. 13. Ma v., per la possibilità della domanda cautelare verbale, C. CONSOLO, in AA.VV., *Commentario*, cit., p. 575; G. FRUS, in AA.VV., *Le riforme*, cit., p. 609; G. MONTELEONE, *Diritto processuale civile*[8], II, Milano, 2018, p. 350.

(10) Ciò che sembra consentire la possibilità di mutamento in ordine al tipo di provvedimento richiesto (B. GAMBINERI, in *Foro it.*, 1996, I, 1866, in nota critica a Trib. Firenze 27 maggio 1995, in senso contrario).

(11) Di regola questa procura riguarda solo il procedimento cautelare, che è autonomo da quello di merito; tuttavia, nulla impedisce che detta procura sia esplicitamente estesa anche all'eventuale giudizio sul merito purché tale estensione sia inequivoca e il giudizio di merito verta sullo stesso oggetto della domanda cautelare (Cass. 23 giugno 2009 n. 14641; Cass. 23 giugno 2008 n. 17028, in *Giur. it.*, 2009, p. 677, con nota di A. SALETTI; Cass. 8 giugno 2004 n. 10822).

(12) V. sul punto G. FRUS, *Riflessioni sul* petitum *cautelare*, in *Giur. it.*, 1998, I, 197; A. CARRATTA, *Procedimento cautelare*, cit., p. 121. Per rilievi critici, a parere di chi scrive fondati, alla tesi secondo la quale sarebbe ammissibile l'istanza che lascia al giudice la configurazione della misura più opportuna (e per la quale v., ad es., E. MERLIN, *Procedimenti*, cit., p. 402), v. L. LOMBARDO, *Natura e caratteri dell'istruzione probatoria nel processo cautelare*, in *Riv. dir. proc.*, 2001, p. 469; S. RECCHIONI, *Il processo cautelare*, cit., p. 267; G. ARIETA, *Le cautele*, cit., p. 859; A. CARRATTA, *Procedimento cautelare*, cit., p. 123; D. BUONCRISTIANI, *La cautela di regolamento*, in *Riv. dir. proc.*, 2017, p. 407.

(13) Con riferimento, però, al giudizio di merito (Cass. 9 giugno 2015 n. 11949, in *Riv. dir. proc.*, 2016, p. 536, con nota di G. GUARNIERI). Nel senso che l'art. 39 non trovi applicazione con riferimento ai procedimenti cautelari, v. Trib. Torino 8 febbraio 2012, in *Giur. dir. ind.*, 2014, p. 97; Trib. Milano 12 marzo 2008, *ivi*, 2008, p. 828; Trib. Roma 4 dicembre 2002, in *Riv. dir. ind.*, 2005, II, p. 208, con nota di M. PATRINI.

minazione della competenza (14) e del prodursi dell'effetto interruttivo della prescrizione (art. 2943 c.c.) (15).

L'individuazione del *giudice competente* è compiuta nei successivi artt. 669 ter, quater e quinquies, che disciplinano, in modo organico, la competenza cautelare in generale, distinguendo le due ipotesi della domanda proposta anteriormente all'introduzione della causa sul merito (16) e della domanda proposta in corso di causa e ispirandosi al principio della maggior possibile coincidenza tra il giudice della cautela e il giudice del merito.

Per il caso in cui non vi sia ancora pendente la causa di merito, l'art. 669 ter enuncia, nel 1° comma, che la domanda si propone *al giudice competente a conoscere del merito* (17) e, se questo è il giudice di pace – così il 2° comma –, la do-

---

(14) Cfr. C. CECCHELLA, *op. cit.*, p. 5; L. SALVANESCHI, *La domanda e il procedimento*, cit., p. 383, e citazioni ivi; G. OLIVIERI, *I provvedimenti*, cit., p. 700. La mancanza dell'indicazione dell'azione proponenda dovrebbe determinare nullità della domanda cautelare che lascia aperta la via per la proposizione di un nuovo più adeguato ricorso (C. CONSOLO, in AA.VV., *Commentario*, cit., p. 579; S. RECCHIONI, *Il processo cautelare*, cit., p. 300; A. CARRATTA, *Procedimento cautelare*, cit., p. 128; Pret. Alessandria 16 marzo 1993, in *Giur. it.*, 1993, I, 2, 775, con nota ragionatamente adesiva di E. DALMOTTO e postilla critica di S. CHIARLONI; Trib. Napoli 30 aprile 1997, *ivi*, 1998, I, 269, con nota di E. DALMOTTO, e Trib. Catania 6 aprile 1994, *ivi*, 1995, I, 2, 28, con nota di G. RAITI), anche se talvolta si è fatta derivare la sua inammissibilità (Trib. Torino 8 febbraio 2011, in *www.dejure.it*; Trib. Bari 24 febbraio 2003, in *Giur. it.*, 2003, p. 1607; Trib. Torino 23 agosto 2002, in *Giur. it.*, 2003, p. 1834, con nota di G. ANANIA; Trib. Tortona 30 agosto 2002, *ibidem*; Trib. Parma 18 dicembre 2000, in *Giur. it.*, 2001, p. 1163, con nota di C. SPACCAPELO; Trib. Catania 26 agosto 1993, in *Giur. it.*, 1994, I, 2, 675) oppure il rigetto del ricorso (Pret. Vigevano 1° agosto 1995, in *Foro it.*, 1996, I, 1864). Ma non manca chi ritiene applicabile il meccanismo di rinnovazione-integrazione di cui al 5° e 6° comma dell'art. 164 (v., ad es., Trib. Salerno 30 marzo 2009, in *Giur. it.*, 2009, p. 2489, con nota critica di G. FRUS; v. anche B. GAMBINERI, *op. loc. cit.*, e Autori ivi citati; in senso contrario, invece, Trib. Isernia 15 settembre 2009, in *Giur. merito*, 2010, I, p. 98).

Sarebbe ammessa anche la possibilità di *mutatio* durante il procedimento cautelare dell'originaria domanda di merito di adempimento del contratto con quella di risoluzione dello stesso (ai sensi dell'art. 1453, 2° comma, c.c.) (Trib. Milano 14 aprile 2011, in *Giur. it.*, 2012, p. 886, annotata criticamente da M. SCAVELLO), sia pure a *petitum* cautelare invariato, in considerazione del fatto che essa è ammessa durante il giudizio di merito.

(15) Che si protrae per tutta la durata del procedimento (Cass. 16 giugno 2014 n. 13662).

(16) Nell'ipotesi particolare di cui al disposto dell'art. 2905, 2° comma, c.c., l'esclusione di questa possibilità implicita nel disposto della norma, è probabilmente superata dalla nuova strutturazione della disciplina dei procedimenti cautelari (così R. CONTE, *Il sequestro conservativo nel processo civile*, Torino, 2000, p. 99, che critica il rigetto della relativa censura da parte di C. Cost. 8 maggio 1996 n. 148).

(17) Se fosse proposta davanti a un giudice incompetente per il merito, il mancato rilievo e/o la mancata eccezione di tale incompetenza non determinerebbe il consolidamento della competenza in capo a quel giudice anche per il giudizio di merito (Cass. 3 febbraio 2010 n. 2505, in *Giur. it.*, 2010, p. 2123, con nota adesiva di S. PETRELLA, e in *Riv. dir. proc.*, 2011, p. 1277, con nota anch'essa adesiva di R. MARUFFI).

Sulla competenza cautelare, v. M. MUSCARDINI, *Giurisdizione e competenza*, in *Il processo cautelare*[5], cit., p. 350; S. RECCHIONI, *Il processo cautelare*, cit., p. 358; G. ARIETA, *Le cautele*, cit., p. 745; A. CARRATTA, *Procedimento cautelare*, cit., p. 151. Questa competenza permane, se non con-

manda si propone al tribunale, nel cui circondario ha sede il giudice di pace.

Invece, «*se il giudice italiano non è competente a conoscere il merito* – aggiunge il 3° comma – la domanda si propone al giudice che sarebbe competente per materia o valore, del luogo in cui deve essere eseguito il provvedimento cautelare» (18).

Il 4° comma dispone poi che, a seguito della presentazione del ricorso, il cancelliere forma il fascicolo d'ufficio e lo presenta senza ritardo al presidente del tribunale per la designazione del magistrato, al quale è affidata la trattazione del procedimento per l'autorizzazione (19).

Nel caso in cui sia già pendente la causa di merito (20), il ricorso va proposto

---

testata in sede cautelare, anche per il successivo giudizio sul merito (Cass. 8 marzo 2007 n. 5335) e, d'altra parte, permane anche se, dopo la proposizione del ricorso, l'azione viene esercitata in sede penale (Trib. Roma 24 gennaio 1995, in *Foro it.*, 1995, I, 1343). Si ritiene che operi l'inderogabilità di cui all'art. 28, sicché, secondo alcuni, nel caso di previa deroga ad opera delle parti, il giudizio di merito potrebbe competere ad un giudice diverso (così G. ARIETA, in L. MONTESANO-G. ARIETA, *Il nuovo processo*, cit., p. 126). Secondo un'altra e forse preferibile opinione (G. FRUS, in AA.VV., *Le riforme*, cit., p. 622; G. VERDE, *Appunti*, cit., p. 635; G. COSTANTINO, in *Riv. dir. proc.*, 1993, p. 456; F. LAPERTOSA, *In tema di competenza e procedimento cautelare*, in *Riv. dir. proc.*, 1996, p. 416), l'art. 28, che impedisce di concordare l'attribuzione della competenza per il giudizio cautelare ad un giudice diverso da quello competente per il merito, non impedisce di proporre la domanda cautelare al giudice pattiziamente concordato per il merito.

Nei casi nei quali è competente la corte d'appello in primo e unico grado, nel silenzio della legge, la soluzione per la competenza del collegio (App. Catanzaro 3 luglio 1998, in *Foro it.*, 1999, I, 2359), che sembra preferibile per le ragioni indicate alla nota 26, in questo §, potrebbe essere posta in dubbio dal rilievo che in questi casi viene designato il consigliere istruttore (v., per il rilievo, G. GUARNIERI, in AA.VV., *Provvedimenti urgenti per il processo civile*, a cura di G. TARZIA e F. CIPRIANI, Padova, 1992, p. 302, nota 21); ma in senso contrario sembra determinante l'argomento che si desume dall'art. 669 terdecies.

(18) Tuttavia, in contrasto con il disposto dell'art. 669 ter, si è affermato che, in caso di arbitrato estero, il deferimento si estende anche alla materia cautelare e sussiste il difetto di giurisdizione del giudice italiano per la pronuncia di un sequestro giudiziario e in subordine di un provvedimento d'urgenza (Trib. Frosinone 19 settembre 2017, in *Riv. arb.*, 2017, p. 759, con nota critica di A. BRIGUGLIO).

Con riguardo ai provvedimenti cautelari per i minori sono competenti anche i giudici di altro Stato membro della UE (Corte giust. 3 aprile 2009, C-5203/07, in *Riv. dir. proc.*, 2010, p. 461, con note di S. MARINO e di M. GOZZI). In proposito v. anche F. FRADEANI, *I provvedimenti cautelari nelle controversie transfrontaliere*, in *I procedimenti cautelari*, cit., p. 1457.

(19) Questa trattazione spetta, dunque, sempre ad un giudice monocratico; salvi i casi in cui il giudice di primo grado operi sempre in veste collegiale, come, ad es., le sezioni specializzate agrarie (A. ATTARDI, *Le nuove disposizioni*, cit., p. 230; A. PROTO PISANI, *La nuova disciplina ecc.*, in *Foro it.*, 1991, IV, 63; G. OLIVIERI, *I provvedimenti*, cit., p. 696; A. CARRATTA, *Procedimento cautelare*, cit., p. 156). La stessa soluzione ci sembra possa valere per il caso di pendenza innanzi alla corte d'appello (su cui v. oltre, la nota 26).

Questa designazione non pregiudica la designazione del giudice istruttore nell'instaurando giudizio di merito (C. CONSOLO, in AA.VV., *La riforma*, cit., p. 437).

(20) Causa pendente per il merito è soltanto quella che ha ad oggetto la pretesa che si intende tutelare e non altra pretesa ancorché contrapposta o connessa (Cass. 9 giugno 1989 n. 2795; Trib. Roma 6 ottobre 2015, in *Giur. it.*, 2016, p. 1632, con nota di D. GIRARDI). È pendente anche la

al giudice della stessa (art. 669 quater, 1° comma) (21) e più precisamente all'istruttore, se la causa pende innanzi al tribunale in composizione collegiale, oppure, se l'istruttore non è stato ancora designato o il giudizio è sospeso o interrotto, come anche nel caso di cancellazione della causa dal ruolo (22), al presidente del tribunale, il quale provvede ai sensi dell'ultimo comma dell'art. 669 ter, ossia si limita a designare il magistrato (eventualmente sé medesimo), al quale è affidata la trattazione del procedimento (art. 669 quater, 2° comma).

Se la causa pende innanzi al giudice di pace, anche in questo caso l'istanza si propone al tribunale, nel cui circondario ha sede il giudice di pace (art. 669 quater, 3° comma).

Se, invece, è pendente il termine per proporre l'impugnazione avverso la decisione di merito, la domanda si propone al giudice che ha pronunciato la sentenza (23).

Per il caso di pendenza del giudizio innanzi al giudice straniero, senza che il giudice italiano sia competente a conoscere del merito (24), il 5° comma dell'art.

---

causa cancellata dal ruolo (Cass. 19 settembre 1985 n. 4702) o sospesa. Non sembra che sia possibile la proposizione congiunta della domanda cautelare con quella di merito (cfr. G. ARIETA, in L. MONTESANO-G. ARIETA, *Il nuovo processo civile*, cit., p. 121; ID., *Le cautele*, cit., p. 887; L. SALVANESCHI, *La domanda e il procedimento*, cit., p. 378; contra G. VERDE, *Appunti*, cit., p. 438); rimane, però, salva la sanatoria per conseguimento dello scopo, qualora il giudice abbia provveduto.

Con riferimento al procedimento ingiuntivo, il giudizio dovrebbe ritenersi pendente dopo la semplice proposizione del ricorso (G. FRUS, *Pendenza della lite, tutela cautelare e procedimento monitorio*, in *Riv. trim. dir. e proc. civ.*, 1995, p. 557; Trib. Palermo 17 luglio 2014, in *www.altalex.it*, il quale ritiene anche che, in pendenza del termine per proporre opposizione al decreto ingiuntivo, si applichi l'art. 669 quater, 2° comma). Per l'ipotesi (in realtà discutibile) del sussistere di esigenze cautelari che non possano essere soddisfatte nell'ambito del procedimento ingiuntivo, si è prospettata la risposta affermativa sul fondamento dei rilievi ai quali è cenno nel vol. III, § 5, nota 54.

(21) Qui la competenza è attribuita con riguardo alla pendenza in quanto tale e quindi anche se la causa pende davanti a giudice incompetente (L. IANNICELLI, *Domanda cautelare in corso di causa ed incompetenza del giudice di merito*, in *Riv. trim. dir. e proc. civ.*, 2000, p. 745; G. FRUS, in AA.VV., *Le riforme*, cit., p. 631; C. CONSOLO, in AA.VV., *Commentario*, cit., p. 593; G. VERDE, *Appunti*, cit., p. 435; nello stesso senso Cass. 9 aprile 1999 n. 3473, in *Foro it.*, 1999, I, 3570, in motivazione; Trib. Milano 10 marzo 2016, in *Giur. it.*, 2017, p. 88, con nota di G. UBERTALLI; Pret. Torino 4 luglio 1997, in *Giur. it.*, 1998, I, 1406, con nota adesiva di G. FRUS; ma v. le critiche di C. CECCHELLA, *Il processo*, cit., p. 18; contra anche Trib. Pistoia 20 ottobre 1994, in *Foro it.*, 1994, I, 3215).

(22) Ma v. le giuste perplessità di A. SALETTI, *Appunti*, cit., p. 363.

(23) Questa soluzione, tuttavia, non può dirsi felice, perché se la sentenza è di accoglimento, la sua ormai generalizzata esecutività supera ogni problema, mentre se è di rigetto, il giudice *a quo* è il meno adatto ad un ripensamento (così F. CARPI, in *Riv. trim. dir. e proc. civ.*, 1990, p. 1258; A. SALETTI, *Appunti*, cit., p. 365; contra G. FRUS, in AA.VV., *Le riforme*, cit., p. 638). Il quale ripensamento, d'altra parte, non sembra possibile poiché implicherebbe (salva l'allegazione di fatti sopravvenuti) una sorta di implicita (e inammissibile) revoca della sentenza, che è invece solo appellabile.

(24) Ove sussistesse questa competenza (*rectius*: giurisdizione) la parte interessata dovrà adire il giudice italiano; ma si ritiene che questa situazione non sussista quando il giudice italiano, suc-

669 quater rimanda al già visto 3° comma dell'art. 669 ter, che indica il giudice del luogo in cui dovrebbe essere eseguito il provvedimento cautelare (25). La stessa soluzione è indicata dal 6° comma per il caso in cui l'azione civile sia stata esercitata o trasferita nel processo penale.

Se la causa di merito pende in grado di appello, la domanda va proposta al giudice dell'appello (26). Dubbi sussistono anche con riguardo all'ipotesi che la causa penda innanzi alla Cassazione. Ma, in proposito, sembra preferibile ammettere che la competenza sia del giudice *a quo*, in applicazione analogica dell'art. 669 quater, 4° comma (27).

Infine, *per l'ipotesi che il giudizio penda innanzi agli arbitri – anche non rituali*, come precisato dall'art. 669 quinquies – o che, comunque, la controversia sia oggetto di convenzione arbitrale, la domanda si propone al giudice statale che sarebbe stato competente a conoscere del merito (28).

---

cessivamente adito, dovrebbe dichiararsi incompetente per litispendenza (cfr. A. ATTARDI, *Le nuove disposizioni*, cit., p. 234; sull'argomento v. anche G. RAITI, *Competenza cautelare italiana e giudizio civile straniero ecc.*, in *Riv. dir. proc.*, 1993, p. 769; M. MUSCARDINI, *op. cit.*, p. 321). Si è ritenuto che una precedente pronuncia in senso contrario di un giudice straniero non impedisca la proponibilità della domanda cautelare (Trib. Padova 13 febbraio 1996, in *Giur. it.*, 1996, I, 2, 460, con nota adesiva di M. DE CRISTOFARO).

(25) Sulla portata restrittiva di questa disposizione che esclude le materie appartenenti alla giurisdizione italiana non ordinaria (ma v., per la giurisdizione amministrativa, § 49, nota 19) v. M. MUSCARDINI, *op. cit.*, p. 317; S. RECCHIONI, *Il processo cautelare*, cit., p. 328; A. CARRATTA, *Procedimento cautelare uniforme*, cit., p. 168.

(26) Il codice non prende in considerazione *l'ipotesi che la causa penda innanzi alla corte d'appello* eccezionalmente quale giudice di primo grado (v. retro, la nota 17), anche se non dovrebbero esserci dubbi sulla sua competenza cautelare (App. Milano 4 novembre 2009, in *Foro it.*, 2009, I, 3497; App. Roma 21 dicembre 1993, *ivi*, 1994, I, 3518). Poiché innanzi alla corte d'appello non esiste più l'istruttore e la trattazione è collegiale (v. vol. II, § 76), si deve ritenere che l'istanza vada proposta al collegio (App. Milano 19 gennaio 1995, in *Foro it.*, 1995, I, 2254; App. Lecce 14 giugno 1994, *ibidem*, I, 1336, con nota di U. VOLPE), a parere di chi scrive in *camera di consiglio* in applicazione analogica dell'art. 351. Secondo un'altra opinione (v., per tutti, E. MERLIN, *Procedimenti*, cit., p. 395; v. anche App. Milano 20 luglio 2005, in *Dir. industriale*, 2005, p. 192), quando la corte d'appello è giudice in unico grado deve essere comunque designato il consigliere istruttore.

(27) Nello stesso senso anche C. CONSOLO, in AA.VV., *La riforma*, cit., p. 450; G. ARIETA, *Le cautele*, cit., p. 791; A. CARRATTA, *Procedimento cautelare*, cit., p. 158. Per la stessa soluzione nel passato v. V. ANDRIOLI, *Commento*, IV, cit., p. 166. In giurisprudenza, nello stesso senso, App. Genova 11 luglio 1997, in *Giur. it.*, 1998, I, 2078; in senso contrario App. Torino 9 aprile 2008, in *Giur. it.*, 2009, p. 690, con nota critica di G. FRUS.

Dopo la cassazione con rinvio, la domanda va rivolta al giudice di rinvio (App. Venezia 17 ottobre 1998, in *Giur. it.*, 1999, p. 2080), che, se in sede di gravame, si pronuncerà con l'organo collegiale (A. ATTARDI, *Le nuove disposizioni*, cit., p. 233), mentre nell'ipotesi della pendenza del termine per la riassunzione in sede di rinvio, sembra preferibile la tesi dell'applicazione analogica della norma che fa riferimento alla pendenza del termine per impugnare (così E. DALMOTTO, *Prime indicazioni giurisprudenziali sulla competenza cautelare ecc.*, in *Giust. civ.*, 1999, I, p. 2154).

(28) Questa disposizione viene incontro ad esigenze particolarmente avvertite in sede di provvedimenti di urgenza (v., ad es., una pronuncia di merito in *Giur. it.*, 1981, I, 1, 366, con nota di F. TOMMASEO). Ma per l'identica esigenza con riferimento ai provvedimenti di accertamento tec-

Veniamo ora al *procedimento per la pronuncia sulla domanda cautelare*. Il codice non precisa le modalità con le quali avviene l'instaurazione del contraddittorio, limitandosi, al riguardo, alle implicazioni contenute nell'inciso, nell'art. 669 sexies, 1° comma, «*sentite le parti*»; né disciplina il potere dell'altra parte di replicare al ricorso con un atto difensivo scritto. Ma al riguardo, mentre, da un lato, sembra corretto l'impiego del meccanismo della pronuncia di un decreto che fissa la comparizione delle parti, da notificarsi all'altra parte insieme col ricorso (29), dall'altro lato, non sussistono dubbi sulla legittimità della prassi del deposito, ad opera dell'altra parte, di una memoria difensiva direttamente all'udienza di comparizione (30). Avuto riguardo all'urgenza, che è un elemento normale, se non essenziale, della situazione che induce a chiedere la misura cautelare, il codice configura l'attività che conduce alla pronuncia del provvedimento autorizzativo, con i caratteri della procedura sommaria propria di tutti i provvedimenti cautelari.

Tale sommarietà si manifesta, in primo luogo, nel fatto che, per la prova del *fumus boni juris* e del *periculum in mora*, il giudice può fondarsi anche soltanto sui documenti prodotti dalla parte istante, o procedere *ad atti di istruzione indi-*

---

nico preventivo di cui all'art. 696 v. C. Cost. 28 gennaio 2010 n. 26 (già cit. retro, alla nota 2). Ovviamente al giudice di pace va sostituito il tribunale. Sui problemi ai quali può dar luogo l'innovazione in argomento v. qualche cenno da parte di M.G. CANELLA, in *Riv. trim. dir. e proc. civ.*, 2005, p. 1013.

Tuttavia, la Cassazione ha escluso, in caso di compromesso per arbitrato estero, la sussistenza della competenza del giudice italiano con riferimento ad un ricorso per accertamento tecnico preventivo, in quanto tale ricorso introduce un procedimento strettamente connesso con il successivo giudizio di merito e che si esaurisce in un'anticipazione istruttoria (Cass. sez. un. 21 ottobre 2009 n. 22236, in *Guida al dir.*, 2010, n. 2, p. 66). Sul problema v. anche A. CARRATTA, *Procedimento cautelare*, cit., p. 166; E. VULLO, *Note in tema di competenza cautelare in caso di arbitrato*, in *Giusto proc. civ.*, 2018, p. 981.

(29) In realtà, il disposto di cui all'inciso «sentite le parti» può attuarsi sia con la pronuncia di un decreto da notificarsi alla controparte, come sembrerebbe più corretto (C. MANDRIOLI, *Le modifiche del processo civile*, Torino, 1991, p. 183; G. OLIVIERI, *I provvedimenti*, cit., p. 702; L. SALVANESCHI, *La domanda e il procedimento*, cit., p. 392; S. RECCHIONI, *Il processo cautelare*, cit., p. 416; A. CARRATTA, *Procedimento*, cit., p. 170), e sia anche con una convocazione tramite la cancelleria (C. CONSOLO, in AA.VV., *La riforma*, cit., p. 464) o anche con mezzi anomali (G. ARIETA, in L. MONTESANO-G. ARIETA, *Il nuovo processo*, cit., p. 131; ID., *Le cautele*, cit., p. 895; G. FRUS, in AA.VV., *Le riforme*, cit., p. 636).

Anche *nei confronti del contumace*, la notificazione è solo uno dei possibili mezzi di instaurazione del contraddittorio, stante l'inapplicabilità dell'art. 292, nel quale il riferimento alle domande nuove riguarda solo le domande di merito (contra Trib. Termini Imerese 7 ottobre 1998, in *Giur. it.*, 1999, p. 1861, con nota critica di E. DALMOTTO).

(30) Eventualmente contenente una domanda riconvenzionale cautelare (Cass. 24 giugno 1994 n. 6103). Questa memoria implica costituzione nel procedimento cautelare. Ma nulla impedisce che la costituzione in tale procedimento avvenga contemporaneamente alla costituzione nel giudizio di merito (se non avvenuta in precedenza) anche in unico atto, col contenuto anche della comparsa di risposta (Cass. 18 marzo 2005 n. 1904). Sul contenuto della memoria difensiva v. anche A. CARRATTA, *Procedimento cautelare*, cit., p. 175.

spensabili senza alcuna particolare formalità, o può fondarsi su fonti di *semiplena probatio*, esclusa la semplice verosimiglianza delle asserzioni della parte istante (31).

«*Il giudice* – così l'art. 669 sexies, 1° comma –, *sentite le parti, omessa ogni formalità non essenziale al contraddittorio, procede nel modo che ritiene più opportuno agli atti di istruzione indispensabili in relazione ai presupposti e ai fini del provvedimento richiesto e provvede con ordinanza all'accoglimento o al rigetto della domanda*» (32).

In secondo luogo, la sommarietà della cognizione, con riferimento alla pienezza del contraddittorio (33), si concreta nel fatto che il codice consente al giudice, in taluni casi, di provvedere *inaudita altera parte*.

---

(31) Cfr. A. CARRATTA, *Procedimento cautelare*, cit., p. 177; C. CECCHELLA, *Il processo cautelare*, cit., p. 67, che rileva anche il possibile ostacolo determinato da preclusioni eventualmente maturate nel processo in corso.

(32) È evidente l'attribuzione al giudice di un ampio potere discrezionale – ciò che, nel campo della cognizione, tipicamente distingue la cognizione sommaria da quella piena (cfr. A. PROTO PISANI, *Appunti sul valore della cognizione piena*, in *Foro it.*, 2002, V, 65) – limitato solo dal requisito della «indispensabilità», in luogo della semplice rilevanza (su questo requisito, v. G. FRUS, in AA.VV., *Le riforme*, cit., p. 660; L. SALVANESCHI, *La domanda e il procedimento*, cit., p. 398; S. RECCHIONI, *Il processo cautelare*, cit., p. 462; G. ARIETA, *Le cautele*, cit., p. 909; A. CARRATTA, *Procedimento cautelare*, cit., p. 179); ciò che, peraltro, non implica deroga alla regola dell'onere della prova (L. SALVANESCHI, *op. cit.*, p. 438; L. LOMBARDO, *Natura e caratteri*, cit., p. 487). Sul tema delle «sommarie informazioni», v. B. CAPPONI, *Le «informazioni» del giudice civile*, in *Riv. trim. dir. e proc. civ.*, 1990, p. 911; L. PASSANANTE, *Le informazioni*, in *La prova nel processo civile*, a cura di M. TARUFFO, Milano, 2012, p. 957. V. anche vol. II, § 35, al richiamo della nota 41. Nel giudizio di merito, le prove così raccolte varranno solo come «argomenti di prova» (cfr. G. OLIVIERI, *I provvedimenti*, cit., p. 704; A. CARRATTA, *Procedimento cautelare*, cit., p. 214; nel senso che siano utilizzabili come indizi liberamente valutabili v. Cass. 31 marzo 2014 n. 7514, in *Guida al dir.*, 2014, n. 27, p. 83).

Quanto ai *documenti*, è indubbio che la parte contro la quale sono prodotti è onerata al disconoscimento e/o alla querela di falso, ma è altrettanto indubbio che la sommarietà del procedimento cautelare non consente lo svolgimento, nel suo ambito, neppure del giudizio di verificazione, che può, peraltro, essere proposto in via principale ai sensi dell'art. 216, 2° comma (cfr. R. FRASCA, in *Giur. it.*, 1999, p. 455). Quanto, invece, alla *testimonianza scritta* di cui all'art. 257 bis (v. il § 52 del vol. I), essa si ritiene utilizzabile nell'istruzione cautelare a prescindere dai limiti posti dallo stesso art. 257 bis, e dunque senza che sia necessario il preventivo accordo fra le parti (Trib. Belluno 10 ottobre 2011, in *Foro it.*, 2012, I, 1595). Sull'incompatibilità della consulenza tecnica con il procedimento cautelare v. Trib. Napoli 8 settembre 2016, in *Giusto proc. civ.*, 2017, p. 553, con nota di M. TERESI.

(33) Il riferimento è alla distinzione chiovendiana tra sommarietà del procedimento e sommarietà della cognizione, ripresa di recente da L. LOMBARDO (*Natura e caratteri*, cit., p. 480), secondo cui il procedimento *inaudita altera parte* di cui all'art. 669 sexies, 2° comma, e su cui subito nel testo, presenta caratteri profondamente diversi da quello di cui al 1° comma, sicché solo rispetto ad esso si potrebbe parlare di cognizione sommaria, come conseguenza della parzialità del contraddittorio (*op. cit.*, p. 505).

Secondo un'altra opinione (A. PROTO PISANI, *L'istruzione nei procedimenti sommari*, in *Foro it.*, 2002, V, 22) proprio il procedimento di cui al 1° comma coglie l'essenza della cognizione sommaria perché superficiale. Al di là della classificazione (e, in parte, della terminologia) è certamente condivisibile il rilievo della deformalizzazione che caratterizza il procedimento di cui al 1° comma e che può implicare piena apertura alle prove atipiche, salvo il controllo in sede di reclamo (in proposito v. anche A. CARRATTA, *Processo sommario*, cit., p. 877).

«*Quando la convocazione della controparte potrebbe pregiudicare l'attuazione del provvedimento* – così dispone il 2° comma dell'art. 669 sexies (34) – il giudice *provvede con decreto motivato*, assunte, ove occorra, sommarie informazioni» (35). Ma anche in questo caso, il contraddittorio va, comunque, instaurato al più presto possibile in udienza ravvicinata (anche se ovviamente, successiva all'esecuzione del provvedimento) destinata al riesame in contraddittorio del provvedimento, quale che sia il suo contenuto, anche di rigetto. «In tal caso – così prosegue il 2° comma ora in esame – *fissa, con lo stesso decreto, l'udienza di comparizione delle parti davanti a sé* entro un termine non superiore a quindici giorni (36), assegnando all'istante un termine perentorio non superiore a otto giorni per la notificazione del ricorso e del decreto (37). A tale udienza, il giudice, *con ordinanza conferma, modifica o revoca i provvedimenti emanati con decreto*» (38)

---

(34) Che trascura, ingiustificatamente, l'ipotesi in cui l'urgenza non dipenda dal pregiudizio all'attuazione. V. l'analogo rilievo di A. SALETTI, *Appunti*, cit., p. 368. Per l'estensione ai casi che non ammettono dilazione, v. A. CARRATTA, *Procedimento cautelare*, cit., p. 201. Ugualmente trascurata l'ipotesi che il pregiudizio consegua al mero decorso del tempo per l'instaurazione del contraddittorio; per la soluzione più severa v. Trib. Torino 19 marzo 2002, in *Giur. it.*, 2002, p. 2302, con nota problematica di A. RONCO; Trib. Napoli 1° aprile 2014, in *Foro it.*, 2015, I, 1388.

La natura eccezionale di questa disposizione fornisce un'indiretta conferma all'*inderogabilità, nel procedimento* de quo, *del rispetto del contraddittorio*. Se ne è giustamente dedotta la necessità che l'*istanza cautelare proposta in pendenza di causa sia notificata anche alla parte contumace* (Trib. Roma 9 marzo 2004, in contrasto, in sede di reclamo, con Trib. Roma 9 gennaio 2004, entrambe in *Riv. dir. proc.*, 2004, p. 1281, con nota di G. TOTA).

(35) Eventualmente anche d'ufficio (cfr. F. CARPI, *I procedimenti cautelari e l'esecuzione ecc.*, in *Riv. trim. dir. e proc. civ.*, 1990, p. 1265; B. CAPPONI, *Le «informazioni»*, cit., p. 927). Ma qui, a differenza delle ipotesi di cui al 1° comma, assumendo solo «sommarie informazioni». È da escludere la reclamabilità di questo decreto (Trib. Modena 2 luglio 2015, in *Giur. it.*, 2015, p. 2641, con nota di G. FRUS).

(36) Termine, questo, che, a quanto pare, non è perentorio (Trib. Trento 3 aprile 2006, in *Giur. it.*, 2007, p. 1224, con nota di M.S. CATALANO). Nel pronunciare il decreto ex art. 669 sexies, 2° comma, ove il giudice abbia omesso di fissare l'udienza per la conferma, la modifica o la revoca dello stesso, tale decreto viene ritenuto nullo e, in quanto tale, suscettibile di essere sottoposto a reclamo ex art. 669 terdecies (v. il § successivo), rimedio normalmente non esperibile avverso il decreto ex art. 669 sexies, 2° comma (cfr. G. ARIETA, *Problemi e prospettive in tema di reclamo cautelare*, in *Riv. dir. proc.*, 1997, p. 426; Trib. Torre Annunziata 18 marzo 2013, in *www.ilcaso.it*; Trib. Torino 28 aprile 2010, in *Giur. it.*, 2011, p. 1610; Trib. Bologna 11 ottobre 1994, *ivi*, 1995, I, 2, 731).

(37) Che decorrono dalla pronuncia del provvedimento e non dall'eventuale sua correzione (Trib. Napoli 5 dicembre 2019, in *Giur. it.*, 2020, p. 1673, con nota contraria di F. FERRARI).

(38) Sull'eccessiva brevità dei termini di cui a questa disposizione – ed il cui mancato rispetto è causa di inefficacia del decreto (Trib. Milano 11 novembre 1993, in *Foro it.*, 1994, I, 603; contra Trib. Torino 21 aprile 1994, in *Giur. it.*, 1995, I, 2, 102, con nota contraria di G. FRUS) da dichiararsi secondo l'*iter* dell'art. 669 novies (cfr. P. FADEL, *Brevi considerazioni su taluni profili problematici ecc.*, in *Giur. it.*, 1994, I, 1, 325) – e sul difetto di coordinamento, con riguardo ai sequestri, col termine di cui all'art. 675, v. P. POTOTSCHNIG, *L'esecuzione dei sequestri ecc.*, in *Riv. dir. proc.*, 1992, p. 506. Secondo G. FRUS (in AA.VV., *Le riforme*, cit., p. 672) e P. FADEL, (*op. cit.*, p. 322) il giudice può validamente fissare un termine superiore, purché perentorio.

È da escludere, comunque, la ricorribilità per cassazione anche dell'ordinanza di revoca o modifica del decreto cautelare emesso *inaudita altera parte* (Cass. 14 maggio 2012 n. 7429).

anche in maniera implicita (39). «Nel caso in cui la notificazione debba effettuarsi all'estero – aggiunge infine il 3° comma – i termini di cui al comma precedente sono triplicati».

Con riguardo a tale termine perentorio – ma il discorso vale per tutti i termini perentori nel processo cautelare – si è sostenuta, in giurisprudenza, l'applicabilità della rimessione in termini, di cui all'art. 153, 2° comma (40).

44. *Segue. Il provvedimento di rigetto e quello di accoglimento. L'inefficacia, la revoca o la modifica, l'attuazione e il reclamo.*

Prendiamo in esame ora il *provvedimento cautelare*. Con riguardo alla forma, le disposizioni dell'art. 669 sexies, citate al termine del § precedente, evidenziano che tale forma è, di regola, quella *dell'ordinanza*, mentre è quella del *decreto* nel solo caso di pronuncia *inaudita altera parte*, destinata ad essere confermata, revocata o modificata dalla successiva ordinanza; ciò che si verifica nel caso dell'art. 669 sexies, 2° comma (v. il precedente §), che, tuttavia, la giurisprudenza ammette anche nelle ipotesi di rigetto immediato della domanda per motivi di rito (41), ma non anche per motivi di merito (42).

Con riguardo al contenuto, la prima ipotesi che il codice prende in considerazione (all'art. 669 septies) è il *provvedimento a contenuto negativo*, distinguendo l'ipotesi della pronuncia di incompetenza da quella di rigetto in merito. Con riferimento alla prima ipotesi, il 1° comma dell'articolo in esame, senza occuparsi della pronuncia di difetto di giurisdizione (da assimilarsi a quella di difetto di competenza) (su cui v. la nota 43), dispone che l'ordinanza di incompetenza non preclude la riproposizione della domanda, con conseguente esclusione del regolamento di competenza (43).

---

(39) Cass. 18 ottobre 2013 n. 23674.

(40) Pret. Como 20 febbraio 1996, in *Giur. it.*, 1997, I, 2, 258.

(41) Trib. Pescara 4 maggio 2007, in *Giur. merito*, 2008, p. 732; Trib. Bologna 25 febbraio 2005, in *Guida al dir.*, 2005, n. 27, p. 70; Trib. Ravenna 14 settembre 1994, in *Foro it.*, 1994, I, 3532; sempre naturalmente in quanto venga fissata udienza per la conferma, modifica o revoca in contraddittorio.

(42) Cfr. A. CARRATTA, *Procedimento cautelare*, cit., p. 201; V.A. CICCHITTI, *Sul reclamo contro il decreto di rigetto della domanda cautelare*, in *Riv. dir. proc.*, 1998, p. 611, in nota a Trib. Roma 23 luglio 1996, per il quale il rigetto immediato con decreto non sarebbe mai ammissibile.

(43) La riproponibilità parrebbe riguardare sia il giudice dichiarato competente e sia lo stesso giudice che si è dichiarato incompetente (G. FRUS, in AA.VV., *Le riforme*, cit., p. 678; contra, con riguardo a quest'ultimo giudice, G. ARIETA, *Problemi e prospettive*, cit., p. 423; A. SALETTI, *Appunti*, cit., p. 372; G. TARZIA-M.C. GIORGETTI, *Il provvedimento negativo*, in *Il processo cautelare*[5], cit., p. 487). Nella logica di questa disposizione (che altrimenti sarebbe superflua) sta anche *l'esclusione dell'onere (e del potere) di proporre il regolamento di competenza* (cfr. C. CECCHELLA, *Il processo cautelare*, cit., p. 71; A. PROTO PISANI, *La nuova disciplina*, cit., p. 343; G. ARIETA, in L. MONTESANO-G.

Tale riproposizione è possibile pure – prosegue il medesimo 1° comma in esame – dopo l'ordinanza di rigetto in merito, *ma in questo caso a condizione che si*

ARIETA, *Il nuovo processo*, cit., p. 155; ID., *Le cautele*, cit., p. 960; G. FRUS, in AA.VV., *Le riforme*, cit., p. 680; G. VERDE, *Appunti*, cit., p. 434; M. MUSCARDINI, *op. cit.*, p. 369; S. RECCHIONI, *Il processo cautelare*, cit., p. 554; A. CARRATTA, *Procedimento cautelare*, cit., p. 227). Contra, anche su questo punto, A. SALETTI (*Appunti*, cit., p. 374) che ritiene – pur non nascondendosi le difficoltà di questa tesi – che il giudice che si dichiara incompetente debba anche indicare il diverso giudice competente, con la conseguente applicabilità del meccanismo imperniato sulla riassunzione di cui all'art. 50. Per rilievi critici a questa tesi, v. C. CONSOLO, in AA.VV., *La riforma*, cit., p. 479 e G. OLIVIERI, *I provvedimenti*, cit., p. 709. Parzialmente adesivi, invece, G. TARZIA, *op. loc. cit.* e G. ARIETA, *Problemi e prospettive*, cit., p. 427; ID., *Le cautele*, cit., p. 965, che ritiene ammissibile il regolamento d'ufficio.

Inammissibilità dei regolamenti di competenza e di giurisdizione

La Cassazione si è pronunciata *per l'inammissibilità del regolamento di competenza* (Cass. 3 maggio 2018 n. 10539; Cass. 20 gennaio 2017 n. 1613; Cass. sez. un. 29 luglio 2013 n. 18189; Cass. 14 febbraio 1995 n. 1598, in *Riv. dir. proc.*, 1995, p. 922, ove è pubblicata anche C. Cost. 26 maggio 1995 n. 197; per l'inammissibilità del regolamento di competenza d'ufficio v. Cass. 3 luglio 2009 n. 15639 e Cass. sez. un. 9 luglio 2009 n. 16091, la pronuncia è pubblicata in *Giur. it.*, 2010, p. 1144, con note di M. VIALARDI e di A. RONCO; a commento della medesima pronuncia v. anche G. GUARNIERI in *Riv. dir. proc.*, 2010, p. 931, che, a determinate condizioni, ritiene ammissibile l'esperibilità del regolamento di competenza d'ufficio). Invece, a favore della proponibilità del regolamento di competenza d'ufficio nell'ipotesi in cui il giudice, chiamato a decidere il reclamo contro il provvedimento cautelare, si ritenga incompetente dopo che già altro giudice aveva rifiutato la decisione in quanto incompetente, Cass. 24 giugno 2009 n. 14819, in *Giur. it.*, 2010, p. 1445.

Va, peraltro, segnalato che la Cassazione ha talvolta configurato l'eccezionale ammissibilità del regolamento di competenza a istanza di parte, nella sola situazione propria del regolamento d'ufficio (Cass. 5 dicembre 2003 n. 18680, in *Foro it.*, 2004, I, 1459, con nota di B. GAMBINERI e in *Giur. it.*, 2004, p. 1588, con ampia nota riepilogativa; Cass. 12 giugno 1997 n. 5264 (in *Giur. it.*, 1998, I, 13, con nota contraria di C. CONSOLO e in *Nuova giur. civ. comm.*, 1988, p. 735, con nota perplessa di E. DALMOTTO). Sul medesimo problema v. anche M. ABBAMONTE, *Tutela cautelare* ante causam *e conflitti negativi di competenza*, in *Riv. dir. proc.*, 2017, p. 459.

Parimenti inammissibile è la proposizione del regolamento di giurisdizione durante il procedimento cautelare (cfr. M. MUSCARDINI, *Giurisdizione e competenza*, cit., p. 344; A. CARRATTA, *Procedimento cautelare*, cit., p. 232; Cass. sez. un. 24 aprile 2019 n. 11220, in *Giusto proc. civ.*, 2020, p. 187, con nota di F. CASCIARO; Cass. sez. un. 18 novembre 2015 n. 23542; Cass. sez. un. 19 ottobre 2011 n. 21579). Ugualmente e a maggior ragione, l'inammissibilità sussiste in pendenza del procedimento di attuazione della misura cautelare (Cass. 20 febbraio 2003 n. 2608). D'altro canto, *se il processo di merito è già pendente*, la proposizione dell'istanza di regolamento di giurisdizione non impedisce al giudice di pronunciarsi sulla richiesta di una misura cautelare previa delibazione di cui all'art. 367 sull'infondatezza dell'eccezione (R. CONTE, *Il sequestro*, cit., p. 96).

Inoltre, condivisibile pare la conclusione circa la sopravvivenza della misura cautelare nell'ipotesi in cui, rilevato il difetto di giurisdizione fra giudici ordinari e giudici speciali, possa trovare applicazione l'istituto della *translatio iudicii* dell'art. 59 L. 69/2009 (v. § 34 del vol. I) (v. anche M. MUSCARDINI, *op. cit.*, p. 339, per la quale in questi casi non si potrebbe riscontrare positivamente la sussistenza dei presupposti previsti dall'art. 669 novies, 1° e 2° comma, per la dichiarazione di inefficacia); conclusione, peraltro, implicitamente confermata da Cass. sez. un. 9 settembre 2010 n. 19256, in *Giusto proc. civ.*, 2011, p. 171, con il commento di G. TRISORIO LIUZZI. Più in generale sulla sopravvivenza del provvedimento cautelare quando, a seguito della pronuncia della sentenza di rigetto in rito, sia prevista la *translatio iudicii*, v. A. CARRATTA, *Procedimento cautelare*, cit., p. 307. Per quanto riguarda, poi, la specifica previsione contenuta in proposito nell'art. 11 del D.Lgs. 104/2010, ci limitiamo a rinviare al § 34 del vol. I, in fine.

verifichino mutamenti nelle circostanze (ivi compreso lo *jus superveniens* o un successivo intervento della Corte costituzionale) *o vengano dedotte nuove ragioni di fatto o di diritto*, compresa l'utilizzazione di nuove prove (44).

I commi successivi di quest'articolo dispongono poi che, se l'ordinanza di incompetenza o di rigetto nel merito è pronunciata prima dell'inizio della causa, il provvedimento negativo, che così chiude il procedimento cautelare, pronuncia definitivamente sulle spese di detto procedimento (art. 669 septies, 2° comma) (45) e sull'eventuale condanna per responsabilità aggravata ex art. 96 (46). La condanna alle spese è immediatamente esecutiva e sottoponibile anch'essa al reclamo, ai sensi dell'art. 669 terdecies (47).

Se è così, qual è la sorte del provvedimento sulle spese all'esito del reclamo? Data la sua natura sommaria ed esecutiva (ma non definitiva), si può ipotizzare che il suo contenuto sia contestabile in un autonomo giudizio a cognizione piena, instaurabile anche attraverso l'opposizione all'esecuzione ex art. 615 (v. retro, § 36) (48).

---

(44) Cfr. A. PROTO PISANI, *La nuova disciplina*, cit., 69. Il riferimento alle «nuove ragioni di fatto e di diritto» consente di avvalersi anche di ragioni non dedotte, ma deducibili (così G. TARZIA-M.C. GIORGETTI, *Il provvedimento negativo*, cit., p. 493; cfr. anche Trib. Napoli 21 dicembre 1994, in *Foro it.*, 1995, I, 1346; contra, invece, Trib. Nola 29 agosto 2019, in *Corr. giur.*, 2020, p. 101, con nota critica di C. CONSOLO).

Si delinea così una preclusione (sia pure limitata). Alcuni ritengono che questa preclusione sia stata ampliata per effetto della previsione introdotta nel 2005 nell'art. 669 terdecies, 4° comma (v. oltre, in questo §) (A. BARLETTA, *La riproposizione della domanda cautelare*, Milano, 2008, p. 288; G. BALENA, *Istituzioni di diritto processuale civile*[4], III, Bari, 2015, p. 284; nel senso dell'inammissibilità della riproposizione nel caso che l'ordinanza di rigetto sia sottoposta a reclamo, Trib. Napoli 28 agosto 2014, in *Foro it.*, 2015, I, 1387, con nota di A. PALMIERI; Trib. Milano 12 marzo 2016, in *Foro it.*, 2016, I, 3307); ma l'orientamento maggioritario è nel senso della necessità di ridurre al minimo le limitazioni alla riproposizione della domanda cautelare rigettata nel merito anche dopo la richiamata innovazione legislativa (v., per tutti, A. CARRATTA, *Procedimento cautelare*, cit., p. 225; ARIETA, *Le cautele*, cit., p. 942; S. RECCHIONI, *Il processo cautelare*, cit., p. 566); per la tesi di una differenza di stabilità tra le pronunce di rigetto in rito e quelle di rigetto in merito, v. F. MARELLI, *La stabilità dei provvedimenti cautelari*, in *Riv. dir. proc.*, 1999, p. 781. Questa sia pur limitata preclusione (per indicazioni v. A. CARRATTA, *op. cit.*, p. 225) è sufficiente per fondare *l'applicabilità della disciplina della litispendenza* tra ricorsi cautelari *ante causam*, che ne evita l'aggiramento (cfr. C. CONSOLO, in *Giur. it.*, 1999, p. 1257, a commento critico di due pronunce di merito in senso contrario).

(45) Questa disposizione deve ritenersi applicabile in tutti i casi di rigetto, ma anche in quelli di accoglimento in cui per errore o per altro motivo, sia stata emessa pronuncia sulle spese, come, ad es., nel caso della cessazione della materia del contendere (Cass. 18 giugno 1998 n. 6133, in *Giur. it.*, 1999, p. 2015; contra Pret. Monza 22 luglio 1993, in *Giur. it.*, 1994, I, 2, 678, con nota critica di D. NOVIELLO).

(46) Che sussiste anche laddove la domanda cautelare sia stata proposta a giudice incompetente, ove ricorra il presupposto della mala fede o della colpa grave (Cass. 24 luglio 2012 n. 14699, in *Riv. dir. proc.*, 2013, p. 1512, con nota favorevole di M.F. GHIRGA; v. anche Trib. Roma 9 febbraio 1995, *ivi*, 1996, p. 885, con nota di M.P. GASPERINI).

(47) Così A. CARRATTA, in C. MANDRIOLI-A. CARRATTA, *Come cambia*, cit., p. 127.

(48) In questo senso, e quindi per l'esclusione della ricorribilità per cassazione ex art. 111 Cost.,

Venendo ora al *provvedimento di accoglimento*, occorre riferirsi alle vicende eventuali che possono influire sulla stabilità del provvedimento stesso, incominciando con quelle che concernono la sua efficacia ed evidenziando, in primo luogo, le situazioni – che possono dar luogo ad inefficacia – alle quali si riferiscono gli artt. 669 octies e 669 undecies.

L'art. 669 octies si riferisce all'ipotesi del *provvedimento di accoglimento*, per disciplinare, con riferimento alla sola ipotesi che la domanda cautelare *ante causam*, un meccanismo che – salva l'eccezione che vedremo tra poco (art. 669 octies, 6° comma) – fa dipendere il permanere dell'efficacia del provvedimento dall'introduzione del giudizio di merito, innanzi all'ufficio giudiziario che ha pronunciato il provvedimento cautelare (49), *in un termine perentorio non superiore a sessanta giorni*, da fissarsi con l'ordinanza di accoglimento (50) e che, in mancanza di fissazione, è comunque di sessanta giorni (art. 669 octies, 1° e 2° comma) (51).

---

v. A. CARRATTA, *op. ult. cit.*, p. 128 e p. 131; ID., *Procedimento cautelare*, cit., p. 242. Nello stesso senso Cass. 1° marzo 2019 n. 6180; Cass. 28 giugno 2017 n. 16259, in *Foro it.*, 2018, I, 278; Cass. 24 maggio 2011 n. 11370, in *Riv. es. forz.*, 2011, p. 473, la quale ha rilevato che la pronuncia sulle spese è comunque suscettibile di riesame nel successivo giudizio di merito (se questo venga instaurato) o contestabile in sede di opposizione all'esecuzione preventiva o successiva (essendo il provvedimento sulle spese titolo esecutivo). In argomento v. anche M. MOROTTI, *Sul regime delle spese nei procedimenti cautelari e anticipatori*, in *Riv. dir. proc.*, 2021, p. 542.

(49) Secondo un orientamento (a nostro parere preferibile) della dottrina e della giurisprudenza, il giudizio per il merito deve essere proposto davanti allo stesso ufficio giudiziario che ha pronunciato il provvedimento anche nel caso di più giudici ugualmente competenti, perché, essendo la competenza per il cautelare riferita a quella sul merito, la scelta compiuta al momento della proposizione del ricorso opera anche per il merito (così G. VERDE, *Appunti*, cit., p. 436; Trib. Salerno 26 febbraio 1998, in *Foro it.*, 1998, I, 2296). Anche la Cassazione sembra maggioritariamente orientata nel senso che la proposizione di una domanda cautelare *ante causam*, non contestata con eccezione di incompetenza, radica in capo al giudice adito la competenza anche per il giudizio di merito (Cass. 12 luglio 2004 n. 12895 e Cass. 8 marzo 2007 n. 5335 e, ancora, Cass. 9 febbraio 2009 n. 3119, in *Riv. dir. proc.*, 2010, p. 236, con nota di E.F. RICCI, critica rispetto al riferimento anche ai provvedimenti anticipatori), sebbene sia successivamente emerso anche un orientamento minoritario, secondo il quale l'omesso rilievo dell'incompetenza in sede di procedimento cautelare *ante causam* non determina il definitivo consolidamento della competenza in capo al giudice adito anche per il successivo giudizio di merito, che quindi può essere validamente instaurato davanti al giudice competente anche se diverso da quello della cautela (Cass. 3 febbraio 2010 n. 2505, già cit. retro, alla nota 17 del § 43). In quest'ultimo senso anche A. SALETTI, *Appunti*, cit., p. 369; L. SALVANESCHI, in *Nuove leggi civ. comm.*, 1992, p. 339.

(50) Ma non anche in quella che dichiari cessata la materia del contendere (Cass. 4 ottobre 2013 n. 22751, in *Foro it.*, 2014, I, 1895).

(51) In caso di assegnazione di un termine superiore, si dubita se la nullità del provvedimento (comunque modificabile dal giudice che l'ha pronunciato: v. Pret. Bari 5 agosto 1994, in *Foro it.*, 1995, I, 2621) possa pregiudicare la valida introduzione del giudizio di merito; lo nega G. FRUS, in AA.VV., *Le riforme*, cit., p. 701.

Se la notificazione va fatta all'estero, è sufficiente che nel termine siano compiute le formalità da parte del notificante (così – con sentenza interpretativa di rigetto – C. Cost. 22 ottobre 1996 n. 358, in *Riv. dir. proc.*, 1998, p. 903, con nota di G.P. VALCAVI; C. Cost. 3 marzo 1994 n. 69). La notifica dell'atto introduttivo va effettuata alla parte personalmente. Si è tuttavia ritenuta valida la

Termine che decorre dalla pronuncia dell'ordinanza di accoglimento, se avvenuta in udienza, o altrimenti dalla sua comunicazione (52) ed entro il quale, come già detto, va proposta la domanda introduttiva del giudizio di merito (53).

I successivi commi dell'art. 669 octies, attenuando il requisito della strumentalità (54) per determinate categorie di provvedimenti cautelari, esibisco-

---

notifica effettuata al domicilio eletto presso il difensore designato per il procedimento cautelare se la delega fa esplicito riferimento alle fasi ulteriori (Cass. 15 marzo 2002 n. 3794; Cass. 26 febbraio 2002 n. 2832, in *Giur. it.*, 2003, p. 52, con nota di G. FRUS).

Per le controversie individuali relative a rapporti di lavoro con la P.A., escluse quelle devolute alla giurisdizione amministrativa, il 4° comma dell'art. 669 octies dispone che il termine decorre da quando la domanda è divenuta procedibile o, in caso di mancata richiesta del tentativo di conciliazione, decorsi trenta giorni (v. il vol. III, § 37). Occorre, tuttavia, ricordare a questo proposito che – come abbiamo visto – sia l'art. 5, comma 1 bis, D.Lgs. 28/2010 per la mediazione (v. § 62 del vol. III), sia l'art. 3 D.L. 132/2014 per la negoziazione assistita (v. § 65 del vol. III), hanno anche previsto che lo svolgimento di tali procedure non preclude in ogni caso la concessione di provvedimenti urgenti e cautelari.

(52) Richiamando la natura cautelare del procedimento è stata esclusa l'applicabilità, a questo termine, della sospensione feriale (Trib. Torino 6 novembre 2012, in *www.ilcaso.it*; Trib. Firenze 9 marzo 1999, in *Toscana giur.*, 1999, p. 690). In realtà, siccome il termine si riferisce ad un'attività esterna al procedimento cautelare, dovrebbe pervenirsi alla conclusione opposta (Trib. Napoli 4 luglio 2001, in *Nuovo dir.*, 2002, I, p. 851; Trib. Roma 24 luglio 1998, in *Giur. merito*, 1999, p. 768; Pret. Torino 22 dicembre 1993, in *Foro it.*, 1994, I, 1266; v. anche E. MERLIN, *Le cause della sopravvenuta inefficacia del provvedimento*, in *Il processo cautelare*[5], cit., p. 428, in nota 6; A. CARRATTA, *Procedimento cautelare*, cit., p. 289).

(53) Con citazione da notificarsi alla parte presso il difensore costituito nel procedimento cautelare (Cass. 28 gennaio 2003 n. 1236, in *Giur. it.*, 2003, p. 1576, riprendendo una precedente pronuncia, Cass. 15 marzo 2002 n. 3794, che già aveva ritenuto *regolare la notifica presso il difensore costituito nel procedimento cautelare*, alla sola condizione che la procura risulti rilasciata anche per il successivo giudizio di cognizione).

Con l'espressione «giudizio di merito» il codice intende non solo il giudizio ordinario (nel qual caso l'atto da compiersi entro il termine è la notificazione dell'atto di citazione o il deposito del ricorso) davanti all'ufficio giudiziario competente, ma anche il giudizio innanzi a giudici stranieri, nonché il giudizio arbitrale (nel qual caso l'atto da compiersi è quello configurato dal 5° comma dell'art. 669 octies, ossia «*un atto col quale la parte dichiara la propria intenzione di promuovere il procedimento arbitrale, propone la domanda e procede, per quanto le spetta, alla nomina degli arbitri*». V. ampiamente, sull'argomento, L. SALVANESCHI, in AA.VV., *L. 5 gennaio 1994 n. 25*, Padova, 1995, p. 1). Su ciò v. la nota 72 in questo §, ove v. anche cenni ai problemi della tutela cautelare nell'arbitrato irrituale.

(54) Al termine «attenuazione» altri preferisce quello di «alterazione» (L. QUERZOLA, *La tutela anticipatoria tra procedimento cautelare e giudizio di merito*, Bologna, 2006, p. 6), ma ci pare un aspetto terminologico di secondaria rilevanza.

Si è sostenuto che, nel caso di proposizione del giudizio di merito da parte di chi ha subìto la pronuncia del provvedimento cautelare, si verificherebbe uno spostamento dell'onere della prova a suo carico (così, non senza perplessità, A. PROTO PISANI, *Premessa*, in AA.VV., *Le modifiche al c.p.c. previste dalla l. n. 80 del 2005*, in *Foro it.*, 2005, V, 93). Non ci sembra, però, che questa tesi sia condivisibile, stante la non definitività e intrinseca provvisorietà del provvedimento cautelare. In proposito v. anche A. CARRATTA, *I nuovi riti speciali societari fra «decodificazione» e «sommarizzazione»*, in *Davanti al giudice. Studi sul processo societario*, a cura di L. LANFRANCHI e A. CARRATTA, Torino, 2005, p. 67; ID., *Procedimento cautelare*, cit., p. 266.

no una disciplina tutta particolare per l'efficacia dei *provvedimenti d'urgenza di cui all'art. 700*, delle *denunce di nuova opera o danno temuto* e dei *provvedimenti cautelari a contenuto anticipatorio*. Questi provvedimenti, infatti, restano dotati di efficacia (ma di un'efficacia *materiale* che non implica il giudicato) anche in mancanza di proposizione del giudizio di merito (il quale, peraltro, *può* essere sempre proposto), salva la permanenza della loro natura strumentale e la loro revocabilità e modificabilità in caso di mutamento delle circostanze (55).

In realtà, ciò che è attenuato per questi provvedimenti non è la loro strumentalità, ma, più esattamente, il vincolo temporale che lega la fase cautelare a quella di merito (56). Così, infatti, dispone il 6° comma dell'art. 669 octies:

«*Le disposizioni di cui al presente articolo e al primo comma dell'art. 669 novies non si applicano ai provvedimenti di urgenza emessi ai sensi dell'art. 700 e agli altri provvedimenti cautelari idonei ad anticipare gli effetti della sentenza di merito, previsti dal codice civile* (57) *o da leggi speciali, nonché ai provvedimenti*

---

(55) Ciò che impedisce di poter utilizzare il provvedimento cautelare quale titolo per il giudizio di ottemperanza (così, infatti, T.a.r. Campania Napoli 28 gennaio 2019 n. 435, in *Giur. it.*, 2019, p. 1560, con nota di D. MICALI).

(56) Così D. BORGHESI, *Tutela cautelare e strumentalità attenuata*, in *Atti dell'incontro sulla riforma del processo civile*, Bologna, 2007, p. 68; v. anche A. CARRATTA, *I nuovi riti*, cit., p. 79.

Sul tema v. anche L. QUERZOLA, *Tutela cautelare e dintorni: contributo alla nozione di «provvedimento anticipatorio»*, in *Riv. trim. dir. e proc. civ.*, 2006, p. 786, la quale, con riferimento anche ai contributi di F. TOMMASEO, di C. MANDRIOLI e di A. CARRATTA, giunge a qualificare il provvedimento anticipatorio come quello «che è idoneo a produrre effetti equivalenti a quelli raggiungibili all'esito di un diverso e più complesso procedimento tendenzialmente a cognizione piena». Non dissimile la posizione di D. BORGHESI, *op. loc. cit.*; per una nozione ancora più ampia di provvedimento cautelare a contenuto anticipatorio v. F.S. DAMIANI, *La tutela cautelare anticipatoria. Profili storico-comparatistici*, Napoli, 2018, p. 170; J.V. D'AMICO, *Autonomia ed effetti del provvedimento cautelare anticipatorio*, Napoli, 2018, p. 195.

(57) Come, ad es., il provvedimento di sospensione dell'efficacia della delibera assembleare impugnata, ai sensi dell'art. 2378, 4° comma, c.c. (A. CARRATTA, *Sub art. 2378 c.c.*, in *Il nuovo processo societario*[2], cit., II, p. 1479; J.V. D'AMICO, *op. cit.*, p. 240; Trib. Milano 22 aprile 2011, in *Giur. it.*, 2012, p. 100, con nota di A. BERTOLOTTI; Trib. Venezia 30 dicembre 2010, *ibidem*, p. 895, annotata criticamente da D. SIGNORI; in senso contrario, tuttavia, C. FERRI, *Le impugnazioni*, cit., p. 63; L. IANNICELLI, *Profili processuali*, cit., p. 391; Cass. 7 ottobre 2019 n. 24939; Trib. Bologna 28 marzo 2014, in *Foro it.*, 2015, I, 2241). Tuttavia, con riferimento all'impugnazione delle delibere condominiali, l'art. 1137 c.c. prevede che al provvedimento di sospensione non si applichi il 6° comma dell'art. 669 octies (in argomento v. C. CARIGLIA, *L'ordinanza cautelare di sospensione dell'efficacia della delibera condominiale in seguito alla riforma dell'art. 1137 c.c.*, in *Giusto proc. civ.*, 2013, p. 1159). In proposito, peraltro, va segnalato che l'art. 1, 16° comma, lett. q, della L. 206/2021, nell'ambito della delega per la riforma del processo civile, delega il Governo anche a prevedere che il provvedimento cautelare di sospensione delle deliberazioni assunte da qualsiasi organo di associazioni, fondazioni, società, ovvero condominio, non perde efficacia in caso di estinzione del giudizio, anche quando la relativa domanda è stata proposta *lite pendente*, e che i provvedimenti di sospensione delle deliberazioni dell'assemblea condominiale di cui all'art. 1137 c.c. non perdono efficacia, laddove non sia successivamente instaurato il giudizio di merito.

emessi a seguito di denunzia di nuova opera o di danno temuto ai sensi dell'art. 688 (58), *ma ciascuna parte può iniziare il giudizio di merito*».

Di conseguenza – stabilisce il 7° comma – «*il giudice, quando emette uno dei provvedimenti di cui al 6° comma prima dell'inizio della causa di merito, provvede sulle spese del procedimento cautelare*».

In altri termini, il legislatore, prendendo atto che le pronunce di cui al 6° comma possono assumere quell'efficacia indefinitamente protratta poc'anzi rilevata (ciò che può implicare la non prosecuzione del procedimento), e constatato che in tale ipotesi resterebbe aperta la impregiudicata decisione sull'onere delle spese, ne trae l'ovvia deduzione che, col provvedimento suddetto, il giudice deve anche provvedere sulle spese del procedimento (59).

Dagli ultimi commi dello stesso art. 669 octies (8° e 9°), infine, emerge la por-

---

(58) Per valutare la portata anticipatoria di questi provvedimenti non sembra soddisfacente il riferimento all'anticipatorietà giuridica in senso proprio, sia perché non tutti i provvedimenti d'urgenza hanno questa portata, mentre la legge sembra imporre l'applicabilità della norma a *tutti* i provvedimenti d'urgenza (cfr. P. BIAVATI, *Prime impressioni sulla riforma del processo cautelare*, in *Riv. trim. dir. e proc. civ.*, 2006, p. 565; Trib. Ivrea 28 giugno 2006, peraltro criticata da M. PACILLI, in *Riv. trim. dir. e proc. civ.*, 2007, p. 1365) e sia perché tale portata è assente nelle denunce di nuova opera, nelle quali si può ravvisare solo un'anticipatorietà di fatto o parziale o (come dice F. AULETTA, in *Foro it.*, 2006, V, 225) «anticipazione di efficacia»; sicché a quanto pare, il riferimento dovrebbe riguardare proprio questo tipo di anticipatorietà.

Non lontane da questa linea ci sembrano le penetranti conclusioni alle quali perviene l'ampia indagine di L. QUERZOLA (*La tutela*, cit., p. 213), nel senso che le caratteristiche dell'anticipatorietà idonea a fruire del regime in argomento si riassumono nell'«idoneità del provvedimento ad essere autosufficiente rispetto all'eventualmente corrispondente provvedimento principale».

Sarebbe, d'altra parte, deviante attribuire rilievo – al fine di stabilire se si sia in presenza di un provvedimento cautelare anticipatorio oppure no – alla circostanza che, nella singola fattispecie, il giudice abbia o meno fissato il termine per l'inizio del giudizio di merito, dal momento che il dato determinante sta nell'essenza del provvedimento, la cui valutazione non compete al giudice della cautela. Il quale – si è giustamente osservato (A. SALETTI) – bene farebbe ad evitare comunque tale assegnazione di termine (che, d'altra parte, risulta dalla legge), che potrebbe solo esser ragione di equivoci. Non si può, in conclusione, che dolersi per la mancata indicazione di un criterio automatico e sicuro. Analogo rilievo compie R. CAPONI (in *Foro it.*, 2006, V, 71), che suggerisce di ravvisare questa anticipatorietà in tutti i provvedimenti cautelari tranne solo i sequestri; mentre per una latitudine ancora più ampia del concetto di anticipatorietà optano sia F.S. DAMIANI, *op. cit.*, pp. 160 e 184, secondo il quale tutte le volte in cui si ha un'anticipazione degli effetti di un atto si configurerebbe la funzione anticipatoria del provvedimento, a prescindere dal fatto che «gli effetti anticipati siano o no identici a quelli del provvedimento finale» (p. 162), sia J.V. D'AMICO, *op. cit.*, p. 206, secondo il quale anche i provvedimenti da catalogare come «conservativi» inciderebbero in maniera innovativa sulla regolamentazione del rapporto dedotto in giudizio e, d'altro canto, «vi sono più argomenti che spingono a favore di una lettura liberale» del 6° comma dell'art. 669 octies (p. 225).

(59) Dalla categoria di provvedimenti cautelari ad efficacia particolare restano esclusi, invece, i sequestri e, più in generale, i provvedimenti a contenuto conservativo. Ne deriva che, laddove con il medesimo provvedimento cautelare siano state concesse plurime misure, ai fini della determinazione del regime di efficacia occorre distinguere quelle a contenuto conservativo da quelle a contenuto anticipatorio (Trib. Venezia 3 agosto 2015, in *Dir. ind.*, 2016, p. 80, con nota di G. CICCONE).

tata della suddetta efficacia indefinitamente protratta. Ed infatti, «*L'estinzione del giudizio di merito* – stabilisce l'8° comma – *non determina l'inefficacia dei provvedimenti di cui al sesto comma* (60), *anche quando la relativa domanda è stata proposta in corso di causa*». Tuttavia, «*L'autorità del provvedimento cautelare* – aggiunge il 9° comma – *non è invocabile in un diverso processo*». Con la conseguente implicita assenza dell'efficacia di giudicato (61).

L'art. 669 undecies, per parte sua, dispone, quale ulteriore ipotesi che può eventualmente dar luogo all'inefficacia, che il provvedimento di accoglimento o di conferma o di modifica (e quindi, a quanto pare, solo a contraddittorio pieno) può contenere *l'imposizione alla parte istante*, previa valutazione di ogni circostanza, *di una cauzione* per l'eventuale risarcimento dei danni (62). Il relativo provvedimento deve presentare i requisiti di cui all'art. 119, tra i quali la fissazione del termine per la prestazione, dalla cui inosservanza può derivare l'inefficacia del provvedimento.

Tenuto presente tutto ciò, il codice affida all'art. 669 novies il compito di esplicitare e disciplinare la sanzione dell'*inefficacia del provvedimento cautelare* nelle diverse ipotesi specificate nel 1°, nel 3° e nel 4° comma (63). Quelle prese in con-

---

(60) Ci si è chiesto se ciò valga anche per l'ipotesi che il giudizio di merito si chiuda con una sentenza in rito e si è risposto per lo più affermativamente salva l'ipotesi che la decisione in rito concerna vizi che investano anche la precedente fase cautelare (cfr. R. CAPONI, *loc. cit.*, 75).

(61) Per la quale assenza Cass. sez. un. 28 dicembre 2007 n. 27187 (in *Foro it.*, 2008, I, 766 e ss., con osservazioni di C. CHIAVACCI, R. CAPONI e A. PALMIERI) ha correttamente escluso la ricorribilità ex art. 111 Cost.

Da uno studio dedicato all'esame analitico di ciascuno dei suddetti provvedimenti e alle diverse conseguenze della comune inidoneità al giudicato (S. MENCHINI, *Nuove forme di tutela e nuovi modi di risoluzione delle controversie*, in *Riv. dir. proc.*, 2006, p. 869) si è desunto che il nostro sistema non prevede ancora tutele sommarie esecutive atipiche riguardanti ogni tipo di obbligo, come il *référé* francese (*op. cit.*, p. 873) e si è giustamente preso posizione contro le tesi che configurano, per i provvedimenti in argomento, una sorta di efficacia *pro-judicato* (p. 901). Sul medesimo argomento v. anche A. CARRATTA, *Processo sommario*, cit., p. 883; ID., *I nuovi riti speciali societari*, cit., p. 79; ID., *Tutela sommaria come alternativa al processo ordinario ed al giudicato?*, Relazione presso il C.S.M., 13-15 maggio 2009, in *www.academia.edu*; A. CHIZZINI, *Leggi sulla decisione, garanzie costituzionali e resistenze contro il giudicato?*, in *Giusto proc. civ.*, 2011, p. 361; A. TEDOLDI, *Processo civile e giudicato «alla deriva»*, *ivi*, 2013, p. 1059.

Per la comparazione con l'istituto del *référé* francese (anticipatorio, ma non cautelare) v. A. JOMMI, *Il référé provision*, Torino, 2005, p. 299; F.S. DAMIANI, *op. cit.*, p. 326; J.V. D'AMICO, *op. cit.*, p. 18. Sulle novità contenute, a questo proposito, nella legge delega per la riforma del processo civile di cui alla L. 206/2021 v. retro, la nota 10 del § 42.

(62) V., in argomento, A. CARRATTA, *Sub art. 119*, in *Comm. del c.p.c.*, a cura di S. CHIARLONI, Bologna, 2011, p. 602; E. VULLO, *La cauzione nel processo cautelare: l'art. 669-*undecies *c.p.c. tra dottrina e giurisprudenza,* in *Studium juris*, 2018, p. 993.

(63) Su quest'argomento e su quello della revoca e della modifica, v. E. MERLIN, *Le cause della sopravvenuta inefficacia del provvedimento*, in *Il processo cautelare*[5], cit., p. 427; S. RECCHIONI, *Il processo cautelare*, cit., p. 606; G. ARIETA, *Le cautele*, cit., p. 1012; A. CARRATTA, *Procedimento cautelare*, cit., p. 285.

siderazione nel 1° comma sono l'ipotesi, già vista, del mancato inizio del giudizio di merito nel termine perentorio di cui all'art. 669 octies, per l'ipotesi di provvedimento cautelare *ante causam*, nonché quella dell'estinzione di questo giudizio successivamente al suo inizio, senza che occorra il provvedimento di dichiarazione di questa estinzione (64), né che questo provvedimento, ove pronunciato, sia divenuto definitivo (65).

Il 2° comma di questo art. 669 novies disciplina l'*iter* di dichiarazione della suddetta inefficacia *nelle ipotesi di cui al 1° comma*. La parte interessata a tale dichiarazione propone un ricorso al giudice che ha emesso il provvedimento; in calce a tale ricorso, lo stesso giudice stende un decreto che convoca le parti, decreto che (sebbene il codice non lo disponga) va notificato all'altra parte. All'udienza, se non c'è contestazione (e quindi anche nel caso di mancata comparizione all'udienza), il giudice (66) dichiara con ordinanza (67) l'inefficacia del provvedimento dando «*le disposizioni necessarie per ripristinare la situazione precedente*», comprensive della responsabilità aggravata ex art. 96 (68). «*In caso di contestazione*, l'ufficio giudiziario al quale appartiene il giudice che ha emesso il provvedimento cautelare, decide con sentenza provvisoriamente esecutiva (69), salva la possibilità di emanare in corso di causa i provvedimenti di cui all'art. 669 de-

---

(64) Cfr. A. ATTARDI, *Le nuove disposizioni*, cit., p. 246. In caso di impugnazione di detto provvedimento (efficace ancorché non ancora irrevocabile; cfr. G. OLIVIERI, *I provvedimenti*, cit., p. 717), l'eventuale riforma o annullamento potrà essere fatto valere quale motivo di appello della sentenza (cfr. B. SASSANI, in AA.VV., *La riforma*, cit., p. 497).

(65) Così Cass. sez. un. 16 luglio 2012 n. 12103.

(66) Il giudice che ha emesso il provvedimento, anche se non necessariamente la stessa persona fisica (come invece ritiene E. MERLIN, *Le cause*, cit., p. 447). Qualora si tratti di provvedimento confermato o concesso dal collegio in sede di reclamo (v. oltre, in questo §) provvede il collegio (A. ATTARDI, *Le nuove disposizioni*, cit., p. 20).

(67) Contro la quale sembra configurabile, in via analogica, il reclamo previsto dall'art. 669 terdecies (Cass. 12 maggio 1997 n. 4113; G. FRUS, in AA.VV., *Le riforme*, cit., p. 784 e Autori ivi citati).

(68) Cfr. E. MERLIN, *Le cause*, cit. p. 455. Queste restituzioni o ripristini si svolgono con le forme ordinarie del processo esecutivo (Cass. 16 gennaio 2006 n. 712, in *Riv. es. forz.*, 2006, p. 415).

(69) A conclusione di un procedimento ordinario di cognizione (E. MERLIN, *Le cause*, cit., p. 453), ma autonomo da quello di merito (P. POTOTSCHNIG, *op. cit.*, p. 512; G. ARIETA, *Le cautele*, cit., p. 1035; A. CARRATTA, *Procedimento cautelare*, cit., p. 325) ed al quale si applica la sospensione feriale dei termini (Cass. 7 marzo 2017 n. 5624). Il codice non precisa quale sia l'organo competente per questa pronuncia. Ma il riferimento all'«ufficio giudiziario», induce a ritenere che, in caso di contestazione, il provvedimento vada pronunciato sempre dal collegio. Sull'appellabilità di questa sentenza, ancorché erroneamente emessa in forma di ordinanza, v. Cass. 26 luglio 2004 n. 13984.

La già richiamata L. 206/2021 (retro, alla nota 57), fra i principi e criteri direttivi di delega al Governo contiene anche quello di prevedere che la dichiarazione di inefficacia di cui all'art. 669 novies c.p.c. «assume anche in caso di contestazioni la forma dell'ordinanza» (art. 1, 16° comma, lett. r).

cies» (ossia i provvedimenti di revoca o di modifica di cui tra poco) (70).

Il 3° comma del medesimo art. 669 novies prende in considerazione altre ipotesi d'inefficacia e cioè quella che, nel caso di imposizione di una cauzione previsto dall'art. 669 undecies ed al quale abbiamo fatto cenno poc'anzi, sia mancato il versamento di detta cauzione; nonché quella della dichiarazione con sentenza anche non passata in giudicato dell'inesistenza del diritto a cautela del quale il provvedimento stesso era stato concesso (71). La norma precisa che in queste ipotesi la dichiarazione di inefficacia del provvedimento è compiuta dalla stessa sentenza o, in mancanza, con ordinanza a seguito di ricorso al giudice che ha emesso il provvedimento.

Infine, l'ultimo comma dell'art. 669 novies disciplina la perdita di efficacia del provvedimento cautelare, ove la causa di merito appartenga alla giurisdizione di un giudice straniero o ad un arbitrato italiano o estero. E dispone che, in questi casi, il provvedimento cautelare perda efficacia, oltre che nei casi previsti nel 1° e nel 3° comma: 1) nel caso che dopo la pronuncia della sentenza straniera o del lodo arbitrale, la parte che aveva chiesto il provvedimento cautelare non presenti domanda di esecutorietà in Italia della sentenza straniera o del lodo arbitrale (v. vol. III, §§ 52, 55 e 57) entro i termini eventualmente previsti a pena

---

(70) Ad opera del giudice istruttore, nel giudizio di merito introdotto dopo la pronuncia del provvedimento e salvi i casi di cui al 2° comma dell'art. 669 decies. Per la casistica v. A. ATTARDI, *op. cit.*, p. 247; G. ARIETA(-L. MONTESANO), *op. cit.*, p. 143; ID., *Le cautele*, cit., p. 1075; A. CARRATTA, *Procedimento cautelare*, cit., p. 327. Dalla lettera della norma il riferimento parrebbe invece al giudice dell'autonomo giudizio di cui trattasi, al quale la legge ha forse voluto attribuire un potere interinale (così E. MERLIN, *Le cause*, cit., p. 454).

(71) Naturalmente l'inesistenza del diritto deve risultare per l'intero e non solo in parte.

Quid nel caso di sentenza che dichiara l'esistenza del diritto? La lettera della norma parrebbe escludere l'inefficacia, che peraltro dovrebbe desumersi dalla portata caducante della pronuncia di merito (Cass. sez. un. 16 giugno 2013 n. 14503; Cass. 4 giugno 2008 n. 14765); in realtà anche chi è contrario alla caducazione generalizzata (E. MERLIN, in *Riv. dir. proc.*, 1992, p. 959; E. VULLO, *Procedimenti*, cit., p. 292) riconosce che esiste un problema di sovrapposizione di tutele; perciò il provvedimento perde efficacia se la sentenza è idonea a produrre gli effetti anticipati (cfr. G. VIGNERA, in *Riv. dir. proc.*, 1993, p. 519; in argomento v. anche A. CARRATTA, *Procedimento cautelare*, cit., p. 303; G. ANANIA, *Gli effetti sul provvedimento cautelare della sentenza di accoglimento*, in *Riv. trim. dir. e proc. civ.*, 2015, p. 91; nel senso della sopravvivenza del sequestro giudiziario fino all'esecuzione della decisione di merito v. Trib. Udine 24 gennaio 2018, in *Giur. it.*, 2018, p. 1632, con nota critica di A. RONCO).

Si ritiene che l'inefficacia consegua anche alla pronuncia di una sentenza sul processo in senso ostativo (cfr. A. PROTO PISANI, *La nuova disciplina*, cit., p. 353; G. ARIETA(-L. MONTESANO), *Il nuovo processo*, cit., p. 141, che tuttavia fa salva l'ipotesi della possibilità della *translatio*, sempre che il giudice *a quo* non disponga la revoca; A. CARRATTA, *Procedimento cautelare*, cit., p. 307; Trib. Roma, sez. spec. impr., 7 luglio 2015, in *www.pluris-cedam.utetgiuridica.it*; Pret. Monza 11 gennaio 1997, in *Giur. it.*, 1997, I, 2, 680; contra, ossia per la permanenza dell'efficacia, Trib. Messina 7 dicembre 1995, *ivi*, 1996, I, 2, 556; Trib. Milano 9 luglio 2009, in *Corr. mer.*, 2009, p. 191; e G. FRUS, in AA.VV., *Le riforme*, cit., p. 714). In ogni caso, per la permanenza del provvedimento cautelare in caso di difetto di giurisdizione e *translatio* ai sensi dell'art. 59 L. 69/2009 e dell'art. 11 D.Lgs. 104/2010, rinviamo al § 34 del vol. I, in fine.

di decadenza dalla legge o dalle convenzioni internazionali (72); 2) se sono pronunciati sentenza straniera (*anche non passata in giudicato*) (v. la nota 71, in questo §) o lodo arbitrale, che dichiarino inesistente il diritto per il quale il provvedimento era stato concesso. In questo caso la dichiarazione di inefficacia avviene con le modalità di cui al 2° comma.

A queste ipotesi di inefficacia va poi aggiunta quella che l'art. 675 prevede per i sequestri e su cui torneremo al § 46, nonché, per il solo sequestro conservativo, quelle di cui agli artt. 156 e 156 bis disp. att.

Veniamo ora alla *revoca o alla modifica del provvedimento cautelare* (73). Anzitutto, l'iniziativa rivolta alla revoca o alla modifica si distingue da quella propria del reclamo (su cui tra poco), perché, a differenza di quest'ultima, non contesta l'originaria concedibilità del provvedimento, ma fa valere mutamenti sopravvenuti (ciò che tra l'altro esclude la revocabilità o modificabilità d'ufficio). L'art. 669 decies – che fa opportunamente salvo il caso che sia stato proposto reclamo ai sensi dell'art. 669 terdecies (nel qual caso, i mutamenti sopravvenuti alla proposizione del reclamo vanno fatti valere in quella sede di reclamo, come dispone l'art. 669 terdecies, 4° comma) – prevede al riguardo che, nel corso del giudizio di merito (e quindi, mai prima dell'inizio del giudizio di merito) (74), la revoca o la modifica possono essere disposte *dal giudice istruttore della causa di merito* (75), su istanza di parte e con ordinanza, anche se il provvedimento cau-

---

(72) Per l'arbitrato italiano, è stato eliminato, dalla L. 25/1994, il termine annuale già previsto dall'art. 825 c.p.c. Occorre tenere presente sia l'art. 156 bis disp. att., che prevede, per il sequestro conservativo, un termine perentorio di sessanta giorni dal momento in cui è proponibile la domanda di esecutorietà (B. SASSANI, in AA.VV., *La riforma*, cit., p. 494) e sia la diversa possibile soluzione per le pronunce che non postulano esecuzione, come quelle di accertamento (E. MERLIN, *Le cause*, cit., p. 457). Sulle diverse ipotesi di applicazione v. A. ATTARDI, *op. cit.*, p. 251.

Con riferimento all'utilizzabilità della tutela cautelare anche per l'arbitrato irrituale, va tenuto presente che, come già rilevato (retro, nel § 43), *il problema è ormai superato dal disposto dell'art. 669 quinquies*. In proposito v. anche vol. III, § 53.

(73) V., sull'argomento, G. TRISORIO LIUZZI, *La modifica e la revoca del provvedimento cautelare*, in *Giur. it.*, 2004, p. 908; S. RECCHIONI, *Il processo cautelare*, cit., p. 693; E. MERLIN, *La revoca e la modifica*, in *Il processo cautelare*[5], cit., p. 461; G. ARIETA, *Le cautele*, cit., p. 1075; A. CARRATTA, *Procedimento cautelare*, cit., p. 331.

(74) Cfr. G. ARIETA, *Problemi e prospettive*, cit., p. 424. Ma non mancano opinioni e pronunce nel senso che la revoca non sia possibile se non dopo l'inizio della fase istruttoria (v., ad es., Trib. Brindisi 3 aprile 2000, in *Foro it.*, 2000, I, 2332).

(75) Ciò anche laddove il provvedimento sia stato pronunciato dal collegio in sede di reclamo (Trib. Taranto 25 giugno 2014, in *www.ilcaso.it*). Se il giudice del merito non fosse ancora designato, come anche durante la sospensione o l'interruzione, parrebbe applicabile analogicamente l'art. 669 quater, 2° comma (nello stesso senso anche G. VERDE, *Diritto processuale civile*[2], IV, Bologna, 2010, p. 67); invece, per Trib. Genova 12 maggio 2011 (in *Giur. it.*, 2012, p. 882, con nota adesiva di T. SALVIONI), in caso di interruzione, la competenza è del giudice istruttore, in quanto il processo di merito è ancora pendente (così anche E. MERLIN, *La revoca e la modifica*, cit., p. 473). Sebbene il codice taccia sul punto, nulla sembra impedire la revoca in appello; il relativo potere spetterà sempre al collegio (cfr. G. OLIVIERI, *I provvedimenti*, cit., p. 719). È da escludere che la

telare è stato emesso anteriormente alla causa. Ma ciò *solo se si siano verificati mutamenti nelle circostanze o se si allegano fatti anteriori di cui si è acquisita conoscenza successivamente al provvedimento cautelare* (con l'onere per l'istante di provare il momento dell'avvenuta sua conoscenza). Questo potere del giudice istruttore ci sembra, d'altra parte, sussistente anche nei confronti dei provvedimenti modificati o confermati o concessi in sede di reclamo ai sensi dell'art. 669 terdecies.

Il procedimento, nel silenzio della legge, sembra doversi modellare secondo l'interpretazione analogica dell'art. 669 sexies, senza escludere la possibilità della richiesta verbale all'udienza. È dubbio in giurisprudenza se il provvedimento di revoca o di modifica sia impugnabile col reclamo, come parrebbe preferibile (76).

Quanto ora esposto è contenuto nel 1° comma dell'art. 669 decies, il quale, nel suo 2° comma, così dispone: «*quando il giudizio di merito non sia iniziato o sia stato dichiarato estinto, la revoca e la modifica dell'ordinanza di accoglimento, esaurita l'eventuale fase del reclamo proposto ai sensi dell'art. 669-terdecies, possono essere richieste al giudice che ha provveduto sull'istanza cautelare* (77) *se si verificano mutamenti nelle circostanze o se si allegano fatti anteriori di cui si è acquisita conoscenza successivamente al provvedimento cautelare. In tale caso l'istante deve fornire la prova del momento in cui ne è venuto a conoscenza*».

Infine, sempre allo stesso giudice che ha pronunciato il provvedimento cautelare (78) va proposta la revoca o la modifica, se la causa di merito è devoluta

---

revoca possa essere disposta d'ufficio (cfr. G. BASILICO, *La revoca dei provvedimenti civili contenziosi*, Padova, 2001, p. 244).

(76) Per la negativa, v. Trib. Palermo 4 luglio 1997, in *Giur. merito*, 1999, p. 795; Trib. Milano 16 gennaio 1995, in *Foro it.*, 1995, I, 1353; ivi le contrapposte opinioni della dottrina; per l'affermativa F. MARELLI, *La stabilità*, cit., p. 773; B. SASSANI, in AA.VV., *Commentario*, cit., p. 674; G. TRISORIO LIUZZI, *op. cit.*, p. 913; A. CARRATTA, *Procedimento cautelare*, cit., p. 349; Trib. Roma 27 giugno 1995, in *Foro it.*, 1996, I, 1086; Trib. Torino 20 novembre 2001, in *Giur. it.*, 2002, p. 1405; Trib. S. Angelo dei Lombardi 5 marzo 2002, in *Giur. merito*, 2002, p. 936. Secondo G. ARIETA (*Problemi e prospettive*, cit., p. 430) il reclamo è ammissibile solo nei confronti della revoca per circostanze esterne al processo di merito; v. anche ID., *Le cautele*, cit., p. 1130. Quanto *al provvedimento di rigetto in sede di revoca o modifica*, la *ratio* della C. Cost. 253/1994 sembra imporre l'ammissibilità del reclamo, anche se, in senso contrario si obietta che con la suddetta pronuncia il Giudice delle leggi si è riferito alla c.d. parità delle armi di cui all'art. 3 Cost. e non ad un generalizzato principio del doppio grado; in questo senso v. la pronuncia negativa di Trib. Milano 29 agosto 2002 (in *Giur. it.*, 2003, p. 1394, con citazione delle diverse opinioni) che però sembra limitarsi ai casi nei quali il rigetto lascia immutata la situazione di fatto. Per la reclamabilità anche dei provvedimenti di rigetto (sempre in sede di revoca o modifica) v. Trib. Padova 12 novembre 1998, in *Giur. it.*, 2000, p. 87, con nota di F. CORSINI.

(77) Ancorché in sede di reclamo e quindi, nell'ipotesi, il collegio (P. BIAVATI, *Prime impressioni*, cit., p. 570).

(78) Che, per Trib. Bassano del Grappa 19 marzo 1999 (in *Giur. it.*, 2000, p. 303 e in *Riv. dir. proc.*, 2000, p. 261, con nota adesiva di L. BIANCHI) è il giudice monocratico, anche se il provvedimento era stato pronunciato dal collegio, in sede di reclamo.

alla giurisdizione di un giudice straniero o ad arbitri, ovvero se l'azione civile è stata esercitata o trasferita nel processo penale (art. 669 decies, 3° comma).

Esaminiamo ora la *fase di attuazione delle misure cautelari.*

L'art. 669 duodecies disciplina le modalità di *attuazione* (79) dei provvedimenti cautelari, enunciando che – *salvo il disposto degli artt. 677 e ss.* (ossia le norme che disciplinano autonomamente l'attuazione dei sequestri) – i provvedimenti cautelari (80) si attuano: a) *quelli aventi ad oggetto somme di denaro nelle forme degli artt. 491 e ss.* (ossia le forme del pignoramento: v. retro, la sezione seconda del cap. 3°), in quanto compatibili (81); b) *quelli aventi ad oggetto obblighi di consegna, rilascio, fare o non fare, «sotto il controllo del giudice che ha emanato il provvedimento cautelare* (82), *il quale ne determina anche le modalità di attuazione* (83) e, ove sorgano difficoltà o contestazioni, dà con ordinanza i

---

(79) Con terminologia che sembra implicare una contrapposizione all'esecuzione (v., per il rilievo, A. ATTARDI, *Le nuove disposizioni*, cit., p. 263; C. DELLE DONNE, *L'attuazione*, cit., p. 3; ID., *Responsabilità patrimoniale e concorso dei creditori nell'attuazione delle cautele di condanna pecuniaria*, in *Riv. dir. proc.*, 2013, p. 970), ma che probabilmente vuole soltanto sottolineare la particolarità della disciplina dell'attuazione dei provvedimenti cautelari, nell'ambito del tipo di tutela esecutiva, ma ferma l'unitarietà della tutela cautelare e l'esclusione, nel provvedimento cautelare, della qualità di titolo esecutivo (cfr. G. ARIETA, in L. MONTESANO-G. ARIETA, *Il nuovo processo*, cit., p. 158; ID., *Le cautele*, cit., p. 1045; L. MONTESANO, in *Riv. dir. proc.*, 1991, p. 937). Si suole anche distinguere, in relazione alle diverse possibili esigenze, tra provvedimenti conservativi e provvedimenti anticipatori (v. A. ATTARDI, *Le nuove disposizioni*, cit., p. 260; C. DELLE DONNE, *L'attuazione*, cit., p. 12 e p. 112; G. BASILICO, *Considerazioni sull'attuazione delle misure cautelari soggette a strumentalità attenuata*, in *Riv. es. forz.*, 2014, p. 240); in generale sul tema, v. G. TREGLIA, *L'attuazione dei provvedimenti*, in *Il processo cautelare*[5], cit., p. 559, e quindi, ampiamente, E. VULLO, *L'attuazione dei provvedimenti cautelari*, cit., p. 117; S. RECCHIONI, *Il processo cautelare*, cit., p. 785; A. CARRATTA, *Procedimento cautelare*, cit., p. 393.

(80) Ma non anche il verbale di conciliazione sottoscritto nel corso del procedimento cautelare, non essendo equiparabile al provvedimento cautelare (Trib. Bolzano 30 settembre 2013, in *Riv. es. forz.*, 2014, p. 153, con nota di V. AMENDOLAGINE).

(81) Ciò con l'evidente scopo di rispettare la *par condicio creditorum* (cfr. G. VERDE, *L'attuazione della tutela d'urgenza*, in *Riv. dir. proc.*, 1985, p. 725; C. DELLE DONNE, *L'attuazione*, cit., p. 112); il che conduce a ritenere il richiamo come comprensivo delle disposizioni in tema di intervento dei terzi; pure incluso sembra il richiamo alla competenza esecutiva (L. MONTESANO, in *Riv. dir. proc.*, 1991, p. 940; A. CARRATTA, *Procedimento cautelare*, cit., p. 399) e agli istituti del giudice dell'esecuzione e delle opposizioni, escluse quelle in via preventiva (F.P. LUISO, in AA.VV., *La riforma*, cit., p. 510; A. SALETTI, in *Riv. trim. dir. e proc. civ.*, 1992, p. 459; A. CARRATTA, *Procedimento cautelare*, cit., p. 405), nonché alla conversione e alla riduzione (cfr. G. TREGLIA, *L'attuazione*, cit., p. 566), ma solo in quanto riferito alle regole del concorso e al rispetto delle forme esecutive, oltre che dei diritti del terzo (G. ARIETA, in L. MONTESANO-G. ARIETA, *Il nuovo processo*, cit., p. 149; ID., *Le cautele*, cit., p. 1055; G. FRUS, in AA.VV., *Le riforme*, cit., p. 740; C. DELLE DONNE, *L'attuazione*, cit., p. 174).

(82) Da intendersi come ufficio giudiziario (Cass. 10 luglio 2014 n. 15761). Per un'applicazione v. Cass. 26 febbraio 2008 n. 5010 (in *Riv. es. forz.*, 2008, p. 270), che ne desume che le eccezioni della controparte mantengono la loro natura di eccezioni, da far valere nel giudizio di merito. Il riferimento al giudice che ha emanato il provvedimento esclude il giudice che lo ha modificato.

(83) Con ordinanza reclamabile (Trib. Roma 23 luglio 2003, in *Foro it.*, 2003, I, 2839; Trib.

provvedimenti opportuni, sentite le parti», mentre «*ogni altra questione va proposta nel giudizio di merito*» (84). Viene, così, delineato un *iter* attuativo che, salvi i richiami espliciti, assume talora aspetti autonomi dalle forme dell'esecuzione forzata (85), pur nell'ambito di un tipo di tutela attuativa che implica il richiamo a quest'ultime (86).

Naturalmente le modalità dell'attuazione non possono coinvolgere terzi salvo

---

Latina 5 dicembre 1997, *ivi*, 1999, I, 2117). È comunque certo che al giudice che ha pronunciato il provvedimento (inteso come giudice-ufficio, salva l'ovvia preferibilità della coincidenza di persone fisiche) spetta anche il controllo sulla regolarità formale della sua esecuzione (Cass. 17 settembre 2003 n. 13666) senza che, per questo tipo di controllo, rimanga spazio per l'opposizione agli atti esecutivi (Cass. 26 febbraio 2008 n. 5010, cit. alla precedente nota; Cass. 9 gennaio 1996 n. 80, in *Giur. it.*, 1997, I, 1, 88; Trib. Trani 17 settembre 2009, in *Corr. mer.*, 2010, p. 9), né per la revoca (Trib. Bari 12 febbraio 1997, in *Giur. it.*, 1998, I, 276), né, tanto meno, per il regolamento di competenza (Cass. 1° aprile 2004 n. 6485, *ivi*, 2005, p. 102). Sull'argomento, v. C. DELLE DONNE, *Il reclamo cautelare quale strumento di riesame dei provvedimenti attuativi resi ex art. 669* duodecies, in *Giur. it.*, 2012, p. 2353; A. CARRATTA, *Procedimento cautelare*, cit., p. 412.

Per quanto riguarda, poi, i provvedimenti cautelari aventi ad oggetto obblighi diversi dal pagamento di somme di denaro potrà trovare applicazione anche la misura coercitiva di cui all'art. 614 bis (in proposito v. retro, il § 34).

(84) Contestazioni che non assumono natura di opposizione esecutiva (Cass. 12 dicembre 2003 n. 19101, in *Giur. it.*, 2004, p. 1150, con nota di E. VULLO, adesiva sull'esclusione del ricorso alle opposizioni esecutive nell'ambito dell'attuazione). V. anche sull'argomento, la nota 88.

Il giudice al quale la legge attribuisce questa sorta di competenza può essere anche un giudice collegiale (specie in sede di reclamo) (cfr. Pret. Latina 14 gennaio 1999, in *Foro it.*, 1999, I, 1669); nel qual caso è difficile immaginare che il collegio possa sovrintendere all'esecuzione (così, invece, A. SALETTI, *Appunti*, cit., p. 380). Secondo altri (v., ad es., E. MERLIN, *Procedimenti*, cit., p. 416; C. DELLE DONNE, *L'attuazione*, cit., p. 60; A. CARRATTA, *Procedimento cautelare*, cit., p. 411) anche l'attuazione del provvedimento modificato in sede di reclamo spetta al giudice che l'ha pronunciato e, secondo altri ancora, l'attuazione spetterebbe sempre al giudice di primo grado (Trib. Napoli 5 febbraio 2003, in *Giust. civ.*, 2004, I, p. 1091, con nota di C. DELLE DONNE; Trib. Venezia 5 luglio 1997, in *Foro it.*, 1999, I, 1668; così anche G. FRUS, in AA.VV., *Le riforme*, cit., p. 768; G. ARIETA, *Le cautele*, cit., p. 1050). D'altra parte, il luogo dell'esecuzione può non coincidere con quello del giudice competente (cfr. F.P. LUISO, *op. cit.*, p. 510).

(85) Ciò va detto anche con riguardo all'esclusione del precetto e della notificazione del provvedimento in forma esecutiva (Cass. 15 gennaio 2003 n. 481, in *Riv. es. forz.*, 2004, p. 573, con nota adesiva di C. DELLE DONNE). E ciò va detto anche per l'inammissibilità delle opposizioni esecutive all'infuori delle ipotesi di espropriazione. Naturalmente – e come si è osservato (F.P. LUISO, *op. cit.*, p. 515) – occorre risolvere le questioni che potrebbero sorgere e che nel processo esecutivo costituirebbero oggetto delle opposizioni; ma, a questo riguardo, a parte l'ammissibilità delle opposizioni nei soli casi di crediti di denaro e nei limiti accennati alla nota 81, dovrebbero soccorrere in primo luogo i «provvedimenti opportuni» che la norma affida al giudice dell'attuazione e, in secondo luogo, la competenza che la norma riserva al giudice del merito (ma ancora al giudice dell'attuazione se il giudice del merito è straniero o arbitrale; cfr. A. SALETTI, *Le riforme del codice di rito in materia di esecuzione forzata e di attuazione delle misure cautelari*, in *Riv. trim. dir. e proc. civ.*, 1992, p. 457).

(86) Questo vale soprattutto per l'implicito ma inevitabile richiamo ad alcune specifiche forme dell'esecuzione diretta di cui agli artt. 605 e ss., con la sola differenza che il ruolo di giudice dell'esecuzione è svolto dal giudice che ha emesso il provvedimento.

che si tratti di terzi investiti di funzioni nella veste di ausiliari del giudice (87).

Il silenzio della norma sull'esperibilità delle opposizioni esecutive (v. retro, cap. 5°) in sede di attuazione dei provvedimenti cautelari va spiegato col rilievo che, mentre, per quanto concerne l'attuazione delle misure aventi ad oggetto obblighi di consegna, rilascio, fare o non fare, l'art. 669 duodecies attribuisce ogni potere al giudice che ha concesso la misura cautelare, anche per quanto concerne l'attuazione delle misure aventi ad oggetto somme di denaro, lo spazio per eventuali opposizioni è da escludere (o da ammettere in maniera molto limitata) (88), in considerazione sia dei poteri di controllo da parte del giudice che ha concesso la misura cautelare e del rinvio di «ogni altra questione» al giudizio di merito.

Merita un cenno, poi, il supporto che all'attuazione delle misure cautelari può offrire la previsione di sanzione penale (art. 388 c.p.) nei confronti di chi elude l'esecuzione di misure cautelari a difesa della proprietà, del possesso o del credito (89).

---

(87) Si pensi al caso del rifiuto del conservatore di dar corso ad una formalità disposta da un provvedimento giurisdizionale. Per una simile ipotesi Trib. Torino 2 luglio 2010 (in *Giur. it.*, 2011, p. 1121, con nota di D. FRASCHINI) ha ammesso il reclamo ex artt. 2888 c.c. e 113 disp. att. c.c. Cfr. anche F. TOMMASEO, *I provvedimenti*, cit., p. 347; P. BIAVATI, *Note sulla tutela del terzo*, cit. nella nota 11 al § 42. Eventuali violazioni potrebbero essere sottoposte al giudice dell'attuazione, salvo un intervento del terzo nel giudizio di merito (F.P. LUISO, *op. cit.*, p. 517).

(88) In questo senso S. RECCHIONI, *L'attuazione delle misure cautelari e le opposizioni all'esecuzione*, in *Riv. es. forz.*, 2005, p. 25, il quale, analizzando le diverse difficoltà e contestazioni che possono insorgere nell'attuazione delle misure cautelari, ritiene che vi siano degli spazi, pur ristretti, sia per l'opposizione all'esecuzione, sia per l'opposizione agli atti, e sia per l'opposizione di terzi ex art. 619 nei limiti propri di questa opposizione (*op. cit.*, p. 53); non senza evidenziare che le contestazioni in sede di distribuzione ex art. 512 appaiono condizionate dal dubbio (anche costituzionale) circa la compatibilità tra la portata cautelare (e perciò provvisoria) della misura e il concorso tra i creditori (*op. cit.*, p. 47). In proposito v. E. VULLO, *L'attuazione*, cit., p. 215; M. PILLONI, *Rimedi giudiziari esperibili in sede di attuazione dei provvedimenti cautelari*, in *Riv. es. forz.*, 2006, p. 775; C. DELLE DONNE, *L'attuazione*, cit., p. 163; A. CARRATTA, *Procedimento cautelare*, cit., p. 403 e p. 414; J.V. D'AMICO, *op. cit.*, p. 382; G. FELLONI, *Opposizione all'esecuzione-attuazione di un provvedimento cautelare: limiti ed oggetto*, in *Riv. es. forz.*, 2021, p. 66; v. anche retro, la nota 12 del § 42.

La giurisprudenza offre esempi di queste opposizioni con riguardo alle esecuzioni dei sequestri conservativi, attribuendone la competenza al giudice dell'esecuzione. V. oltre, § 46, al richiamo della nota 45. Si è, tra l'altro, posto in evidenza che con le opposizioni all'esecuzione, ad es., non si possono far valere i fatti sopravvenuti, né l'inefficacia sopravvenuta del provvedimento, né in generale la illegittimità o il merito del provvedimento cautelare (Cass. 21 marzo 2001 n. 4107) (v. anche E. VULLO, *L'attuazione*, cit., p. 163). Certamente inammissibile è, anche rispetto a questi provvedimenti attuativi, il regolamento di competenza (Cass. 1° aprile 2004 n. 6485, in *Giur. it.*, 2005, p. 102).

Va anche detto che una parte minoritaria della giurisprudenza ritiene (a nostro parere in maniera non condivisibile, con riguardo ai precisi confini di cui all'art. 669 terdecies: v. oltre, nel testo) esperibile il reclamo anche in sede di attuazione (v., ad es., Trib. Sala Consilina 16 novembre 2011, in *www.ilcaso.it*; Trib. Ravenna 30 aprile 2006, in *Giur. it.*, 2007, p. 559; Trib. Roma 23 luglio 2003, in *Foro it.*, 2003, I, 2838).

(89) Sull'argomento v. i cenni che R. CONTE dedica ad esso in uno studio dedicato al diverso

Veniamo, infine, alla *fase di impugnazione* (o del *reclamo*), che trova la sua disciplina nell'art. 669 terdecies.

A rigor di principi, la natura non decisoria e provvisoria dei provvedimenti cautelari dovrebbe escluderne l'impugnabilità, poiché si tratta di provvedimenti destinati ad essere superati ed assorbiti dalla pronuncia sul merito, la cui fruttuosità sono destinati a tutelare. E per questi motivi è pacifico che i provvedimenti di cui trattasi non sono impugnabili col regolamento di competenza (90). Ma poiché i tempi lunghi del giudizio sul merito protraggono in maniera abnorme l'efficacia di provvedimenti, che qualche volta creano situazioni difficilmente reversibili, il rigore dei principi deve cedere alla più impellente esigenza di consentire un più ponderato – e tuttavia immediato – riesame di questi provvedimenti.

Per questa ragione, anche tenendo conto delle diverse esperienze di ordinamenti stranieri, il legislatore del 1990 ha introdotto l'istituto del *reclamo* contro i provvedimenti cautelari, configurandolo come un'impugnazione in senso ampio, ma con caratteristiche proprie; ciò in funzione di una nuova pronuncia nell'esercizio degli stessi poteri da parte di un giudice che è diverso da quello che ha pronunciato il primo provvedimento; e tutto ciò con l'attribuzione alla nuova pronuncia della portata di sostituirsi alla prima (91). E pertanto, non sembra con-

---

tema della *Tutela cautelare nel processo civile in relazione a fatti illeciti configuranti ipotesi di reato*, in *Giur. it.*, 2002, p. 427. Poi ancora, ID., *Tutela penale del diritto di credito. Sviluppi giurisprudenziali*, in *Giur. it.*, 2012, p. 1635, a commento di Cass. pen. 15 febbraio 2012 n. 5912, per la quale l'art. 388 c.p. mira a tutelare non la sola e indiretta compromissione della generica garanzia offerta dal patrimonio del debitore, ma il preminente interesse pubblico al rispetto delle decisioni giudiziarie; ID., *Provvedimento cautelare* ex *art. 700 c.p.c. e tutela penale (con un cenno allo* ius ritentionis*)*, in *Giur. it.*, 2014, p. 1897, a commento di Cass. pen. 16 luglio 2014 n. 31192, per la quale, tuttavia, l'interesse tutelato dall'art. 388 c.p. non è l'autorità delle decisioni giurisdizionali, bensì l'esigenza costituzionale di effettività.

(90) V. retro, in questo §, al richiamo della nota 43 e nella nota stessa.

(91) La natura impugnatoria di questo reclamo emerge dalla struttura del subprocedimento che introduce, imperniato su una domanda di riesame davanti ad un giudice che, ancorché appartenente allo stesso ufficio giudiziario, *è diverso* da quello che ha pronunciato il provvedimento. Ciò emerge, tra l'altro, dall'art. 669 terdecies, 2° comma, che, come stiamo per vedere nel testo, esclude che del collegio possa far parte il suddetto giudice *a quo* (cfr. F. CORSINI, *Il reclamo cautelare*, Torino, 2002, spec. pp. 100-104). È, d'altra parte, certo, che si tratti di impugnazione diversa da quelle elencate nell'art. 323 e che riguardano le sentenze, secondo una funzionalità imperniata sull'idoneità al giudicato; qui c'è invece soltanto una certa stabilità processuale. Ne consegue, da un lato, una portata devolutiva più ampia di quella che emerge dall'art. 346, e, dall'altro lato, la portata sostitutiva del provvedimento del giudice *ad quem*. In questa linea, v. ampiamente F. CORSINI, *op. cit.*, p. 103. In quest'ordine di idee si è ravvisato in alcuni aspetti della disciplina dell'istituto (come l'assenza di riferimento a motivi del reclamo) un sostegno alla tesi della portata devolutiva piena e automatica del reclamo (N. RASCIO, *Nota sull'impiego del reclamo in luogo dell'appello*, in *Riv. dir. proc.*, 2008, p. 967). Ciò nel quadro di un'ipotesi di orientamento legislativo (comune ad altre materie, come, ad es., il reclamo ex artt. 22 e 26 L. fall.) inteso a sostituire il reclamo all'appello per l'impugnazione di provvedimenti non solo in camera di consiglio. A favore dell'utilizzazione del reclamo cautelare come rimedio generale per l'impugnazione di tutti i provvedimen-

divisibile la prospettazione di questo reclamo come prosecuzione del giudizio cautelare unitario (92). Naturalmente anche questa nuova pronuncia ha il carattere della provvisorietà, che ne implica, oltre che la revocabilità o la modificabilità e l'inammissibilità di altri mezzi di impugnazione, la naturale caducazione per effetto della pronuncia negativa sul merito (ai sensi dell'art. 669 novies, 3° comma) (93).

Il procedimento per il reclamo è strutturato dal legislatore sulla falsariga dei procedimenti in camera di consiglio, alla cui disciplina compie diversi richiami.

I provvedimenti impugnabili col reclamo di cui trattasi sono – così l'art. 669 terdecies, 1° comma – *tutte le ordinanze* (e quindi esclusi i decreti di cui all'art. 669 sexies, 2° comma) *con le quali «sia stato concesso o negato il provvedimento cautelare»* (94). Detto reclamo va proposto con ricorso (95) *nel termine perento-*

---

ti sommari anche non cautelari v. F. CIPRIANI, *L'impugnazione dei provvedimenti «nell'interesse dei coniugi e della prole» ecc.*, in *Corr. giur.*, 1998, p. 10; G. BALENA, *Provvedimenti sommari esecutivi e garanzie costituzionali*, in *Foro it.*, 1998, I, 1555; F.S. DAMIANI, *Provvedimenti sommari e diritto d'impugnare*, in *Giusto proc. civ.*, 2020, p. 815.

(92) V., per questa prospettazione del reclamo, G. ARIETA, *Problemi e prospettive in tema di reclamo cautelare*, in *Riv. dir. proc.*, 1997, p. 408. Si tratta di una prospettazione che si contrappone alla tesi della natura strettamente impugnatoria e che è stata suggerita dall'intervento della Corte costituzionale che ha consentito il reclamo cautelare anche contro i provvedimenti di rigetto (v. la nota 94) (spunti a sostegno della natura prosecutoria sono venuti anche da C. Cost. 17 marzo 1998 n. 65, in *Giur. it.*, 1998, I, 2245). Dalla suddetta impostazione l'A. deduce che al giudice del reclamo sono trasferiti per legge gli stessi poteri esercitati dal primo giudice della cautela (*op. cit.*, p. 417) ciò che escluderebbe gli oneri di riproposizione propri del giudizio di appello e lascerebbe spazio anche alla possibilità di *reformatio in peius* (*op. cit.*, p. 419) anche indipendentemente dal reclamo incidentale, certamente ammissibile, tranne che in via «tardiva» (*op. cit.*, p. 441). Dello stesso A. poi *Le cautele*, cit., p. 1098.

In realtà, la natura di impugnazione a critica libera ed ampiamente devolutiva (sulla quale v., tra gli altri, G. TARZIA, in *Provvedimenti urgenti per il processo civile*, Padova, 1992, p. 389; poi G. TARZIA-F. GHIRGA, *Il reclamo*, in *Il processo cautelare*[5], cit., p. 513; A. CARRATTA, *Procedimento cautelare*, cit., p. 353) è sufficiente per attenuare, senza eliminarla, l'applicabilità del principio di corrispondenza tra il chiesto e il pronunciato, nonché del divieto di *reformatio in pejus* (cfr. ampiamente, sul tema, gli svolgimenti, in buona parte condivisibili, di F. CORSINI, *op. cit.*, p. 107).

Il dubbio, sorto nel passato, sull'applicabilità al reclamo cautelare degli artt. 353 e 354, in tema di rimessione al primo giudice, è risolto in senso negativo dall'art. 669 terdecies, 4° comma.

(93) V. retro, le note 43 e 71.

(94) Nella sua formulazione originaria la norma escludeva l'impugnabilità col reclamo del provvedimento di rigetto ed era stata dichiarata costituzionalmente illegittima da C. Cost. 23 giugno 1994 n. 253 (in *Giur. it.*, 1994, I, 409, con nota di C. CONSOLO). A commento della stessa sentenza si è osservato (B. CAPPONI, in *Foro it.*, 1994, I, 2005) che più logico e coerente sarebbe stato intervenire eliminando ogni limite alla riproponibilità. Si sarebbe così evitato il sorgere di una serie di delicati problemi come quello della correlazione tra reclamo e riproponibilità (che dovrebbe restare preclusa con riguardo a quanto deducibile col reclamo: cfr. C. CONSOLO, *loc. cit.*, p. 412; G. GUARNIERI, *In tema di reclamabilità del provvedimento di rigetto della domanda cautelare*, in *Studi in onore di C. Mandrioli*, I, Milano, 1995, p. 562; F. CORSINI, *op. cit.*, p. 175; A. CARRATTA, *Procedimento cautelare*, cit., p. 236) e soprattutto quello dell'attribuzione al giudice del reclamo del potere di emettere il provvedimento: ciò che va ammesso sia per la natura sostitutiva

rio di quindici giorni dalla pronuncia in udienza ovvero dalla comunicazione (96) *o dalla notificazione se anteriore*. In difetto di notificazione e di comunicazione, secondo un orientamento sarebbe applicabile in via analogica l'art. 327, nel suo riferimento al termine semestrale, sebbene non possa non obiettarsi – nei confronti di tale orientamento – che il reclamo non è ricompreso fra le impugnazioni vere e proprie di cui all'art. 323 (97).

Giudice competente per il reclamo contro i provvedimenti del giudice singolo del tribunale è lo stesso tribunale in composizione collegiale (art. 669 terdecies, 2° comma), «*del quale non può far parte il giudice che ha emanato il provvedimento reclamato*» (98). «*Quando il provvedimento cautelare è stato emesso dalla corte d'appello* – prosegue la norma in esame – *il reclamo si propone ad altra sezione della corte o, in mancanza, alla corte d'appello più vicina*» (99). Infine, nei casi in cui il tribunale decide in composizione collegiale (v. retro, § 43, nota 19), il reclamo andrà proposto ad altra sezione dello stesso ufficio giudiziario o, in mancanza, al tribunale più vicino (100).

---

del reclamo (A. CARRATTA, *op. cit.*, p. 384), sia per l'espressa previsione dell'art. 669 terdecies, 4° comma; ma con l'ulteriore problema di individuare il giudice che ne gestisce l'esecuzione; e, d'altra parte, con l'ulteriore problema dell'assenza di rimedi contro il provvedimento di accoglimento in sede di reclamo (F. CORSINI, *op. cit.*, p. 167).

Reclamabili sembrano pure i provvedimenti di modifica ex art. 669 decies in quanto implicanti la concessione di una tutela più ampia (v. retro, in questo §). È, d'altra parte, ammissibile il reclamo *contro i provvedimenti sulle spese* (v. retro, in questo §), anche con riguardo alla pronuncia solo sulle spese (compensate) del primo giudice (Cass. sez. un. 28 dicembre 2001 n. 16214).

(95) Che, in quanto atto endoprocessuale, non introduttivo di un nuovo giudizio, andrebbe depositato obbligatoriamente con modalità telematiche (v. retro, § 70 del vol. I) (Trib. L'Aquila 14 luglio 2016, in *Giur. it.*, 2016, p. 2630, con nota di M. LUPANO; Trib. Vasto 15 aprile 2016, in *Corr. giur.*, 2016, p. 1282, con note di C. ASPRELLA e P. PUCCIARIELLO; in senso contrario, tuttavia, Trib. Roma 31 luglio 2015, *ibidem*).

(96) Nella forma integrale del provvedimento e non del solo dispositivo (Trib. Firenze 1° luglio 2012, in *www.ilcaso.it*; Trib. Torino 22 febbraio 2008, in *Giur. merito*, 2008, p. 1934). In proposito v. A. CARRATTA, *Procedimento cautelare*, cit., p. 361. Il termine perentorio opera anche nei confronti dell'altra parte, *legittimata al reclamo incidentale*.

(97) Cfr. A. CARRATTA, *Procedimento cautelare*, cit., p. 362; G. TARZIA-F. GHIRGA, *Il reclamo*, in *Il processo cautelare*[5], cit., p. 525, in nota 35. Per l'applicabilità dell'art. 327, invece, G. BALENA, in G. BALENA-M. BOVE, *Le riforme più recenti del processo civile*, Bari, 2006, p. 357; S. RECCHIONI, *Il processo cautelare*, cit., p. 734; Trib. Asti 10 giugno 1996, in *Giur. it.*, 1996, I, 2, 805.

(98) E questo anche quando si tratti di provvedimento cautelare pronunciato dal giudice del lavoro (Cass. sez. un. 9 luglio 2009 n. 16091, già cit. retro, alla nota 43) o erroneamente da giudice collegiale in primo grado (App. Napoli 28 novembre 2012, in *Corr. mer.*, 2013, p. 134).

(99) In materia di lavoro, la competenza spetta alla corte più vicina anche nel caso che la corte d'appello abbia una sola sezione lavoro (App. Roma 13 agosto 2004, in *Guida al dir.*, 2004, n. 35, p. 41).

(100) Cfr. A. CARRATTA, *Procedimento cautelare*, cit., p. 375; G. TARZIA, *Il provvedimento negativo*, cit., p. 396; G. TARZIA-M.C. GIORGETTI, *Il provvedimento negativo*, in *Il processo cautelare*[5], cit., p. 499; G. ARIETA, *Problemi e prospettive*, cit., pp. 414 e 437, che si riferisce alla natura «rotatoria» del controllo. Per la competenza della corte d'appello (sempre nel caso della mancan-

Il procedimento sul reclamo è disciplinato dagli artt. 737 e 738, dai quali si desume che il tribunale può assumere informazioni, ma senza che ciò implichi attribuzione di ulteriori poteri inquisitori (101), e che il presidente nomina tra i componenti del collegio un relatore che riferisce in camera di consiglio. Come abbiamo già visto, il 4° comma dell'art. 669 terdecies impone di dedurre in sede di reclamo (invece di farne oggetto di apposita istanza di revoca o modifica ex art. 669 decies: v. retro) circostanze o motivi sopravvenuti, con la relativa possibile istruzione. Esso, infatti, stabilisce che «*le circostanze e i motivi sopravvenuti al momento della proposizione del reclamo debbono essere proposti, nel rispetto del principio del contraddittorio, nel relativo procedimento. Il tribunale può sempre assumere informazioni e acquisire nuovi documenti.*».

«*Il collegio* – così il 5° comma dello stesso art. 669 terdecies – *convocate le parti* (102), *pronuncia, non oltre venti giorni dal deposito del ricorso, ordinanza*

---

za di altra sezione) v., invece, A. ATTARDI, *Le nuove disposizioni*, cit., p. 258; A. SALETTI, *Appunti*, cit., p. 378; secondo G. OLIVIERI, *I provvedimenti*, cit., p. 723, sempre alla corte d'appello. Le prime pronunce giurisprudenziali erano nel senso della competenza della corte d'appello (App. Milano 12 agosto 1994 e Trib. Milano 5 agosto 1994, in *Foro it.*, 1995, I, 327); così anche C. CONSOLO, in AA.VV., *Commentario*, cit., p. 710; ma per la competenza di altra sezione del tribunale, v. Trib. Milano 21 luglio 1995, in *Giur. it.*, 1995, I, 2, 878, con nota adesiva di E. VULLO, e in *Riv. dir. proc.*, 1996, p. 874, con nota perplessa di L. BIANCHI; Trib. Roma 17 aprile 1997, in *Giur. it.*, 1999, p. 78; App. Venezia 17 luglio 1999, in *Giur. it.*, 2000, p. 749, con nota di M. MARINELLI.

Si è anche sostenuta la competenza alternativa sia dell'altra sezione del tribunale e sia della corte d'appello, partendo dal rilievo di C. Cost. 27 dicembre 1996 n. 421 (in *Giur. it.*, 1997, I, 358), che ha riconosciuto la legittimità costituzionale di entrambe le soluzioni (E. DALMOTTO, *Eccezioni alla monocraticità cautelare del tribunale*, in *Riv. trim. dir. e proc. civ.*, 1997, p. 1117).

Nei procedimenti di stato, è legittimato al reclamo il P.M. pretermesso, ancorché litisconsorte necessario? La risposta negativa del Trib. Roma 27 marzo 2000 (in *Foro it.*, 2000, I, 1697) sembra contrastata dal rilievo che la mancata partecipazione del P.M. determina, per l'art. 158, una nullità rilevabile d'ufficio; ma la norma non si ritiene applicabile ai provvedimenti che non possono passare in giudicato. In questo senso v. anche A. CARRATTA, *Procedimento cautelare*, cit., p. 366; F. CORSINI, *op. cit.*, p. 259; L. QUERZOLA, in *Riv. trim. dir. e proc. civ.*, 2000, p. 1455.

(101) In argomento, cfr. C. CECCHELLA, *Il processo cautelare*, cit., p. 68; F. MARELLI, *La stabilità*, cit., p. 771; S. RECCHIONI, *Il processo cautelare*, cit., p. 771; F. CORSINI, *op. cit.*, p. 349; A. CARRATTA, *Procedimento cautelare*, cit., p. 377; in giurisprudenza, Trib. S. Maria Capua Vetere 18 ottobre 2002, in *Giur. merito*, 2003, p. 1440; Trib. Catanzaro 27 maggio 1997, in *Giust. civ.*, 1998, I, 2653; Trib. Torino 14 marzo 1997, in *Giur. it.*, 1998, p. 538.

(102) E – sembra ovvio – previ, se del caso, gli atti di istruzione necessari, secondo il disposto dell'art. 669 sexies. Circa le modalità di convocazione, non previste neppure qui, v. la nota 29 al § 43. Nei casi, più frequenti, di pronuncia di un decreto con fissazione di termine per la sua notifica, è dubbio se il mancato rispetto di tale termine dia luogo a inammissibilità del reclamo (v. due pronunce contrastanti in *Foro it.*, 1995, I, 2989). In argomento v. A. CARRATTA, *Procedimento cautelare*, cit., p. 376.

Premesso che la notificazione del ricorso e decreto che fissa l'udienza in camera di consiglio va effettuata al procuratore domiciliatario nel primo grado cautelare (Trib. Bologna 26 marzo 2001, in *Giur. it.*, 2002, p. 1639, con nota adesiva di A. RONCO).

Sulla proponibilità del reclamo incidentale, essa va ammessa sulla base dell'applicazione analogica dell'art. 333 (v., per tutti, A. CARRATTA, *Procedimento cautelare*, cit., p. 366; F. CORSINI, *op.*

non impugnabile con la quale conferma, modifica o revoca il provvedimento cautelare», nonché – nei casi di reclamo contro provvedimento di rigetto – concede la misura cautelare qualora ne sussistano i presupposti. Si tratta di un *provvedimento a carattere sostitutivo* (103), non propriamente impugnatorio, che implica riesame della domanda cautelare nel suo complesso e non del solo provvedimento (104), esclusa ogni possibilità di rimessione al primo giudice, come espressamente disposto dal 4° comma dello stesso art. 669 terdecies (105).

---

cit., p. 298; G. FRUS, in AA.VV., *Le riforme*, cit., p. 778; G. TARZIA-F. GHIRGA, *Il reclamo*, cit., p. 537; v. anche Trib. Novara 28 luglio 2011, in *www.ilcaso.it*; Trib. Modena 13 marzo 1997, in *Giur. it.*, 1997, I, 2, 489; Trib. Parma 11 giugno 1997, *ivi*, 1998, I, 50; Trib. Bergamo 10 settembre 1994, *ivi*, 1995, I, 2, 660; in senso negativo, tuttavia, Trib. Palermo 11 aprile 2011, in *Giusto proc. civ.*, 2012, p. 195, con nota di ALIOTTA; Trib. Torino 4 luglio 1994, in *Giur. it.*, 1995, I, 2, 748; Trib. Roma 2 febbraio 1994, in *Foro it.*, 1994, I, 1936). Secondo un orientamento non sarebbe ammissibile, invece, il reclamo incidentale tardivo, essendo esclusa ogni possibilità di applicazione analogica (Trib. Palermo 11 aprile 2011, cit.; Trib. Monza 23 gennaio 2008, in *Giur. merito*, 2008, p. 1896, con nota di R. GIORDANO; Trib. Reggio Emilia 26 gennaio 1996, in *Foro it.*, 1996, I, 1434; v. anche G. TARZIA-F. GHIRGA, *op. cit.*, p. 538), ma sembra prevalere una diversa conclusione (A. CARRATTA, *Procedimento cautelare*, cit., p. 368; F. CORSINI, *op. cit.*, p. 304; S. RECCHIONI, *Il processo cautelare*, cit., p. 767; Trib. Rieti 24 gennaio 2003, in *Giur. merito*, 2003, I, p. 1121; Trib. Modena 13 marzo 1997, in *Giur. it.*, 1997, I, 2, 489).

Quanto all'ammissibilità dell'*intervento del terzo nel procedimento di reclamo*, in giurisprudenza è stato escluso (Trib. Roma 27 marzo 2000, in *Giur. it.*, 2001, p. 300).

(103) Cfr., Trib. Roma 7 luglio 2000, in *Giur. merito*, 2001, p. 24; Trib. Trani 2 marzo 1999, in *Foro it.*, 1999, I, 1351; Trib. Modena 16 giugno 1999, in *Giur. merito*, 1999, p. 964; v. anche, ma con deduzioni non del tutto condivisibili, Trib. Torino 11 maggio 1993, in *Giur. it.*, 1994, I, 2, 695, con nota critica di G. MICHELETTO; contra Trib. Napoli 25 marzo 1993, in *Foro it.*, 1993, I, 1262, con nota possibilista di A. PROTO PISANI, e in *Giur. it.*, 1994, I, 2, 216, con nota critica di M. DE CRISTOFARO. In argomento, anche per altre indicazioni, v. A. CARRATTA, *Procedimento cautelare*, cit., p. 384.

(104) Cfr., A. ATTARDI, *Le nuove disposizioni*, cit., p. 255; C. CONSOLO, in AA.VV., *La riforma*, cit., p. 536, dove anche un ampio esame dei problemi che possono sorgere anche con riguardo ai rapporti con i poteri di revoca o modifica per mutamento nelle circostanze. Ne consegue la possibilità di una nuova attività istruttoria (cfr. G. FRUS, in AA.VV., *Le riforme*, cit., p. 789; ma contra A. PROTO PISANI, *La nuova disciplina*, cit., p. 374 e Trib. Torino 3 dicembre 1993, in *Giur. it.*, 1994, I, 2, 765); nonché la possibilità di un controllo sulla competenza (Trib. Torino 29 maggio 1993, *ivi*, 1995, I, 2, 149), senza che, tuttavia, questo significhi automatica devoluzione al giudice del reclamo della stessa valutazione esercitata dal primo giudice (A. CARRATTA, *Procedimento cautelare*, cit., p. 386). Invece, più radicalmente nel senso della natura sostitutiva con pienezza dei poteri cautelari, v. G. GUARNIERI, *op. loc. cit.* e G. ARIETA, *Reclamabilità del provvedimento di rigetto e struttura del reclamo cautelare*, in *Giur. cost.*, 1994, p. 2058, il quale ne desume che ogni potere passa al giudice del reclamo compresi i poteri di attuazione; in questo senso anche Trib. Bari 5 aprile 2016, in *www.lanuovaproceduracivile.com*; Trib. Napoli 8 gennaio 2016, in *Corr. giur.*, 2016, p. 1280. V. anche, per la tesi di un effetto devolutivo solo parziale, Trib. Termini Imerese 12 febbraio 2001, in *Giur. it.*, 2002, p. 1416, con ampia nota sulle diverse opinioni e sui precedenti.

(105) A. CARRATTA, *Procedimento cautelare*, cit., p. 369; G. TARZIA-F. GHIRGA, *Il reclamo*, cit., p. 548; E. DALMOTTO, in *Le recenti riforme*, cit., p. 1301; S. RECCHIONI, *Il processo cautelare*, cit., p. 731; C. CONSOLO, in AA.VV., *Commentario*, cit., p. 719. Ma con la possibilità di integrazione del contraddittorio (Trib. Parma 11 giugno 1997, in *Giur. it.*, 1998, I, 50).

A chi spettano, in caso di accoglimento del reclamo, i poteri di attuazione del provvedimento, che l'art. 669 duodecies riserva al giudice che ha concesso il provvedimento stesso? Il problema dovrebbe essere risolto nel senso che tali poteri spettano al giudice del reclamo, sia per la natura sostitutiva del reclamo stesso e sia per l'ossequio al dettato dell'art. 669 duodecies (106).

«Il reclamo – prosegue e termina il 6° comma – non sospende l'esecuzione del provvedimento; tuttavia, il presidente del tribunale o della corte investiti dal reclamo, quando *per motivi sopravvenuti* (107) *il provvedimento arrechi grave danno, può disporre, con ordinanza non impugnabile, la sospensione dell'esecuzione o subordinarla alla prestazione di congrua cauzione*» (108).

Ovviamente, il provvedimento sul reclamo, che abbia pronunciato il provvedimento cautelare, sebbene non più impugnabile, neppure ex art. 111 Cost. (109), può essere anch'esso revocato o modificato, ai termini dell'art. 669 decies (110).

---

(106) Per l'opinione qui sostenuta, v., oltre a G. GUARNERI, *op. loc. cit.* e G. ARIETA, *op. loc. cit.*, F.P. LUISO, in AA.VV., *Commentario sulla riforma del processo civile*, Milano, 1996, p. 682; E. VULLO, *L'attuazione*, cit., p. 195; C. DELLE DONNE, *L'attuazione*, cit., p. 60; A. CARRATTA, *Procedimento cautelare*, cit., p. 410; in giurisprudenza, Trib. Reggio Calabria 3 febbraio 2006, in *Giur. merito*, 2006, p. 2666; App. Milano 10 novembre 2005, in *Foro it.*, 2006, I, 1187; Pret. Latina 14 gennaio 1999, in *Foro it.*, 1999, I, 1669. Per la competenza del giudice di primo grado (competenza che si ritiene senz'altro sussistere se il reclamo ha soltanto confermato la concessione della misura: Trib. Parma 2 aprile 2005, in *Giur. it.*, 2006, p. 809) v., invece, B. CAPPONI, in *Foro it.*, 1994, I, 2005; C. CONSOLO, in *Giur. it.*, 1994, I, 409; G. ARIETA, *Le cautele*, cit., p. 1050; in giurisprudenza, Trib. S. Maria Capua Vetere 12 dicembre 2002, in *Riv. es. forz.*, 2004, p. 193, con nota di C. DELLE DONNE, che propende per la competenza del giudice di volta in volta investito della domanda cautelare e quindi anche del giudice del reclamo.

(107) Emerge, dunque, un irragionevole limite alle esigenze che conseguono al pericolo di gravi danni, indipendentemente da fatti sopravvenuti; analogo rilievo in A. SALETTI, *Appunti*, cit., p. 380. Secondo G. OLIVIERI, *I provvedimenti*, cit., p. 728, la difficoltà può essere superata facendo leva sulla maggiore ampiezza della formula «motivi sopravvenuti»; in quest'ordine di idee, anche G. TARZIA, *op. cit.*, p. 399, che parla di «motivi sopravvenuti in linea logica»; A. CARRATTA, *Procedimento cautelare*, cit., p. 383. Ma contra Trib. Torino 15 luglio 1993, in *Giur. it.*, 1994, I, 2, 908; perplesso F. MARELLI, *La stabilità*, cit., p. 778.

(108) A quanto pare, la pronuncia di questo provvedimento non presuppone la previa instaurazione del contraddittorio (cfr. C. CONSOLO, in AA.VV., *La riforma*, cit., p. 354).

(109) Cfr., *ex multis*, Cass. 22 novembre 2016 n. 23763; Cass. 10 giugno 2014 n. 13044; e neppure – come già detto (retro, alla nota 43) – col regolamento di competenza.

(110) Nello stesso senso G. OLIVIERI, *I provvedimenti*, cit., pp. 725, 726; C. CONSOLO, in AA.VV., *Commentario*, cit., p. 722; A. CARRATTA, *Procedimento cautelare*, cit., p. 331.

Sezione seconda

I SEQUESTRI

SOMMARIO: 45. Sequestro giudiziario, conservativo e liberatorio; distinzione in relazione alla loro funzione. – 46. Il procedimento per l'autorizzazione, l'inefficacia e il reclamo. La fase di attuazione. Gli effetti del sequestro. La conversione del sequestro conservativo in pignoramento.

45. *Sequestro giudiziario, conservativo e liberatorio; distinzione in relazione alla loro funzione.*

Passiamo ora all'esame delle disposizioni del codice specificamente dedicate ai singoli procedimenti cautelari, incominciando con i sequestri (1).

Il codice dedica ad essi la sezione seconda del capo intitolato ai procedimenti cautelari. Va, peraltro, precisato che questa disciplina si limita solo alla configurazione dei diversi tipi di sequestro (artt. 670, 671, 687), alla regolamentazione del termine di efficacia (art. 675), della custodia nel caso di sequestro giudiziario (art. 676), dell'intera fase di attuazione (artt. 677, 678 e 679), della vendita di cose deteriorabili (art. 685) e della conversione del sequestro conservativo in pignoramento (art. 686).

Questa disciplina – che incominciamo ad esaminare – è dettata congiuntamente con riguardo ai due tipi di sequestro ai quali il codice si riferisce, e cioè il *sequestro giudiziario*, da un lato, e il *sequestro conservativo*, dall'altro lato, dopo la configurazione di questi due istituti.

La distinzione tra gli stessi si fonda su elementi in parte funzionali ed in parte strutturali. Ed infatti, mentre, *dal punto di vista strutturale*, il sequestro giudiziario si contrappone al sequestro conservativo nel senso che il primo si porta ad attuazione con forme assimilabili a quelle dell'esecuzione in forma specifica e l'altro con forme assimilabili a quelle dell'espropriazione forzata, *dal punto di vista*

(1) Con riferimento generale al sequestro nei suoi diversi tipi, v. A. SCAGLIONI, *Il sequestro nel processo civile*, Milano, 1941; A. CONIGLIO, *Il sequestro giudiziario e conservativo*, Milano, 1949; F. LANCELLOTTI, *Esibizione di prove e sequestri*, in *Studi in onore di E. Redenti*, II, Milano, 1951, p. 517; E.T. LIEBMAN, *Unità del processo cautelare*, in *Riv. dir. proc.*, 1954, p. 248; E. PROTETTÌ, *Il sequestro civile*[2], Napoli, 1982; C. FERRI, *Sequestro*, in *Dig. civ.*, XVIII, Torino, 1998, p. 460; R. SANTULLI, *Sequestro (sequestro giudiziario e conservativo)*, in *Enc. Giur. Treccani*, XXVIII, Roma, 1998; G. ARIETA, *Le cautele*, cit., p. 204; D. DALFINO, *Il sequestro giudiziario*, *Il sequestro conservativo*, *Il sequestro liberatorio*, in *I procedimenti cautelari*, a cura di A. CARRATTA, cit., rispettivamente p. 425, p. 481 e p. 583.

funzionale lo stesso sequestro giudiziario (2) si presenta in due figure distinte (in relazione al suo diverso possibile oggetto) che assolvono a funzioni nettamente diverse. Ai due tipi principali di sequestro se ne aggiunge un altro, del tutto particolare, che va sotto il nome di sequestro c.d. liberatorio. E precisamente abbiamo:

1. *Sequestro giudiziario di beni in funzione della fruttuosità dell'eventuale esecuzione diretta, o sequestro di beni.* È quello che l'art. 670, n. 1, individua pure in relazione al suo oggetto, disponendo che «*il giudice* – abbiamo già visto (§ 43) quale e come – *può autorizzare il sequestro giudiziario di ... beni mobili o immobili, aziende o altre universalità di beni*» (3).

---

(2) Sul sequestro giudiziario in generale v. A. SEGNI, *Sequestro giudiziario e convenzionale*, in *Nuovo Dig. it.*, XII, Torino, 1940, p. 129; A. CONIGLIO, *Il sequestro*, cit., p. 25; A. BRACCI, *Il sequestro giudiziario*, Napoli, 1966; C. CALVOSA, *Sequestro giudiziario*, in *Nss. Dig. it.*, XVII, Torino, 1970, p. 60; G. GUARNIERI, *Il sequestro giudiziario e il sequestro liberatorio*, in *Il processo cautelare*[5], a cura di G. TARZIA e A. SALETTI, cit., p. 65; M. ZUMPANO, *Sequestro giudiziario*, in *Enc. dir.*, XLII, Milano, 1990, p. 133; R. CAPONI, *Il sequestro giudiziario di beni nel processo civile*, Milano, 2000; F. CORSINI, *Il sequestro giudiziario di beni*, in AA.VV., *I procedimenti sommari e speciali*, a cura di S. CHIARLONI e C. CONSOLO, II, t. 2, Torino, 2005, p. 839; G. ARIETA, *Le cautele*, cit., p. 204; D. DALFINO, *Il sequestro giudiziario*, cit., p. 427.

(3) L'elencazione dei beni assoggettabili a sequestro giudiziario non collima con quella contenuta negli artt. 812 e ss. c.c., sia perché le forme di attuazione del sequestro giudiziario (art. 677; v. oltre, § 46) esigono che debba trattarsi di beni suscettibili di detenzione (cfr. V. ANDRIOLI, *Commento*, IV, cit., p. 149) e sia perché deve trattarsi di beni suscettibili di proprietà o possesso. Sono pertanto da escludersi dall'assoggettabilità al sequestro giudiziario le energie, i crediti (cfr., ad es., Cass. 25 maggio 1973 n. 1536; a favore dell'applicabilità analogica della norma ai crediti si sono espressi F. CARNELUTTI, in *Riv. dir. proc.*, 1960, p. 526 e S. SATTA, *Commentario*, IV, cit., p. 161, secondo cui «proprietà» qui significa «appartenenza»), nonché le quote di società a responsabilità limitata. Su quest'ultimo punto, tuttavia, la giurisprudenza e la dottrina offrono, peraltro, soluzioni contrastanti: per la prima si veda, ad es., in senso favorevole, Cass. 18 giugno 2014 n. 13903; Cass. 26 maggio 2000 n. 6957, in *Giur. it.*, 2000, p. 2109; Trib. Milano 27 ottobre 2014, *ivi*, 2015, p. 656, con nota di E. LERRO, per il quale in tal caso l'esercizio del diritto di voto spetta al custode giudiziario; Trib. Milano 16 giugno 2011, in *Corr. giur.*, 2012, p. 390; in senso contrario, Trib. Aversa 7 giugno 2010, in *Società*, 2010, p. 1273; per la dottrina v., in senso contrario, V. ANDRIOLI, *op. loc. cit.*; C. CALVOSA, *Sequestro giudiziario*, cit., p. 65 e, in senso favorevole, S. SATTA, *Commentario*, IV, cit., p. 165; G. ARIETA, *op. cit.*, p. 224; M.P. GASPERINI, *Pignoramento e sequestro di partecipazioni sociali*, Torino, 2007, p. 183. Invece, con riferimento alle quote di società in nome collettivo v., in senso favorevole, Cass. 30 gennaio 1997 n. 934, in *Foro it.*, 1997, I, 2712; in senso contrario, Trib. Roma 17 maggio 2004, *ivi*, 2005, I, 2907. Stante la loro natura di beni immateriali, controversa è anche l'assoggettabilità al sequestro giudiziario dei marchi, quando siano oggetto di contratti di cessione dei quali viene contestato l'adempimento (per l'ammissibilità Trib. Torino 18 luglio 2011, in *Foro it.*, 2012, I, 619).

Con riguardo alle cambiali e agli assegni, mentre non si dubita della loro assoggettabilità a sequestro giudiziario a favore del legittimo proprietario sprovvisto del possesso e del debitore che, a pagamento avvenuto, non ha ricevuto la restituzione del titolo, si dubita della sequestrabilità nei casi di emissione senza causa *ab origine* o per eventi sopravvenuti. L'opinione prevalente è per l'affermativa (v., per tutti, G. GUARNIERI, *Il sequestro giudiziario*, cit., p. 76; A. PROTO PISANI, *Lezioni di diritto processuale civile*[6], Napoli, 2014, p. 614; G. ARIETA, *op. cit.*, p. 228; D. DALFINO, *Il se-*

In questo caso il sequestro può essere concesso quando del bene di cui trattasi *è controversa la proprietà* (o altro diritto reale) *o il possesso* (4) *ed è opportuno* (in quanto sussista il *periculum in mora*, che qui è pericolo di alienazione, sottrazione, danneggiamento, gestione rovinosa dell'azienda, ecc.) *provvedere alla sua custodia o alla sua gestione temporanea* (5).

---

questro giudiziario, cit., p. 446; F. CORSINI, *Il sequestro giudiziario di cambiali e di assegni*, in *Riv. trim. dir. e proc. civ.*, 2003, p. 1363; in giurisprudenza, con riferimento alla cambiale, Trib. Mantova 21 agosto 2008, in *www.ilcaso.it*; Trib. Rossano 16 giugno 2004, in *Guida al dir.*, 2004, n. 47, p. 68; con riferimento all'assegno bancario, Trib. Roma 22 luglio 2003, in *Contratti*, 2004, p. 294; Trib. Verona 23 agosto 2001, in *Giur. merito*, 2002, p. 402).

(4) Secondo l'opinione che prevale in dottrina ed in giurisprudenza, la nozione della controversia sulla proprietà e sul possesso va intesa in senso ampio, comprensiva dei c.d. *jura ad rem* (in senso contrario v., tuttavia, S. SATTA, *Commentario*, IV, cit., p. 154). La giurisprudenza suole affermare che il sequestro giudiziario può essere concesso anche nel caso in cui sia stata proposta o debba proporsi un'azione contrattuale dalla cui decisione può scaturire una statuizione di condanna alla restituzione o al rilascio (Cass. 28 aprile 1994 n. 4039; Cass. 18 luglio 1987 n. 6324; Trib. Milano Rho 2 agosto 2011, in *www.ilcaso.it*), o un'azione sostitutiva degli effetti del contratto ai termini dell'art. 2932 c.c. (Cass. 21 luglio 1994 n. 6813; Cass. 3 agosto 1988 n. 4807; Trib. Firenze 22 dicembre 2003, in *Giur. it.*, 2004, p. 1865; ma contra Cass. 11 febbraio 1988 n. 1479; Trib. Gallarate 9 marzo 2012, in *Società*, 2013, p. 326, con nota di G. DELLA PIETRA) o un'azione di simulazione (Trib. Nola 24 gennaio 2013, in *Giur. it.*, 2013, p. 2612, con nota di R. CONTE). Si richiede, invece, che la controversia investa il diritto alla detenzione, ciò che non avviene quando ci si limiti a chiedere il mero accertamento della proprietà (Trib. Tortona 30 agosto 2002, in *Giur. it.*, 2003, p. 1834). D'altra parte, la giurisprudenza intende le controversie sul possesso, come comprensive di quelle sulla detenzione (v., ad es., Cass. 16 novembre 1994 n. 9645; Trib. Rimini 24 marzo 2015, in *www.ilcaso.it*; Trib. Roma 26 agosto 2010, in *Corr. merito*, 2011, p. 24; Trib. Milano 29 gennaio 2003, in *Giur. it.*, 2004, p. 77, con nota di R. CONTE).

(5) Il sequestro giudiziario assolve *anche* alla funzione di ovviare al pericolo di alienazioni, sebbene questo non risulti, a prima vista, dalla disciplina normativa (v. R. CAPONI, *Il sequestro*, cit., p. 157; per un es. di pericolo di alienazione che può fondare la concessione del sequestro giudiziario, v. Cass. 30 marzo 1982 n. 1990). Sulla sussistenza o meno di questa funzione di tutela dal pericolo di alienazione (in correlazione con un asserito limite alla portata dell'art. 111, 4° comma) si innesta il problema della trascrivibilità del sequestro giudiziario di beni immobili o comunque iscritti in pubblici registri (su questo problema v. la citazione di pronunce di merito contrapposte in *Foro it.*, 2002, I, 2503, con nota di R. CAPONI e una pronuncia in senso contrario in *Giur. it.*, 2002, p. 2300). Sta, comunque, di fatto che la legge non prevede la trascrivibilità del sequestro giudiziario e che i diversi tentativi di aggirare l'ostacolo facendo leva sull'art. 2645 c.c. o sull'interpretazione analogica prestano il fianco a serie critiche, sulle quali v. F. CORSINI, *Sequestro giudiziario di beni, trascrizione, possesso di buona fede ed art. 111 c.p.c.*, in *Riv. dir. proc.*, 2003, p. 884, che, per parte sua, ritiene questo silenzio della legge decisivo agli effetti della negazione dell'utilizzabilità dello strumento a tutela del pericolo di alienazione di *beni immobili*. Diverso è il discorso con riguardo al pericolo di alienazione di *beni mobili*, per il quale non opera la trascrizione, sicché la tutela da questo pericolo è affidata interamente al *possesso di buona fede* di cui all'art. 111, 4° comma. Quanto ai casi limite di violazione dei doveri da parte del custode, con la consegna del bene ad un terzo di buona fede, F. CORSINI, preferisce al ricorso all'applicazione dell'art. 1343 c.c. e conseguente nullità (come proposto da R. CAPONI) il riferimento diretto, con ampia interpretazione, all'art. 111, 4° comma, nella sua portata determinante rispetto alla buona fede (*op. cit.*, p. 894).

Per quanto più in particolare riguarda il *sequestro giudiziario dell'azienda*, lo stesso F. CORSINI (*Sequestro giudiziario e circolazione dell'azienda*, in *Riv. trim. dir. e proc. civ.*, 2004, p. 1173) ha

2. *Sequestro giudiziario di prove, in funzione della cognizione.* È quello che l'art. 670, n. 2, individua, in relazione al suo oggetto, disponendo che il giudice «può autorizzare il sequestro di ... *libri, registri, documenti, modelli, campioni* e ogni altra cosa da cui si pretende desumere elementi di prova». In questo caso il sequestro può essere concesso «*quando è controverso il diritto alla esibizione o alla comunicazione*» (6) di libri, registri, documenti, ecc.; *ed è opportuno* (in

---

messo in evidenza che, se tale sequestro mira ad impedire atti di alienazione dell'azienda, è, prima che inammissibile, superfluo, essendo l'attore già tutelato dall'art. 111, 4° comma, stante la natura mobiliare dell'azienda; ciò che, peraltro, non è privo di inconvenienti (*op. cit.*, p. 1180); detto sequestro è tuttavia utilizzabile per prevenire particolari tipi di *periculum*, come, ad es., il pregiudizio alla potenzialità produttiva o all'avviamento (*op. cit.*, p. 1185), ferma comunque la sequestrabilità dei singoli beni mobili mentre per i singoli beni immobili, è sufficiente la trascrivibilità (*op. cit.*, pp. 1183 e 1184). In senso analogo anche Trib. Milano 15 gennaio 2014, in *Giur. it.*, 2015, p. 108, con nota critica di C. VANZ; Trib. Ferrara 25 gennaio 2010 e 6 novembre 2009, *ivi*, 2010, p. 2141, con nota critica di R. CONTE; poi anche D. DALFINO, *Il sequestro giudiziario*, cit., p. 456; R. TARANTINO, *Il sequestro giudiziario di azienda*, Napoli, 2020, p. 102.

Il sequestro convenzionale

Sotto il profilo della funzione, a questo tipo di sequestro giudiziario va avvicinato il *sequestro convenzionale*, che peraltro si distingue nettamente dal primo, per la sua struttura essenzialmente negoziale. Il sequestro convenzionale è, infatti, disciplinato dal codice civile che lo definisce (art. 1798) come «il contratto col quale due o più persone affidano ad un terzo una cosa o una pluralità di cose rispetto alla quale sia nata tra esse controversia, perché la custodisca e la restituisca a quella a cui spetterà quando la controversia sarà definita». Sull'argomento, v. F. LANCELLOTTI, *Sequestro convenzionale*, in *Comm. c.c., a cura di D'Amelio e Finzi*, II, Firenze, 1948; P. D'ONOFRIO, *Del sequestro convenzionale*, in *Comm. c.c., a cura di Scialoja e Branca*, Bologna-Roma, 1966; P. FORCHIELLI, *Sequestro convenzionale*, in *Nss. Dig. it.*, XVII, Torino, 1970, p. 55; M. FORTINO, *Sequestro conservativo e convenzionale*, in *Enc. dir.*, XLII, Milano, 1990, p. 58; M. DE CRISTOFARO, *Sequestro convenzionale*, in *Dig. civ.*, XVIII, Torino, 1998, p. 685.

(6) In dottrina e giurisprudenza si discute se debba trattarsi di un diritto sostanziale sul documento, come sarebbe quello fondato sull'art. 2711 c.c. (così S. SATTA, *Commentario*, IV, cit., p. 170 e, a quanto pare, Cass. 1° marzo 1973 n. 564) o soltanto del diritto processuale ad ottenerne l'esibizione ai termini dell'art. 210 c.p.c. (così V. ANDRIOLI, *Commento*, IV, cit., p. 151; A. RAPISARDI, in *Foro pad.*, 1960, III, 25), come sembra più consono con la lettera della norma e la funzione dell'istituto (cfr. S. LA CHINA, *L'esibizione delle prove nel processo civile*, Milano, 1960, p. 259 in nota). Si discute, altresì, se il requisito del controvertere su questo diritto possa sussistere anche prima dell'introduzione del giudizio (come sembra logico stante la generale possibilità di chiedere il sequestro *ante causam*: v. § 44). Ed inoltre si discute se sia possibile avvalersi del sequestro probatorio per ottenere la materiale apprensione di documenti di cui sia stata ordinata vanamente l'esibizione. Contro l'opinione favorevole (v. S. LA CHINA, *L'esibizione*, cit., pp. 259-261 e Trib. Milano 9 ottobre 1969, in *Riv. dir. proc.*, 1970, 155) si è osservato (B. CAVALLONE, *Esibizione delle prove e sequestro giudiziario*, in *Riv. dir. proc.*, 1970, p. 155; App. Milano 4 dicembre 1970, in *Riv. dir. proc.*, 1971, 317) che dopo la pronuncia dell'ordine di esibizione il diritto all'esibizione non è più controverso, sicché il sequestro probatorio può essere concesso solo prima dell'ordine di esibizione per assicurarne la fruttuosità (v., infatti, Trib. Verona 29 aprile 2006, in *Giur. it.*, 2008, p. 708, con nota di C. BESSO); mentre, d'altra parte, l'art. 116, 2° comma, è sufficiente per ovviare all'incoercibilità dell'ordine di esibizione (cfr. G. GUARNIERI, *Il sequestro giudiziario*, cit., p. 84; v. anche M. MONTANARI, *Il sequestro giudiziario di prove*, in *I procedimenti sommari e speciali*, cit., II, t. 2, p. 941; G. ARIETA, *op. cit.*, p. 276; D. DALFINO, *Il sequestro giudiziario*, cit., p. 472). Sull'argomento, v. vol. II, § 46.

Secondo C. BESSO (*La prova prima del processo*, Torino, 2004, p. 171) quest'istituto potrebbe essere reso superfluo dalla piena coercibilità (avvalendosi dell'ispezione giudiziale) dell'ordine di

quanto sussista il *periculum in mora*, che qui si specifica nel pericolo della sottrazione o alterazione dei suddetti necessari mezzi di prova) «*provvedere alla loro custodia temporanea*».

3. *Sequestro conservativo, in funzione della fruttuosità dell'eventuale esecuzione forzata per espropriazione* (7). È quello configurato dall'art. 671, che così dispone: «*il giudice, su istanza del creditore, che ha fondato timore di perdere la garanzia del proprio credito, può autorizzare il sequestro conservativo dei beni mobili o immobili del debitore o delle somme o cose a lui dovute, nei limiti in cui la legge ne permette il pignoramento*».

La funzione di questo provvedimento cautelare sta nell'ovviare al *periculum in mora* (del creditore) di perdere la garanzia del proprio credito (8), e ciò in relazione al fatto che a tale garanzia è destinato il patrimonio del debitore (art. 2740 c.c.) e al conseguente interesse del creditore alla conservazione dell'integrità del suddetto patrimonio del debitore, nei limiti del proprio credito (9). È, in-

---

esibizione; rispetto al quale ordine il sequestro giudiziario potrebbe assumere portata anticipatoria (Trib. Bari 29 aprile 2006, in *Giur. it.*, 2008, p. 708, con nota adesiva della stessa A.).

(7) Sul sequestro conservativo in generale v. A. CONIGLIO, *Il sequestro*, cit., p. 46; S. COSTA, *Sequestro conservativo*, in *Nss. Dig. it.*, XVII, Torino, 1970, p. 44; M. FORTINO, *Sequestro conservativo e convenzionale*, in *Enc. dir.*, XLII, Milano, 1990, p. 58; P. POTOTSCHNIG, *Il sequestro conservativo*, in *Il processo cautelare*[5], cit., p. 1; R. CONTE, *Il sequestro conservativo nel processo civile*, Torino, 2000; ID., *Il sequestro conservativo*, in *I procedimenti sommari e speciali*, cit., II, t. 2, p. 985; G. ARIETA, *Le cautele*, cit., p. 286; D. DALFINO, *Il sequestro conservativo*, cit., p. 481.

Una figura particolare di sequestro conservativo è prevista dal Reg. UE n. 655/2014, che ha istituito una procedura per il rilascio dell'ordinanza europea di sequestro conservativo su conti bancari per il recupero transfrontaliero dei crediti in materia civile e commerciale; in proposito v. A. MAJORANO, *Il sequestro conservativo europeo dei conti bancari*, in *Giusto proc. civ.*, 2012, p. 257; P. BIAVATI, *Il sequestro conservativo europeo su conti bancari: alla ricerca di un difficile equilibrio*, in *Riv. trim. dir. e proc. civ.*, 2015, p. 855; M.C. PAGLIETTI, *Il regolamento n. 655 del 2014 ecc.*, *ibidem*, p. 1289; A. TEDOLDI, *L'ordinanza europea di sequestro conservativo sui conti bancari ecc.*, in *Riv. es. forz.*, 2017, p. 584; A.D. DE SANTIS, *Il sequestro conservativo europeo di conti correnti*, in *Il libro dell'anno del diritto Treccani*, Roma, 2018, p. 540. All'adeguamento della normativa nazionale alle disposizioni del Reg. 655/2014 si è provveduto con il D.Lgs. 26 ottobre 2020 n. 152. Su questo v. M. STELLA, Festina lente. *L'adeguamento italiano al sequestro europeo di conto corrente*, in *Corr. giur.*, 2021, p. 153; M. PACILLI, *Le norme processuali di adeguamento ecc.*, in *Riv. trim. dir. e proc. civ.*, 2020, p. 844.

(8) Circa il requisito del «fondato timore», la giurisprudenza della Cassazione suole ripetere che il *periculum in mora* può desumersi sia da elementi oggettivi riguardanti la consistenza del patrimonio del debitore e sia da elementi soggettivi emergenti da circostanze che rendono verosimile il timore del creditore di perdere la garanzia del credito (v., ad es., Cass. 10 agosto 1988 n. 4906; Cass. 9 gennaio 1987 n. 69; Cass. 10 settembre 1986 n. 5541). Sull'argomento, v. R. CONTE, *Il sequestro conservativo*, cit., p. 67, con presa di posizione per la tesi (condivisibile) che il *periculum in mora* può sussistere anche in presenza di condebitori solidali (in proposito, in senso contrario, Trib. Roma 11 giugno 2015, in *Giur. it.*, 2016, p. 380, con nota contraria di F. COSSIGNANI; poi anche A.L. BONAFINE, *Note in tema di* periculum in mora *nelle obbligazioni solidali*, in *Giusto proc. civ.*, 2019, p. 583).

(9) È prevalente in dottrina e giurisprudenza l'opinione che il credito può anche essere non ancora liquido, né ancora esigibile (Trib. Milano 6 febbraio 2012, in *Giur. it.*, 2012, p. 1600), restando inteso che, ove sia liquido ed esigibile, sul credito sottoposto a sequestro conservativo,

fatti, su tale patrimonio che il creditore non soddisfatto può trovare la sua soddisfazione coattiva attraverso l'espropriazione forzata, secondo il disposto dell'art. 2910 c.c. (v. retro, § 13). E poiché, da questo punto di vista, i singoli beni del debitore vengono in rilievo non per la loro individualità, ma in relazione al loro valore – ossia in relazione alla loro attitudine ad essere trasformati in denaro (vedi ancora retro, § 13) – anche la disciplina del sequestro conservativo li prende in considerazione globalmente e genericamente (beni mobili o immobili, somme di denaro, crediti) (10). Perciò anche il giudice, nel pronunciare il provvedimento autorizzativo del sequestro conservativo, non si riferisce, di solito – ed a differenza di quanto accade per il sequestro giudiziario – a specifici beni, ma si limita a determinare il valore fino a concorrenza del quale il sequestro può essere eseguito su qualsiasi bene del debitore (11).

---

continuano a maturare gli interessi legali ex art. 1224 c.c. (Cass. 4 maggio 2012 n. 6784). All'opinione contraria, fondata sul richiamo agli artt. 1356 e 1358 c.c. e sulla necessità che all'attuazione del sequestro segua in breve termine l'inizio del giudizio sul merito in funzione della conversione del sequestro in pignoramento, si oppone, da un lato, il rilievo che nulla autorizza ad escludere il sequestro conservativo dall'ambito degli atti conservativi previsti dall'art. 1356 c.c. e, dall'altro lato, il rilievo che il giudizio di merito può sfociare in una condanna in futuro a prestazione condizionata, con la conseguente impossibilità della conversione fino alla rimozione dell'ostacolo (v., per tutti, R. CONTE, *Il sequestro conservativo*, cit., p. 48). Si discute se possa concedersi il sequestro conservativo a cautela di un credito per il quale il creditore già possegga un titolo esecutivo. All'opinione contraria (V. ANDRIOLI, *Commento*, IV, cit., p. 155; S. COSTA, *Sequestro conservativo*, cit., p. 45) fondata sul rilievo che chi ha il titolo può senz'altro procedere al pignoramento, si obietta (S. SATTA, *Commento*, IV, cit., p. 196; Trib. Cassino 22 gennaio 1975, in *Temi romana*, 1975, p. 328) che il creditore che ha il titolo non è onerato a procedere in via esecutiva e può preferire la tutela cautelare. I giudici di merito sono per lo più orientati in quest'ultimo senso (per l'inammissibilità v., tuttavia, App. Milano 5 marzo 1983, in *Foro it.*, 1983, I, 3106). In realtà, il problema va risolto con riferimento alla disciplina dei rapporti tra i diversi tipi di titoli esecutivi e gli sviluppi processuali conseguenti al sequestro; ciò che conduce all'ammissibilità del sequestro quando il titolo è stragiudiziale, alla sua inammissibilità quando il titolo è una sentenza esecutiva ancorché non passata in giudicato, a causa dell'automaticità della conversione del sequestro in pignoramento (su cui v. § 46) (v. G. SAMORÌ, *Ammissibilità del sequestro conservativo in presenza di un titolo esecutivo*, in *Riv. trim. dir. e proc. civ.*, 1985, p. 134; P. POTOTSCHNIG, *Il sequestro conservativo*, cit., p. 19; R. CONTE, *Il sequestro conservativo*, cit., p. 60). Queste conclusioni operano anche nel caso del sequestro conservativo nei confronti del terzo acquirente di cui all'art. 2905, 2° comma, c.c., in funzione della fruttuosità dell'azione revocatoria; ciò che lo rende ammissibile anche *ante causam* (R. CONTE, *Creditore già munito di titolo esecutivo e sequestro conservativo ex art. 2905, 2° comma c.c.*, in *Riv. dir. proc.*, 2002, p. 1206; in questo senso anche Trib. Catania 21 gennaio 2004, in *Foro it.*, 2004, I, 1259) e non ne esclude l'utilizzabilità anche laddove vi sia stata trascrizione della domanda giudiziale revocatoria (Trib. Verona 30 luglio 2020, in *Giur. it.*, 2020, p. 2690, con nota adesiva di R. CONTE).

(10) Ma non anche l'azienda nella sua globalità (cfr. P. POTOTSCHNIG, *op. cit.*, p. 29). Su questo v. anche oltre, la nota 12.

(11) Perciò il sequestro conservativo non è concedibile a tutela di una prestazione diversa dal credito pecuniario, come ad es. l'obbligo di contrarre assunto col preliminare e configurato dall'art. 2932 c.c. (Trib. Torino 4 novembre 1999, in *Giur. it.*, 2000, p. 2078, con nota adesiva di G. FRUS, che giustamente ravvisa nel sequestro giudiziario la via cautelare percorribile nella fattispecie).

Abbiamo visto che l'art. 671 precisa che il sequestro conservativo può essere autorizzato ed eseguito nei limiti in cui è permesso il pignoramento. In realtà, il sequestro conservativo può essere considerato, in certo senso, come un pignoramento anticipato (12), anche quando ha per oggetto crediti (13). Ciò che è confermato dal fatto che, come si vedrà tra poco (v. § 46), esso viene eseguito con le forme proprie del pignoramento (art. 678) (14); mentre, d'altra parte, nel momento in cui il creditore ottiene sentenza di condanna esecutiva, il sequestro si converte senz'altro in pignoramento (v. oltre, § 46).

4. *Sequestro c.d. liberatorio* (15). Occorre, infine, far menzione di un'altra ipotesi di sequestro configurata dall'art. 687 sotto la rubrica «*casi speciali di sequestro*». Si tratta del sequestro «delle somme o delle cose che il debitore ha offerto o messo comunque a disposizione del creditore (16) per la sua liberazione», sequestro che il giudice (17) può ordinare «quando è controverso l'obbligo o il

---

(12) Sempre che la condanna sia pronunciata con sentenza esecutiva e nei limiti del credito per il quale è intervenuta la condanna (Cass. 28 giugno 2012 n. 10871, in *Giur. it.*, 2013, p. 409, con nota in parte critica di M. DOMINICI; Trib. Reggio Emilia 4 marzo 2014, *ivi*, 2014, p. 877, con nota adesiva di R. CONTE). Per questo la norma in esame si richiama ai limiti in cui la legge permette il pignoramento e, per questo, l'elencazione dei beni sequestrabili coincide con quella delle cose pignorabili. In contrasto con questa coincidenza, si ammette il sequestro conservativo dell'azienda (PROVINCIALI, *Sequestro d'azienda*, Napoli, 1961, p. 31; v. anche A. BRACCI, *Problemi concernenti il sequestro conservativo dell'*universitas, Milano, 1966; M.C. VANZ, *Il sequestro conservativo d'azienda: spunti di riflessione*, in *Riv. dir. proc.*, 2015, p. 163; ma contra V. ANDRIOLI, *Commento*, IV, cit., p. 153, con riferimento ai limiti che emergono dall'art. 2912 c.c. nell'indicare l'ambito massimo dell'estensione del pignoramento).

(13) Tuttavia, il sequestro presso terzi non può avere ad oggetto una generica aspettativa di prestazione, ma solo uno specifico diritto al pagamento di una somma di denaro (Cass. 23 aprile 1981 n. 2425, in *Foro it.*, 1981, I, 1906). Su altre questioni attinenti l'attuazione del sequestro conservativo v. ancora D. DALFINO, *Il sequestro conservativo*, cit., p. 547 e R. CONTE, in *Giur. it.*, 2013, p. 132, a commento di alcune pronunce di merito.

(14) E quindi, se si tratta di pignoramento immobiliare, occorre la trascrizione (che, in forza dell'art. 2668 ter c.c., ha efficacia limitata a 20 anni).

(15) V. G. GUARNIERI, *Il sequestro*, cit., p. 92; G. NARDO, *Il sequestro speciale c.d. liberatorio*, in *Studi in memoria di A. Bonsignori*, I, Milano, 2004, p. 461; M. DE CRISTOFARO, *Casi speciali di sequestro (art. 687 c.p.c.)*, in *I procedimenti sommari e speciali*, cit., II, t. 2, p. 1099; G. ARIETA, *Le cautele*, cit., p. 359; S. TRABACE, *Il sequestro c.d. liberatorio (art. 687 c.p.c.)*, Bari, 2011, la quale, all'esito di un'approfondita ricostruzione storica e sistematica dell'istituto, arriva ad escludere la sua natura cautelare (*ivi*, p. 172), sebbene non neghi che, stante la collocazione dell'art. 687 nel codice e la previsione espressa dell'art. 669 quaterdecies, anche questa misura vada sottoposta alla disciplina del procedimento cautelare uniforme (*ivi*, p. 205); più di recente, D. DALFINO, *Il sequestro liberatorio*, in *I procedimenti cautelari*, cit., p. 583, che ribadisce la natura cautelare; v. anche Cass. 14 maggio 2019 n. 12727 e Trib. Torino 29 gennaio 2019, entrambe in *Giur. it.*, 2020, p. 92, con nota di C. SCALVINI; C. NOVELLA, *Validità ed efficacia degli atti compiuti anteriormente alla conversione del rito*, in *Giur. it.*, 2020, p. 479; Trib. Rimini 15 febbraio 2015, in *Giusto proc. civ.*, 2016, p. 365, con nota di S. TRABACE; Trib. S. Maria Capua Vetere 22 gennaio 2013, *ivi*, 2013, p. 521, con nota della stessa A. e Trib. Lucca 11 ottobre 2012, in *Foro it.*, 2013, I, 2058, con nota della stessa A.

(16) Senza particolari formalità (App. Bologna 3 aprile 1996, in *Foro it.*, 1996, I, 2903).

(17) Ossia il giudice della causa di merito instaurata dal creditore che vuol conseguire ciò che

modo del pagamento o della consegna, o l'idoneità della cosa offerta» (18).

Si tratta di un'iniziativa con la quale il debitore (19) vuole evitare le conseguenze della *mora debendi* (ad es., il maturare degli interessi sulle somme dovute) e che presuppone sia la permanenza della contestazione sulla sussistenza del debito o sulle sue modalità (20) e sia, eventualmente, l'offerta al creditore (21).

46. *Il procedimento per l'autorizzazione, l'inefficacia e il reclamo. La fase di attuazione. Gli effetti del sequestro. La conversione del sequestro conservativo in pignoramento.*

Prendiamo in considerazione ora la disciplina del procedimento. Come già accennato, il codice detta la disciplina di un unico procedimento per il sequestro, salva l'integrazione con alcune norme specificamente riferite all'uno o all'altro tipo di sequestro. Questa disciplina è, d'altra parte, articolata con riguardo alle fasi che costituiscono o integrano la disciplina generale dei procedimenti cautelari (§§ 43 e 44), e cioè le fasi elencate all'inizio del § 45.

Lasciando da parte l'intera fase di autorizzazione, che è disciplinata dai già esaminati articoli da 669 bis a 669 octies, nonché le ipotesi generali di inefficacia previste dall'art. 669 novies (22), va qui fatto cenno alla particolare previsione di perdita di efficacia, configurata dall'art. 675.

---

gli spetta e che potrebbe anche essere un giudice di secondo grado (Cass. 11 giugno 1987 n. 5078). In applicazione degli artt. 669 ter e quater la misura potrebbe essere richiesta dal debitore sia in corso di causa che prima dell'inizio della stessa (S. TRABACE, *op. cit.*, p. 225).

(18) Questa controversia sussiste anche nel caso dell'eccezione di compensazione (cfr. E. GRASSO, *Sequestro liberatorio e compensazione*, in *Riv. dir. proc.*, 1989, p. 1112, a commento di una pronuncia di merito in senso contrario; Trib. Bolzano 28 ottobre 2004, in *Corr. giur.*, 2005, p. 1721, con nota di M. FORNACIARI).

(19) Che è il solo legittimato a questa richiesta (Cass. 11 settembre 2014 n. 19157, in *Guida al dir.*, 2014, n. 46, p. 52; v. anche M. DE CRISTOFARO, *op. cit.*, p. 1112; S. TRABACE, *op. cit.*, p. 214; D. DALFINO, *op. cit.*, p. 594).

(20) Perciò non è più ammissibile quando già sussiste un titolo esecutivo contro il debitore (Cass. 21 aprile 1990 n. 3354). Tuttavia, nel senso che sarebbe comunque utilizzabile quando il creditore, pur disponendo di un titolo esecutivo, non abbia ancora avviato la procedura esecutiva, G.N. NARDO, *op. cit.*, p. 491; M. DE CRISTOFARO, *op. cit.*, p. 1122; D. DALFINO, *op. cit.*, p. 599; in senso diverso, S. TRABACE, *op. cit.*, p. 271.

(21) Cfr. Cass. 5 giugno 1987 n. 4923; v. anche Trib. Venezia 9 ottobre 2020, in *Foro it.*, 2021, I, 1503, con nota di S. TRABACE. Si è perciò rilevato come il sequestro c.d. liberatorio si ponga a metà strada tra il sequestro giudiziario e quello conservativo, essendo volto, a seconda dei casi, a salvaguardare l'integrità dei beni offerti o a garantire l'eventuale credito restitutorio del debitore (M. DE CRISTOFARO, *op. cit.*, p. 1109; S. TRABACE, *op. cit.*, p. 139; D. DALFINO, *op. cit.*, p. 592).

(22) L'inammissibilità della domanda di merito, proposta a seguito del sequestro giudiziario, determina l'automatica inefficacia della misura cautelare (Trib. Roma 7 luglio 2015, in *Giur. it.*, 2016, p. 83, con nota di M. PANTALEO).

Al riguardo, va anzitutto ricordato che, una volta ottenuto il provvedimento autorizzativo, il sequestro, per produrre i suoi effetti di cautela, deve essere eseguito. In relazione a ciò, l'art. 675 dispone che se l'attuazione non avviene entro trenta giorni dalla data della pronuncia il provvedimento diviene inefficace (23). E naturalmente la dichiarazione dell'inefficacia avverrà con le forme di cui all'art. 669 novies.

Anche per quanto concerne l'*impugnazione del provvedimento*, non abbiamo che da richiamare la disciplina che la veduta prima sezione dedica all'istituto del reclamo (art. 669 terdecies) e che abbiamo esaminato al § 44.

Quanto alla fase di attuazione, come abbiamo visto l'art. 669 duodecies (v. § 44) la lascia, con esplicita salvezza, alla disciplina degli artt. 677 e ss. (24). In linea di massima, si può dire che anche per i sequestri essa ha caratteristiche strutturali assimilabili a quelle dell'esecuzione forzata (25). Quest'affermazione ha il suo preciso fondamento nel codice, il quale, nell'indicare le forme con le quali il sequestro deve attuarsi, si richiama senz'altro alle forme dell'esecuzione; e precisamente:

a) *per il sequestro giudiziario* – che, come si è visto, ha ad oggetto cose determinate (26) – *alle forme dell'esecuzione su cose determinate, ossia all'esecuzione*

---

(23) Si è dubitato della legittimità costituzionale della decorrenza di questo termine dalla pronuncia, anziché dalla sua comunicazione (v. Trib. Milano 6 ottobre 1994, in *Giur. it.*, 1995, I, 2, 174, con nota di P. FADEL); ma C. Cost. 13 giugno 1995 n. 237 (in *Foro it.*, 1995, I, 3404 e in *Giur. it.*, 1995, I, 601 e poi censurata da R. CONTE, *Il sequestro*, cit., p. 174) ha ritenuto la questione infondata. Tuttavia, non manca chi addirittura sostiene che l'intero disposto dell'art. 675 debba considerarsi abrogato per incompatibilità (B. BRUNELLI, *Note sull'esecuzione del sequestro*, in *Riv. trim. dir. e proc. civ.*, 1997, p. 133).

Parrebbe non più possibile il compimento di ulteriori atti di sequestro oltre il suddetto termine (v. anche Trib. Roma 4 gennaio 2021, in *Riv. dir. proc.*, 2021, p. 1043, con nota adesiva di S. DALLA BONTÀ). Sempre che si debba ritenere questo termine tuttora operante; ciò si dovrebbe desumere sia dall'abrogazione dell'art. 680, 3° comma, che offriva il supporto a questa prassi, e sia dalle considerazioni sistematiche svolte da P. POTOTSCHNIG (*L'esecuzione dei sequestri nel sistema della L. 353/1990 (I)*, in *Riv. dir. proc.*, 1992, p. 558). Questo A. propone peraltro (p. 546) un'interpretazione che configura l'atto di esecuzione come evento interruttivo dal quale riprende a decorrere un nuovo termine ex art. 675. L'intera materia è svolta dallo stesso A. in *L'esecuzione dei sequestri*, in *Il processo cautelare*[5], p. 585. Anche secondo R. CONTE (in *Giur. it.*, 1999, p. 1206) gli atti di esecuzione (anche nei confronti di condebitori solidali) possono essere compiuti solo nel termine di cui all'art. 675; più possibilista, invece, D. DALFINO, *op. cit.*, p. 546.

(24) In proposito v. anche Trib. Novara 10 giugno 2010 (in *Giur. it.*, 2011, p. 1127, con nota contraria di I. USUELLI).

(25) V. vol. I, §§ 5, 16 e, in questo vol., § 44.

(26) Compresa – per l'espresso disposto dell'art. 670, n. 1 – l'azienda (v., ampiamente, R. TARANTINO, *op. cit.*, p. 163). Sulla modalità di attuazione del relativo sequestro giudiziario, Cass. 21 gennaio 2004 n. 877 (in *Giur. it.*, 2004, p. 1358, con nota di F. CORSINI) si è limitata a dichiarare sufficiente l'indicazione degli elementi per individuare l'azienda, senza pronunciarsi sulle modalità procedimentali. Al riguardo, l'Annotatore, rilevato che l'azienda può includere beni immobili, ritiene necessaria l'iscrizione nel registro delle imprese ravvisando un supporto normativo nell'art. 2556, 2° comma, c.c.

per consegna o rilascio (v. retro, § 33) (27), omessa, tuttavia, la notificazione del precetto e l'avviso di cui all'art. 608, 1° comma (art. 677) salvo che il custode sia persona diversa dal detentore (28);

b) *per il sequestro conservativo* – che, come si è visto, costituisce una sorta di pignoramento anticipato – sostanzialmente *alle forme del pignoramento* (29); e così, se si tratta di sequestro su cose mobili nella disponibilità del debitore, esso si esegue «secondo le norme del pignoramento presso il debitore» (art. 678), mentre se si tratta di sequestro di credito o di cose di proprietà del debitore, ma in possesso di un terzo – esclusa l'azienda in quanto non pignorabile (v. retro, § 13, nota 11) –, esso si esegue secondo le norme per il pignoramento presso terzi. Tuttavia, in quest'ultimo caso – probabilmente per un difetto di coordinamento con la riforma della disciplina sul pignoramento presso terzi introdotta di recente (v. retro, § 23) –, l'art. 678 continua a prevedere che il sequestrante deve citare il terzo a comparire davanti al tribunale del luogo di residenza del terzo stesso (30) per rendere la dichiarazione di cui all'art. 547 (31). Difetto di coordina-

---

(27) Si è osservato autorevolmente (S. SATTA, *Commentario*, IV, cit., p. 204) che non sempre l'attuazione del sequestro implica uno spossessamento e che, quando ciò avviene, la procedura di cui agli artt. 605 e ss. non è adeguata, essendo sufficiente la redazione di un verbale presso il sequestrato. Per l'autonomia di quest'attuazione v. Cass. 11 gennaio 1988 n. 28.

(28) In questo caso – così dispone l'art. 677, 2° comma – la notificazione dell'avviso è necessaria. La Cassazione ritiene che detta omissione dia luogo all'inefficacia del sequestro (Cass. 7 novembre 1989 n. 4653, in *Foro it.*, 1990, I, 507).

La stessa Cassazione ha riconosciuto che l'art. 677 debba trovare applicazione anche ai fini dell'attuazione del sequestro giudiziario di azienda, con la conseguenza che, quando essa sia composta anche da beni immobili, ai fini del rispetto del termine di efficacia di cui all'art. 675, è sufficiente la consegna dell'avviso di cui all'art. 608 all'ufficiale giudiziario (Cass. 13 settembre 2019 n. 22945).

(29) Questo richiamo, che, in linea di massima, non implica l'assoggettamento alla competenza del giudice dell'esecuzione (Cass. 11 gennaio 1988 n. 28) investe anche, naturalmente, l'eventualità (di cui all'art. 513, 3° comma; v. retro, § 20) che le cose da pignorare (qui da sequestrare) si trovino presso un terzo, ma di cui il sequestrato possa direttamente disporre. Per l'ipotesi delle cose contenute nella cassetta di sicurezza v. C. CALVOSA, *Struttura del pignoramento*, cit., p. 262. Per effetto di questo richiamo, l'eventuale opposizione del terzo, diretta a rivendicare la proprietà delle cose sequestrate, è disciplinata dall'art. 621, con riguardo ai limiti della prova testimoniale (Cass. 28 giugno 1979 n. 3629), mentre l'ordinanza di attuazione del sequestro del credito del terzo è impugnabile esclusivamente con l'opposizione agli atti esecutivi di cui all'art. 617 (Cass. 6 ottobre 2021 n. 27073).

V. sull'argomento P. POTOTSCHNIG, *L'esecuzione dei sequestri nel sistema*, cit., p. 613, ove si mette in evidenza che, a seguito dell'abrogazione dell'art. 680, colui che subisce il sequestro conservativo, può non essere adeguatamente informato; per questa ed altre ipotesi, l'A. propone (p. 618) un'interpretazione sistematica che implica la permanenza dell'onere di notiziare circa il provvedimento e la sua esecuzione.

(30) Il quale può non coincidere con l'autorità che ha concesso il sequestro (v., ad es., Cass. sez. un. 28 luglio 2009 n. 17471, in *Giur. it.*, 2010, p. 1125, con nota di R. CONTE).

Attuazione del sequestro conservativo e riforma del pignoramento presso terzi

(31) L'art. 678 prosegue nel disporre che il giudizio sulle controversie relative all'accertamento dell'obbligo del terzo è sospeso fino all'esito di quello sul merito (ossia fino alla pronuncia della condanna esecutiva che determina la conversione del sequestro in pignoramento; cfr.

mento che può essere superato ritenendo questa parte dell'art. 678 implicitamente abrogata e dando rilevanza alla prima parte dello stesso articolo, laddove esplicitamente vengono richiamate le «*norme stabilite per il pignoramento presso terzi*». Ne deriva che, anche per l'attuazione del sequestro conservativo presso terzi, deve farsi ricorso alle forme ora previste dall'art. 543 (v. retro, § 23).

Per quanto riguarda, invece, il sequestro conservativo su immobili, il codice, anziché compiere un richiamo alle forme del pignoramento immobiliare, dispone senz'altro che il sequestro si esegue con la trascrizione del provvedimento presso l'ufficio del conservatore dei registri immobiliari del luogo in cui i beni sono situati (art. 679) (32).

D'altra parte, ai sensi dell'art. 155 sexies disp. att., ai fini dell'individuazione dei beni del debitore da sottoporre a sequestro conservativo, il creditore può utilizzare anche le modalità telematiche di ricerca, di cui all'art. 492 bis, che disciplina tali modalità – come abbiamo visto (retro, § 17) – con riferimento ai beni da pignorare.

Se il sequestro concorre col pignoramento, si ritiene che debba prevalere il

---

P. POTOTSCHNIG, *L'esecuzione dei sequestri nel sistema della L. 353/1990 (II)*, in *Riv. dir. proc.*, 1992, p. 791), a meno che il terzo non chieda l'immediato accertamento dei propri obblighi. Proprio con riferimento a quest'accertamento, tuttavia, a seguito della L. 228/2012 – come vedemmo a suo tempo (retro, § 23) – la necessità di avere un vero e proprio giudizio di cognizione è stata superata e sostituita da un accertamento «semplificato» dell'obbligo del terzo verso l'esecutato, che, in quanto tale, può avere efficacia ai soli fini del procedimento esecutivo «in corso» (v. anche D. DALFINO, *Il sequestro conservativo*, cit., p. 530).

Ne deriva che l'esigenza di sospensione dell'accertamento dell'obbligo del terzo, prevista dall'art. 678, dovrebbe ritenersi limitata all'ipotesi in cui sia instaurato un autonomo giudizio che abbia ad oggetto, appunto, l'accertamento dell'obbligo del terzo (v. anche, in questo senso, Trib. Milano 21 aprile 2016, in *www.processocivileweb.it*). Ciò sempre che non si condivida l'opinione, da noi già espressa al § 23, che l'eventuale «impugnazione», di cui parla l'art. 549, abbia ad oggetto anche il diritto sostanziale oggetto della dichiarazione e delle successive contestazioni. In tal caso, infatti, la sospensione dell'art. 678 coinvolgerebbe anche questa «impugnazione».

Il 3° comma dell'art. 678 richiama l'art. 610 per i casi in cui nel corso dell'attuazione del sequestro sorgano difficoltà indilazionabili. Questa disposizione va coordinata col sistema che riserva ogni controllo, ai sensi dell'art. 669 duodecies, al giudice che ha pronunciato il provvedimento cautelare (cfr. P. POTOTSCHNIG, *L'esecuzione dei sequestri (II)*, cit., p. 771). In proposito v. anche Cass. 12 dicembre 2003 n. 19101, in *Giur. it.*, 2004, p. 1150, con nota parzialmente favorevole di E. VULLO.

Circa l'oggetto del sequestro presso terzi, v. Cass. 23 aprile 1981 n. 2425, cit. al § 45, nota 13. Sull'argomento in generale, v. F. BUCOLO, *Il pignoramento e il sequestro presso il terzo*, Padova, 1986, p. 433.

(32) È stata ammessa la permanenza degli effetti della trascrizione (fino alla sua effettiva cancellazione) del sequestro, disposto con decreto *inaudita altera parte* e poi revocato, ove sia accolto il reclamo proposto avverso la revoca (Cass. 7 agosto 2012 n. 14190). Peraltro, ai fini della cancellazione è stato ritenuto non necessario il passaggio in giudicato della sentenza che abbia dichiarato inefficace il sequestro (Trib. Torino 2 luglio 2010, in *Giur. it.*, 2011, p. 1121, annotata da D. FRASCHINI, che ammette il reclamo ex artt. 2888 c.c. e 113 disp. att. c.c. avverso il rifiuto di cancellazione del conservatore).

La trascrizione non è, invece, prevista per il sequestro giudiziario; ma v., per osservazioni e critiche, P. POTOTSCHNIG, *L'esecuzione dei sequestri nel sistema*, cit., p. 612.

processo di esecuzione, tanto più che il sequestrante partecipa, previo intervento nel processo esecutivo in corso, alla distribuzione della somma ricavata (art. 686, 2° comma) (33); mentre, nel caso che il medesimo bene sia colpito da sequestro giudiziario e sequestro conservativo, la precedenza spetta alla causa sull'appartenenza dei beni, che ha dato luogo al sequestro giudiziario (34).

Il codice, nel richiamare per l'attuazione del sequestro (35) le forme dell'esecuzione forzata, sembra escludere il sequestro chiesto dal debitore su quanto da lui dovuto (perché contesta il debito o vanta altro credito) o c.d. sequestro presso sé stesso, sulla cui ammissibilità vengono d'altra parte sollevate talune serie obiezioni di principio (36). Poiché, peraltro, la giurisprudenza talora ammette questo sequestro (37), in tali ipotesi occorre adattare le forme del procedimento alla particolare situazione (38).

Ricordato che l'attuazione va iniziata nel termine perentorio di cui all'art. 675 (39) e che dalla pronuncia (o dalla comunicazione) del sequestro inizia a decorrere il termine perentorio che l'art. 669 octies stabilisce, a pena di inefficacia, per l'inizio del giudizio di merito, e che in pendenza del giudizio di merito il sequestro può essere revocato o modificato ai sensi dell'art. 669 decies, va, infine, tenuto presente che, per l'art. 684, la revoca del sequestro conservativo è possibile anche quando il debitore offre idonea cauzione, mentre non è possibile la sospensione (40).

---

(33) Cfr. A. CONIGLIO, *Il sequestro*, cit., p. 125.

(34) Cfr. A. CONIGLIO, *Il sequestro*, cit., p. 128; S. COSTA, *Sequestro*, cit., p. 47.

(35) Di competenza del giudice dell'attuazione (App. Roma 30 agosto 2012, in *Giur. it.*, 2013, p. 131).

(36) Soprattutto imperniate sul rilievo che in questo campo opera la compensazione legale e giudiziale di cui all'art. 1243, 1° e 2° comma, c.c. (v., per tutti, V. ANDRIOLI, *Commento*, IV, cit., p. 288). Ma si replica (A. CONIGLIO, *Il sequestro*, cit., p. 116; F. BUCOLO, *op. cit.*, p. 444; P. POTOTSCHNIG, *Il sequestro conservativo*, cit., p. 36) che la compensazione non sempre soccorre.

(37) Favorevole la giurisprudenza della Cassazione (v., ad es., Cass. 8 febbraio 1992 n. 1407, in *Giur. it.*, 1992, I, 1, 2176 e, sia pure indirettamente, Cass. 19 dicembre 1975 n. 4182; esclusa però la possibilità di servirsi del sequestro per frustrare l'esecutorietà della sentenza: Cass. 25 giugno 1988 n. 4293); in senso contrario quella di merito (v., ad es., Pret. Foggia 29 gennaio 1988, in *Foro it.*, 1988, I, 1317 e ivi la citazione di altre pronunce).

(38) Al debitore diretto, creditore del creditore sequestrante, vanno notificati il provvedimento autorizzativo e l'intimazione di non disporre del credito, mentre sono superflui gli adempimenti (previsti dall'art. 543) che la coincidenza nella stessa persona richiederebbe di effettuare verso se stessi (Cass. 8 febbraio 1992 n. 1407, cit. nella nota 37; P. POTOTSCHNIG, *Il sequestro conservativo*, cit., p. 50; A. CONIGLIO, *op. loc. cit.*; R. CONTE, *Il sequestro*, cit., p. 201). Secondo il CALVOSA (*Il processo cautelare*, Torino, 1970, p. 592), approvato dal F. BUCOLO (*op. cit.*, p. 445), il provvedimento autorizzativo è attuato con la sua pronuncia e non occorre altro.

(39) Contra, tuttavia, B. BRUNELLI, *op. cit.*, p. 133. L'inizio non può essere ravvisato nel precetto né nell'avviso di rilascio, in quanto atti di cui l'art. 677, 1° comma, indica l'omissione (Cass. 12 giugno 2007 n. 3775).

(40) V. sul punto, lo scritto di F. TOMMASEO, in *Giur. it.*, 1987, I, 2, 81. Sulla possibilità di of-

Quando il sequestro ha ad oggetto cose deteriorabili, il giudice può – ove sussista il pericolo di deterioramento – ordinare la vendita nei modi stabiliti per le cose pignorate; ciò – così dispone l'art. 685 – con lo stesso provvedimento di concessione e con altro successivo.

Infine, per il caso di sequestro giudiziario, l'art. 676 stabilisce che, nel disporre detto sequestro, il giudice nomina il custode (41) (v. vol. I, § 43) eventualmente nella persona di quello dei contendenti che offre maggior garanzia (art. 676, 2° comma), stabilisce i criteri e i limiti dell'amministrazione delle cose sequestrate e le particolari cautele idonee a rendere più sicura la custodia e a impedire la divulgazione dei segreti. Tra queste cautele si è ipotizzato l'ordine di trascrizione del sequestro giudiziario *ante causam* (42).

Va ancora evidenziato che la funzione di controllo circa la sussistenza dei requisiti dell'azione cautelare e del suo esercizio è affidata alla possibilità di revoca (43) o modifica, di cui all'art. 669 decies, ai poteri di controllo di cui all'art. 669 duodecies, all'impugnabilità ai termini dell'art. 669 terdecies, nonché alle attribuzioni al giudice del merito di cui all'ultima proposizione dell'art. 669 duodecies (44). Come già detto, vi è contrasto in giurisprudenza sulla sussistenza di uno spazio per le opposizioni all'esecuzione e agli atti esecutivi, sia pure nei limiti visti al § 44 (45).

Quanto alla *tutela del terzo*, che si affermi pregiudicato dalla misura cautelare in sé o dalle modalità della sua attuazione, si è sostenuto, con argomenti condivisibili, che nella prima ipotesi sia possibile l'intervento del terzo nel procedimento cautelare e che, nella seconda ipotesi, si verifichi un'inefficacia che può essere fatta valere con le modalità dell'art. 669 novies (46).

---

frire garanzie personali, v. le pronunce di merito, in senso contrapposto, in *Riv. dir. proc.*, 1993, p. 918, con nota di S. ZIINO. La norma dispone che la revoca avviene con ordinanza non impugnabile. È tuttavia controversa (anche per il mancato coordinamento con la disciplina cautelare generale) la reclamabilità del provvedimento (contrario Trib. Termini Imerese 26 giugno 2002, in *Giur. it.*, 2003, p. 926, con nota critica di G. FRUS).

(41) Che è, tra l'altro legittimato ad esercitare le azioni finalizzate alla tutela della funzione propria del sequestro (Cass. 17 luglio 2001 n. 9692).

(42) Poiché in questo caso (così C. PETRILLO, in *Riv. es. forz.*, 2006, p. 896) non opera la tutela offerta dalla trascrizione della domanda giudiziale, con la quale si suole spiegare la mancata previsione della trascrivibilità del sequestro giudiziario.

(43) Che può essere anche parziale (Trib. Brescia 23 giugno 2010, in *Giur. it.*, 2011, p. 896, con nota di D. SIGNORI).

(44) Cfr. R. CONTE, *Il sequestro*, cit., p. 207. I poteri di direttiva nella gestione e di approvazione del rendiconto spettano al giudice che ha nominato il custode e, in caso di cessata appartenenza all'ufficio giudiziario, al presidente del tribunale (cfr. G. TARZIA, in *Riv. dir. proc.*, 1993, p. 305, a commento adesivo di una pronuncia di merito).

(45) V., nel senso dell'ammissibilità, Trib. Milano 18 giugno 1997 e Trib. Alba 8 luglio 1997, entrambe in *Giur. it.*, 1998, I, 2312; in senso contrario, Trib. Ravenna 11 marzo 2016, in *Giur. it.*, 2017, p. 871, con nota di G. PARISI.

(46) Ciò che non sembra lasciare spazio per le opposizioni (cfr. A. SALETTI, in *Riv. trim. dir. e*

Vediamo ora quali sono gli *effetti propri del sequestro.*

Mentre, come abbiamo già notato (retro, § 43), il provvedimento autorizzativo non produce, per se stesso, alcun effetto all'infuori di quello d'introdurre l'attuazione del sequestro, il primo e più tipico effetto del sequestro stesso si verifica immediatamente dopo tale attuazione e consiste in quell'idoneità a conservare la situazione in atto in funzione della fruttuosità del processo di merito, che è propria della misura cautelare. Tale effetto è espressamente previsto, *per il sequestro conservativo*, dall'art. 2906 c.c., che sancisce l'inefficacia relativa (ossia rispetto al creditore sequestrante) degli atti di alienazione e comunque di disposizione delle cose sequestrate. Si tratta di un'inefficacia del medesimo tipo di quella prevista per il pignoramento dall'art. 2913 c.c. (v. retro, § 16) e che il codice in certo qual modo anticipa al momento del sequestro (47). Al riguardo non abbiamo pertanto che da richiamare i rilievi compiuti al § 16.

Per il sequestro giudiziario il codice non configura alcun effetto che investa la disponibilità delle cose sequestrate, né alcun altro effetto di natura sostanziale. L'efficacia della misura va, pertanto, ricondotta direttamente alle norme che concernono la custodia della cosa sequestrata, nonché alle norme che sanzionano penalmente l'eventuale violazione di tali disposizioni ed in generale la sottrazione o il danneggiamento delle cose sottoposte a sequestro o a pignoramento (art. 334 c.p.).

Gli effetti di cautela, che si determinano con l'attuazione del sequestro, durano fino a quando si verifica una delle cause di inefficacia previste dall'art. 669 novies e dall'art. 675 e sopra già esaminate. Ma, se non si verifica alcuna causa di inefficacia, e se, d'altra parte, il provvedimento non viene revocato o modificato ai termini dell'art. 669 decies o in sede di reclamo ai termini dell'art. 669 terdecies ed il giudizio sul merito conduce al riconoscimento dell'esistenza del diritto cautelato, allora la funzione propria della cautela si completa e si realizza integralmente.

---

proc. civ., 1992, p. 465; C. DELLE DONNE, *L'attuazione*, cit., p. 210; contra L. MONTESANO (in *Riv. dir. proc.*, 1991, p. 935), che ravvisa nel provvedimento autorizzativo i caratteri del titolo esecutivo. Per il riferimento ai poteri di cui all'art. 669 duodecies, v. P. POTOTSCHNIG, *L'esecuzione (II)*, cit., p. 767; D. DALFINO, *Il sequestro conservativo*, cit., p. 549.

(47) Si mette in rilievo (S. SATTA, *Commentario*, IV, cit., p. 182) che, mentre l'art. 2913 sancisce l'inefficacia relativa nei confronti del creditore pignorante e dei creditori intervenuti nell'esecuzione, l'art. 2906 configura tale inefficacia relativa solo a favore del creditore sequestrante; con la conseguenza che se è alienato il bene sequestrato, l'unico creditore al quale l'alienazione non è opponibile è il sequestrante.

Con riguardo specialmente a questa differenza di disciplina si suole dire – con terminologia introdotta dal CARNACINI, *Contributo alla teoria del pignoramento*, cit., pp. 178, 268, 272 – che il sequestro conservativo crea un vincolo «a porta chiusa» (così M. VELLANI, *Conversione del sequestro conservativo in pignoramento e creditori intervenuti*, in *Riv. trim. dir. e proc. civ.*, 1978, p. 660, che critica l'opposta opinione sostenuta dal LASERRA, *Il sequestro conservativo come vincolo a porta aperta*, in *Riv. dir. proc.*, 1976, p. 76). La questione assume rilievo pratico particolarmente evidente al momento della conversione del sequestro in pignoramento (v. oltre nel testo, al termine del paragrafo) e più precisamente con riguardo all'opponibilità o meno ai creditori intervenuti degli atti di disposizione avvenuti tra la data del sequestro e quella della sua conversione.

Nel sequestro giudiziario, tale completamento della funzione cautelare si verifica e si esaurisce automaticamente con la chiusura del processo di cognizione. Ed infatti, da un lato, nel caso di sequestro di libri, documenti o altre prove di cui all'art. 670, n. 2, ciò è ovvio dal momento che la misura cautelare è, qui, in funzione della cognizione (48). Dall'altro lato, nel caso di sequestro di cose determinate (art. 670, n. 1), l'esaurimento della funzione cautelare è ugualmente ovvio perché il riconoscimento del diritto del sequestrante sulle cose sequestrate attribuisce al titolare sequestrante un titolo di possesso (o detenzione) autonomo che si sovrappone, sostituendolo, a quello dato dal sequestro.

Nel sequestro conservativo, il completamento della funzione cautelare si realizza invece attraverso la confluenza del sequestro nell'espropriazione, in funzione della quale la misura cautelare era stata concessa ed attuata. Se infatti si tiene presente che l'effetto del sequestro conservativo consiste (come si è visto poc'anzi) in un'anticipazione dell'efficacia propria del pignoramento, se ne desume logicamente che tale anticipazione non ha più ragion d'essere non appena una sentenza di condanna esecutiva consenta il pignoramento ed il successivo ulteriore sviluppo dell'espropriazione. E poiché, d'altra parte, il sequestro conservativo, oltre ad avere la stessa efficacia (sostanziale) del pignoramento, ne ha anche la stessa struttura, in quanto si esegue con le sue medesime forme, è logico che il sequestro confluisca nel pignoramento, come appunto avviene attraverso la cosiddetta «*conversione del sequestro in pignoramento*».

«*Il sequestro conservativo* – dispone l'art. 686, 1° comma – *si converte in pignoramento al momento in cui il creditore sequestrante ottiene sentenza di condanna esecutiva*». Ma poiché l'art. 156 disp. att. soggiunge che «il sequestrante che ha ottenuto la sentenza di condanna esecutiva prevista dall'art. 686 del codice *deve* – oltre che procedere alle notificazioni di cui all'art. 498 del codice (avviso ai creditori privilegiati risultanti da pubblici registri) – *depositarne copia nel termine perentorio di sessanta giorni dalla comunicazione, nella cancelleria del giudice competente per l'esecuzione*», ci si chiede se la conversione avvenga automaticamente oppure per effetto del suddetto deposito; e, nella prima ipotesi, quali sarebbero le conseguenze del mancato deposito (49). Secondo l'opinione prevalente, la conversione si verifica automaticamente (50), mentre l'onere del se-

---

(48) La Cassazione ne ha giustamente dedotto che ad accertamento avvenuto si deve far luogo alla restituzione dei libri e documenti sequestrati (Cass. 29 ottobre 1970 n. 2213, in *Giust. civ.*, 1971, I, p. 290).

(49) Si veda l'approfondito esame della questione e delle diverse opinioni nella monografia del VELLANI, *La conversione del sequestro conservativo in pignoramento*, Milano, 1955; più di recente, P. POTOTSCHNIG, *Il sequestro conservativo*, cit., p. 45; D. DALFINO, *Il sequestro conservativo*, cit., p. 556.

(50) V., per tutti, in dottrina, V. ANDRIOLI, *Commento*, IV, cit., p. 212; in giurisprudenza, Cass. 3 settembre 2007 n. 18536; Cass. 29 aprile 2006 n. 10029; Cass. 6 maggio 2004 n. 8615 e, in precedenza, Cass. 24 maggio 1986 n. 3499, in *Foro it.*, 1987, I, 169. Di contraria opinione S. SATTA (*Commentario*, IV, cit., p. 232; lo seguono S. COSTA, *Il sequestro*, cit., p. 69; M. VELLANI, *op.*

questrante di effettuare il suddetto deposito nella cancelleria del giudice competente per l'esecuzione investe la procedibilità del (già avviato) processo di espropriazione (51), e dunque, se non avviene nel termine, il pignoramento diviene inefficace e il processo è destinato ad estinguersi (52).

Ci si è domandati, inoltre, se l'effetto della conversione del sequestro in pignoramento possa essere determinato anche da provvedimenti condannatori esecutivi diversi dalla sentenza ed in particolare dalle ordinanze anticipatorie di condanna, di cui agli artt. 186 bis, ter e quater. La *ratio* della norma sembra avvalorare la soluzione affermativa (53).

Si discute, poi, se la conversione si verifica *ex tunc* con effetto retroattivo alla data del sequestro, o – come sembra preferibile, onde evitare un'alterazione sia pure *a posteriori* della struttura della misura cautelare – con effetto *ex nunc* (54).

---

cit., p. 80 e P. POTOTSCHNIG, *op. cit.*, p. 48), secondo il quale la funzione del deposito sta per l'appunto, e soltanto, nell'attuare la conversione.

(51) Così la già cit. Cass. 29 aprile 2006 n. 10029 e, in precedenza, Cass. 15 marzo 1974 n. 747, in *Giur. it.*, 1975, I, 1, 305, approvata dal BUCOLO; nello stesso senso, poi App. Milano 5 dicembre 1989, in *Giur. it.*, 1992, I, 2, 296; Trib. Varese 18 gennaio 2014, *ivi*, 2014, p. 1399, con nota di L. IACUMIN. Secondo il SATTA ed il COSTA (*opp. locc. citt.*) l'unica conseguenza del mancato deposito sarebbe quella di non beneficiare della conversione con l'onere di avviare l'espropriazione nelle forme consuete. Secondo il REDENTI, da quel mancato deposito deriverebbe addirittura la decadenza del sequestro (*Diritto processuale civile*, III, cit., p. 83), mentre il VELLANI (*op. cit.*, p. 121), nell'aderire a quest'ultima opinione, precisa che tuttavia il termine decorre soltanto dal momento della pubblicazione della sentenza di primo grado.

(52) Cfr. Cass. 29 aprile 2006 n. 10029, in *Giur. it.*, 2007, 1208. Ciò che, d'altra parte, dà luogo all'applicazione dell'art. 630, 2° comma, col conseguente onere di eccepire l'estinzione prima di ogni altra difesa e comunque non oltre l'udienza fissata ai termini degli artt. 569 e 530 (Cass. 15 marzo 1974 n. 747, cit. nella nota precedente; Trib. Varese 18 gennaio 2014, anch'essa cit. nella nota precedente, e F. BUCOLO, *op. loc. cit.*).

(53) Cfr. R. CONTE a commento di una pronuncia di merito in senso contrario, in *Giur. it.*, 1999, p. 2086; lo stesso discorso vale nel caso di decreto ingiuntivo divenuto definitivo (Trib. Bologna 20 giugno 2018, in *Giur. it.*, 2019, p. 343, con nota di C. NOVELLA).

Peraltro, in caso di sentenza di condanna generica e di riconoscimento di una provvisionale da parte del giudice penale, la conversione è limitata alla condanna provvisionale (Cass. 25 ottobre 2016 n. 21481, in *Foro it.*, 2017, I, 2048), salva la permanenza del sequestro in caso di condanna generica senza provvisionale (Cass. 28 ottobre 2016 n. 21804). In caso di sequestro conservativo penale di beni di terzi, acquirenti a titolo oneroso dall'imputato, la conversione presuppone l'esercizio dell'azione revocatoria ex art. 2901 c.c. (Cass. 16 marzo 2017 n. 6836).

(54) In questo senso si è pronunciata Cass. 26 agosto 1976 n. 3058, in *Giur. it.*, 1977, I, 1, 1707, con nota adesiva di M. VELLANI. È comunque certo che dopo la conversione gli effetti del sequestro giovano anche ai creditori intervenienti (Cass. 5 agosto 1997 n. 7218). La questione (che confluisce con quella della natura aperta o chiusa del vincolo del sequestro: su cui v. retro, la nota 47) si pone soprattutto con riguardo alla possibilità o meno di opporre ai creditori intervenuti gli atti di disposizione (nella specie decisa dalla sentenza della Cassazione sopra citata, si trattava di ipoteca) verificatisi tra la data del sequestro e quella della conversione.

La tesi fatta propria dalla Cassazione è stata ribadita dal VELLANI, in *Conversione del sequestro conservativo*, cit., p. 660. Per la tesi contraria, v. G. LASERRA, *op. loc. cit.* che si richiama all'ANDRIOLI (in *Foro it.*, 1951, I, 1595).

Per l'ipotesi che la causa di merito sia attribuita alla giurisdizione di un giudice o ad un arbitrato stranieri, l'art. 156 bis disp. att. stabilisce che il sequestrante deve, a pena di perdita di efficacia del sequestro conservativo ottenuto, proporre domanda di esecutorietà in Italia della sentenza o del lodo stranieri, entro il termine perentorio di sessanta giorni (55).

Il 2° comma dell'art. 686 precisa, infine, che «se i beni sequestrati sono stati oggetto di esecuzione da parte di altri creditori, il sequestrante partecipa con essi alla distribuzione della somma ricavata» (56).

La conversione del sequestro in pignoramento produce anche l'effetto che i vizi del sequestro possono essere fatti valere (se non è intervenuta decadenza) con l'opposizione agli atti esecutivi ex art. 617 (57), mentre le contestazioni sulla conversione si configurano come opposizioni all'esecuzione ex art. 615 (58).

---

(55) Detto termine decorre dal momento in cui è proponibile la domanda di esecutorietà. Il 2° comma aggiunge che la dichiarazione di esecutorietà produce gli effetti di cui all'art. 686 del codice e diventa applicabile l'art. 156 disp. att.

(56) Senza che nella distribuzione si debba tener conto, ex artt. 2906 e 2916 c.c., delle ipoteche giudiziali iscritte dopo il pignoramento (Cass. 10 ottobre 2017 n. 23667, in *Riv. dir. proc.*, 2018, p. 1350, con nota di G. FINOCCHIARO).

Nel caso che non sia ancora intervenuta la sentenza di condanna e la conseguente conversione, il credito del sequestrante consente a quest'ultimo l'intervento (art. 499) e il successivo accantonamento delle somme a lui destinate (art. 510). Sulla situazione precedente v. B. CAPPONI, *L'intervento del creditore sequestrante nel processo di espropriazione del bene successivamente pignorato*, in *Riv. dir. proc.*, 1987, p. 848.

(57) Cfr., ad es., Cass. 10 maggio 1982 n. 2890; Pret. Milano 18 maggio 1998, in *Giur. it.*, 1999, p. 2085, con nota di R. CONTE.

(58) Cfr. Cass. 24 maggio 1986 n. 3499, in *Foro it.*, 1987, I, 169.

Sezione terza

LE DENUNCE DI NUOVA OPERA E DI DANNO TEMUTO. I PROCEDIMENTI POSSESSORI

47. *Le denunce di nuova opera e di danno temuto. I procedimenti possessori.*

Alle denunce di nuova opera e di danno temuto è dedicata la sezione terza del capo terzo del titolo primo del libro IV del codice, mentre ai procedimenti possessori è dedicato l'autonomo capo quarto del medesimo titolo primo, nonostante che – come già detto (retro, § 42) – questi ultimi non assolvano affatto una funzione cautelare. Anche in questo caso, per molti aspetti la loro disciplina si rinviene nelle già esaminate (§§ 43 e 44) disposizioni generali sui procedimenti cautelari, rispetto alle quali le norme residue costituiscono una sorta di disciplina integrativa. L'applicabilità delle disposizioni generali risulta, per il procedimento sulle denunce, dall'art. 669 quaterdecies, mentre per i procedimenti possessori il relativo richiamo (accompagnato dalla riserva di compatibilità) è contenuto, come vedremo, nel 2° comma dell'art. 703.

Abbiamo d'altra parte già visto (retro, § 42) che la ragione della diversa collocazione dei due procedimenti sta nella loro diversa funzione. Più precisamente nel fatto che mentre *le «denunce» hanno una funzione sicuramente cautelare*, che si coordina con quella del relativo giudizio di merito, per la cui fruttuosità questi procedimenti si svolgono, *non altrettanto si può dire per i procedimenti possessori*, che hanno un loro oggetto sostanziale autonomo e non rivestono, dunque, alcuna funzione cautelare.

Ricordato tutto ciò, cominciamo con l'esaminare le residue disposizioni che riguardano specificatamente le denunce (1) e che completano la disciplina gene-

---

(1) In generale sull'argomento v. E. BORSELLI, *Denuncia di nuova opera e di danno temuto (dir. civ.)*, in *Nss. Dig. it.*, V, Torino, 1960, p. 466; A. JANNUZZI, *Denuncia di nuova opera (diritto vigente)*, in *Enc. dir.*, Milano, 1964, p. 168; G. FRANCHI, *Le denunce di nuova opera e di danno temuto*, Padova, 1968; ID., *Denuncia di nuova opera e di danno temuto*, in *Enc. Giur. Treccani*, Roma, 1988; M. DINI-E.A. DINI, *La denuncia di danno temuto nel diritto sostanziale e processuale*, Milano, 1982; M. DINI, *La denunzia di nuova opera*, Milano, 1985; L. CABELLA PISU, *Denuncia di nuova opera e di danno temuto*, in *Dig. civ.*, V, Torino, 1989; A. PATELLI, *I provvedimenti nunciativi*, in *Il processo cautelare*[5], a cura di G. TARZIA e A. SALETTI, cit., p. 99; G. RAMPAZZI, *Denuncia di nuova*

rale dei procedimenti cautelari, per poi passare ad esaminare le norme che costituiscono la residua disciplina dei procedimenti possessori.

L'oggetto sostanziale del procedimento sulle denunce (2) è costituito da quelle situazioni, che il codice civile configura sotto le due tradizionali denominazioni di *denuncia di nuova opera* (art. 1171) e *denuncia di danno temuto* (art. 1172). L'interesse che il legislatore sostanziale vuol tutelare è quello di prevenire o arrestare il danno *in itinere* (3), danno che, se pervenisse a determinarsi, sarebbe antigiuridico, come lo è quello causato dal fatto illecito, e che, attesa questa antigiuridicità, l'ordinamento tutela in via preventiva ed anticipata (4).

Le azioni in discorso sono, come si è detto, cautelari, perché strumentali rispetto alla fruttuosità della domanda «sul merito», che non concerne più il pericolo del danno, ma *il danno già prodotto e/o l'antigiuridicità della situazione* che l'ha determinato o ne ha determinato il pericolo (5). Le azioni in discorso sono

---

opera e danno temuto, in *I procedimenti sommari e speciali*, a cura di S. CHIARLONI e C. CONSOLO, II, t. 2, cit., p. 1133; F. AULETTA, *Le denunce di nuova opera e di danno temuto dopo la L. 80/2005*, in *Foro it.*, 2006, V, 224; G. BASILICO, *Denuncia di nuova opera e di danno temuto*, in *Enc. Giur. Treccani*, X, Roma, 2006; ID., *Denuncia di nuova opera e di danno temuto*, in *Diritto on line Treccani*, 2012; G. ARIETA, *Le cautele*, cit., p. 389; G. BONATO, *Denunce di nuova opera e di danno temuto*, in *I procedimenti cautelari*, a cura di A. CARRATTA, cit., p. 601.

(2) Su quest'oggetto sostanziale v. specialmente F. DE MARTINO, *Denuncia di nuova opera e di danno temuto*, in *Comm. c.c., a cura di Scialoja e Branca*, Bologna-Roma, 1958, p. 633.

(3) Cfr. V. ANDRIOLI, *Commento*, IV, cit., p. 222; S. SATTA, *Commentario*, IV, cit., p. 240; Cass. 9 marzo 1989 n. 1237. La prima, e non la seconda, è assoggettata ad un termine, nel senso che può essere proposta entro un anno dall'inizio dell'opera o finché questa non sia terminata. Legittimati attivamente ad entrambe sono «*il proprietario, il titolare di altro diritto reale di godimento o il possessore*», quindi non il conduttore (V. ANDRIOLI, *Commento*, IV, cit., p. 224; per una diversa conclusione, tuttavia, Cass. 1° settembre 2014 n. 18486, in *Guida al dir.*, 2014, n. 40, p. 12, che ammette la legittimazione del conduttore nei confronti del locatore anche a contratto scaduto). Sui rapporti fra tutela possessoria e azioni nunciative, v. G. BASILICO, *Procedimento possessorio e rapporti con le tutele nunciative*, in A. CARRATTA (a cura di), *Procedimenti possessori*, in *Comm. c.p.c., diretto da S. Chiarloni*, Bologna, 2018, p. 494; v. anche Cass. 20 ottobre 2016 n. 21301.

La veste di proprietario e quella di possessore possono sovrapporsi ed essere invocate in modo alternativo (Cass. 13 ottobre 1982 n. 5287). Legittimato passivamente alla denuncia di nuova opera è l'autore dell'opera, ma se l'autore materiale è distinto dal committente, legittimato è, nella prima fase, l'autore materiale e, nella fase di merito, colui che sarà poi dichiarato responsabile (Cass. 21 giugno 2013 n. 15710) e che si ritiene più logico che sia legittimato anche per la prima fase (S. SATTA, *Commentario*, IV, cit., p. 244); v. ampiamente sul tema G. FRANCHI, *Le denunce*, cit., p. 211.

(4) Sulla c.d. giurisdizione preventiva v. vol. I, § 15 *sub* D.

(5) C'è da domandarsi se «l'inizio del giudizio per il merito», per il quale l'art. 669 octies prevede la fissazione di un termine, non possa avvenire (come sembra logico, sebbene la disciplina lo escluda: cfr. G. ARIETA, in L. MONTESANO-G. ARIETA, *Il nuovo processo*, cit., p. 138; ID., *Le cautele*, cit., p. 389) senza necessità di un nuovo atto introduttivo ma solo con una nuova domanda al giudice innanzi al quale sussiste già il contraddittorio (cfr. A. PATELLI, *op. cit.*, p. 127). A favore di questa soluzione, v. Cass. 9 dicembre 1999 n. 13746; di struttura unica (ancorché bifasica) parla Cass. 20 ottobre 2016 n. 21301.

Come esempi di giudizi di merito ai quali è finalizzata l'azione nunciativa si può pensare ad una causa relativa al riconoscimento o alla negazione di una servitù, alla rivendica di un fondo o di

in funzione di un provvedimento provvisorio e strumentale che non aspira a divenire definitivo, ma si caduca secondo le regole dell'art. 669 novies e dell'art. 669 octies, 6° comma (6).

La domanda di «denuncia» può essere proposta dal proprietario o dal titolare di altro diritto reale di godimento o dal possessore: a) che abbia ragione di temere «che da una nuova opera, da altri intrapresa sul proprio come sull'altrui fondo (7), sia per derivare danno alla cosa che forma l'oggetto del suo diritto o del suo possesso» (art. 1171 c.c.), purché la nuova opera non sia terminata o non sia trascorso più di anno dal suo inizio; b) oppure che abbia ragione di temere «che qualsiasi edificio, albero o altra cosa sovrasti pericolo di un danno grave e prossimo alla cosa che forma l'oggetto del suo diritto o del suo possesso» (art. 1172 c.c.). Con essa il denunciante vuole ottenere dall'autorità giudiziaria che vieti la continuazione della nuova opera o che ordini l'adozione delle opportune cautele per la sua prosecuzione oppure che disponga di provvedere ad ovviare al pericolo di danno temuto.

In entrambe le ipotesi la «denuncia» può essere proposta sia prima del giudizio di merito, sia in pendenza dello stesso. In quest'ultimo caso, si applicano le disposizioni dettate per i procedimenti cautelari in generale in caso di pendenza del giudizio di merito (art. 688, 2° comma, che richiama l'art. 669 quater). Nel primo caso, invece, la domanda si propone con ricorso al giudice competente a norma dell'art. 21 (art. 688, 1° comma), ossia al tribunale del luogo dove è avvenuto il fatto denunciato (8).

---

una parte di un fondo, a un diritto di derivazione d'acqua o anche relativa a una causa di carattere possessorio (S. SATTA, *Commentario*, IV, p. 245; Cass. 10 ottobre 1984 n. 5060).

Nella fase cautelare non si richiede che il danno sia certo, ma solo possibile secondo la ragionevole previsione di una persona media (Cass. 30 novembre 2012 n. 21491); d'altra parte, nella fase di merito, il riscontro del difetto delle condizioni di esperibilità della denuncia non influisce sull'ammissibilità della domanda già proposta in sede cautelare (v., ad es., Cass. 30 luglio 1988 n. 4802; Cass. 20 dicembre 1982 n. 7036).

(6) Cfr. A. PATELLI, *op. cit.*, p. 106. Ciò peraltro non esclude che le due fasi appartengano ad un unico giudizio anche quando si svolgono innanzi a giudici diversi. La Cassazione ne ha dedotto che per la riassunzione innanzi al giudice competente non è necessaria una nuova procura (Cass. 28 giugno 1975 n. 2552, in *Giust. civ.*, 1976, I, p. 291).

(7) Che può essere anche la P.A., quando il comportamento non si ricolleghi ad un formale provvedimento assunto nell'ambito dei suoi poteri (Cass. sez. un. 15 settembre 2015 n. 18080; Cass. 2 luglio 2009 n. 15469, in *Giur. it.*, 2010, p. 633, con nota di V. AMENDOLAGINE, e *ibidem*, p. 892, con nota di B. FRATINI). Nulla esclude, peraltro, che la «denuncia» provenga da alcuni comproprietari di comunione indivisa e sia diretta nei confronti di altri (Cass. 29 gennaio 2007 n. 1778, in *Nuova giur. civ. comm.*, 2007, I, p. 1144, con nota di C. VALERI). V. anche oltre, la nota 18.

(8) Quanto alla necessità che la domanda di denuncia contenga già la domanda per il merito, valgono anche in questo caso le considerazioni già svolte in generale con riferimento all'esercizio della domanda cautelare *ante causam* (v. retro, al § 43). Tuttavia, nel caso delle denunce può escludersi che l'attore-proprietario sia tenuto a precisare se in sede di merito chiederà una tutela petitoria o possessoria, così come ammetteva nel passato la giurisprudenza (v., ad es., Cass. 7 ottobre 1986 n. 5909; Cass. 13 ottobre 1982 n. 5287).

Per quanto concerne il successivo svolgimento del procedimento sul merito, non c'è qui che da richiamare la disciplina contenuta nei già esaminati (nei §§ 43 e 44) articoli da 669 bis a 669 terdecies ed in particolare nell'art. 669 octies, 6° comma, a tenore del quale la mancata instaurazione del giudizio di merito, dopo la pronuncia del provvedimento cautelare in questione, o la sua successiva estinzione non incidono sull'efficacia del provvedimento (9).

Occorre solo aggiungere che, per il disposto dell'art. 691, nel caso di contravvenzione al divieto di compiere l'atto dannoso o di mutare lo stato di fatto, il giudice che ha pronunciato l'inibitoria, su ricorso della parte interessata, può disporre che le cose siano rimesse al pristino stato a spese del contravventore (10).

Veniamo ora all'esame dei *procedimenti possessori* (11). Essi sono disciplinati

---

(9) La fase cautelare e quella di merito sono tra loro del tutto autonome, sicché le valutazioni compiute nella prima fase non bastano a fondare la decisione sul merito, per la quale occorre una valutazione completa ed esaustiva sull'effettiva entità del pericolo e l'individuazione dell'intervento idoneo a eliminarlo (Cass. 28 maggio 2004 n. 10282). In argomento v. anche G. BASILICO, *La denuncia di danno temuto: il procedimento*, in *Riv. dir. civ.*, 2005, I, p. 312; ID., *Denuncia di nuova opera e di danno temuto*, cit.; e, con riferimento all'ipotesi in cui la denuncia risulti «di genere possessorio», F. AULETTA, *Le denunce*, cit., p. 225.

(10) Attribuendo rilievo determinante alla portata generale dell'art. 669 duodecies (così E. VULLO, in *Giur. it.*, 1999, p. 1217). Per l'inapplicabilità della disposizione ai provvedimenti possessori v. Cass. 16 gennaio 2013 n. 950.

Si è giustamente rilevato (G. BASILICO, *La denuncia*, cit., p. 318) che, nel vigore dell'art. 669 duodecies, l'art. 691 ha una portata residuale e forse addirittura superflua. Nello stesso scritto, peraltro, l'A. affronta anche i diversi problemi interpretativi propri della disciplina di questo procedimento, in particolare della *legittimazione* (quella *attiva* è ben indicata dall'art. 1172 c.c., mentre quella *passiva* è ravvisata in coloro che contravvengono ai doveri di custodia idonei ad evitare il pericolo; p. 298) e dell'*oggetto del processo* (ravvisato nella pretesa al *facere* idoneo ad evitare il pericolo, mentre la proprietà o il possesso sono solo pregiudiziali attinenti alla *causa petendi* e su cui l'accertamento occorre solo in caso di contestazione; p. 308). Quanto, poi, al fondamento positivo di una regola generale di tutela preventiva (p. 315) che l'A. ravvisa in alcune norme sottese a questa disciplina (gli artt. 2050, 2053, 832 c.c.), su questo ci siamo già soffermati nel § 15 del vol. I, rilevando che, a parere di chi scrive, essa non sussiste, in difetto di una norma che riguardi in generale il pericolo, così come l'art. 2043 c.c. riguarda in generale il danno. Considerazioni, queste, che non possono non essere riproposte nei confronti delle conclusioni alle quali la stessa A. perviene nello studio specificamente dedicato al tema (*La tutela civile preventiva*, cit.), e cioè che la possibilità di un intervento giurisdizionale *in itinere*, prima che l'epilogo del conflitto in atto si sia realizzato, vada ammessa in termini generali in considerazione della funzione strumentale del processo rispetto al diritto sostanziale e del principio di effettività della tutela giurisdizionale ricavabile dall'art. 24, 1° comma, Cost. (p. 303).

(11) Sull'argomento v. V. DENTI, *Studi sul processo possessorio*, Pavia, 1949; F.S. GENTILE, *Effetti del possesso e azioni possessorie*, Napoli, 1958; A. LEVONI, *La tutela del possesso*, I, Milano, 1979; II, Milano, 1982; E. PROTETTÌ, *Le azioni possessorie*, Milano, 1989; D. BENDIA, *Il possessorio novellato*, in *Riv. dir. proc.*, 1993, p. 844; A. LEVONI, *Possessorio (giudizio)*, in *Dig. civ.*, XIV, Torino, 1996, p. 98; G. DELLA PIETRA, *Il procedimento possessorio*, Torino, 2003; A. CARRATTA, *I procedimenti possessori*, in *I procedimenti sommari e speciali*, a cura di S. CHIARLONI e C. CONSOLO, III, Torino, 2005; C. PETRILLO, in *Commentario alla riforma del processo civile*, a cura di A. BRIGUGLIO e B. CAPPONI, I, Padova, 2007, p. 307; V. MAZZOLETTI, *I provvedimenti possessori*, in *Il pro-*

con tre soli articoli integrativi anche mediante il richiamo alla disciplina dei procedimenti cautelari in generale «*in quanto compatibile*».

Va anzitutto osservato che, anche in questo caso, il codice di rito si riferisce all'oggetto sostanziale dei procedimenti attraverso un semplice richiamo alle «*domande di reintegrazione e di manutenzione nel possesso*», così come tradizionalmente denominate e configurate nel codice civile, agli artt. 1168 e 1170 (12). Ed

---

cesso cautelare[5], cit., p. 195; M. FORNACIARI, *Il possesso e la sua tutela. Lineamenti generali*, Torino, 2012; A. CARRATTA (a cura di), *I procedimenti possessori*, Bologna, 2015; G. BASILICO, *Processo possessorio*, in *Diritto on line Treccani*, 2016; A. CARRATTA (a cura di), *Procedimenti possessori*, cit.; sugli orientamenti giurisprudenziali v. anche A. CARRATO, *Le azioni possessorie: profili problematici di diritto sostanziale e processuale*, in *Corr. giur.*, 2020, p. 140.

(12) Come è noto, l'art. 1168 c.c. configura *l'azione di reintegrazione* a favore di chi è stato violentemente od occultamente spogliato del possesso (anche se illegittimo o abusivo: Cass. 4 luglio 2014 n. 15389, in *Giur. it.*, 2014, p. 1817; e quindi anche se non utile alla usucapione: Trib. Potenza 12 gennaio 2010, in *Guida al dir.*, 2010, n. 11, p. 76) o della detenzione qualificata (alla cui prova è peraltro onerato: Cass. 20 marzo 2012 n. 4448; ma la prova può essere fornita anche per presunzione: Cass. 20 maggio 2008 n. 12751, in *Giur. it.*, 2010, p. 95, con nota contraria di S. PATTI; sulla configurabilità della detenzione qualificata anche in capo al convivente *more uxorio*, v. Cass. 15 settembre 2014 n. 19423; Cass. 2 gennaio 2014 n. 7, in *Fam. e dir.*, 2014, p. 666, con nota di A. RICCIO) e che è esercitabile anche nei confronti dello stesso detentore che abbia mutato la propria detenzione in possesso (Cass. 9 aprile 2008 n. 9284) ed anche qualora il bene sia sottoposto a sequestro penale al momento della proposizione della domanda (Trib. Torino 23 dicembre 2010, in *Giur. it.*, 2011, p. 2120, con nota di M. RUSSO); l'azione va proposta col deposito del ricorso (Cass. 31 marzo 2006 n. 7611) entro un anno che decorre dal sofferto spoglio (in caso di contestazione della tempestività, l'onere della prova spetta all'attore: Cass. 6 giugno 2012 n. 9123) o, in caso di spoglio clandestino, dal giorno della scoperta o dal momento in cui chi l'ha sofferto sia in grado di conoscere, usando l'ordinaria diligenza, l'identità del soggetto autore dello spoglio (Trib. Foggia 19 luglio 2010, in *Foro it.*, 2010, I, 2846, con osservazioni di G. NICCOLINI) nei confronti dell'autore dello spoglio o di colui che ha acquistato da quest'ultimo a titolo particolare con la conoscenza dell'avvenuto spoglio (art. 1169 c.c.). Sulla ripartizione dell'onere della prova in tal caso v. T.M. PEZZANI, *La distribuzione dell'onere della prova nell'azione di reintegrazione del possesso*, in *Riv. dir. proc.*, 2013, p. 1365; F. FRADEANI, *Le azioni possessorie*, in A. CARRATTA (a cura di), *I procedimenti possessori*, cit., p. 59. L'art. 1170 c.c., invece, configura *l'azione di manutenzione* a favore di chi ha subito molestia nel possesso di un immobile, di un diritto reale sopra un immobile o di un'universalità di mobili, che va proposta entro un anno dalla turbativa ed è data a condizione che il possesso duri da oltre un anno, continuo e non interrotto e non sia stato acquistato violentemente o clandestinamente. Sull'argomento, v. ampiamente A. LEVONI, *La tutela del possesso*, I, cit., pp. 207, 367; F. FRADEANI, *Ambito applicativo dei procedimenti possessori*, in A. CARRATTA (a cura di), *Procedimenti possessori*, cit., p. 81.

Le azioni di reintegrazione e di manutenzione non sono tra loro cumulabili perché spoglio e molestia non possono coesistere in quanto lo spoglio include la molestia; ma, appunto per ciò, la domanda di reintegrazione può includere quella di manutenzione (Cass. 26 aprile 1994 n. 3941; Cass. 4 marzo 1991 n. 2255, in *Giur. it.*, 1991, I, 1, 1368) e consentire al giudice di disporre la cessazione della turbativa anziché la richiesta reintegrazione, senza violare il principio della corrispondenza fra chiesto e pronunciato (Cass. 14 aprile 2015 n. 7480); d'altra parte, nulla impedisce la loro proposizione in via alternativa (Cass. 30 maggio 1975 n. 2194).

Il c.d. spoglio a mezzo di ufficiale giudiziario

La giurisprudenza offre spesso esempi di azioni di reintegrazione nelle quali viene denunciata come «*spoglio a mezzo di ufficiale giudiziario*» l'esecuzione forzata effettuata sulla base di un titolo inefficace nei

anche a questo riguardo non ci soffermiamo sull'oggetto sostanziale del procedimento se non per ricordare che, a differenza di quanto si è visto per le denunce, qui l'oggetto sostanziale (il possesso) – ossia, come dice l'art. 1140 c.c., il *potere sulle cose che si manifesta in un'attività corrispondente all'esercizio della proprietà o di altro diritto reale* – ha una sua piena autonomia rispetto alla situazione di diritto petitorio (proprietà o altro diritto reale) (13).

Si sostiene, al riguardo, che si tratterebbe in realtà di una situazione che l'ordinamento riconosce non con la pienezza di tutela diretta, che è propria del diritto soggettivo, ma nei limiti che emergono dalla tipicità delle due azioni di reintegrazione e di manutenzione, che sostanzialmente riducono tale tutela al mantenimento provvisorio della situazione di fatto turbata; e salvi solo gli effetti indiretti (ad es., l'usucapione), che però presuppongono altri fatti (ad es., la durata). Una situazione che taluni definiscono «debole», nel senso che, tra l'altro, a differenza dei diritti soggettivi, potrebbe non postulare come indefettibile esigenza la tutela giurisdizionale a cognizione piena e ordinaria e mediante la pronuncia di un provvedimento idoneo al giudicato (14).

Questi rilievi – ai quali viene opposta l'osservazione di fondo che l'esistenza di un diritto soggettivo al possesso (*ius possessionis*) è rivelata proprio dal fatto che l'ordinamento offre una tutela giurisdizionale alla conservazione dell'integrità possessoria (15) – hanno indotto nel passato una parte della dottrina a rivolgere alcune penetranti censure (16) all'orientamento, allora assolutamente domi-

---

confronti del possessore. L'orientamento della Cassazione è nel senso che l'*animus spoliandi*, in questi casi, sussiste quando l'istante abbia la consapevolezza che l'azione esecutiva non gli spetta ed abbia dolosamente provocato l'intervento dell'ufficiale giudiziario (Cass. 12 febbraio 1997 n. 1294, in *Giur. it.*, 1998, I, 447; Cass. 29 maggio 1995 n. 6038; Cass. 18 giugno 1998 n. 6081, in *Foro it.*, 1999, I, 2025). Invece, per un'ipotesi di azione di manutenzione nei confronti dell'ufficiale giudiziario, v. Trib. Napoli 24 aprile 2013, in *Corr. giur.*, 2014, p. 403, con nota di A. CARRATO.

(13) In generale sull'argomento, v. M. FORNACIARI, *Il possesso*, cit., p. 31; A. CARRATTA, *La tutela possessoria: profili sistematici ed evoluzione storica*, in ID. (cura di), *I procedimenti*, cit., p. 1; ID., *Dei procedimenti possessori*, in ID. (a cura di), *Procedimenti possessori*, cit., p. 1; v. anche Cass. 24 agosto 2015 n. 17072. Sulla compromettibilità in arbitri della controversia possessoria, nonostante il particolare oggetto di tutela, v. L. PICCININNI, *Tutela possessoria e arbitrato*, A. CARRATTA (a cura di), *I procedimenti possessori*, cit., p. 509. In proposito v. anche la nota 130 del § 55 nel vol. III.

(14) Così M.G. CIVININI-A. PROTO PISANI, *I procedimenti possessori*, in *Foro it.*, 1994, I, p. 635; D. BENDIA, *Il possessorio novellato*, cit., p. 860; v. anche P.L. NELA, *Sul rito possessorio dopo la L. 353/1990*, in *Riv. dir. proc.*, 1995, p. 1102; A. CARRATTA, *La tutela possessoria*, cit., p. 4; ID., *Dei procedimenti*, cit., p. 5 e p. 74.

(15) V., ancora, M. FORNACIARI, *Il possesso*, cit., p. 101.

(16) V. ANDRIOLI, *Commento*, IV, cit., p. 278; più di recente, F. GRECO, in *Foro it.*, 1989, I, 2647. Diversa la posizione di F. CARNELUTTI per il quale il processo possessorio sarebbe strumentale rispetto al petitorio (*Istituzioni di diritto processuale civile*[5], III, Roma, 1956, p. 171).

Un attento esame di queste prime perplessità della dottrina è compiuto da G. DELLA PIETRA, *Il procedimento*, cit., p. 92, in correlazione col rilievo (*op. cit.*, p. 64) delle oscillazioni, nell'evoluzione storica dell'istituto, dei rapporti tra proprietà e possesso; v. anche A. CARRATTA, *Dei procedimenti*, cit., p. 7.

nante, secondo il quale i procedimenti possessori si articolerebbero necessariamente in due fasi distinte, sommaria l'una, di merito (possessorio) e a cognizione piena l'altra (17).

Nella sua attuale formulazione l'art. 703 – dopo aver enunciato, nel 1° comma, *che le domande di reintegrazione e di manutenzione si propongono con ricorso al giudice competente a norma dell'art. 21* (ossia del luogo ove è avvenuto il fatto lesivo del possesso) (18) – dispone, nel 2° comma, che «*il giudice provvede ai sensi degli artt. 669 bis e seguenti, in quanto compatibili*», ossia compie un rinvio alla

---

(17) Cfr. S. SATTA, *Commentario*, IV, cit., p. 294; E. PROTETTÌ, *Le azioni possessorie*, cit., p. 174; con la precisazione dell'identità del loro oggetto (A. LEVONI, *op. cit.*, II, p. 180). Sulle discutibili scelte del legislatore del 1942, cfr. A. CARRATTA, *La tutela*, cit., p. 22; ID., *Dei procedimenti*, cit., p. 39.

La giurisprudenza della Cassazione nel vigore dell'art. 703, 2° e 3° comma, nella loro formulazione previgente, era costante nel porre in rilievo sia l'articolazione del procedimento possessorio in due fasi, a cognizione rispettivamente sommaria e piena, e sia nel sottolineare che in questo procedimento all'articolazione in due fasi non corrisponde, come per il procedimento sulle denunce, una contrapposizione tra «cautela» e «merito», perché qui l'oggetto è uno solo – il possesso – e l'articolazione in due fasi (entrambe avanti allo stesso giudice competente anche per il risarcimento degli eventuali danni: Cass. 13 ottobre 1994 n. 8397; ma, per la proponibilità della domanda di risarcimento anche con azione autonoma v. C. MORETTI, in *Riv. dir. proc.*, 1995, p. 705 e le pronunce della Cassazione cit. a p. 722) sta solo in relazione con l'eventuale opportunità di un'anticipazione in via sommaria della pronuncia definitiva; sicché quando questa anticipazione non risulta necessaria né opportuna se ne deduceva che la stessa articolazione in due fasi poteva anche mancare (v., ad es., Cass. 15 novembre 1982 n. 6103; Cass. 12 ottobre 1994 n. 8896, in *Giur. it.*, 1995, I, 1, 1238).

(18) Sussiste la giurisdizione del giudice ordinario anche per le azioni esperibili nei confronti della P.A. (Cass. sez. un. 18 ottobre 2021 n. 28638), quando il comportamento della medesima non si ricolleghi ad un formale provvedimento amministrativo, emesso nell'ambito e nell'esercizio di poteri autoritativi e discrezionali ad essa spettanti, ma si concreti in una mera attività materiale (v. retro, la nota 7); in caso contrario, invece, la giurisdizione è del giudice amministrativo (Cass. sez. un. 24 ottobre 2014 n. 22614). In argomento, v. A. GIORDANO, *La tutela possessoria nei confronti della P.A.*, in A. CARRATTA (a cura di), *Procedimenti possessori*, cit., p. 551.

Se il luogo degli effetti dannosi è diverso da quello del comportamento, competente è il giudice del luogo del comportamento; così, in caso di azione possessoria per disturbo televisivo, il luogo dove è avvenuto il fatto, agli effetti della competenza, è quello dove si trova l'impianto che arreca disturbo (Cass. 11 settembre 1991 n. 9511; Cass. 18 febbraio 1985 n. 1384).

La legittimazione attiva all'azione spetta al possessore (che è onerato della prova del possesso: Cass. 11 ottobre 1989 n. 4057), mentre legittimato passivo è sia l'autore dello spoglio o della turbativa (anche se abbia già perduto il possesso: Cass. 24 gennaio 1985 n. 317; se i violatori sono più, basta convenirne uno: Cass. 26 agosto 1994 n. 7524) e sia anche i c.d. «autori morali» (Cass. 14 febbraio 1985 n. 1252), intendendosi per tali i mandanti e coloro che *ex post* abbiano utilizzato lo spoglio a proprio vantaggio (Cass. 7 gennaio 1984 n. 96). Non è esclusa la possibilità di intervento di terzi, stante il carattere generale dell'art. 105 (Trib. Trani 6 maggio 2016, in *www. lanuovaproceduracivile.com*).

Si è affermato in giurisprudenza (v., ad es., Cass. 11 novembre 2005 n. 22833) che, poiché lo spoglio e la turbativa hanno natura di fatti illeciti, *nel giudizio possessorio non ricorre tendenzialmente l'esigenza del litisconsorzio necessario*, salva l'ipotesi che ciò sia imposto dall'eventuale conseguente necessità del ripristino dello stato dei luoghi.

disciplina generale dei procedimenti cautelari nei limiti della sua compatibilità con la tutela possessoria (19).

Nei due commi successivi, poi, lo stesso art. 703 prevede, da un lato, la *reclamabilità*, ai sensi dell'art. 669 terdecies, dell'ordinanza che accolga o respinga la domanda possessoria e, dall'altro lato, la *facoltatività* («*se richiesta da una delle parti*») *della fissazione dell'udienza per la prosecuzione del giudizio di merito* (e quindi della seconda fase a cognizione piena sul c.d. «merito possessorio»); ciò «*nel termine perentorio di sessanta giorni decorrente dalla comunicazione del provvedimento che ha deciso sul reclamo, ovvero, in difetto, del provvedimento di cui al 3° comma*» (cioè, dell'ordinanza che ha deciso sulla domanda possessoria) (20). Dobbiamo, dunque, prendere atto che il procedimento possessorio assume *solo eventualmente* una configurazione bifasica (21).

---

(19) Tuttavia, senza che la norma offra criteri di orientamento per l'individuazione delle disposizioni compatibili (E. MARINUCCI, *Le nuove norme sul procedimento possessorio*, in *Riv. dir. proc.*, 2005, p. 829). Per l'individuazione delle norme sul procedimento cautelare uniforme «compatibili» con quello possessorio v. A. CARRATTA, *Le modifiche al procedimento possessorio introdotte con la l. 14 maggio 2005, n. 80*, in ID., *I procedimenti possessori*, cit., p. 343; ID., *Sub art. 703*, in *Le recenti riforme del processo civile*, a cura di S. CHIARLONI, I, Bologna, 2007, p. 1357; C. PETRILLO, in *Commentario*, cit., I, p. 307; A.D. DE SANTIS, *Il procedimento possessorio e la sua articolazione*, in A. CARRATTA (a cura di), *Procedimenti possessori*, cit., p. 149.

In proposito, va ricordato – prima che il legislatore intervenisse nel 2005 – l'importante intervento delle sezioni unite della Cassazione, le quali affermarono, in relazione alla disciplina previgente, la necessità che il procedimento possessorio proseguisse anche con il giudizio di merito, come previsto dall'art. 669 octies (Cass. sez. un. 24 febbraio 1998 n. 1984, in *Foro it.*, 1998, I, 1054, con nota contraria di M.G. CIVININI, e in *Giur. it.*, 1998, I, 1323, con nota adesiva di F.P. LUISO). In proposito v. anche, in adesione alla soluzione delle sezioni unite, B. SASSANI, *La tutela giurisdizionale del possesso dopo la modifica dell'art. 703 c.p.c.*, in *Riv. dir. proc.*, 1998, p. 530, mentre con considerazioni critiche, A. CARRATTA, *I procedimenti*, cit., p. 78; ID., *La tutela possessoria*, cit., p. 39. Sui diversi orientamenti, che si delinearono dopo la riforma del 1990, si rinvia alla XXVI ed. di questa trattazione, nel § 47 del vol. IV.

(20) In mancanza di tale richiesta, la fissazione dell'udienza sarebbe affetta da nullità, peraltro sanabile dall'effettiva presenza attiva di almeno una delle parti (cfr. G. BALENA, in G. BALENA-M. BOVE, *Le riforme*, cit., p. 387).

(21) In proposito v. anche A.D. DE SANTIS, *La fase sommaria*, in A. CARRATTA (a cura di), *I procedimenti possessori*, cit., p. 107; ID., *Il procedimento*, cit., p. 257. Nel senso che la soluzione adottata dal legislatore nel 2005 sia una «soluzione compromissoria», che finisce per incidere sul principio costituzionale della ragionevole durata, v. A. CARRATTA, *Le modifiche*, cit., p. 339; ID., *Dei procedimenti*, cit., p. 70. Si è osservato (C. PETRILLO, in *Commentario*, cit., I, p. 313), e non senza ragione, che questa «eventualità» non è propriamente tale poiché anche il giudizio sul merito possessorio è già introdotto col ricorso introduttivo, sicché l'eventualità riguarda la prosecuzione. In ogni caso, l'eventualità che l'ordinanza *de qua* possa divenire definitiva è sufficiente a far sì che l'ordinanza stessa abbia a contenere la liquidazione delle spese (A. CARRATTA, *Le modifiche*, cit., p. 345; ID., *Sub art. 703*, cit., p. 1388). Così ha precisato anche C. Cost. 14 novembre 2007 n. 379, con una pronuncia di rigetto (in *Foro it.*, 2008, I, 1406, con nota argomentata di D. LONGO); poi anche Trib. Tricase 4 ottobre 2012, in *www.ilcaso.it*. In proposito v. anche G. BASILICO, *Efficacia del provvedimento possessorio*, in A. CARRATTA (a cura di), *Procedimenti possessori*, cit., p. 447.

Dopo la prima fase sommaria, infatti, si aprono alle parti diverse alternative: a) la *proposizione del reclamo avverso l'ordinanza possessoria* e, dopo la comunicazione del provvedimento su di esso, la richiesta di prosecuzione del giudizio a cognizione piena sul merito possessorio (22); b) *l'immediata richiesta di prosecuzione del giudizio a cognizione piena sul merito possessorio*, rinunciando a proporre reclamo avverso l'ordinanza possessoria; c) *l'acquiescenza all'ordinanza possessoria*, con l'astensione dal proporre sia il reclamo, sia la richiesta di prosecuzione del procedimento anche per la fase di merito (23).

Nel caso in cui venga avanzata da una delle parti richiesta di prosecuzione anche per la fase di merito, il giudice – così dispone il 4° comma dell'art. 703 – «*fissa dinanzi a sé l'udienza per la prosecuzione del giudizio*» (24). E dunque, il procedimento, già iniziato con il ricorso possessorio, proseguirà con le forme del processo ordinario a cognizione piena, previa fissazione da parte del giudice dell'udienza di cui all'art. 183, e si concluderà con sentenza di primo grado, impugnabile nei modi ordinari. D'altro canto, proprio la struttura unitaria del procedimento in esame esclude – come ha riconosciuto la Cassazione – la necessità del rilascio, dopo la fase sommaria, di una nuova procura al difensore ai fini della prosecuzione (25)

---

(22) Senza che, dopo il reclamo, sia proponibile ricorso straordinario per Cassazione ex art. 111 Cost. (Cass. 4 marzo 2015 n. 4292). In argomento v. anche L. DI COLA, *I rimedi esperibili avverso il provvedimento possessorio*, in A. CARRATTA (a cura di), *Procedimenti possessori*, cit., p. 305.

(23) A questa triplice alternativa può forse, a nostro parere, continuare ad affiancarsi la possibilità della concentrazione delle due fasi, quando gli elementi raccolti nella fase sommaria già consentano la pronuncia con sentenza, che sarebbe appellabile (almeno secondo Cass. 21 ottobre 2006 n. 23395). In questa linea, v. Cass. 21 aprile 2016 n. 8101, per la quale il convenuto può espletare in appello le attività difensive che avrebbe svolto nella fase di merito; Cass. 24 giugno 2008 n. 17177.

(24) Ed anche – si dovrebbe pensare – i termini per l'integrazione degli atti introduttivi [cfr. A. CARRATTA, *Le modifiche*, cit., p. 355; ID., in *Le recenti riforme*, cit., p. 1374; C. CECCHELLA, *Il nuovo processo ordinario e sommario di cognizione*, Milano, 2006, p. 149; A.D. DE SANTIS, *La fase a cognizione piena*, in A. CARRATTA (a cura di), *I procedimenti possessori*, cit., p. 359; ID., *Il procedimento*, cit., p. 269], senza che sia necessaria una nuova costituzione in giudizio delle parti (Trib. Lecco 11 maggio 2010, in *Giur. merito*, 2010, p. 2152) e senza escludere che il giudice potrebbe fondare la decisione sulle prove assunte nel corso della fase sommaria, purché assunte nel rispetto della disciplina ordinaria sull'assunzione delle prove (Cass. 4 maggio 2017 n. 10881), ferma restando l'utilizzabilità come indizi delle «sommarie informazioni» dell'art. 669 sexies, 2° comma (Cass. 7 gennaio 2016 n. 107; Cass. 16 febbraio 2015 n. 3027).

Per quanto riguarda la questione dell'imparzialità del giudice che, dopo una sua pronuncia in sede cautelare e/o sommaria, viene investito della decisione in una nuova fase cognitoria dello stesso processo, essa dipende dalla portata con la quale va intesa, nell'art. 51 n. 4, l'espressione «altro grado del processo». V., in proposito, G. DELLA PIETRA, *L'imparzialità del giudice nel riflesso del novellato procedimento possessorio*, in *Riv. trim. dir. e proc. civ.*, 2007, p. 461, che, con riguardo alle diverse possibili situazioni processuali in questa eventuale fase del procedimento possessorio, offre differenti soluzioni.

(25) Cass. 26 marzo 2012 n. 4845, in *Giur. it.*, 2013, p. 121.

e rende dubbia la proponibilità del regolamento di giurisdizione (26).

In mancanza di una richiesta di prosecuzione, invece, non può essere proseguito il giudizio sul merito possessorio, mentre l'ordinanza possessoria mantiene la sua efficacia esecutiva, che, in forza del richiamo che il 2° comma dell'art. 703 compie alla disciplina del processo cautelare uniforme (e quindi, indirettamente, all'art. 669 octies, 9° comma), è solo *endoprocessuale* (27), in quanto non invocabile in un diverso processo, il che è quanto dire inidoneità al giudicato o provvisorietà protratta indefinitamente (28).

Nulla, d'altra parte, impedisce che l'ordinanza possa, sussistendone i presupposti, essere revocata o modificata ai sensi dell'art. 669 decies, sia nel caso di prosecuzione del procedimento anche nella fase sul merito possessorio (dal giudice davanti al quale questo pende) e sia nel caso che tale prosecuzione non vi sia (da parte del giudice che l'aveva pronunciata) (29).

---

(26) Per la proponibilità Cass. sez. un. 20 luglio 2015 n. 15155, in *Giusto proc. civ.*, 2017, p. 211, con il commento di P. CARDINALE; Cass. sez. un. 16 luglio 2012 n. 12115; in senso contrario, Cass. sez. un. 7 maggio 2010 n. 11093. V. anche § 34 del vol. I.

(27) In questo senso anche Cass. 17 febbraio 2014 n. 3629. In proposito v. anche G. BASILICO, *Efficacia dell'interdetto possessorio*, in A. CARRATTA (a cura di), *I procedimenti possessori*, cit., p. 225 e ss.; ID., *Processo possessorio*, cit.

(28) Cfr. A. CARRATTA, *Le modifiche*, cit., p. 354; ID., in *Le recenti riforme*, cit., p. 1379, dove anche la considerazione che la qualificazione dei provvedimenti possessori come sommari-semplificati-esecutivi o comunque come sommari non decisori pare destinata a prevalere; C. PETRILLO, *Commentario*, cit., I, p. 323, ove condivisibili critiche ad opinioni diverse ed affermazioni di applicabilità degli artt. 669 octies, commi 7° e 8° e 669 septies e duodecies (nello stesso senso Cass. 4 gennaio 2017 n. 102; v. anche Trib. L'Aquila 7 giugno 2013, in *Giur. it.*, 2014, p. 2197, con nota adesiva di G. PARISI); secondo Trib. Cuneo 4 luglio 2016, in *Foro it.*, 2016, I, 3604, con nota di G.G. POLI, l'acquisita definitività del provvedimento possessorio determinerebbe la necessità di portarlo ad esecuzione ai sensi dell'art. 612. Concordiamo, d'altra parte, sull'esclusione dell'applicabilità al provvedimento possessorio della nozione di preclusione *pro iudicato* (così, invece, Cass. 4 marzo 2015 n. 4292; ma contra la già cit. Cass. n. 102/2017; contrari anche S. MENCHINI, *Nuove forme di tutela ecc.*, in *Riv. dir. proc.*, 2006, p. 888; G. BASILICO, *Efficacia del provvedimento possessorio*, cit., 473). L'esclusione della definitività dell'ordinanza possessoria ha portato a negare anche l'esperibilità, nei suoi confronti, dell'opposizione di terzo di cui all'art. 404, 1° comma (Cass. 19 marzo 2012 n. 4327).

Per le stesse ragioni dovrebbe escludersi che il provvedimento di rigetto dell'azione di reintegra nel possesso, fondato sulla risoluzione della questione relativa alla proprietà della porzione di terreno in contesa, esplichi effetto nel successivo giudizio petitorio instaurato dall'attore soccombente al fine di conseguire il possesso della *res*. In questo senso anche App. Venezia 18 febbraio 2009, in *Corr. giur.*, 2010, p. 373, con nota contraria di A. MOTTO, secondo il quale, invece, seguendo la tesi per cui si avrebbe un'efficacia di giudicato in successivi processi in presenza di un nesso teleologico funzionale tra le situazioni giuridiche oggetto dei diversi processi (il riferimento è al c.d. *teleologischer Sinnzusammenhang* di A. ZEUNER, *Die obiektiven Grenzen der Rechtskraft im Rahmen rechtlicher Sinnzusammenhänge*, Tübingen, 1959), dovrebbe concludersi che, anche nel caso in esame ed in quelli ad esso assimilabili, il provvedimento possessorio abbia efficacia vincolante nel successivo giudizio petitorio.

(29) In proposito, v. L. DI COLA, *La revoca e la modifica dei provvedimenti possessori*, in A. CARRATTA (a cura di), *I procedimenti possessori*, cit., p. 279; ID., *I rimedi*, cit., p. 322.

Nel caso che già penda il giudizio petitorio (a tutela della proprietà o altro diritto reale), e limitatamente ai fatti verificatisi dopo tale pendenza (30), la domanda dell'attore relativa alla tutela del possesso sul bene va, invece, proposta – per ragioni di connessione (31) – al giudice del petitorio (art. 704, 1° comma), salva la possibilità di domandare la reintegrazione al giudice competente a norma dell'art. 703 (ossia il giudice del tribunale competente per il possessorio), nel qual caso questi dà i provvedimenti temporanei indispensabili. Dopodiché, «*ciascuna delle parti può proseguire il giudizio* (sul merito possessorio) *dinnanzi al giudice del petitorio ai sensi dell'art. 703*» (32).

È dubbio, tuttavia, se l'attore possa proporre contemporaneamente la domanda possessoria e quella petitoria, nel qual caso la competenza spetterebbe al giudice competente per quest'ultima (33).

---

(30) Per la tesi del superamento di questo limite, F. DANOVI, *Competenza cautelare e provvedimenti possessori*, in *Riv. dir. proc.*, 1995, p. 1118, alla nota 38; per la critica a tale tesi, tuttavia, v. A. CARRATTA, *I procedimenti possessori*, p. 182, testo e nota 356; ID., *Sub art. 704*, in *Le recenti riforme*, cit., p. 1401. Successivamente, per la riaffermazione del limite, Cass. 16 gennaio 2014 n. 810; Cass. 9 giugno 2008 n. 15231. V. anche, in proposito, F. COSSIGNANI, *Sub art. 704*, in A. CARRATTA (a cura di), *Procedimenti possessori*, cit., p. 606.

(31) L'oggetto del giudizio petitorio è indubbiamente diverso da quello del giudizio possessorio con la conseguente impossibilità che il giudicato sull'uno influisca sull'altro (Cass. 30 aprile 2018 n. 10382; Cass. 5 febbraio 2016 n. 2300) e che possa postularsi un rapporto di pregiudizialità-dipendenza tra i due giudizi (Cass. 16 luglio 2015 n. 14979). Per questa ragione il riconoscimento delle ragioni petitorie non fa venir meno l'interesse ad agire con la domanda possessoria (Cass. 13 luglio 2017 n. 17395).

Tra l'uno e l'altro esiste, tuttavia, una *connessione* che, come abbiamo già accennato sopra nel testo, dà luogo ad un'attrazione di competenza in deroga eccezionale alla competenza funzionale del possessorio. Questa deroga non può tuttavia implicare il sacrificio del doppio grado di giurisdizione; perciò non si applica quando il giudizio petitorio già pende in secondo grado (Cass. 5 febbraio 1985 n. 813 e Cass. 5 marzo 1984 n. 1517). Cfr. anche A. LEVONI, *op. cit.*, II, p. 97. In ogni caso, questa deroga presuppone la corrispondenza di *oggetto* (ad es., manca la connessione se il petitorio ha per oggetto diritti reali correlati al divorzio: Cass. 23 aprile 1985 n. 2655; o se il possessorio concerne una servitù e il petitorio un'altra diversa servitù sul medesimo immobile: Cass. 21 ottobre 1976 n. 3703; o quando il petitorio riguardi un diritto di natura obbligatoria: Cass. 18 marzo 1986 n. 1855) e di *soggetti* nel senso che *tutte* le parti del giudizio possessorio debbono essere presenti anche in quello petitorio (Cass. 11 dicembre 1985 n. 6268; Cass. 18 novembre 1982 n. 6602). Per un riferimento globale a tutti questi requisiti, v. Cass. 5 ottobre 1993 n. 9843 e Cass. 19 settembre 1985 n. 4705.

Secondo F. DANOVI, *Competenza cautelare*, cit., p. 1125, la compatibilità tra l'art. 704 e l'art. 669 quater consentirebbe di superare i suddetti limiti, con la conseguente possibilità di competenza del giudice del petitorio anche per fatti lesivi anteriori alla pendenza del petitorio ed anche quando questo sia pendente in appello; in senso contrario, in proposito, v. F. COSSIGNANI, *Sub art. 704*, cit., p. 634. D'altra parte, se competente per il petitorio fosse il giudice di pace la connessione potrebbe attribuire a quest'ultimo anche la competenza per il possessorio (così G. DELLA PIETRA, *Il procedimento*, cit., p. 330).

(32) Sicché, in mancanza, il provvedimento interinale è destinato ad essere assorbito dalla sentenza conclusiva (Cass. 16 giugno 2008 n. 16220); v. anche A. CARRATTA, in *Le recenti riforme*, cit., p. 1403.

(33) Così Cass. 7 gennaio 1983 n. 121 (in *Giur. it.*, 1983, I, 1, 890), secondo cui la previsione

Le vedute ragioni di connessione non operano, però, in senso inverso, poiché l'ordinamento vuole evitare che la tutela possessoria subisca limitazioni per effetto della contrapposta tutela petitoria. A questo scopo, l'art. 705 si spinge fino a precludere al convenuto (34) nel giudizio possessorio la proposizione della domanda petitoria (35), *fino a quando il giudizio possessorio non sia definito e l'ordinanza possessoria non sia stata eseguita* (c.d. *divieto di cumulo del petitorio col possessorio*) (36). Ciò, sempre che il convenuto nel procedimento possessorio non

---

legislativa riferita ai fatti rilevanti per il possessorio avvenuti in pendenza del petitorio (art. 704, 1° comma,) va estesa, per ragioni di economia processuale, al caso in cui i fatti rilevanti per il possessorio preesistano alla domanda petitoria. In proposito v. anche retro, la nota 30 e la nota che segue.

(34) Al solo convenuto o ai suoi aventi causa (Cass. 11 giugno 2015 n. 12165; Cass. 23 luglio 1988 n. 4748) e non anche all'attore, che può, ad es., proporre la domanda possessoria e quella petitoria congiuntamente (Cass. 23 giugno 2005 n. 13495; Cass. 6 luglio 1984 n. 3975, in *Giur. it.*, 1986, I, 1, 1270) o anche disgiuntamente (Cass. 25 giugno 2012 n. 10588). Tuttavia, secondo Cass. 26 gennaio 1980 n. 639, la proposizione della domanda petitoria dopo quella possessoria, implicherebbe rinuncia a quest'ultima, ma contra Cass. 17 febbraio 2012 n. 2371 (in *Giur. it.*, 2012, p. 1379, con nota di E. D'ALESSANDRO), la quale ha anche ammesso che, in tal caso, il passaggio in giudicato della sentenza di rigetto sul petitorio non fa venire meno la protezione che l'ordinamento accorda al possesso, ciò che legittima il giudice del possessorio ad emettere la reintegra. Sui rapporti tra possessorio e petitorio, v. V. DENTI, *Petitorio e possessorio (giudizio)*, in *Nss. Dig. it.*, XIII, Torino, 1966, p. 3; A. LEVONI, *op. cit.*, II, p. 75; A. TOMMASI, *Rapporti tra giudizio possessorio e petitorio*, in *Riv. dir. proc.*, 1990, p. 828; A. CARRATTA, *I procedimenti possessori*, cit., p. 188; F. COSSIGNANI, *Rapporti tra procedimento possessorio e giudizio petitorio in generale*, in A. CARRATTA (a cura di), *I procedimenti possessori*, cit., p. 387; ID., *Sub art. 705*, in A. CARRATTA (a cura di), *Procedimenti possessori*, cit., p. 646.

L'eccezione «feci sed jure feci»

(35) Fondamento diverso dal divieto di domanda petitoria (anche se, di solito, considerata come una sua implicazione) sembra avere l'improponibilità dell'eccezione petitoria in sede possessoria (su tale fondamento v. i rilievi di G. DELLA PIETRA, in *Riv. dir. proc.*, 1994, p. 1183, secondo cui tale improponibilità dovrebbe desumersi direttamente dall'incompatibilità tra eccezione petitoria e scopo dell'azione possessoria, quale reazione alla violenza privata). Sta comunque di fatto che la Cassazione (anche se non sempre seguita dai giudici di merito) ritiene che la c.d. eccezione «*feci sed jure feci*» è ammissibile, da parte del convenuto in sede possessoria, solo in quanto lo *jus* si riferisca a un affermato possesso o compossesso che legittimi il suo operato (*jus possessionis*) nell'ambito della sua relazione di fatto con la cosa (Cass. 3 marzo 2016 n. 4198; Cass. 29 gennaio 2007 n. 1795) e non con riferimento a uno *jus (possidendi)* in senso proprio petitorio (Cass. 17 novembre 2016 n. 23415; Cass. 24 maggio 2002 n. 7621; Cass. 4 dicembre 2001 n. 15322; S. SATTA, *Commentario*, IV, cit., p. 295; sui limiti di proponibilità dell'eccezione «*feci sed jure feci*» v. anche A. CARRATTA, *I procedimenti possessori*, cit., p. 197; F. COSSIGNANI, *Sub art. 705*, cit., p. 675). Si suole, d'altra parte, far salvo il riferimento al titolo quale mezzo di prova e/o *ad colorandam possessionem*, salvo il caso che chi agisce sia il detentore qualificato, che ha l'onere di allegare e provare la sua qualificazione (Cass. 22 febbraio 2011 n. 4279). Ma l'eccezione di tolleranza già investe il petitorio (Cass. 23 marzo 1985 n. 3116). Se la domanda sul petitorio è proposta ugualmente, ciò non esclude la giurisdizione o la competenza, ma dà luogo alla temporanea impossibilità di pronuncia sul merito (Cass. 19 novembre 1985 n. 5679, in *Giur. it.*, 1987, I, 1, 124).

(36) Secondo l'orientamento prevalente prima della pronuncia della Corte costituzionale di cui subito nel testo e nella nota che segue, i due requisiti dovevano sussistere entrambi, salvi i casi

dimostri che l'esecuzione non può compiersi per fatto dell'attore.

In proposito, tuttavia, va aggiunto che la Corte costituzionale, con la sent. 25/1992, ha escluso che questa disposizione si applichi *nei casi in cui dalla definizione del procedimento possessorio e dall'esecuzione del relativo provvedimento possa derivare al convenuto in possessorio un pregiudizio irreparabile*. Nei quali casi, di conseguenza, si apre la possibilità della proposizione, da parte del convenuto in possessorio, delle ragioni petitorie (attraverso eccezione o mediante domanda riconvenzionale) (37).

Secondo la giurisprudenza della Cassazione, i provvedimenti di reintegrazione nel possesso (come i provvedimenti cautelari aventi ad oggetto obblighi di

---

di estinzione per rinuncia o inattività (v. A. LEVONI, *op. cit.*, II, p. 30). Non era e non è, d'altra parte, sufficiente la reintegrazione avvenuta per ordine del giudice in pendenza del procedimento, mentre può esserlo la reintegrazione spontanea con l'abbandono del giudizio possessorio (Cass. 20 giugno 2001 n. 8367, in *Giur. it.*, 2002, p. 45).

Poiché la norma condiziona ai due suddetti requisiti la proponibilità della domanda, se ne deve dedurre che non è sufficiente il loro sopravvenire quando già pende il procedimento petitorio (Cass. 22 gennaio 2002 n. 687).

(37) C. Cost. 3 febbraio 1992 n. 25, in *Foro it.*, 1992, I, 616, con nota di A. PROTO PISANI, in *Giur. it.*, 1993, I, 1, 744, con nota di C. FRAU, e in *Riv. dir. proc.*, 1992, p. 1184, con nota di P. POTOTSCHNIG. Secondo il primo di questi Annotatori sarebbe proponibile, nei casi di pregiudizio irreparabile, un'eccezione petitoria in sede possessoria (v., in questo senso, anche Cass. 18 giugno 2018 n. 16000; Cass. 22 aprile 1994 n. 3825, in *Foro it.*, 1994, I, 2715 e in *Giur. it.*, 1995, I, 1, 246, che precisano che ciò è possibile in quanto l'eccezione non comporti pronuncia sul petitorio idonea al giudicato). Secondo il terzo Annotatore, invece, questa interpretazione è in contrasto con la *ratio* della pronuncia, che in realtà ha posto l'accento sul pregiudizio che deriverebbe dall'*esecuzione* del provvedimento possessorio. Secondo quest'opinione, che sembra più rispettosa del *dictum* della Corte (per la verità, alquanto equivoco, come riconosce A. PROTO PISANI, in *Foro it.*, 1993, I, 2014), la nuova pronuncia fa sì che: a) in via generale, è possibile proporre il giudizio petitorio anche dopo l'esecuzione del solo provvedimento possessorio interdittale; b) nel caso di pericolo di pregiudizio irreparabile, è possibile proporre l'eccezione petitoria nel giudizio possessorio, purché finalizzata al solo rigetto della domanda possessoria (Cass. 11 dicembre 2012 n. 22628, in *Giust. civ.*, 2013, I, p. 1772; Cass. 22 aprile 1994 n. 3825, cit.; Cass. 6 dicembre 1995 n. 12579; v. anche A. CARRATTA, *I procedimenti possessori*, cit., p. 197; C. CECCHELLA, *Il processo cautelare*, cit., p. 274; F. COSSIGNANI, *Il divieto di cumulo del petitorio col possessorio*, in A. CARRATTA (a cura di), *I procedimenti possessori*, cit., p. 485; ID., *Sub art. 705*, cit., p. 685), mentre l'azione petitoria sarebbe proponibile anche prima dell'esecuzione del provvedimento possessorio (così anche S. CHIARLONI, in *Riv. trim. dir. e proc. civ.*, 1994, p. 72), la cui efficacia potrebbe anche essere paralizzata da un provvedimento cautelare in sede petitoria, così eccezionalmente derogandosi alla regola (per la quale v. § 49, nota 21), secondo cui il provvedimento cautelare non può essere finalizzato a paralizzare un altro provvedimento giurisdizionale (per alcuni dubbi su tale soluzione v. A. CARRATTA, *I procedimenti*, cit., p. 196). In questo senso si orienta la giurisprudenza di merito ritenendo ammissibile il provvedimento d'urgenza per paralizzare l'esecuzione del provvedimento possessorio che arrechi pregiudizio irreparabile (v., ad es., Trib. Milano 27 luglio 1998, in *Giur. it.*, 1999, I, p. 40; Trib. Verona 16 febbraio 1993, in *Foro it.*, 1993, I, 2010).

V. anche A. LEVONI, *Una nuova deroga al divieto di cumulo tra possessorio e petitorio?*, in *Riv. trim. dir. e proc. civ.*, 1993, p. 505, che pure vede il conflitto tra le due tutele nella loro esecuzione (*op. cit.*, p. 521) nei soli casi di irreparabile pregiudizio, con la proponibilità delle relative istanze sia in via di azione che di eccezione (*op. cit.*, p. 525).

consegna, rilascio, fare o non fare: v. retro, § 44) sono dotati di un'intrinseca efficacia esecutiva che si svolge *ex officio judicis*, senza che occorrano le formalità dell'ordinario processo di esecuzione, tra le quali il precetto (38).

---

(38) Essendo sufficiente la notifica del titolo esecutivo (Cass. 12 marzo 2008 n. 6621, in *Riv. es. forz.*, 2008, p. 272 e in *Giur. it.*, 2008, p. 2522, che conferma l'orientamento in questo senso, da tempo affermatosi; invece, nel senso che occorra anche la previa notificazione del precetto, Cass. 17 maggio 2021 n. 13175, che ha ammesso, di conseguenza, l'esperibilità dell'opposizione al precetto ex art. 615, 1° comma). In proposito v. anche G.G. POLI, *L'attuazione dei provvedimenti possessori*, in A. CARRATTA (a cura di), *Procedimenti possessori*, cit., p. 395.

Sezione quarta

I PROCEDIMENTI DI ISTRUZIONE PREVENTIVA

SOMMARIO: 48. Funzione e struttura dei procedimenti di istruzione preventiva.

48. *Funzione e struttura dei procedimenti di istruzione preventiva.*

L'istruzione preventiva (1) consiste in una misura cautelare in funzione dell'efficienza della cognizione e, più precisamente, dell'istruzione probatoria (v. vol. II, § 33 e ss.). Il *periculum in mora*, al quale questa misura tende ad ovviare, sta nell'eventualità che venga a mancare la possibilità materiale di udire testimoni (ad es., perché in pericolo di vita) o di verificare lo stato di luoghi o la qualità o condizione di cose (ad es., perché suscettibili di mutare); che vengano cioè a mancare i presupposti materiali per un utile esperimento della *prova testimoniale*, della *consulenza tecnica* o dell'*ispezione giudiziale* (artt. 692 e 696). Tale pericolo assume consistenza concreta nel caso in cui il giudizio non sia ancora pendente (2), oppure, pur essendo già instaurato, si trovi in una fase che richiede il decorso di ulteriore tempo prima che si possa addivenire all'esperimento del mezzo di prova (3). D'altra parte, il *fumus boni juris* non riguarda solo il di-

---

(1) Sull'argomento, G.A. MICHELI, *La prova a futura memoria*, Milano, 1937; F. BRUNETTI, *Sui procedimenti d'istruzione preventiva*, Milano, 1960; G. NICOTINA, *L'istruzione preventiva nel codice di procedura civile*, Milano, 1979; più di recente G. BALENA, *Istruzione (procedimento di istruzione preventiva)*, in *Enc. Giur. Treccani*, XVIII, Roma, 1990; G. TRISORIO LIUZZI, *Istruzione preventiva*, in *Dig. civ.*, Torino, 1993, p. 242; L. SALVANESCHI, *I provvedimenti di istruzione preventiva*, in *Riv. dir. proc.*, 1998, p. 800; A.A. ROMANO, *La tutela cautelare della prova nel processo civile*, Napoli, 2004; C. BESSO, *La prova prima del processo*, Torino, 2004, p. 158 e *passim*; ID., *I procedimenti di istruzione preventiva*, in *I procedimenti sommari e speciali*, a cura di S. CHIARLONI e C. CONSOLO, II, t. 2, cit., p. 1169; G.N. NARDO, *Contributo allo studio dell'istruzione preventiva*, Napoli, 2005; A. PANZAROLA, *L'istruzione preventiva riformata*, in *Giusto proc. civ.*, 2006, p. 83; F. MAGI-F. CARLETTI, *I procedimenti di istruzione preventiva*, in *Il processo cautelare*[5], a cura di G. TARZIA e A. SALETTI, cit., p. 147; G. ARIETA, *Le cautele*, cit., p. 427; D. VOLPINO, *L'ispezione nel processo civile*, Padova, 2012, p. 167; F. COSSIGNANI, *I provvedimenti di istruzione preventiva*, in *I procedimenti cautelari*, a cura di A. CARRATTA, cit., p. 629.

(2) Compreso il caso limite che non esista ancora un diritto, ma solo una fondata aspettativa (Cass. 21 gennaio 1988 n. 443).

(3) La dottrina prevalente e la giurisprudenza concordano nel riconoscere natura cautelare al procedimento in discorso (v., per tutti, V. ANDRIOLI, *Commento*, IV, cit., p. 235; G. NICOTINA, *L'istruzione*, cit., p. 200 e, in giurisprudenza, Cass. 9 dicembre 1974 n. 4120), salvi i rilievi di chi

ritto tutelando, ma anche il diritto alla prova, ossia la sua ammissibilità e rilevanza (4).

Il modo più ovvio per eliminare il pericolo ora indicato sta nell'immediata assunzione del mezzo di prova. Sennonché occorre tener presente che – come abbiamo visto a suo tempo – l'assunzione di un mezzo di prova presuppone un provvedimento sulla sua ammissibilità e rilevanza (v. vol. II, §§ 21 e 33) il quale provvedimento a sua volta presuppone che la causa sia pervenuta a quel grado di maturazione della fase di trattazione, che consente, appunto, un'adeguata valutazione dell'ammissibilità e della rilevanza del mezzo di prova (v. vol. II, § 21).

---

osserva che si tratta di una cautelarità generica, e propende per la configurazione di un autentico diritto alla prova, indipendentemente dal processo (S. SATTA, *Commentario*, IV, cit., p. 253; A. PROTO PISANI, *La nuova disciplina*, cit., p. 98; F. MAGI-F. CARLETTI, *I procedimenti*, cit., p. 156). Si è, d'altra parte, posto in rilievo che il risultato del procedimento in discorso, pur rientrando nella nozione dell'accertamento, non è quello della prova, ma solo quello di un mezzo idoneo a raggiungere la prova attraverso il successivo meccanismo acquisitivo o logico-acquisitivo (G. NICOTINA, *L'istruzione preventiva*, cit., p. 219). Per ulteriori considerazioni critiche sulla natura cautelare v. N. PICARDI, *Manuale del processo civile*[2], Milano, 2010, p. 648; F. COSSIGNANI, *I provvedimenti*, cit., p. 640.

De jure condendo è diffuso l'auspicio (anche per ragioni di economia processuale, ma non solo) dell'utilizzazione dell'istituto anche *al di fuori delle situazioni di pericolo*, col conseguente superamento della natura cautelare dell'istituto stesso (v. per tutti, C. BESSO, *La prova prima del processo*, cit., p. 221).

(4) Cfr. L. SALVANESCHI, *I provvedimenti*, cit., p. 802. Anche gli studi più recenti tendono a riferire sia il *fumus* che il *periculum in mora* al c.d. diritto alla prova, piuttosto che al diritto sostanziale; così, oltre a A.A. ROMANO (*op. cit.*), specialmente G.N. NARDO, che, riconducendo tale c.d. diritto cautelare alla prova all'onere della prova (*Contributo*, cit., p. 33 e *passim*) parla di diritto della parte alla prova prima del processo come rientrante nell'ambito del diritto costituzionale alla difesa, al quale la portata cautelare si riferisce direttamente (in correlazione con la struttura del processo che non consente l'immediata assunzione), mentre rispetto al diritto sostanziale la cautela è solo indiretta.

A parte le perplessità (già espresse: v. vol. II, § 33, nota 14) sulla configurabilità di un autonomo diritto alla prova (che in realtà non è che un aspetto del diritto costituzionale alla difesa) è, a nostro parere, condivisibile il rilievo che la particolare attenuazione della portata cautelare dell'istruzione preventiva stia proprio nel suo riferimento all'aspetto processuale del *periculum* (*op. cit.*, pp. 16, 149) e che qui stia la ragione per la quale la legge non prevede, per essa, l'applicabilità delle disposizioni comuni ai procedimenti cautelari (v. anche F. COSSIGNANI, *I provvedimenti*, cit., p. 653 e ss.). Diversamente orientata C. Cost. 28 gennaio 2010 n. 26, già cit. retro, alla nota 2 del § 43, la quale – nell'accogliere l'eccezione di illegittimità costituzionale dell'art. 669 quaterdecies nella parte in cui richiama per i provvedimenti di istruzione preventiva l'applicabilità solo dell'art. 669 septies e non anche dell'art. 669 quinquies – ha osservato che, se è vero che la disciplina dettata dagli artt. 692-699 non prevede la fissazione di un termine per l'inizio del giudizio ordinario, questo profilo, «se sancisce una forma di autonomia tra gli atti di istruzione preventiva e il giudizio principale, non esclude la natura cautelare delle relative misure, né fa venir meno il collegamento con il giudizio di merito, rispetto al quale esse hanno carattere strumentale, tanto che l'assunzione delle misure stesse non pregiudica le questioni relative alla loro ammissibilità e rilevanza, destinate ad essere verificate appunto nel giudizio di merito, nel quale i processi verbali delle prove preventive non possono essere prodotti, né richiamati, né riprodotti in copia prima che i mezzi di prova siano stati dichiarati ammissibili nel giudizio stesso, ai sensi dell'art. 698 c.p.c.».

Per non lasciar sfuggire la possibilità materiale della prova, senza, d'altra parte, pregiudicare il provvedimento di ammissibilità e rilevanza, il codice contempla la possibilità dell'ammissione preventiva ed immediata del mezzo di prova (5), disponendo, tuttavia, che tale *assunzione preventiva* «*non pregiudica le questioni relative alla sua ammissibilità e rilevanza*, né impedisce la sua eventuale rinnovazione» (art. 698, 2° comma). Per evitare, poi, che un siffatto pregiudizio possa ugualmente verificarsi, in via di fatto, la norma in esame prosegue disponendo che i processi verbali delle prove assunte in via preventiva, non possano essere prodotti, neppure in copia, nel giudizio, se non se e quando nel corso del giudizio stesso sia intervenuto un provvedimento che ne dichiara l'ammissibilità (art. 698, 3° comma) (6).

I mezzi di prova rispetto ai quali il codice contempla l'assunzione preventiva sono l'*assunzione di testimoni* (c.d. a futura memoria) nonché l'*accertamento tecnico e l'ispezione giudiziale* (7).

Con riguardo alla prima, l'art. 692 dispone che «chi ha fondato timore che stiano per mancare uno o più testimoni le cui deposizioni possono essere necessarie in una causa da proporre, può chiedere che ne sia ordinata l'audizione a futura memoria» (8). Con riguardo agli altri due mezzi, l'art. 696 dispone che

---

(5) Si discute se questa ammissione preventiva richieda una globale valutazione in ordine all'ammissibilità e alla rilevanza. Per la negativa S. SATTA, *Commentario*, IV, cit., p. 256. Per lo più si suole configurare una sorta di accertamento sommario sull'ammissibilità (così, per tutti, V. ANDRIOLI, *Commento*, IV, cit., p. 236; G. NICOTINA, *L'istruzione preventiva*, cit., p. 172; G.N. NARDO, *Contributo*, cit., p. 175, che parla di procedimento istruttorio anticipato; F. COSSIGNANI, *I provvedimenti*, cit., p. 653). Sta però di fatto che la legge non prevede alcun provvedimento al riguardo. La Cass. 19 luglio 1985 n. 4263 ha ritenuto illegittimo il rifiuto di esperire l'istruzione preventiva in base ad una semplice presunzione. Si richiede, d'altra parte, che esista almeno un'attuale potenzialità di pretesa (Cass. 12 marzo 1986 n. 1664, in *Foro it.*, 1987, I, 192, in motivazione; Cass. 21 gennaio 1988 n. 443).

Sull'ammissibilità dell'accertamento tecnico preventivo anche nei confronti della P.A. v. Cass. 21 gennaio 1988 n. 443 e Cass. 9 marzo 1979 n. 1463, in *Riv. dir. proc.*, 1979, p. 720.

(6) Si suole, peraltro, affermare che il provvedimento di ammissione può essere anche implicito nel fatto dell'esame delle prove raccolte in via preventiva purché sia stato rispettato il contraddittorio (Cass. 12 febbraio 2020 n. 3444; Cass. 21 settembre 1988 n. 5183). È, d'altra parte, pacifico che una volta che il mezzo sia stato acquisito ritualmente (o comunque il relativo verbale sia stato inserito nel fascicolo senza contestazioni) o abbia raggiunto lo scopo ancorché affetto da nullità, esso è dotato di efficacia probatoria identica a quella di una prova raccolta nel corso del processo (v. Cass. 22 marzo 2001 n. 4139, in *Giur. it.*, 2002, p. 1862) e così anche se è stato acquisito nell'accordo delle parti (Cass. 5 gennaio 1979 n. 19).

(7) Sulle ragioni per le quali la legge opportunamente esclude l'anticipazione del giuramento e della confessione, v. G.N. NARDO, *Contributo*, cit., p. 314.

(8) La valutazione del requisito della necessarietà (indirettamente suggerito dalla norma) e che diviene discutibile, ad es., quando esistono altri testimoni, non va confusa con la valutazione del requisito dell'ammissibilità e rilevanza (che la norma richiede solo implicitamente) anche se può talora essere difficile segnare una netta linea di demarcazione (cfr. S. SATTA, *Commentario*, IV, cit., p. 256). V. anche, in proposito, A.A. ROMANO, *La tutela cautelare*, cit., p. 247; F. COSSIGNANI, *I provvedimenti*, cit., p. 655.

«chi ha urgenza di far verificare prima del giudizio, lo stato di luoghi o la qualità o la condizione di cose può chiedere che sia disposto un accertamento tecnico o un'ispezione giudiziale».

L'art. 696, 1° comma, aggiunge anche (adattando la norma ad alcune pronunce della Corte costituzionale) (9) che «*l'accertamento tecnico e l'ispezione giudiziale, se ne ricorre l'esigenza, possono essere disposti anche sulla persona dell'istante e, se questa vi consente, sulla persona nei cui confronti l'istanza è proposta*». Particolare attenzione merita poi il 2° comma dell'art. 696, col quale si dispone che «*l'accertamento tecnico di cui al 1° comma può comprendere anche valutazioni in ordine alle cause e ai danni relativi all'oggetto della verifica*» e si allarga, di conseguenza, l'ambito di valutazione del consulente (10).

In aggiunta all'accertamento tecnico preventivo con finalità cautelari, l'art. 696 bis configura la possibilità di utilizzare lo stesso strumento anche al di fuori dei presupposti per ottenere la tutela cautelare, *ai fini della conciliazione della lite, quando questa abbia ad oggetto crediti derivanti da responsabilità contrattuale o extracontrattuale* (11).

---

(9) C. Cost. 22 ottobre 1990 n. 471, in *Giur. it.*, 1991, I, 1, 622. Questa pronuncia aveva limitato la sua portata alle ispezioni sulla persona del richiedente; ma la limitazione è stata poi superata da C. Cost. 19 luglio 1996 n. 257 (in *Giur. it.*, 1997, I, 67), che ha ammesso le ispezioni sulla persona della controparte, purché consenziente. Questo potere di «veto» in capo alla persona nei cui confronti l'istanza è proposta, privo di conseguenze agli effetti probatori («senza rischiare niente») è condivisibilmente criticato, oltre che da F.P. LUISO (in *Giust. civ.*, 1996, I, p. 2807), anche da A. PANZAROLA, in *Commentario alle riforme del processo civile*, cit., I, Padova, 2007, p. 262. Esso appare, oltre tutto, in contrasto col disposto dell'art. 118, 2° comma, che peraltro si riferisce all'esecuzione dell'ordine.

(10) Prima di questa formulazione, introdotta nel 2005, la Corte costituzionale, chiamata per due volte a pronunciarsi sulla legittimità costituzionale dell'art. 696 là dove non consentiva di accertare preventivamente le cause e l'entità dei danni, aveva rigettato la censura per il rilievo che la norma poteva essere interpretata anche nel senso che l'accertamento preventivo potesse estendersi a tutti gli elementi conoscitivi considerati necessari per le valutazioni che dovranno essere effettuate nel giudizio di merito (così C. Cost. 20 febbraio 1997 n. 46 e C. Cost. 22 ottobre 1999 n. 388, in *Foro it.*, 2000, I, 1072, con nota di I. PAGNI).

Per parte nostra rileviamo che le valutazioni sul nesso di causalità e sull'entità dei danni, se, da un lato, implicano l'utilizzo di nozioni tecniche, dall'altro lato, si sviluppano e si concretano in apprezzamenti tipicamente giudiziari che presuppongono attitudini (anche culturali) e prerogative che sono proprie del giudice. Analoghe osservazioni vengono espresse da G.N. NARDO, *Contributo*, cit., p. 217; V. ANSANELLI, *Esperti e risoluzione anticipata delle controversie civili nei nuovi artt. 692 e 696 c.p.c.*, in *Riv. trim. dir. e proc. civ.*, 2006, p. 1247. Favorevole all'allargamento, per ragioni di economia dei giudizi, è invece A. PANZAROLA, in *Commentario*, cit., p. 278; ID., *L'istruzione*, cit., p. 106.

La notifica dell'atto introduttivo del procedimento de quo *interrompe la prescrizione* (v., ad es., Cass. 8 agosto 2007 n. 17385; Cass. 24 agosto 2000 n. 11087; in precedenza, Cass. 6 febbraio 1989 n. 724, in *Giur. it.*, 1989, I, 1, 1723 e in *Foro it.*, 1989, I, 3166), ma solo se proviene da colui che si afferma titolare del diritto (Cass. 23 gennaio 1997 n. 696, in *Giur. it.*, 1998, I, 255).

(11) Sulla natura di strumento alternativo di composizione della controversia, v. M.F. GHIRGA, *Le nuove norme sui provvedimenti cautelari*, in *Riv. dir. proc.*, 2005, p. 823; P. BIAVATI, *Prime*

«*L'espletamento di una consulenza tecnica in via preventiva* – dispone, infatti, l'art. 696 bis – *può essere richiesto anche al di fuori delle condizioni di cui al 1° comma dell'art. 696* (12), *ai fini dell'accertamento e della relativa determinazione dei crediti derivanti dalla mancata o inesatta esecuzione di obbligazioni contrattuali o da fatto illecito*» (13).

---

impressioni, cit., p. 573; F. CUOMO ULLOA, *Consulenza tecnica preventiva ai fini della composizione della lite*, in *Dig. civ.*, Agg., II, Torino, 2007, p. 274; F. COSSIGNANI, *op. cit.*, p. 723; M. ADORNO, *La funzione «conciliativa» della consulenza tecnica preventiva ex art. 696 bis c.p.c.*, in *Giusto proc. civ.*, 2015, p. 869; F. MAGI-F. CARLETTI, *op. cit.*, p. 178. Di conseguenza, si ritiene che l'impiego dell'istituto non sia impedito dalla sussistenza di un accordo arbitrale (E. PICOZZA, in *Riv. dir. proc.*, 2006, p. 1034; M. SCALAMOGNA, *Alcune questioni controverse in tema di consulenza tecnica preventiva con funzione conciliativa*, in *Riv. trim. dir. e proc. civ.*, 2010, p. 964; F. COSSIGNANI, *op. cit.*, p. 729; contra A. TEDOLDI, *La consulenza preventiva ex art. 696 bis c.p.c.*, in *Riv. dir. proc.*, 2010, p. 826; contraria anche la giurisprudenza: Trib. Roma 29 maggio 2015, in *Giur. it.*, 2015, p. 2378, con nota di E. CANALE; Trib. Milano 24 aprile 2012, in *www.ilcaso.it*; Trib. Pisa-Pontedera 28 settembre 2012, in *Giusto proc. civ.*, 2012, p. 1121, con nota di A.A. ROMANO; Trib. Torino 17 gennaio 2008, in *Giur. it.*, 2008, p. 2274, con nota critica di G. FRUS).

Altri ha messo in evidenza la «doppia anima» dell'istituto (R. BONATTI, *Un moderno dott. Jekyll: la consulenza tecnica conciliativa*, in *Riv. trim. dir. e proc. civ.*, 2007, p. 247; M. SCALAMOGNA, *op. cit.*, p. 957; in giurisprudenza v. Trib. Vicenza 24 gennaio 2010 e Trib. Busto Arsizio-Gallarate 25 maggio 2010, entrambe in *Resp. civ. e prev.*, 2010, p. 2322, annotate da R. MURONI; Trib. Milano 27 aprile 2009, in *Giur. it.*, 2010, p. 159, con nota di R. CONTE). Prevalente, comunque, è la convinzione sulla sua natura non cautelare (G. BALENA, in G. BALENA-M. BOVE, *Le riforme più recenti del processo civile*, Bari, 2006, p. 370; G.N. NARDO, *La consulenza tecnica preventiva ex art. 696 bis c.p.c. ecc.*, in *Studi in onore di C. Punzi*, III, Torino, 2008, p. 339; A. PANZAROLA, *L'istruzione*, cit., p. 112; M. MONTANARI, *Brevi note sulla natura giuridica della consulenza tecnica preventiva ecc.*, in *Giusto proc. civ.*, 2012, p. 701; T.M. PEZZANI, *Gli effetti processuali e sostanziali ecc.*, in *Riv. dir. proc.*, 2013, p. 44; A.A. ROMANO, *In tema di consulenza tecnica preventiva ecc.*, *ibidem*, p. 1121; M.P. FUIANO, *Vecchi e nuovi problemi in tema di consulenza tecnica preventiva ecc.*, in *Nuova giur. civ. comm.*, 2015, II, p. 455; Trib. Siracusa 14 giugno 2012, in *www.il caso.it*; Trib. Milano 30 giugno 2011, in *Giur. it.*, 2012, p. 1108, con nota di A.S. CORRADO, e in *Foro it.*, 2012, I, 1605, annotata da M. ADORNO; Trib. Varese 21 aprile 2011, in *Giur. merito*, 2012, p. 856). Tuttavia, per la natura cautelare v. C. BESSO, in *Le recenti riforme del processo civile*, a cura di S. CHIARLONI, II, Bologna, 2007, p. 1328.

(12) Ossia indipendentemente dal *periculum in mora*, ma non anche dal *fumus boni juris* (R. BONATTI, *op. cit.*, p. 253; A. PANZAROLA, in *Commentario*, cit., p. 298, che peraltro parla di «valutazione con minor rigore»; C. BESSO, *op. cit.*, p. 1323; A. TEDOLDI, *op. cit.*, p. 807; V. ANSANELLI, *La consulenza tecnica preventiva ai fini della composizione della lite*, in *La prova nel processo civile*, a cura di M. TARUFFO, Milano, 2012, p. 1094; Trib. Milano 30 giugno 2011, cit.; Trib. Milano 10 marzo 2011, in *Giur. dir. ind.*, 2011, p. 873; per una diversa conclusione v. L. GUAGLIONE, in *La riforma del processo civile*, a cura di F. CIPRIANI e G. MONTELEONE, Padova, 2007, p. 533, e M. SCALAMOGNA, *op. cit.*, p. 975, per i quali sarebbe richiesta la sola valutazione di sussistenza della controversia; Trib. Cremona 14 maggio 2014, in *www.ilcaso.it*).

(13) Il provvedimento conclusivo, negativo della competenza, non è in alcun modo vincolante e non è né impugnabile col regolamento (Cass. 29 maggio 2008 n. 14187), né reclamabile ex art. 669 terdecies, stante la natura non cautelare dell'istituto (Trib. Reggio Emilia 19 gennaio 2012, in *Giur. merito*, 2013, p. 1010, con nota di C. COSTABILE; Trib. Torino 15 settembre 2008, in *Giur. it.*, 2009, p. 1737; App. Catania 12 settembre 2008, in *Banca, borsa*, 2009, p. 81, con nota adesiva di A.A. ROMANO; Trib. Mantova 3 luglio 2008, in *Giur. it.*, 2009, p. 929, con nota contraria di G.

Avanzato il ricorso – prosegue l'art. 696 bis –, «*il giudice procede a norma del 3° comma del medesimo art. 696. Il consulente, prima di provvedere al deposito della relazione, tenta, ove possibile* (e quindi non obbligatoriamente)*, la conciliazione delle parti*», che è il fine al quale l'istituto è principalmente rivolto. Ma, accanto ad esso è evidente e non meno importante, il fine deflattivo perché l'acquisizione, *indipendentemente da ogni ragione di urgenza*, di elementi probatori che potrebbero risultare decisivi di un eventuale futuro giudizio, potrebbe evitare il giudizio stesso.

«*Se le parti si sono conciliate* – prosegue lo stesso art. 696 bis –, *si forma processo verbale della conciliazione.*

Il giudice attribuisce con decreto efficacia di titolo esecutivo al processo verbale, ai fini dell'espropriazione e dell'esecuzione in forma specifica e per l'iscrizione di ipoteca giudiziale.

FRUS; Trib. Napoli 28 ottobre 2008, *ibidem*, p. 1478) e neppure sottoponibile al ricorso straordinario per cassazione di cui all'art. 111 Cost. (Cass. 7 marzo 2013 n. 5698; Cass. 20 giugno 2007 n. 14301, in *Giur. it.*, 2007, p. 2525, con nota adesiva di R. MASONI), se non per il profilo dell'illegittimità della pronuncia sulle spese (Cass. 12 settembre 2018 n. 22153; ma, contra, Cass. 26 settembre 2019 n. 23976, in *Giur. it.*, 2020, p. 1111).

Il D.Lgs. 131/2010, modificando il c.d. codice della proprietà industriale (D.Lgs. 30/2005), ha esteso l'applicabilità dell'art. 696 bis «in quanto compatibile». In argomento v. L. DI COLA, *I provvedimenti cautelari in materia di diritto d'autore e di proprietà industriale: profili processuali*, in *I procedimenti cautelari*, a cura di A. CARRATTA, cit., p. 1000.

A sua volta l'art. 445 bis c.p.c. ha aggiunto, come condizione di procedibilità della domanda, l'esperimento di un particolare accertamento tecnico preventivo con funzioni conciliative, per tutte le controversie di invalidità, cecità e sordità civile, handicap e disabilità, nonché di pensione di inabilità e di assegno di invalidità, ai fini dell'accertamento delle condizioni sanitarie addotte a fondamento della pretesa (v. il § 38 del vol. III).

Infine, l'art. 8, 1° comma, della L. 24/2017, in materia di responsabilità professionale sanitaria, ha previsto – sempre a condizione di procedibilità della domanda – l'obbligo, per chi intenda esercitare una domanda relativa ad una controversia risarcitoria derivante da responsabilità sanitaria, di proporre ricorso ai sensi dell'art. 696 bis (e dunque, al relativo procedimento partecipano tutti coloro che possono partecipare al giudizio di merito: così Trib. Verona 17 maggio 2018, in *Foro it.*, 2018, I, 2183). Quanto al differimento della liquidazione delle spese processuali all'esito del giudizio di merito, esso è stato ritenuto non in contrasto con l'art. 24 Cost. da C. Cost. 5 maggio 2021 n. 87. In argomento, v., per tutti, A. CARRATTA, *Le più recenti riforme*, cit., p. 97; C. CONSOLO-P. BERTOLLINI-A. BUONAFEDE, *Il «tentativo obbligatorio di conciliazione» nelle forme di cui all'art. 696 bis c.p.c. ecc.*, in *Corr. giur.*, 2017, p. 762; AA.VV., *I profili processuali della nuova disciplina sulla responsabilità sanitaria*, a cura di A.D. DE SANTIS, Roma, 2017; R. DONZELLI, *Profili processuali della nuova responsabilità sanitaria*, in *Riv. dir. proc.*, 2017, p. 1195; A. TEDOLDI, *Responsabilità sanitaria e processo*, in *Il libro dell'anno del diritto Treccani*, Roma, 2018, p. 479; V. ANSANELLI, *Struttura e funzione della consulenza tecnica preventiva in materia medico-sanitaria*, in *Giusto proc. civ.*, 2018, p. 168; M. RAGNI, *La nuova condizione di procedibilità* ex *art. 696 bis c.p.c delle controversie di responsabilità medico-sanitaria*, in *Riv. trim. dir. e proc. civ.*, 2019, p. 269; L. QUERZOLA, *Responsabilità sanitaria e processo: alcune riflessioni*, *ivi*, 2020, p. 749; D. LONGO, *La consulenza tecnica preventiva a fini conciliativi in materia di responsabilità medica e sanitaria*, in *Riv. dir. proc.*, 2019, p. 1471; G. RAITI, *Sulle condizioni di procedibilità dell'azione risarcitoria per responsabilità sanitaria*, *ivi*, 2020, p. 219; I. PAGNI, *Processo e composizione negoziale delle liti in materia di responsabilità sanitaria*, in *Giusto proc. civ.*, 2020, p. 787 e p. 971.

Il processo verbale è esente dall'imposta di registro.

Se la conciliazione non riesce, ciascuna parte può chiedere che la relazione depositata dal consulente sia acquisita agli atti del successivo giudizio di merito», ciò che, peraltro, stante l'applicabilità del veduto art. 698, 2° comma, non ne pregiudica la valutazione di ammissibilità.

Infine, l'ultimo comma dell'art. 696 bis aggiunge che «*si applicano gli artt. da 191 al 197, in quanto compatibili*» (14).

Quanto alle modalità per la richiesta di assunzione preventiva delle prove, esse risultano dagli artt. 693 e ss., che offrono una disciplina procedimentale autonoma rispetto a quella offerta dagli artt. 669 bis e ss. per i provvedimenti cautelari in generale. Di quest'ultima, dunque, è applicabile ai procedimenti in esame soltanto l'art. 669 septies, con riguardo al rigetto dell'istanza (art. 669 quaterdecies) (15), e – a seguito delle sentenze della Corte costituzionale 144/2008 e 26/2010 – l'art. 669 terdecies, con riguardo alla proponibilità del reclamo avver-

---

(14) Per considerazioni critiche sull'istituto cfr. N. GIALLONGO, *Accertamento tecnico preventivo e tutela cautelare ecc.*, in *Giur. it.*, 2006, p. 214, il quale (p. 223) lo ritiene utilizzabile anche per rapporti devoluti agli arbitri o a giudici stranieri o nei confronti della P.A. (ma non nel processo amministrativo, in quanto provvisto di un sistema esaustivo di tutela cautelare: in senso contrario, tuttavia, T.a.r. Lazio 12 aprile 2013 n. 3753, in *Urb. e appalti*, 2013, p. 979). Critici sono anche V. ANSANELLI, *Esperti e risoluzione anticipata*, cit., p. 1250; R. BONATTI, *op. cit.*, p. 262, che si sofferma sulla (presumibile) inidoneità del consulente tecnico sia a valutare le conseguenze giuridiche della sua valutazione tecnica e sia ad assolvere al compito di *mediare* con la necessaria specifica competenza; A. TEDOLDI, *op. cit.*, p. 809.

Nel senso, poi, che l'ambito applicativo della c.d. consulenza tecnica conciliativa vada limitato alle sole controversie in materia di responsabilità contrattuale o extracontrattuale e non possa essere esteso ad altre controversie, v. Trib. Verona 14 gennaio 2016, in *www.ilcaso.it*; Trib. Brescia 3 marzo 2014 e Trib. Lecce 15 ottobre 2014, *ivi*, con riferimento alla nullità di determinate clausole contrattuali; Trib. Milano 18 maggio 2013, *ivi*, con riferimento ad una controversia su diritti assoluti; Trib. Trani-Andria 12 febbraio 2009, in *Giur. merito*, 2010, p. 345, con nota critica di A.A. ROMANO, con riferimento alla controversia per la ripetizione dell'indebito (per questa conclusione anche M.F. GHIRGA, *op. cit.*, p. 825); invece, nel senso che l'indicazione dell'ambito applicativo fatta dall'art. 696 bis sia meramente esemplificativa v. A. PANZAROLA, *op. ult. cit.*, p. 286; N. GIALLONGO, *op. cit.*, p. 221; F. COSSIGNANI, *op. cit.*, p. 727.

In questo quadro, riteniamo apprezzabile e condivisibile lo sforzo della giurisprudenza di ravvisare i limiti dell'ammissibilità dell'istituto *nel solo compito che è proprio della consulenza tecnica con finalità conciliative di tentare la conciliazione fra le parti*, senza investire valutazioni che includano apprezzamenti di diritto (v., ad es., Trib. Spoleto 18 maggio 2015, in *www.ilcaso.it*; Trib. Roma 26 marzo 2015, *ivi*; Trib. Milano 17 aprile 2007, in *Giur. it.*, 2007, p. 2268, con nota adesiva di R. CONTE; per questa stessa conclusione anche G. BALENA, *op. cit.*, p. 369; M. SCALAMOGNA, *op. cit.*, p. 972), anche se la finalità conciliativa non deve necessariamente preesistere allo svolgimento dell'attività peritale quale comune intenzione delle parti (Trib. Venezia 10 marzo 2010, in *Giur. it.*, 2011, p. 151; Trib. Milano 27 aprile 2009, in *Giur. it.*, 2010, p. 159, con nota adesiva di R. CONTE).

(15) Contra, su questo punto, C. BESSO, *La prova prima del processo*, cit., p. 223, secondo la quale l'art. 669 quaterdecies si limita a dire che al procedimento in discorso si applica l'art. 669 septies, ma non dice che questa sia l'unica disposizione della disciplina uniforme dei procedimenti cautelari applicabile ai procedimenti di istruzione preventiva.

so il provvedimento di rigetto, e l'art. 669 quinquies, con riguardo alla possibilità di ottenere l'accertamento tecnico preventivo in caso di convenzione arbitrale o pendenza del giudizio arbitrale.

L'istanza può essere proposta, oltre che – ed è l'ipotesi più frequente – prima dell'instaurazione della causa, anche in corso di causa (art. 699). In quest'ultimo caso provvede l'istruttore (16), o, se questo non è stato ancora nominato o se la causa è già stata rimessa al collegio, il presidente, se la causa sia di competenza del tribunale in composizione collegiale, oppure il tribunale monocratico o il giudice di pace (che qui, a differenza di quanto accade per gli altri provvedimenti cautelari, mantiene la sua competenza), negli altri casi. In caso di domanda *ante causam*, invece, provvede il giudice che sarebbe competente per la causa di merito (17). Più precisamente: il giudice di pace o il presidente del tribunale, a seconda dei casi (art. 693, 1° comma). Solo in caso di eccezionale urgenza, l'istanza può anche proporsi al tribunale del luogo in cui la prova deve essere assunta (art. 693, 2° comma) (18).

L'istanza è proposta con ricorso, che «*deve contenere l'indicazione dei motivi dell'urgenza e dei fatti sui quali debbono essere interrogati i testimoni e l'esposizione sommaria delle domande o eccezioni alle quali la prova è preordinata*» (art. 693, 3° comma) (19). Il presidente del tribunale o il giudice di pace pronuncia decreto col quale fissa l'udienza di comparizione delle parti innanzi a sé e stabilisce un termine per la notificazione del decreto stesso (art. 694) (20). All'udienza provvede con ordinanza, designando il giudice che raccoglierà la prova oppure nominando il consulente tecnico (artt. 693 e 696). L'art. 695 dichiarava «non

(16) L'istruttore provvede con ordinanza (art. 699, 2° comma); qualora provvedesse invece col decreto, che l'art. 697 prevede solo per i casi di eccezionale urgenza (v. anche F. COSSIGNANI, *op. cit.*, p. 687), il provvedimento sarebbe nullo; ma la nullità è sanabile se l'atto ha ugualmente raggiunto lo scopo, ciò che si verifica se la prova è stata acquisita nel rispetto del contraddittorio (Cass. 30 gennaio 1976 n. 312). Durante la pendenza del giudizio di appello la competenza spetta al collegio, mentre durante il giudizio di cassazione, la competenza spetta al giudice *a quo* (G. NICOTINA, *op. cit.*, p. 39).

(17) In caso di fori concorrenti, si ritiene che l'istruzione preventiva resti valida anche se il giudizio per il merito venga poi proposto innanzi ad altro giudice ugualmente competente (G. NICOTINA, *op. cit.*, p. 41; Cass. 12 giugno 1987 n. 5147, in *Foro it.*, 1987, I, 3274; Cass. 9 agosto 1985 n. 4415). Deve comunque trattarsi di causa appartenente alla giurisdizione del giudice ordinario (Cass. 12 marzo 1986 n. 1664, in *Foro it.*, 1987, I, 192).

(18) Cfr. Cass. 29 ottobre 1994 n. 8943, in *Giur. it.*, 1995, I, 1, 992. Secondo Trib. Torino 1° dicembre 2016, in *www.processocivileweb.it*, l'eccezionale urgenza si configurerebbe anche per la lontananza del giudice competente per il merito dal luogo in cui deve essere eseguito l'accertamento tecnico preventivo.

(19) È sufficiente la rappresentazione della domanda di merito nel suo contenuto essenziale (Cass. 21 settembre 2016 n. 18521). Naturalmente l'istanza va proposta nei confronti di un soggetto determinato, ciò che presuppone la preventiva individuazione della parte che potrebbe avere interesse ad opporsi (G. NICOTINA, *op. cit.*, p. 12).

(20) Sull'inammissibilità del *regolamento di giurisdizione* nel procedimento in esame v. Cass. 5 luglio 2004 n. 12304; Cass. sez. un. 11 novembre 1997 n. 11133.

impugnabile» l'ordinanza in questione, ma – come detto – la Corte costituzionale, con la sent. 144/2008, l'ha dichiarato incostituzionale nella parte in cui, appunto, non consentiva l'esperibilità del reclamo ex art. 669 terdecies avverso l'ordinanza di rigetto della domanda di istruzione preventiva (21).

In caso di eccezionale urgenza, il provvedimento può anche essere pronunciato immediatamente *inaudita altera parte*, salva l'eventuale designazione di un procuratore che intervenga all'assunzione della prova ed in ogni caso salvo l'onere di notificazione non oltre il giorno successivo (art. 697) (22).

L'art. 669 septies (che, come si è accennato, è la disposizione indicata come applicabile anche a questo procedimento dall'art. 669 quaterdecies) regola infine l'eventualità del rigetto dell'istanza, con le disposizioni già esaminate all'inizio del § 44, ossia con l'enunciazione della riproponibilità dell'istanza respinta, solo in caso di mutamento delle circostanze o di deduzione di nuove ragioni [requisito che invece non sussiste nel caso di rigetto per incompetenza e, si ritiene (23) per eventuali altri motivi di rito] nonché con la previsione della condanna alle spese nella sola ipotesi di proposizione dell'istanza prima dell'inizio del giudizio (24).

---

(21) La sentenza è pubblicata in *Giur. it.*, 2008, p. 2255, con nota di C. DELLE DONNE, critica per la disparità di trattamento rispetto al provvedimento di accoglimento, in *Riv. dir. proc.*, 2009, p. 247, con note di F. FERRARI e di P. LICCI, pure critiche sulla limitazione al provvedimento di rigetto, e in *Foro it.*, 2009, I, 2634, pure con nota critica di M. ADORNO; parimenti critica sul punto la nota di A.A. ROMANO, in *Corr. giur.*, 2008, p. 1071; v. anche Trib. Roma 29 maggio 2015, in *Giur. it.*, 2015, p. 2377, con nota di E. CANALE. Tuttavia, nel senso dell'estensione del reclamo anche ai provvedimenti concessivi della misura di istruzione preventiva C. BESSO, *La prova*, cit., p. 282. Per la particolare ipotesi in cui il provvedimento di istruzione preventiva contenga anche statuizioni sul merito, così integrando un provvedimento c.d. abnorme, v. G. ARIETA, *Le cautele*, cit., p. 459.

Tuttavia, prima dell'intervento dei giudici costituzionali, la Cassazione si era già espressa nel senso della reclamabilità dell'ordinanza di rigetto (Cass. 28 maggio 1996 n. 4940, in *Foro it.*, 1996, I, 2766, con nota critica di F. CIPRIANI, del quale v. anche *Ancora sull'impugnazione dei provvedimenti di istruzione preventiva*, *ivi*, 1999, I, 952; la stessa pronuncia era stata approvata da L. MONTESANO in *Riv. dir. proc.*, 1998, p. 102, con riserve sulla non reclamabilità dei provvedimenti di accoglimento). Per il rilievo della (incostituzionale) disparità di trattamento che ne consegue rispetto all'ordine di esibizione di cui all'art. 670 n. 2 relativo al sequestro giudiziario di prove, v. A.A. ROMANO, *La tutela*, cit., pp. 76, 304.

(22) Con questi temperamenti, l'assunzione della prova può in questi casi avvenire in eccezionale deroga alle esigenze del contraddittorio, ciò che si suole spiegare col rilievo della mancanza, nel procedimento *de quo*, della struttura dialettica del processo (cfr. G. NICOTINA, *op. cit.*, p. 161). Si ritiene peraltro che, nel caso dell'accertamento tecnico preventivo, debba essere fatta salva l'esigenza (imposta dall'art. 90 disp. att.) di adeguata notizia alle parti della data di inizio delle operazioni (Cass. 10 maggio 1976 n. 1643). Sull'eccezionalità dell'urgenza, v. Cass. 17 settembre 1996 n. 8309, in *Giur. it.*, 1997, I, 1, 281.

(23) Così L. SALVANESCHI, *I provvedimenti*, cit., p. 807.

(24) La Cassazione ha chiarito che, nel caso di accertamento tecnico preventivo ante causam, stante la particolare funzione di questo strumento, le spese della procedura cautelare sono a carico

È dubbio se i vizi propri del procedimento possano essere fatti valere solo nel giudizio principale (25) oppure nel procedimento stesso, avuto riguardo alla reclamabilità del provvedimento (26).

Non è configurabile l'estinzione di questo procedimento per inattività delle parti (27).

Infine, a differenza di quanto l'art. 669 octies dispone per il sequestro giudiziario di prove, la disciplina del procedimento in esame non contempla alcun termine acceleratorio per la proposizione del giudizio di merito (28).

---

del richiedente (Cass. 18 ottobre 2016 n. 21045), ma sono prese in considerazione nel successivo giudizio di merito come spese giudiziali da porre, salva la compensazione, a carico del soccombente (Cass. 11 settembre 2020 n. 18918).

Con particolare riguardo al rigetto dell'istanza di accertamento tecnico preventivo a fini di conciliazione di cui all'art. 696 bis ed al quale ci siamo riferiti retro, in questo §, generalmente viene negata la reclamabilità ai sensi dell'art. 669 terdecies, e ciò in conseguenza della natura non cautelare dell'istituto (v. retro, la nota 11). In senso contrario, tuttavia, C. BESSO, in *Le recenti riforme*, cit., p. 1328.

(25) Così G. TRISORIO LIUZZI, *Istruzione preventiva*, cit., p. 260; F. MAGI-F. CARLETTI, *I procedimenti*, cit., p. 176.

(26) Così L. SALVANESCHI, *I provvedimenti*, cit., p. 815.

(27) Cfr. Cass. 20 settembre 2000 n. 12437, in *Giur. it.*, 2001, p. 1853. Sulle diverse possibilità di incidenza del giudizio di merito e dei suoi diversi possibili esiti sul procedimento di istruzione preventiva, v. A.A. ROMANO, *La tutela*, cit., p. 315; F. COSSIGNANI, *I provvedimenti*, cit., p. 703.

(28) Questa disparità di trattamento è spiegata nelle sue ragioni ed approvata da A.A. ROMANO, *La tutela*, cit., p. 302.

Sezione quinta

I PROVVEDIMENTI D'URGENZA

SOMMARIO: 49. Funzione e struttura dei provvedimenti d'urgenza. – 50. La tutela preventiva dei consumatori. Cenni sugli aspetti processuali della disciplina «antitrust» e contro le discriminazioni.

49. *Funzione e struttura dei provvedimenti d'urgenza.*

Abbiamo già accennato che, per quanto numerose e variamente articolate possano essere le possibili esigenze contemplate e le misure cautelari configurate per venire incontro ad esse, un sistema di tutela cautelare così congegnato, pur venendo incontro alle più frequenti e caratteristiche esigenze di cautela, non potrebbe assolvere *all'esigenza di cautela*, considerata nella sua indeterminatezza ed in correlazione con l'indeterminatezza e la genericità dell'azione cautelare (1). Un siffatto sistema avrebbe insomma lasciato senza risposta quelle diverse e teoricamente illimitate esigenze di tutela cautelare non previste in alcuno dei procedimenti tipici.

Per questa ragione, il codice del 1940 ha configurato, nell'ultima sezione del capo dedicato ai procedimenti cautelari, un tipo di procedimento cautelare, che, come abbiamo già notato al § 42, ha il carattere della *sussidiarietà* e la funzione – che potrebbe essere detta di chiusura del sistema – di venire incontro a quelle esigenze di cautela (ossia a quelle situazioni di *periculum in mora*), per le quali il legislatore non abbia previsto un procedimento cautelare tipico. Si tratta del procedimento di solito designato col nome dei provvedimenti ai quali tende, ossia i *provvedimenti d'urgenza* (2).

---

(1) Nel vigore del codice ante-1940, si era molto discusso sulla possibilità di desumere, dai principi generali, un potere generale di cautela in capo al giudice, sul modello delle *einstweilige Verfügungen* dell'ordinamento germanico. La tesi, prospettata dal CHIOVENDA (*Istituzioni*, I, cit., p. 259), era stata sviluppata da E. ALLORIO (*Per una nozione del processo cautelare*, in *Riv. dir. proc.*, 1936, I, p. 18), ma contrastata da P. CALAMANDREI (*Introduzione allo studio sistematico*, cit., p. 47). D'altra parte, solo il progetto Carnelutti (art. 324) aveva proposto l'introduzione di un siffatto potere generale nel nostro ordinamento.

(2) Tra le trattazioni specificamente dedicate all'argomento v. M. DINI, *I provvedimenti d'urgenza nel diritto processuale civile*, Milano, 1973 e la classica monografia del MONTESANO, *I provvedimenti d'urgenza nel processo civile*[2], Napoli, 1955; C. CALVOSA, *Provvedimenti d'urgenza*, in *Nss. Dig. it.*, 1967, p. 444; S. LA CHINA, *Quale futuro per i provvedimenti d'urgenza?*, in *I processi*

Anche la disciplina di quest'ultimo procedimento è stata interessata dalla riforma introdotta con la L. 353/1990.

Più precisamente, mentre è rimasta, invariata la disciplina delle «*condizioni per la concessione*» (art. 700) – ossia la configurazione dell'istituto nella sua funzione e dell'ambito della sua operatività –, è stata invece eliminata quella parte della disciplina che riguardava gli aspetti propriamente procedimentali (con l'abrogazione degli artt. 701 e 702), *in quanto sostituita dalla disciplina procedimentale generale ora contenuta negli artt. 669 bis e ss.* A tal proposito va solo tenuto presente, in questa sede, il disposto del comma 6° dell'art. 669 octies, che – come si è visto (nel § 44) – esclude i provvedimenti d'urgenza dall'inefficacia che consegue alla mancata proposizione (o successiva estinzione) del giudizio di merito.

Passando ora all'esame della disciplina specifica dei provvedimenti d'urgenza, e incominciando con la funzione e l'ambito di operatività, abbiamo già accennato che le caratteristiche tipiche dell'istituto sono, sotto questo profilo, quelle della *sussidiarietà* e dell'*atipicità* (in aggiunta ovviamente, a quella della *strumentalità*, che è propria di tutti i provvedimenti cautelari). Caratteristiche, queste, che si ricavano direttamente dalla formulazione dell'art. 700.

La *strumentalità* emerge dalla enunciazione che «... *chi ha fondato motivo di temere che durante il tempo occorrente per far valere il suo diritto in via ordinaria, questo sia minacciato da un pregiudizio imminente e irreparabile, può chiedere con ricorso al giudice i provvedimenti d'urgenza*», *al fine di* «*assicurare provvisoriamente gli effetti della decisione sul merito*».

---

speciali. Studi offerti a V. Andrioli dai suoi allievi, Napoli, 1979, p. 151; G. VERDE, *Considerazioni sul provvedimento d'urgenza (come è e come si vorrebbe che fosse)*, *ivi*, p. 409; F. TOMMASEO, *I provvedimenti d'urgenza*, Padova, 1983; ID., *Provvedimenti d'urgenza*, in *Enc. dir.*, XXXVII, Milano, 1988, p. 856; G. ARIETA, *I provvedimenti d'urgenza ex art. 700 c.p.c.*[2], Padova, 1985; C. MANDRIOLI, *I provvedimenti d'urgenza: deviazioni e proposte*, in *Riv. dir. proc.*, 1985, p. 657; F. CARPI, *La tutela d'urgenza fra cautela, sentenza anticipata e giudizio di merito*, *ibidem*, p. 680; G. VERDE, *L'attuazione della tutela d'urgenza*, *ibidem*, p. 725; G. TARZIA, *Rimedi processuali contro i provvedimenti d'urgenza*, *ivi*, 1986, p. 35; A. PROTO PISANI, *Provvedimenti d'urgenza*, in *Enc. Giur. Treccani*, XXV, Roma, 1991.

Tra le trattazioni specifiche relative alla disciplina introdotta nel 1990 v. L. DITTRICH, *Il provvedimento d'urgenza* ex *art. 700 c.p.c.*, in *Il processo cautelare*[5], a cura di G. TARZIA e A. SALETTI, cit., p. 247; R. CONTE, *Tutela d'urgenza tra diritto di difesa, anticipazione del provvedimento ed irreparabilità del pregiudizio*, in *Riv. dir. proc.*, 1995, p. 213; C.E. BALBI, *Provvedimenti d'urgenza*, in *Dig. civ.*, XVI, Torino, 1997, p. 73; E. VULLO, *I provvedimenti d'urgenza* ex *art. 700 c.p.c.*, in *I procedimenti sommari e speciali*, a cura di S. CHIARLONI e C. CONSOLO, II, t. 2, cit., p. 1249; G. ARIETA, *Le cautele*, cit., p. 482; A. PROTO PISANI, *I provvedimenti d'urgenza* ex *art. 700 c.p.c. (anni settanta)*, in *Foro it.*, 2012, V, 169; A. PANZAROLA, *I provvedimenti d'urgenza dell'art. 700 c.p.c.*, in *I procedimenti cautelari*, a cura di A. CARRATTA, cit., p. 745; A. PANZAROLA-R. GIORDANO, *Provvedimenti d'urgenza*, in *Comm. c.p.c., a cura di S. Chiarloni*, Bologna, 2016; G. BASILICO, *Imminenza del pregiudizio e funzione preventiva della tutela cautelare ex art. 700 c.p.c.*, in *Giusto proc. civ.*, 2016, p. 61; sull'ambito applicativo di questi provvedimenti nella materia del diritto del lavoro v. A. CARRATTA, *I provvedimenti d'urgenza nel prisma dei rimedi giurisdizionali in materia di lavoro*, in *Lav. e dir.*, 2017, p. 537.

La *sussidiarietà* e l'*atipicità*, invece, emergono sia dalla premessa per cui la possibilità di richiedere l'adozione dei provvedimenti in questione sussiste solo «*fuori dei casi regolati nelle precedenti sezioni di questo capo*», ossia e più genericamente, quando non risultino utilizzabili altre misure cautelari tipiche (3); e sia dalla specificazione che i provvedimenti d'urgenza concretamente richiedibili ed ottenibili sono *quelli «che appaiono, secondo le circostanze, più idonei ad assicurare provvisoriamente gli effetti della decisione sul merito»*. In sostanza, il giudice può pronunciare provvedimenti di contenuto non predeterminato dalla legge, *col solo duplice limite che, da un lato, l'esigenza alla quale soccorrono non sia già conseguibile con altra misura cautelare tipica o «nominata»; e che, dall'altro lato, il provvedimento appaia idoneo ad assicurare provvisoriamente gli effetti della de-*

---

(3) Sotto questo profilo, ad es., è stata ritenuta inammissibile la richiesta con provvedimento d'urgenza della nomina di un custode giudiziario dell'azienda, in quanto, sebbene questa non sia sottoponibile a sequestro conservativo (v. retro il § 45), lo sono i singoli beni che la compongono (Trib. Milano 15 gennaio 2014, in *Giur. it.*, 2015, p. 108, con nota critica di C. VANZ) o la domanda di interdizione del protesto e della sua pubblicazione, avuto riguardo alla procedura urgente prevista dall'art. 3 L. 77/1955 (Pret. Roma 28 febbraio 1986, in *Foro it.*, 1987, I, 291; in senso diverso, tuttavia, Trib. Palermo 27 marzo 2014, in *www. ilcaso.it*; Trib. Verona 18 marzo 2013, *ivi*, con riferimento alla medesima fattispecie oggi regolata dall'art. 10, 4° comma, del D.Lgs. 150/2011: v. cap. 6° del vol. III); v. anche Trib. Catania 22 dicembre 2014, in *Foro it.*, 2015, I, 2560, con riferimento ai rapporti con il sequestro giudiziario.

Allo stesso modo si è fatto riferimento alla procedura prevista dall'art. 2409 c.c., per il caso di sospetto di gravi irregolarità degli amministratori e dei sindaci (per l'inammissibilità, Trib. Mantova 10 luglio 2008, in *Giur. merito*, 2009, p. 716; Trib. Roma 12 marzo 2001, in *Società*, 2001, p. 1093; in senso diverso, Trib. Torre Annunziata 21 ottobre 2003, in *Dir. e giur.*, 2003, p. 112; Trib. Napoli 9 dicembre 1996, in *Giur. comm.*, 1998, II, p. 554). Sull'argomento v. V. FRIGNANI, *L'*injunction *nella* common law *e l'inibitoria nel diritto italiano*, Milano, 1974, p. 370 e G. ARIETA, *I provvedimenti*, cit., p. 83; ID., *Le cautele*, cit., p. 497, secondo i quali la riserva espressa dall'art. 700 va intesa con riferimento alla possibilità che *in concreto* possa soccorrere un'altra misura cautelare, con la conseguente possibilità di avvalersi dello strumento dell'art. 700 ogni qualvolta i diversi strumenti di tutela cautelare offerti dall'ordinamento non soccorrano in modo adeguato; ma, a questo riguardo, v. le giuste puntualizzazioni del TOMMASEO (*I provvedimenti*, cit., p. 180), che mette in evidenza che il tipo di pericolo previsto dal procedimento nominato è disciplinato da quel procedimento *e solo da quello*, salva solo la possibilità che il provvedimento d'urgenza anticipi nel tempo gli effetti della misura nominata (v., sul punto, L. DITTRICH, *Il provvedimento d'urgenza*, cit., p. 270; v. anche Trib. Nola 18 aprile 2013, in *Corr. mer.*, 2013, p. 956).

In ogni caso, la possibilità della misura tipica non impedisce la concedibilità del provvedimento d'urgenza ogni qual volta questo possa coprire un sia pur piccolo margine di *periculum* non coperto dalla misura tipica (Trib. Milano 11 luglio 2012, in *Giusto proc. civ.*, 2013, p. 1139, con nota di P. PELLEGRINELLI; Trib. Milano 29 gennaio 2003, in *Giur. it.*, 2004, p. 77, con nota di R. CONTE; di diverso avviso, però, Trib. Padova 10 gennaio 2012, in *Società*, 2012, p. 567, con nota di S. IZZO; Trib. Como 17 giugno 2008, *ivi*, 2009, p. 1302, con nota di V. CONTARINO) o, addirittura, da una clausola contrattuale (Trib. Brindisi 29 gennaio 2013, in *Società*, 2013, p. 465). Per l'ammissibilità, sia pure limitata, del provvedimento d'urgenza *ante causam* anche in caso di impugnativa di delibere assembleari, nonostante la misura cautelare tipica di cui all'art. 2378, 4° comma, c.c., v. A. CARRATTA, *Sub art. 2378 c.c.*, in *Il nuovo processo societario*^{2}, a cura di S. CHIARLONI, II, Bologna, 2008, p. 1431; S.A. VILLATA, *Note sui provvedimenti d'urgenza* ex *art. 700 c.p.c. preassembleari*, in *Riv. dir. proc.*, 2014, p. 601.

cisione sul merito; la quale decisione sul merito costituisce comunque il limite per il contenuto del provvedimento d'urgenza sotto il profilo sia oggettivo che soggettivo (4).

Si tratta, dunque, di provvedimenti che, nell'assolvere alla loro *funzione* strumentale (e quindi *cautelare*) e *sussidiaria* (5), possono assumere un *contenuto* che, non essendo predeterminato, come si è visto, può essere sia anticipatorio (6) e sia anche meramente conservativo (7) e può, comunque, essere il più vario (ati-

---

(4) Il provvedimento d'urgenza non può «attribuire alle parti beni che esse non potrebbero conseguire per effetto della sentenza» (così F. TOMMASEO, *I provvedimenti*, cit., p. 113; v. anche G. ARIETA, *I provvedimenti*, cit., p. 89; ID., *Le cautele*, cit., pp. 639 e 647; F. SANTANGELI, *I provvedimenti d'urgenza ex art. 700 c.p.c. e la manutenzione del contratto*, in *Riv. dir. proc.*, 2006, p. 53, che si sofferma, con particolare riferimento alle esigenze cautelari rispetto alla manutenzione del contratto, sul limite insuperabile di ciò che è ottenibile in forza del diritto sostanziale). «Non si può dare di più, ma si può dare qualcosa di diverso, se funzionale a garantire gli effetti della sentenza di merito» (in argomento v. anche, nell'ottica di un ampliamento della nozione dell'irreparabilità, R. CONTE, *Tutela d'urgenza*, cit., p. 244 e A. PANZAROLA, *I provvedimenti*, cit., p. 852).

(5) Si è osservato (L. MONTESANO, *I provvedimenti*, cit., p. 31) che i provvedimenti in discorso, da un lato, hanno una funzione affine o analoga a quella delle altre misure cautelari tipiche, mentre, dall'altro lato, si distinguono, sempre sul piano funzionale, per caratteristiche loro proprie. Sulla compatibilità tra autonomia e strumentalità della tutela di cui trattasi, v. G. ARIETA, *I provvedimenti*, cit., p. 44; ID., *Le cautele*, cit., p. 485.

(6) Cfr. C. MANDRIOLI, *Per una nozione strutturale*, cit., p. 566. La struttura anticipatoria (cautelare) appare dal riferimento della norma alla tutela del diritto in via ordinaria ed alle sue manchevolezze sotto il profilo temporale. Questi aspetti propriamente anticipatori vanno d'altra parte coordinati con gli elementi più propriamente cautelari che caratterizzano il procedimento *de quo* e che si riconducono, oltre che alla collocazione dell'istituto tra i procedimenti cautelari, al riferimento, da parte della legge, alla «*assicurazione*» (ossia alla cautela) degli effetti del provvedimento di merito. Per l'opportuna illustrazione di questi aspetti v. F. TOMMASEO, *I provvedimenti*, cit., p. 57 e *passim*; A. PANZAROLA, *I provvedimenti*, cit., p. 859.

(7) Cfr. C. MANDRIOLI, *Per una nozione*, cit., p. 564. Si suole anche distinguere tra contenuto anticipatorio e contenuto innovativo (L. MONTESANO, *I provvedimenti*, cit., p. 36; F. TOMMASEO, *I provvedimenti*, cit., p. 196).

La grandissima varietà dei possibili contenuti dei provvedimenti in discorso esclude che possa qui tentarsi una sorta di elencazione o di rassegna di provvedimenti pronunciati nella pratica giudiziaria (significative rassegne possono rinvenirsi in S. SATTA, *Commentario*, IV, cit., p. 272; V. ANDRIOLI, *Commento*, IV, cit., p. 253; G. ARIETA, *Appendice* ai *Provvedimenti*, cit., p. 309; ID., *Le cautele*, cit., p. 553; A. PANZAROLA, *I provvedimenti*, cit., p. 807 e p. 872). A puro titolo esemplificativo, si può qui menzionare, come provvedimento a contenuto anticipatorio, quello che ha disposto l'assistenza domiciliare infermieristica anche notturna a favore di un paziente affetto da una grave patologia (Trib. Roma 28 marzo 2011, in *Foro it.*, 2012, I, 1132) o che inibiva atti di concorrenza sleale (Trib. Roma 7 aprile 2017, in *Foro it.*, 2017, I, 2081, con nota di M. CAPUTI; Trib. Milano, sez. spec. impr., 9 luglio 2015, *ivi*, 2015, I, 2926; Trib. Roma 18 maggio 2012, *ivi*, 2012, I, 2190) o che ordinava la distruzione di fotocopie in violazione dei diritti di proprietà intellettuale (Pret. Milano 20 settembre 1990, in *Foro it.*, 1991, I, 663) o che inibiva la pubblicazione di corrispondenza epistolare riservata di persona defunta (Pret. Verona 6 novembre 1990, in *Foro it.*, 1991, I, 651); invece, come provvedimento a contenuto non anticipatorio, si può menzionare, sempre a titolo esemplificativo, l'ordine di pubblicare una rettifica rispetto alla divulgazione di un'indagine statistica (Pret. Bari 16 luglio 1985, in *Foro it.*, 1986, I, 2944), nonché l'ordine ad una so-

pico, appunto), avuto riguardo alle specifiche e sempre mutevoli esigenze.

D'altra parte, poiché, da un lato, è certo che, col configurare questi provvedimenti il legislatore non ha affatto attribuito al giudice un generale potere cautelare esteso ai presupposti dei provvedimenti cautelari (8), mentre, dall'altro lato, i dati della strumentalità e della sussidiarietà implicano una valutazione di idoneità all'assicurazione provvisoria degli effetti, tocca all'interprete il non facile compito di determinare i limiti di impiego di questa misura.

A questo riguardo, occorre anzitutto tenere ben presente il limite generale determinato dalla preordinazione del provvedimento d'urgenza ad assicurare l'effettività della tutela giurisdizionale dei diritti soggettivi. Con la conseguenza che il provvedimento d'urgenza non può, sotto il profilo soggettivo, coinvolgere terzi (9), né può, sotto il profilo oggettivo, aprire la via a forme di tutela alternativa di situazioni giuridiche diverse o addirittura inesistenti e solo auspica-

---

cietà per azioni di sospendere lo svolgimento di un'assemblea in condizioni ritenute inidonee al corretto svolgimento (Pret. Milano 11 settembre 1985, in *Foro it.*, 1986, I, 545). Quanto, poi, all'utilizzabilità del provvedimento d'urgenza per ordinare la cancellazione di ipoteca iscritta al di fuori delle ipotesi di legge, se nel passato prevaleva la tesi negativa (v., ad es., Trib. Milano 8 marzo 2006, in *Giur. it.*, 2006, p. 2325; Trib. Torino 30 marzo 1994, *ivi*, 1994, I, 2, 1105), più di recente va profilandosi un mutamento di orientamento nella giurisprudenza di merito giustificato dalla diminuita strumentalità strutturale dei provvedimenti d'urgenza (v., ad es., Trib. Foggia 28 luglio 2018, in *Giur. it.*, 2018, p. 2391, con nota di V. AMENDOLAGINE; Trib. Milano 28 ottobre 2013, *ivi*, 2014, p. 92, con nota contraria di R. CONTE; Trib. Piacenza 1° aprile 2008, *ivi*, 2009, p. 139, con nota di M. BINA; Trib. Bari 22 aprile 2008, *ivi*, 2008, p. 1735; v. anche A. PANZAROLA, *I provvedimenti*, cit., p. 877), anche con riferimento alla possibile riduzione dell'iscrizione ipotecaria. In quest'ultimo senso v. anche C. Cost. 14 dicembre 2017 n. 271 (in *Foro it.*, 2018, I, 401) che ha ritenuto, di conseguenza, infondata la questione di legittimità costituzionale degli artt. 2877, 2° comma, e 2884 c.c. nella parte in cui non prevederebbero tale possibilità.

(8) Un siffatto potere generale riguarda infatti, per effetto dell'istituto di cui qui si tratta, soltanto i contenuti del provvedimento cautelare (cfr. V. ANDRIOLI, *Commento*, IV, cit., p. 246; G. OLIVIERI, *I provvedimenti*, cit., p. 692). V. quanto rilevato alle note 1 e 2 in questo §; v. anche G. ARIETA, *I provvedimenti*, cit., p. 57; ID., *Le cautele*, cit., p. 533, e specialmente F. TOMMASEO (*I provvedimenti*, cit., p. 73), che mette in evidenza come l'equivoco richiamo ad un siffatto potere, che presupporrebbe (se esistesse) l'iniziativa ufficiosa del giudice, è uno degli strumenti per mezzo dei quali vengono spesso compiuti taluni inammissibili superamenti dei limiti propri dell'istituto. Questo A. riconosce invece, attraverso la caratteristica della sussidiarietà, la figura dell'azione generale di cautela, come subito nel testo.

(9) V. sul punto i giusti rilievi dell'ANDRIOLI, *Commento*, IV, cit., p. 263. Ma, anche a questo riguardo, la giurisprudenza non arretra di fronte ad ordini a terzi, che sono assai frequenti, come, ad es., l'inibizione di condotte di slealtà concorrenziale (Trib. Bologna 18 aprile 2002, in *Foro it.*, 2003, I, 1918) o l'ordine di non pubblicare una certa corrispondenza (Pret. Roma 25 marzo 1975, in *Foro it.*, 1975, I, 2835) o l'inibizione ad un interprete di eseguire una canzone e alla Rai di trasmetterla (Pret. Roma 8 marzo 1976, in *Foro it.*, 1976, I, 2499); a proposito di questi ed altri superamenti dei limiti soggettivi, v. ora ampiamente F. TOMMASEO, *I provvedimenti*, cit., p. 97 e, ivi, ampie citazioni della giurisprudenza e delle critiche della dottrina. Per i possibili rimedi contro questi superamenti, dal punto di vista del terzo, v. P. BIAVATI, *Note sulla tutela del terzo nei procedimenti cautelari*, in *Riv. trim. dir. e proc. civ.*, 1983, p. 998.

te (10); mentre, nulla impedisce che esso possa avere anche un contenuto meramente conservativo e non necessariamente anticipatorio (11), sempre che rimanga nei limiti della domanda della parte istante, in ossequio al principio della domanda (12).

D'altra parte, ove il provvedimento avesse un contenuto inibitorio, sarebbe ammissibile solo nei limiti determinati dalla tipicità della forma di tutela inibitoria (13).

---

(10) V., ad es., il noto provvedimento che ordinava ai rettori delle università di non iscrivere nella facoltà di medicina più di un certo numero di studenti (Pret. Roma 26 ottobre 1984, in *Foro it.*, 1985, I, 2154). Di fronte a quest'ostacolo si è invece arrestata Pret. Roma 30 luglio 1985 (in *Giur. it.*, 1986, I, 2, 81), negando la tutela in via d'urgenza contro la pur censurata abitudine di interrompere la trasmissione televisiva di *film* per trasmettere *spot* pubblicitari, per il rilievo che non compete al giudice determinare le modalità concrete della trasmissione. Per affinità di argomento, v. anche oltre, la nota 20.

V. la precisazione del TOMMASEO riferita retro, nella nota 4 e v. anche, dello stesso A. *(I provvedimenti*, cit., pp. 111, 303), il rilievo che la strumentalità della tutela implica il richiamo al *principio di legalità* che pone un'invalicabile barriera distintiva tra l'attività del giudice (anche quando è discrezionale) e quella dell'amministratore, che configura nel modo più conveniente l'assetto degli interessi; e perciò giustamente segnala il pericolo che una malintesa nozione della discrezionalità possa offrire al giudice la via per oltrepassare i limiti oggettivi imposti dalla strumentalità della tutela cautelare. In questo quadro, è sicuramente illegittimo il provvedimento d'urgenza che ordina al conservatore la cancellazione dell'ipoteca giudiziaria per la riforma in appello della sentenza sul cui fondamento era stata iscritta, in quanto in contrasto col disposto dell'art. 2884 c.c. (che richiede il passaggio in giudicato); mentre è pure dubbia la legittimità del provvedimento che, per aggirare l'ostacolo, configura un obbligo che sorgerebbe in capo alla parte già richiedente per effetto della riforma in appello, di prestare il consenso alla cancellazione e ordina tale prestazione in via d'urgenza (Trib. Milano 7 agosto 1998, in *Giur. it.*, 1999, p. 524, con nota problematica di R. CONTE). V. anche G. ARIETA, *I provvedimenti*, cit., p. 62; ID., *Le cautele*, cit., p. 553.

(11) Di diverso avviso, invece, G. ARIETA (*Funzione non necessariamente anticipatoria dei provvedimenti ex art. 700 c.p.c.*, in *Riv. dir. proc.*, 1984, p. 585), che attribuisce al TOMMASEO (*I provvedimenti*, cit., p. 242; ma v. pp. 8, 281) l'opinione secondo la quale tale contenuto diverso non sarebbe possibile. Ciò che qui preme porre in rilievo è che il divieto per il giudice di creare nuove forme di tutela non gli impedisce affatto di adattare il contenuto del provvedimento alle esigenze suggerite dalla finalità strumentale-conservativa, purché però, nell'ambito e in funzione di una richiesta di tutela che va quanto meno preannunciata e dalla quale anche il giudice della cautela è vincolato (v. anche la nota che segue). Sulla possibilità di inibitoria con portata costitutiva (e non risarcitoria) per prevenire il ripetersi di violazioni, v. L. MONTESANO, in *Riv. trim. dir. e proc. civ.*, 1995, p. 778. È configurabile anche l'*inibitoria all'esecuzione di una garanzia*, tenendo peraltro presente che, ove si tratti di garanzia in prima richiesta, l'inibitoria è di solito ammessa solo quando si tratti di richiesta manifestamente fraudolenta (F. TOMMASEO, in *Giur. it.*, 1996, I, 2, 427 e ivi citazioni).

(12) Contra G. ARIETA, *Funzione*, cit., p. 596; ID., *I provvedimenti*, cit., pp. 89, 137; ID., *Le cautele*, cit., p. 641. A parere di chi scrive, invece, tale limite va riaffermato in ossequio al principio della domanda, sia pure tenendo conto che la discrezionalità dei poteri del giudice rende sufficiente la richiesta in termini generici (per la tesi, invece, dell'applicabilità rigorosa del principio della domanda, v. F. TOMMASEO, *I provvedimenti*, cit., p. 300, secondo cui la discrezionalità opererebbe soltanto con riguardo alle modalità di esecuzione del provvedimento; per identiche conclusioni v. anche A. PANZAROLA, *I provvedimenti*, cit., p. 768).

(13) Cfr. F. CARPI, *La tutela d'urgenza*, cit., p. 705; E. GRASSO, in *Riv. dir. proc.*, 1987, p. 525;

Limiti più particolari vengono poi ricondotti alla natura del diritto sostanziale a cautela del quale è chiesta la misura d'urgenza o del tipo di azione con la quale si intende far valere tale diritto. A questo proposito, basterà ricordare, anzitutto, il contestato limite che conseguirebbe all'impossibilità di eseguire coattivamente gli obblighi di fare infungibili, in considerazione del fatto che non è ottenibile in via cautelare ciò che non è possibile ottenere in via definitiva (14). Ma rilevare anche che non sembra fondata, sebbene autorevolmente sostenuta, l'opinione che contesta la tutelabilità col provvedimento d'urgenza delle c.d. situazioni strumentali, ossia dei diritti di credito, nonché dei diritti (potestativi) ad una modificazione giuridica o che presuppongano una modificazione giuridica (15).

---

contra C. RAPISARDA, *Profili della tutela civile inibitoria*, Padova, 1987, p. 236; in argomento v. anche G. BASILICO, *La tutela civile preventiva*, Milano, 2013, pp. 100 e 202; A. PANZAROLA, *I provvedimenti*, cit., p. 842.

(14) V. ad es., nel senso dell'impedimento, Trib. Catania 18 gennaio 2004, in *Giur. comm.*, 2005, II, p. 64; Trib. Palermo 6 giugno 2003, in *Riv. it. dir. lav.*, 2004, II, p. 426, con nota di D. AMADEI; Trib. Palermo 28 luglio 1995, in *Foro it.*, 1996, I, 2252; in senso opposto, Trib. Cagliari 19 ottobre 2009, in *Foro it.*, 2011, I, 287, con nota di A. MONDINI; Trib. Torino 16 ottobre 2009, in *Foro pad.*, 2010, I, p. 805; Trib. Catania 9 luglio 2009, in *Foro it.*, 2009, I, 2813; Trib. Trieste 20 settembre 2006, in *Giur. it.*, 2007, p. 1737, con nota di C. SPACCAPELO; Trib. Milano 27 gennaio 1999, *ivi*, 2000, p. 945, con nota di R. CONTE; Trib. Torino 10 marzo 1995, in *Giur. it.*, 1995, I, 2, 814. All'ostacolo derivante dall'impossibilità di ottenere in sede cautelare ciò che non è ottenibile in via definitiva si contrappone il richiamo all'esigenza civilistica dell'esatto adempimento e soprattutto l'efficacia di pressione nel quadro di un sempre più diffuso ricorso alle misure coercitive, previste in termini generali dall'art. 614 bis (v., sul punto, Trib. Cagliari 19 ottobre 2009, cit.; R. CONTE, *La nozione di irreparabilità nella tutela d'urgenza del diritto di credito*, in *Riv. dir. proc.*, 1998, pp. 237-242).

(15) Così S. SATTA, in *Foro it.*, 1952, I, 132 e in *Commentario*, IV, cit., p. 270. Si è obiettato, invece, come anche i diritti di credito possano subire un pregiudizio imminente e irreparabile per effetto del ritardo nella prestazione del debitore (L. MONTESANO, *I provvedimenti*, cit., p. 48; G. ARIETA, *I provvedimenti*, cit., pp. 113, 151; ID., *Le cautele*, cit., p. 544; F. TOMMASEO, *I provvedimenti*, cit., p. 127; R. CONTE, *Tutela d'urgenza*, cit., p. 219; ID., *La nozione di irreparabilità*, cit., p. 218; A. PANZAROLA, *I provvedimenti*, cit., p. 847). In argomento v. anche la nota 17.

Quanto, poi, all'esclusione della modificazione in via cautelare della situazione giuridica, alla parziale adesione del CALVOSA (*Provvedimenti*, cit., p. 456) fa riscontro la posizione nettamente contraria dell'ANDRIOLI (*Commento*, IV, cit., p. 260), per il rilievo che la provvisoria assicurazione degli effetti, anche se costitutivi, della decisione sul merito va ad incidere sulla situazione sostanziale preesistente al processo. Nello stesso senso G. ARIETA (*I provvedimenti*, cit., p. 115; ID., *Le cautele*, cit., p. 553); F. TOMMASEO (*I provvedimenti*, cit., p. 262) per il rilievo che ciò che può subire pregiudizio non è il diritto (potestativo) alla modificazione giuridica, che si attua con la proposizione della domanda, ma l'utilità della sentenza producente la modificazione giuridica; L. DITTRICH, *Il provvedimento*, cit., p. 276. La giurisprudenza è ormai orientata, pressoché unanimemente, nel senso di riconoscere la possibilità della tutela d'urgenza dei diritti potestativi che si attuano con azione costitutiva necessaria e comunque delle utilità conseguenziali alla pronuncia costitutiva; in proposito v., anche per indicazioni, A. PANZAROLA, *op. cit.*, p. 867. Con riguardo invece alle azioni costitutive non necessarie (come, ad es., l'azione ex art. 2932 c.c.), sembra prevalere la tesi dell'inammissibilità (così, ad es., Trib. Cuneo 12 aprile 2012, in *Giur. merito*, 2012, p. 2355; Trib. Bari 10 maggio 2012, in *Contratti*, 2012, p. 597; Trib. Torino 12 luglio 2003, in

Né sembrano fondati i dubbi circa l'utilizzabilità dello strumento in discorso in funzione delle pronunce di mero accertamento, in considerazione del fatto che, se è vero che la certezza, per se stessa, non può subire pregiudizio, ben può accadere che il pregiudizio investa le pronunce conseguenziali (restituzioni, condanne a non fare, ecc.) (16).

Parimenti infondati sembrano, su altro versante, i dubbi circa la possibilità di impiegare i provvedimenti d'urgenza in funzione della tutela dei diritti aventi ad oggetto beni fungibili (come, ad es., un credito per il pagamento di somme di denaro) (17) o in funzione della fruttuosità dell'esecuzione del provvedimento defi-

---

Giur. it., 2004, p. 539; Trib. Rovereto 7 agosto 2002, *ivi*, 2003, p. 1395, con nota di L. BACCAGLINI ed esposizione delle contrapposte opinioni), alla quale peraltro si potrebbe opporre la tutelabilità d'urgenza di utilità conseguenziali, come, ad es., l'esercizio della costituenda servitù di passaggio (Trib. Mantova 4 novembre 2014, in *Giur. it.*, 2015, p. 1128, con nota adesiva di R. CONTE; Trib. Milano 15 gennaio 2014, *ibidem*, p. 108, con nota di M.C. VANZ) o l'accesso del lavoratore alle prestazioni straordinarie di un fondo di sostegno al reddito o all'occupazione (Trib. Roma 13 febbraio 2014, in *Corr. giur.*, 2015, p. 546, con commento critico di U. COREA). Per identiche conclusioni v. anche A. PANZAROLA, *op. cit.*, p. 872. Più in generale, con riferimento alla tutela d'urgenza della situazione potestativa, v. D. BUONCRISTIANI, *Potere e atto. Tutela civile della situazione oppositoria*, Torino, 2020, p. 128, che l'ammette come regolamentazione provvisoria del conflitto mediante correttivi discrezionalmente fissati dal giudice e ispirati al criterio del «minimo mezzo».

(16) Perplesso, sul punto, V. ANDRIOLI, *op. loc. cit.*; favorevoli L. MONTESANO, *I provvedimenti*, cit., p. 66; G. ARIETA, *I provvedimenti*, cit., p. 142; ID., *Le cautele*, cit., p. 576 e L. DITTRICH, *Il provvedimento*, cit., p. 275; sostanzialmente favorevole il TOMMASEO, *I provvedimenti*, cit., p. 256. Al riguardo si è rilevato (G. SAMORÌ, *La tutela cautelare dichiarativa*, in *Riv. trim. dir. e proc. civ.*, 1995, p. 955) che il problema di cui qui si tratta riguarda soltanto i casi in cui la tutela provvisoria si esaurisce nell'emanazione di un provvedimento solo dichiarativo. E a parere di questo A. non esistono situazioni di questo tipo bisognevoli di tutela cautelare. Non dissimile la conclusione alla quale perviene, in proposito, A. PANZAROLA, *op. cit.*, p. 869. La giurisprudenza offre tuttavia molti esempi di provvedimenti d'urgenza a tutela di situazioni azionabili in via di mero accertamento (v., ad es., le pronunce citate dal TOMMASEO, *I provvedimenti*, cit., p. 256, cui *adde*, ad es., Trib. Barcellona Pozzo di Gotto 17 luglio 2018, in *Foro it.*, 2018, I, 4099; Trib. Palermo 27 marzo 2013, in *www.ilcaso.it*; Trib. Perugia 16 marzo 2009, in *Società*, 2010, p. 1257, con nota di N. SOLDATI; Pret. Roma 1° febbraio 1993, in *Giur. it.*, 1994, I, 2, 1170 e Pret. Roma 11 marzo 1987, in *Riv. dir. proc.*, 1988, p. 885, con nota adesiva di P. FRISINA; in senso contrario, Trib. Padova 16 settembre 2004, in *Corr. giur.*, 2005, p. 409, con nota di C. PETRILLO; App. Torino 9 giugno 2000, in *Dir. industriale*, 2002, p. 276).

(17) Si osserva che, a tutela del credito di denaro, soccorre il sequestro conservativo, sicché il provvedimento di urgenza non è ammissibile (Trib. Bologna 2 settembre 2014, in *Giur. it.*, 2015, p. 632, con nota contraria di R. CONTE; Pret. Roma 22 giugno 1976, in *Giust. civ.*, 1976, I, p. 1746). Non sembra, tuttavia, che questa conclusione possa essere accettata nella sua assolutezza, dovendosi tener conto di situazioni particolari nelle quali il ritardo può pregiudicare la fruttuosità degli altri strumenti di tutela (v., ad es., Pret. Roma 25 gennaio 1993, in *Giur. it.*, 1994, I, 2, 612, con nota di L. LAUDISA; Trib. Milano 23 dicembre 1993, in *Giur. it.*, 1995, I, 2, 848, con nota di R. CONTE). L'orientamento della giurisprudenza non è univoco; in particolare una palese insofferenza dei suddetti limiti si manifesta con riguardo ai casi in cui il credito di denaro deriva da un rapporto di lavoro (v., per il rispetto del limite, Pret. Roma 7 febbraio 1980 e, per la negazione, Pret. Napoli 4 febbraio 1981, entrambi in G. ARIETA, *I provvedimenti*, *Appendice*, cit., pp. 352 e

nitivo (18) o per assicurare gli effetti di una tutela giurisdizionale da esercitare non in via ordinaria ma utilizzando forme di tutela cognitiva sommaria o speciale (19) o per tutelare in via d'urgenza una situazione giuridica, la cui configurabilità presupponga una preventiva pronuncia di incostituzionalità (20).

357; dello stesso A. v. anche *Le cautele*, cit., p. 535). In genere, la giurisprudenza sembra essere a favore dell'ammissibilità anche a tutela dei crediti pecuniari, quando afferiscano a situazioni di rilevanza non patrimoniale (v. Trib. Siena 21 novembre 2015, in *www.ilcaso.it*; Trib. Oristano 3 aprile 2015, *ibidem*; Trib. Siracusa 28 agosto 2014, in *Giur. it.*, 2015, p. 1128, con nota adesiva di R. CONTE; in precedenza, Pret. Roma 6 luglio 1995, in *Foro it.*, 1996, I, 708, con nota di F. MACARIO, che si è spinta a riconoscere la determinazione giudiziale anticipata del corrispettivo in un contratto di durata). V. anche retro, la nota 15.

(18) L. MONTESANO, *I provvedimenti*, cit., p. 44; V. ANDRIOLI, *Commento*, IV, cit., p. 246; C. CALVOSA, *Provvedimenti*, cit., p. 450; G. ARIETA, *I provvedimenti*, cit., p. 92. Naturalmente il rilievo compiuto nel testo non si riferisce al provvedimento d'urgenza in funzione della fruttuosità *della condanna*, che costituisce anzi il terreno più congeniale alla tutela urgente (così F. TOMMASEO, *I provvedimenti*, cit., p. 248; A. PANZAROLA, *I provvedimenti*, cit., p. 863) e che si concreta nell'anticipazione dell'assoggettamento dell'intimato alla sanzione esecutiva.

(19) Cfr., in questo senso, V. ANDRIOLI, *op. loc. cit.*; L. MONTESANO, *I provvedimenti*, cit., p. 45; A. CARRATTA, *Provvedimenti presidenziali «nell'interesse dei coniugi e della prole» ex art. 708 c.p.c. e tutela d'urgenza*, in *Fam. e dir.*, 1999, p. 376; Cass. 10 giugno 1988 n. 3939; Cass. 10 febbraio 1987 n. 1404; Cass. sez. un. 15 ottobre 1982 n. 5348, in *Giur. it.*, 1983, I, 1, 737. In proposito v. anche C. Cost. 28 giugno 1985 n. 190 (in *Foro it.*, 1985, I, 1881, con nota del PROTO PISANI, e in *Giur. it.*, 1985, I, 1, 1293, con nota del NIGRO), che ha configurato un'ampia tutela d'urgenza in sede amministrativa. Oggi, infatti, gli artt. 56 e 57 del D.Lgs. 104/2010 attribuiscono al giudice amministrativo il potere di pronunciare provvedimenti analoghi (anche con riguardo ai requisiti) a quelli configurati dall'art. 700 (v. anche A. PANZAROLA, *I provvedimenti*, cit., p. 792).

(20) In questo senso v. Cass. sez. un. 1° dicembre 1978 n. 5678, in *Foro it.*, 1978, I, 2704; in dottrina, G. CAMPANILE, *Procedimento d'urgenza e incidente di legittimità costituzionale*, in *Riv. dir. proc.*, 1985, p. 124; G. TRISORIO LIUZZI, *La sospensione del processo civile di cognizione*, Bari, 1987, p. 673; F.P. LUISO, *Diritto processuale civile*[6], IV, Milano, 2011, p. 182; L. DITTRICH, *Il provvedimento*, cit., p. 280. Invece, nel senso che il giudice debba rigettare l'istanza per difetto della situazione cautelanda in quanto nel nostro ordinamento ogni giudizio di costituzionalità è riservato alla Corte costituzionale, v. C. MANDRIOLI, *I provvedimenti d'urgenza*, cit., p. 661; F. CARPI, *La tutela*, cit., p. 696; M. MONTANARI, in *Giur. it.*, 1988, I, 2, 151; in giurisprudenza, Cass. 12 dicembre 1991 n. 13415, in *Giur. it.*, 1992, I, 1, 1744; Trib. Milano 6 novembre 2016, in *Foro it.*, 2017, I, 13; Trib. Roma 8 agosto 2014, ivi, 2014, I, 2934, con nota di G. CASABURI; Trib. Alba 31 dicembre 1999, in *Giur. it.*, 2000, p. 2072, con nota critica di E. VULLO. È comunque certo che il giudice adito *ante causam* non è legittimato a sollevare questioni di legittimità costituzionale dopo che, accogliendo il ricorso ex art. 700, si è spogliato dei suoi poteri (C. Cost. 25 gennaio 1984 n. 8, in *Foro it.*, 1984, I, 641); tuttavia, si ammette la possibilità che il giudice si pronunci sul provvedimento d'urgenza *in via interinale* e in attesa della pronuncia della Corte costituzionale (A. PANZAROLA, *I provvedimenti*, cit., p. 815; A. CARRATO, *Tutela cautelare* ante causam *e compatibilità con l'incidente di costituzionalità*, in *Corr. giur.*, 2015, p. 975). Invece, per un es. di provvedimento d'urgenza conseguente alla pronuncia della Corte costituzionale v. Trib. Bologna 14 agosto 2014, in *Foro it.*, 2014, I, 2934, con nota di G. CASABURI. Con specifico riferimento, poi, all'utilizzabilità del provvedimento d'urgenza a contenuto inibitorio per conseguire gli stessi effetti del sequestro previsto dall'art. 21, 3° comma, Cost. in materia di tutela della libertà di stampa, le sezioni unite l'hanno esclusa (Cass. sez. un. 18 novembre 2016 n. 23469).

Peraltro, sempre con riferimento ai limiti di utilizzabilità della tutela d'urgenza, va rilevato come si tenda a negare che essa possa essere utilizzata per paralizzare o annullare gli effetti di un provvedimento giurisdizionale, salvo che non emergano esigenze particolari e contingenti (21).

In realtà, i soli limiti che emergono dall'art. 700 attengono direttamente al requisito del *periculum in mora* e, di riflesso, al *fumus boni iuris* meritevole di tutela in via cautelare (22). Infatti, è appunto alla particolare natura del pericolo nel ritardo che esso si riferisce nel configurare, per la concessione del provvedimento *de quo*, il requisito che il diritto *sia minacciato, durante il tempo occorrente per tutelarlo nel merito, da un pregiudizio imminente ed irreparabile*. Mentre il profilo dell'*imminenza* attiene alla prossimità temporale del pericolo, quello dell'*irreparabilità* – intesa come impossibilità o anche mera difficoltà di piena reintegrabilità del diritto all'esito del giudizio di merito, ove davvero dovesse subire il minacciato pregiudizio – va valutato dal giudice di volta in volta in considerazione della specifica situazione sostanziale «minacciata» (anche in via riflessa) dal pregiudizio (23), a prescindere dalla natura della stessa situazione giuridica tutelanda.

---

(21) Cass. 11 giugno 1990 n. 5670, in *Foro it.*, 1991, I, 528; G. ARIETA, *I provvedimenti*, cit., p. 93; ID., *Le cautele*, cit., p. 613; F. TOMMASEO, *I provvedimenti*, cit., p. 115; M. MUSCARDINI, in *Riv. dir. proc.*, 1981, p. 762; P. BIAVATI, *Note sulla tutela*, cit., p. 1015, che però approva l'orientamento che, quando ne esistono i presupposti, permette al terzo che si assume leso da un provvedimento cautelare, di ottenere un «controprovvedimento cautelare» (*ivi*, p. 1021 e in *Riv. trim. dir. e proc. civ.*, 1984, p. 1416; in questa linea, v. Trib. Parma 19 marzo 1999, in *Giur. it.*, 2000, p. 304, in un caso in cui il terzo non sarebbe potuto intervenire nel giudizio di merito già rimesso in decisione; Trib. Milano 26 novembre 1999, in *Giur. it.*, 2000, p. 944, contenente un ordine di cancellazione di ipoteca iscritta sul fondamento di titolo che non consentiva l'iscrizione). V. anche le osservazioni di P. POTOTSCHNIG, in *Riv. dir. proc.*, 1992, p. 1202, a proposito di una pronuncia della Corte costituzionale in tema di rapporti tra tutela petitoria e tutela possessoria (su cui v. retro, § 47) e, a favore della tesi possibilista, le argomentazioni di C.E. BALBI, *Provvedimenti d'urgenza*, cit., p. 93.

Non mancano, d'altra parte, pronunce di merito che addirittura ammettono provvedimenti d'urgenza che, in sede di appello, anticipano gli effetti della riforma della sentenza (v., ad es., App. Roma 21 luglio 2004, in *Guida al dir.*, 2004, n. 35, p. 38).

(22) Con riguardo al *periculum in mora*, esso viene riferito, più che al diritto, alla sua funzione, con riguardo alla persona del suo titolare (così A. PROTO PISANI, *I provvedimenti d'urgenza ex art. 700 c.p.c.*, in *Appunti sulla giustizia civile*, Bari, 1982, p. 380; L. DITTRICH, *Il provvedimento d'urgenza*, cit., p. 265; A. PANZAROLA, *I provvedimenti*, cit., p. 776; nella giurisprudenza di merito v., ad es., Trib. Catanzaro 10 febbraio 2012, in *www.ilcaso.it*).

Con riguardo al *fumus boni juris*, si mette in rilievo che deve trattarsi di una domanda non *prima facie* infondata, su un diritto (e quindi non, ad es., una obbligazione naturale) suscettibile di esser tutelato con efficacia di giudicato.

(23) Sul requisito dell'imminenza, v. C. RAPISARDA, *Tutela preventiva, inibitoria cautelare ex art. 700 ed inibitoria finale*, in *Riv. dir. proc.*, 1986, p. 138; G. ARIETA, *Le cautele*, cit., p. 540; G. BASILICO, *La tutela civile*, cit., p. 100; ID., *Imminenza del pregiudizio*, cit., p. 61; A. PANZAROLA, *I provvedimenti*, cit., p. 839. A proposito del requisito dell'*irreparabilità* (su cui v. R. CONTE, *op. cit.*, p. 240), si è giustamente osservato (A. PROTO PISANI, *Due note in tema di tutela cautelare*, in *Foro it.*, 1983, V, 149 e A. PANZAROLA, *I provvedimenti*, cit., p. 843) che, mentre nei provvedimenti nominati l'irrepa-

Venendo, ora, alla disciplina procedimentale, ricordiamo che le fasi di autorizzazione, di revoca o modifica, di attuazione anche di questi provvedimenti sono disciplinate dagli articoli da 669 bis a 669 terdecies, che abbiamo esaminato nei §§ 43 e 44.

In particolare, con riguardo alla proposizione dell'istanza, si applicano gli artt. 669 ter e 669 quater, a seconda che essa venga avanzata *ante causam* o *lite pendente*.

La particolare strumentalità e sussidiarietà della tutela d'urgenza esige che, nei casi in cui tale tutela sia chiesta ante causam, il ricorso introduttivo – che deve, comunque, specificare il provvedimento richiesto anche con riguardo al suo contenuto – contenga l'indicazione della domanda di merito, che funge da punto di riferimento per individuare i presupposti della tutela cautelare (24) e per valutare l'idoneità del provvedimento richiesto a neutralizzare il *periculum* che minaccia il diritto.

Al di là di ciò, per il procedimento si applica l'art. 669 sexies; per i provvedimenti rispettivamente di rigetto e di accoglimento si applicano gli artt. 669 septies e 669 octies; per la dichiarazione d'inefficacia e per la revoca gli artt. 669

---

rabilità del pregiudizio è già stata valutata dalla legge, nel provvedimento d'urgenza va valutata dal giudice volta per volta senza escludere neppure le obbligazioni pecuniarie. Sul punto v. la nota 17 e le pronunce ivi citate.

Si ritiene, d'altra parte, ma non senza contrasti, che non sia concedibile il provvedimento d'urgenza che produca, a sua volta, effetti irreversibili, come, ad es., *l'ordine di cancellazione della trascrizione di domanda giudiziale, prima del passaggio in giudicato della sentenza su tale domanda*; ciò che tra l'altro, è contrastato dal disposto dell'art. 2668 c.c. (v., infatti, nel senso dell'inammissibilità, Cass. 16 gennaio 1986 n. 251; Trib. Agrigento 10 aprile 2013, in *www. ilcaso.it*; Trib. Torino 1° marzo 2007, in *Merito*, 2007, n. 9, p. 15; Trib. Milano 8 marzo 2006, in *Giur. it.*, 2006, p. 2325; Trib. Modena 11 giugno 1999, *ivi*, 2000, p. 1645, con nota di E. CANAVESE; così anche A. PANZAROLA, *I provvedimenti*, cit., p. 872; E. PICOZZA, in *Riv. dir. proc.*, 1997, p. 1243, a critica di Trib. Roma 19 settembre 1995, orientato in senso contrario). Talvolta, tuttavia, si è riconosciuto che la cancellazione può essere ordinata con ordinanza ex art. 700 nei confronti non dell'Ufficio, ma della parte che abbia eseguito la trascrizione fuori dalle ipotesi di legge (v. Trib. Milano 30 settembre 2002, in *Giur. milanese*, 2002, p. 435; Trib. Milano 1° dicembre 2003 in *Giur. it.*, 2004, p. 308; Trib. Napoli 26 gennaio 2006, in *Corr. merito*, 2006, p. 709; Trib. Bari 22 luglio 2007, in *Giur. it.*, 2008, p. 708; Trib. Milano 24 giugno 2008, *ivi*, 2009, p. 430; Trib. Foggia 23 febbraio 2009, in *Foro it.*, 2009, I, 1921; Trib. Roma 16 novembre 2011, in *Corr. giur.*, 2012, p. 963; Trib. Brindisi 30 giugno 2014, in *Giur. it.*, 2014, p. 1606, con nota di V. AMENDOLAGINE, con riferimento alla cancellazione della domanda giudiziale proposta ai sensi dell'art. 2932 c.c.).

Non dissimile il discorso per quanto riguarda l'ordine di *cancellazione del nominativo del ricorrente dall'archivio della centrale dei rischi della Banca d'Italia* (v., orientati in senso contrapposto, Trib. Napoli 2 luglio 2013 e Trib. Verona 19 marzo 2013, in *Foro it.*, 2014, I, 314).

(24) Così esattamente F. TOMMASEO, *I provvedimenti*, cit., p. 222, il quale mette anche in rilievo che questa indicazione, per lo più implicita nelle misure a contenuto anticipatorio, appare particolarmente necessaria nelle misure a contenuto conservativo (contra, G. ARIETA, *I provvedimenti*, cit., p. 140; ID., *Le cautele*, cit., p. 639). Su questo e sulle conseguenze della mancata individuazione della domanda di merito v. anche retro, § 43.

Nel caso che la domanda cautelare sia proposta in corso di causa, il punto di riferimento (ed il limite) è ovviamente costituito dalla domanda già proposta.

novies e 669 decies, per l'attuazione l'art. 669 duodecies e per il reclamo l'art. 669 terdecies (v. retro, §§ 43 e 44).

50. *La tutela preventiva dei consumatori. Cenni sugli aspetti processuali della disciplina «antitrust» e contro le discriminazioni.*

Elementi della cautela sono indubbiamente presenti anche nelle c.d. azioni preventive, essendo queste finalizzate a prevenire il verificarsi della violazione.

Quando, in sede di esame dei diversi tipi di azione (vol. I, § 15), rilevammo che il nostro ordinamento non contempla la figura generale dell'azione preventiva, in quanto non conosce la figura generale dell'illecito da pericolo, non mancammo di precisare che l'ordinamento stesso preferisce la configurazione di singole specifiche azioni a fronte di specifiche situazioni di pericolo.

Tra queste azioni, particolare rilievo assumono le inibitorie a tutela dei consumatori e, più in particolare, degli operatori economici.

La prima, in ordine cronologico, tra le azioni di questo tipo si ritrova nell'art. 37 D.Lgs. 206/2005 (c.d. codice del consumo) e concerne la tutela dei consumatori nei confronti delle c.d. clausole vessatorie (25). Come è noto, esso (ma già l'abrogato art. 1469 sexies c.c.) – nell'ambito della disciplina delle clausole vessatorie nei contratti tra consumatori (26) e professionisti – attribuisce alle associazioni rappresentative dei consumatori, di cui all'art. 137 cod. consumo, a quelle rappresentative dei professionisti, nonché alle camere di commercio, *la legittimazione ad agire contro il professionista o le associazioni di professionisti, che utilizzano o raccomandano condizioni generali di contratto, per chiedere al giudice competente che inibisca l'uso delle condizioni, di cui sia accertata l'abusività.*

Il 2° comma del medesimo art. 37 cod. consumo dispone poi che la suddetta inibitoria può essere concessa, «*quando ricorrono giusti motivi di urgenza, ai sensi degli artt. 669 bis e seguenti del codice di procedura civile*».

La disciplina sostanziale delle clausole c.d. vessatorie nei contratti tra con-

---

(25) In generale sull'argomento v. R. MARENGO, *Le garanzie processuali a tutela dei consumatori*, Torino, 2007, p. 140; R. DONZELLI, *La tutela giurisdizionale degli interessi collettivi*, Napoli, 2008, p. 443; ID., *Azione collettiva inibitoria*, in *Diritto on line Treccani*, 2012; A.D. DE SANTIS, *La tutela giurisdizionale collettiva*, Napoli, 2013, p. 431; D. AMADEI, *L'azione collettiva inibitoria*, Torino, 2018, p. 153.

Va anche ricordato che il citato art. 37 cod. consumo non è superato dall'entrata in vigore dell'art. 840 sexiesdecies c.p.c., che, introdotto dalla L. 31/2019, disciplina una generale azione collettiva inibitoria (come abbiamo visto retro, nel vol. I, al § 13).

(26) Sulla nozione di consumatore v. AA.VV., *La direttiva sui diritti dei consumatori*, in *Foro it.*, 2012, V, 178; M.C. PAGLIETTI, in *Riv. trim. dir. e proc. civ.*, 2012, p. 987; C. giust. 22 novembre 2001, C-549/99, in *Giur. it.*, 2002, p. 543; Cass. 10 luglio 2008 n. 18863, in *Danno e resp.*, 2009, p. 385, con nota di F. BARTOLINI.

sumatori e professionisti (27) è, per se stessa, estranea, all'oggetto di questa trattazione, se non per alcune disposizioni di evidente rilievo per il processo. Così, ad es., quella dell'art. 33 cod. consumo, lett. r), che qualifica vessatorie *le clausole che limitano o escludono l'opponibilità dell'eccezione di inadempimento da parte del consumatore*; quella della lett. t) dello stesso articolo, che qualifica come vessatorie le clausole che pongono a carico del consumatore «*decadenze, limitazioni della facoltà di opporre eccezioni, deroghe alla competenza dell'autorità giudiziaria* (28)*, limitazioni all'allegazione di prove, inversioni o limitazioni dell'onere della prova, restrizioni della libertà contrattuale nei rapporti con i terzi*» (29); nonché e soprattutto quella della lett. u) dello stesso articolo, che include, tra le clausole vessatorie, la deroga al c.d. foro del consumatore, ovvero «*lo stabilire come sede del foro competente sulle controversie località diverse da quelle di residenza o domicilio elettivo del consumatore*» (30).

---

(27) Tutela ora ampliata con l'introduzione nel codice del consumo dell'art. 37 bis, ad opera del D.L. 1/2012, conv. dalla L. 27/2012, che disciplina, accanto alla tutela giurisdizionale, anche una tutela amministrativa presso l'Autorità garante della concorrenza e del mercato.

(28) Compresa la clausola compromissoria. Per l'ipotesi che la conseguente nullità della clausola non sia stata fatta valere davanti agli arbitri, l'impossibilità di farla valere con l'impugnazione del lodo, secondo il disposto dell'art. 817, 3° comma, è superata dalla direttiva 93/13/CEE che, come ribadito da C. giust. 26 ottobre 2006, C-168-05, in *Riv. dir. proc.*, 2007, p. 1083, limpidamente commentata e approvata da E.F. RICCI. A questo proposito v. anche C. giust. 6 ottobre 2009, C-40/08, in *Corr. giur.*, 2010, p. 170, con nota di R. CONTI, la quale ha riconosciuto, proprio in base alla direttiva 93/13/CEE, il potere del giudice nazionale, investito di una domanda per l'esecuzione forzata di un lodo straniero emesso in assenza del consumatore e divenuto definitivo perché non impugnato, di valutare d'ufficio il carattere abusivo della clausola compromissoria e, di conseguenza, di annullare il lodo, pure già divenuto definitivo, sempre che ciò sia consentito dall'ordinamento processuale interno; in senso analogo C. giust. 30 maggio 2013, C-397/11, in *Foro it.*, 2014, IV, 3, con nota di R. DE HIPPOLYTIS e A. PALMIERI; sempre a proposito dell'ampia possibilità di esperire l'eccezione di abusività della clausola contrattuale v. anche C. giust. 26 gennaio 2017, C-421/14, in *www.curia.europa.eu*.

(29) V., su queste disposizioni, F. LAPERTOSA, *Profili processuali della disciplina delle clausole vessatorie nei contratti con il consumatore*, in *Riv. dir. proc.*, 1998, p. 704; A.D. DE SANTIS, *La tutela*, cit., pp. 363 e 435. V. anche Cass. 20 agosto 2015 n. 17024.

(30) Ne consegue un particolare criterio di *competenza esclusiva*, come tale già riconosciuto dalla Cassazione (Cass. 8 marzo 2005 n. 5007, in *Foro it.*, 2005, I, 2740), che ne desume il corollario della non necessità della specifica contestazione di tutti i fori alternativamente concorrenti (Cass. 8 febbraio 2005 n. 2543, *ibidem*, 2741), ma sempre che la controversia riguardi il contratto fra professionista e consumatore come fattispecie costitutiva e non come elemento di una fattispecie costitutiva più complessa (Cass. 19 aprile 2012 n. 6116) e sempre che il consumatore non rinunci ad avvalersene (Cass. 19 giugno 2014 n. 13944). Sull'esclusività di questa competenza e sul suo fondamento normativo, v. anche Trib. Milano 10 novembre 2009, in *Giur. it.*, 2010, p. 1662. In argomento, P. GENTILE, *Il foro del consumatore ed il codice del consumo*, in *Rass. dir. civ.*, 2008, p. 68. A proposito della prevalenza di questo criterio di competenza anche con riguardo alle controversie sul trattamento dei dati personali, la cui titolarità origini da rapporti di consumo (in deroga a quanto stabilito dall'art. 10 D.Lgs. 150/2011 e, in precedenza, dall'art. 152 D.Lgs. 196/2003, c.d. codice della privacy), v. Cass. 12 marzo 2014 n. 5705; Cass. 14 ottobre 2009 n. 21814 (in *Corr. giur.*, 2010, p. 1052, con nota di L.C. NATALI). In proposito v. anche il § 37 del vol. I.

In particolare, per quanto riguarda le deroghe alla competenza territoriale (31), va posto in evidenza anche qui (ma v. già i cenni nel vol. I, § 37, al richiamo della nota 64 e nella nota stessa) il combinato disposto della lett. t) del già citato art. 33 cod. consumo e della lett. u), dal quale emerge un nuovo e speciale criterio di determinazione della competenza territoriale che deroga alle regole generali di cui agli artt. da 18 a 20 c.p.c. (32), e il cui richiamo in una clausola, *senza previa trattativa individuale* (33), darebbe luogo alla vessatorietà della clausola stessa (34).

Rilevante per il processo è, d'altra parte, anche il disposto dell'art. 36 cod. consumo, il quale, dopo aver enunciato, nel 1° comma, che la conseguenza della natura vessatoria delle clausole è la nullità delle clausole stesse (35) e dopo aver disposto che sono comunque nulle le clausole che, quantunque oggetto di trattativa, abbiano l'oggetto o gli effetti specificati nel 2° comma, lettere a), b) e c), precisa ulteriormente, nel 3° comma, che la nullità opera soltanto a vantaggio del consumatore e può essere rilevata, oltre che, ovviamente, a istanza del consumatore stesso, anche d'ufficio dal giudice. Ed al riguardo, sebbene si sia sostenuto che queste disposizioni vadano coordinate col regime delle preclusioni proprio del rilievo delle eccezioni (36), va comunque tenuta presente la giurisprudenza della

---

(31) Peraltro, a seguito del D.L. 1/2012 (conv. dalla L. 27/2012) e dell'istituzione delle sezioni specializzate in materia di impresa, *la competenza per la violazione della normativa antitrust è stata attribuita al tribunale competente per territorio presso cui è istituita la sezione specializzata in materia di impresa*. In argomento v. anche M. NEGRI, *Giurisdizione e amministrazione nella tutela della concorrenza*, II, Torino, 2012, p. 64; v. sul punto, vol. I, § 36, al richiamo della nota 49 e nella nota stessa.

(32) Così F. LAPERTOSA, *Profili processuali*, cit., p. 714.

(33) È noto infatti, che, per l'art. 34, 4° comma, cod. consumo, la trattativa individuale (alla cui prova il professionista è onerato: Cass. 26 settembre 2008 n. 24262, in *Foro it.*, 2008, I, 3528; Cass. 20 agosto 2004 n. 16336, *ivi*, 2005, I, 1855) toglie rilievo alla c.d. vessatorietà, purché, però, l'approvazione delle singole clausole vessatorie sia avvenuta per iscritto ed in forma distinta dalle altre clausole contrattuali (Cass. 27 febbraio 2012 n. 2970).

(34) Sicché, in definitiva, si configura un foro esclusivo (nel luogo di residenza o domicilio del consumatore: Cass. 28 agosto 2012 n. 14679; Cass. 26 aprile 2010 n. 9922, in *Guida al dir.*, 2010, n. 20, p. 63; Cass. 13 giugno 2006 n. 13642; Cass. sez. un. 1° ottobre 2003 n. 14669, in *Foro it.*, 2003, I, 3298, con nota di A. PALMIERI, e in *Giur. it.*, 2004, p. 249), anche se derogabile a seguito di trattativa individuale (Cass. 29 settembre 2004 n. 19594 e, in precedenza, Cass. 28 agosto 2001 n. 11282, in *Foro it.*, 2001, I, 3587), che la Cassazione ha ritenuto utilizzabile anche per le controversie relative a liberi professionisti (Cass. 27 febbraio 2009 n. 4914, in *Foro it.*, 2009, I, 2684, per la controversia fra paziente e medico; Cass. 26 settembre 2008 n. 24257, *ibidem*, I, 1111 e in *Corr. giur.*, 2009, p. 800, con nota di F. AGNINO, per la controversia fra avvocato e cliente; in quest'ultimo ambito v. anche Cass. 12 marzo 2014 n. 5703; Cass. 24 gennaio 2014 n. 1464). Nello stesso senso, poi, C. giust. 15 gennaio 2015, C-537/13.

(35) Superando, così, la precedente previsione dell'inefficacia delle clausole in questione (v. ampiamente M.C. GIORGETTI, *La dichiarazione di inefficacia delle clausole abusive del contratto dei consumatori*, in *Riv. dir. proc.*, 1998, p. 761).

(36) Cfr. M.C. GIORGETTI, *La dichiarazione*, cit., p. 780; M. LUPANO, *Il regime processuale delle nullità di protezione*, in *Giur. it.*, 2021, p. 228.

Corte di giustizia europea, secondo la quale contrasta con la direttiva europea 93/13 sulla tutela dei consumatori la norma processuale interna che subordina a preclusioni la rilevabilità d'ufficio o su istanza di parte dell'abusività di una determinata clausola contrattuale (37) ed anche quella che nega al giudice la possibilità di procedere ad un'istruttoria d'ufficio per accertare la natura abusiva della clausola contrattuale (38).

Ma, per restare all'azione inibitoria di cui all'art. 37 cod. consumo, che viene in rilievo in questa sede (39), l'attenzione per quest'azione, sotto il profilo processualistico, si concentra anzitutto sul rilievo che essa costituisce un'ipotesi eccezionale di tutela preventiva (v. vol. I, § 15) riguardante diritti soggettivi o plurisoggettivi (40) e che, per la sua esperibilità, sono da escludere i requisiti della colpa e del danno risarcibile (41). Ma soprattutto l'attenzione si concentra, da un lato (ossia con riguardo al 1° comma), sulla legittimazione all'azione di cui trattasi e, dall'altro lato (ossia con riguardo al 2° comma) sul requisito dei «*giusti motivi di urgenza*», in relazione al richiamo agli artt. 669 bis e ss. c.p.c.

Sotto il primo profilo, poiché la legittimazione all'inibitoria è attribuita, oltre che alle camere di commercio (42), alle associazioni rappresentative dei consumatori di cui all'art. 137 cod. consumo e a quelle rappresentative dei professionisti (43), residua il problema della verifica della rappresentatività di queste ultime,

---

(37) C. giust. 6 ottobre 2009, cit.; C. giust. 21 novembre 2002, C-473/00, in *Racc.*, 2002, p. 10875; C. giust. 27 giugno 2000, C-240/98 e C-244/98, *ivi*, 2000, p. 4941; v. anche A. ORESTANO, *Rilevabilità di ufficio della vessatorietà delle clausole*, in *Europa dir. priv.*, 2000, p. 1179; L. DANIELE, *Direttive per la tutela dei consumatori e poteri d'ufficio del giudice nazionale*, in *Dir. unione europea*, 2011, p. 83; A. CARRATTA, *Libertà fondamentali del Trattato dell'Unione europea e processo civile*, in *Riv. dir. proc.*, 2015, p. 1400.

(38) C. giust. 9 novembre 2010, causa C-137/08, in *Racc.*, 2010, p. 10847.

(39) Ma anche qui la nozione dell'inibitoria è presa in considerazione sotto un profilo limitato e cioè con riguardo alle inibitorie a tutela dei consumatori e della concorrenza.

Ben più ampia – perché spazia sulle inibitorie a tutela dei diversi diritti sostanziali toccando anche profili costituzionali – l'analisi compiuta da G. BASILICO, *In tema di inibitoria e diritti di libertà*, in *Riv. dir. proc.*, 2008, p. 391; poi anche ID., *La tutela civile*, cit., p. 234.

(40) Cfr. Trib. Roma 23 maggio 2008, in *Foro it.*, 2008, I, 2674, con osservazioni di A.D. DE SANTIS; Trib. Milano 21 dicembre 2009, *ivi*, 2010, I, 1627, con nota di F. BECHI e A. PALMIERI e, insieme a Trib. Milano 6 ottobre 2009, in *Giur. it.*, 2010, p. 1671, con nota parzialmente critica di A. GIUSSANI; T.a.r. Lazio 12 marzo 2010 nn. 1176 e 1180 e 26 marzo 2010 n. 1404, *ivi*, 2011, p. 390. In proposito v. anche il § 13 del vol. I.

(41) Cfr. F. DANOVI, *L'azione inibitoria in materia di clausole vessatorie*, in *Riv. dir. proc.*, 1996, p. 1058; A. FRIGNANI, *L'azione inibitoria contro le clausole vessatorie*, *ivi*, 1997, p. 1000; A.D. DE SANTIS, *op. cit.*, p. 447; D. AMADEI, *op. cit.*, p. 113.

(42) Sull'argomento v. E. BATTELLI, *L'inibitoria delle camere di commercio*, in *Giur. it.*, 2007, p. 2626.

(43) Queste ultime vengono in rilievo per lo più con riguardo alla legittimazione passiva, che può spettare alle associazioni rappresentative delle imprese operanti in un settore economico (Cass. 21 maggio 2008 n. 13051, in *Foro it.*, 2008, I, 2474).

verifica che è affidata, quale questione attinente al merito, di volta in volta al giudice (44).

È stata segnalata, d'altra parte, la gravità della carenza di una disciplina che configuri determinati effetti per la sentenza di *accoglimento*, nei confronti di tutti i consumatori del professionista soccombente (45) direttamente o indirettamente (46). In proposito, è assai dubbio, in particolare, se la sentenza di accoglimento sia vincolante in un successivo giudizio tra il professionista ed uno qualsiasi dei consumatori (47), sebbene anche in questo caso vada registrata la

(44) Così anche C. FERRI, *L'azione inibitoria prevista dall'art. 1469 sexies c.c.*, in *Riv. dir. proc.*, 1996, p. 937; F. LAPERTOSA, *op. cit.*, p. 724; A.D. DE SANTIS, *op. cit.*, p. 469; D. AMADEI, *op. cit.*, p. 64.

Quanto ai singoli consumatori e utenti – che non sono legittimati a questa inibitoria – si ritiene che essi possano agire per la dichiarazione di nullità dalle clausole vessatorie inserite nei singoli contratti e per il risarcimento dei danni conseguente. In caso di violazione della normativa antitrust, tuttavia, le sezioni unite hanno ribadito la natura sempre esclusiva di questa competenza (della sezione specializzata in materia di impresa del tribunale: v. retro, nel testo) in ogni materia di concorrenza e a prescindere dal valore (Cass. sez. un. 4 febbraio 2005 n. 2207, in *Riv. dir. proc.*, 2006, p. 375, con nota di A. BARLETTA) (v. anche le osservazioni di S. CHIARLONI, *Appunti sulle tecniche di tutela collettiva dei consumatori*, in *Riv. trim. dir. e proc. civ.*, 2005, p. 385).

(45) C. FERRI, *op. cit.*, p. 941; D. AMADEI, *op. cit.*, p. 122; ID., *Tutela esecutiva ed azione inibitoria delle associazioni dei consumatori*, in *Riv. es. forz.*, 2003, p. 315; più possibilista, con riguardo alla specificità del contenuto dell'azione, F. DANOVI, *L'azione inibitoria*, cit., p. 1071; v. anche C. MORETTI, *Note in tema di efficacia soggettiva dell'azione inibitoria*, in *Riv. dir. proc.*, 1997, p. 883; per l'efficacia del provvedimento di accoglimento verso tutti i soggetti appartenenti alla categoria, v. C. PUNZI, *La tutela giudiziale degli interessi diffusi e degli interessi collettivi, ivi*, 2002, p. 667.

Va, d'altra parte, segnalato l'orientamento, ripreso e difeso da S. CHIARLONI (*Per la chiarezza delle idee in tema di tutele collettive dei consumatori*, in *Riv. dir. proc.*, 2007, p. 575), che, nel quadro degli insegnamenti del Liebman in tema di concorso soggettivo di azioni, propende per un'efficacia *secundum eventum litis* (ossia per l'efficacia della sentenza a favore ma non contro gli altri consumatori) non senza confutare le numerose obiezioni che sono state sollevate avverso quest'orientamento; a quest'ultima soluzione sembrano aderire anche A.D. DE SANTIS, *op. cit.*, p. 511; M. SCALAMOGNA, *L'efficacia dell'accertamento collettivo nelle liti individuali secondo il codice del consumo*, in *Riv. dir. proc.*, 2008, p. 669.

(46) In realtà, anche chi nega che la sentenza di accoglimento contenga un accertamento vincolante verso tutti i consumatori, per il rilievo che oggetto di questo giudizio non sarebbe un diritto soggettivo, ma una situazione prodromica (E. MARINUCCI, *Gli effetti della sentenza inibitoria prevista dall'art. 1469 sexies c.c.*, in *Riv. dir. proc.*, 2002, p. 229), finisce col riconoscere indirettamente tale portata con riguardo all'accertamento del diritto (potestativo) «ad ottenere dal giudice l'enunciazione di una regola destinata a reggere i rapporti tra il professionista e i suoi potenziali clienti» (*ivi*, p. 247) con l'effetto (costitutivo) di rendere automaticamente nulle le clausole contenute in successivi contratti in violazione della sentenza; e ciò in forza dell'art. 1418 c.c. Per la critica di questa tesi, tuttavia, v. D. AMADEI, *L'azione collettiva*, cit., p. 132.

(47) Sebbene l'opinione prevalente sia per la risposta negativa, in forza del principio dell'inidoneità della sentenza a produrre effetti verso i terzi, merita attenzione un orientamento in senso opposto, ossia nel senso dell'estensione dell'accertamento a favore o contro i colegittimati, in virtù della peculiarità del suo oggetto; al quale orientamento ci sembra riconducibile la posizione di chi ravvisa una portata costitutiva nella sentenza inibitoria (E. MARINUCCI, *Azioni collettive e azioni*

recente posizione, più avanzata, della Corte di giustizia europea (48).

È invece sostanzialmente privo di inconvenienti il fatto che la sentenza *di rigetto* esplichi i suoi effetti unicamente tra le parti.

Quanto alla mancata previsione di strumenti coercitivi nell'art. 37 cod. consumo, ad eccezione della facoltà per il giudice di ordinare la pubblicazione del provvedimento in uno o più giornali (3° comma) (49), essa è stata in parte superata dall'introduzione dell'art. 614 bis c.p.c. (v. retro, § 34) (50).

Tra i tanti problemi che concernono l'operare dell'inibitoria ex art. 37 cod. consumo, e che qui non possono essere singolarmente esaminati, giova comunque segnalare il quesito se le sentenze sull'inibitoria possano contenere anche condanne al risarcimento o alla restituzione (51).

Passando, invece, al tema poc'anzi accennato come «secondo profilo» e che concerne l'iniziativa cautelare di cui al 2° comma dell'art. 37 cod. consumo, occorre rilevare che la specificità del riferimento ai *giusti* (anziché ai *gravi*) motivi di urgenza, senza alcun richiamo alla disciplina dei provvedimenti d'urgenza, induce ad escludere la necessaria sussistenza, per quest'iniziativa cautelare, del requisito del pregiudizio imminente e irreparabile proprio dei provvedimenti d'urgenza di cui all'art. 700 (52). Come anche a negare fondamento ad un orienta-

---

inibitorie da parte delle associazioni dei consumatori, in *Riv. dir. proc.*, 2005, p. 135), sì da attribuire a detta sentenza una portata pregiudiziale rispetto ai diritti dei singoli consumatori (*ivi*, p. 151). Per la critica di quest'ultimo orientamento v. A.D. DE SANTIS, *op. cit.*, p. 507: D. AMADEI, *L'azione collettiva*, cit., p. 139.

(48) Infatti, C. giust. 26 aprile 2012, C-472/10, in *Giusto proc. civ.*, 2014, p. 785, con nota di A. FACHECHI, ha riconosciuto che l'accertamento della nullità della clausola abusiva, che faccia parte delle condizioni generali dei contratti stipulati con consumatori, nell'ambito di un'azione inibitoria collettiva, produce effetti, ai sensi della direttiva 93/13, nei riguardi di tutti i consumatori che non siano stati parti del procedimento inibitorio.

(49) Così C. MORETTI, *op. cit.*, p. 808; ma v., per il rilievo dell'inadeguatezza e pericolosità di questo strumento, A. FRIGNANI, *L'azione inibitoria*, cit., p. 1021. V. anche E. MARINUCCI, *Gli effetti*, cit., p. 244 col rilievo dell'efficacia di questo strumento che informa i potenziali consumatori circa la nullità delle clausole inserite nei contratti in violazione della sentenza.

(50) Sull'argomento, F. DANOVI, *op. cit.*, p. 1076; D. AMADEI, *Tutela esecutiva*, cit., p. 318. V. anche E. MARINUCCI, *Gli effetti*, cit., p. 234, con la dimostrazione dell'incoercibilità dell'obbligo di non fare *de quo* e dell'inapplicabilità delle sanzioni di cui agli artt. 388, 1° comma, e 650 c.p. Sull'art. 614 bis v. retro, il § 34.

(51) A questo quesito in genere viene data risposta negativa in base al rilievo che dette sentenze tutelano solo interessi collettivi, sicché le «misure idonee a eliminare o correggere le conseguenze dannose» debbono arrestarsi al *facere* e all'accertamento (così E. MARINUCCI, *Azioni collettive*, cit., pp. 140, 151; D. AMADEI, *L'azione collettiva*, cit., p. 171; così anche, ad es., Trib. Milano 13 settembre 2004, in *Giur. it.*, 2005, p. 998, con nota di A.D. DE SANTIS). Sull'argomento v. un ampio e dettagliato riesame, a commento di alcune pronunce di merito, da parte di A.D. DE SANTIS, *Questioni in tema di tutela inibitoria collettiva ecc.*, in *Giur. it.*, 2008, p. 2804; ID., *La tutela*, cit., p. 519, dove l'evidenziazione della tesi secondo cui fra le «misure» rientri anche la reintegrazione patrimoniale a favore dei consumatori individuali.

(52) Cfr. C. FERRI, *op. cit.*, p. 943; F. LAPERTOSA, *op. cit.*, p. 726; D. AMADEI, *L'azione colletti-*

mento giurisprudenziale di merito, che tende a limitare i motivi di urgenza rilevanti per il provvedimento *de quo* ai casi nei quali le clausole vessatorie insistano su diritti soggettivi fondamentali (53) e ad un altro orientamento giurisprudenziale, secondo il quale il giudizio dovrebbe essere ancorato a situazioni o rapporti determinati (54). Sembra, infatti, determinante il rilievo che la generalità dell'azione e la sua natura preventiva escludono la configurabilità di un siffatto pregiudizio specifico ed individuale, che, d'altra parte, ciascun consumatore potrebbe far valere autonomamente (55).

Sta, comunque, di fatto che la giurisprudenza non sembra riuscire a trovare una linea interpretativa conforme e coerente per l'infelice formula legislativa (56).

Più sintetici cenni possono essere qui dedicati all'*inibitoria in materia di ritardi nelle transazioni commerciali* (introdotta dall'art. 8 del D.Lgs. 231/2002, in attuazione della direttiva 00/35/CE), in quanto si tratta di istituto strutturato con molte analogie con l'inibitoria in materia di clausole vessatorie, ora esaminata (57).

Quest'istituto, che riguarda soltanto i contratti tra imprese, inclusi i professionisti (art. 2), tende a prevenire (ad inibire, appunto), più che a reprimere, la «grave iniquità» (art. 7) in danno del creditore delle clausole contrattuali concernenti il termine di pagamento, il saggio degli interessi moratori o il risarcimento per i costi di recupero (così l'art. 8 lett. a del D.Lgs. 231/2002), attraverso una sorta di controllo contenutistico del contratto, sulla falsariga di quanto già previsto a proposito delle clausole vessatorie di cui all'art. 37 cod. consumo.

---

va, cit., p. 272; contra A. FRIGNANI, *L'azione inibitoria*, cit., p. 1013; Trib. Palermo 22 ottobre 1997 (in *Giur. it.*, 1998, I, 1608) richiede «diverse ragioni specifiche»; sulla specificità di queste ragioni, v. C. PUNZI, *La tutela*, cit., p. 669; in giurisprudenza, v. Trib. Roma 30 aprile 2008, in *Foro it.*, 2008, I, 2679, con osservazioni di A.D. DE SANTIS; Trib. Milano 21 dicembre 2009, *ivi*, 2010, I, 1627.

(53) V., ad es., Trib. Roma 8 maggio 1998, in *Foro it.*, 1998, I, 1989; Trib. Roma 23 maggio 1997, in *Giur. it.*, 1998, I, 1853, con nota critica di A. PLAIA; contra F. LAPERTOSA, *op. cit.*, p. 726.

(54) Trib. Torino 4 ottobre 1996, 16 agosto 1996 e 14 agosto 1996, tutte in *Foro it.*, 1997, I, 287 citate e ampiamente criticate da A. FRIGNANI, *L'azione inibitoria*, cit., p. 1013, il quale ritiene particolarmente rilevante, agli effetti della gravità del possibile pregiudizio e della relativa urgenza, il numero di consumatori esposti al rischio e la quota di mercato detenuta dal professionista (A. FRIGNANI, *L'azione inibitoria*, cit., p. 1020). V. in quest'ordine di idee, Trib. Roma 2 agosto 1997, in *Giur. it.*, 1998, I, 1621. Altre pronunce fanno riferimento ad una ingiustificata ed eccessiva asimmetria nelle contrapposte prestazioni (Trib. Roma 18 giugno 1998, in *Giur. it.*, 1999, I, p. 290).

(55) Cfr., con riferimento all'incidenza collettiva del *periculum in mora*, Trib. Roma 28 giugno 2003, in *Giur. it.*, 2005, p. 1033; v. anche Trib. Roma 14 gennaio 2009 e 17 aprile 2009, in *Foro it.*, 2009, I, 3513; Trib. Milano 21 dicembre 2009, cit.; Trib. Milano 3 aprile 2015, in *Rep. Foro it.*, 2015, voce *Consumatori e utenti*, n. 30.

(56) V., ad es., i rilievi di A. PALMIERI e G.M. ARMONE a commento di diverse pronunce del Trib. Roma, in *Foro it.*, 1998, I, 3331.

(57) V., anche per questo rilievo, lo studio di V. CARNEVALE, *L'azione inibitoria in materia di ritardi nei pagamenti nelle transazioni commerciali*, in *Riv. dir. proc.*, 2004, p. 1117.

In particolare, va qui segnalata l'inibizione, previo accertamento della possibile «grave iniquità» delle condizioni generali sui punti suddetti, circa il loro uso e l'adozione di misure idonee a correggere o eliminare gli effetti dannosi delle violazioni accertate, con possibili ordini di pubblicazioni, se idonei a tale scopo (art. 8 lett. c).

È configurata, dunque, anche qui (art. 8) un'azione inibitoria che ricalca quella di cui all'art. 37 cod. consumo; azione da introdursi con citazione secondo il rito ordinario. Anche qui si prescinde dalla colpa del soggetto agente, ma, a differenza dell'inibitoria di cui all'art. 37 cod. consumo, si prevedono (art. 8, 3° comma, e art. 10) alcune possibilità di dare attuazione (indiretta) ai provvedimenti inibitori, attraverso meccanismi di *astreinte* o di sanzione automatica (58). Anche in questo caso, poi, è prevista (art. 8, 2° comma) – in presenza di gravi motivi di urgenza – l'inibitoria urgente, con le modalità di cui agli artt. 669 bis e ss. c.p.c.

Per la tutela degli interessi collettivi, la legge (art. 8, 1° comma) attribuisce la *legittimazione ad agire* alle associazioni di categoria degli imprenditori presenti nel CNEL (Consiglio Nazionale dell'Economia e del Lavoro). È naturalmente possibile anche l'iniziativa del singolo creditore contraente, anche a tutela di posizioni patrimoniali, mentre non si ritiene che l'accertamento sull'illiceità in sede collettiva sia vincolante rispetto ai singoli.

Per analogia e parziale coincidenza di oggetto, meritano qui particolare attenzione gli aspetti processuali della disciplina della violazione del diritto alla concorrenza, a livello sia nazionale (D.Lgs. 206/2005: c.d. codice del consumo) che comunitario. Aspetti processuali che, per effetto del D.Lgs. 3/2017 (in attuazione della direttiva 2014/104/UE), sono stati integrati anche con riferimento alla conseguente tutela risarcitoria (59). Al riguardo la recente dottrina si è partico-

---

(58) Non riteniamo che questa possibilità (del resto solo parziale) possa modificare le più generali considerazioni già compiute sia con riguardo alla non autonomia strutturale della tutela preventiva (v. vol. I, § 15, *sub* D e, in questo vol., § 47) e sia con riguardo all'inquadramento delle misure inibitorie nell'ambito delle diverse forme di tutela giurisdizionale, specie con riguardo alla correlazione necessaria tra condanna ed eseguibilità forzata; ciò con riferimento a chi nega questa correlazione (DENTI), a chi inquadra le misure inibitorie nelle azioni di condanna (PROTO PISANI), a chi le riconduce all'accertamento mero (ATTARDI) e a chi si riferisce ad una più ampia nozione della condanna, che include gli ordini giudiziari non eseguibili coattivamente (CHIARLONI); di questo e degli altri AA. citati in questa nota v. le opere citate in questo vol. IV, § 4, nota 24.

Al di là degli aspetti nominalistici di questi inquadramenti di scarsa utilità pratica, restano decisivi, a parere di chi scrive, i rilievi che, da un lato, la condanna non è propriamente tale se non introduce la possibile esecuzione forzata e che, dall'altro lato, questo non basta per costringere le azioni inibitorie nell'ambito dell'accertamento mero, rispetto al quale presentano un *quid pluris* [ordini eseguibili solo con esecuzioni indirette o suscettibili solo di esecuzione spontanea, attesa la loro portata *lato sensu* costitutiva (MONTESANO)]. Per una rassegna critica di queste opinioni, v. V. CARNEVALE, *L'azione inibitoria*, cit., p. 1135.

(59) In proposito rinviamo ad A. CARRATTA, *Le più recenti riforme*, cit., p. 79; P. COMOGLIO, *Note a una prima lettura del d.lgs. n. 3 del 2017 ecc.*, in *Riv. trim. dir. e proc. civ.*, 2017, p. 991; G.

larmente soffermata sui rapporti tra gli accertamenti che, in tema di concorrenza e di sua violazione, sono affidati all'Autorità garante (e, in sede comunitaria, alla Commissione) e gli accertamenti che nella stessa materia sono affidati ai giudici; rapporti concordemente ritenuti di piena autonomia (60).

Sennonché, chi anche più di recente si è sforzato di mettere in evidenza la differenza tra la *tutela degli interessi del mercato* (affidata all'Autorità garante e, in sede comunitaria, alla Commissione) e la *tutela degli interessi nel mercato* (ossia quegli interessi che fondano autentici diritti soggettivi degli imprenditori o nei loro confronti, affidata in Italia ai giudici amministrativi), ha posto in evidenza che, nonostante la conclamata autonomia delle due sfere di tutela, gli apprezzamenti dei fatti sono per lo più lasciati alle Autorità garanti, che, giustamente sollecite degli interessi propri del mercato, mancano, nella valutazione dei fatti, di adeguata imparzialità (61).

Non meno rilevanti, peraltro, si presentano i problemi che emergono con riferimento alla rilevanza che hanno per il giudice nei giudizi risarcitori le decisioni delle Autorità garanti nazionali. Stabilisce, infatti, l'art. 7 del richiamato D.Lgs. 3/2017, che, ai fini dell'esercizio dell'azione per il risarcimento del danno derivante dalla violazione della disciplina sulla concorrenza, «*si ritiene definitivamente accertata, nei confronti dell'autore, la violazione del diritto della concorrenza constatata da una decisione dell'Autorità garante ... non più soggetta ad impugnazione davanti al giudice del ricorso, o da una sentenza del giudice del ricorso passata in giudicato*» (62).

Ancora sul tema, ma con più specifico riguardo agli aspetti cautelari della tutela *antitrust*, merita segnalazione il rilievo (63) di come il disposto dell'art. 8 del

---

VILLA, *L'attuazione della Direttiva sul risarcimento del danno per violazione delle norme sulla concorrenza*, in *Corr. giur.*, 2017, p. 441.

(60) V., *ex multis*, Cass. 13 febbraio 2009 n. 3640, in *Foro it.*, 2010, I, 1901, con osservazioni di A. PALMIERI. In proposito, v. anche I. PAGNI, *La tutela civile antitrust dopo la sentenza 2207/05 ecc.*, in *Corr. giur.*, 2005, p. 333; M. NEGRI, *Il lento cammino della tutela civile antitrust ecc.*, *ibidem*, p. 342; A. BARLETTA, *La competenza sull'inibitoria antitrust*, in *Riv. dir. proc.*, 2006, p. 499; A.D. DE SANTIS, *Processo civile,* antitrust litigation *e* consumer protection, *ivi*, 2015, p. 1495; M. NEGRI., *Giurisdizione e amministrazione*, cit., II, pp. 150 e 299, dove ampi richiami.

(61) Per questi rilievi, che qui non possono essere ulteriormente approfonditi e che si estendono anche al livello comunitario con riguardo al Reg. n. 1/2003, v. P. BIAVATI, *Il diritto processuale e la tutela dei diritti in materia di concorrenza*, in *Riv. trim. dir. e proc. civ.*, 2007, p. 97, il quale auspica, *de jure condendo*, che l'intera materia *antitrust* venga affidata ai giudici ordinari (*ivi*, p. 114).

(62) In argomento v. anche A. CARRATTA, *Le più recenti riforme*, cit., p. 84. Con riferimento alla direttiva 2014/104 v. anche R. RORDORF, *Il ruolo del giudice e quello dell'Autorità nazionale della concorrenza e del mercato nel risarcimento del danno antitrust*, in *Società*, 2014, p. 784; A.D. DE SANTIS, *Processo civile,* antitrust litigation, cit., p. 1499.

(63) Da parte di L. QUERZOLA, *La tutela cautelare «antitrust» fra processi e amministrazione*, in *Riv. trim. dir. e proc. civ.*, 2007, p. 280; in argomento v. anche M. NEGRI, *Procedimenti paralleli in materia antitrust ecc.*, in *Int'l Lis*, 2009, pp. 71 e 133; ID., *Giurisdizione e amministrazione*, cit., pp. 21 e 299.

Reg. 1/2003 (che, in sede comunitaria, consente alla Commissione la concessione d'ufficio di misure cautelari) sia stato preceduto da iniziative di tipo «pretorio» della stessa Commissione, analogamente a quanto poi avvenuto in sede nazionale, con l'art. 14 del D.L. 223/2006, conv. dalla L. 248/2006.

Per quanto riguarda la materia (diversa, ma correlata) della pubblicità, qui basti ricordare che due decreti legislativi (n. 145 e n. 146 del 2007) hanno introdotto una disciplina conforme al diritto comunitario in materia di pubblicità ingannevole e/o comparativa illecita (64). Con riferimento agli aspetti processuali di questi strumenti di tutela, basti qui tener presente che il nuovo statuto della pubblicità affida ad un'Autorità amministrativa indipendente la vigilanza sull'applicazione delle norme in tema di pubblicità ingannevole (65).

Infine, merita una segnalazione il procedimento per la risoluzione delle controversie in materia di discriminazione – disciplinato dall'art. 28 D.Lgs. 150/2011 sulla c.d. semplificazione dei riti (v. cap. 6° del vol. III) (66) e la competenza del tribunale del luogo di domicilio del ricorrente (67) – per la sua particolarità di offrire, accanto ad una tutela di natura risarcitoria, anche una tutela in forma specifica particolarmente incisiva (68).

---

(64) Il primo di questi decreti (n. 145) è riferito alla tutela dei professionisti della pubblicità, mentre il secondo (n. 146) è riferito alla tutela degli interessi dei consumatori.

(65) Per più dettagliate informazioni e rilievi su questa materia estranea a questa trattazione (compresi i riferimenti al Giurì della pubblicità), v. M. BINA, *Profili processuali del nuovo statuto della pubblicità*, in *Riv. dir. proc.*, 2008, p. 1381.

(66) Il 1° comma dell'art. 28 D.Lgs. 150/2011 prevede l'applicazione del procedimento sommario di cognizione (con le specificità indicate dallo stesso art. 28) alle controversie in materia di discriminazione di cui all'art. 44 D.Lgs. 286/1998 (t.u. sull'immigrazione), quelle di cui all'art. 4 D.Lgs. 215/2003 (attuazione della direttiva 2000/42/CE per la parità di trattamento tra le persone indipendentemente dalla razza e dall'origine etnica), quelle di cui all'art. 4 D.Lgs. 216/2003 (attuazione della direttiva 2000/78/CE per la parità di trattamento in materia di occupazione e di condizioni di lavoro), quelle di cui all'art. 3 L. 67/2006 (contenente misure per la tutela giudiziaria delle persone con disabilità vittime di discriminazioni) e quelle di cui all'art. 55 quinquies D.Lgs. 198/2006 (codice delle pari opportunità tra uomo e donna). In proposito v. A. CARRATTA, *La «semplificazione» dei riti e le nuove modifiche del processo civile*, Torino, 2012, p. 70; C. DI SALVO, *Discriminazione*, in *Riordino e semplificazione dei procedimenti civili*, a cura di F. SANTANGELI, Milano, 2012, p. 844; G. FICARELLA, *La tutela giudiziaria contro le discriminazioni dopo il decreto legislativo 'taglia riti'*, in *Giusto proc. civ.*, 2013, p. 231. V. anche Cass. 15 novembre 2016 n. 23286; Cass. 3 febbraio 2016 n. 2113; Trib. 28 ottobre 2016, in *Foro it.*, 2017, I, 371; Trib. Aosta 5 gennaio 2016, *ivi*, 2016, I, 716; App. Milano 3 luglio 2014, *ivi*, 2014, I, 2606.

(67) Criterio di competenza di natura funzionale, esclusiva e inderogabile (Cass. 29 ottobre 2013 n. 24419; poi Trib. Torino 14 aprile 2014, in *Foro it.*, 2014, I, 2989, con nota di A.D. DE SANTIS). Rientrando l'atto discriminatorio nella responsabilità extracontrattuale, alla relativa azione è applicabile l'art. 7, n. 2, del Reg. 1215/2012, e quindi può essere convenuta davanti al giudice italiano del luogo in cui l'evento dannoso si è verificato la società avente sede in uno degli Stati membri dell'UE (Cass. sez. un. 21 luglio 2021 n. 20819, in *Foro it.*, 2021, I, 3537).

(68) Premesso che lo schema procedimentale configurato dall'art. 28 D.Lgs. 150/2011 si conforma – come detto – al procedimento sommario di cognizione, merita segnalazione in questa materia la previsione come reato dell'elusione all'esecuzione del provvedimento, diverso dalla condan-

Sempre in materia di tutela contro le discriminazioni va richiamata, inoltre, la disciplina contenuta negli artt. 36 e ss. del D.Lgs. 198/2006, c.d. codice delle pari opportunità (69), parzialmente modificata dal D.Lgs. 5/2010 (di *attuazione della direttiva 2006/54/CE*). Qui si prevede: a) una tutela giurisdizionale contro le discriminazioni «di carattere collettivo», esercitabile da «consigliere o consiglieri di parità» (art. 37, 2° comma) con ricorso, a seconda dei casi, al tribunale ordinario in funzione del giudice del lavoro o al tribunale amministrativo regionale territorialmente competente, al fine di ottenere la rimozione delle discriminazioni accertate (oltre al risarcimento del danno anche non patrimoniale) (70); b) una tutela specifica contro le discriminazioni individuali, su ricorso del lavoratore/lavoratrice o, per sua delega, delle organizzazioni sindacali o del consigliere/consigliera di parità provinciale o regionale territorialmente competente, da proporsi sempre, a seconda dei casi, davanti al tribunale ordinario in funzione di giudice del lavoro (art. 38, 1° comma) o davanti al tribunale amministrativo regionale del luogo in cui è avvenuto il comportamento denunciato (art. 38, 5° comma, che richiama l'art. 119 del D.Lgs. 104/2010).

In entrambi i casi il ricorrente potrà scegliere fra l'azione ordinaria, che darà vita ad un processo a cognizione piena modellato sul processo del lavoro (v. cap. 5° del vol. III) (o, davanti al giudice amministrativo, su quello di cui all'art. 119 D.Lgs. 104/2010) e concluso con sentenza, oppure l'azione «in via d'urgenza»,

---

na al risarcimento del danno, mediante il richiamo dell'art. 388, 1° comma, c.p. (art. 44, 8° comma, D.Lgs. 286/1998; v. sull'argomento G. SCARSELLI, *Appunti sulla discriminazione razziale e sua tutela giurisdizionale*, in *Riv. dir. civ.*, 2001, I, p. 827) oppure mediante l'applicazione di un'ammenda fino a 50.000 euro o l'arresto fino a tre anni (art. 55 quinquies, 9° comma, D.Lgs. 198/2006). Va anche aggiunto che, ai sensi del 7° comma dell'art. 28 D.Lgs. 150/2011, il giudice, quando accolga la domanda, «*può ordinare la pubblicazione del provvedimento, per una sola volta e a spese del convenuto, su un quotidiano di tiratura nazionale*».

Sul procedimento di cui all'art. 44 D.Lgs. 286/1998 v., prima del D.Lgs. 150/2011, Cass. sez. un. 2 marzo 2008 n. 6172 (in *Foro it.*, 2008, I, 2168), che ha attribuito la qualifica di «cautelari» ai provvedimenti di repressione della condotta discriminatoria razziale. In argomento v. anche R. MARUFFI, *Le nuove norme sulla tutela giudiziaria delle persone con disabilità vittime di discriminazioni*, in *Riv. dir. proc.*, 2007, p. 123 e M. PACILLI, *Riflessioni sull'azione civile contro la discriminazione*, in *Riv. trim. dir. e proc. civ.*, 2010, p. 1409, a commento critico di una pronuncia del giudice del lavoro di Brescia del 12 marzo 2009, che segue la pronuncia delle sezioni unite n. 6172/2008; poi anche G. FICARELLA, *La tutela giurisdizionale contro le discriminazioni*, in *Giusto proc. civ.*, 2010, p. 862.

(69) In argomento v., per tutti, E. SILVESTRI, *Codice delle pari opportunità e tutela antidiscriminatoria*, in *Riv. trim. dir. e proc. civ.*, 2007, p. 853, che giustamente critica la ridondanza della tutela offerta dal punto di vista delle azioni esperibili e la sua carenza sul piano della effettività e ne auspica un ripensamento in chiave di semplificazione e di armonizzazione. Sul tema v. anche M. DOSSI, *La maternità: un'occasione per le pari opportunità*, in *Prev. forense*, 2010, p. 241; R. DONZELLI, *Tutela contro le discriminazioni (dir. proc. civ.)*, in *Diritto on line Treccani*, 2012; D. BORGHESI, in D. BORGHESI-L. DE ANGELIS, *Il processo del lavoro e della previdenza*, Torino, 2013, p. 459.

(70) Tale legittimazione ad agire, ai sensi dell'art. 5 D.Lgs. 215/2003, spetta anche, in forza di apposita delega del danneggiato, alle associazioni ed enti inseriti in apposito elenco approvato con decreto del Ministro del lavoro e di quello delle pari opportunità (in proposito v. anche Cass. 8 maggio 2017 n. 11165, in *Foro it.*, 2017, I, 3100).

che darà vita ad un procedimento sommario strutturato sul modello dell'art. 28 st. lav. (v. § 43 del vol. III), con una prima fase necessaria a cognizione sommaria e conclusa da decreto immediatamente esecutivo, ed una seconda fase eventuale a cognizione piena, che si apre a seguito di opposizione da proporre (davanti alla medesima autorità giudiziaria che ha emesso il decreto) entro quindici giorni dalla comunicazione ed è sottoposta alla disciplina del processo del lavoro, davanti al giudice civile, e alla disciplina di cui all'art. 119 D.Lgs. 104/2010, davanti al giudice amministrativo (artt. 37, 4° comma, e 38).

Particolarmente significativa è ancora, in entrambi i casi, la possibilità di ottenere, oltre all'inibizione del comportamento discriminatorio ed all'eventuale risarcimento, anche una tutela particolarmente incisiva contro l'inottemperanza ai provvedimenti del giudice. Ed infatti, l'inottemperanza al decreto o alla sentenza (anche a quella pronunciata all'esito della fase di opposizione) viene punita «con l'ammenda fino a 50.000 euro o l'arresto fino a sei mesi».

Sezione sesta

IL PROCEDIMENTO SOMMARIO DI COGNIZIONE

51. *La discutibile collocazione dell'istituto nel codice. Ambito di applicazione e fase introduttiva.*

Come già detto (§ 41), nel 2009 il legislatore ha introdotto nel c.p.c. il nuovo *procedimento sommario di cognizione*, collocandone la disciplina, in maniera alquanto discutibile, in prosecuzione della disciplina dei procedimenti cautelari, negli artt. 702 bis, ter e quater, sebbene si tratti di procedimento che nulla ha a che fare con la strumentalità propria di questi.

In realtà, siamo qui di fronte ad un tentativo di abbreviazione dei tempi del processo a cognizione piena attraverso la semplificazione delle forme proprie di quest'ultimo, nei limiti in cui ciò può avvenire senza contrastare i principi del «giusto processo regolato dalla legge» di cui all'art. 111, 1° comma, Cost. (1).

---

(1) In argomento v., in particolare, A. CARRATTA, in C. MANDRIOLI-A. CARRATTA, *Come cambia il processo civile*, Torino, 2009, p. 137; ID., *Procedimento sommario di cognizione*, in *Diritto on line Treccani*, 2012; ID., *Processo sommario (dir. proc. civ.)*, in *Enc. dir.*, *Annali*, X, Milano, 2017, p. 659; F. TOMMASEO, *Il procedimento sommario di cognizione*, in *Prev. forense*, 2009, p. 125; S. CHIARLONI, *Introduzione*, in *Giur. it.*, 2010, p. 719; L. DITTRICH, *Il nuovo procedimento sommario di cognizione*, in *Riv. dir. proc.*, 2009, p. 1586; C. FERRI, *Il procedimento sommario di cognizione*, *ivi*, 2010, p. 92; G. BASILICO, *Il procedimento sommario di cognizione*, in *Giusto proc. civ.*, 2010, p. 737; M. BOVE, *Il procedimento sommario di cognizione*, *ibidem*, p. 431; C. BESSO, *Il nuovo rito ex art. 702 bis c.p.c. ecc.*, in *Giur. it.*, 2010, p. 722; P. BIAVATI, *Appunti introduttivi sul nuovo processo a cognizione semplificata*, in *Riv. trim. dir. e proc. civ.*, 2010, p. 185; M.A. LUPOI, *Sommario (ma non troppo)*, *ibidem*, p. 1225; P. PORRECA, *Il processo sommario di cognizione: un rito flessibile*, *ibidem*, p. 823; ID., *Il procedimento sommario di cognizione*, Milano, 2011; R. LOMBARDI, *Il procedimento sommario di cognizione generale*, in *Giusto proc. civ.*, 2010, p. 473; B. CAPPONI, *Il procedimento sommario di cognizione tra norme e istruzioni per l'uso*, in *Corr. giur.*, 2010, p. 1103; A. DIDONE, *Le ordinanze anticipatorie di condanna e il nuovo procedimento sommario*, Milano, 2010; M. PACILLI, *Brevi note sul nuovo procedimento sommario di cognizione*, in *Riv. trim. dir. e proc. civ.*, 2011, p. 929; M. CATALDI, *Il procedimento sommario di cognizione*, Torino, 2013; A. TEDOLDI, *Il nuovo procedimento sommario di cognizione*, Bologna, 2013; R. MARTINO, *Conversione del rito ordinario in sommario e processo semplificato di cognizione*, in *Riv. dir. proc.*, 2015, p. 919; R. TISCINI, *Il procedimento sommario di cognizione, fenomeno in via di gemmazione*, *ivi*, 2017, p. 112;

E poiché la tecnica, alla quale il legislatore è ricorso nella disciplina di questo procedimento, è (in linea di massima) quella propria dei procedimenti sommari con funzione decisoria (funzionali, cioè, alla pronuncia di un provvedimento idoneo ad acquistare l'efficacia del giudicato sostanziale), ne consegue che la sua disciplina, come lo stesso legislatore ha messo in evidenza nel titolo («Del procedimento *sommario di cognizione*»), avrebbe potuto essere collocata, più opportunamente, dopo quella del procedimento ingiuntivo oppure in prosecuzione della disciplina del processo di cognizione innanzi al tribunale monocratico (2).

Ferma l'opportunità di seguire, nell'analisi del nuovo procedimento, l'ordine preferito dal legislatore, incominciamo col soffermarci sul suo *ambito di applicazione* (3).

Va, al riguardo, subito evidenziato che questo procedimento è rimesso alla scelta dell'attore in alternativa al rito ordinario a cognizione piena (non anche ai riti speciali a cognizione piena, come, ad es., il rito del lavoro o quello locatizio) (4)

M. ABBAMONTE, *Il procedimento sommario di cognizione e la disciplina della conversione del rito*, Milano, 2017; M.A. LUPOI, *Processo sommario di cognizione: il "rito" e il "modello"*, Torino, 2019.

Sulle difficoltà proprie del contemperamento tra lo scopo di accelerare i tempi del processo di cognizione ed il rispetto dei dettami costituzionali v. A. GRAZIOSI, *La cognizione sommaria del giudice civile nella prospettiva delle garanzie costituzionali*, in *Riv. trim. dir. e proc. civ.*, 2009, p. 137; A. CARRATTA, *Processo sommario (dir. proc. civ.)*, in *Enc. dir.*, *Annali*, II, Milano, 2008, p. 877; A. TEDOLDI, *Il nuovo procedimento*, cit., p. 130. Più in generale sui provvedimenti decisori senza accertamento e sulla loro costituzionalità v. R. TISCINI, *I provvedimenti decisori senza accertamento*, Torino, 2009; mentre, sull'adattamento delle forme processuali alla natura della controversia, R. CAPONI, *Rigidità e flessibilità del processo civile*, in *Riv. dir. proc.*, 2016, p. 1442; A. PANZAROLA, *Jeremy Bentham e la «proportionate justice»*, *ibidem*, p. 1459; M. LUPOI, *Tra flessibilità e semplificazione*, Bologna, 2018, p. 57; P. BIAVATI, *Elasticità e semplificazione: alcuni equivoci*, in *Riv. trim. dir. e proc. civ.*, 2019, p. 1151; A. CARRATTA, *Cognizione sommaria e semplificazione processuale*, *ivi*, 2020, p. 449; M. DE CRISTOFARO, *Sommarizzazione e celerità tra efficienza e garanzie*, *ibidem*, p. 481.

(2) V., infatti, la scelta compiuta dalla legge delega per la riforma del processo civile, di cui alla L. 206/2021, sulla quale v. oltre, la nota 9.

(3) Sull'argomento, v. A. CARRATTA, in C. MANDRIOLI-A. CARRATTA, *Come cambia*, cit., p. 139; ID., *Procedimento sommario di cognizione*, in *Enc. Giur. Treccani*, Roma, 2010; ID., *Processo sommario*, cit., p. 660; F.P. LUISO, *Il procedimento sommario di cognizione*, in *Giur. it.*, 2009, p. 1568; S. MENCHINI, *L'ultima "idea" del legislatore per accelerare i tempi della tutela dichiarativa dei diritti: il processo sommario di cognizione*, in *Corr. giur.*, 2009, p. 1025; G. BALENA, *Il procedimento sommario di cognizione*, in *Foro it.*, 2009, V, 324; R. CAPONI, *Sub art. 702* bis, in AA.VV., *La riforma della giustizia civile*, Torino, 2009, p. 198; G. OLIVIERI, *Il procedimento sommario di cognizione*, in AA.VV., *Le norme sul processo civile nella legge per lo sviluppo economico, la semplificazione e la competitività*, Napoli, 2009, p. 84; C. CONSOLO, *Una buona "novella" al c.p.c.*, in *Corr. giur.*, 2009, p. 742; L. DE ANGELIS, in *Il processo civile riformato*, a cura di M. TARUFFO, Bologna, 2010, p. 486; D. VOLPINO, *Il procedimento sommario di cognizione*, in *Nuova giur. civ. comm.*, 2010, II, p. 53; G. VIDIRI, *Procedimento sommario di cognizione e rito del lavoro tra «provvedimenti presidenziali» ed «osservatori sulla giustizia civile»*, in *Corr. giur.*, 2010, p. 1377; A. TEDOLDI, *op. cit.*, p. 162; M.A. LUPOI, *Processo sommario*, cit., p. 59.

(4) Così A. CARRATTA, in C. MANDRIOLI-A. CARRATTA, *Come cambia*, cit., p. 139; F.P. LUISO, *Il procedimento*, cit., p. 1568; S. MENCHINI, *L'ultima "idea"*, cit., p. 1025; G. BALENA, *Il procedi-*

e *soltanto per le cause che appartengono alla competenza del tribunale in composizione monocratica* (non anche, quindi, per quelle di competenza del giudice di pace o del tribunale collegiale) (5) e *che possono essere decise, per le loro caratteristiche, all'esito di un'istruzione semplificata* (6).

Si tratta di un procedimento – che è alternativo sia al processo ordinario che al procedimento ingiuntivo (7) – strutturato in due fasi: a) la prima copre l'intero primo grado di giudizio, presenta forme processuali molto semplificate e si conclude con la pronuncia di un'ordinanza; b) la seconda, che assume le forme dell'appello a cognizione piena, consente di sopperire a tutte le insufficienze garantistiche conseguenti alla semplificazione della prima, aprendo così la via alla

---

mento, cit., 324; D. DALFINO, *Sull'inapplicabilità del nuovo procedimento sommario di cognizione alle cause di lavoro*, in *Foro it.*, 2009, V, 292; R. CAPONI, *Sub art. 702 bis*, cit., p. 198; L. DITTRICH, *Il nuovo procedimento*, cit., p. 1586; G. VIDIRI, *Procedimento sommario*, cit., p. 1377; A. PROTO PISANI, *Lezioni*[6], cit., p. 585; nello stesso senso, in giurisprudenza, Trib. Roma 31 maggio 2013, in *Lav. giur.*, 2013, p. 702 (sia pure implicitamente); Trib. Modena 17 gennaio 2013, in *Contratti*, 2013, p. 295; Trib. Modena 18 gennaio 2010, in *Foro it.*, 2010, I, 1015; Trib. Torre Annunziata 10 febbraio 2010, *ibidem*, 1958; App. Lecce 16 marzo 2011, in *Foro it.*, 2012, I, 912, con osservazioni di A. MONDINI, la quale aggiunge anche che, ove il giudice di primo grado abbia proceduto in senso opposto, dovrà provvedere il giudice d'appello alla declaratoria di inammissibilità della domanda; Trib. Mantova 7 giugno 2012, in *Giur. it.*, 2013, p. 420.

Invece, per l'utilizzabilità anche nelle controversie lavoristiche o locatizie v. G. OLIVIERI, *Il procedimento sommario*, cit., p. 84; C. CONSOLO, *Una buona "novella"*, cit., p. 742; L. DE ANGELIS, *Il processo civile riformato*, cit., p. 486; A. TEDOLDI, *Il nuovo procedimento*, cit., p. 192; R. METAFORA, *L'ambito di applicazione del rito sommario di cognizione*, in *Giusto proc. civ.*, 2015, p. 809; M.A. LUPOI, *Processo sommario*, cit., p. 68; in giurisprudenza, Trib. Latina 3 marzo 2011, in *Giur. merito*, 2011, p. 2412; Trib. Palermo 24 gennaio 2011, in *Giusto proc. civ.*, 2011, p. 505, con commento adesivo di E. BENANTI; Trib. Napoli 25 maggio 2010 e Trib. Lamezia Terme 12 marzo 2010, in *Giur. it.*, 2011, p. 393, con nota contraria di F. FRADEANI; Trib. Sulmona 6 ottobre 2010, *ivi*, 2012, p. 388, con nota contraria di C. BECHIS. In proposito v. anche O. LABORAGINE, *Procedimento sommario di cognizione: prime esperienze applicative*, in *Foro it.*, 2011, V, 59.

(5) V. anche Cass. 11 novembre 2011 n. 23691, in *Giur. it.*, 2012, p. 2105; A. CARRATTA, in C. MANDRIOLI-A. CARRATTA, *Come cambia*, cit., p. 139; ID., *Procedimento sommario*, cit., p. 2; A. TEDOLDI, *op. cit.*, p. 160.

(6) Cfr. A. CARRATTA, *Le "condizioni di ammissibilità" del nuovo procedimento sommario di cognizione*, in *Giur. it.*, 2010, p. 226; ID., in *Giur. it.*, 2010, p. 902, a commento delle prime applicazioni giurisprudenziali; ID., *Procedimento sommario di cognizione*, in *Il libro dell'anno del diritto Treccani*, Roma, 2012, p. 669; A. TEDOLDI, *op. cit.*, p. 36; M. LUPOI, *Tra flessibilità*, cit., p. 181; ID., *Processo sommario*, cit., p. 159.

La valutazione sulla possibilità di decisione con istruzione sommaria riguarda anche l'*an* del credito, qualora venga contestato (Trib. Foggia 25 settembre 2012, in *Giusto proc. civ.*, 2013, p. 128, con nota di G. DE LUCA).

(7) Cfr. A.A. ROMANO, *Appunti sul nuovo procedimento sommario di cognizione*, in *Giusto proc. civ.*, 2010, p. 165; A. CARRATTA, *Il nuovo procedimento*, cit., p. 445; ID., *Procedimento sommario*, cit., p. 2; G. BASILICO, *Il procedimento*, cit., p. 745. Invece, nel senso dell'applicabilità del procedimento sommario in sede di opposizione al decreto ingiuntivo, L. DITTRICH, *Il nuovo procedimento*, cit., p. 1586; P. PORRECA, *Il procedimento*, cit., p. 98; D. VOLPINO, *Il procedimento*, cit., p. 54; possibilista anche A. TEDOLDI, *Il nuovo procedimento*, cit., p. 209.

possibilità che l'ordinanza di primo grado, anche ove non dovesse essere esperito l'appello, acquisti l'efficacia di giudicato. Si tratta, dunque, di un procedimento *a rito semplificato*, di natura non cautelare (8) ed a *cognizione non superficiale* (9).

Occorre anche ricordare che – come già vedemmo a suo tempo (retro, § 19 del vol. II) – l'art. 183 bis prevede la possibilità, sempre nelle cause di competenza del tribunale in composizione monocratica, che alla prima udienza di trattazione il giudice, valutata la complessità della causa e dell'istruzione probatoria, disponga d'ufficio con ordinanza che il giudizio prosegua nelle forme del procedimento sommario di cognizione.

Venendo alla disciplina del procedimento in questione, stabilisce l'art. 702 bis, nel suo 1° comma, che «*nelle cause in cui il tribunale giudica in composizione monocratica* (10)*, la domanda può essere proposta con ricorso al tribunale competente. Il ricorso, sottoscritto a norma dell'articolo 125, deve contenere le indicazioni di cui ai numeri 1), 2), 3), 4), 5), 6) e l'avvertimento di cui al numero 7) del terzo comma dell'articolo 163*».

Come si vede, per l'introduzione del procedimento sommario è stata scelta la forma del ricorso, il quale, così come per il processo ordinario, deve contenere

---

(8) Cfr. C. FERRI, *Il procedimento*, cit., p. 92; A. CARRATTA, *Le «condizioni di ammissibilità»*, cit., p. 726; A. PROTO PISANI, *Lezioni*[6], cit., p. 586; A. TEDOLDI, *Il nuovo procedimento*, cit., p. 377.

La natura sommario-semplificata del procedimento in questione giustifica la conclusione (di Trib. Firenze 22 maggio 2012, in *www.ilcaso.it*), che ha escluso la necessità del preventivo esperimento della procedura di mediazione, a pena di improcedibilità, nelle materie indicate dall'art. 5, comma 1 bis, D.Lgs. 28/2010 (v. § 62 del vol. III). Ma si tratta di conclusione che non convince. Per una diversa conclusione, infatti, Trib. Torino 23 marzo 2015, in *Giur. it.*, 2015, p. 2121, con nota di E. BENIGNI.

Neppure convince la tesi della astratta incompatibilità della tutela cautelare con il procedimento in questione per difetto del *periculum in mora*, laddove non si possa escludere una rapida definizione del giudizio (Trib. Bologna 15 ottobre 2013, in *Nuova proc. civ.*, 2014, n. 1, p. 111).

(9) Così P. BIAVATI, *Appunti*, cit., p. 188; A. CARRATTA, *Processo sommario*, cit., p. 661.

Nella stessa direzione indicata nel testo sembra muoversi la legge delega per la riforma del processo civile, di cui alla L. 206/2021, la quale, infatti, nell'art. 1, 5° comma, lett. n, delega il Governo a prevedere che il procedimento di cui agli artt. 702 bis e ss.: 1) sia sistematicamente collocato nel libro II del c.p.c. ed assuma la denominazione di «procedimento semplificato di cognizione»; 2) diventi il rito obbligatorio anche per le cause di competenza del tribunale collegiale «quando i fatti di causa siano tutti non controversi, quando l'istruzione della causa si basi su prova documentale o di pronta soluzione o richieda un'attività istruttoria costituenda non complessa, stabilendo che, in difetto, la causa sia trattata con il rito ordinario di cognizione e che nello stesso modo si proceda ove sia stata avanzata domanda riconvenzionale priva delle condizioni di applicabilità del procedimento semplificato»; 3) sia disciplinato con l'indicazione di termini e tempi prevedibili e ridotti rispetto a quelli previsti per il rito ordinario per lo svolgimento delle difese e il maturare delle preclusioni; 4) si concluda con sentenza.

(10) Ciò che già ne esclude l'applicabilità nelle cause matrimoniali; v., sull'argomento, C.M. CEA, *Crisi dei matrimoni e tutela sommaria*, in *Giusto proc. civ.*, 2011, p. 1175.

(a pena di nullità, ai sensi dell'art. 164) (11): a) l'indicazione del tribunale adito; b) il nome, cognome e residenza dell'attore e il nome, cognome, residenza o domicilio o dimora del convenuto o delle persone che, rispettivamente, li rappresentano; c) qualora l'attore o il convenuto o entrambi siano persone giuridiche o associazioni non riconosciute o comitati, la denominazione o la ditta con l'indicazione dell'organo o ufficio che ne ha la rappresentanza in giudizio; d) la determinazione dell'oggetto della domanda; e) l'esposizione dei fatti e degli elementi di diritto costituenti le ragioni della domanda, con le relative conclusioni; f) l'indicazione dei mezzi di prova e dei documenti; g) il nome e cognome del procuratore, se la procura sia stata già rilasciata, ed infine «l'avvertimento di cui al numero 7 del 3° comma dell'art. 163 c.p.c.».

Naturalmente, il ricorso deve essere sottoscritto a norma dell'art. 125, dal difensore o dalla parte, in caso di difesa personale e deve essere depositato in cancelleria (12) per la fissazione dell'udienza (13).

«*A seguito della presentazione del ricorso* – prosegue il 2° comma dell'art. 702 bis – *il cancelliere forma il fascicolo d'ufficio e lo presenta senza ritardo al presidente del tribunale, il quale designa il magistrato cui è affidata la trattazione del procedimento*».

Quindi, il giudice designato fissa con decreto l'udienza di comparizione delle parti, assegnando il termine per la costituzione del convenuto, che deve avvenire non oltre dieci giorni prima dell'udienza. A tal fine «*il ricorso, unitamente al decreto di fissazione dell'udienza, deve essere notificato al convenuto almeno trenta giorni prima della data fissata per la sua costituzione*» (3° comma dell'art. 702 bis).

Per la costituzione in giudizio del convenuto ai sensi del 4° comma dell'art. 702 bis, valgono per il procedimento sommario le medesime regole fissate per il rito ordinario, salvo che per l'eventuale chiamata in causa del terzo. Così, infatti, esso dispone:

«*Il convenuto deve costituirsi mediante deposito in cancelleria della comparsa di risposta, nella quale deve proporre le sue difese e prendere posizione sui fatti posti dal ricorrente a fondamento della domanda, indicare i mezzi di prova di cui intende avvalersi e i documenti che offre in comunicazione, nonché formulare le conclusioni*» (14).

---

(11) V. anche Cass. 6 marzo 2017 n. 5517.

(12) Ma non per via telematica, trattandosi di atto introduttivo di un giudizio (v. anche Trib. Pavia 22 luglio 2014, in *www.ilcaso.it*).

(13) Per quanto riguarda il versamento del contributo unificato una circolare della Direzione generale della giustizia civile del Ministero della giustizia del 4 agosto 2009 riconosce che al nuovo procedimento sia applicabile la riduzione del contributo di cui all'art. 13, 3° comma, T.U. sulle spese di giustizia (D.P.R. 115/2002), salva la necessaria integrazione per la metà del contributo non versata, laddove il procedimento dovesse proseguire con le forme del rito ordinario, ai sensi del 3° comma dell'art. 702 ter (v. oltre, nel testo).

(14) Il codice non precisa la preclusione di queste iniziative probatorie se non proposte in

Ovviamente, la suddetta «presa di posizione» sui fatti posti a fondamento della domanda va posta in relazione con l'ambito della portata del principio di «non contestazione», di cui al 1° comma dell'art. 115.

Inoltre – aggiunge lo stesso 4° comma dell'art. 702 bis, in conformità con quanto previsto dall'art. 167, 2° comma –, «*a pena di decadenza* [il convenuto] *deve proporre le eventuali domande riconvenzionali e le eccezioni processuali e di merito che non sono rilevabili d'ufficio*» (15).

Per quanto riguarda, invece, la chiamata in causa di un terzo, il 5° comma dell'art. 702 bis prevede espressamente che «*se il convenuto intende chiamare un terzo in garanzia* (ma non è chiaro perché soltanto la chiamata in garanzia) (16) *deve a pena di decadenza, farne dichiarazione nella comparsa di costituzione e chiedere al giudice designato lo spostamento dell'udienza* (17). *Il giudice, con decreto comunicato dal cancelliere alle parti costituite, provvede a fissare la data della nuova udienza assegnando un termine perentorio per la citazione del terzo. La costituzione del terzo in giudizio avviene a norma del quarto comma*». Con ciò però la norma ha omesso l'indicazione del relativo termine per la costituzione del terzo (che potrà essere fissato col decreto con il quale il giudice disporrà lo spostamento dell'udienza).

Se nel corso di questo procedimento sorge una questione di sospensione, il giudice non può disporre in tal senso se non previo passaggio della causa al rito ordinario (18).

---

questa sede. Il problema sembra superabile, a chi scrive, con la considerazione che queste preclusioni siano implicite nel sistema, in considerazione della possibile «conversione» del rito da sommario in ordinario, e maturino, quindi, con la pronuncia dell'ordinanza di cui all'art. 702 ter (così anche Cass. 31 agosto 2021 n. 23677; Cass. 7 gennaio 2021 n. 46, in *Giur. it.*, 2021, p. 2122, con nota di E. EBAU; ancora più netta la posizione di Cass. 5 ottobre 2018 n. 24538, che fa scaturire le preclusioni istruttorie con la formulazione degli atti introduttivi). Per altre indicazioni sugli orientamenti giurisprudenziali in materia v. G. FABBRIZZI, *Termini e preclusioni nel rito sommario di cognizione*, in *Giur. it.*, 2021, p. 1766.

(15) La giurisprudenza spesso qualifica (ma impropriamente) come riconvenzionale anche la *domanda di un convenuto verso altro convenuto*, considerandola efficacemente proposta con la sola sua introduzione nella comparsa di risposta, così evitando le modalità della chiamata di un terzo (v., ad es., Trib. Varese 1° luglio 2011, in *Giur. it.*, 2011, I, p. 1866).

(16) Non manca, peraltro, chi sostiene che, in forza del principio di ragionevolezza, questa limitazione (forse incostituzionale) possa ritenersi superabile (F.P. LUISO, *op. cit.*, p. 1568; A. CARRATTA, in C. MANDRIOLI-A. CARRATTA, *Come cambia*, cit., p. 146; F. TOMMASEO, *Il procedimento*, cit., p. 125; G. BASILICO, *Il procedimento*, cit., p. 739; M. BOVE, *op. cit.*, p. 432). Tuttavia, nel senso che la soluzione legislativa sia conforme alla scelta di un procedimento di rapida definizione, v. Trib. Genova 16 gennaio 2010, in *Foro it.*, 2010, I, 1648.

(17) Per l'ipotesi, non prevista dalla legge, che l'esigenza di chiamare un terzo sorga in capo all'attore, nulla sembra impedire l'applicazione di quanto previsto al riguardo dal rito ordinario e più precisamente dall'art. 183, 5° comma.

(18) Così Cass. 3 gennaio 2012 n. 3, in *Giur. it.*, 2012, p. 1178, con note di F. COSSIGNANI e C. BECHIS, in *Giusto proc. civ.*, 2012, p. 157, nel commento di G. TRISORIO LIUZZI e in *Riv. dir. proc.*, 2013, p. 214, con nota di A. NERI; v. anche Cass. 30 gennaio 2017 n. 2272.

52. *Il procedimento di primo grado.*

L'art. 702 ter incomincia col prevedere la serie dei possibili contenuti del provvedimento che chiude la prima udienza (19).

I primi quattro commi dell'art. 702 ter dispongono che, all'esito della prima udienza, il giudice:

– «*se ritiene di essere incompetente* (20)*, lo dichiara con ordinanza*»; la quale ordinanza è impugnabile, evidentemente, solo col regolamento di competenza secondo il disposto dell'art. 42 (21) (se però ritenesse di non dover entrare nel merito per ragioni di rito diverse dalla competenza – ipotesi non prevista dalla norma – la relativa ordinanza sarebbe impugnabile con l'appello) (22);

– «*se rileva che la domanda non rientra tra quelle indicate nell'articolo 702 bis* (23)*, ... con ordinanza non impugnabile, la dichiara inammissibile*» (24). Nello stesso modo provvede sull'eventuale domanda riconvenzionale, sempre che con la stessa non venga proposta una causa pregiudiziale rispetto al ricorso principale, di competenza del tribunale collegiale. In quest'ultimo caso, infatti, il giudice potrà disporre la conversione del rito per entrambe le domande, con conseguente fissazione dell'udienza di cui all'art. 183 (25);

---

(19) In caso di diserzione di entrambe le parti, non dovrebbero applicarsi gli artt. 181 e 309, disposizioni, queste, previste per il giudizio a cognizione piena (Trib. Verona 11 gennaio 2012, in *www.ilcaso.it*), mentre, la mancata comparizione di entrambe le parti determina l'estinzione immediata del procedimento sommario (Trib. Verona 14 febbraio 2012, in *Foro it.*, 2012, I, 3537).

(20) Per territorio, per materia o per valore (Cass. 24 agosto 2016 n. 17321, in *Foro it.*, 2017, I, 2467, con nota contraria di D. TURRONI; Cass. 8 agosto 2014 n. 17841).

(21) Nello stesso senso Cass. 24 agosto 2016 n. 17321 e Cass. 8 agosto 2014 n. 17841, entrambe cit. nella nota precedente; le quali hanno anche rilevato che, laddove il giudice adito ritenga infondata l'eccezione di incompetenza e disponga la prosecuzione con l'istruzione sommaria, sarà impugnabile con il regolamento (facoltativo) di competenza solo l'ordinanza conclusiva del procedimento, non potendo trovare applicazione nell'ambito del procedimento sommario l'art. 187, 3° comma, e quindi la possibilità di una pronuncia non definitiva.

(22) Mentre non può escludersi, evidentemente, la proposizione del regolamento di giurisdizione (Cass. sez. un. 10 luglio 2012 n. 11512).

(23) Ossia quelle riservate al tribunale in composizione collegiale (Cass. 24 agosto 2016 n. 17321 e Cass. 8 agosto 2014 n. 17841, entrambe cit. retro, alla nota 20; nella giurisprudenza di merito Trib. Mondovì 10 novembre 2009, in *Guida al dir.*, 2009, n. 50, p. 50). Pur in presenza del chiaro dettato normativo, secondo Trib. Milano, sez. spec. impr., 20 marzo 2015, in *Foro it.*, 2015, I, 2949, l'errore nella scelta del rito sommario dovrebbe portare alla pronuncia di un'ordinanza di conversione del rito.

(24) La stessa regola della separazione vale per ogni ipotesi di domanda connessa, specie se proposta per evitare la disciplina unificatrice di cui all'art. 40 (così G. OLIVIERI, in AA.VV., *Le norme sul processo civile*, cit., p. 93; v. anche A. TEDOLDI, *Il nuovo procedimento*, cit., p. 274; A. RENZI, *Le decisioni di cui all'art. 702 ter c.p.c. nel procedimento sommario di cognizione*, in *Scritti offerti dagli allievi a F.P. Luiso*, a cura di M. BOVE, Torino, 2017, p. 337; M.A. LUPOI, *Processo sommario*, cit., p. 191).

(25) È la conclusione alla quale si perviene dopo che C. Cost. 26 novembre 2020, n. 253 (in

– «*se ritiene che le difese svolte dalle parti richiedono un'istruzione non sommaria, ... con ordinanza non impugnabile, fissa l'udienza di cui all'art. 183. In tal caso si applicano le disposizioni del libro II*» (26);

– «*quando la causa relativa alla domanda riconvenzionale richiede un'istruzione non sommaria, ... ne dispone la separazione*». Sempre che detta domanda non abbia carattere pregiudiziale, nel qual caso tutto il giudizio dovrebbe svolgersi con la forma del rito ordinario (27), essendo illegittima – così ritiene la Cassazione – l'adozione nel corso del procedimento sommario di un provvedimento di sospensione ex art. 295 (v. § 63 del vol. II) (28).

Nell'ipotesi, invece, che il giudice ritenga di non procedere in uno dei modi indicati dai surriferiti primi quattro commi, ciò significa che la causa può essere trattata con le forme semplificate del procedimento sommario. Ed in questo caso, dunque, il 5° comma dell'art. 702 ter prevede che «*il giudice* (29)*, sentite le parti, omessa ogni formalità non essenziale al contraddittorio, procede nel modo che ritiene più opportuno agli atti di istruzione rilevanti in relazione all'oggetto del provvedimento richiesto* (30) *e provvede con ordinanza all'accoglimento o al rigetto delle domande*».

L'inciso «sentite le parti» che, secondo la lettera della norma, parrebbe riferito solo all'ipotesi di pronuncia sul merito, non può, secondo ragionevolezza e in ossequio al principio del contraddittorio, non essere riferito anche alle ipotesi di cui ai commi precedenti.

Giur. it., 2021, p. 1618, con nota di G. BASILICO, in *Foro it.*, 2021, I, 384, con nota di R. METAFORA, in *Corr. giur.*, 2021, p. 681, con nota di F. FERRAMONDI, e in *Giusto proc. civ.*, 2021, p. 161, con nota di D. VOLPINO; v. anche il commento di R. DONZELLI, in *Nuove leggi civ. comm.*, 2021, p. 546) ha dichiarato l'illegittimità costituzionale dell'art. 702 ter, 2° comma, ultimo periodo, nella parte in cui non prevede che, qualora con la domanda riconvenzionale sia proposta una causa pregiudiziale a quella oggetto del ricorso principale e la stessa rientri tra le cause in cui il tribunale giudica in composizione collegiale, il giudice adito possa disporre il mutamento del rito, fissando l'udienza di cui all'art. 183.

(26) È questo l'unico passaggio dalla trattazione semplificata a quella ordinaria; sul quale passaggio, v. R. CAPONI, *Consentito al giudice un solo tipo di passaggio dalla trattazione semplificata a quella ordinaria*, in *Guida al dir.*, 2009, n. 50, p. 52; G. BASILICO, *Il procedimento sommario di cognizione. Rapporti con il processo di cognizione ordinaria*, in *Giur. it.*, 2010, p. 734, la quale sottolinea, in tale passaggio, la posizione particolarmente sacrificata del convenuto; in argomento v. anche A. TEDOLDI, *Il nuovo procedimento*, cit., p. 415; ID., *La conversione dal e nel rito sommario*, in *Giur. it.*, 2020, p. 461.

(27) A. CARRATTA, *Il nuovo procedimento*, cit., p. 460. Nello stesso senso Cass. 3 gennaio 2012 n. 3, già cit. retro, alla nota 18.

(28) Così Cass. 3 gennaio 2012 n. 3 e Cass. 30 gennaio 2017 n. 2272, cit. retro, alla nota 18.

(29) Salva la possibile chiamata di terzo *iussu iudicis* ai sensi dell'art. 107 (Trib. Verona 5 febbraio 2010, in *Giur. merito*, 2010, p. 2166, con nota adesiva di P. BIAVATI); esclude questa possibilità, invece, A. TEDOLDI, *Il nuovo procedimento*, cit., p. 294.

(30) Per le relative modalità, v. M. FABIANI, *La prova nei processi dichiarativi semplificati*, in *Riv. trim. dir. e proc. civ.*, 2010, p. 795; A. TEDOLDI, *Il nuovo procedimento*, cit., p. 424; M.A. LUPOI, *Processo sommario*, cit., p. 208.

È appena il caso di rilevare che, da un lato, l'omissione di ogni formalità non essenziale al contraddittorio e, dall'altro lato, e soprattutto, la facoltà concessa al giudice di procedere nel modo che ritenga più opportuno agli atti di istruzione, concretando caratteristiche tipiche della sommarietà (da intendersi come semplificazione delle forme di trattazione e istruzione della causa, discrezionalmente rimessa al giudice) (31), caratterizzano questa prima fase con quelle *provvisorie deroghe ai principi costituzionali del processo regolato dalla legge e al principio del contraddittorio*, che postulano la loro successiva possibilità di realizzazione nella seconda fase, ossia in appello.

Per quanto riguarda, poi, la cognizione su cui si fonda la pronuncia di merito, l'art. 702 ter richiama in qualche modo il modello processuale delineato dall'art. 669 sexies, 1° comma, per la pronuncia dei provvedimenti cautelari (v. retro, § 53). Diversa dal modello di cui all'art. 669 sexies è la valutazione di ammissibilità degli atti di istruzione, che, mentre devono risultare «*indispensabili*» ai fini della pronuncia del provvedimento cautelare, qui è sufficiente che siano considerati «*rilevanti*» dal giudice.

---

(31) V., in questo senso, anche Cass. 25 febbraio 2014 n. 4485 (in motivazione) e, nella giurisprudenza di merito, Trib. Campobasso 9 maggio 2013, in *Nuova proc. civ.*, 2014, n. 1, p. 248; Trib. Prato 10 novembre 2009 e Trib. Mondovì 11 novembre 2009, in *Giur. it.*, 2010, p. 900, con nota di A. CARRATTA, e in *Foro it.*, 2009, I, 1504, con nota di M. FABIANI; Trib. Bologna 29 ottobre 2009, *ivi*, 2010, I, 1648; Trib. Varese 18 novembre 2009, in *Guida al dir.*, 2009, n. 50, p. 46, con nota di R. CAPONI; Trib. Sant'Angelo dei Lombardi 30 novembre 2009, in *Giur. merito*, 2010, p. 1318. In proposito v. anche Trib. Cagliari 6 novembre 2009, *ibidem*, p. 409, con nota di A. DIDONE, che ha ammesso l'utilizzabilità del procedimento sommario in ipotesi di condanna generica, sulla base della considerazione che per la pronuncia di tale condanna «è sufficiente la prova sommaria o presuntiva della sussistenza in concreto di un danno»; inoltre, il protocollo applicativo del Tribunale di Verona (in *Guida al dir.*, 2010, n. 13, p. 117, con commento di R. CAPONI); Trib. Verona 5 febbraio 2010, cit. e il protocollo dell'osservatorio romano sulla giustizia civile, in *Foro it.*, 2010, V, 195 (ma criticamente su questi «protocolli» G. VIDIRI, *Procedimento sommario*, cit., p. 1383). Sulla rilevanza della non contestazione del convenuto al fine di escludere l'istruzione non sommaria cfr. Trib. Sulmona 6 ottobre 2010, cit. retro, alla nota 4.

Sul requisito dell'«istruzione sommaria», come presupposto per la pronuncia dell'ordinanza *ex* art. 702 bis v. anche A. CARRATTA, *Le "condizioni di ammissibilità"*, cit., p. 726; ID., in C. MANDRIOLI-A. CARRATTA, *Come cambia*, cit., p. 135; F.P. LUISO, *Il procedimento*, cit., p. 1569; F. TOMMASEO, *Il procedimento*, cit., p. 126; G. BALENA, *Il procedimento*, cit., p. 332; S. MENCHINI, *L'ultima "idea"*, cit., p. 1026; R. CAPONI, *op. cit.*, p. 202; L. DITTRICH, *Il nuovo procedimento*, cit., p. 1592; G. BASILICO, *Il procedimento*, cit., p. 739; D. VOLPINO, *op. cit.*, p. 66; C. BESSO, *op. cit.*, p. 722; A. TEDOLDI, *Il nuovo procedimento*, cit., p. 372; A. PROTO PISANI, *Lezioni*[6], cit., p. 587; di «cognizione semplificata ma esauriente» parla P. BIAVATI, *Appunti*, cit., p. 185; in senso analogo M. FABIANI, *La prova*, cit., p. 795; M.A. LUPOI, *Sommario*, cit., p. 1225, dove anche un accurato esame dei primi provvedimenti giurisprudenziali; ID., *Tra flessibilità*, cit., p. 545; ID., *Processo sommario*, cit., p. 210; P. PORRECA, *op. cit.*, p. 823; R. MARTINO, *op. cit.*, p. 927; a diverse conclusioni, incentrate sulla deformalizzazione della prova, perviene B. CAPPONI, *Il procedimento*, cit., p. 1103, anche a commento delle istruzioni contenute nei Protocolli degli osservatori di Roma e Verona; in argomento v. anche A.A. ROMANO, *Appunti*, cit., p. 165 e R. LOMBARDI, *Il procedimento*, cit., p. 473; poi il commento di C.I. RISOLO, in *Giusto proc. civ.*, 2010, p. 837, su alcune pronunce giurisprudenziali.

La forma delle determinazioni del giudice è *l'ordinanza*, con la quale verrà chiusa la prima fase e, più precisamente, il primo grado del procedimento sommario: a) o per ragioni di rito (inclusa la questione di incompetenza del giudice adito); b) o per inammissibilità della trattazione della domanda principale secondo il procedimento sommario; c) o per decisione nel merito (32).

In forza del 6° comma dell'art. 702 ter l'ordinanza «*è provvisoriamente esecutiva e costituisce titolo per l'iscrizione di ipoteca giudiziale e per la trascrizione*». Ovviamente, questo disposto riguarda solo l'ordinanza di accoglimento della domanda principale o di quella riconvenzionale. «*Il giudice provvede in ogni caso* – così l'ultimo comma dell'art. 702 ter – *sulle spese del procedimento ai sensi degli articoli 91 e seguenti*» (e dunque, può anche fare applicazione dell'art. 96, 3° comma) (33).

Non sembra però che questa disposizione possa operare anche nei casi in cui venga disposta la continuazione del giudizio secondo il rito ordinario, perché in tal caso la decisione sulle spese dovrebbe essere rinviata alla pronuncia della sentenza.

53. *L'appello avverso l'ordinanza e l'idoneità al giudicato dell'ordinanza non appellata.*

Come già accennato più volte, la sommarietà/semplificazione delle forme che caratterizza la prima fase del giudizio esige – per il rispetto del principio costituzionale del giusto processo secondo la legge – che nella seconda fase siano ammissibili ed esercitabili tutte quelle facoltà che appartengono alla pienezza del diritto di difesa e che sono rimaste in qualche modo compresse nella prima fase (34).

Da qui la necessità che l'appello avverso l'ordinanza sommaria sia oggetto di una disciplina speciale (35). La specialità della disciplina dell'appello risulta accresciuta, peraltro, dall'introduzione – come abbiamo visto, ad opera del D.L.

---

(32) Circa la possibilità di decisioni non definitive, v. D. TURRONI, *Le decisioni non definitive nel processo sommario di cognizione*, in *Riv. trim. dir. e proc. civ.*, 2012, p. 791; ma per una diversa conclusione A. TEDOLDI, *Il nuovo procedimento*, cit., p. 523. In argomento v. anche retro, nota 21.

(33) Così anche Trib. Piacenza 22 novembre 2010 (in *Guida al dir.*, 2011, n. 3, p. 46, con nota di G. BUFFONE).

(34) Alla stessa conclusione perviene Cass. 14 maggio 2013 n. 11465, che configura nell'appello, di cui all'art. 702 quater, un procedimento con pienezza sia di cognizione che di istruttoria (a differenza di quella del primo grado, dove è semplificata).

(35) V. sull'argomento, A. SALETTI, *L'appello nel rito del lavoro e nel procedimento sommario dopo la riforma*, in *Riv. dir. proc.*, 2013, p. 1435; M. LUPOI, *Tra flessibilità*, cit., p. 515; ID., *Processo sommario*, cit., p. 281; C.M. CEA, *L'appello nel processo sommario di cognizione*, in *Giusto proc. civ.*, 2011, p. 135; A. TEDOLDI, *Il nuovo procedimento*, cit., p. 531; G. LISELLA, *Note sull'appello nel procedimento sommario*, in *Riv. dir. proc.*, 2017, p. 718; ID., *Modelli decisori nel procedimento sommario di cognizione e termini per appellare*, in *Riv. trim. dir. e proc. civ.*, 2020, p. 297; A. RENZI, *L'appello nel rito sommario*, in *Giur. it.*, 2019, p. 250.

83/2012 (conv. dalla L. 134/2012) – solo per l'appello ordinario e per quello del rito del lavoro e locatizio, ma non per quello del procedimento sommario, di un «filtro» di ammissibilità (artt. 348 bis e ter e art. 436 bis: v. § 76 del vol. II e § 35 del vol. III).

«*L'ordinanza* – dispone l'art. 702 quater – *può essere appellata entro trenta giorni dalla sua comunicazione o notificazione*». L'assimilazione a questi effetti, della comunicazione alla notificazione implica che, a differenza dell'appello ordinario, per il decorso dei termini brevi per appellare sarà sufficiente la comunicazione dell'ordinanza da parte della cancelleria del giudice (36). Il che non esclude che, ove dovesse mancare sia la comunicazione che la notificazione dell'ordinanza, debba farsi applicazione del termine lungo, di cui all'art. 327, sempre che l'ordinanza non sia stata pronunciata direttamente in udienza, perché in tal caso dalla pronuncia decorrerà il termine breve (37).

In mancanza di una diversa disposizione, è da ritenere che l'appello si proponga con citazione (38) davanti alla corte d'appello competente (39). Come già detto, esso non è sottoposto – a differenza dell'appello ordinario – al c.d. filtro, ossia al preventivo vaglio di ammissibilità circa la «ragionevole probabilità» di essere accolto nel merito (artt. 348 bis e ter). Ne deriva che, nel caso dell'appello di cui all'art. 702 quater, il giudice deve sempre procedere alla trattazione dell'appello proposto (salvo che non sia da dichiarare inammissibile o improcedibile con sentenza a norma dell'art. 348), anche quando, sulla base di una valutazione *prima facie* e prognostica, dovesse apparirgli infondato. Ciò si giustifica – evidentemente – proprio per il fatto che, nel caso dell'art. 702 quater, l'esperibilità dell'appello è prevista avverso un provvedimento definitivo del giudizio di primo grado che non ha la forma della sentenza ed è stato emesso all'esito di un procedimento semplificato.

Disposizioni particolari valgono anche per quanto riguarda l'oggetto di quest'appello «speciale». In proposito, tuttavia, occorre tener conto che, mentre nella sua originaria formulazione l'art. 702 quater prevedeva che in appello «sono ammessi

---

(36) Ciò che sembra da porsi in relazione con la singolarità della scelta della forma dell'ordinanza (anziché della sentenza) per il procedimento conclusivo, la quale deve, comunque, essere adeguatamente motivata (App. Milano 27 luglio 2010, in *Corr. merito*, 2010, p. 1033). Ai fini della decorrenza del termine, la comunicazione della cancelleria deve avere ad oggetto il testo integrale dell'ordinanza (Cass. 9 settembre 2019 n. 22241; Cass. 23 marzo 2017 n. 7401); in questi termini l'art. 702 quater non viola il diritto di difesa (Cass. 9 maggio 2017 n. 11331). L'eventuale errore del giudice nel qualificare il provvedimento come sentenza (e non come ordinanza) non comporta l'applicazione dell'appello ordinario (Cass. 26 novembre 2019 n. 30850, in *Giur. it.*, 2020, p. 1100, con nota di C. NOVELLA).

(37) Cass. 20 aprile 2020 n. 7970; Cass. 6 giugno 2018 n. 14478, in *Giur. it.*, 2019, p. 82, con nota di C. SCALVINI.

(38) Cass. 30 settembre 2019 n. 24379 (in *Giur. it.*, 2020, p. 1378, con nota di C. SCALVINI); Cass. 9 maggio 2017 n. 11331; Cass. 16 gennaio 2017 n. 877.

(39) Cass. 14 maggio 2013 n. 11465, già richiamata retro, alla nota 34.

nuovi mezzi di prova e nuovi documenti quando il collegio li ritiene *rilevanti* ai fini della decisione», con l'art. 54 D.L. 83/2012 (conv. dalla L. 134/2012) l'aggettivo «rilevanti» (40) è stato sostituito con «indispensabili».

La modifica è collegata al fatto che lo stesso art. 54 – come vedemmo a suo tempo (al § 75 del vol. II) – ha riformato anche la disciplina dell'appello ordinario, nel senso di limitare l'introduzione in tale sede di nuovi mezzi di prova e nuovi documenti. Avendo eliminato per l'appello ordinario la possibilità, in precedenza ammessa, di proporre nuovi mezzi di prova e produrre nuovi documenti dal giudice d'appello ritenuti «indispensabili ai fini della decisione della causa» (art. 345, 3° comma, nella sua versione previgente), lo stesso legislatore ha sentito l'esigenza di continuare a rimarcare le differenze fra questo e l'appello di cui all'art. 702 quater, modificando nel senso visto quest'ultimo articolo. Ma la modifica non sembra rivestire particolare rilevanza (41). Ed infatti, la valutazione di «indispensabilità», avendo a che fare con nuove istanze istruttorie avanzate nel giudizio d'appello di una decisione assunta all'esito di un procedimento sommario, necessariamente assumerà connotati diversi da quelli che essa potrebbe assumere ove le stesse istanze riguardassero una sentenza, vale a dire un provvedimento conclusivo di un giudizio a cognizione piena.

Il riferimento, dunque, è a quei mezzi di prova o documenti, non proposti, anche se proponibili nel giudizio di primo grado (né disposti d'ufficio), ma che il giudice d'appello ritenga «*indispensabili ai fini della decisione*», vale a dire necessari per poter riformare (o confermare) l'ordinanza appellata (42).

Oltre che i mezzi di prova e i documenti ritenuti «indispensabili» dal collegio, possono comunque essere proposti per la prima volta in appello anche i mezzi di prova e i documenti che *la parte dimostra di non aver potuto proporre nel corso del procedimento di primo grado per causa ad essa non imputabile.*

Va, peraltro, rilevato che la veduta regola speciale concernente i mezzi di prova costituisce l'unica deroga alla disciplina dell'appello ordinario, sicché sono an-

---

(40) In argomento v. anche A. CARRATTA, in C. MANDRIOLI-A. CARRATTA, *Come cambia*, cit., p. 159; F.P. LUISO, *Il procedimento*, cit., p. 1568; G. BALENA, *Il procedimento*, cit., 324; L. DITTRICH, *Il nuovo procedimento*, cit., p. 1598; R. CAPONI, *Sub art. 702 bis*, cit., p. 206; A. SCALA, *L'appello nel procedimento sommario di cognizione*, in *Giur. it.*, 2010, p. 738; P. PORRECA, *Il processo*, cit., p. 856; M.A. LUPOI, *Sommario*, cit., p. 1257; ID., *Tra flessibilità*, cit., p. 531; ID., *Processo sommario*, cit., p. 302; C.M. CEA, *L'appello*, cit., p. 135; A. RENZI, *L'appello*, cit., p. 253. Tuttavia, nel senso che «rilevanti» in questo caso sia sinonimo di «indispensabili» App. Roma 11 maggio 2011, in *Giur. merito*, 2011, p. 2672, con nota contraria di P. PORRECA.

(41) V. anche A. CARRATTA, *Procedimento sommario*, cit., § 5; A. SALETTI, *L'appello*, cit., p. 1438.

(42) Del resto, le stesse sezioni unite (Cass. sez. un. 4 maggio 2017 n. 10790) hanno chiarito che non vi è sostanziale differenza fra l'accezione di «prova indispensabile» e quella di «prova munita di un'influenza causale più incisiva rispetto a quella delle prove già rilevanti ai fini della decisione della controversia o, il che è sostanzialmente lo stesso, idonea a fornire un contributo decisivo all'accertamento della verità».

che qui operanti le limitazioni, emergenti dall'art. 345, concernenti l'inammissibilità delle domande nuove con le relative deroghe, nonché delle nuove eccezioni non rilevabili d'ufficio.

Ancora, l'art. 702 quater, nella sua proposizione finale, dispone che «*il presidente del collegio può delegare l'assunzione dei mezzi di prova ad uno dei membri del collegio*».

Lo stesso art. 702 quater aggiunge che l'ordinanza «*pronunciata ai sensi del 6° comma dell'art. 702 ter produce gli effetti di cui all'art. 2909 c.c., se non è appellata*», ossia l'efficacia del giudicato sostanziale. La quale efficacia di giudicato investe in primo luogo l'ordinanza non appellata, con la quale il giudice di primo grado abbia deciso nel merito (accogliendo o rigettando la domanda o le domande proposte) (43), ma si produce anche per effetto della dichiarazione di inammissibilità, improcedibilità o estinzione dell'appello eventualmente proposto.

Il giudizio di appello di cui trattasi si chiude con sentenza ricorribile in cassazione, salva la possibile rimessione al giudice di primo grado nei casi indicati dagli artt. 353 e 354.

Infine, nulla impedisce – almeno in linea di principio – l'assoggettabilità dell'ordinanza che conclude il giudizio di primo grado, una volta passata in giudicato, alla revocazione straordinaria e all'opposizione di terzo (44).

---

(43) A. CARRATTA, in C. MANDRIOLI-A. CARRATTA, *Come cambia*, cit., p. 136; nello stesso senso Cass. 8 marzo 2017 n. 5840; Cass. 16 gennaio 2017 n. 866; Cass. 19 maggio 2015 n. 10211, in *Foro it.*, 2015, I, 3920, con nota di G.G. POLI; App. Milano 14 marzo 2013, in *Foro pad.*, 2013, I, 283. Tuttavia, nel senso che l'appello sarebbe esperibile solo avverso l'ordinanza di accoglimento nel merito v. R. CAPONI, *Sub art. 702 quater*, cit., p. 206; App. Roma 11 maggio 2011, cit. retro, alla nota 40.

(44) Cfr. anche G. OLIVIERI, *op. cit.*, p. 96; C. FERRI, *Il procedimento*, cit., p. 100; G. SCARSELLI, *Le altre impugnazioni e il giudicato*, in *Giur. it.*, 2010, p. 741; A. TEDOLDI, *op. cit.*, p. 613.

Peraltro, C. Cost. 5 maggio 2021 n. 89 ha ammesso l'esperibilità della revocazione ordinaria ai sensi dell'art. 395, n. 4, nel caso in cui l'ordinanza emessa all'esito del primo grado del procedimento sommario di cognizione non sia appellabile (come, ad es., nel caso dell'art. 14 D.Lgs. 150/2011).

CAPITOLO VIII
I PROCEDIMENTI IN CAMERA DI CONSIGLIO

SOMMARIO: 54. Giurisdizione volontaria e procedimenti in camera di consiglio. – 55. Le disposizioni comuni ai procedimenti in camera di consiglio. – 56. Cenni sui singoli procedimenti in camera di consiglio e sul procedimento di riparazione per violazione della ragionevole durata del processo.

54. *Giurisdizione volontaria e procedimenti in camera di consiglio.*

Gli attributi di «specialità», che caratterizzano i procedimenti di giurisdizione volontaria, sono indubbiamente i più intensi ed evidenti. Si vide, infatti, in sede di esame dei diversi tipi di attività giurisdizionale (v. vol. I, § 5 in fine e § 7 in fine), che la giurisdizione volontaria è (ad onta del nome) la meno giurisdizionale – se così si può dire – delle attività configurate dal codice di procedura civile.

Si vide, più precisamente, che si tratta di un'attività di tipo amministrativo, sia sotto il profilo strutturale (perché non è idonea al giudicato, ma è, al contrario, caratterizzata dalla revocabilità e dalla modificabilità) e sia sotto il profilo funzionale (perché non tende ad attuare diritti, ma situazioni meno definite, riconducibili alla figura degli interessi di rilevanza generale o degli interessi semplici, ma rilevanti per l'ordinamento). Così come si vide che la ragione per la quale rientra nella disciplina del codice sta solo nel fatto che, sotto il profilo soggettivo, l'attività in discorso è svolta dagli organi giurisdizionali, mentre, sotto il profilo oggettivo, la materia sostanziale sulla quale essa incide è data da situazioni giuridiche di diritto privato, nel senso che essa integra (o rimuove ostacoli per) la fattispecie costitutiva, modificativa o estintiva di soggetti giuridici, di stati personali, di poteri, ecc. (1). In tal modo assolve ad una funzione, assimilabile a quella della giuri-

---

(1) In generale sulla giurisdizione volontaria e sui diversi caratteri che la contraddistinguono, v. G.A. MICHELI, *Per una revisione della nozione di giurisdizione volontaria*, in *Riv. dir. proc.*, 1947, I, p. 18; E. FAZZALARI, *La giurisdizione volontaria*, Padova, 1953; ID., *Giurisdizione volontaria*, in *Enc. dir.*, XIX, Milano, 1970, p. 330; ID., *Procedimento camerale e tutela dei diritti*, in *Riv. dir. proc.*, 1988, p. 909; C.M. DE MARINI, *Considerazioni sulla natura della giurisdizione volontaria*, *ivi*, 1954, p. 255; E. ALLORIO, *Saggio polemico sulla giurisdizione volontaria* e altri studi, in *Sulla dottrina della giurisdizione e del giudicato*, Milano, 1957; S. DI BLASI, *Giurisdizione volontaria*, in *Nss. Dig. it.*, VII, Torino, 1961, p. 1094; C. MANDRIOLI, *Sui caratteri dell'attività giurisdizionale desunti*

sdizione costitutiva (necessaria), dalla quale, tuttavia, si distingue nettamente perché non accerta e non attua diritti o status, ed in relazione a ciò non dà luogo all'incontrovertibilità propria dell'attività di cognizione. Si tratta, in sintesi, di *amministrazione del diritto privato affidata ad organi giurisdizionali* (2).

Per questo tipo di attività il legislatore non ha dettato una disciplina autonoma ed organica. D'altra parte, neppure si è limitato ad includere tra i procedimenti speciali la disciplina di alcuni procedimenti di questo tipo (individuati dal loro oggetto sostanziale). Ed in realtà, avendo anche riguardo al fatto che molti altri procedimenti di questo tipo sono disciplinati altrove (e cioè in altri libri del codice di procedura civile, come ad es. la nomina del curatore speciale di cui agli artt. 78 e ss. c.p.c. [v. vol. I, § 46 in fine]; o nel codice civile o in leggi speciali, come ad es. i procedimenti di adozione [v. vol. III, § 19]); il codice si è limitato

---

dalle norme positive, in *Jus*, 1962, p. 81; ID., *C.d. «procedimenti camerali su diritti» e ricorso straordinario per cassazione*, in *Riv. dir. proc.*, 1988, p. 921; L. MONTESANO, *Sull'efficacia, sulla revoca e sui sindacati contenziosi dei provvedimenti non contenziosi dei giudici civili*, in *Riv. dir. civ.*, 1986, I, p. 591; A. CERINO CANOVA, *Per la chiarezza delle idee in tema di procedimento camerale e di giurisdizione volontaria*, *ivi*, 1987, I, p. 431; V. DENTI, *La giurisdizione volontaria rivisitata*, in *Riv. trim. dir. e proc. civ.*, 1987, p. 325; L. LANFRANCHI, *La cameralizzazione del giudizio sui diritti*, in *Giur. it.*, 1989, IV, 33; A. PROTO PISANI, *Usi ed abusi della procedura camerale ex. artt. 737 e ss. c.p.c.*, in *Riv. dir. civ.*, 1990, I, p. 393; A. CHIZZINI, *La revoca dei provvedimenti di volontaria giurisdizione*, Padova, 1994; A. CARRATTA, *Processo camerale (dir. proc. civ.)*, in *Enc. dir.*, *Annali*, III, Milano, 2010, p. 928; R. TARANTINO, *Procedimenti in camera di consiglio e tutela dei diritti connessi*, in *Giusto proc. civ.*, 2011, p. 217; G. VIGNERA, *Riserva di legge* ex *art. 111 comma 1° Cost. e rito camerale uniforme*, in *Riv. trim. dir. e proc. civ.*, 2012, p. 551; R. DONZELLI, *Sul «giusto processo» civile «regolato dalla legge»*, in *Riv. dir. proc.*, 2015, p. 942; E. DEL PRATO (a cura di), *Artt. 737-795*, in *Comm. del c.p.c., diretto da S. Chiarloni*, Bologna, 2017; D. TURRONI, *I procedimenti camerali «senza diritti»*, I, Torino, 2018; AA.VV., *La giurisdizione "non contenziosa" e i procedimenti in camera di consiglio*, a cura di D. TURRONI, in *Giur. it.*, 2020, p. 2279.

(2) È, questa, una definizione puramente convenzionale e «di comodo», come giustamente è stato posto in rilievo da chi (E. FAZZALARI, *Giurisdizione volontaria*, cit., p. 362) ha ricordato come il più autorevole assertore della formula «amministrazione pubblica del diritto privato», ossia il CALAMANDREI (*Istituzioni di diritto processuale civile*, I, Padova, 1941, p. 41), l'avesse mutuata dallo ZANOBINI (*Sull'amministrazione pubblica del diritto privato*, Milano, 1918), che peraltro l'aveva impiegata in senso più ristretto e che, a sua volta, l'aveva recepita dallo HÄNEL (*Die Verwaltung des Privatrechts in deutschen Staatsrecht*, I, Leipzig, 1892, p. 161), che pure l'aveva impiegata in senso diverso.

L'espressione viene qui impiegata soltanto perché sembra la più idonea per esprimere in modo sintetico i caratteri più salienti della giurisdizione volontaria che, da un lato, ha aspetti strutturali di tipo amministrativo (non idoneità al giudicato, revocabilità e modificabilità) e, dall'altro lato, ha un contenuto privatistico, accompagnato da una derivazione soggettiva giurisdizionale (organi giurisdizionali) con la conseguente presenza di alcuni caratteri, anche strutturali, proprî della giurisdizione (imparzialità dell'organo; operare – ancorché più attenuato – del principio del contraddittorio e del diritto alla difesa).

Precisato ciò, con la conseguente evidenziazione della impossibilità di definire la giurisdizione volontaria sotto un unico profilo, sia esso strutturale (secondo l'impostazione dell'ALLORIO, *Saggio polemico*, cit., pp. 3, 57, 161) o funzionale, non sembra molto importante stabilire se la giurisdizione volontaria costituisca un *genus* autonomo (E. FAZZALARI, *op. cit.*, p. 361) o un settore della giurisdizione (G.A. MICHELI, *Per una revisione*, cit., p. 31; C.M. DE MARINI, *Considerazioni*, cit., p. 296; L. MONTESANO, *Sull'efficacia*, cit., pp. 596, 614; V. DENTI, *La giurisdizione volontaria*, cit., p. 337).

ad includere tra i procedimenti speciali (e precisamente nel capo sesto del titolo secondo del libro IV del codice) *un gruppo di norme che anziché disciplinare un particolare procedimento speciale, sono dedicate genericamente ai «procedimenti in camera di consiglio»* e che, come stiamo per vedere, costituiscono un tentativo, timido e tutt'altro che perfetto, di disciplina unitaria e paradigmatica per i procedimenti di giurisdizione volontaria, ancorché talvolta inopportunamente adottati dal legislatore anche per procedimenti di giurisdizione contenziosa su diritti.

In effetti, queste norme, lungi dall'essere espressamente riferite alla giurisdizione volontaria (che, si noti, non è neppure nominata né in queste norme né altrove nel codice), sono riferite ad una caratteristica formale, essendo intitolate: «*disposizioni comuni ai procedimenti in camera di consiglio*». Ma già il legislatore ha avuto cura di precisare (sia pure in epoca successiva) (3) che tali norme si applicano anche ai procedimenti «non regolati nei capi precedenti o che non riguardino materia di famiglia o di stato delle persone» (così l'art. 742 bis), come altrimenti si sarebbe dovuto dedurre dalla collocazione di queste norme nel titolo dedicato ai procedimenti in materia di famiglia e di stato delle persone. D'altra parte, anche il riferimento alla forma della pronuncia in camera di consiglio è tutt'altro che univoco ed assoluto anche perché non mancano esempi, nella disciplina del processo di cognizione ordinario, di provvedimenti in camera di consiglio ai quali le norme in discorso sicuramente non si applicano (si pensi, ad es., alla pronuncia sul reclamo contro il provvedimento dichiarativo dell'estinzione, ai termini dell'art. 308, 2° comma: v. vol. II, § 66).

In tanta incertezza, il solo criterio orientatore sicuro sembra essere offerto da una delle norme in discorso (e precisamente l'art. 742), il quale, con l'enunciare che «*i decreti possono essere in ogni tempo modificati o revocati ...*», si riferisce alla caratteristica strutturale più tipica dell'attività in discorso, e che perciò è implicitamente richiamata come categoria, si voglia o non si voglia servirsi della denominazione convenzionale di «giurisdizione volontaria». Il suggerimento concreto che si desume da questo rilievo è nel senso che *le «disposizioni comuni» di cui trattasi costituiscono un nucleo di disciplina applicabile a tutti i procedimenti che, indipendentemente dalla loro collocazione e in correlazione con un oggetto sostanziale che non incide su diritti o non li incide in situazioni di contrasto, da un lato, si svolgono davanti ad organi giurisdizionali ed operano in senso genericamente costitutivo, e, dall'altro lato, presentano le caratteristiche strutturali della revocabilità e della modificabilità o comunque della non idoneità a dar luogo alla cosa giudicata* (4).

---

(3) L'art. 742 bis, di cui subito nel testo, è stato infatti introdotto con la «novella» del 1950. Sull'«applicazione variabile» dello schema procedimentale in discorso, v. A. CERINO CANOVA, *op. cit.*, p. 461.

(4) L'orientamento che, in tema di ambito di applicazione degli artt. 737 e ss., è esposto nel testo, contrasta sia con quello di coloro, secondo i quali occorre far capo alla nozione di giurisdizione volontaria su basi sostanzialmente contenutistiche (così, ad es., S. SATTA, *Diritto processuale civile*, Padova, 1973, p. 668; S. COSTA, *Manuale di diritto processuale civile*, Torino, 1973, p. 655) e sia con quello di coloro che, respinto tale riferimento contenutistico, ritengono che si debba prescin-

In pratica, questo nucleo di disciplina (5), integrato dall'eventuale disciplina dettata specificamente per i singoli procedimenti, si applica, interamente o nella misura risultante delle singole norme di richiamo, a procedimenti che di solito hanno ad oggetto materie – anche non di famiglia o di stato delle persone – diverse dai diritti e dagli *status* o che, pur incidendo su diritti e *status*, non risolvono posizioni di contrasto né assolvono ad esigenze di tutela, e che in relazione a ciò, possono tollerare, per la maggiore speditezza del procedimento, l'attenuazione delle garanzie del contraddittorio (lasciato, nella sua attuazione, alla discrezionalità del giudice) e delle prove e soprattutto l'instabilità propria dell'inidoneità al giudicato (6). Procedimenti, questi, configurati nel libro dei procedimenti spe-

---

dere totalmente da una caratteristica (ancorché strutturale) essenziale (che, a nostro parere, è la revocabilità) e ritengono che ogni qual volta un procedimento culmina nella emanazione di un provvedimento avente la forma del decreto assunto in camera di consiglio, non vi è possibilità di indagare se quel processo sia volontario oppure contenzioso: le norme in discorso si applicano senz'altro, ivi compreso l'art. 742 (così G.A. MICHELI, *Camera di consiglio (dir. proc. civ.)*, in *Enc. dir.*, V, Milano, 1959, p. 982). Diversa e più vicina a quella assunta nel testo, è la posizione di chi (E. FAZZALARI, *Giurisdizione volontaria*, cit., p. 362) ravvisa negli articoli in argomento il nucleo della disciplina dei procedimenti di giurisdizione volontaria (o comunque la si voglia chiamare) individuata in base al convergere dei criteri funzionali e strutturali (praticamente coincidenti con quelli indicati nel testo) e considerata addirittura come un *genus* autonomo. Ancora più vicina la posizione di chi (A. CERINO CANOVA, *Per la chiarezza*, cit., p. 470) prospetta un'esigenza di correlazione tra la sostanza della giurisdizione volontaria e le forme procedimentali in discorso. Su tale correlazione concorda parzialmente chi (A. CHIZZINI, *La revoca*, cit., pp. 266, 300 e *passim*), mette in evidenza che spesso il legislatore impiega le forme del processo di cognizione per operare su un oggetto sostanziale diverso dai diritti, ferma peraltro l'esigenza di impiegare quelle forme per operare su diritti o *status*. Per la medesima conclusione v. anche D. TURRONI, *I procedimenti*, cit., p. 52, per il quale se non vi è corrispondenza tra «processo camerale e giurisdizione volontaria ..., nemmeno vi è tra la giurisdizione non contenziosa e il modello camerale semplice».

(5) Sul quale v. G. ARIETA, *Procedimenti in camera di consiglio*, in *Dig. civ.*, XIV, Torino, 1996, p. 435; in precedenza, oltre alla voce del MICHELI, *Camera di consiglio*, cit. nella nota precedente, anche G. MONTELEONE, *Camera di consiglio (dir. proc. civ.)*, in *Nss. Dig. it.*, Appendice, I, Torino, 1980, p. 986; M. PAGANO, *Contributo allo studio dei procedimenti in camera di consiglio*, in *Dir. e giur.*, 1988, p. 11.

(6) Se pertanto, un procedimento, pur essendo disciplinato con talune forme camerali, desse luogo ad un provvedimento che, in base ad altri criteri univoci, risultasse idoneo al giudicato, ciò basterebbe per escludere l'applicabilità del nucleo di disciplina di cui trattasi, ferma peraltro, ovviamente, l'applicabilità di quelle disposizioni di tipo camerale che fossero espressamente previste. Si pensi, ad es., al procedimento di opposizione al rifiuto di consenso al riconoscimento di figlio naturale previsto dall'art. 250, 4° comma, c.c. (su cui v. vol. III, § 19) e per il quale, da un lato, è previsto che il provvedimento conclusivo assuma la forma della sentenza, mentre, dall'altro lato, è pure prevista la pronuncia in camera di consiglio (art. 38, 3° comma, disp. att. c.c.: v. § 13 del vol. III). Si pensi anche al procedimento per la dichiarazione di fallimento, di cui agli artt. 15-18 L. fall., così come modificati dai D.Lgs. 5/2006 e 169/2007, anch'esso concluso da sentenza, reclamabile alla corte d'appello (su questo v. anche Cass. 7 ottobre 2010 n. 20836, in *Guida al dir.*, 2010, n. 47, p. 68, che parla di procedimento contenzioso ma a rito camerale; v. anche Cass. 24 maggio 2012 n. 8227, in *Fallimento*, 2012, p. 1185, con nota di F. DE SANTIS; Cass. 4 aprile 2012 n. 5420; F. DE SANTIS, *Il processo per la dichiarazione di fallimento*, Padova, 2012, p. 142; M. MONTANARI, *La gestione camerale degli interessi nel fallimento (e nella liquidazione giudiziale)*, in AA.VV., *La giurisdizione "non contenziosa"*, cit., p. 2801. Per altri esempi simili v. A. CARRATTA, *Processo camerale*, cit., p. 928.

ciali (e dei quali ci occuperemo sinteticamente al § 56) o in altri settori del codice di rito o di altri codici o leggi speciali, come, ad es., i procedimenti di adozione (v. vol. III, § 19) o di separazione consensuale (v. vol. III, § 15) o di revisione delle condizioni di divorzio (v. vol. III, § 16, al richiamo della nota 215).

Va, d'altra parte, rilevato che il legislatore, nel configurare procedimenti di questo tipo, non sempre si mostra rispettoso di questi limiti di applicazione dei procedimenti in questione (7); ciò che dà luogo ad una divaricazione tra le esigenze di tutela, determinate dalla sostanza, e la forma, non sempre adeguatamente rispettosa dell'esigenza che l'attuazione del contraddittorio sia regolata dalla legge) (c.d. *cameralizzazione del giudizio su diritti*).

Rispetto alla quale divaricazione possono prospettarsi dei gravi dubbi di opportunità ed anche di costituzionalità (8); questi ultimi, peraltro, in parte riconosciuti anche dalla Corte costituzionale (9). Questa tendenza, che ha indotto a

---

(7) V., ad es., oltre ai procedimenti citati nella nota 6, i procedimenti in tema di tutela dei minori, rispetto ai quali Cass. 21 ottobre 1986 n. 6220 (in *Giur. it.*, 1987, I, 1, 1616), dice che, pur riguardando posizioni di diritto soggettivo, non statuiscono in via decisoria e definitiva su dette posizioni, stante la loro modificabilità e revocabilità ai termini dell'art. 333 c.c. *A fortiori* questo vale ove – più correttamente – ai provvedimenti modificativi, ablativi o restrittivi della potestà genitoriale resi ai sensi degli artt. 330, 332, 333 e 336 c.c. si attribuisca natura di giurisdizione volontaria (Cass. 13 settembre 2012 n. 15341, in *Fam. e dir.*, 2013, p. 586).

(8) V. ampiamente, sull'argomento, A. CERINO CANOVA, *Per la chiarezza delle idee*, cit., p. 473; E. FAZZALARI, *Procedimento camerale*, cit., p. 917; ID., *Uno sguardo storico e sistematico (ancora sul procedimento camerale e la tutela dei diritti)*, in *Riv. dir. proc.*, 1990, p. 19; C. MANDRIOLI, *C.d. «procedimenti camerali»*, cit., p. 925; L. LANFRANCHI, *La cameralizzazione dei giudizi su diritti*, in *Giur. it.*, 1989, IV, 33; ID., *I procedimenti camerali decisori*, in *Riv. trim. dir. e proc. civ.*, 1989, p. 905; L. MONTESANO, *«Dovuto processo» su diritti incisi da giudizi camerali e sommari*, in *Riv. dir. proc.*, 1989, p. 915; A. CARRATTA, *Processo camerale*, cit., p. 928; D. TURRONI, *I procedimenti*, cit., p. 61.

A questa divaricazione non offre rimedio accettabile né sufficiente l'orientamento della Cassazione che tende a configurare l'ammissibilità del ricorso straordinario ex art. 111 Cost. nei confronti dei provvedimenti camerali che incidono su diritti (v. ad es., in motivazione, Cass. 6 luglio 2016 n. 13820; Cass. sez. un. 16 ottobre 2006 n. 22216; Cass. 3 luglio 1987 n. 3814, in *Giur. it.*, 1988, I, 1, 978, con nota di C. MANDRIOLI; Cass. 22 marzo 1983 n. 2015). In proposito v. anche A. CARRATTA, *Provvedimenti cameral-sommari, «decisorietà» e ricorso per cassazione: fra nuove riforme e vecchi problemi*, in *Fam. e dir.*, 2007, p. 128.

Quest'orientamento non è sufficiente perché non viene incontro alle esigenze di garanzia del contraddittorio e delle prove (cfr. A. CERINO CANOVA, *Per la chiarezza*, cit., p. 478) e non è, d'altra parte, accettabile perché il ricorso straordinario non è mai possibile contro provvedimenti non idonei al giudicato, quale che sia la sostanza sulla quale incidono (ed in effetti la più parte delle pronunce nega l'ammissibilità del ricorso straordinario nei confronti dei provvedimenti camerali ancorché incidano su diritti talora superando posizioni di contrasto: v., ad es., Cass. sez. un. 23 ottobre 1986 n. 6220, Cass. 20 maggio 1987 n. 4607, entrambe in *Foro it.*, 1987, I, 3278; Cass. 27 giugno 2013 n. 16205); così anche L. MONTESANO, *«Dovuto processo»*, cit., p. 942; L. LANFRANCHI, *I procedimenti camerali*, cit., p. 921; G. ARIETA, *Giurisdizione camerale e sindacato contenzioso*, in *Riv. dir. proc.*, 1995, p. 1084; D. TURRONI, *I procedimenti*, cit., p. 67.

(9) V., in particolare, C. Cost. 14 dicembre 1989 n. 543, su cui v. i rilievi critici di A. GRAZIOSI, in *Riv. trim. dir. e proc. civ.*, 1990, p. 344, e di L. SALVANESCHI, in *Riv. dir. proc.*, 1990, p. 1188. A favore di quest'orientamento della Corte costituzionale, v., invece, V. DENTI, in *Riv. trim. dir. e*

qualificare il procedimento in camera di consiglio come un «*contenitore neutro*», impone talora la necessità di verificare la specifica struttura e funzione dei singoli procedimenti e subprocedimenti per i quali la legge prevede le forme camerali, per stabilire, caso per caso, se le specifiche disposizioni, sia procedimentali e sia concernenti il rispettivo oggetto sostanziale, possano o non possano – avuto riguardo anche al livello di garanzia del contraddittorio (10) e al rispetto dei principi costituzionali del giusto processo – all'idoneità al giudicato (11).

---

proc. civ., 1990, p. 1097. Sull'evoluzione della giurisprudenza costituzionale in materia v. A. CARRATTA, *Processo camerale*, cit., p. 930.

Non manca, d'altra parte, chi tende a considerare il fenomeno dell'uso del procedimento camerale in materie contenziose un fenomeno in via di superamento o già superato avuto riguardo sia agli orientamenti della Cassazione (v. retro, la nota 7) e sia alla tendenza della Corte costituzionale a riconoscere le garanzie costituzionali del contradditorio anche ai «procedimenti camerali sui diritti» (così V. DENTI, *La giurisdizione volontaria*, cit., p. 334; poi L.P. COMOGLIO, *Difesa e contraddittorio nei procedimenti in camera di consiglio*, in *Riv. dir. proc.*, 1997, p. 719, per il quale occorre ormai prendere atto dell'elaborazione, specialmente ad opera della Corte costituzionale, di un modello procedimentale alternativo nel quale sussiste, o può sussistere, quel minimo di garanzia del contraddittorio che è sufficiente per la tutela anche dei diritti). Ma, contro questa tesi e con riferimento più generale alla suddetta divaricazione, v. C. MANDRIOLI, *C.d. «procedimenti camerali su diritti» e ricorso straordinario per cassazione*, in *Riv. dir. proc.*, 1988, p. 921; più analiticamente L. MONTESANO, *Dovuto processo*, cit., p. 942, che distingue i casi in cui l'esigenza di tutela è comunque garantita dal controllo in sede contenziosa (v. nel successivo §) dai casi in cui la «lacuna» va colmata sotto il profilo costituzionale; successivamente ID., *La garanzia costituzionale del contraddittorio e i giudizi civili di «terza via»*, in *Riv. dir. proc.*, 2000, p. 944, prospetta la necessaria appellabilità del provvedimento su diritti, specie nei c.d. giudizi di «terza via»; poi ampiamente in questo solco, L. LANFRANCHI, *I procedimenti camerali*, cit., p. 932 e in *Giur. it.*, 1993, IV, 521; per una negazione della contrapposizione, da risolversi nella valutazione di *adeguatezza* del trattamento processuale, E. GRASSO, *I procedimenti camerali e l'oggetto della tutela*, in *Riv. dir. proc.*, 1990, p. 58.

Per un quadro degli sconfinamenti operati dal legislatore, con l'enucleazione dei limiti e dei relativi criteri, v. poi A. PROTO PISANI, *Usi ed abusi*, cit., p. 393 e ivi (p. 427) l'adesione e lo svolgimento degli orientamenti che – con riguardo al problema dei rimedi a questa situazione – fanno leva sulla possibilità dell'azione a cognizione piena a tutela dei diritti «incisi», azione da riconoscersi sempre in una sfera autonoma da quella dei rimedi contro il provvedimento camerale ed anche dall'*actio nullitatis*.

(10) In proposito v. anche le più recenti censure all'impiego delle forme camerali per la tutela dei diritti, imperniate sul nuovo testo dell'art. 111 Cost., che vuole che il giusto processo sia «regolato dalla legge» quale è il processo a cognizione piena, mentre il processo camerale lascia alla discrezionalità del giudice le modalità di realizzazione del contraddittorio (L. LANFRANCHI, *Giusto processo: I) Processo civile*, in *Enc. Giur. Treccani*, XV, Roma, 2001, p. 2; A. PROTO PISANI, *Giusto processo e valore della cognizione piena*, in *Riv. dir. civ.*, 2002, I, p. 265; ID., *Appunti sul valore della cognizione piena*, in *Foro it.*, 2002, V, 65; ID., *Tutela sommaria*, in *Foro it.*, 2007, V, 241; A. CARRATTA, *Processo sommario (dir. proc. civ.)*, in *Enc. dir.*, *Annali*, II, Milano, 2008, p. 877; R. DONZELLI, *op. cit.*, p. 942; D. TURRONI, *I procedimenti*, cit., p. 59; si sofferma, poi, sulla sostanziale violazione della «riserva di legge» dell'art. 111 Cost. da parte della disciplina camerale, sollecitando un più incisivo intervento della Corte costituzionale, G. VIGNERA, *Riserva di legge ex art. 111, comma 1°, Cost. e rito camerale uniforme*, cit., p. 551).

(11) Un evidente esempio di quest'esigenza ci sembra offerto dal testo della legge fallimentare e dal D.Lgs. 14/2019, codice della crisi d'impresa e dell'insolvenza, che la sostituirà, dove sono pre-

55. *Le disposizioni comuni ai procedimenti in camera di consiglio.*

Veniamo ora all'esame più ravvicinato di quel gruppo di norme che, nel § precedente, abbiamo visto costituire il nucleo di disciplina unitaria dei procedimenti che presentano le vedute caratteristiche e sono perciò riconducibili alla giurisdizione volontaria; norme raggruppate negli artt. 737-742 bis, sotto il titolo «disposizioni comuni ai procedimenti in camera di consiglio» (12).

Anzitutto, *giudice competente* per questo tipo di procedimento è di regola il tribunale, tenendo presente che, per l'art. 50 bis, nei procedimenti in camera di consiglio il tribunale giudica *in composizione collegiale, salvo che non sia altrimenti disposto* (13) (come, ad. es., nelle ipotesi della competenza del giudice tutelare) (14). Rimane, tuttavia, qualche margine per il giudice di pace (v., ad es., l'art. 752, 2° comma, e l'art. 778, 1° comma). Si tratta, comunque, di attribuzioni non già in applicazione dei normali criteri di distribuzione della competenza per materia o valore, né di altri criteri sistematici, bensì in base alle indicazioni che emergono dalla disciplina specifica dei singoli procedimenti, i quali, d'altra parte, talora attribuiscono la competenza anche al presidente del tribunale (15).

---

senti subprocedimenti sulla cui idoneità al giudicato la dottrina offre soluzioni talora discordi (a parte taluni subprocedimenti nei quali predomina la struttura pattizia). V., sull'argomento, A. CARRATTA, *Profili processuali della riforma della legge fallimentare*, in *Dir. fall.*, 2007, I, p. 1; ID., *Impugnazioni e stabilità dell'accertamento del passivo nella liquidazione giudiziale*, *ivi*, 2021, p. 495; F. DE SANTIS, *Sulla c.d. «degiurisdizionalizzazione» del concorso collettivo e sui limiti dei giudicati endofallimentari dopo le riforme*, in *Riv. dir. proc.*, 2008, p. 367 e scritti ivi citati; L. LANFRANCHI, *Costituzione e procedure concorsuali*, Torino, 2010; M. MONTANARI, *La gestione camerale*, cit., p. 2801.

(12) V., sull'argomento, D. MALTESE, *I procedimenti in camera di consiglio. Profili generali*, in *Riv. dir. civ.*, 1997, I, p. 565; G. VIGNERA, *Riserva di legge*, cit., p. 551; A. CARRATTA, *Processo camerale*, cit., p. 928.

(13) V., sull'argomento, G. LO SARDO, *Riflessioni sugli effetti della riforma del giudice unico nella volontaria giurisdizione*, in *Riv. dir. proc.*, 2002, p. 253.

Occorre anche ricordare che la legge delega per la riforma del processo civile, di cui alla L. 206/2021, prevede alcuni interventi anche alla disciplina dei procedimenti in camera di consiglio. In particolare, l'art. 1, 13° comma, fissa come principi e criteri direttivi della delega: a) di ridurre i casi in cui, nell'ambito di questi procedimenti, il tribunale provvede in composizione collegiale, limitandoli alle sole ipotesi in cui è previsto l'intervento del P.M. e ai procedimenti in cui il tribunale è chiamato a pronunciarsi sull'attendibilità di stime effettuate o alla buona amministrazione di cose comuni, operando i conseguenti adattamenti delle disposizioni di cui al capo sesto del titolo secondo del libro IV del c.p.c. e consentendo il rimedio del reclamo di cui all'art. 739 davanti al tribunale collegiale avverso i decreti del tribunale monocratico; b) di prevedere interventi diretti a trasferire alle amministrazioni interessate, ai notai e ad altri professionisti dotati di specifiche competenze alcune delle funzioni amministrative attualmente assegnate al giudice civile nell'ambito della giurisdizione volontaria.

(14) V., ad es., l'art. 344 c.c. A proposito del giudice tutelare, va rilevato che talora la legge gli attribuisce una funzione diversa da quella del decidere, e cioè quella di fornire un parere per una pronuncia affidata al tribunale: ciò avviene, ad es., nei procedimenti di cui agli artt. 320, 397, 425 c.c. In argomento, v. G. FRANCHI, *Il parere del giudice tutelare*, in *Riv. trim. dir. e proc. civ.*, 1954, p. 166. Le modalità per l'acquisizione di questo parere sono configurate dall'art. 732 c.p.c. (v. la nota 56 al § seguente).

(15) Come, ad es., nel procedimento di ammortamento dei titoli di credito ex art. 2016 c.c. In

Ugualmente è da escludere la possibilità di individuare un criterio generale di competenza per territorio, che peraltro è configurata (dall'art. 28) come inderogabile (v. vol. I, § 38) (16).

La domanda si propone con ricorso (17), che viene inoltrato direttamente al giudice, per il tramite della cancelleria, e con riferimento al quale si ritiene che, di regola, non sussista l'onere del patrocinio di un avvocato (18). Una volta presentato il ricorso, il presidente nomina un relatore tra i componenti del collegio con il compito – così dispone l'art. 738, 1° comma – di riferire in camera di consiglio. Ma, prima di compiere tale relazione, il relatore – che può essere anche lo

---

forza dei rilievi svolti nel § precedente, riteniamo (sebbene si tratti di questione controversa) l'applicabilità a questo e consimili procedimenti delle «disposizioni comuni» di cui trattasi, compreso l'assoggettamento al reclamo di cui all'art. 739, nonostante che questa norma non menzioni i provvedimenti presidenziali (salve peraltro esplicite esclusioni, come nel caso del provvedimento di nomina di arbitro, di cui all'art. 810 c.p.c.). La competenza per questo reclamo spetta, a parere di chi scrive, al presidente della corte d'appello. V. Cass. 28 gennaio 2008 n. 1764; v. anche F. SANTANGELI, *Reclamabilità dei provvedimenti presidenziali*, in *Riv. dir. civ.*, 1993, II, p. 129.

La medesima conclusione poteva valere per il procedimento di cancellazione dall'elenco dei protesti ex art. 3 L. 77/1955, come modificato dall'art. 12 L. 349/1973. Tuttavia, una simile conclusione non può più valere oggi, dopo l'ulteriore modifica apportata agli artt. 3 e 4 della L. 77/1955 dalla L. 235/2000. Quest'ultima, infatti, ha attribuito in prima battuta la competenza a provvedere sull'istanza di cancellazione dal registro (oggi elettronico) dei protesti al presidente della Camera di commercio (e, per effetto dell'art. 45, commi 2° e 3°, L. 273/2002, al responsabile dirigente dell'ufficio protesti dell'ente camerale) e solo in via di opposizione avverso i provvedimenti di diniego (o l'omissione) dell'organo amministrativo ha attribuito la competenza giurisdizionale al giudice di pace. In questo caso, già l'art. 4, 4° comma, L. 77/1955, così come modificato dalla L. 235/2000, e successivamente l'art. 12 del D.Lgs. 150/2011 sulla c.d. semplificazione dei riti (v. il § 49 del vol. III) hanno previsto che, per quanto riguarda le forme del procedimento, si applichi il rito speciale del lavoro (con gli «adattamenti» previsti dall'art. 2 del citato D.Lgs. 150/2011: v. cap. 6° del vol. III), e dunque prevedendo la possibilità che venga introdotto un ordinario giudizio di cognizione, pienamente autonomo rispetto alla pregressa fase amministrativa, nell'ambito del quale il giudice di merito è chiamato ad accertare il diritto fatto valere dall'interessato (in questo senso v. anche Cass. sez. un. 25 febbraio 2009 n. 4464, in *Corr. giur.*, 2009, p. 1631, con nota di A. CARRATO). Su questo procedimento v. anche il § 49 del vol. III.

(16) Con riguardo alla competenza per territorio, i giudici sono soliti riferirsi, in assenza di indicazioni legislative, al luogo dove si trova il soggetto della cui posizione giuridica si discute (così, ad es., Cass. 16 gennaio 1975 n. 167, in *Foro it.*, 1975, I, 2043, in motivazione). Circa la proponibilità del regolamento di competenza v. oltre, alla fine di questo §.

(17) Talora la legge indica i soggetti legittimati alla proposizione della domanda; così, ad es., i presunti successori legittimi per la domanda di nomina di un curatore allo scomparso (v. vol. III, § 19, al richiamo della nota 304); talora si riferisce più genericamente agli «interessati», alla quale espressione deve in ogni caso ricondursi la cerchia dei legittimati (cfr. E. FAZZALARI, *Giurisdizione volontaria*, cit., p. 340; v. anche C. MERLO, *Sub art. 737*, in E. DEL PRATO (a cura di), *op. cit.*, p. 16).

(18) Così Cass. 29 novembre 2006 n. 25366; Cass. 27 febbraio 1990 n. 1066, in *Giur. it.*, 1990, I, 1, 254; Cass. 3 luglio 1987 n. 5814, *ivi*, 1988, I, 1, 978, con nota di C. MANDRIOLI. Cfr. G. MONTELEONE, *Camera di consiglio*, cit., p. 987; E. REDENTI, *Diritto processuale civile*, III, cit., p. 354; contra G.A. MICHELI, *Camera di consiglio*, cit., p. 987; pure contraria, con riferimento ai «procedimenti che hanno ad oggetto diritti o *status*», Cass. 27 febbraio 1989 n. 1066, in *Giur. it.*, 1990, I, 1, 254. Neppure in dottrina mancano voci in questo senso, specie con riguardo ai procedimenti tra parti in contrasto (A. CARRATTA, *Processo camerale*, cit., p. 932).

stesso presidente – provvede a verificare l'eventuale necessità od opportunità che al procedimento partecipino (o di esso siano comunque edotti) eventuali altri interessati o controinteressati, ai quali pertanto il giudice può disporre che il ricorso venga notificato ad opera del ricorrente (19), insieme al decreto di fissazione dell'adunanza camerale (20). Interessato per dovere d'ufficio può essere, in certi procedimenti, il P.M. Ed a questo riguardo, l'art. 738, 2° comma, dispone che «se deve essere sentito il Pubblico Ministero, gli atti sono a lui previamente comunicati ed egli stende le sue conclusioni in calce al provvedimento del presidente», così esaurendo l'assolvimento all'onere della sua partecipazione (21).

Il giudice può compiere anche, ove lo ritenga necessario, una vera e propria istruzione probatoria (22). La formula estremamente succinta e generica di cui l'art. 738, 3° comma, si serve al riguardo («*il giudice può assumere informazioni*») mette in evidenza l'ampiezza della discrezionalità dei poteri del giudice e soprattutto il carattere ufficioso delle possibili iniziative al riguardo; ciò che, da un lato, conferisce al procedimento in discorso talune caratteristiche proprie del sistema inquisitorio (v. vol. I, § 21) e, dall'altro lato, evidenzia insieme con la discrezionalità nella scelta delle forme per l'attuazione del contraddittorio, la mancanza degli elementi essenziali e caratteristici della cognizione piena (23). Tuttavia, si ritiene che l'istruzione sia necessaria ed esercitabile in appli-

---

(19) Non essendoci alcun obbligo a carico della cancelleria (Cass. 29 ottobre 2012 n. 18580 e le pronunce delle sezioni unite indicate alla nota successiva).

(20) Entro un termine che – come hanno stabilito le sezioni unite (Cass. sez. un. 12 marzo 2014 n. 5700, in *Foro it.*, 2014, I, 1798, con nota critica di A.D. DE SANTIS; Cass. sez. un. 2 maggio 2014 n. 9558 e n. 9559) – non è da considerare perentorio; di conseguenza, in caso di omessa o inesistente notifica del ricorso e del decreto di fissazione dell'adunanza camerale, è ammessa la concessione di un nuovo termine, perentorio, da parte del giudice (così anche Cass. 15 ottobre 2014 n. 21882; Cass. 17 novembre 2014 n. 24417), salvo che la controparte non si sia costituita in giudizio, sanando il vizio (Cass. 19 luglio 2016 n. 14731).

(21) Cfr. Cass. 20 giugno 2000 n. 8386.

(22) Se si tratta di giudizio collegiale, non è ammissibile la delega dal collegio ad uno dei suoi componenti per l'assunzione delle prove (Cass. 3 settembre 1994 n. 7629, in *Foro it.*, 1995, I, 2199), salva, secondo la Cassazione, la (discutibile) sanabilità del vizio. Annotando questa sentenza (che peraltro riguarda le pronunce del tribunale dei minorenni nel giudizio di dichiarazione di paternità), F. CIPRIANI, in *Foro it.*, 1996, I, 1921, ricorda che il precedente orientamento della Cassazione era in senso opposto, evidenziando le ragioni di praticità ed economia che indurrebbero a preferire la possibilità di delega, tra l'altro già prevista nel giudizio di revisione della separazione ex art. 710 c.p.c. (v. vol. III, § 14, dopo la nota 111).

(23) Specie in relazione all'assenza di controllabilità in sede di legittimità (v., sul punto, A. PROTO PISANI, *Usi ed abusi*, cit., p. 415). Salva comunque l'ineludibile necessità del rispetto del contraddittorio (v., sul punto, G.F. RICCI, *Atipicità della prova, processo ordinario e rito camerale*, in *Riv. trim. dir. e proc. civ.*, 2002, p. 436, che tra l'altro evidenzia, come sola eccezione, il caso delle *informazioni sommarie* di cui all'art. 669 sexies, 2° comma, c.p.c.). In proposito v. anche B. CAPPONI, *Le «informazioni» del giudice civile*, in *Riv. trim. dir. e proc. civ.*, 1990, p. 911; L. PASSANANTE, *Le informazioni*, in *La prova nel processo civile*, a cura di M. TARUFFO, Milano, 2012, p. 975; C. MERLO, *Sub art. 738*, in E. DEL PRATO (a cura di), *op. cit.*, p. 45; M. RUSSO, *Sui rapporti tra*

cazione analogica della disciplina sul processo ordinario di cognizione, quando il procedimento camerale abbia ad oggetto la tutela di diritti soggettivi e dunque venga utilizzato dal legislatore – come abbiamo già detto – anche al di fuori dell'esercizio della giurisdizione volontaria (24).

Può accadere che la soluzione di questioni che investono diritti soggettivi o *status* si ponga come presupposto o come situazione legittimante per le pronunce di volontaria giurisdizione a tutela di interessi, correttamente assoggettate al rito camerale. Si tratta del fenomeno della c.d. *pregiudizialità contenziosa*, che pone il problema di come debba comportarsi il giudice della giurisdizione volontaria quando la tutela di interessi, alla quale è finalizzato il suo provvedimento, presupponga la soluzione di questioni che investono diritti o *status*.

Senza poter entrare nell'esame specifico delle singole ipotesi, nelle quali può concretarsi il suddetto fenomeno, basta qui concordare sul criterio di massima (25), secondo il quale il giudice della giurisdizione volontaria – che ovviamente sarebbe vincolato dal giudicato eventualmente preesistente – può e deve conoscere della questione pregiudiziale (contenziosa) *incidenter tantum* e cioè senza efficacia di giudicato (26); e ciò anche nell'ipotesi che sulla questione pregiudiziale già penda un giudizio in sede contenziosa (nel qual caso non deve sospendere la sua pronuncia) (27).

Il provvedimento, nel quale sfocia il procedimento di cui trattasi, ha – così dispone l'ultima parte dell'art. 737 – «*forma di decreto motivato, salvo che la legge disponga altrimenti*» (28).

Anche nel procedimento in discorso è in qualche modo operante il principio del doppio grado. L'art. 739 configura, infatti, un mezzo di impugnazione contro i decreti di cui trattasi: *il reclamo*, da proporsi al giudice immediatamente superiore, ossia al tribunale in camera di consiglio, contro i decreti del giudice in veste di giudice tutelare nonché contro i decreti del giudice monocratico del tribunale, ancorché non tutelare (29); alla corte d'appello, che pure pronuncia in

---

poteri istruttori d'ufficio e ricerca della verità nei procedimenti camerali, in AA.VV., *La giurisdizione "non contenziosa"*, cit., p. 2287.

(24) V., ad es., Cass. 16 gennaio 2017 n. 868.

(25) Che emerge dall'approfondito studio di S. MENCHINI, *La pregiudizialità contenziosa nei procedimenti (camerali) di volontaria giurisdizione (poteri del giudice ed effetti della decisione)*, in *Riv. dir. proc.*, 2004, p. 1071.

(26) S. MENCHINI, *op. cit.*, p. 1081.

(27) S. MENCHINI, *op. cit.*, p. 1082.

(28) Anche nei procedimenti camerali in materia contenziosa non troverebbero applicazione le disposizioni che regolano la fase decisoria dell'ordinario processo di cognizione, e cioè gli artt. 189 e 190 (Cass. 30 dicembre 2015 n. 26200).

(29) Così almeno secondo Trib. Verona 28 luglio 2000 (in *Giur. it.*, 2001, p. 750, con nota adesiva di A. DI MURO), che precisa che del collegio non può far parte il giudice che ha pronunciato il provvedimento impugnato, secondo il principio desumibile dall'art. 669 sexies.

camera di consiglio, nei confronti, invece, dei decreti del tribunale. Contro i decreti pronunciati in sede di reclamo non è ammesso, di regola, altro mezzo di impugnazione (art. 739, 3° comma), sebbene venga generalmente ammessa la ricorribilità per cassazione, ai sensi dell'art. 111, 7° comma, Cost., dei provvedimenti pronunciati in sede di reclamo, quando il procedimento camerale abbia ad oggetto tutela di diritti soggettivi o *status* o comunque incida su questi (30).

Naturalmente, il reclamo di cui trattasi, come ogni altro mezzo di impugnazione (31), va proposto in un termine perentorio (v. vol. I, § 66). Ed in effetti il 2° comma dell'art. 739 dispone che «il reclamo deve essere proposto *nel termine perentorio di dieci giorni*» (32), precisando che *il dies a quo* per la decorrenza di questo termine è la «*comunicazione del decreto* (ovviamente da parte della cancelleria: v. vol. I, §§ 43 e 70), *se è dato in confronto di una sola parte*», o la «*notificazione, se è dato in confronto di più parti*» (33). Dalla quale ultima disposizione si desume,

---

(30) Per quanto concerne il regolamento di competenza e, più in generale, le questioni di competenza, v. la pronuncia citata retro, alla nota 16. Con riguardo al ricorso ex art. 111 Cost., v. oltre, la nota 38. L'eventuale revisione, per fatti sopravvenuti, del provvedimento emesso in sede di reclamo spetta al giudice competente a pronunciarsi in primo grado (Cass. 1° marzo 1983 n. 1540, in *Foro it.*, 1984, I, 1953; App. Roma 11 settembre 1990, *ivi*, 1990, I, 1379).

(31) La dottrina prevalente ravvisa in questo reclamo un autentico mezzo di impugnazione (cfr. E. FAZZALARI, *Giurisdizione volontaria*, cit., p. 346; G. GIANNOZZI, *Il reclamo nel processo civile*, Milano, 1968, p. 196; C. MERLO, *Sub art. 739*, in E. DEL PRATO (a cura di), *op. cit.*, p. 86), che presuppone censure, non bastando la semplice riproposizione della domanda (Cass. 25 febbraio 2008 n. 4719, in *Giur. it.*, 2008, p. 2789) ancorché ovviamente svincolato dalla funzione di dar luogo al giudicato (su ciò, tra poco nel testo), sicché la regola dell'assorbimento dei vizi di nullità nel motivo di gravame non si applica se non nel senso generico per cui il vizio può essere fatto valere in sede di reclamo; e comunque va escluso che dalla mancata proposizione del reclamo consegua la sanatoria del vizio (cfr. A. CERINO CANOVA, *Per la chiarezza*, cit., p. 451). La giurisprudenza precisa, tuttavia, che non si tratterebbe di impugnazione in senso tecnico tale da poter parlare di diversi gradi di giudizio, sia agli effetti dell'inapplicabilità dell'istituto della rimessione al primo giudice (Trib. min. Salerno 1° febbraio 1985, in *Riv. dir. proc.*, 1987, p. 735), sia agli effetti della limitazione della rappresentanza procuratoria di cui all'art. 83, ultimo comma, c.p.c. (Cass. 27 luglio 1978 n. 3778, in *Giur. it.*, 1979, I, 1, 608) e sia ai fini dell'applicabilità degli artt. 353 e 354 c.p.c. (App. Napoli 17 febbraio 2014, in *www.ilcaso.it*). La dottrina mette in evidenza la possibilità di far valere col reclamo anche i vizi di «eccesso di potere» (in senso amministrativistico: v. vol. I, § 32) del decreto (v., per tutti, E. FAZZALARI, *op. ult. cit.*, p. 348). Legittimato all'impugnazione è l'interessato soccombente (cfr. G.A. MICHELI, *Camera di consiglio*, cit., p. 993), purché parte in primo grado (Cass. 24 maggio 1991 n. 5877) o eventualmente anche il P.M. (su ciò v. oltre nel testo).

(32) Ai fini dell'osservanza del termine per la proposizione del reclamo si è ritenuto sufficiente il deposito del ricorso, in quanto la nullità o l'omessa notificazione dell'atto introduttivo e del decreto di fissazione d'udienza potrebbero essere sanate – come già rilevato (retro, alla nota 20), secondo le sezioni unite (Cass. sez. un. 12 marzo 2014 n. 5700; Cass. sez. un. 2 maggio 2014 n. 9558 e n. 9559, ivi richiamate) – mediante la concessione di un nuovo termine, questo sì perentorio, da parte del giudice (così anche Cass. 18 marzo 2015 n. 5417).

(33) La Cassazione, che in un primo momento (Cass. 28 aprile 1994 n. 4106, in *Giur. it.*, 1995, I, 1, 240) ha ritenuto anche il cancelliere legittimato alla notificazione per fare decorrere il termine, ne ha poi affermato, a sezioni unite, l'inidoneità per il rilievo che la notificazione da parte del cancelliere non è prevista dalla legge (Cass. sez. un. 26 aprile 1997 n. 3670, in *Giur. it.*, 1998, I, 1376).

oltre al rilievo che, in certi casi, il decreto va notificato, anche una conferma circa l'eventuale possibilità della presenza di controinteressati, rispetto ai quali soltanto la notificazione ha un significato (34) anche agli effetti della loro legittimazione al reclamo in via incidentale (35). Anche il P.M. può proporre reclamo nel medesimo termine di dieci giorni (dalla comunicazione a lui del decreto), purché naturalmente si tratti di decreti per i quali è necessario il suo parere (art. 740).

La decorrenza del termine per il reclamo condiziona anche, di regola, l'efficacia (costitutiva) dei decreti (36). L'art. 741 dispone, infatti, che «*i decreti acquistano efficacia quando sono decorsi i termini* di cui agli articoli precedenti *senza che sia stato proposto reclamo*», salvo, tuttavia, il potere del giudice di attribuire ai decreti stessi, qualora sussistano ragioni di urgenza, *efficacia immediata*.

Come si vede, la tecnica della quale il legislatore si è servito nel configurare il regime dei rimedi contro i decreti in discorso e nel coordinare a tale regime l'efficacia dei decreti stessi parrebbe sostanzialmente la stessa della quale si è servito nel processo di cognizione. Sennonché, a differenza di quanto tipicamente accade nel processo di cognizione (v. vol. I, § 4), questa tecnica rimane, in un certo senso, fine a se stessa, in quanto l'assoggettamento ad un numero limitato di mezzi di impugnazione (con la perentorietà del relativo termine) non viene affatto utilizzata per l'attribuzione ai decreti dell'incontrovertibilità propria del giudicato.

E infatti, a parte la significativa esclusione del rimedio del ricorso per cassazione – che è il rimedio di legittimità tipico ed ineliminabile di ogni provvedimento idoneo al giudicato (v. vol. II, § 79, con particolare riferimento al ricorso ex art. 111 Cost.) (37) o comunque, secondo il tradizionale orientamento della Suprema Corte, di ogni provvedimento anche soltanto «incidente» su diritti soggettivi o *status* e definitivo (38) – abbiamo già ampiamente visto (nel § preceden-

---

Poi, in questa medesima linea, Cass. 26 novembre 2002 n. 16659 e App. Brescia 4 febbraio 2013, in *Fam. e dir.*, 2014, p. 265. Ciò, salvo disposizioni speciali di diverso tenore (come, ad es., l'art. 26 L. fall. per il reclamo avverso i provvedimenti del giudice delegato (v., in proposito, Cass. 8 febbraio 2017 n. 3294).

(34) Il che peraltro non significa che si debba procedere alla notifica ogni qual volta vi sia più di un interessato (così, invece, ritiene il MICHELI, *op. cit.*, p. 994). Ad esempio, non può essere considerato controinteressato, a questi effetti, l'altro coniuge nel caso del decreto di omologazione della separazione consensuale (v. vol. III, § 15).

(35) Che può essere anche tardivo, in applicazione del principio generale espresso dall'art. 334, 1° comma, c.p.c. (Cass. sez. un. 31 luglio 2012 n. 13617, in *Giust. civ.*, 2013, I, p. 339).

(36) Efficacia, ovviamente, nel senso compatibile con la revocabilità e che esclude l'immutabilità, come subito nel testo.

(37) Sull'inammissibilità del ricorso straordinario per cassazione ex art. 111 Cost. contro i provvedimenti in camera di consiglio, v. C. MANDRIOLI, *L'assorbimento*, cit., pp. 61, 81, 90. La giurisprudenza della Cassazione suole affermare tale inammissibilità (v., *ex multis*, Cass. 21 novembre 2007 n. 24423, in *Giur. it.*, 2008, p. 1663; Cass. 15 ottobre 1999 n. 729, in *Giur. it.*, 2000, p. 1156; Cass. 25 novembre 1998 n. 11947). In argomento v. anche D. TURRONI, *Ripensare il ricorso straordinario in cassazione*, in AA.VV., *La giurisdizione "non contenziosa"*, cit., p. 2280.

(38) Così, ad es., Cass. sez. un. 15 maggio 2018 n. 11849 l'ha ammesso in relazione ad un provve-

te) che la caratteristica tipica dei procedimenti in discorso sta nella loro strutturazione in modo antitetico alla incontrovertibilità. Tale caratteristica sta, più precisamente, nella regola enunciata dall'art. 742 e secondo la quale «*i decreti possono essere in ogni tempo modificati o revocati*» (39), salvi soltanto «*i diritti ac-*

---

dimento che aveva negato la separazione dei beni del defunto da quelli dell'erede; Cass. 18 gennaio 2000 n. 474, in *Foro it.*, 2000, I, 2232, con nota di M. FABIANI, rovesciando il precedente orientamento, ha ritenuto ricorribile e, addirittura, idoneo al giudicato, il decreto col quale la corte d'appello rigetta, in sede di reclamo, il ricorso per fallimento; Cass. sez. un. 29 ottobre 2004 n. 20957, in *Foro it.*, 2005, I, 80 e già Cass. 10 gennaio 2003 n. 184, in *Giur. it.*, 2003, p. 1575, con riguardo *al decreto con cui la corte d'appello provvede in sede di reclamo su decreto del tribunale in camera di consiglio che ha revocato l'amministratore del condominio* ex art. 64 disp. att. c.c.; ancora, Cass. 3 maggio 1991 n. 4839, in *Giur. it.*, 1993, I, 1, 209, con riguardo ad un provvedimento di nomina di curatore speciale per l'impugnazione del riconoscimento di paternità; Cass. sez. un. 9 gennaio 2001 n. 9, con riguardo al provvedimento camerale della corte d'appello su una questione preliminare di diritto in sede di reclamo avverso provvedimento in tema di responsabilità genitoriale perché «incidente su diritto soggettivo»; pronuncia, questa, poi contrastata e superata da Cass. 25 gennaio 2002 n. 911, in *Foro it.*, 2002, I, 1007, con nota di D. MALTESE ampiamente illustrativa della dottrina e della giurisprudenza.

Con riguardo alla ricorribilità di un provvedimento di nomina di liquidatore ex art. 2450, 3° comma, c.c. al di fuori dei presupposti di legge, per l'ammissibilità v. Cass. 19 maggio 1998 n. 4979, in *Foro it.*, 1998, I, 3214; Cass. 10 novembre 1993 n. 11109 e Cass. 21 luglio 1993 n. 8147, in *Giur. it.*, 1994, I, 1, 724; ma per l'inammissibilità, Cass. 21 novembre 1998 n. 11798, in *Foro it.*, 1999, I, 92; per l'inammissibilità nei confronti del provvedimento di scioglimento della società ex art. 2484 c.c., v. Cass. 12 febbraio 2020 n. 3450. V. anche la nota 55 nel § seguente. Sull'argomento v. anche C. MANDRIOLI, *C.d. «procedimenti camerali»*, cit., p. 92; A. RONCO, in *Giur. it.*, 1989, I, 1, 1223; L. LANFRANCHI, in *Giur. it.*, 1993, IV, 521. Con riguardo all'identico problema con riferimento al decreto di revoca del liquidatore di una fondazione (non reclamabile, ai sensi dell'art. 12 disp. att. c.c.) v. Cass. 19 luglio 2018 n. 19309, in *Riv. dir. proc.*, 2019, p. 882, la quale ha negato l'ammissibilità del ricorso per cassazione stante la sua natura volontaria, incontrando le giuste critiche dell'Annotatore (A. PROTO PISANI) laddove non si è posto il problema della compatibilità costituzionale della non reclamabilità del provvedimento in questione.

Con riguardo, infine, alla violazione di un *diritto soggettivo processuale*, in un primo momento era stato ammesso il ricorso per cassazione ex art. 111 Cost. (v., ad es., Cass. 5 ottobre 2000 n. 13271; Cass. 3 maggio 1991 n. 4839), ma successivamente ciò è stato opportunamente escluso ove non ricorra anche la natura decisoria sostanziale del provvedimento (Cass. 17 giugno 2009 n. 14091; Cass. 11 marzo 2005 n. 5390; Cass. 3 marzo 2003 n. 3073, in *Giur. it.*, 2003, p. 2016 e Cass. sez. un. 15 luglio 2003 n. 11026, *ivi*, 2004, p. 1162).

In argomento, v. anche A. CARRATTA, *Provvedimenti cameral-sommari, «decisorietà» e ricorso per cassazione*, in nota critica a Cass. sez. un. 16 ottobre 2006 n. 22216 (in *Fam. e dir.*, 2007, p. 125), che, nell'affermare la ricorribilità ex art. 111 Cost. di un provvedimento camerale del tribunale dei minorenni in tema di ricongiungimento familiare tra stranieri, ha adottato, nella valutazione della sua decisorietà, un criterio tanto largo da oltrepassare la formula dell'«incidenza su diritti» per un fumoso concetto di funzionalità alla composizione di un conflitto di interessi.

(39) Chi ha studiato il fenomeno della revoca, mettendo in evidenza come revoca e impugnabilità operano su piani diversi, l'una come superamento del vincolo del giudice al proprio provvedimento e l'altra come potere della parte di avviare un *iter* che può condurre all'incontrovertibilità del giudicato (A. CHIZZINI, *La revoca*, cit., p. 97) sostiene che la caratteristica strutturale dei procedimenti camerali va veduta, più che nella revocabilità di cui all'art. 742, nell'esclusione dell'assoggettamento ai rimedi di cui all'art. 324 (*op. cit.*, p. 266). È peraltro evidente la correlazione funzionale tra questi poteri, che si riconducono entrambi alla nozione di modificabilità. V. anche G. BASILICO, *La revoca dei provvedimenti civili contenziosi*, Padova, 2001, p. 61 e *passim*, circa la correlazione tra revocabilità e inidoneità al giudicato; C. MERLO, *Sub art. 742*, in E. DEL PRATO (a cura

quisiti in buona fede dai terzi in forza di convenzioni anteriori alla modificazione o alla revoca» (40).

Rimane da domandarsi come questa permanente e caratteristica revocabilità e modificabilità possa conciliarsi con la situazione determinata dall'esaurimento della possibilità d'impugnazione (avvenuto esperimento del reclamo o avvenuta decorrenza del termine perentorio per il reclamo stesso). Che significato ha, in altre parole, la perentorietà di questo termine e l'impossibilità di proporre altri mezzi d'impugnazione, se non ne consegue l'incontrovertibilità del decreto?

Secondo una corrente della dottrina, che ha trovato qualche credito anche in giurisprudenza, l'esaurimento dei possibili rimedi darebbe luogo ad una sorta d'incontrovertibilità limitata che, ferma la revocabilità o modificabilità del decreto, avrebbe tuttavia l'effetto di precludere a coloro che furono parti nel procedimento in camera di consiglio, la possibilità di esperire, in autonoma sede di cognizione, la c.d. *actio nullitatis* per far valere gli eventuali vizi del procedimento o del provvedimento (41). Ma questa opinione non può essere condivisa poiché soltanto il giudicato può escludere, attraverso la regola dell'assorbimento dei vizi di nullità nei motivi di gravame (v. vol. I, § 74 in fine; vol. II, § 71 *sub* B), la possibilità di far valere in sede autonoma (ossia con l'*actio nullitatis*) i vizi di un provvedimento (42). E poiché, d'altra parte, la revocabilità e modificabilità dei decreti in camera di consiglio esclude la loro idoneità al giudicato, si deve ammettere che i decreti in discorso, oltre che revocabili e modificabili dallo stesso giudice che li ha

---

di), *op. cit.*, p. 166; L. DI COLA, *La revoca nel procedimento in camera di consiglio*, in AA.VV., *La giurisdizione "non contenziosa"*, cit., p. 2793.

(40) La mala fede, che impedisce la salvezza dei diritti del terzo, può consistere anche nella semplice conoscenza del vizio. Si discute se la buona fede del terzo debba essere presunta e si discute altresì se la salvezza dei diritti del terzo si applichi anche ai casi di nullità del decreto. Per la soluzione affermativa su quest'ultimo punto, v. G.A. MICHELI, *Camera di consiglio*, cit., p. 999 e la giurisprudenza ivi menzionata. Contra, tuttavia, V. ANDRIOLI, *Commento*, IV, cit., p. 476.

Altro problema che si agita in tema di revoca è quello che concerne l'individuazione del giudice competente. L'opinione che prevale (cfr. V. ANDRIOLI, *Commento*, IV, cit., p. 488) è nel senso che se il provvedimento non è stato impugnato o lo è stato tardivamente, la revoca spetta al giudice di primo grado; se invece è stato impugnato, anche se non riformato, la revoca spetta al giudice di secondo grado.

Se il provvedimento è stato revocato, viene a mancare la stessa ragion d'essere della salvezza dei diritti dei terzi (Cass. 8 gennaio 1975 n. 32).

(41) In questo senso G.A. MICHELI, *Efficacia, validità e revocabilità dei provvedimenti di giurisdizione volontaria*, in *Riv. dir. proc.*, 1947, p. 203; ID., *Camera di consiglio*, cit., p. 995; in giurisprudenza v. Cass. 12 agosto 1966 n. 2209; Cass. 28 marzo 1953 n. 837, in *Giur. it.*, 1953, I, 1, 554; Cass. 8 maggio 1952 n. 1291, in *Riv. dir. proc.*, 1953, II, p. 95, con nota contraria di E.T. LIEBMAN; E. GRASSO, *I procedimenti camerali*, cit., p. 66. Il FAZZALARI (*Giurisdizione volontaria*, cit., p. 360), nel respingere la suddetta opinione, respinge altresì quella che definisce «classica» e sulla quale v. subito nel testo, proponendo una soluzione intermedia per la quale la legittimazione all'*actio nullitatis*, non limitata a terzi, non spetterebbe tuttavia a tutti, poiché sarebbe inibita al titolare del diritto nel caso in cui egli stesso abbia domandato il provvedimento e questo sia conforme alla domanda.

(42) Cfr. C. MANDRIOLI, *Incompetenza territoriale, separazione personale e volontaria giurisdizione*, in *Riv. dir. proc.*, 1957, II, p. 316.

pronunciati, sono anche contestabili nella loro legittimità sia attraverso la c.d. *disapplicazione* (43) (analogamente a quanto accade per gli atti amministrativi), e sia con l'*actio nullitatis* o con un'azione autonoma a cognizione piena (44), anche ad opera di coloro che furono parti nel relativo procedimento (45).

In realtà, l'esaurimento delle possibilità d'impugnazione e la perentorietà del relativo termine rimangono fini a se stessi e rilevanti solo con riguardo all'*iter* procedimentale camerale, la cui pendenza può solo costituire un temporaneo impedimento alla revoca e alla proponibilità dell'*actio nullitatis* ad opera della parte (46).

La revoca, in quanto esercizio di un potere officioso del giudice, non postula l'istanza di parte, che peraltro non è affatto esclusa, con i conseguenti problemi di legittimazione (47).

---

(43) Cfr., ad es., Cass. 25 luglio 1972 n. 2546. Ma, in senso contrario, G. ARIETA, *Giurisdizione camerale*, cit., p. 1080, per il rilievo dell'autonomia delle due forme di tutela e delle rispettive sfere, riservate dalla legge.

(44) Che tuttavia resta limitata alle censure di legittimità, lasciando al reclamo e alla revoca le censure di opportunità (Cass. 13 marzo 1992 n. 3055, in *Giur. it.*, 1993, I, 1, 418). In questo senso la prevalente giurisprudenza (che, coerentemente, nega l'ammissibilità del ricorso straordinario) citata nella nota 37. Parzialmente difforme l'opinione di L. MONTESANO (*Sull'efficacia*, cit., p. 615), secondo cui la ripartizione di funzioni tra giurisdizione contenziosa e giurisdizione non contenziosa comporta che la prima non può mai sanzionare la violazione della norma della seconda; non si tratta perciò di impugnazione, ma di sindacato contenzioso a tutela dei diritti soggettivi investiti indirettamente dal provvedimento non contenzioso. Così anche, poi, A. PROTO PISANI, *Usi ed abusi*, cit., p. 427; M. PAGANO, *Contributo*, cit. e G. ARIETA, *Procedimenti*, cit., p. 447. In quest'ordine di idee sembra porsi Cass. 7 febbraio 1987 n. 1255 (in *Riv. dir. proc.*, 1988, p. 1160, con nota – critica su questo punto – di M.F. GHIRGA), secondo la quale la tutela contenziosa sarebbe ammissibile solo dopo che la già avvenuta esecuzione del provvedimento abbia recato pregiudizio al diritto «indebitamente inciso». Questa pronuncia è approvata, con alcune riserve sulla motivazione, dallo stesso MONTESANO, in *Riv. dir. proc.*, 1989, p. 569; nella stessa direzione, ma con una più accentuata negazione delle interferenze tra le due forme di tutela, anche G. ARIETA, *Giurisdizione camerale*, cit., p. 1079, che si sofferma sulla dimostrazione che il giudice della cognizione non ha poteri «sostitutivi» di quelli che la legge, per la specialità della materia, riserva al giudice camerale.

V., poi, l'ampio quadro della situazione prospettato da A. CARRATTA (*Sulla tutela del diritto soggettivo di natura processuale «inciso» del provvedimento camerale*, in *Giur. it.*, 1996, I, 1, 751), che, dopo aver evidenziato la diversità dei problemi che riguardano, da un lato, la tutela dei diritti sostanziali incisi e, dall'altro lato, la tutela dei diritti processuali violati dal provvedimento camerale che non pronuncia sul merito, riafferma, per quest'ultima ipotesi, l'esperibilità di un'autonoma *actio nullitatis* diretta a verificare la sola legittimità.

(45) Secondo M.F. GHIRGA, *Sulla proponibilità dell'«actio nullitatis» contro il provvedimento camerale* (in *Riv. dir. proc.*, 1988, p. 1173), si dovrebbe distinguere, a questo riguardo, tra parti in senso sostanziale e parti in senso formale, concedendo solo alle prime la legittimazione all'*actio nullitatis*. Non ci sembra però che questa distinzione possa essere rilevante se non prima dell'esaurimento del procedimento camerale, come subito nel testo. In proposito v. anche R. TARANTINO, *Procedimenti*, cit., p. 217.

(46) Secondo A. CHIZZINI (*La revoca*, cit., p. 307) i poteri di revoca e di impugnabilità sono indipendenti in quanto operano su piani diversi, e come si desume anche dall'espressione «in ogni tempo» contenuta nell'art. 342.

(47) Cfr. A. CHIZZINI, *La revoca*, cit., p. 321.

Legittimati a chiedere la revoca sono soltanto – secondo l'orientamento prevalente (48) – coloro che furono parti nel procedimento camerale, mentre i terzi possono soltanto chiederne l'annullamento in sede contenziosa. D'altra parte, la revoca non è più possibile se sono venuti meno i presupposti dell'originario atto di impulso (49). Il potere di revoca non è, ovviamente, fondato sull'arbitrio, ma, pur essendo «a critica libera», si fonda su motivi di illegittimità o inopportunità (50) e non presuppone mutamenti nelle circostanze (51).

Generalmente si esclude che con i provvedimenti in camera di consiglio si possa far luogo a condanna nelle spese (52), mentre va riconosciuta la spettanza del compenso al consulente tecnico (53).

Si ritiene, infine, che anche il giudice adito nei procedimenti in camera di consiglio possa, ove ne sussistano i presupposti, proporre il regolamento di competenza d'ufficio (54).

56. *Cenni sui singoli procedimenti in camera di consiglio e sul procedimento di riparazione per violazione della ragionevole durata del processo.*

Abbiamo visto (retro, § 51) che le «disposizioni comuni ai procedimenti in camera di consiglio» costituiscono il nucleo di disciplina genericamente applicabile a tutti i procedimenti aventi la caratteristica dell'assenza della incontroverti-

---

(48) V. le citazioni in *Giur. it.*, 1984, I, 2, 204.

(49) È da escludere, ad es., la revoca o la modifica del provvedimento di autorizzazione ad un negozio dopo il perfezionamento del negozio autorizzato (cfr. L. MONTESANO, *Sull'efficacia*, cit., p. 621).

(50) Cfr. A. CHIZZINI, *La revoca*, cit., p. 301.

(51) Cfr. A. CHIZZINI, *op. cit.*, p. 304. Se il provvedimento è stato modificato a seguito del reclamo, si dubita se la competenza per la sua revoca spetti al giudice di primo grado (così A. CHIZZINI, *op. cit.*, p. 329) o al giudice del reclamo.

(52) In linea di massima questa liquidazione va esclusa non sussistendo una parte vittoriosa e una parte soccombente (Cass. 20 luglio 2015 n. 15131; Cass. 17 gennaio 2003 n. 650 e Cass. 1° agosto 2002 n. 11483, con la quale non sembra in contrasto Cass. 6 ottobre 1977 n. 4252, in *Foro it.*, 1978, I, 1508, secondo cui questo è possibile quando le parti contrappongono le rispettive tesi nel prevalente intento di far valere interessi personali, né Cass. 18 aprile 2018 n. 9563, *ivi*, 2018, I, 2035, che l'ammette quando insorgano contestazioni il cui esame è devoluto al giudice della cognizione). La liquidazione è ritenuta possibile col provvedimento sul reclamo ove si profila comunque un conflitto con l'applicazione estensiva dell'art. 91 c.p.c. (Cass. 30 gennaio 2006 n. 1856).

(53) Il provvedimento che liquida questo compenso ha natura decisoria ed è quindi ritenuto impugnabile col ricorso ex art. 111 Cost. (v., ad es., Cass. 29 ottobre 1987 n. 8000 e Cass. 13 agosto 1985 n. 4433).

(54) Cfr. Cass. 12 ottobre 2004 n. 20164; Cass. 7 aprile 2004 n. 6892, in *Giur. it.*, 2005, p. 101; Cass. 19 febbraio 1987 n. 1789, *ivi*, 1987, I, 1, 1742 e Cass. 26 gennaio 1982 n. 501; nel senso dell'ammissibilità generale del regolamento di competenza v. Cass. 27 aprile 2002 n. 6167, in *Foro it.*, 2002, I, 3139, con nota di P. GALLO, ma sul presupposto che il provvedimento camerale abbia statuito irretrattabilmente sulla competenza; per l'esclusione, invece, Cass. 4 aprile 2017 n. 8656: Cass. 14 maggio 2013 n. 11463; Cass. sez. un. 1° ottobre 2003 n. 14671.

bilità propria del giudicato e perciò considerati come appartenenti alla c.d. giurisdizione volontaria. Ed abbiamo visto pure che tale disciplina va integrata con quella dedicata ai singoli procedimenti aventi tali caratteristiche. Abbiamo visto, infine, che solo con riguardo ad alcuni di tali procedimenti la suddetta disciplina specifica è contenuta nel codice di procedura civile e più precisamente nel quarto libro, dedicato ai procedimenti speciali.

Con riguardo alla disciplina specifica di questi procedimenti speciali accennati da ultimo, basteranno qui i succinti cenni che seguono ed ai quali è opportuno premettere l'osservazione (già compiuta al § 51) che le «disposizioni comuni ai procedimenti in camera di consiglio» sono applicabili a tutti questi procedimenti, compresi quelli che non conducono ad un provvedimento da pronunciarsi effettivamente in camera di consiglio.

I procedimenti di giurisdizione volontaria disciplinati nel libro dei procedimenti speciali (quando non anche nel codice civile per la loro natura anche sostanziale e non sempre, o solo parzialmente, di giurisdizione volontaria, come l'amministrazione di sostegno e l'interdizione esaminati a suo luogo: § 18 del vol. III) e che conducono ad un provvedimento da pronunciarsi in camera di consiglio rientrano nel titolo (secondo) dedicato alla materia di famiglia e di stato delle persone e concernono, da un lato, talune disposizioni relative ai beni dei minori, degli interdetti o degli inabilitati, nonché i rapporti patrimoniali tra i coniugi e, dall'altro lato, le disposizioni relative all'assenza e alla dichiarazione di morte presunta.

Sotto il titolo «*disposizioni relative ai minori, agli interdetti e agli inabilitati*», il capo quarto (del titolo secondo), detta, accanto ad una disposizione genericamente riferita a tutti i numerosi provvedimenti concernenti la suddetta materia e configurati per lo più nel codice civile (55) – ossia l'art. 732 c.p.c., ove si stabilisce che tutti tali provvedimenti sono pronunciati dal tribunale in camera di consiglio se la legge non dispone altrimenti (56) –, altre più specifiche disposizioni che ri-

---

(55) Ad es., i provvedimenti che concernono l'autorizzazione alla continuazione dell'impresa, di cui all'art. 320 c.c.; quelli concernenti la decadenza dalla potestà e la reintegrazione in essa (artt. 320 e 332 c.c.; sulla natura di giurisdizione volontaria di questi provvedimenti, v. Cass. 2 agosto 2002 n. 11582), ecc. V. anche, in argomento, F. DANOVI, *La giustizia minorile tra giurisdizione volontaria e contenziosa, riti e garanzie*, in AA.VV., *La giurisdizione "non contenziosa"*, cit., p. 2809.

(56) L'art. 732 si riferisce anche – e sempre con riferimento generico ai diversi provvedimenti in argomento – all'eventualità che la legge preveda il «parere» del giudice tutelare (per questa eventualità v. i cenni alla nota 16 al § precedente), determinando le modalità per l'acquisizione di tale parere.

Le forme camerali previste per questi provvedimenti – in correlazione con la natura, diversa dal diritto soggettivo, della situazione sostanziale sulla quale incidono – con la conseguente revocabilità e modificabilità, dovrebbero escludere l'impugnabilità anche col ricorso straordinario ex art. 111 Cost. in conformità ai rilievi svolti nel § precedente, ai richiami delle note 37 e 38 e nelle note stesse. La Cassazione ha, tuttavia, affermato che la potestà genitoriale, pur costituendo un ufficio di diritto privato da esercitarsi nell'interesse esclusivo del minore, sarebbe oggetto di un vero e proprio diritto soggettivo; e su questo fondamento ha ritenuto la natura di sentenza del provvedimento *de quo* agli effetti della sua impugnabilità col ricorso straordinario ex art. 111 Cost. (Cass. 7 novembre 1985 n. 5408, in *Giur. it.*, 1986, I, 1, 1025 e in *Foro it.*, 1986, I, 2251). Nello stesso

guardano le modalità della vendita dei beni di tali soggetti (artt. 733 e 734) (57).

Sotto il titolo «*dei rapporti patrimoniali tra i coniugi*» il capo quinto (del secondo titolo) disciplina, in realtà, un unico procedimento (artt. 735 e 736), che, tra l'altro, è relativo ad un istituto ormai scomparso (v. l'art. 277 L. 19 maggio 1975 n. 151), ossia il patrimonio familiare. Si tratta del procedimento di *sostituzione dell'amministratore del patrimonio familiare*. L'art. 735 indica da chi può essere chiesta tale sostituzione e l'art. 736 ne disciplina il procedimento, che converge in un'ordinanza non impugnabile da pronunciarsi dal tribunale in camera di consiglio.

D'altra parte, l'art. 736 bis disciplina i provvedimenti di *protezione contro gli abusi familiari* e il procedimento che ne consente l'adozione (58).

Maggiore importanza pratica hanno le «*disposizioni relative all'assenza e alla dichiarazione di morte presunta*», alle quali è dedicato il capo terzo (dello stesso titolo secondo). Ma si deve tenere presente, a questo riguardo, che qui ci riferiamo non già ai procedimenti che conducono alla dichiarazione di assenza e di morte presunta (che, come si vide nel vol. III, § 19, al richiamo della nota 303, ove ci occupammo di essi, sono pronunciati con sentenza idonea a determinare il giudicato e che perciò sono riconducibili alla giurisdizione di cognizione), ma a taluni provvedimenti marginali a questi procedimenti: *la nomina del curatore dello scomparso* (art. 721 c.p.c. e art. 48 c.c.) (59), l'apertura di atti di ultima volontà e l'*immissione nel possesso temporaneo dei beni dell'assente* (art. 725 c.p.c. e art. 50 c.c.): tutti provvedimenti che sono pronunciati dal tribunale in camera di consiglio.

Gli altri procedimenti di giurisdizione volontaria disciplinati nel libro del codice dedicato ai procedimenti speciali conducono per lo più ad un provvedimento da pronunciarsi da un giudice (o da un organo) unipersonale e sono disciplinati rispettivamente nei titoli terzo, quarto e sesto del libro in discorso.

Il titolo terzo è intitolato «*della copia e della collazione di atti pubblici*» e contiene, accanto ad alcune norme dedicate genericamente a poteri e doveri di depositari di atti pubblici (artt. 743, 744 c.p.c.) ed in particolare al loro dovere di rilasciare copie ed estratti e di consentirne la collazione (art. 746 c.p.c.), la disciplina delle modalità di ricorso contro il rifiuto a tale rilascio o consenso. A seguito di ricorso degli interessati, possono provvedere, al riguardo, con decreto, il giudice di pace o il presidente del tribunale o della corte presso cui il cancelliere o depositario esercita le sue funzioni (art. 745 c.p.c.) (60).

---

senso con riferimento ai provvedimenti sull'affidamento dei figli nati fuori dal matrimonio, Cass. 30 ottobre 2009 n. 23032, in *Fam. e dir.*, 2010, p. 115, con nota di G. DOSI e, con riferimento al provvedimento emesso ai sensi dell'art. 709 ter c.p.c., che commini la sanzione o condanni al risarcimento, Cass. 8 agosto 2013 n. 18977.

(57) I provvedimenti di autorizzazione alla vendita dei beni degli incapaci sono previsti in diverse disposizioni del codice civile (artt. 320, 375, 376, ecc.).

(58) Sull'argomento, v. il § 19 del vol. III.

(59) Su questo provvedimento, si veda quanto già si disse nel § 19 del vol. III.

(60) Questo provvedimento, che secondo l'opinione più convincente (L. MONTESANO, «*Dovu-*

Il titolo quarto è intitolato «*dei procedimenti relativi all'apertura delle successioni*» ed è articolato in cinque capi. Il primo capo, intitolato alle *disposizioni generali*, configura il provvedimento (con decreto soggetto a reclamo) del presidente del tribunale, di autorizzazione alla vendita dei beni ereditari (art. 747 c.p.c.) (61); il provvedimento del giudice (con ordinanza reclamabile al tribunale in composizione collegiale, del quale non può fare parte il giudice che ha emesso il provvedimento) per la fissazione di un termine entro il quale una persona deve emettere una dichiarazione o compiere un atto (art. 749 c.p.c.) (62), salvo che penda giudizio su azione almeno connessa (63); i provvedimenti del presidente del tribunale (con ordinanza reclamabile al presidente della corte d'appello) (64) relativi alle cauzioni e agli esecutori testamentari (art. 750); nonché il decreto del presidente del tribunale per la scelta dell'onerato di cui all'art. 631 c.c. (art. 751 c.p.c.). Il capo secondo è intitolato «*dell'apposizione e della rimozione dei sigilli*» e contempla provvedimenti al riguardo, da pronunciarsi dal *tribunale* o dal *giudice di pace* (art. 752 c.p.c.), su richiesta della persona indicata dall'art. 753 e talora anche d'ufficio o su richiesta del P.M. (art. 754 c.p.c.). È

---

to processo», cit., p. 927; L. LANFRANCHI, *La cameralizzazione*, cit., p. 33) va ricondotto alla tutela ordinaria di condanna e di esecuzione specifica, è stato talora ritenuto impugnabile col ricorso straordinario ex art. 111 Cost. (Cass. 20 marzo 2013 n. 7041, in *Fam. e dir.*, 2013, p. 745, con note di F. TOMMASEO e M. CASONATO; Cass. sez. un. 20 marzo 1986 n. 1973), mentre l'orientamento prevalente è contrario (v., ad es., Cass. 28 gennaio 2011 n. 2095; Cass. 23 ottobre 1996 n. 9234, in *Giur. it.*, 1997, I, 1, 744) ed è comunque estraneo alla giurisdizione volontaria, ancorché strutturato con forme inidonee al giudicato, che lasciano aperta la via della censura in sede di *actio nullitatis* (v. ampiamente L. LANFRANCHI, *op. cit.*, p. 38); in proposito v. anche Cass. sez. un. 27 gennaio 2010 n. 1629, in *Foro it.*, 2010, I, 834, che ammette l'utilizzabilità del procedimento anche nei confronti delle sentenze dei giudici tributari ma dinanzi al giudice ordinario. V. anche, in proposito, G. MINNITI, *Sub art. 745*, in E. DEL PRATO (a cura di), *op. cit.*, p. 203.

(61) Restando inteso che, in caso di accettazione dell'eredità con beneficio di inventario, la vendita non rende impignorabile da parte dei creditori del *de cuius* il bene dell'erede, i quali potranno rivalersi anche sul ricavato (Cass. 26 luglio 2012 n. 13206, in *Giur. it.*, 2013, p. 1299).

Poiché l'art. 320 c.c., nell'elencare le alienazioni e altre disposizioni dei beni del figlio che i genitori non possono compiere se non previa autorizzazione del *giudice tutelare*, contiene, dopo l'espressione «beni pervenuti al figlio a qualsiasi titolo», l'inciso «*anche a causa di morte*», è sorto un problema di coordinazione tra il suddetto testo (che attribuisce la competenza per l'autorizzazione alla vendita in discorso al giudice tutelare) e l'art. 747 c.p.c., che viceversa attribuisce tale competenza al tribunale. Sul punto le sezioni unite hanno stabilito che la competenza all'autorizzazione di cui trattasi spetta sempre al tribunale, ai sensi dell'art. 747 c.p.c. (Cass. sez. un. 18 marzo 1981 n. 1593, in *Foro it.*, 1982, I, 496). In questo senso anche, tra le pronunce più recenti, v. Cass. 27 luglio 2012 n. 13520, la quale ha aggiunto che la competenza ad autorizzare la vendita di immobili ereditati dal minore appartiene al giudice tutelare, ai sensi dell'art. 320 c.c., solo per quei beni che, provenendo da successione ereditaria, si possono considerare già acquisiti al suo patrimonio. V. anche C. D'APREA, *Sub art. 747*, in E. DEL PRATO (a cura di), *op. cit.*, p. 211.

(62) Su questo provvedimento e sulla sua non impugnabilità ex art. 111 Cost., v. Cass. 8 febbraio 2010 n. 2721 e 20 gennaio 2010 n. 922, in *Foro it.*, 2010, I, 1806, con osservazioni di A. PALMIERI.

(63) Cass. 7 febbraio 1998 n. 1301, in *Giust. civ.*, 1998, I, p. 1619.

(64) E non ricorribile per cassazione ex art. 111 Cost. (Cass. 1° settembre 2014 n. 18468).

anche previsto un procedimento di opposizione alla rimozione dei sigilli, da definirsi dal giudice in contraddittorio delle parti con ordinanza non impugnabile (art. 764 c.p.c.) (65). Il capo terzo e il capo quarto sono intitolati «*dell'inventario*» e «*del beneficio d'inventario*» e, oltre a disciplinare le modalità dell'inventario (66), configurano vari provvedimenti da pronunciarsi dal giudice nonché alcuni procedimenti relativi a controversie che possono venire in essere nel corso della gestione dell'eredità beneficiata e che hanno carattere contenzioso. Degno di nota, tra questi ultimi, il provvedimento sui reclami contro lo stato di graduazione previsti nell'art. 501 c.c., affidato al giudice competente per valore del luogo dell'aperta successione (art. 778, 1° comma). Questo procedimento, discutibilmente disciplinato insieme con gli altri procedimenti di giurisdizione volontaria, ha natura contenziosa poiché è introdotto con citazione e si svolge con le forme del giudizio ordinario di cognizione (art. 778, 3° comma) (67). Infine, il capo quinto, intitolato «*del curatore dell'eredità giacente*», prevede alcuni provvedimenti del giudice relativi a questo istituto (artt. 781-783 c.p.c.) (68).

Il titolo sesto è intitolato «*del processo di liberazione degli immobili dalle ipoteche*» (69) e disciplina il relativo procedimento, che si avvia con ricorso al presidente del tribunale, si sviluppa con un decreto di quest'ultimo, che determina le modalità per il deposito del prezzo offerto, e si conclude con un'ordinanza del giudice (designato dal presidente con decreto) che dispone la cancellazione delle ipoteche (art. 794 c.p.c.) (70).

---

(65) Per effetto di quanto previsto dall'art. 27, 1° comma, lett. c, del D.Lgs. 116/2017, a decorrere dal 31 ottobre 2025 la competenza per la rimozione dei sigilli passerà al giudice di pace.

(66) Ai sensi dell'art. 769, 1° comma, c.p.c. l'inventario può essere chiesto al tribunale (al giudice di pace a decorrere dal 31 ottobre 2025: art. 27, 1° comma, lett. c, D.Lgs. 116/2017); ma, ai sensi del 4° comma, «quando non sono stati apposti i sigilli, l'inventario può essere chiesto dalla parte che ne assume l'iniziativa direttamente al notaio designato dal defunto nel testamento ovvero, in assenza di designazione, al notaio scelto dalla stessa parte».

(67) In questo senso anche Cass. 28 marzo 2012 n. 4972, secondo la quale il reclamo va proposto con citazione e dà luogo ad un ordinario giudizio contenzioso. Si è giustamente osservato (V. ANDRIOLI, *Commento*, IV, cit., p. 588) che l'art. 778 c.p.c., col sancire che i reclami sono decisi con unico giudizio, configura un'ipotesi di litisconsorzio necessario.

(68) Per l'inammissibilità del ricorso per cassazione ex art. 111 Cost. avverso il decreto di liquidazione del compenso del curatore dell'eredità giacente, v. Cass. 10 dicembre 2012 n. 22490, in *Foro it.*, 2013, I, 484, con osservazioni di A. PALMIERI. Come già detto a suo tempo (§ 43 del vol. I), l'art. 170 D.P.R. 115/2002 ha previsto l'impugnabilità del decreto di liquidazione del compenso dell'ausiliario del giudice, regolata attualmente dall'art. 15 del D.Lgs. 150/2011 secondo le forme del procedimento sommario di cognizione (ma esclusa l'appellabilità dell'ordinanza).

(69) Sull'argomento, v. G. BALENA, *Il procedimento per la liberazione degli immobili dalle ipoteche*, in *Riv. dir. civ.*, 1983, II, p. 703; ID., *Ipoteca (procedimento di liberazione dalla ipoteca)*, in *Enc. Giur. Treccani*, XVII, Roma, 1989; S. NARDI, *Sub art. 792*, in E. DEL PRATO (a cura di), *op. cit.*, p. 543. Per un esempio delle possibili interferenze con il giudizio di opposizione all'esecuzione del terzo proprietario v. App. Catania 10 dicembre 2020, in *Giur. it.*, 2021, p. 2629, con nota di C. VANZ.

(70) Secondo la più recente giurisprudenza della Cassazione il procedimento in questione ha comunque natura decisoria, ma sommaria e non definitiva, in quanto nel silenzio del legislatore, il

Tra i procedimenti in camera di consiglio disciplinati nel codice civile, particolare attenzione va dedicata al *procedimento per irregolarità della gestione delle società per azioni di cui all'art. 2409 c.c.*, al quale la prevalente dottrina (71) e la quasi unanime giurisprudenza (72) attribuiscono natura di giurisdizione volontaria.

Le forme del procedimento camerale sono state scelte dal legislatore anche per la tutela del diritto soggettivo alla *riparazione per violazione del termine ragionevole del processo* (73). Per esso, infatti, la L. 89/2001 (come modificata dall'art. 55 del D.L. 83/2012, conv. dalla L. 134/2012, e poi dalla L. 208/2015) ha configurato un procedimento, che è assimilabile ad un giudizio ordinario (74)

---

relativo provvedimento non può essere considerato come preclusivo della possibilità di far valere in giudizio con una domanda introduttiva della cognizione piena il diritto del debitore alla liberazione negato o il diritto del creditore iscritto a mantenere l'ipoteca sacrificato dal provvedimento di cancellazione (Cass. 18 gennaio 2012 n. 686, in *Foro it.*, 2012, I, 1074; Cass. 29 dicembre 2011 n. 29742, *ibidem*, I, 2791, con nota parzialmente contraria di A. PROTO PISANI). Invece, secondo Cass. 6 agosto 1996 n. 7214 (in *Giur. it.*, 1997, I, 1, 7090), se questo provvedimento si pronunciasse sulla sussistenza del diritto di chiedere la liberazione, acquisterebbe natura decisoria e definitiva e sarebbe impugnabile ex art. 111 Cost.

Natura decisoria, ma sommaria e non definitiva, va riconosciuta anche al decreto (non reclamabile), con il quale il tribunale in composizione monocratica decide, nelle forme di cui agli artt. 737 e ss. c.p.c., la domanda di risarcimento (da proporsi entro 6 mesi dalla cessazione dello stato di detenzione) delle persone detenute in carcere in condizioni tali da violare l'art. 3 della C.e.d.u., così come previsto dall'art. 1, 3° comma, del D.L. 92/2014 (conv. dalla L. 117/2014). Su questo procedimento, soprattutto con riferimento al diritto alla prova, v. A. GIORDANO, in *Riv. dir. proc.*, 2017, p. 1024.

(71) V., per tutti, E. ALLORIO, *Saggio polemico*, cit., p. 513; E. FAZZALARI, *Giurisdizione volontaria*, cit., p. 364; S. DI BLASI, *Giurisdizione volontaria*, cit., p. 1098; contra, ossia per la natura contenziosa, G.A. MICHELI, *Camera di consiglio*, cit., p. 982. Più di recente, in argomento, A. VALITUTTI, *Il controllo giudiziario sulle società di capitali*, Torino, 2013.

(72) V., ad es., Cass. 29 dicembre 2011 n. 3005; Cass. 21 marzo 2007 n. 6805; v. anche Trib. Milano 14 maggio 2012, in *Foro it.*, 2013, I, 2650, con riferimento alla soccombenza. Peraltro, con riferimento all'applicabilità di questo procedimento anche alle società a responsabilità limitata v., con differenti soluzioni, Cass. 13 gennaio 2010 n. 403, che è per la negativa, e Trib. Milano 26 marzo 2010, favorevole, invece, all'applicabilità (entrambe in *Corr. giur.*, 2010, p. 1331, con nota di A. MACCARRONE); nel senso dell'applicabilità, sia pure limitata, Trib. Ascoli Piceno 1° marzo 2013, in *Giur. it.*, 2013, p. 1568, con nota di M. SPIOTTA. Sull'evoluzione giurisprudenziale in argomento v. A. BERTOLOTTI, *La denunzia al tribunale ai sensi dell'art. 2409 c.c.*, in *Giur. it.*, 2015, p. 2017.

(73) E dunque non anche per il ritardo nell'adempimento di una sentenza esecutiva, sebbene pronunciata per violazione della durata ragionevole del processo (Cass. sez. un. 19 marzo 2014 nn. 6312-6318, la prima delle quali in *Giur. it.*, 2014, p. 1631, con nota critica di C. VANZ, che ha anche affermato il principio di unitarietà delle fasi di cognizione ed esecuzione). Tuttavia, secondo Cass. sez. un. 19 marzo 2014 n. 6315 (in *Corr. giur.*, 2015, p. 1405, con il commento di F. DE SANTIS DI NICOLA), ove il versamento delle somme spettanti sulla base di un decreto di condanna ai sensi della L. 89/2001 non sia intervenuto entro il termine dilatorio di 6 mesi e 5 giorni, la parte ha diritto ad un ulteriore indennizzo commisurato al ritardo. Nel computo del termine, comunque, non rientrano anche i tempi per lo svolgimento di eventuali procedimenti amministrativi (Cass. sez. un. 25 febbraio 2014 n. 4429, in *Giur. it.*, 2014, p. 1460, con nota di S.R. MASERA).

(74) Così Cass. 13 gennaio 2010 n. 467 (in *Guida al dir.*, 2010, n. 20, p. 62), che, per questa ragione, ha escluso l'applicabilità, ai fini degli onorari e diritti dell'avvocato, delle tariffe previste per

ed è possibile proporre, a prescindere dall'esito della causa (75), «entro sei mesi dal momento in cui la decisione che conclude il procedimento è divenuta definitiva» (art. 4 L. 89/2001) (76), a meno che le condizioni per proporlo non siano già maturate in pendenza del giudizio presupposto (77).

Il procedimento in questione è strutturato in due distinte fasi: *la prima*, davanti al presidente della corte d'appello, il quale, direttamente o designando altro magistrato, decide con decreto sull'accoglimento o sul rigetto della domanda di liquidazione; avverso tale decreto (a prescindere che sia di accoglimento o di rigetto) *può essere proposta opposizione* entro trenta giorni dalla comunicazione del decreto o dalla sua notificazione (78), sempre con ricorso, davanti alla stessa corte d'appello,

---

i procedimenti in camera di consiglio; v. anche Cass. 8 settembre 2010 n. 19217 e Cass. 8 ottobre 2010 n. 20932. Proprio perché un ordinario giudizio, e dunque da definire in tempi ragionevoli, allo stesso è applicabile la medesima L. 89/2001 (Cass. 16 ottobre 2012 n. 17685).

(75) E indipendentemente dalla manifesta infondatezza della prospettazione d'incostituzionalità delle norme su cui la causa si fondava (Cass. 4 settembre 2014 n. 18654) o dalla manifesta infondatezza della domanda, sempre che non ricorra il requisito della temerarietà della lite (Cass. 14 gennaio 2019 n. 595), neppure «sopravvenuta» (Cass. 12 maggio 2017 n. 11939), e questo anche se nel processo presupposto non vi sia stata condanna ai sensi dell'art. 96 c.p.c. (Cass. 2 novembre 2016 n. 22150).

(76) Salva, comunque, la sospensione feriale dei termini (Cass. 25 settembre 2018 n. 22624, in *Giur. it.*, 2018, p. 2313).

Il termine decorre dalla pubblicazione della sentenza (intesa come effettiva conoscenza: Cass. 11 gennaio 2017 n. 555) se non è prevista la lettura del dispositivo (Cass. 21 febbraio 2013 n. 4382), altrimenti da quest'ultima (così, per il processo penale, Cass. 2 giugno 2013 n. 14725). In caso di processo esecutivo estinto, il termine decorre dalla pronuncia del provvedimento di cancellazione della trascrizione del pignoramento (Cass. 29 luglio 2014 n. 17210). Tuttavia, stante il principio di unitarietà del processo di cognizione ed esecuzione (v. retro, alla nota 73), le sezioni unite hanno stabilito che il procedimento di cognizione e quello di esecuzione devono essere considerati unitariamente o separatamente in base alla condotta di parte e dunque, ove la parte si sia attivata per l'esecuzione nel termine di sei mesi dalla definizione del processo di cognizione, la parte può esigere la valutazione unitaria dei procedimenti, mentre, ove abbia lasciato spirare quel termine, essa non può più far valere l'irragionevole durata del procedimento di cognizione, essendovi soluzione di continuità rispetto al successivo procedimento di esecuzione (Cass. sez. un. 6 maggio 2016 n. 9142). Ciò vale anche quando il debitore sia lo Stato (Cass. sez. un. 23 luglio 2019 n. 19883; Cass. 21 maggio 2020 n. 9390).

(77) Così dopo che la Corte costituzionale ha dichiarato l'illegittimità costituzionale dell'art. 4 L. 89/2001 proprio perché non consentiva la proposizione della domanda di equa riparazione anche in pendenza del giudizio presupposto (C. Cost. 26 aprile 2018 n. 88, in *Giur. it.*, 2018, p. 2123, con nota di G. Parisi). In tal caso, evidentemente, non è richiesta la dimostrazione da parte del ricorrente dell'irrevocabilità del provvedimento che ha chiuso detto giudizio (Cass. 4 febbraio 2019 n. 3205).

(78) Ciò che ne impedisce la ricorribilità per cassazione (Cass. 11 settembre 2014 n. 19238). La nullità della notificazione non determina inefficacia del provvedimento, ma solo opposizione tardiva, ove l'opponente provi che la nullità gli ha impedito di venire a conoscenza del decreto (Cass. 30 agosto 2018 n. 21420 e Cass. 9 maggio 2018 n. 11154, in *Foro it.*, 2018, I, 3944), ma la tardività della notificazione comporta inefficacia e non riproponibilità della domanda (Cass. 7 maggio 2018 n. 10878 e n. 10879, *ibidem*).

la quale entro quattro mesi dal deposito del ricorso, «*provvede ai sensi degli artt. 737 e ss. c.p.c.*» con decreto ricorribile per cassazione (79). Le forme camerali, dunque, sono ritenute, ancora una volta (e discutibilmente) «contenitore neutro» per la tutela di un diritto soggettivo, sia pure con la esplicita (e, in certo senso, contraddittoria) garanzia dell'assoggettamento al ricorso per cassazione (80).

Va ricordato che lo svolgimento di questo procedimento costituisce l'ultima e *indispensabile* iniziativa per l'«*esaurimento delle vie di ricorso interno*», secondo quel che prevede l'art. 35 della C.e.d.u. (81).

Il comma 2 bis dell'art. 2 L. 89/2001 stabilisce che si considera rispettato il termine ragionevole «*se il processo non eccede la durata di tre anni in primo grado, di due anni in secondo grado, di un anno nel giudizio di legittimità*» (82); inol-

---

(79) Nell'ambito di tale procedimento sussiste un potere d'iniziativa del giudice, che gli impedisce di rigettare la domanda per eventuali carenze probatorie superabili con l'esercizio di tale potere, spettando alla parte solo un onere di allegazione e di dimostrazione, che però riguarda la sua posizione nel processo, la data iniziale di questo, la data della sua definizione e gli eventuali gradi in cui si è articolato (Cass. 19 settembre 2016 n. 18336).

(80) Il quale ricorso è da ritenere ammissibile per tutti i motivi indicati nell'art. 360 e non solo per violazione di legge (Cass. 26 luglio 2002 n. 11046).

Per l'esposizione dettagliata della disciplina di questo procedimento v. M.F. GHIRGA, *Considerazioni critiche sulle recenti modifiche della c.d. legge Pinto*, in *Riv. dir. proc.*, 2013, p. 1021; M. MOCCI, *La nuova legge Pinto: prime applicazioni*, *ibidem*, p. 1066; con riferimento agli interventi nomofilattici e di costituzionalità v. M.C. VANZ, *Le "geometrie" della legge Pinto*, in *Riv. es. forz.*, 2020, p. 709.

(81) Condizione che, peraltro, la Corte europea dir. uomo (con la decisione 6 aprile 2010, in *Guida al dir.*, 2010, n. 17, p. 103, con commento di M. CASTELLANETA) ha ritenuto non applicabile quando il sistema interno assicuri la liquidazione degli indennizzi per i danni subiti in tempi non rapidi e comunque in violazione della Convenzione europea (anche se in tal caso la Corte deve attendere la conclusione del giudizio nazionale). Nel passato la stessa Corte (con decisione 27 marzo 2003) aveva ritenuto superabile la condizione del previo esaurimento dei ricorsi interni nei casi nei quali le giurisdizioni nazionali avessero mostrato, nella loro giurisprudenza, di non applicare la legge nazionale «conformemente allo spirito della Convenzione» (su questa necessaria conformità v. Cass. 8 agosto 2002 n. 11987, anche in *Riv. dir. proc.*, 2004, p. 655, con nota di E. BENIGNI e in *Giur. it.*, 2002, p. 2039, con nota di A. DIDONE; Cass. 26 gennaio 2004 n. 1340, in *Giur. it.*, 2004, p. 1147, con nota di M. FASCIGLIONE); ciò con la conseguente possibilità di un ricorso alla Corte di Strasburgo *per saltum*.

(82) Ciò anche laddove vi fosse rinvio al giudice di primo o di secondo grado, che costituiscono una fase successiva di quello di legittimità (Cass. 21 maggio 2015 n. 10524). Nel computo del termine irragionevole, tuttavia, non rientra il termine per proporre l'impugnazione (Cass. 26 marzo 2019 n. 8395).

Va anche aggiunto che C. Cost. 19 febbraio 2016 n. 36 ha dichiarato l'illegittimità costituzionale dell'art. 2, comma 2 bis, della L. 89/2001 nella parte in cui applica la durata triennale prevista per il giudizio di primo grado anche ai processi per violazione della ragionevole durata. Di conseguenza, la Cassazione ha fissato in un anno la durata massima di tali giudizi (Cass. 6 agosto 2018 n. 20534, in *Foro it.*, 2018, I, 3944).

Ai fini della proposizione della domanda di riparazione del pregiudizio da durata irragionevole, qualora il processo sia stato introdotto con ricorso, mentre per la parte ricorrente occorre avere riguardo alla data di deposito dello stesso, per la parte resistente la litispendenza si verifica solo a

tre, lo stesso termine è rispettato, «*se il procedimento di esecuzione forzata si è concluso in tre anni* (83) *e se la procedura concorsuale si è conclusa in sei anni*» (84); in ogni caso si considera rispettato il termine ragionevole se il giudizio viene definito in modo irrevocabile in un tempo complessivamente non superiore a sei anni (comma 2 ter) (85).

Pur in presenza di irragionevole durata del processo, la domanda di equa riparazione è inammissibile se proposta «*dal soggetto che non ha esperito i rimedi preventivi all'irragionevole durata del processo di cui all'art. 1 ter*» (così il 1° comma dell'art. 2) (86). Ne deriva che, per poter accedere alla domanda in questione, la parte deve aver esperito uno dei «rimedi preventivi» introdotti nell'art. 1 ter dalla L. 208/2015, e cioè – con specifico riferimento al processo civile –: a) aver introdotto, ove sia applicabile, il giudizio nelle forme del procedimento sommario di cognizione di cui agli artt. 702 bis e ss. c.p.c. (v. sezione sesta, cap. 7° di questo vol.); b) aver formulato, ove sia applicabile, richiesta di passaggio dal rito ordinario al rito sommario a norma dell'art. 183 bis c.p.c., entro l'udienza di trattazione e comunque almeno sei mesi prima che siano decorsi i termini di cui al comma 2 bis dell'art. 2, sopra richiamati; c) nei casi in cui non sia applicabile il procedimento sommario di cognizione, ivi comprese le cause in grado d'appello, aver proposto istanza di decisione a seguito di trattazione orale a norma dell'art. 281 sexies c.p.c., almeno sei mesi prima che siano decorsi i termini di cui al comma 2 bis dell'art. 2, sopra richiamati (87).

---

seguito della notifica del ricorso e del decreto di fissazione dell'udienza (Cass. 21 settembre 2021 n. 25490).

(83) Tuttavia, nella durata del procedimento esecutivo non possono essere inclusi anche i tempi imposti dalla reiterazione dei tentativi di vendita andata deserta (Cass. 27 aprile 2015 n. 8540), né quelli di sospensione del procedimento a norma dell'art. 624 c.p.c. (Cass. 22 febbraio 2018 n. 4324, in *Foro it.*, 2018, I, 1196), mentre vanno inclusi i tempi per i rimedi cognitivi ed esecutivi (come, ad es., il reclamo avverso l'ordinanza estintiva: Cass. 26 ottobre 2018 n. 27252). Quanto al diritto del debitore esecutato all'equa riparazione, Cass. 24 gennaio 2018 n. 1812 l'ha escluso in assenza di un comprovato suo interesse specifico.

(84) E anche in caso di particolare complessità comunque non può superare i sette anni (Cass. 25 settembre 2018 n. 22646, in *Foro it.*, 2018, I, 3909).

(85) Disposizione che, ovviamente, non può trovare applicazione in caso di processo in unico grado (Cass. 6 novembre 2014 n. 23745). A sua volta, C. Cost. 8 settembre 2016 n. 208, ha escluso l'applicabilità di questa disposizione laddove si tratti di processo che si articola in due gradi, come quello appunto di cui alla L. 89/2001.

(86) Sulla disciplina introdotta con la L. 208/2015, v. anche M. NEGRI, *Legge stabilità 2016: modifiche alla L. n. 89/2001, c.d. legge Pinto*, in *Corr. giur.*, 2016, p. 5; G. SCARSELLI, *Le modifiche alla c.d. legge Pinto poste in essere dalla legge di stabilità 2016*, in *Foro it.*, 2016, V, 1.

(87) È opportuno ricordare che, nell'ambito della legge delega per la riforma del processo civile, di cui alla L. 206/2021, fra gli altri principi e criteri direttivi ve ne è anche uno che riguarda i rimedi preventivi connessi all'irragionevole durata. L'art. 1, 22° comma, lett. b, della L. 206/2021, infatti, prevede che il legislatore delegato intervenga sostituendo all'introduzione del giudizio nelle forme del procedimento sommario di cognizione, quali rimedi preventivi, la stipulazione, anche al di fuori dei casi in cui il ricorso a strumenti alternativi di risoluzione della controversia costitui-

D'altro canto, ai sensi del comma 2 quinquies dello stesso art. 2, non è riconosciuto alcun indennizzo né nel caso della parte che abbia agito o resistito in giudizio consapevole della infondatezza originaria o sopravvenuta delle proprie domande o difese (88), anche al di fuori dei casi di cui all'art. 96 c.p.c. (v. § 53 del vol. I), né nel caso di rifiuto della proposta conciliativa di cui all'art. 91, 1° comma, secondo periodo, c.p.c. (v. § 52 del vol. I), né nel caso di cui all'art. 13, 1° comma, primo periodo, D.Lgs. 28/2010 (piena coincidenza della decisione con la proposta del mediatore: v. § 64 del vol. III), né, infine, in ogni altro caso di abuso dei poteri processuali che abbia determinato un'ingiustificata dilazione dei tempi del procedimento.

Inoltre, ai sensi del comma 2 sexies del medesimo art. 2, il pregiudizio da irragionevole durata del processo si presume insussistente, salvo prova contraria, nel caso di: a) dichiarazione di intervenuta prescrizione del reato, limitatamente all'imputato, nel processo penale; b) contumacia della parte (v. § 62 del vol. II); c) estinzione del processo per rinuncia o inattività delle parti (v. § 65 del vol. II); d) perenzione del ricorso (nel giudizio amministrativo); e) mancata presentazione della domanda di riunione nel giudizio amministrativo; f) introduzione di domande nuove, connesse con altre già proposte, con ricorso separato, pur ricorrendo i presupposti per i motivi aggiunti (nel giudizio amministrativo); g) irrisorietà della pretesa o del valore della causa, valutata anche in relazione alle condizioni personali della parte. Parimenti, si presume insussistente il danno «quando la parte ha conseguito, per effetto della irragionevole durata del processo, vantaggi patrimoniali eguali o maggiori rispetto alla misura dell'indennizzo altrimenti dovuto» (comma 2 septies del citato art. 2) (89).

L'indennizzo (90) è liquidato dal giudice in misura non inferiore a 400 euro e

---

sca condizione di procedibilità della domanda, di una convenzione di negoziazione assistita ovvero la partecipazione personale al procedimento di mediazione anche successivamente al primo incontro ovvero la partecipazione attiva ad altri procedimenti di conciliazione e mediazione previsti da disposizioni speciali e, per i giudizi davanti alla corte d'appello, alla proposizione di istanza di decisione in udienza, all'esito della discussione orale della causa, preceduta dalla sola precisazione delle conclusioni nel corso della medesima udienza.

(88) Così Cass. 12 gennaio 2017 n. 665; Cass. 11 marzo 2015 n. 4890.

(89) Va ricordato, inoltre, che l'art. 54, 2° comma, D.L. 112/2008 (conv. dalla L. 133/2008), il quale nei giudizi amministrativi subordinava la domanda di equa riparazione all'istanza di prelievo nel giudizio presupposto, è stato dichiarato costituzionalmente illegittimo da C. Cost. 6 marzo 2019 n. 34 (in *Foro it.*, 2019, I, 1089). Per la non manifesta infondatezza della questione di legittimità costituzionale anche dell'art. 55, 1° comma, lett. a), che per il processo penale subordina la richiesta di indennizzo alla presentazione di un'istanza di accelerazione, v. Cass. 31 gennaio 2018 n. 2438 (in *Foro it.*, 2018, I, 835).

(90) Sulla natura indennitaria della riparazione *de qua*, v. Cass. 8 agosto 2002 n. 11987, cit.; in questo senso anche G. COLONNA, *La liquidazione del danno nella legge Pinto*, in *Giur. it.*, 2003, p. 196. Sempre per la natura indennitaria v. anche Cass. 14 novembre 2003 n. 17179 (*ivi*, 2004, p. 2057), la quale precisa che la natura indennitaria non impedisce che il danno vada provato e la già cit. retro, alla nota 80, Cass. 26 luglio 2002 n. 11046, che qualifica la riparazione *de qua* come ob-

non superiore a 800 per ciascun anno o frazione di anno superiore a sei mesi che eccede il termine ragionevole. Tuttavia – stando all'art. 2 bis –, la somma liquidata *può essere aumentata* fino al 20% per gli anni successivi al terzo e fino al 40% per gli anni successivi al settimo, mentre *può essere diminuita* fino al 20% quando le parti del processo presupposto sono più di dieci e fino al 40% quando sono più di cinquanta e può essere ugualmente diminuita fino a un terzo in caso di integrale rigetto delle richieste della parte ricorrente nel procedimento al quale la domanda di equa riparazione si riferisce. L'indennizzo, così determinato, va riconosciuto una sola volta in caso di riunione di più giudizi presupposti che coinvolgono la stessa parte e in ogni caso esso non può essere superiore al valore della causa o, se inferiore, a quello del diritto accertato dal giudice (art. 2 bis, 3° comma) (91).

Giudice competente per questo procedimento è la corte d'appello del distretto (92) in cui ha sede il giudice innanzi al quale si è svolto il primo grado del processo presupposto (art. 3) (93).

---

bligazione *ex lege* e non *ex delicto* (nel senso che rilevino comunque le circostanze concrete della singola vicenda cfr. Cass. 7 ottobre 2011 n. 20689; Cass. 8 ottobre 2010 n. 20928, in *Guida al dir.*, 2011, n. 1, p. 89; Cass. 28 gennaio 2010 n. 1993 e n. 1997, *ivi*, 2010, n. 11, p. 72). Sempre sulla base della natura indennitaria e non risarcitoria Cass. 24 febbraio 2010 n. 4524 ha affermato che esso è soggetto alla prescrizione ordinaria decennale e non a quella breve prevista dall'art. 2947 c.c.

Inoltre, Cass. sez. un. 24 dicembre 2009 n. 27349 e n. 27365 hanno negato che la durata del processo di cognizione e quello del giudizio di ottemperanza siano fra loro cumulabili, dovendo, essi, considerarsi tra loro autonomi per la diversità delle situazioni soggettive azionate in ciascuno di essi. La seconda pronuncia richiamata è annotata, favorevolmente, da A. CARRATO, in *Corr. giur.*, 2010, p. 338, dove anche un quadro riassuntivo sull'evoluzione della giurisprudenza in materia ed il richiamo di una successiva pronuncia delle stesse sezioni unite (Cass. sez. un. 24 dicembre 2009 n. 27348, in *Giur. it.*, 2010, p. 1869, con nota adesiva di A. DIDONE) che perviene alle medesime conclusioni anche con riferimento al rapporto intercorrente fra giudizio di cognizione e processo esecutivo. Sugli orientamenti giurisprudenziali delineatisi in proposito v. anche L. SALVATO, in *Corr. giur.*, 2010, p. 881 e M. BOVE, *Il principio della ragionevole durata del processo nella giurisprudenza della Corte di cassazione*, Napoli, 2010.

Il danno non patrimoniale non può essere liquidato d'ufficio, ma va richiesto e provato (Cass. 2 marzo 2005 n. 4453), anche se la prova può ritenersi *in re ipsa* (Cass. 13 aprile 2006 n. 8716, in *Giur. it.*, 2007, p. 413), sebbene il danno vada comunque allegato (Cass. 30 marzo 2005 n. 6714). Non basta comunque ad escluderlo (ma semmai solo a ridurlo) l'aver ottenuto un provvedimento cautelare (Cass. 7 febbraio 2003 n. 1822), né l'esito negativo del giudizio ritardato (Cass. 17 aprile 2003 n. 6163) e neppure il non utilizzo di «strumenti sollecitatori» (Cass. 5 gennaio 2016 n. 47).

(91) Ma quest'ultimo riferimento non può valere ove la richiesta di indennizzo provenga dalla parte interamente soccombente (C. Cost. 5 maggio 2014 n. 124, 22 ottobre 2014 n. 240 e 12 dicembre 2014 n. 280); né la relativa domanda può essere limitata ad un solo grado di giudizio (Cass. 17 giugno 2014 n. 13712).

(92) Da individuarsi con riferimento al giudice davanti al quale il giudizio è iniziato (Cass. sez. un. 16 marzo 2010 n. 6306, in *Riv. dir. proc.*, 2011, p. 1304, con nota di R. MUNHOZ DE MELLO). Ove la corte d'appello adita si dichiari incompetente, dovrà indicare la corte competente e fissare un termine per la riassunzione, ai sensi dell'art. 50 c.p.c. (Cass. 1° settembre 2015 n. 17380).

(93) Nel caso che nel giudizio presupposto vi sia stata declaratoria di difetto di giurisdizione, la corte d'appello va individuata con riferimento al primo giudice adito, stante la *translatio iudicii* che si determina per effetto del rilievo del vizio (Cass. 6 giugno 2017 n. 14059).

Salva la possibilità di esperire preventiva procedura di mediazione ai sensi del D.Lgs. 28/2010 (94), il procedimento (95) inizia con ricorso nei confronti del Ministero della giustizia (se si tratta di procedimenti del giudice ordinario) (96) o della difesa (in caso di procedimenti dei giudici militari) o dell'economia e delle finanze (negli altri casi: art. 3, 2° comma), mentre non è parte il giudice al quale il ritardo si riferisce (97). Il presidente della corte d'appello o altro magistrato a tal fine designato (ad esclusione del giudice del processo presupposto) provvede sulla domanda entro trenta giorni dal deposito del ricorso con decreto motivato, con il quale dispone anche sulle spese del procedimento (art. 3, 5° comma). Il ricorso e il decreto che accolga la domanda di equa riparazione, a pena di inefficacia, vanno notificati entro trenta giorni (98) in copia autentica alla controparte e in tal caso la notificazione rende improponibile l'opposizione e comporta l'acquiescenza da parte del ricorrente.

Va anche aggiunto che: a) del collegio chiamato a decidere sull'opposizione non può far parte il giudice che ha emanato il provvedimento opposto (3° comma dell'art. 5 ter); b) l'opposizione non sospende l'esecuzione del provvedimento, ma il collegio può, con ordinanza non impugnabile, sospendere l'efficacia esecutiva del decreto opposto (4° comma dell'art. 5 ter); c) ai fini dell'instaurazione del contraddittorio, il ricorso introduttivo dell'opposizione e il decreto di fissazione dell'adunanza camerale vanno notificati alla controparte entro il termine stabilito dal giudice (99); d) con il decreto conclusivo della prima fase o

(94) Cass. sez. un. 22 luglio 2013 n. 17781. In questo caso la domanda di mediazione, dal momento in cui è comunicata alla controparte (Cass. 26 ottobre 2018 n. 27251), interrompe il termine per agire in giudizio per l'equa riparazione.

(95) Per il quale non sono legittimati gli enti pubblici (Cass. 3 dicembre 2012 n. 21652; ma lo è la parte rimasta contumace: Cass. 7 luglio 2015 n. 14072; Cass. sez. un. 14 gennaio 2014 n. 585, in *Giur. it.*, 2014, p. 1118, con nota di A. DIDONE, in *Corr. giur.*, 2014, p. 687, con commento di C. CONSOLO e M. NEGRI, e in *Riv. trim. dir. e proc. civ.*, 2014, p. 1177, nel commento di B. BRUNELLI; v. anche D. D'ADAMO, *Contumacia e diritto all'indennizzo per irragionevole durata del processo*, in *Riv. dir. proc.*, 2014, p. 194; G. TRISORIO LUZZI, *Quattro recenti decisioni delle Sezioni Unite sulla legge Pinto*, in *Giusto proc. civ.*, 2014, p. 471).

(96) Cass. 15 novembre 2010 n. 23053, in *Corr. giur.*, 2011, *Osservatorio*, p. 22.

(97) Cass. 21 gennaio 2005 n. 1343. Nel caso che il giudizio presupposto riguardi il condominio, spetta all'amministratore del condominio (e non ai singoli condomini che non siano parti del giudizio: Cass. 10 aprile 2015 n. 7245) l'esercizio dell'azione di equa riparazione (Cass. sez. un. 18 settembre 2014 n. 19663, in *Corr. giur.*, 2015, p. 1531, con nota adesiva di A. CARRATO).

(98) Decorrenti dalla comunicazione del decreto al ricorrente (Cass. 21 marzo 2017 n. 7185, in *Giur. it.*, 2017, p. 849, con nota di V. AMENDOLAGINE); il termine in questione è da considerarsi perentorio (Cass. 1° febbraio 2017 n. 2656). In caso di mancata notificazione del solo ricorso, si determinerebbe una nullità, sanabile con la rinnovazione della notificazione entro un termine fissato dal giudice (Cass. 6 dicembre 2016 n. 24998), mentre, in caso di mancata notificazione del solo decreto, l'inefficacia dello stesso (Cass. 14 ottobre 2019 n. 25822).

(99) Tuttavia, come già rilevato (retro, alla nota 20 del § 55), secondo le sezioni unite (Cass. sez. un. 12 marzo 2014 n. 5700; Cass. sez. un. 2 maggio 2014 n. 9558 e n. 9559, ivi richiamate; in propo-

con il provvedimento che definisce l'opposizione, se la domanda è dichiarata inammissibile o manifestamente infondata, il giudice può condannare il ricorrente al pagamento, in favore della cassa delle ammende, di una somma non inferiore a 1.000 e non superiore a 10.000 euro; e) l'opposizione realizza la fase a contraddittorio pieno di un unico procedimento; conseguentemente, la parte privata può produrre per la prima volta in sede di opposizione i documenti che avrebbe dovuto allegare nella fase monitoria (100).

Specifiche disposizioni, poi, sono state introdotte – sempre con la L. 208/2015 – anche per quanto riguarda le modalità di pagamento dell'indennizzo (art. 5 sexies della L. 89/2001). In base a queste, esso è subordinato all'autocertificazione da parte del creditore che attesti la mancata riscossione di somme per il medesimo titolo, l'esercizio di azioni giudiziarie per lo stesso credito, l'ammontare degli importi e la modalità di riscossione prescelta e, dalla data di presentazione della stessa autocertificazione, l'amministrazione è tenuta al pagamento entro sei mesi (101). È stato anche aggiunto, tuttavia, che, prima del decorso di tale termine, i creditori non possono procedere all'esecuzione forzata, alla notifica dell'atto di precetto, né proporre ricorso per l'ottemperanza del provvedimento.

Infine, per quanto riguarda l'esecuzione forzata diretta al pagamento delle somme liquidate dal provvedimento giudiziale, l'art. 5 quinquies della L. 89/2001 prevede le forme del pignoramento mobiliare presso il debitore (v. retro, § 20), attraverso atto notificato ai Ministeri competenti oppure al funzionario delegato del distretto in cui è stato emesso il provvedimento posto in esecuzione.

---

sito v. anche G. TRISORIO LUZZI, *Quattro recenti decisioni*, cit., p. 475) tale termine non è da considerare perentorio e quindi è ammessa la concessione di un nuovo termine, questo sì perentorio, in caso di omessa o inesistente notifica del ricorso e del decreto di fissazione dell'adunanza; nello stesso senso Cass. 16 settembre 2015 n. 18202. La mancata comparizione all'udienza di entrambe le parti comporta la pronuncia di un provvedimento di "non luogo a provvedere", assimilabile alla cancellazione della causa dal ruolo ai sensi dell'art. 181, 1° comma (Cass. 29 agosto 2019 n. 21776).

(100) Cass. 5 ottobre 2016 n. 19942.

(101) L'art. 25 del D.L. 118/2021 (conv. dalla L. 147/2021) ha introdotto, nell'art. 5 sexies della L. 89/2001, il comma 3 bis, a tenore del quale con decreti dirigenziali del Ministero dell'economia e delle finanze e di quello della giustizia, da adottarsi entro il 31 dicembre 2021, sono indicate le modalità di presentazione telematica dei modelli di autocertificazione richiamati nel testo. Ciò è avvenuto con Il D.M. del Ministero della giustizia del 22 dicembre 2021 (pubblicato in *Gazz. Uff.* n. 310 del 21 dicembre 2021), in vigore dal 1° gennaio 2022.

INDICE ALFABETICO PER ARGOMENTO

I numeri romani indicano i volumi e i numeri arabi le pagine.
Nel caso la voce sia nel corpo delle note viene specificato con (nt.).

B

C

D

E

F

J

L

M

N

U

Finito di stampare nel mese di gennaio 2022
nella Stampatre s.r.l. di Torino
Via Bologna, 220